JUSTIFICATION DU TIRAGE

Sur parchemin	2	exemplaires
Sur papier de Chine	7	»
Sur papier Whatman	15	»
Sur papier de Hollande	579	»
TOTAL . . .	603	exemplaires

Six cent trois exemplaires, chiffre garanti exaƈt de tout le tirage, y compris les exemplaires de paſſe & de dépôt, par nous, imprimeur fouſſigné,

MOUGIN-RUSAND, à Lyon.

Exemplaire tiré pour

N.° *162.*

SOCIÉTÉ

DES

BIBLIOPHILES

LANGUEDOCIENS

Fondée à Montpellier en Juillet 1872

———

Πλίον ἐλαίου ἢ οἴνου.

Extrait des Statuts

Article Premier.

La Société des Bibliophiles Languedociens se propose d'encourager le goût des belles impressions & des livres rares.

Dans ce but, elle publie, sous le titre de Collection des Cent-Quinze, une suite d'ouvrages pouvant intéresser l'histoire, la littérature ou les beaux arts, & convie les bibliophiles, écrivains, artistes & amateurs, sans exception, à lui prêter leur concours.

La *Société*, laissant à chaque auteur ou éditeur la responsabilité de ses écrits, déclare ne point accepter la solidarité des opinions énoncées dans les ouvrages qu'elle fait imprimer.

Article 4.

I. Deviennent membres fondateurs de la *Société*, les bibliophiles qui souscrivent à un exemplaire sur peau de vélin, parchemin, papier Whatman, papier de Chine ou autres papiers de luxe, de tous les ouvrages parus ou à paraître dans la collection.

II. Les membres correspondants sont les amateurs qui souscrivent à un ou à plusieurs ouvrages en cours d'impression.

Les personnes faisant commerce de livres sont admises dans la *Société*. Elles peuvent souscrire à plusieurs exemplaires du même ouvrage. Les noms de leurs clients sont publiés parmi ceux des membres de la *Société*.

On doit fouscrire dans les conditions énoncées au paragraphe 1ᵉʳ de l'article 5. On n'est engagé que pour les volumes auxquels on a fouscrit.

III. La *Société* offre le titre de membre honoraire à des perfonnages notables qui, par leur influence ou par leurs écrits, ont contribué à encourager ou à entretenir le goût de la fcience bibliographique ou des beaux livres.

IV. Les membres fondateurs, correfpondants ou membres honoraires, ne font jamais appelés à participer aux dépenfes de la *Société*. Ils ne doivent aucune cotifation, fous quelque forme que ce foit.

Article 5.

Des avantages particuliers font garantis aux foufcripteurs des cent-quinze premiers numéros de chaque ouvrage :

A. Seuls ils ont droit au titre de membres de la *Société ;*
B. Leur exemplaire eft tiré à leur nom ;
C. Ils font infcrits : 1° fur la lifte des membres jointe à chaque ouvrage ; 2° dans le Livret annuel de la Société des Bibliophiles Languedociens, paraiffant le 15 décembre de chaque année.

Un exemplaire fur papier vergé du *Livret annuel* eft envoyé gratuitement à tous les membres de la *Société* foufcripteurs des exemplaires fur papier de Chine, parchemin ou vélin, & à ceux de MM. les membres foufcripteurs à l'enfemble de la collection.

Article 6.

Le tirage des livres de la collection eft fait fur papier à la forme, des meilleures fabriques de France, d'Angleterre ou de Hollande.

Tous les exemplaires font numérotés à la preffe.

La *Société* emploie pour fes impreffions les typographes en renom. Des maifons moins connues & défireufes de s'intéreffer aux progrès de l'art reçoivent également les encouragements de la *Société*.

Article 7.

Le prix des ouvrages varie fuivant les dépenfes occafionnées par l'impreffion de chacun d'eux.

COLLECTION DES CENT-QUINZE

DE LA SOCIÉTÉ

DES BIBLIOPHILES LANGUEDOCIENS

HISTOIRE
DE LA VILLE
DE MONTPELLIER

AVIS IMPORTANT

La Société, laiffant à chaque auteur ou éditeur la refponfabilité de fes écrits, déclare ne point accepter la folidarité des opinions énoncées dans les ouvrages qu'elle fait imprimer.

(*Statuts*, extr. de l'art. 1er.)

HISTOIRE
DE LA VILLE
DE
MONTPELLIER

Depuis son origine jusqu'à notre temps

PAR CHARLES D'AIGREFEUILLE

NOUVELLE ÉDITION

PUBLIÉE SOUS LA DIRECTION

De M. DE LA PIJARDIÈRE

Archiviste de l'Hérault
Bibliothécaire honoraire de la bibliothèque Sainte-Geneviève, Président de la Société des Bibliophiles Languedociens

ET

PAR PLUSIEURS MEMBRES DE CETTE SOCIÉTÉ

PREMIER VOLUME

A MONTPELLIER
CHEZ C. COULET, LIBRAIRE-ÉDITEUR
de la Société des Bibliophiles Languedociens
Grand'rue, 5

M DCCC LXXV

HISTOIRE
DE LA VILLE
DE MONTPELLIER,
DEPUIS SON ORIGINE JUSQU'A NOTRE TEMS
AVEC UN ABREGÉ HISTORIQUE
de tout ce qui préceda son etabliſſement :
PREMIÉRE PARTIE
A LAQUELLE ON A AJOUTÉ L'HISTOIRE
particuliére des jurîdictions anciénes & modernes
de cette ville, avec les ſtatuts qui lui ſont propres.

Par meſſire *CHARLES D'AIGREFEUILLE*, prêtre, docteur
en theologie & chanoine de l'egliſe-catédrale Saint-Pierre de Montpellier.

A MONTPELLIER,
Chez JEAN MARTEL, imprimeur du roi, & de noſſeigneurs des Etats-Generaux
de la province de Languedoc.

M. DCC. XXXVII.
AVEC APPROBATION ET PRIVILEGE DU ROY.

A MESSIRE

MESSIRE ARMAND-FRANÇOIS DE LA CROIX

marquis de Caſtries & de Levy, comte de Charlus, baron de Montjouvent, ſeigneur de Gourdieges, Epcy, St. Geniez, Figaret, St. Brez & autres places, gouverneur de la ville & citadelle de Montpellier, de la ville & port de Sette & forts en dépendans, ſénéchal de Montpellier, & lieutenant-de-roi de la province de Languedoc.

MONSIEUR,

JE m'eſtime heureux de pouvoir vous preſenter, dans vos premières années, l'hiſtoire d'une ville où vos ancêtres ont pris naiſſance, & où vous ſuccedés à toutes les grandes charges qu'ils y ont exercé avec tant de gloire.

Vous y verrés, MONSIEUR, *l'attachement inviolable qu'ils eurent toûjours à la religion catholique, leur zéle pour le service du roi, & pour le bien de la patrie ; la sagesse qu'ils firent paroître dans toute leur conduite ; la douceur de leur gouvernement, & cette affabilité qui est comme héreditaire dans vôtre maison. Quoique vous trouviés tous ces grands exemples dans l'illustre archevêque qui vous tient lieu de pere, & qui nous est si cher, je me flate que vous parcourrés avec un nouveau plaisir dans le cours de cette histoire, ceux que vos ancêtres en ont donné en tant d'occasions, qui serviront à vous confirmer par leur exemple, dans ce grand principe, si important aux jeunes seigneurs, que rien ne donne plus d'éclat à la veritable grandeur, que la bonté pour les peuples qui leur sont soûmis : et l'entiére confiance que les habitans de Montpellier ont eu toûjours pour eux, vous persuadera aisement, qu'en faisant la felicité des autres, vous travaillerés pour la gloire la plus solide que nous puissions vous souhaiter. C'est ce que nous promettent ces heureuses dispositions de l'esprit & du cœur que nous découvrons déja tous les jours en vous, avec autant d'admiration que de joye. J'ai l'honneur d'être avec un attachement respectueux,*

MONSIEUR,

Vôtre très-humble & très-obéïssant serviteur,

Charles d'AIGREFEUILLE.

APPROBATION.

J'AI lû, par ordre de monseigneur le Garde des Sceaux, l'*Histoire de la ville de Montpellier*, & je n'y ai rien trouvé qui en doive empêcher l'impression. Fait à Paris, le vingt-huitiéme mai mil sept cent trente-un.

L'Abbé DUBOS.

PRIVILEGE DU ROY.

LOUIS, par la grâce de Dieu, roi de France & de Navarre : A nos amez & feaux conseillers, les gens tenans nos cours de parlement, maîtres des requêtes ordinaires de nôtre hôtel, grand conseil, prévôt de Paris, baillifs, sénéchaux, leurs lieutenans civils, & autres nos justiciers qu'il appartiendra, SALUT. Nôtre cher & bien-amé le sieur CHARLES DE GREFEUILLE, docteur en theologie & chanoine de l'église-catédrale Saint-Pierre de Montpellier, nous ayant fait remontrer qu'il souhaiteroit faire faire imprimer & donner au public un ouvrage qui a pour titre : *Histoire de la ville de Montpellier, depuis son origine jusqu'à nôtre tems,* s'il nous plaisoit lui accorder nos lettres de privilège sur ce nécessaires ; offrant, pour cet effet, de le faire imprimer en bon papier & en beaux caractéres, suivant la feüille imprimée & attachée pour modéle sous le contre-scel des préfentes. A ces causes, voulant favorablement traiter ledit expofant, Nous lui avons permis & permettons par ces préfentes de faire imprimer ledit livre ci-deffus fpecifié, en un ou plufieurs volumes, conjointement ou feparément & autant de fois que bon lui femblera, fur papier & caractéres conformes à ladite feüille imprimée, ci-attachée fous nôtre-dit contre-fcel, & de le vendre, faire vendre & débiter par tout nôtre royaume, pendant le tems de fix années confecutives, à compter du jour de la date defdites préfentes. Faifons défenfes à toutes fortes de perfonnes, de quelque qualité & condition qu'elles foient, d'en introduire d'impreffion étrangére dans aucun lieu de nôtre obéïffance; comme auffi à tous libraires, imprimeurs et autres, d'imprimer, faire imprimer, vendre, faire vendre, débiter, ni contrefaire ledit livre ci-deffus expofé, en tout ni en partie, ni d'en faire aucuns extraits, fous quelque prétexte que ce foit, d'augmentation, correction, changement de titre ou autrement, fans la permiffion expreffe & par écrit dudit expofant ou de ceux qui auront droit de lui, à peine de confifcation des exemplaires contrefaits, de trois mile livres d'amende contre chacun des contrevenans, dont un tiers à Nous, un tiers à l'Hôtel-Dieu de Paris, l'aure tiers audit expofant, & de tous dépens, dommages & interêts : à la charge que ces préfentes feront enregîtrées tout au long fur le regître de la communauté des imprimeurs & libraires de Paris, dans trois mois de la date d'icelles; que l'impreffion de ce livre fera faite dans nôtre royaume & non ailleurs, & que l'impetrant fe conformera en tout aux reglemens de la librairie, & notamment à celui du 10 avril 1725, & qu'avant que de l'expofer en vente, le manufcrit ou imprimé qui aura fervi de copie à l'impreffion dudit livre fera remis dans le même état où l'approbation y aura été donnée, és mains de nôtre trés-cher & féal chevalier Garde des Sceaux de France, le fieur Chauvelin ; & qu'il en fera enfuite remis deux exemplaires dans nôtre bibliotéque publique, un dans celle de nôtre château du Louvre & un dans celle de nôtredit trés-cher & feal chevalier Garde des Sceaux de France, le fieur Chauvelin ; le tout à peine de nulité des préfentes, du contenu defquelles Vous mandons & enjoignons de faire joüir l'expofant ou fes ayans-caufe, pleinement & paifiblement, fans foufrir qu'il leur foit fait aucun trouble ou empêchement. Voulons que la copie defdites préfentes, qui fera imprimée tout au long, au commencement ou à la fin dudit livre, foit tenuë pour dûement fignifiée, & qu'aux copies collationnées par l'un de nos amez & feaux confeillers & fécretaires foi foit ajoûtée comme à l'original. Commandons au premier nôtre huiffier ou fergent de faire pour l'exécution d'icelles tous actes requis & néceffaires, fans demander autre permiffion, & nonobftant clameur de haro, chartre normande & lettres à ce contraires : Car tel eft nôtre plaifir. Donné à

Fontainebleau, le cinquiéme jour du mois de juillet, l'an de grace mil sept cent trente-un & de nôtre regne le seiziéme. Par le Roi, en son conseil; *Signé* : SAMSON.

Regîtré sur le regitre VIIIe de la chambre-royale & sindicale de la librairie & imprimerie de Paris, n. 197, fol. 192, conformément au reglement de 1723, qui fait défense, art. IV, à toutes personnes, de quelque qualité qu'elles soient, autres que les libraires & imprimeurs, de vendre, débiter & faire afficher aucuns livres pour les vendre en leurs noms, soit qu'ils s'en disent les auteurs ou autrement ; & à la charge de fournir les exemplaires prescrits par l'article CVIII du même reglement. A Paris, le treiziéme jour du mois de juillet 1731. P. A. LE MERCIER, Sindic.

Ledit sieur Charles d'Aigrefeüille, auteur de ladite histoire, a fait cession de son privilége audit sieur Jean Martel, imprimeur & marchand-libraire de ladite ville de Montpellier, suivant les conventions passées entr'eux, le vingt-neuf février mil sept cent trente-deux.

PRÉFACE.

L'INCLINATION qui eſt ſi naturelle à tous les hommes pour le lieu de leur naiſſance, me porta dés ma jeuneſſe à obſerver dans le cours de mes lectures, tout ce qui avoit quelque raport à l'hiſtoire de Montpellier; ce qui m'a donné lieu dans un âge plus avancé, de mettre en ordre les obſervations que j'avois faites, & y en adjouter de nouvelles. J'ai crû que je pouvois accorder les fonctions de mon état avec celles de bon citoyen, puiſqu'il n'eſt pas indiferent pour la religion de faire connoître les malheurs qui ſuivent le mépris qu'on en fait, comme on pourra l'obſerver dans l'affaire des Albigeois, & des religionnaires de nôtre tems, dont l'hiſtoire eſt inſeparable de celle de Montpellier.

Pour donner quelqu'ordre à tout ce que j'ai à dire ſur l'origine & le progrés de cette ville, j'ai crû devoir remonter juſqu'à celle de Maguelonne, qui occaſionna par ſa démolition dans le huitième ſiécle l'établiſſement de Montpellier. Je renferme dans un diſcours préliminaire tout ce que nous trouvons de plus certain ſur l'ancienne ville de Maguelonne, qui fleurit du tems des Romains & ſous les rois Viſigots; j'y touche légérement tout ce qui ſe paſſa dans le pays pendant ces huit premiers ſiécles; & étant venu à l'hiſtoire de Montpellier je parcours année par année tout ce que nous trouvons de plus remarquable ſous le gouvernement des Guillaumes qui furent nos premiers ſeigneurs, ſous celui des rois d'Aragon & de Mayorque qui leur ſuccedérent, & enfin ſous les rois de France qui acquirent cette ville dans le quatorzième ſiécle.

Il ſembleroit que l'hiſtoire de nos évêques & des changemens arrivez à leur égliſe, auroit dû trouver place dans ce premier volume; mais, pour éviter la confusion qu'il y auroit eu, en mêlant le gouvernement civil avec l'ecclesiastique, je me suis déterminé par le conseil de gens habiles, à donner un volume separé de l'histoire de l'église de Montpellier, dans lequel on trouvera des événemens aussi remarquables que dans le premier. Je rangerai les matiéres par livres & par chapitres pour le soulagement du lecteur.

J'aurois voulu pouvoir raporter en entier toutes les preuves de ce que j'avance, mais ayant consideré qu'il faudroit pour les seules preuves plus de volumes que pour l'histoire même, je me suis borné à donner un précis des actes que je cite, à peu près comme l'abbé Fleury a fait dans son histoire ecclesiastique : mais, aussi comme on n'est pas obligé de m'en croire sur ma simple parole, j'ai pris la precaution de mettre à la marge le tome & la page des livres imprimez où se trouvent les actes dont je parle; tels sont les *Analectes*, les *Anecdotes*, le *Spicilege* que les Peres benedictins ont donné au public; les recherches de M. Baluze, & quantité d'autres semblables. J'ai été d'autant plus porté à prendre ce parti qu'il arrive souvent que la justification d'un fait consiste dans une seule phrase d'un acte très-long; ainsi, je ne raporte souvent que les paroles décisives d'un auteur, comme il m'arrive en citant Jornandez sur les rois Goths, Zurita sur les rois d'Aragon, & les archives de l'Hôtel-de-Ville sur d'autres faits particuliers.

Pour donner quelque connoissance de ces archives afin qu'on puisse y avoir recours dans le besoin, je crois devoir marquer ici que le livre dit *Mémorial des Nobles*, contient les reconnoissances faites du tems de nos Guillaumes; le *Grand Talamus*, les priviléges accordez à la ville; le *Livre-Noir* (ainsi appellé à cause de sa couverture) contient une partie des mêmes priviléges avec quelques autres qui ne sont pas dans le *Grand Talamus*; le *Petit Talamus* qu'on peut regarder comme un livre historique, raporte les élections des consuls & les événemens remarquables arrivez dans la ville sous leur consulat; il commence en 1204, & continuë sans interruption jusqu'en 1428. Nos ancêtres le reprirent en 1502, & parceque le langage catalan dans lequel il avoit été écrit, n'étoit plus en usage parmi nous, on fit alors une traduction du catalan que nous avons encore avec l'original; de là vient que dans mes citations je me sers des paroles de la traduction plûtôt que de l'original qu'on avoit peine à entendre, & je n'employe le catalan qu'en deux ou trois occasions, pour faire voir le changement arrivé à nôtre langage vulgaire.

Ce livre a été de tout tems si fort recherché par nos sçavans qu'on en voit des extraits dans le cabinet de plusieurs particuliers, & que les copies qui en furent faites par nos ancêtres ont trouvé place dans la bibliotéque du roi, dans celle de Colbert & du colége de Loüis le Grand. L'indication que le P. Lelong a donné de tous ces manufcrits, me fit naître l'envie de les connoître : je fis prier le R. P. Vaiffette l'un des auteurs de l'*Hiftoire genérale du Languedoc*, de me donner quelques éclairciffemens fur tous ces manufcrits, il me répondit obligemment que ce n'étoient que des copies de nôtre *Petit Talamus*, quoique fous diferens titres : car, celui du roi a pour titre, *Chronique de la ville de Montpellier, depuis 1192 jufqu'en 1390, copié par Jean Fabry, lieutenant particulier en la cour du prefidial de cette ville en 1566*. Celui de Colbert eft appellé, *Sommaire des chofes hiftoriales concernant la ville de Montpellier jufqu'en 1521*. Enfin, par l'abregé que les Jefuites de Paris m'ont envoyé de leur manufcrit, fous le nom de *Chronique & flatuts de la ville de Montpellier*, j'ai été convaincu que ce n'étoit autre chofe qu'une copie de nôtre *Petit Talamus*.

Les autres actes de nos archives font dans des caffettes particuliéres avec un inventaire fort exact qui en a été fait.

Comme je n'ai dû écrire que pour le plaifir & pour l'utilité de mes concitoyens, je me fuis fait une loi de ne rien dire qui pût être au defavantage d'aucune famille, & de ne rien oublier auffi de tout ce qui pouvoit leur faire honneur; mais, je n'ai pas crû devoir entreprendre aucune génealogie pour les raifons qu'il eft aifé de voir.

Le fecours que j'ai tiré des livres ou des manufcrits de ceux qui m'ont précedé dans mon travail, m'a paru exiger de moi, que je fiffe connoître les bons citoyens qui ont donné leur foin à éclaircir nôtre hiftoire. Nicolas Boëri né à Montpellier dans le quinziéme fiécle, & depuis prefident au parlement de Bordeaux, parle de Montpellier dans plufieurs endroits de fes ouvrages. Etiéne Ranchin nous a fait connoître l'état où étoit la faculté de droit avant les troubles de la religion, & il nous marque, dans la préface de fes décifions fur le droit-civil & canonique, l'origine de ces mêmes troubles. Le prefident Philippy a donné dans la préface du livre intitulé, *Refponfa Juris*, un petit abregé de l'hiftoire de Montpellier; mais, celui de tous fes ouvrages dont j'ai tiré plus de profit, eft un manufcrit original (mentionné dans la bibliotéque du Pere Lelong) qui eft au pouvoir de M. l'évêque de Montpellier, où l'auteur ne dit rien (comme il s'en explique lui-même) *qu'il n'aye vû ou appris par fidéle recit*: Cet ouvrage eft une hiftoire fort détaillée de tous les troubles arrivez à Montpellier & dans la province depuis 1559 jufqu'en 1600; il part d'un homme fort éclairé fur les affaires de fon tems, & je n'ai pas hefité de l'attribuer à Philippy, après la comparaifon d'écriture faite de ce manufcrit avec le livre des docteurs de la faculté du droit où Philippy a écrit & figné de fa propre main une vingtaine de lignes qui font du même caractere que l'écriture du manufcrit; j'en ai tiré la plû-part des chofes que je raporte du connétable Henry de Montmorenci, auprès duquel Philippy exerçoit la charge d'intendant de juftice.

David Varanda, confeiller au prefidial de cette ville, & profeffeur en droit, commença de débroüiller fous le roi Henry le Grand la fuite de nos Guillaumes, qui n'étoit guere connuë de fon tems. Jean-Etiéne de Carlencas proteftant, a écrit pour fon parti une rélation des troubles arrivez à Montpellier fur la fin du feiziéme fiécle, & au commencement du fuivant. Barthelemi Vignes, catholique (ayeul de feu M. Vignes procureur-general) en laiffa une autre, dans laquelle on voit en détail toutes les pertes que les catholiques firent en cette ville: ces deux manufcrits font entre mes mains avec un autre d'un particulier de Mauguio, qui marque année par année ce qui fe paffa dans le pays avant & après le fiége de Montpellier.

Depuis ce tems Pierre Gariel, chanoine de la catédrale, voulut faire connoître le lieu de fa naiffance par un livre qui a pour titre, *Idée de la ville de Montpellier*; mais, je laiffe au lecteur à porter fon jugement fur ce livre. Celui qui a pour titre, *Series Præfulum Magalonenfium*, fous le nom du même Gariel, eft mieux fuivi & travaillé avec plus de foin, mais l'auteur a fait fon capital de l'hiftoire des évêques.

Sur la fin du dernier fiécle, André Delort, ancien officier dans les troupes du roi, nous laiffa un gros manufcrit où il raconte année par année tout ce qui eft arrivé de plus fingulier à Montpellier depuis 1621 jufqu'en 1690. Son ouvrage eft curieux & intereffant pour beaucoup de familles, mais je ne fçaurois faire ufage de tout ce qu'il en a dit.

Nous devons à Pierre Serres, ancien procureur à la cour des aides, dix tomes des annales de Montpellier, qu'il n'eut pas le loifir de faire plus courts; fon ouvrage m'a été utile par le foin qu'il a pris de marquer exactement l'époque des faits arrivez depuis quatre-vingts ans, & par un recüeil d'édits, ordonnances & déclarations pour la ville de Montpellier.

Tout ce que nous avons de meilleur en ce genre, eft entre les mains de M. le marquis d'Aubaïs qui l'a acquis de feu M. Jean de Rignac, confeiller en la cour des comptes, aides & finances de Montpellier. Ce magiftrat, homme de lettres & fort laborieux, tira des archives du palais et de la ville, tout ce qui pouvoit fervir à nôtre hiftoire; il a laiffé un manufcrit *in quarto* fur nos Guillaumes, un autre fur les comtes de Melgüeil & fur les feigneurs de Lunel; trois autres fur la cour des aides & fur la chambre des comptes, qui m'ont été communiquez par M. le marquis d'Aubaïs. Je dois à

M. d'Aigrefeüille, confeiller-d'état, mon proche parent et bon ami, le fecours des livres de fa bibliotèque, & la découverte de plufieurs piéces qu'il m'a procuré. M. le préfident Joubert, dans le tems qu'il étoit findic-général de la province, eut la bonté de me communiquer douze gros volumes *in folio*, qu'il a des actes concernant nos trois anciénes fénéchauf-fées de Touloufe, de Carcaffonne & de Nîmes, dans lefquels j'ai trouvé plufieurs titres pour la ville de Montpellier.

Avec tous ces fecours j'ai conduit mon hiftoire jufqu'à la naiffance de monfeigneur le Dauphin en 1729, après quoi pour faire connoître nos anciénes juridictions & les cours de juftice qui font maintenant un des principaux ornemens de Montpellier, j'en ai fait des articles féparez qui n'auroient pû trouver place dans le corps de mon ouvrage fans y faire de trop longues digreffions. J'en uferai de même pour nôtre univerfité dans le fecond volume qui eft refervé pour tout ce qui regarde l'hiftoire ecclefiaf-tique de cette ville.

On verra dans cette première partie les diferens noms de *Monfpellerius, Monfpeftellarius, Monfpeffulanus,* & *Monfpelium* que nos vieux actes donnent à Montpellier, fans qu'on en fçache l'étimologie, non plus que celle de *Mons Puellarum,* que quelques auteurs lui donnent en faveur du beau fexe de cette ville, ou à caufe de deux filles qui en avoient la feigneurie dans le dixiéme fiécle. Je ne m'arrête point au nom d'*Agatopolis* que Belleforeft lui donne dans fa cofmografie, & qu'il fupofe une des plus anciénes villes de la province : nos mémoires le démentent fur cet article, & c'eft affez pour la ville de Montpellier d'être connuë depuis plufieurs fiécles par la beauté de fon climat, par fon univerfité célebre, & par les cours de juftice dont elle a été honorée par nos rois. Elle eft ville d'arrêt, & peut-être la plus confiderable du Languedoc pour le commerce. Le commandant & l'inten-dant de la province y font leur réfidence ordinaire, & les Etats du Languedoc qui s'y affemblent le plus fouvent, y ont érigé la ftatuë-équeftre que la province avoit décerné depuis long-tems au roi Louis-le-Grand.

Livre premier, Page 353.

DISCOURS PRÉLIMINAIRE
SUR L'ANCIÉNE VILLE
DE MAGUELONNE,
CONTENANT

Un Abrége de l'histoire du païs, jusqu'à l'établissement

de Montpellier.

ES eaux de la Méditerranée sur les côtes du Bas-Languedoc, *Situation de Ma-*
ont un passage dans le continent, où elles se répandent depuis *guelonne.*
Agde jusqu'à Aiguemortes; & forment un étang d'environ
quinze à vingt lieuës de long, sur trois ou quatre de large.
 Les anciens auteurs l'ont appelé *l'étang des Volsques,* du nom   *Strabon, Liv. 4.*
des peuples qui habitoient ces côtes. Nous l'appellons aujourd'hui *l'étang* *de sa Géografie.*
de Frontignan, de Maguelonne ou *de Perols,* selon qu'il s'approche de ces
diférens lieux.

 Dans tout cet étang il n'y a d'autre isle habitable que celle de Maguelonne, éloignée de l'endroit où est aujourd'hui Montpellier d'environ une
bonne lieuë. Du côté qu'elle régarde la mer, on y voit les vestiges du port
sarrazin, qui fut la cause du progrez, & de la rüine de l'isle. Du côté qu'elle
regarde la terre, on y voit une suite de pilliers qui portoient un pont de bois
pour les gens à pié, & au bas une large chaussée de maçonnerie qui sortoit
hors de l'eau, & qui servoit aux grosses voitures. Je ne puis mieux comparer
la situation de l'anciéne ville de Maguelonne, qu'à celle de St. Malo dans
la Bretagne, qui ne tient à la terre-ferme que par une longue chaussée faite
à la main.

 Ce pont & cette chaussée donnoient communication à Maguelonne avec
le continent, & particuliérement avec Villeneuve qui est une petite ville

situuée au bord de l'étang vis-à-vis de Maguelonne, & que l'on peut régarder comme une décharge, ou une augmentation de l'isle; car, Maguelonne n'ayant guere plus que deux mile pas de circuit, elle ne pouvoit tirer de son propre fonds les besoins de la vie, & il falloit qu'elle les prît de Villeneuve, qui lui donnoit la facilité du commerce avec toutes les terres des environs. De là vient que dans les anciens titres, on lit toûjours *Villeneuve-lez̧-Maguelonne*, autant pour la distinguer des autres villes de ce nom, que pour marquer qu'elle étoit comme une appartenance de Maguelonne.

Anciéneté de Maguelonne.

Son anciéneté paroît par le témoignage de plusieurs anciens geografes. L'*Itineraire* d'Antonin (qui selon la commune opinion est du second siécle) en fait mention. Il nomme parmi les peuples de la première Narbonnoise, les habitans de la cité de Maguelonne, *Civitas Magalonensium;*

Pag. 123.

& le livre de la *Notice de l'Empire* s'en exprime dans les mêmes termes, *In primâ Narbonensi civitates Narbonensium, Tolosatium, Beterrensium, Agaten-*

Pag. 157. 4. Col.

sium, Nemausensium, Magalonensium, &c. Tout le monde sçait que parmi les Romains, *civitas* étoit plus que *oppidum;* d'où l'on doit inferer que la ville de Maguelonne devoit être considerable, puisqu'elle avoit le nom de cité. J'ajoûte encore qu'un auteur arabe nommé Razez (que Mariana raporte dans son *Histoire d'Espagne*) donne le quatriéme rang à Maguelonne dans l'énumeration qu'il fait des évêchez de la province narbonnoise : *Narbo, Biterræ, Tolosa, Magalona, Nemausus, Carcasso, Luteva, Helena*. Et dans la recherche des villes du Languedoc, il est parlé de Maguelonne comme d'une ville autrefois célébre par son évêché, par ses riches marchandises,

PAGE II.

par sa forte * situation qui la faisoit régarder comme un boulevart contre les entreprises des pirates.

Il ne sera peut-être pas hors de propos de parler à cette occasion des diférens maîtres que Maguelonne, & les païs voisins ont eu successivement.

Les Celtes anciens peuples du païs.

Les Celtes sont les plus anciens peuples de cette partie des Gaules, que l'histoire connoisse avec quelque certitude, ils y dominoient avant la fondation de Rome, & il est à croire que ce fut de nos côtes que partirent les Celtes qui s'établirent en Aragon, & qui donnérent commencement aux Celtiberiens connus par ces vers de Lucain & de Martial :

Pharsale. L. 4.

Profugique à gente vetustâ.

Gallorum gentes miscentes nomen Iberi.

Martial. Epigr. L. 4. 55.

Nos Celtis geniti & ex Iberis.

Ces peuples furent subjuguez par les Romains, l'an six cent trente-trois de la fondation de Rome, & cent vingt-un ans avant la naissance de Jesus-

Chrift ; les Romains furent chaffez à leur tour par les Goths environ l'an 421, ceux-ci par les Sarrazins en 720, & les Sarrazins, par Charles-Martel, qui détruifit fur toutes nos côtes les lieux qui pouvoient fervir de retraite à ces infidéles.

Il feroit bien difficile de dire quels furent les commencemens de la ville de Maguelonne, encore plus de marquer le tems de fa fondation. M^{rs}. de S^{te}. Marthe (fur la foi peut-être de Gariel) difent qu'elle prit fon nom de Magdus fon fondateur, ou bien qu'elle fut appellée Maguelonne, à caufe que d'un côté elle régarde la grande-mer de toute fa longueur. Quoiqu'il en foit de cette origine auffi incertaine que la plus-part des étimologies, il doit nous fuffire de fçavoir que dès le tems des Romains, elle joüiffoit du rang & du nom de cité, comme il confte par la *Notice de l'Empire;* & puifque dans le fecond fiécle, on la voit comprife dans les huit citez de la Gaule narbonnoife, la préfomption eft entière pour mettre fa fondation avant le tems des Romains, puifqu'il eft certain qu'il faut bien-plus d'un fiécle à chaque ville, pour fe former & s'aggrandir au point qu'il eft néceffaire, pour être mife au rang des plus confiderables d'une province auffi étenduë que l'étoit la première Narbonnoife.

On verra dans le cours de ce que j'en ai à dire, qu'elle fut détruite dans le huitième fiécle : que les habitans en ayant été difperfez l'évêque & fon chapitre, furent obligez de s'en tenir éloignez durant trois cens ans; qu'y étant revenus au commencement du douzième fiécle, cette anciéne ville ne fut remplie que d'églifes & d'hôpitaux, jufqu'à-ce que le mauvais air & la folitude obligérent enfin l'évêque & le chapitre de venir réjoindre les anciens habitans, qui dès le premier renverfement de Maguelonne, s'étoient logez à Montpellier.

Ces divers changemens nous ont fait perdre les anciens-mémoires, qui auroient pû nous apprendre & l'origine & l'accroiffement de Maguelonne, les peuples qui l'abandonnérent n'ayant plus d'interêt à en conferver les titres pour les tranfmettre jufqu'à nous. Le feul clergé nous a conferve la fuite de fes évêques, encore a-t'il falu recourir fouvent aux conciles tenus en Efpagne fous les rois Vizigoths, dans le tems qu'ils furent maîtres de cette partie de la province que nous habitons.

Nous n'avons aucun détail affuré de ce qui fe paffa à Maguelonne fous l'empire des Romains. Nous fçavons en général que ces vainqueurs du monde, ayant été attirez dans les Gaules par les habitans de Marfeille leurs alliez, commencérent par chaffer les Saliens qui tenoient la Provence, & caufoient de grands dommages aux Marfeillois. Fulvius Flaccus étant conful, fit cette première expedition l'an 629 de la fondation de Rome.

Entrée des Romains dans le païs.

Sextus Domitius Calvinus, qui lui fucceda dans le confulat, vint pour affurer les conquêtes de fon predeceffeur, il acheva de défaire les Saliens, fe rendit maître de la Provence, & y bâtit la ville d'Aix, qu'il appella de fon nom *Aquæ Sextiæ* à caufe des bains[1] qu'il y trouva.

PAGE III.

Trois années après, Quintus Fabius Maximus étant conful, pouffa plus avant * fes conquêtes : il paffa le Rhône après avoir défait fur le bord de ce fleuve, Bituit roi des Auvergnats; il entra dans le païs des Volfques (car c'eft le nom des peuples qui habitoient en deça du Rhône), il avança dans leurs terres, fe rendit maître de Narbonne, & le fenat pour en affurer la conquête, fit cette ville colonie du peuple romain & y fit réfider la dixiéme

Velleius Patercul. legion. Tout ce que je viens de dire eft prouvé par cet endroit d'Ammien Marcellin, *Gallorum præcipuæ regiones Italicis confines, tentatæ per Fulvium, quaffatæ per Sextium, & ad ultimum per Fabium domitæ.* Le païs des Gaules, dont il parle comme voifin de l'Italie, n'étoit autre que la Provence, & le Languedoc d'aujourd'hui, qui furent les premiéres conquêtes des Romains dans les Gaules.

Tu Gallia prima togati

Nominis, attollis patrio proconfule fafces.

Difoit Aufone de la province narbonnoife, le refte des Gaules n'ayant été conquis que foixante-deux ans après par Jules Cefar, qui y employa neuf ou dix années.

Le fuccez des armes de cet empereur eft étranger à mon fujet : ainfi, je me borne à toucher feulement ce qui arriva dans le païs dont je parle.

Leurs pertes & leurs victoires.

Peu de tems après la conquête que Fabius en avoit faite, les peuples allemans fous le nom de Cimbres, Teutons, Tiguriens & Ambrufiens, vinrent pour en chaffer les Romains, fous le prétexte de leur demander des terres à habiter. Leur armée étoit fi nombreufe que Florus & Oroze, la font monter jufqu'à cinq cent mile hommes. Le fenat envoya fucceffivement pour les combattre Syllanus, Manlius, & en troifiéme lieu, Q. Cepio. Mais,

Eutrope.

ils combattirent tous avec tant de mauvais fuccez, que leur défaite arrivée dans le Languedoc près du Rhône, fut mife au rang des plus fanglantes que les Romains euffent fouffert.

Marius, qui étoit conful pour la quatriéme-fois, fut envoyé pour reparer leurs pertes. Il vint fe préfenter au deça du Rhône vers fon embouchure, & pour éviter la premiére impetuofité de fes enémis, il fe retrancha dans

---

[1] Le manufcrit porte : « à caufe des eaux chaudes & froides qu'il y trouva ».

son camp, & en faisant tirer un canal du Rhône dans la mer, il renferma son armée dans cette isle que nous appellons aujourd'hui la Camargue près de S*t*. Gilles. C'est ce canal que Pline appelle *Fossa ex Rhodano, Caij Marij nomine & opere insignis*. Et Pomponius Mela, parlant du Rhône, dit *Fossa Mariana partem ejus amnis navigabili alveo effundit*.

Catel *Mémoire*. pag. 459.

Je sçai que Mr. Bouche, dans son *Histoire de Provence*, s'est fait un nouveau sistême sur ce canal de la rivière du Rhône fait par le consul Marius, comme tous les auteurs en conviénent, mais sans commettre les deux provinces du Languedoc & de la Provence, pour sçavoir si ce canal étoit en deçà ou en delà du Rhône, je me borne maintenant sur cet article, à suivre les écrivains de l'histoire du Languedoc, comme S*r*. Bouche a suivi ceux de la Provence.

Il est toûjours constant que Marius soûtint, dans son retranchement, deux attaques des enémis qui s'y consommérent inutilement. Il sortit de son camp, & les ayant attaquez avec avantage auprès de la ville d'Aix, il en fit un grand carnage, & prit leur roi Teutobagus, qui fut mené en triomphe à Rome.

Depuis ce tems-là, tout fut tranquille dans le païs. Les Romains y laissérent plusieurs legions pour contenir & accoûtumer les peuples à leur domination. Ils en établirent deux en deçà du Rhône, & trois au-delà. La seconde légion fut placée à Orange, la sixiéme à Arles, la huitiéme à Frejus, la septiéme à Beziers, & la dixiéme avoit été déja mise à Narbonne, selon le raport de Velléius Paterculus, trois ans après le consulat & l'expedition de Fabius Maximus.

Ces diférentes legions ont donné à ces villes les divers surnoms que l'on trouve dans les anciens monumens, & dans les inscriptions qui nous restent du tems des Romains. On y voit *Arausio Secundanorum, Arelate Sextanorum, Forojulium Octavianorum, Blitera Septimanorum, Narbo Decumanorum*. Cette dixiéme legion se rendit si célebre du tems de Jules Cesar, qu'elle merita une confiance distinguée* de la part de cet empereur, qui lui donne dans ses *Commentaires* un tèmoignage très-avantageux.

Pomp. Mela, L. 2. Chap. 5.

Page iv. L. *1.* de Bello Gallico.

Toutes les expeditions qu'il fit dans les Gaules se passérent hors de la Narbonnoise, qui lui fut toujours fidéle & il n'est pas hors de vraisemblance que tout étant tranquille dans cette province, on y établit cette route qui nous est marquée dans l'*Itinéraire* d'Antonin, & dont nous aurons occasion de parler plus au long. Je ne serois pas même éloigné d'assurer que le château de Lates, qui est au voisinage de Maguelonne, étoit déja bâti de ce tems-là, puisque Pomponius Mela en fait une mention expresse, en parlant de l'étang des Volsques, où la rivière du Lez va se jetter auprès de Lates. *Ultra Rhodanum* (dit-il) *stagna Volcarum, Ledum flumen, castellum Lataræ*.

Le château de Lates du tems des Romains.

Mela, ibidem.

Mela vivoit dans le premier fiécle, & puifque ce château étoit déja bâti de fon tems, il pouvoit bien avoir été commencé plufieurs années auparavant.

Pline en fait encore mention en nous décrivant une pêche toute finguliére qu'on y faifoit, & dont je crois devoir donner le plaifir au lecteur: « Dans la province de Narbonne, & dans le territoire de Maguelonne (dit « cet auteur [1] il y a un étang appellé *de Lates*, où les dauphins font fociété « avec l'homme pour la pêche. La quantité prodigieufe de poiffons dont il « eft rempli qu'on appelle *muges* ou *mulets*, cherche dans certaine faifon à fe « jetter dans la mer, par une ouverture étroite qui eft entre la mer & l'étang, « ils fuivent le courant de l'eau à mefure que le vent la pouffe ; mais, ils « trouvent un obftacle dans les filets qu'on leur a tendu à l'embouchure, « ce qui les oblige à revenir dans les eaux de l'étang. Alors les pêcheurs « & tout le peuple des environs pour fe donner le divertiffement de la « pêche, fe rendent fur le bord de la mer, & appellent à haute voix les « dauphins en leur criant *Simon, Simon*. Le vent de bife porte leur cri aux « dauphins qui ont l'oüie très-délicate, ils volent au fecours des pêcheurs, « & fe rangent à l'embouchure au-devant des filets. Pour lors les pêcheurs « foulevent leurs filets avec de longues perches, & les mulets fe preffans « de paffer, tombent dans l'embufcade des dauphins qui fe contentent de « les tuër en fe refervant de les manger après la chaffe finie. Ceux qui ont « pû éviter le dauphin reviénent fur leur pas, & aiment mieux s'embar« raffer dans les filets que de tomber entre les dens de leur enémi. Ils fe « gliffent entre les nacelles des pêcheurs, courant au milieu des filets « & entre les jambes des nageurs plûtôt que de s'expofer au dauphin, « & quoique le muge aime fort à fauter dans l'eau, il n'ofe fortir des filets « que lorfqu'on les abbat pour les prendre. Alors le combat recommence, « les dauphins en tüent autant qu'il s'en préfente, & le lendemain ils « viénent manger le refte de leur proye, & attendre fur le rivage le pain « trempé dans du vin qu'on a coûtume de leur jetter. »

Liv. 9. ch. 8.

Fertilité de la Gaule Narbonnoife. Le voifinage de la Gaule narbonnoife avec l'Italie, & la facilité qu'avoient les Romains d'y aborder du côté de la mer, les rendit toûjours jaloux de la conquête d'un fi beau païs : & je ne fçai fi à l'honneur de ma patrie, je ne puis pas ajoûter, qu'elle méritoit bien qu'ils employaffent tous leurs foins pour s'y établir & pour s'en conferver la poffeffion. Outre que les Romains y refpiroient un air plus approchant du leur que dans tout le refte des Gaules, ils y trouvoient auffi tous les fruits que porte l'Italie, comme l'a

---

[1] « Ajoute le P. Hardouin », mots effacés dans le manufcrit.

remarqué Strabon, *Profert Gallia Narbonensis omnia fructuum genera quæ in Italiâ nascuntur*. On sait que le seul blé de la Gaule narbonnoise, pouvoit nourrir toute la province & en fournir aux voisines; que la bonté de ses vins loüez dans l'*Histoire naturelle* de Pline, & surtout celle de son muscat ne cedoit point au vin de Phalerne; que les oliviers qui naissent dans cette seule partie de toutes les Gaules, leur servoient aux mêmes usages qu'ils nous servent aujourd'hui, & particuliérement aux bains dont les Romains faisoient leurs délices. Nos montagnes du côté des Pyrenées leur fournissoient des mines d'or, comme Strabon l'assure au liv. IV de sa *Geografie*, & Melgüeil qui n'est qu'à une lieüe de Maguelonne leur donnoit des mines d'argent, comme nous le verrons plus amplement dans la suite. Le fer qui pour * être moins précieux que ces deux métaux, n'est pas moins utile & nécessaire aux besoins de la vie, se tiroit abondamment des montagnes des Corbières, au-dessus de Narbonne, d'où on le tire encore. Maguelonne & son voisinage donnoit du sel en si grande abondance, que nos rois ont fait depuis submerger la plus grande partie des salines. Enfin la bonté des laines, l'abondance du pastel & du vermillon ou graine d'écarlate, qui croît dans nos garrigues ou pâturages, leur parut d'une commodité si grande, qu'ils faisoient teindre à Narbonne la pourpre des empereurs. Ce fait paroît constant par les inscriptions anciénes que l'on voit encore à Narbonne, où ceux qui teignoient la pourpre sont appellez *Purpurarii*, & dans la *Notice de l'Empire*, il se trouve un officier de l'empereur, *sub comite sacrarum largitionum* qui est appellé, *Procurator baphii Narbonensis*.

Liv. 4. initio.

Liv. 4, ch. 6.

PAGE V.

Tous ces avantages & quantité d'autres, comme les beaux marbres des Pyrenées, & celui des montagnes de S^t. Pons; le salicort qui sert à faire le verre, & qu'on recüeille abondamment dans les campagnes de Narbonne, le chamvre & le safran, qui croissent sur les rives du Tarn, mettoient cette province en état de pouvoir se passer des autres, & firent dire aux Romains (comme Pline l'écrit) que la Gaule Narbonnoise étoit une des plus riches provinces du monde.

Liv. 3. Ch. 4.

Une preuve qu'on peut encore raporter de l'affection que prirent les Romains pour la Narbonnoise, c'est qu'il n'est aucune province dans les Gaules où ils ayent laissé de plus beaux monumens de leur magnificence, soit pour l'ornement des villes, soit pour le plaisir des citoyens, & pour la commodité des voyageurs. La seule ville de Nîmes nous donne un racourci du Colisée, du Pantheon, & des aqueducs de Rome. On voit son amphiteâtre de figure ovale, à qui l'on donne depuis long-tems le nom des *arénes*, porté sur soixante-trois arceaux, & long de quatre cent soixante-dix pas : il n'est pas veritablement de la grandeur ni de l'élevation du Colisée;

Ses Monumens anciens.

mais il eſt beaucoup plus entier; & l'on admire, depuis ſeize cens ans qu'il eſt bâti, la grandeur & la beauté de ſes pierres auſſi bien que le bon goût de ſon architecture.

La Maiſon-Quarrée qui ſert aujourd'hui d'égliſe dans la ville de Nîmes, n'eſt ni de la même figure ni de la même grandeur que le Pantheon à Rome, mais la beauté de ſes colomnes, de ſes chapiteaux, & autres ornemens, ſert à nous faire voir à quel point de perfection les Romains portérent les beaux-arts, & l'uſage qu'ils en voulurent faire pour l'embeliſſement de nos cantons. La poſterité devra la conſervation de ce bel ouvrage aux ſoins de Mr. de Baſville, intendant de cette province, qui, par les reparations qu'il y a fait faire, l'a mis en état de réſiſter encore durant pluſieurs ſiécles à l'injure du tems.

Le pont du Gard, qui attire la curioſité de tous les voyageurs, l'emporte pour la grandeur du deſſein, ſur les aqueducs dont on voit encore des reſtes à Rome. Il s'agiſſoit de donner de l'eau à la ville de Nîmes, & de tranſporter d'une montagne à l'autre, une groſſe fontaine qu'on vouloit y conduire : pour conſerver à l'eau ſon niveau, on éleva depuis le fonds de la colline un bâtiment à la hauteur des deux montagnes; ce bâtiment eſt un triple pont l'un ſur l'autre, au haut duquel eſt le canal qui conduiſoit l'eau : le premier pont a ſix arcades de quatre cent trente-huit piés de longueur, & quatre-vingt-trois de hauteur : Le ſecond a dix arcades de ſept cent quarante-ſix piés de longueur & vint & un de hauteur. Le troiſiéme qui eſt de brique a trente-cinq arches, ſur leſquelles étoit le canal de la fontaine.

Je ne parle que de ces trois ouvrages qui ſubſiſtent encore, & qui offrent à nos yeux une preuve bien ſenſible que les Romains ſe plûrent dans nôtre païs, puiſqu'ils prirent tant de ſoin de l'embellir. Je paſſe ſous ſilence le temple de Diane à Nîmes, celui de Vénus à Vendres, & la Tourmagne de Nîmes dont on ne voit que les débris, le chemin dit de la Monoye, *via Monetæ*, qui conduiſoit de Nîmes juſqu'à Subſtantion & à Murviel, l'amphiteâtre de Beziers, dont on voit encore les rüines, dans le jardin du logis de la Croix-Blanche, le pont de Septimius, dit aujourd'hui *Pont ferme*, qui Page vi. traverſoit l'étang de Capeſtan pour * aller plus ſûrement de Narbonne à Beziers, le capitole, l'amphiteâtre, les bains, & les écoles municipales qu'ils établirent à Narbonne, dont on ne voit à la verité plus de veſtiges, Marca Hiſpan. Liv. 1. Pag. 38. parceque cette ville a été pluſieurs fois rüinée, mais dont on a des témoignages certains dans Auſone, Sidonius, & autres. .

Ses limites. La Garonne depuis ſa ſource juſqu'à ce qu'elle reçoit la rivière du Tarn, terminoit la Gaule narbonnoiſe, qui du côté du midi s'étendoit le long de la mer, depuis les Alpes jufqu'aux Pyrenées, & renfermoit du côté du nord le Dauphiné, le Comtat Venaiffin, & le Vivarés. Telle fut fon étendue depuis les premières conquêtes des Romains, jufqu'au tems d'Augufte qui, divifant toutes les Gaules en quatre parties, fçavoir: la Belgique, l'Aquitanique, la Lyonoife & la Narbonnoife, laiffa néanmoins à celle-ci fes anciénes bornes. Mais, les empereurs qui lui fuccedérent voyant que ces gouvernemens étoient trop étendus les foudiviférent en plufieurs autres provinces, dont quelques unes rétinrent leur nom, mais foudivifé. Ainfi, Lyon & fon diftroit fut appellé *Lyonoife première,* Roüen *Lyonoife II,* Tours *Lyonoife III* & Sens *Lyonoife IV.*

La Province narbonnoife fut divifée en trois parties, dont deux en rétinrent le nom: Narbonne, avec tout ce qui compofe aujourd'hui le Languedoc & le Rouffillon, fut la *Narbonnoife première.* Aix avec la Provence & le Comtat Venaiffin, fut la *Narbonnoife feconde;* mais, Viéne fut appellée avec le Dauphiné, & la partie voifine des Alpes, la *Province viennoife.* C'eft de cette anciéne divifion qu'a pris origine le titre de primat, que les anciens archevêques de France confervent encore. Celui de Narbonne eft appellé dans plufieurs anciénes chartes, *Archiepifcopus primæ fedis;* c'eft-à-dire, *primæ Narbonenfis;* celui de Lyon l'a eu de même, parcequ'il eft *in Lugdunenfi primâ.* Par la même raifon ceux de Bourges & de Treves, ont confervé la qualité de primat, parceque l'un eft *in Aquitanicâ primâ,* & l'autre *in Belgicâ primâ.*

La divifion après le tems d'Augufte.

La Gaule narbonnoife fut gouvernée tantôt par des préteurs, tantôt par des proconfuls, & quelquefois par des recteurs ou préfidens. Gariel, dans un traité feparé qu'il nous a donné de ceux qui y gouvernérent pour les Romains, y fait mention de Marcus Fonteius, dont Ciceron dans une de fes oraifons réleve les vertus durant fon gouvernement de la province narbonnoife; Aterius Labeo Prætorius, qui avec le titre de proconful de la Province narbonnoife, fe glorifie dans Pline de fçavoir bien peindre en petit volume; de Marcus Popilius Lenas, confulaire, que Maguelonne a particuliérement connu, dit Gariel; de l'empereur Antonin originaire de Nîmes, qui après avoir été gouverneur de cette province fut adopté par Adrien, & étant enfuite empereur, c'eft lui qui fit faire, dans la ville de Nîmes, ces bâtimens magnifiques dont nous avons déjà parlé. Je paffe fous filence plufieurs empereurs du fecond & du troifiéme fiécle, à qui le gouvernement de cette province a fervi de dégré pour monter fur le trône, je me contente de faire mention de Carus, de Carinus & Numerianus, parcequ'ils étoient natifs de Narbonne, au raport d'Eutrope & d'Aurelius Victor.

Son gouvernement fous les Romains jufqu'au tems des Vandales & des Gots.

Page 5.

IIIe Siècle.

IVᵉ SIÈCLE.

Les habitans de cette province joüiſſoient de tous les droits de citoyens-romains; ils pouvoient aſpirer à toutes les charges de l'empire : et à ce ſujet, je ne dois pas oublier les tables d'airain, conſervées encore de nos jours dans l'hôtel-de-ville de Lyon, où on lit le diſcours que l'empereur Claude fit en plein ſenat pour obtenir aux naturels de la Province narbonnoiſe, la faculté de pouvoir être élus ſenateurs.

Les Romains la gouvernérent paiſiblement près de trois cens ans depuis leur conquête; mais, vers le milieu du troiſiéme ſiécle, cette province commença d'être agitée par des troubles qui y cauſérent avec le tems un changement entier de domination.

Le premier trouble que l'hiſtoire nous marque eſt l'irruption de Crocus roi des Allemans, qui, ſous l'empire de Valerien & de Galien, pouſſa ſes conquêtes juſqu'en Languedoc. Cette époque eſt très-remarquable pour les égliſes de Mende & de Viviers; à l'une parcequ'il fit ſouffrir le martyre à Sᵗ. Privat évêque de Mende; à l'autre parcequ'ayant rüiné la ville d'*Albs* ou *Albe,* qui étoit le ſiége des premiers évêques du Vivarez, leurs ſucceſ-

PAGE VII.

ſeurs furent obligez de le transférer* à Viviers, où il a reſté juſqu'à préſent; je fais cette remarque, parceque les évêques de Viviers, n'ont pas laiſſé depuis cette tranſlation d'être appellez quelquefois *epiſcopi albenſes*. Gregoire de Tours nous apprend que le roi Crocus fut pris dans la ville d'Arles, par Marien, gouverneur de Narbonne, & qu'après avoir été foüeté & tourmenté de divers ſuplices, il fut mis à mort.

Sa mort néanmoins ne pacifia pas entièrement les troubles dans cette province : car, les barbares qui l'avoient ſuivi étant encore maîtres de pluſieurs places, donnèrent de l'exercice à Aurelien qui regna dix ans après, & ce ne fut qu'à la première année de l'empire de Probus que les ſoixante villes qu'ils occupoient encore (dont Maguelonne étoit du nombre) rentré-rent toutes ſous la domination des Romains. Vopiſcus, dans la *Vie de Probus*, raporte la lettre que cet empereur écrivit au ſenat en ces termes. « *Quarante* « *mile hommes ont été tuez; ſeize mile faits priſonniers; ſoixante dix villes conſi-* « *derables ont été repriſes, & toutes les Gaules entièrement delivrées de nos ennemis.* »

Les Gaules, en effet, reſtérent encore tout un ſiécle ſous la domination des Romains, quoique, durant ce temps, elles fuſſent agitées de mile différents partis, qui s'élevèrent à l'occaſion des concurrens à l'empire; il y en eut un ſi grand nombre que l'on compte plus de vingt empereurs depuis Probus juſqu'aux enfants de Théodoſe, c'eſt-à-dire durant l'eſpace de cent dix années. Ces mouvements, que chacun d'eux cauſa à ſon tour, furent comme des ſecouſſes réiterées, qui, après avoir ébranlé l'empire romain, le détruiſirent enfin dans nos quartiers.

Cet évenement qui arriva au commencement du cinquième siécle, fut   IVe Siècle.
causé par l'irruption des Vandales l'an 406. Ces peuples venus du nord
& suscitez par les fameuses factions de Rufin & de Stilicon, qui, au lieu de
conserver l'empire aux enfans de Theodose leur ancien maître, ne travaillérent par jalousie ou par ambition qu'à le détruire, parcoururent toutes les
Gaules, ruinérent la plupart des villes, & le petit nombre de celles qui
échapérent à leur fureur, furent désolées par le fer & par la famine. *Narbo-*   *Hieronim. Epist.*
nensis provinciæ præter paucas urbes populata sunt cuncta, quas & ipsas foris gladius,   *ad Ageruchiam.*
& intus vastat fames.

Si la ville de Maguelonne fut de ce nombre, je ne sçaurois assurer, parceque l'histoire ne s'en est pas conservée jusqu'à nous, je serois cependant
porté à croire qu'elle fut préservée du ravage ; sa situation au milieu des
eaux étoit seule capable d'arrêter le premier feu des Vandales, qui, comme
un torrent, s'étoient répandus dans toutes les Gaules sans s'arrêter nulle
part. Peut-être même que ces barbares ayant été contrains de passer, comme
ils firent, par la Catalogne, dans le reste de l'Espagne, voulurent ménager
Maguelonne d'où les vaisseaux pouvoient leur porter des vivres sur les
côtes d'Espagne.

Quoiqu'il en soit, ces barbares furent chassez de la Gaule narbonnoise,
par de nouveaux peuples qui changérent pour toûjours le gouvernement
de cette province & la tirérent entiérement de la domination des Romains.

Ces nouveaux peuples qui se rendirent maîtres de la première Narbon-
noise furent les Goths, venus du côté de la Vistule, qui, ayant donné bien   *Entrée des Gots*
de l'exercice aux Romains durant deux siécles, prirent la ville de Rome,   *dans la première*
l'an 409, sous la conduite de leur roi Alaric, dans le tems que les Gaules   *Narbonnoise.*
étoient en proye aux Vandales.

L'empereur Honorius, pour se délivrer de ces deux enémis également
redoutables, ne songea qu'à les commettre ensemble, pour se défaire des
uns par le moyen des autres : dans ce dessein, il céda aux Goths les Gaules
& l'Espagne, & ceux-ci, ayant quité les environs de Rome, se mirent en
chemin pour prendre possession des nouvelles terres qui leur avoient été
cedées. *Honorius deliberato consilio Gallias Gothis concessit,* dit Paul d'Aquilée.
Alaric, leur roi, mourut durant ce voyage, en 410. Mais Ataulphe, qui lui
succeda, au lieu de continuer sa marche, ramena ses troupes à Rome, où il
fit prisonniere de guerre la princesse *Placidia, sœur de l'empereur Honorius :   Page VIII.
je marque cette circonstance, parceque les suites en furent avantageuses à la
première Narbonnoise & à la religion. Ataulphe, étant devenu éperdument
amoureux de cette princesse, ne voulut point quitter l'Italie qu'il ne fût
assuré de l'épouser, &, ayant eu son consentement & celui de l'empereur,

son frere, & du comte Conftantius, son rival, il partit avec elle, en cotoyant toûjours la mer pour venir dans les Gaules. *Amore uxoris suæ Placidiæ à finibus Romanorum discedit,* dit Geofroy de Viterbe, &, étant arrivez dans les Gaules, ils y furent reçûs non comme enémis, mais comme amis du peuple romain. A leur approche, les Vandales se retirérent en Espagne, dans l'Andaloufie, qui a retenu leur nom, & de là ils pousférent jusque dans l'Affrique, où ils firent tous les ravages qui sont marquez dans la *Vie de saint Augustin.*

La plus-part des villes de la premiére Narbonnoise & une partie de celles de l'Aquitaine se soûmirent à Ataulphe sans resistance. Quelques autres firent les difficiles; mais, soit par la force des armes ou par l'adresse & le credit de la reine, tout se soûmit à lui depuis le Rhône jusqu'à la Garonne.

C'est entre ces deux riviéres que les Goths commencérent à établir leur domination en Occident, & c'est d'eux que la premiére Narbonnoise prit le nom de Languedoc, qu'elle porte encore aujourd'hui.

Ce royaume des Goths en Occident s'étendit bien avant dans l'Espagne & dura plus de trois cens ans, sous un grand nombre de rois, qui furent maîtres de la Castille, de l'Aragon, de la Catalogne & du Languedoc; ils furent appellez Visigoths, c'est-à-dire Goths en Occident, pour les diftinguer de ceux de leur nation qui, sur la fin du cinquiéme siécle & beaucoup plus tard que les Visigoths, commencérent en Italie, sous la conduite de leur roi Theodoric, le royaume des Oftrogoths ou Goths orientaux, qui, après plusieurs évenémens remarquables dans l'histoire, finit en 552, n'ayant duré en tout que cinquante-huit années.

Ataulphe se plût si fort dans nôtre province & particuliérement dans nos cantons, qu'il fit son séjour le plus ordinaire à S*t*. Gilles, entre le Rhône & l'étang de Maguelonne, ce qui fit donner à la ville de S*t*. Gilles le nom de Palais des Goths, qu'elle conservoit encore du tems de Godefroy de Viterbe & d'Othon de Frizingue, qui vivoient dans le douziéme siécle.

Golof. Viterb. Hist. Lib. 6. Otho Frizing. in Chron.

Ataulphus amore uxoris suæ Placidiæ à finibus Romanorum discedit, ubi hodie villa Sancti Egidii in loco qui usque hodie Palatium Gothorum dicitur. Othon se fert presque des mêmes paroles, que je ne raporte point.

Le nouveau roi ne sortit de St. Gilles que pour ses expeditions de guerre & pour faire reconnoître par ses nouveaux sujets la reine son époufe; il choisit pour cette cerémonie la ville de Narbonne, comme la

Olimpiodore in Bibliot. Photii.

plus considerable de la province, & l'auteur qui nous a conservé la description de la grande fête qu'il y donna, nous marque qu'au milieu d'une grande sale parée, suivant la coûtume des Romains, la reine, dans ses habits royaux, étoit fur un trône élevé, ayant auprès de foi le roi Ataulphe, vêtu à la romaine; qu'en cet état, on vint lui apporter un grand nombre de magnifiques préfens; le même auteur ajoute que cinquante jeunes pages, vêtus de foye, entrérent avec un baffin à chaque main, l'un rempli d'or & l'autre des pierres précieufes qui lui reftoient du pillage de Rome, & vinrent les pofer aux piés de la reine. On chanta les épithalames & enfuite on fit des jeux magnifiques.   Ve Siècle.

Cette joye ne dura que fort peu d'années; car, foit que les Goths fuffent jaloux du grand pouvoir de la reine fur l'efprit du roi (comme Oroze l'a écrit), foit à caufe des troubles que le comte Conftantius, fon ancien rival, lui fufcita, Ataulphe fut affaffiné à Barcelonne, l'an 415, & laiffa fon fceptre à Sigeric, qui, peu de mois après, eut le même fort que lui.

Vallia fucceda à ce dernier, & d'abord il fe fervit utilement de la demande que fit l'empereur Honorius, qu'on lui rendît fa fœur Placidie, veuve d'Ataulphe, qui étoit encore entre les mains des Vifigoths. La commiffion fut donnée au * comte Conftantius de ramener cette princeffe à quelque prix que ce fût; il conclut la paix avec les Vifigoths, leur ceda le Languedoc, avec les provinces d'Efpagne voifines des Pyrenées, &, ayant rétiré de leurs mains la reine Placidie, il l'obtint enfin de l'empereur pour fa recompenfe. C'eft de ce mariage que vint l'empereur Valentinien III. Vallia, s'étant ainfi affuré de nouveau la poffeffion des terres qu'il occupoit déja, établit fa demeure à Touloufe, qui fut pendant plus de quatre-vingts ans la capitale du royaume des Vifigoths, &, après plufieurs expeditions en Efpagne, contre les Vandales, Vallia revint à Touloufe, où il mourut après une longue maladie, en 429 [1].   *Suite des Rois Goths, jufqu'à Alaric.*   Page ix.

Theodoric I, fon fucceffeur, par des motifs que l'hiftoire ne marque pas, voulut étendre fes états du côté de la Provence, mais la guerre qu'il fit aux Romains, qui en étoient les maîtres, ne lui fut point heureufe; car Aëtius, fi célèbre dans l'hiftoire de ce fiécle, lui fit lever le fiége d'Arles, qu'il avoit entrepris, & enfuite celui de Narbonne, qui tenoit pour les Romains; il fut même reduit aux derniéres extrémitez dans la ville de Touloufe, où, n'ayant d'autre efpoir qu'en la clemence des affiégeans, il envoya plufieurs évêques (parmi lefquels étoit S^t. Orens, évêque d'Auch) demander la paix à Littorius, qui commandoit l'armée romaine. Celui-ci la refufa conftament, & les Vifigoths, prénant des forces de leur défefpoir, donnérent comme des furieux fur les Romains, les mirent en fuite, prirent leur chef, &, l'ayant

---

[1] L'auteur a biffé, dans le manufcrit, les paragraphes fuivants, jufqu'à celui qui commence par ces mots : « Plufieurs de cette nation », p. xxx.

conduit en triomphe & donné en spectacle aux femmes & aux enfans, ils le firent mourir. On voit dans Salvien, qui vivoit dans ce siécle, la description de cette memorable journée.

Il sembloit qu'après une perte si honteuse, les Romains ne pouvoient plus vivre d'intelligence avec une nation qui les avoit si mal traitez, mais un besoin plus pressant les réünit ensemble, par un évenément des plus célebres de nôtre histoire. Les Francs, venus de la Franconie, qui, sous la conduite de leur roi Meroüée, avoient passé le Rhin, étoient à peine les maîtres des premiéres provinces qui sont au deçà de ce grand fleuve, qu'ils furent bientôt suivis du fameux Attila, qui, à la tête des Huns, qu'il avoit amenés de la Pannonie, ne se proposoit rien moins que d'envahir toutes les Gaules. Il avoit auparavant à combattre les Francs, les Romains & les Visigoths, qui occupoient alors les grandes & belles provinces de cet état. Pour les désunir, Attila fit entendre à l'empereur Valentinien III qu'il n'en vouloit qu'aux Visigoths, &, pour empêcher que Theodoric unit ses forces à celles de l'empereur, il lui écrivit qu'il n'en vouloit qu'aux Romains. Dans l'esperance du succez de cette ruse, il s'avança jusqu'à Metz, qu'il rüina comme plusieurs autres villes qu'il avoit trouvé sur son passage; il avoit même déja réduit Orléans à la derniére extremité, lorsque les Romains & les Visigoths, sollicitez par S^t. Aignan, évêque de cette ville, vinrent en faire lever le siége. Aëtius conduisoit l'armée romaine & Theodoric celle des Visigoths, qui, s'étant tous unis avec Meroüée, tombérent sur l'armée d'Attila, dans la plaine que nos historiens appellent *in campis Catalaunicis*, & y donnérent cette fameuse bataille qu'un historien espagnol appelle la plus grande bataille du monde : trois cent mile combatans y restérent sur la place, parmi lesquels Theodoric, roi des Visigoths, fut du nombre, après un regne de vingt-deux ans.

Son fils Thorismond, qui l'avoit suivi dans cette bataille, fut proclamé roi par ses soldats; il revint à Toulouse, par le conseil d'Aëtius, pour s'assurer de son royaume, tandis qu'Attila, après sa défaite, alla ravager toute l'Italie. Ce fut dans ce voyage que le pape S^t. Leon obtint de lui qu'il épargnât la ville de Rome; mais ce prince inquiet, qui avoit eu la déference pour S^t. Leon d'abandonner l'Italie, ne put pas rester long-tems dans la Hongrie, où il s'étoit retiré; il revint sur les bords de la Loire, d'où il menaça Thorismond d'entrer dans ses états. Ce prince y accourut, &, ayant gagné sur lui une seconde bataille, aussi considerable (dit Jornandez) que l'avoit été la premiére, il le contraignit de retourner vers le Danube. Mais Thorismond ne joüit pas long-tems de sa victoire, car, étant revenu à Toulouse, il y fut assassiné dans la troisiéme année de son regne.

*Son frere Theodoric II, dont Sidonius Apollinarius fait un portrait avantageux dans la feconde épître du premier livre, lui fucceda. Il eut des guerres en Efpagne, contre les Sueves, qui font étrangeres à mon fujet, &, les ayant heureufement terminées, il mourut dans le tems qu'il étoit en paix avec tous fes voifins, après avoir regné environ treize ans.

V.Siècle.
Page x.

Je fuis obligé de marquer la fuite de tous ces rois, pour mieux difpofer le lecteur à tout ce que j'aurai à dire fur Maguelonne; & je vais donner encore l'abregé de la vie de fon fucceffeur Evarix, fous qui il fe paffa bien de chofes intereffantes pour nôtre province.

Evarix ou Eorix fe faifit du gouvernement auffitôt après la mort de Theodoric II & fut foupçonné d'avoir empoifonné fon frere. *Euricus frater* (dit Jornandez) *percupidâ feftinatione fuccedens, fævâ fufpicione percuffus eft.* La fuite de fon regne fe reffentit des moyens qu'il avoit mis en ufage pour parvenir à la royauté: il fut entreprenant & heureux; politique, mais cruel. Voyant que l'empire d'Occident étoit en proye aux plus hardis, il réfolut lui-même d'envahir les Gaules. Après s'être rendu maître de la Provence, par la prife qu'il fit d'Arles & de Marfeille, il tourna fes armes vers les deux Aquitaines, c'eft-à-dire les provinces de Bourdeaux & de Bourges, qu'il fubjugua entiérement, de forte que fon royaume dans les Gaules s'étendoit jufqu'à la Loire, comme Sidonius & Adon de Viéne le difent formellement; en forte que les Romains étoient alors reduits aux provinces qui font au-delà de ce fleuve, fuivant Gregoire de Tours: *In iis autem partibus ad meridionalem plagam habitabant Romani ufque ad Ligerim; ultra Ligerim Gothi dominabantur.*

L'an 466.

Ifidor. in Chronico.

Sidon. Liv. 3. Epift. primâ.
Ado, in Chronico.

Les Romains, étant donc reduits, dans les Gaules, aux provinces de delà la Loire, vecurent dans une fi grande divifion au fujet de l'empire, que l'on compte dix empereurs qui [1] fe fuccedérent dans l'efpace de trente-huit années, c'eft-à-dire depuis la mort de Valentinien, arrivée en 455, jufqu'à celle d'Odoacer, en 493. Ces divifions, qui furent caufe de l'entiére rüine des Romains dans les Gaules, furent celle de l'agrandiffement des François; car ces nouveaux conquerans les chafférent bientôt de leur anciéne poffeffion, &, fe trouvant voifins des Vifigoths, ils eurent avec eux les guerres que nous verrons dans la fuite.

Eorix, fe trouvant maître d'un fi grand état, s'attacha à le policer, car les Goths, avant lui, n'avoient point de loix écrites & fe contentoient de vivre felon leurs ufages & coûtumes. Eorix fut le premier qui leur donna

---

[1] Valentinien, Maxime, Avitus, Majorien, Severe, Anthimius, Olibrius, Glycerius Nepos, Auguftule, Odoacer.

Vᵉ Siècle.	
Mém. du Languedoc, pag. 474.	
Epiſt. premiere, Liv. 2.	
Mém. Pag. 475.	
Petarii notæ in epiſt. Sidonii.	
Catel. Mém. Pag. 475. Page xi.	
Greg. de Tours, Chap. 25, Liv. 2. Hiſt.	
Commencement & fin du roi Alaric.	

des loix, que M. Pithou a fait imprimer & dont Catel dit avoir vû des exemplaires dans diverſes abbayes du Languedoc. Ces loix furent continuées par les ſucceſſeurs d'Eorix, & leurs peuples furent obligez de s'y ſoûmettre. C'eſt pourquoi Sidonius Appollinaris ſe plaint que les loix de Theodoſe étoient negligées & celles de Theodoric étroitement gardées : non (comme le remarque M. Catel) qu'Eorix ne fût l'auteur de ces loix, mais par une eſpece de jeu de mots, que Sidonius a affecté pour oppoſer les loix theodoriciennes aux loix theodoſiennes, parce que divers rois des Goths ont porté le nom de Theodoric.

L'établiſſement de ces loix, que fit Eorix pour le bon gouvernement de ſes peuples & l'agrandiſſement de ſes états, qu'il pouſſa juſqu'à la Loire, auroient ſuffi pour rendre ſon regne glorieux, ſi ſes victoires n'avoient pas ſervi à la rüine de pluſieurs villes confiderables & à la perſecution ouverte qu'il fit aux catholiques, & particuliérement à leurs évêques. Parmi les villes qu'il rüina, Sidonius marque Bourdeaux, Perigueux, Rhodez, Limoge, Mende, Euze (premier ſiége des évêques d'Auch), Bazas, Sᵗ. Bertrand de Comenges & Auch; mais le plus grand effort de ſes armes tomba ſur Clermont, en Auvergne, d'où Sidonius lui-même étoit évêque ; il exila ce grand prélat, recommandable par ſa naiſſance, par ſon ſçavoir & par ſa ſainteté, à Livia, entre Narbonne & Carcaſſonne, que le P. Sirmond, après M. de Catel, croyent être Lezignan d'aujourd'hui. Les autres évêques de ſes états furent encore plus cruellement traitez, car il en fit* mourir la plus-part, &, ne voulant point qu'on en mît de nouveaux à leur place, il fit démolir la plus-part des égliſes; celles qui furent épargnées à la campagne ſervoient de retraite aux troupeaux, & celles qui étoient dans les villes devinrent inacceſſibles, par les ordres que le roi donna de faire arracher juſqu'aux gonds des portes & d'en fermer l'entrée avec des ronces & des épines.

Alaric, quoiqu'arrien, traita les catholiques plus favorablement que n'avoit fait le roi ſon pere, car il permit aux évêques du Languedoc de s'aſſembler à Agde & d'y tenir un concile, qui fut celebré dans l'égliſe de Sᵗ. André, l'an de nôtre ſalut 506, ſous le pontificat du pape Simmachus ; Cæſaire, archevêque d'Arles, y préſidoit, à la tête de trente-trois évêques qui formoient l'aſſemblée; &, parmi les choſes qui y furent reſoluës, il eſt à remarquer qu'on y decerna des prieres pour le roi Alaric, quoiqu'arrien : *Ut qui*, diſent les Peres, *congregationis nobis permiſerat poteſtatem, regnum ejus Dominus feliciter extenderet, juſtitiâ gubernaret, virtute protegeret.*

Dans le même tems que le roi Alaric eût accordé cette faveur aux catholiques de ſon état, il continua les ſoins que ſon pere s'étoit donné pour policer ſes peuples; car il fit dreſſer par le juriſconſulte Anien, ſon chancelier, un recueil de loix romaines, auquel on donna le nom de *Code Alaric*, pour fervir aux Romains de fes états, tandis que les Vifigoths étoient tenus de fuivre les loix prefcrites par Eorix : ce Code eut cours durant plufieurs fiècles dans le Languedoc, qu'on a toûjours appellé *pays de droit écrit*.

<small>V.e SIÈCLE.

Lafaille. Anual. de Toulouſe, pag. 34.</small>

La publication de ce code fut faite l'an vingt-deux du regne d'Alaric, dans le tems que le grand roi Clovis méditoit la conquête de toutes les Gaules; le progrez qu'il avoit déja fait allarma le roi des Vifigoths, qui n'ignoroit pas (comme dit Gregoire de Tours) que les naturels du pays preferoient la domination des Francs à celle des Goths : *tunc ex Gallis habere Francos dominos ſummo deſiderio cupiebant.* Clovis, d'un autre côté, animé par les conquêtes qu'il avoit déja faites & pouffé par les motifs de la religion chrêtienne, qu'il venoit d'embraffer, vouloit affurer aux églifes de deçà la Loire la liberté que les Goths leur avoient fi fouvent ôtée; il fit marcher fes troupes contre Alaric, qui, pour le prévenir, fit avancer fon armée jufques dans le Poitou, où fe donna, à Voglay, cette fameufe bataille qui décida de l'établiffement des François dans la plus grande partie du royaume; Alaric y fut défait & tué l'an 507, & Clovis victorieux, pouffant fes conquêtes jufqu'à Touloufe, enleva cette ville aux Vifigoths, qui en avoient fait la capitale de leurs états dans les Gaules, depuis que Vallia y avoit établi fon fiége.

<small>Entrée des François dans le Languedoc.</small>

Cette perte auroit entraîné peut-être la rüine entière des Goths dans les Gaules, fi Clovis, fe fervant de fon avantage, les eût pouffés jufqu'à la Mediterranée; mais, par des raifons que l'hiftoire ne marque pas, il ramena fes troupes vers la Loire, & les Goths, revenus de leur première épouvante, s'attachérent à conferver les villes qui leur reftoient & à mettre quelque ordre dans la famille royale, que la mort prématurée d'Alaric avoit dérangé.

Comme il ne laiffoit d'autre fils légitime que le jeune Amalric, encore enfant, ils crûrent pouvoir confier le foin de fes états à Gelffaric, fon frere bâtard, dont ils firent choix à Narbonne, où ils avoient ramaffé les débris de leur armée; mais, ce nouveau roi, ayant mal répondu à leur choix, fut tué après trois ans feulement de regne; ils furent obligez d'avoir recours à Theodoric, roi d'Italie, qui étoit ayeul, par la reine fa fille, du jeune Amalric.

Les lieutenans qu'il envoya dans le Languedoc travaillérent utilement pour le roi fon petit-fils, & l'un d'eux, nommé Ibba, qui commandoit à Narbonne, profita de la mort du roi Clovis, arrivée en 511, pour reconquerir une bonne partie de ce que les François avoient enlevé aux Goths. Gregoire de Tours le fait affès entendre par ces paroles : *Gothi vero cùm poſt Clodovæi mortem multa quæ ille acquiſierat pervaſiſſent;* mais, pour affurer à

<small>Chap. 21. Liv. 3. Hiſt.</small>

Amalric la possession de ces places reconquises, on traita de son mariage avec Clotilde, sœur des enfans du grand Clovis, & l'on fit un partage qui le regloit avec tous ses voisins.

Par ce partage, on ceda aux Ostrogoths la Provence & tout ce qui est au delà * du Rhône, pour les dédommager de toutes les dépenses que Theodoric, leur roi, avoit faites pour conserver les états d'Amalric, & ce jeune prince eut tout ce qui est au deça du Rhône, c'est-à-dire les villes de Narbonne, Maguelonne, Carcassonne, Beziers, Agde, Lodéve & Elne, mais non pas Touloufe, qui resta toûjours au pouvoir des François depuis que Clovis le Grand en eut fait la conquête. La chose paroît clairement par la soufcription des évêques qui assistérent aux conciles tenus à Toléde ou à Narbonne, depuis que les rois Goths eurent abjuré l'arianisme; car tous les évêques des villes que je viens de nommer s'y trouvent signez, mais jamais celui de Toulouse, quoique suffragant de Narbonne, parceque Toulouse n'étoit plus aux Visigoths, mais bien aux François, à qui une trop grande liaison de leurs évêques avec les évêques étrangers auroit été suspecte.

Une autre remarque, que fait M. Catel au sujet de ce partage, est que les terres au delà du Rhône qui furent cédées aux Ostrogoths, alors maîtres de l'Italie, sont appellées encore aujourd'hui par le peuple *terres de l'empire*, comme nous voyons qu'elles l'étoient du tems de S⁺. Loüis, dans le traité de paix qu'il fit avec Raymond le Jeune, comte de Toulouse : ce qui fait présumer à cet auteur que ce nom de *terres de l'empire* leur fut donné parcequ'elles revinrent alors sous la domination des rois d'Italie, qui tenoient la place des empereurs d'Occident; ce qu'il croit encore avoir pû servir aux empereurs qui sont venus depuis de donner quelquefois en inféodation les terres de Provence. Cette remarque peut aussi servir de raison à une observation assés ordinaire aux voyageurs qui, en décendant le Rhône en bateau, entendent souvent les bateliers crier : *Vire vers l'emperi*, lorsqu'ils veulent prendre bord du côté du Dauphiné ou de la Provence, au lieu qu'en voulant tourner du côté du Languedoc, ils crient : *Vire vers lou royaume*; le lecteur sçait assés que la tradition se perpetuë mieux parmi ces sortes de gens, quoiqu'ils ne soient pas toûjours capables de rendre raison de ce qu'ils disent.

Amalric, devenu paisible maître de son royaume par le moyen de ce partage, conduisit la reine Clotilde, son épouse, dans les provinces d'Espagne qui étoient de sa domination; il fit son séjour le plus ordinaire à Tolede, où il passa cinq années avec la reine, & leur union auroit été parfaite si la diference de religion n'avoit troublé leur bonheur. Le roi, trop passionné pour la secte arienne, voulut persuader la reine de l'embrasser; mais cette princesse le pria toûjours de la laisser vivre dans la religion qu'elle avoit appris de S^{te}. Clotilde, sa mere; son refus irrita le roi & le porta à des extremitez outrées : il fit remplir d'ordures la chapelle où elle alloit faire ses prieres, & il la frapa un jour si rudement qu'elle crut devoir envoyer au roi Childebert, son frere, pour le toucher de pitié, afin qu'il la delivrât de la persecution où elle étoit exposée tous les jours. Childebert quitta la France & conduisit son armée jusqu'à Tolede, où Amalric, n'étant pas en état de lui resister, il prit la fuite & fut mis à mort par ses propres sujets.

VIe Siècle.

Gregoire de Tours. Aimon le Moine.

Childebert, content d'avoir délivré sa sœur, la ramena en France, & ce fut dans cette occasion que Vincentius, évêque de Maguelonne, se trouva (comme on le marque) au passage du roi, dans la ville d'Arles, comme nous le dirons plus amplement.

Quelque tems après, Childebert fit une seconde irruption en Espagne (dont l'histoire ne marque point la cause), avec le roi Clotaire, son frere, & il est certain que ces deux rois poussèrent jusqu'à Sarragoce ; mais le succez en est raconté diversement par Isidore & par Aymon le Moine : il suffit, pour nôtre histoire, de remarquer que le royaume des Visigoths ne fut point demenbré dans cette guerre.

Theudis (l'an 531) étoit alors sur le trône; Theudisclus (l'an 548) & Agila (l'an 549), lui succederent l'un après l'autre ; ils perirent toutefois par une mort violente, selon le sort assez ordinaire de la plus-part de ces rois barbares.

Athanagilde, qui leur succeda en 554, fut plus heureux et rendit son regne plus remarquable. Les rois de France Sigibert & Chilperic lui demandérent deux de ses filles pour épouses, & ces princesses, étant venuës en France, y abjurérent l'arianisme & furent un heureux presage de la conversion entiére des * Visigoths, qui arriva dans ce même siécle.

Page XIII. L'an 567.

Liuva, qui fut le successeur d'Athanagilde, se plût dans le Languedoc plus que dans les autres provinces de ses états; il choisit la ville de Narbonne pour son séjour ordinaire & laissa à son frere Leovigilde tout ce que les Goths occupoient en Espagne ; mais ce prince réünit bien-tôt, par la mort de Liuva, toute la monarchie des Goths, dont le partage avoit causé dans cette nation beaucoup de divisions & de troubles.

Leovigilde, étant donc devenu maître de tous ces états, rendit son regne mémorable par les alliances de ses enfans avec des filles de France, par les guerres qu'il soûtint contre Gontran, roi de Bourgogne, & par le martyre de S^t. Hermenegilde, son fils aîné. Ce jeune prince, qui avoit épousé Sidegundis, fille de Sigebert, roi d'Austrasie, fut sollicité par sa femme de se faire instruire de la religion catholique par S^t. Leandre, évêque de

Seville; ce qui ayant heureusement réüssi, il abjura l'arianisme, &, s'étant attiré l'indignation du roi son pere, il fut renfermé dans une prison, où n'ayant pas voulu, le jour de Pâques, communier des mains d'un évêque arien, que son pere lui avoit envoyé, il y fut cruellement mis à mort.

Cette action dénaturée attira une longue guerre dans le Languedoc, où elle causa bien du mouvement; car le roi Gontran, ayant appris la triste fin d'Ermenegilde & les mauvais traitemens que Sidegundis, sa veuve, recevoit tous les jours en Espagne, il resolut de s'en venger sur le roi Leovigilde & de le chasser entiérement de toutes les Gaules. Gregoire de Tours lui fait dire, parlant à ses soldats, ces paroles, qui marquent également son envie de conquerir le Languedoc & son indignation contre les Visigoths, qui en étoient les maîtres: *Prius Septimaniam provinciam ditioni nostræ subdite; indignum est enim ut horrendorum Gothorum terminus usque ad Gallias sit extensus.* Il fit marcher, pour ce dessein, deux armées: l'une du côté du Rhône, jusqu'à Nîmes, l'autre par le Haut Languedoc, qui vint jusqu'à Carcassonne, où elle entra sans aucune resistance; mais l'épouvante s'étant mise parmi les François, ils sortirent de cette ville, prirent la fuite & furent taillés en pieces sur le chemin, par les peuples qu'ils avoient pillez.

D'un autre côté, l'armée qui s'étoit avancée jusqu'à Nîmes ayant trouvé les autres villes du païs bien preparées à se défendre, les François furent contrains de se borner à ravager la campagne. Beziers, Agde, Substantion furent exposées à leur insulte; mais Maguelonne le fut moins, à cause de sa situation au milieu des eaux.

Cependant Leovigilde, pour se venger de cette irruption, ramassa des troupes dans ses provinces d'Espagne & les envoya, sous la conduite de son second fils, Recarede, du côté de Toulouse, qui appartenoit aux François. Recarede prit Castelnaudary, &, ayant ravagé la plus grande partie du terroir de Toulouse, il revint à Nîmes dans le tems qu'on parloit de faire la paix: il est vrai que Leovigilde la recherchoit, mais Gontran ne voulut jamais y entendre; de sorte que Recarede quitta la ville de Nîmes pour aller à Narbonne, afin d'être plus à portée du Haut Languedoc, où étoient les François; il continua ses courses contr'eux. Les actes d'hostilité durèrent (quoiqu'avec moins d'éclat) jusqu'à la mort de Leovigilde, qui arriva l'an dix-huitiéme de son regne; mais ils recommencérent plus vivement après la conversion du roi Recarede, son fils & son successeur, qu'il est tems de raconter.

Conversion de Recarede à la foi catholique.

Recarede, touché depuis long-tems du martyre de son frere Hermenegilde & de la pieté de Sidegundis, sa veuve, prit tant d'estime pour la religion catholique, du vivant même de son pere, qu'il voulut s'en faire instruire à fonds dés qu'il fut monté sur le trône; après qu'il en eut connu la verité, il resolut d'abjurer l'arianisme, &, pour rendre l'action plus sollemnelle, il fit assembler les évêques de tous ses états, l'an quatriéme de son regne & de nôtre salut 589. On a donné à cette assemblée le nom de *IIe Concile de Tolede*, où Genesius, archidiacre de Maguelonne, se trouve avoir signé pour Boëtius, son évêque. Là, en présence de tous les prélats, qui étoient au nombre de soixante-douze, Recarede demanda d'être reçû dans l'église catholique, &, pour faire connoître la sincerité de sa conversion, il envoya dans le Languedoc en avertir tous ses sujets, en les exhortant de suivre son exemple; le petit-nombre d'Ariens qui y étoient encore *quittérent leurs erreurs, & l'évêque Attalocus, qui les y entrétenoit (& qu'on croit avoir tenu le siége de Narbonne), voyant ce changement universel, en mourut de chagrin.

VIe Siècle.

Page XIV.

Il semble que la conformité de religion auroit dû procurer la paix entre les François & les Visigoths, dont les états se touchoient; Recarede fut le premier à la rechercher, & il l'obtint aisément de Childebert, roi de France; mais Gontran, roi de Bourgogne, soit par l'anciéne animosité qu'il avoit contre les Goths, soit par l'envie qu'il conservoit toûjours d'acquerir les terres qu'ils avoient dans les Gaules, refusa constamment de faire la paix, & il renouvella contr'eux une guerre dont les suites lui furent bien funestes: car Recarede, ayant défendu à ses sujets tout commerce avec ceux de Gontran, il courut sur la province d'Arles, où il prit le château d'Orgon; &, étant revenu jusqu'à Carcassonne, qui separoit les royaumes des Goths & des François, il surprit le roi Gontran, tandis qu'il étoit à se réjoüir avec ses favoris, au bord d'un ruisseau, où le carnage des François fut si grand que presque pas un n'en échapa; desorte que tous les historiens conviénent qu'ils ne firent jamais une plus grande perte contre les Goths.

Ses guerres avec Gontran roi de Bourgogne.

Après cet heureux succez, Recarede ne songea qu'à policer ses états & à y faire fleurir la religion; il ordonna qu'il n'y auroit dorenavant aucune diférence de condition entre les Romains, les Goths & les anciens Espagnols de son royaume, ce qui lui a attiré beaucoup de louanges, que l'on voit dans tous les historiens d'Espagne: aussi mourut-il fort regretté de ses sujets, l'an 601 & le quinziéme de son regne. On remarque, à son sujet, que les princes les plus dignes de son trône ne lui succedérent qu'après de longs intervalles.

601.

Son fils Liuva eut le sort ordinaire du plus grand nombre de ses predecesseurs: il fut tué par Viteric, dans la deuxiéme année de son regne, & Viteric par Gondemar, dans la septiéme de son usurpation.

Gondemar, pour se maintenir dans la sienne, s'obligea de payer un tribut aux François, ce qui irrita si fort ses sujets d'Espagne qu'ils vinrent dans le Languedoc, où ils chassèrent la garnison françoise que Gondemar avoit laissé mettre dans les châteaux de Jubinian & de Corneillac. Lui, de son côté, cherchant à mettre l'évêque de Tolede dans ses interêts, le fit reconnoître pour metropolitain par les évêques de la province de Carthagene, qu'il assembla à Tolede, l'an 610. Mais tous ces expediens ne l'empêchérent point de perir au bout de deux-ans.

Sizebut, qui fut son successeur, regna huit ans, sans avoir rien fait qui interesse nôtre histoire.

Son fils, Recarede II du nom, n'ayant regné après lui que trois mois, les Visigoths élûrent pour roi Suintilla, qui acheva de chasser les Romains de toute l'Espagne & fut le premier qui la réünit toute sous sa domination. Cette belle action le fit aimer de tous ses sujets; mais, ayant voulu faire reconnoître pour roi son fils Ricimer, encore enfant, il devint odieux aux grands, & l'un d'eux, nommé Sizenand, secouru par Dagobert, roi de France, trouva le moyen de faire déposer Suintilla, après dix ans de regne, & se fit reconnoître à sa place, l'an 631.

Sizenand, pour mieux lier les peuples par les motifs de la religion, fit assembler le IVᵉ concile de Tolede, composé de tous les évêques de ses etats, où, parmi les canons qui y furent faits, l'an 633, pour la discipline de l'église, il y en eut un contre l'infidelité des peuples qui violent le serment fait à leurs princes & attentent contre leur autorité ou contre leur vie : le concile défend que personne n'usurpe le royaume ou n'excite des seditions; mais il ajoûte que, quand le roi sera mort, les grands de toute la nation, avec les évêques, lui donneront un successeur.

Les frequens changemens que nous avons déja observez dans la suite des rois visigoths, avec la disposition de ce dernier canon du IVᵉ concile de Tolede, font assez voir que ce royaume étoit électif, selon la judicieuse remarque de M. Fleury, dans son *Histoire ecclesiastique*. Il y eut soixante-deux évêques présens & sept députez des évêques absens, parmi lesquels on compte l'archidiacre Étiéne, pour Genesius, évêque de Maguelonne; ils firent tous ces beaux reglemens* que l'on voit dans les actes de ce concile, qui est un des plus celebres qui se soit tenu en Espagne.

On y prescrit dans un fort grand-détail la forme de tenir les conciles, ce qui « ne se trouve point ailleurs que je sache (dit M. Fleury), quoiqu'il « ne faille point douter qu'elle ne vint d'une ancienne tradition. »

Mais ce qui peut être remarqué pour l'histoire de l'église de Maguelonne, c'est que les Peres y ordonnent qu'on observera un même ordre de psalmodier, & de prier, dans toute l'Espagne & la Gaule, une même forme pour la célébration de la messe & pour les offices du soir & du matin : selon cette regle, il faudroit que Maguelonne, qui étoit dans la partie de la Gaule sujette aux Goths, eût suivi l'anciéne liturgie d'Espagne, qui a été nommée depuis *mosarabique* & dont S*t*. Isidore de Seville, qui fut l'ame de ce concile, est regardé comme le principal auteur.

Les Peres y firent d'autres reglemens au sujet des juifs convertis ou non convertis à la religion chrétienne : ils défendent, sous peine d'excommunication, à toute personne, soit clerc ou laïque, de leur donner protection contre les interêts de la foi. La raison qu'on en apporte c'est qu'il y avoit même des évêques qui se laissoient corrompre par leurs présens, comme l'histoire de Maguelonne en fournira bientôt un exemple funeste.

Cependant le roi Sizenand ne joüit pas long-tems du trône après ce concile : il mourut bientôt, n'ayant regné que trois ou quatre ans. Son frere Cinthilla profita du pouvoir que les grands & les évêques avoient de se choisir un roi, & aussitôt, pour employer les mêmes moyens dont son frere s'étoit servi, il fit assembler le Ve concile de Tolede, composé de vingt-deux évêques, avec deux députez des absens. Ces Peres firent neuf canons, qui presque tous regardent la sureté & l'affermissement de la puissance royale. On y recommande l'execution du concile précedent, qui est nommé *grand & universel*, « & on ordonne que son décret touchant la sureté du « prince sera lû dans tous les conciles d'Espagne; que la posterité du roi « Cinthilla sera cherie & honorée, sans que personne ose attenter à ses « biens; qu'aucun autre que les nobles Goths ne pourront aspirer à la « couronne, & que personne, durant la vie du roi, ne pourra rechercher « superstitieusement qui sera son successeur ou le charger de malediçtions. » Tous ces décrets, que Cinthilla ne manqua point de confirmer, sont regardez moins comme des preuves de l'affection des évêques pour lui que de la fragilité de sa puissance & de la crainte qu'il avoit lui-même.

Il en donna une autre marque dans la convocation du VIe concile de Tolede, qu'il fit assembler dix-huit mois après, dans lequel, pour fortifier son autorité, par crainte des peines de l'église, il fit ordonner par les quarante-deux évêques d'Espagne & de Gaule qui y assistérent, avec cinq députez d'absens, que quiconque auroit recours aux enémis du roi seroit excommunié & enfermé pour faire une longue penitence.

Toutes ces précautions ne prolongérent pas son regne, qui ne dura que quatre ou cinq ans. Tolga fut mis à sa place, &, deux ans après, Chindesvind, qui, dans la cinquiéme année de son regne, fit tenir le VIIe concile de Tolede; par le même motif que ses predecesseurs, il fit ordonner par les vingt-huit évêques qui s'y trouvérent, avec onze députez pour les absens, des peines très feveres contre les clercs qui prendroient parti dans les revoltes: ce qui prouve que la puiffance des rois goths étoit peu affermie.

Peu de tems après la tenuë de ce concile, Chindefvind s'affocia au trône fon fils Recefvind, avec qui il vecut fix ans dans une grande paix, &, après fa mort, Recefvind, qui regna feul durant douze années, fit tenir le VIIIe, le IXe & le Xe concile de Toledé, l'un en 653, l'autre en 655 & le dernier en 656. La fureté du prince y eut toûjours beaucoup de part; il s'obligea de proteger la foi catholique contre les juifs & les héretiques, & les Peres, avec l'approbation des grands du royaume, firent un décret par lequel il fut arrêté que tous les *aquets du roi pafferoient à fon fucceffeur, mais que fes héritiers joüiroient de tout ce qu'il avoit avant que de monter fur le trône. Il fit encore ordonner qu'on dépoferoit les évêques & les clercs qui auroient violé les fermens faits pour la fureté du prince & de l'état. Toutes ces difpofitions contribuérent à le faire regner affez tranquillement, & nôtre Languedoc joüit, durant tout ce tems, d'une grande paix, comme il avoit fait depuis Recarede ; mais il devint bientôt le theâtre de la guerre, par un événement qui intereffe beaucoup l'hiftoire de Maguelonne.

Après la mort du roi Recefvind, arrivée l'an 672, les Goths élûrent Vamba, malgré lui, & le firent facrer à Toledé, avec l'huile fainte que l'archevêque Quirice répandit fur fa tête. Cette circonftance eft remarquée par M. Fleury, dans fon *Hiftoire ecclefiaftique*, comme le premier exemple qu'il aye trouvé de l'onction des rois. Ce nouveau prince, à qui tous les hiftoriens d'Efpagne donnent de grandes loüanges, mais principalement Julien, archevêque de Toledé, qui a compofé un petit livre de fa vie (rapporté dans Duchefne), ordonna aux juifs, dans le commencement de fon regne, de fortir de fes états, où ils caufoient du trouble depuis long-tems, comme on peut voir par les décrets des divers conciles tenus en Efpagne.

Plufieurs de cette nation, qui en furent chaffez, s'arrêtérent dans le Languedoc, où ils gagnérent par leurs préfens, Ifderic, comte de Nîmes, Guimilus, évêque de Maguelonne, & un abbé nommé Rani ou Ramir. Ces trois perfonnes, qui prirent les juifs fous leur protection, commencérent le touble dans la ville de Nîmes, où ils voulurent entraîner dans leur revolte Aregius, qui en étoit évêque; mais, l'ayant toûjours trouvé inflexible, ils le firent charger de chaines, le privérent de fon évêché, &, l'ayant banni du païs, ils mirent à fa place l'abbé Ramir, qui fe fit facrer par deux évêques étrangers, fans confirmation du prince, ni du metropolitain.

Le roi Vamba, averti de tous ces defordres, envoya des troupes, fous la conduite du comte Paul, grec de nation, pour les reprimer; mais cet infidele, s'étant joint aux revoltez, ne travailla qu'à fe rendre maître de tout le païs. Après s'être affuré de Nîmes & de Maguelonne, il furprit les villes d'Agde & de Beziers & alla fe préfenter devant Narbonne. Argebalus, qui en étoit archevêque, voulut lui en fermer les portes; mais le comte Paul, l'ayant prévenu, y mit une forte garnifon & fit entendre au peuple qu'ils ne pouvoient plus reconnoître Vamba pour leur roi; à quoi Renocinde ajoûta qu'on n'en devoit choifir d'autre que le comte Paul lui-même, ce qui fut fuivi & agréé par tout le peuple. Le comte, ayant donc accepté la nomination qu'on faifoit de lui, fe fit prêter le ferment de fidelité, &, pour fe maintenir dans fon ufurpation, il fe menagea le fecours des François & des Efpagnols de la province de Tarragone.

Cette revolte, qui devenoit très ferieufe pour le roi Vamba, l'obligea de compofer avec les peuples de la Bifcaye, auxquels il faifoit actuellement la guerre; il fit marcher fon armée vers le Languedoc, divifée en trois troupes, dont l'une, cotoyant toûjours la mer, paffa à la vûë de Maguelonne.

Le roi, qui les fuivoit de près, vint fe préfenter devant les murailles de Narbonne. A fon arrivée, le comte Paul prit la fuite, fe contentant de laiffer la garde de cette place au duc Renocinde, qui y fit une longue & belle refiftance; mais le roi, n'ayant jamais voulu lever le fiége, obligea enfin la ville de fe rendre, après quoi il conduifit fon armée à Beziers & Agde, qu'il prit: ce qui donna (dit l'hiftorien) bien de l'épouvante à Guimilus, évêque de Maguelonne, de forte que, * voyant les preparatifs que le roi faifoit déja pour le venir affiéger tant par terre & par mer, il prit auffitôt la fuite & fe rendit à Nîmes, où le comte Paul s'étoit retiré.

Les revoltez vinrent fe préfenter devant l'armée du roi, pour lui difputer les approches de Nîmes; mais, la partie n'étant pas égale, le comte jugea plus à propos de faire rétirer fes troupes dans la ville & d'en foûtenir le fiége. Il fe défendit fi bien contre les premiéres attaques qu'il fit fouvent douter du fuccez de cette guerre; mais, les affaillans ayant redoublé leurs efforts & étant prêts de forcer la muraille, le comte commença de perdre courage & s'enfuit dans le château des arénes (qui eft l'amphitéatre de la ville). Cette demarche acheva d'ôter le cœur à ceux qui combatoient pour lui: les foldats du roi entrérent dans la ville, la pillérent & firent un fi grand carnage qu'elle refta pleine de corps morts.

Le comte Paul, qui, du haut de l'amphitéatre, voyoit une fi grande defolation, comprit qu'il ne lui reftoit d'autre reffource qu'en la clemence du roi: il commença par quitter tous les ornemens royaux, en préfence de ceux qui l'avoient fuivi dans les arénes, &, pour fléchir, s'il étoit poffible, le roi, il employa ce même archevêque de Narbonne dont nous avons déja parlé. Ce bon prélat, après avoir offert le S^t. facrifice, fortit de la ville, revêtu des mêmes habits dans lefquels il avoit célebré, &, dès qu'il put être apperçu du roi, il décendit de fon cheval, courut fe jetter à fes pieds, les larmes aux yeux, le conjurant de vouloir épargner la vie de fes fujets, quoique coupables; le roi lui répondit qu'il étoit las de répandre du fang & qu'il vouloit conferver la vie de ceux qui avoient échappé au carnage, mais auffi qu'une fi grande faute que celle des revoltez demandoit un exemple. L'archevêque ayant voulu infifter, le roi n'en parut pas content, &, marchant auffitôt vers la ville, il y entra avec le refte de fes troupes. Le comte Paul, frapé alors plus que jamais de l'horreur de fon crime & de la crainte du chatiment qu'il méritoit, alla fe cacher dans une des caves de l'amphitéatre, où deux officiers de l'armée de Vamba l'ayant découvert, ils l'en arrachérent de force & l'amenérent au roi.

A peine ce traître eût apperçu fon maître qu'il quitta fa ceinture & fe jetta à fes pieds; mais le roi, ayant fait figne qu'on l'ôtât de fa vûë, il le fit garder étroitement jufqu'à-ce qu'il eût déliberé avec fon confeil ce qu'il en devroit faire. Il congedia cependant les gentilshommes françois qui s'étoient trouvez avec le comte Paul, & il leur permit de fe rétirer & de retourner dans leur maifon.

Trois jours après, les coupables furent conduits, les fers aux pieds, devant le roi, pour entendre leur jugement. La forme qu'on obferva dans cette procedure nous a été confervée par Julien de Tolede, & peut-être le leƈteur fera-t-il bien aife que j'en raporte le détail, quand ce ne feroit que pour juger des mœurs & des maniéres de ce tems-là. Le roi donc, étant affis fur fon trône, au milieu de fon armée & environné des principaux officiers & feigneurs de fa cour, demanda au comte Paul & à fes adherans s'ils avoient jamais reçû quelque déplaifir de lui qui eût pu les porter à prendre les armes contre fon fervice? A quoi le comte ayant répondu que bien loin de là il avoit reçû de lui plus de biens & de faveur qu'il n'en méritoit. Pourquoi donc vous êtes vous revoltez? repliqua le roi. C'eft le diable qui nous y a pouffez, dirent tous les prévenus. Cette réponfe faite, on leur fit reconnoître leur feing dans le ferment de fidelité que toute la nation avoit prêté au roi Vamba, &, la leƈture en ayant été faite, on fit lire auffi le ferment que le comte Paul avoit exigé de ceux qui étoient entrez dans fa revolte. Le tout ayant été verifié, on lût la difpofition du concile de Tolede, confentie par toute la nation, contre ceux qui troubleroient le repos de l'état & qui attenteroient à l'autorité du prince; on fit encore la leƈture des loix des Vifigoths fur le même cas, & le confeil, étant venu aux opinions, décida (comme dit l'hiftorien) que, puifque le concile avoit prononcé l'excommunication * contre l'ame de ceux qui troubleroient l'état, il étoit hors de doute que la justice du roi pouvoit les punir en leur corps par une mort infame; que si pourtant il vouloit leur faire grace, ce devoit être à condition qu'ils seroient enfermez pour toûjours dans une prison, après avoir eu les yeux crevez, & que tous leurs biens seroient confisquez, pour leur propre punition & pour l'exemple des autres.

Ce jugement ainsi rendu, le roi resta dans son camp, qu'il fit garder avec soin, en attendant de voir si quelcun remüeroit dans le païs: mais les partisans des rebelles étoient si effrayez qu'ils disparurent par tout, excepté vers Beziers, où le duc Lupus fit quelque ravage: le roi s'avança de ce côté là, &, au seul bruit de sa marche, Lupus, qui étoit à Aspiran, prit la fuite avec tant de précipitation qu'il abandonna tout son bagage, & Vamba, s'étant rendu à Narbonne, y congedia une partie de ses troupes, nomma de bons gouverneurs pour les places qu'il laissoit en deça les monts & renouvella ses ordonnances contre les Juifs, qu'il chassa de tout le païs; puis, prenant la route d'Espagne, il envoya devant lui, sur des chariots, les rebelles qu'il avoit vaincu & fait juger à Nîmes.

Julien de Tolede, qui nous a donné l'histoire de ce grand événement, nous a conservé le détail de cette triste marche: il raporte que ces miserables étoient sur leurs chariots, vêtus de méchans habits tissus de poil de chameau, la tête & la barbe razée & les pieds nûs; que le comte Paul, qui avoit pris les marques de la royauté, paroissoit à leur tête, portant une couronne de cuir noircie avec de la poix, & qu'en cet état ils firent leur entrée dans la ville de Tolede, au milieu des huées d'un nombre infini de peuple.

Depuis ce tems-là, il n'est plus fait mention de Guimilus, évêque de Maguelonne, qui avoit eu part à cette conspiration & qui, selon le jugement rendu, auroit dû croupir dans une prison, après avoir eu les yeux crévez; néanmoins Gariel croit que l'archevêque de Narbonne lui sauva cette dernière peine, & Verdale nous apprend seulement qu'il fut deposé, après seize ou dix-sept ans d'épiscopat & que Vincentius fut mis à sa place.

Après cette victoire, le roi Vamba fit orner la ville de Tolede, capitale de ses états, & mit sur les portes des statuës de marbre des saints, avec des inscriptions pour demander leur protection; il y fit tenir un concile de la province cartaginoise, que l'on compte pour le XIe de Tolede, dans la quatriéme année de son regne & de nôtre salut l'an 675. Les Peres y firent seize canons, qui regardent presque tous le corps épiscopal: car, la coûtume s'étant déja introduite en Espagne, aussi bien que dans la Gaule, de prendre des évêques du nombre des barbares, plusieurs se ressentoient de leur mauvaise éducation, comme on peut très justement l'inferer des canons de ce

VIIe Siècle. concile; &, parceque les limites de leurs diocéfes étoient fouvent un fujet
Anciennes limites du diocéfe de Maguelonne. de divifion entr'eux, le roi, après un long travail, les fit regler dans toute
l'étenduë de fes états. C'eft ce reglement que l'on trouve encore dans la
collection des conciles d'Efpagne, d'où j'ai crû devoir extraire ce qui
Hift. Francorum. Tom. I. Pag. 834. regarde le diocéfe de Maguelonne & ceux qui lui font voifins, de la manière
que Duchefne le raporte:

Narbonæ metropoli fubjaceant hæ fedes:

Beterris. Hæc teneat de *Staleth* ufque *Barcinona*, de *Macai* ufque *Ribafara*.

Agatha. Hæc teneat de *Nufa* ufque *Riberam*, de *Gallar* ufque *Mirlam*.

Magalona. Hæc teneat de *Nufa* ufque *Ribogar*, de caftello *Millia* ufque *Angoram*.

Nemauso. Hæc teneat de *Buza* ufque *Angoram*, de *Caftello* ufque *Sambiam*.

Luteba. Hæc teneat de *Sambia* ufque *Rabaval*, de *Anges* ufque ad *Montemrufum*.

Carcassona. Hæc teneat de *Monteruffo* ufque *Angeram*, de *Angofa* ufque *Montana*.

Elna. Hæc teneat de *Angera* ufque *Rocinolam*, de *Laterofa* ufque *Lamufam*.

Page xix. *On trouve ce même partage dans l'*Hiftoire d'Efpagne* de Lucas Tudenfis,
avec un changement peu confiderable de quelques-uns de ces noms: mais
ils nous font tous également inconnus, & il feroit bien difficile de regler
aujourd'hui fur cet ancien partage les limites de nos diocéfes.

* Fin du roi Vamba. Cependant, le roi Vamba, dans la neuvième année d'un regne qui avoit
été jufques-là fort heureux pour lui & pour fes fujets, éprouva ce que peut
la malice cachée d'un enémi. Ervige, parent du feu roi Chindefvind, lui fit
donner un breuvage empoifonné qui lui ôta la mémoire, &, dans cet état,
l'archevêque de Tolede (peut être de concert avec fon enémi) lui donna la
penitence & le revêtit de l'habit monaftique. Vamba, étant revenu à foi, fe
crut obligé de garder cet habit, &, renonçant au royaume, il déclara ce
L'an 680. même Ervige pour fon fucceffeur. Cet artificieux, pour s'affurer du trône,
fit incontinent affembler un concile à Tolede, que l'on compte pour
L'an 681. le XIIe, où les trente-cinq évêques qui y étoient (par une entreprife que
Hift. eccl. Liv. 40. M. Fleury regarde comme le premier exemple que l'on en aye) difpenfé-
rent les fujets du roi Vamba du ferment de fidelité qu'ils lui avoient fait;
&, pour lui ôter toute voye de retour, ils firent un canon par lequel ils
déclaroient que tous ceux qui avoient pris l'habit monaftique dans leur
maladie ne pouvoient le quiter; la précaution étoit bien inutile, car le bon

roi ne penfa jamais à quiter fon monaftére, où il mourut faintement, au bout de fept ans. Cependant, comme l'artifice n'eft jamais fans crainte, Ervige, pour décrier le gouvernement de fon predeceffeur, fit abroger diverfes loix utiles qu'il avoit faites, & il fouffrit que des évêques flateurs fiffent des plaintes frivoles contre fa mémoire: mais, parcequ'il lui étoit important d'être affuré de l'archevêque de Tolede, il lui fit attribüer par ce concile le droit d'ordonner tous les évêques du royaume fuivant le choix du prince: ainfi on ôta aux comprovinciaux le droit d'élire les évêques & au metropolitain de les facrer, pour attribüer tout au roi & à l'évêque de Tolede. J'obferve cette difpofition du concile, parcequ'elle pourra fervir à expliquer un intervalle confiderable que nous trouverons dans la fuite de nos évêques de Maguelonne.

VIIe Siècle.

L'an 683, Ervige, toûjours craintif, fit affembler le XIIIe concile de Tolede, compofé de quarante-huit évêques & de vingt-fept députez, parmi lefquels Vincentius, évêque de Maguelonne, fe trouva; ces Peres, toûjours attentifs aux interets du roi, confirmérent les décrets du concile précedent, remirent tous les arrerages des tributs jufqu'à la premiére année du regne d'Ervige & défendirent, fous peine d'anatheme, d'attenter à fa pofterité, ni à la reine fon époufe; ils ôtérent aux veuves des rois le pouvoir de fe remarier & à toute perfonne (même fut-il roi) la permiffion de les époufer; ils défendirent de mettre aux fers ou à la queftion les officiers du palais & les clercs, lorfqu'ils feroient accufez, & ils firent d'autres pareils reglemens fur le temporel, « où ils ne pouvoient être autorifez (dit M. Fleury) « que par l'autorité du prince & par le confentement des feigneurs »; mais, ce qui eft plus furprenant, ils rétablirent dans leurs droits, biens & dignitez tous ceux qui avoient été condamnez comme complices de la revolte du comte Paul contre le roi Vamba; & ce fut le même Julien qui avoit écrit avec tant d'éloge la vie de ce prince qui prefida aux deux conciles de Tolede où l'on prit tant de foin de décrier le gouvernement de Vamba & de revoquer les ordonnances qu'il avoit faites.

Foibleffe des derniers rois Vifigoths.

A peine les Peres de ce concile étoient retournez chez eux qu'on reçut en Efpagne les actes du fixiéme concile general, tenu à Conftantinople, avec les lettres du pape, qui demandoit aux évêques d'Efpagne de recevoir les définitions de ce concile; la chofe auroit merité une affemblée de tous les évêques du royaume: mais on fe contenta d'affembler, à Tolede, ceux de la province cartaginoife, avec des députez de tous les metropolitains, qui tinrent, l'an 684, un concile, qui eft compté pour le XIVe de Tolede.

J'ai rapporté la fuite de tous ces conciles pour faire voir ceux auxquels s'étoient trouvez les évêques de Maguelonne, parceque les reglemens qui

VIIᵉ Siècle.
Page xx.

y furent faits * interessoient particuliérement nôtre diocése, qui étoit sous la domination des Goths.

Le roi Ervige ne joüit que huit ans du trône, qu'il avoit acquis & où il s'étoit maintenu avec tant d'artifice : il mourut à Tolede, après avoir marié sa fille Casillone à Egica, cousin du feu roi Vamba, qu'il prévoyoit devoir être son successeur préferablement à ses enfans. Il le fut, en effet, sur la fin de 687, & la première année de son regne est remarquable par la tenuë du XVᵉ concile de Tolede, en 688, où les soixante-un évêques qui y assistérent donnérent leurs explications sur les points contestez au sujet du VIᵉ concile general & decidérent ensuite les doutes que le roi leur proposa sur deux diférens sermens qu'il disoit avoir fait, l'un de prendre la défense des enfans du roi Ervige & l'autre de rendre justice à ses sujets, qu'il disoit avoir été dépoüillez de leurs biens, mis à la torture & opprimez par le même roi. C'est ainsi que ces derniers princes visigoths vécurent sur le trône, dans une crainte continuelle, & qu'ils cherchoient dans les décisions des conciles des prétextes pour opprimer & pour se défaire de ceux qui leur faisoient ombrage.

Troubles qu'on leur suscite.

Il eut un sujet de crainte mieux fondé la sixiéme année de son regne, où Sisbert, archevêque de Tolede, conspira, avec plusieurs autres, pour lui faire perdre le royaume & la vie. Egica fit, à ce sujet, assembler le XVIᵉ concile de Tolede, où les Peres, au nombre de cinquante-neuf évêques, cinq abbés & trois deputez, deposérent l'archevêque Sisbert & approuvérent plusieurs translations d'évêques que le roi fit ; ils renouvellérent les promesses de proteger la posterité du roi après sa mort, les peines contre les rebelles & les maledictions prononcées au IVᵉ concile de Tolede ; ils ordonnérent encore que, dans toutes les catédrales & dans toutes les paroisses de la campagne, on diroit tous les jours la messe pour le roi & pour ses enfans, excepté le Vendredi Saint ; &, parceque les évêques de la province de Narbonne n'avoient pû assister à ce concile, à cause de la peste qui ravageoit ce païs, le roi ordonna qu'ils s'assembleroient à Narbonne, pour en souscrire les décrets.

Je ne trouve point que ce dernier article eût été executé, mais il est bien certain que toutes ces dispositions du concile ou du roi ne purent guérir la disposition à la revolte qui étoit dans le cœur des peuples. Un an après la conspiration de l'archevêque Sisbert, les juifs d'Espagne furent convaincus d'avoir traité avec ceux d'Affrique pour conspirer contre les chrétiens & contre l'état. Egica fit assembler aussitôt le XVIIᵉ concile de Tolede, où les juifs furent condamnez à être dépoüillez tous de leurs biens, reduits en servitude perpetuelle & distribuez aux chrétiens selon la volonté du roi, à la charge que leurs maîtres ne leur permettroient aucun exercice de leurs cerémonies & leur ôteroient leurs enfans à l'âge de sept ans, pour les faire élever chrêtiénement & les marier à des chrétiens.

Ce concile est le dernier de Tolede dont nous ayons quelques actes, encore n'y-a-t'il point de soufcriptions qui nous faffent connoître le nom des évêques qui y affiftérent; &, depuis ce tems-là jufqu'environ cent cinquante-ans après, on ne trouve plus guere de monumens de l'églife d'Efpagne.

Cependant le roi, pour mieux affurer le trône dans fa famille, crut devoir y affocier Vitiza, fon fils, avec qui il regna quelques années, jufques en 701, qui fut l'année de fa mort. Vitiza, fe voyant feul maître de la monarchie, commença par des actions de clemence, en rapelant les exilez & en foulageant les peuples; il fit même tenir un concile près de Tolede, dont il ne reste ni actes, ni canons, où les évêques & les feigneurs traitérent du gouvernement du royaume. Mais tous ces beaux commencemens furent comme ceux de Neron & de Caligula, qui trompérent fi fort l'ancéne Rome: Vitiza fit bientôt paroître le penchant qu'il avoit à la debauche, & il s'y abandonna avec tant d'excez qu'il corrompit entiérement les mœurs de toute fa nation.

Non content d'avoir plufieurs femmes tout enfemble & plufieurs concubines, il voulut en introduire l'ufage dans fon royaume, &, comme le vice protegé fait toûjours de grands progrez, les grands, le peuple & le clergé même fuivirent fon exemple; & parceque plufieurs, néanmoins, des plus anciens & des plus venerables du clergé * oférent lui refifter en face & lui reprochérent fes crimes, mais le roi, devenu plus furieux, les fit traiter rudement par Sinderede, archevêque de Tolede, dont il difpofoit. Ces bons prêtres, fe voyant maltraitez par celui qui auroit dû les proteger, en appellérent au pape; & le roi, craignant que l'autorité du Saint-Siége ne détournât le peuple de fon obéïffance, il commanda à tous les clercs de fon royaume de ne point obéïr aux conftitutions romaines qui le défendoient.

Cette licence produifit une corruption extrême dans le royaume & y mit tout en mouvement; Vitiza, de fon côté, craignant ceux qui pouvoient avoir quelque prétention au trône, fit crever les yeux à Teofrede, duc de Cordoüe & fils du feu roi Chindefvind; il voulut en faire autant à Pelage, petit-fils du même roi, mais celui-ci s'enfuit dans les montagnes des Afturies, où il fonda un royaume particulier; enfin, l'archevêque de Tolede lui devenant fufpect, il mit à fa place fon propre frere Oppa, déja archevêque de Seville du vivant de l'autre; &, pour fe faire de nouvelles créatures, il rapella les juifs, chaffez fi fouvent de fes états, auxquels il donna plus de priviléges que n'en avoient les catholiques.

VIIIe Siècle.

De si grands desordres attirérent bientôt la juste punition de Dieu & sur le prince & sur ses peuples; Vitiza l'éprouva le premier, en 710, où Roderic, fils de ce Teofrede à qui il avoit fait crever les yeux, se revolta contre lui, &, l'ayant pris, lui fit souffrir le même supplice & se fit proclamer roi à sa place. Roderic, pourtant, ne joüit pas longtems de sa nouvelle dignité, car, soit mauvaise conduite de sa part ou juste jugement de Dieu, qui l'aveugla pour punir toute la nation des Goths, il perdit la vie deux ans après, dans une bataille qui livra tous ses états aux Sarrazins & qui causa le renversement entier du royaume des Visigoths.

Ce changement, qui est une époque considerable de l'histoire universelle, interesse particuliérement nôtre histoire de Maguelonne; il est tems d'en parler, en prenant la chose d'un peu plus haut, pour donner une idée des Sarrazins.

Commencement du Mahometisme.

Mahomet, qui s'est rendu si célebre par la secte qu'il établit au commencement du septiéme siécle, étoit né à la Mecque, ville de l'Arabie sur le bord de la mer Rouge, en 568. Il commença de s'ériger en prophete dans sa patrie l'an 621; mais, en ayant été chassé cette même année par ses concitoyens, il se retira à Medine, sur la même côte, chez les Arabes, qui le reconnurent pour leur prophete & pour leur prince. Avec eux, il établit sa nouvelle religion, les armes à la main, dans toute l'Arabie & à quatre cent lieuës de Medine, tant au levant qu'au midi. Étant mort en 631, ses successeurs, sous le nom de califes (c'est-à-dire vicaires ou lieutenans du prophete), firent, dans près de quatre-vingts ans, plus de progrez en Asie, en Affrique & en Europe, que les Vandales, les Huns & les Goths n'en avoient fait durant plusieurs siécles sur l'empire romain.

621.

631.

636.

En 636, ils prirent Jerusalem, en 638, Antioche, &, par cette derniére prise, ils achevérent la conquête de la Syrie, qui avoit été sous la puissance des Romains sept cent quarante années, depuis que Pompée en eut fait la conquête. Les califes établirent alors leur siége à Damas, & de là ils firent des courses tantôt dans l'Asie, tantôt dans l'Affrique, avec une rapidité & un progrez surprenant; j'en marque les principales époques, afin que le lecteur soit plus au fait des conquêtes qu'ils vinrent faire en Espagne, dans nôtre Languedoc & dans le reste de la France.

639.

En 639, ayant tourné leurs armes du côté du Levant, ils prirent Edesse & toute la Mésopotamie, avec une partie du royaume des Perses, après avoir défait en bataille leur roi Isdegerd; l'année d'après, étant revenus vers l'Affrique, ils prirent les villes de Memphis & d'Alexandrie, &, par ces deux conquêtes, ils se rendirent maîtres de toute l'Égipte: elle étoit sous la domination des Romains depuis la bataille d'Actium, où Auguste défit Antoine & Cleopatre.

L'an 647, ils s'avancérent au-delà de Tripoli, dans l'Affrique proconfulaire & s'approchérent ainfi du royaume des Goths, qui s'étendoit dans la Mauritanie * tingitane & les rendoit maîtres, par ce moyen, du détroit de Gibraltar. Dès lors, les mahometans auroient pû tâter ce royaume; mais, comme les divifions, à la faveur defquelles ils firent toûjours leurs progrez, n'y regnoient pas encore, ils tournérent leurs armes contre la Perfe, qu'ils achevérent de conquerir, & ils parcoururent la Mediterranée, où ils attaquérent l'ifle de Chypre. Les guerres civiles les ayant occupez entr'eux jufqu'en 662, ils tournérent leurs forces contre la Sicile, dont ils réduifirent une partie en captivité & en amenérent volontairement les habitans pour s'établir à Damas.

Leurs courfes devinrent alors plus frequentes fur la Mediterranée, &, lorfqu'ils ne pouvoient penetrer dans les terres voifines, ils fe contentoient de piller & de faire des efclaves fur le rivage; l'entrée du Languedoc & de l'Efpagne furent tentées diverfes fois, au raport de Lucas Tudenfis, &, même du tems du roi Vamba, ils vinrent avec une puiffante flote pour y faire des defcentes; mais ce prince rompit toutes leurs mefures & les força de fe retirer.

Enfin, les grandes divifions que nous avons vû arrivées parmi les Goths depuis le roi Vamba & les mœurs corrompuës qui regnoient parmi eux donnérent entrée dans leur état à leur plus grands enémis & attirérent fur la nation un châtiment des plus terribles.

Vitiza, dans la défiance que le vice produit ordinairement, de peur que les mécontens ne s'emparaffent de quelque place, fit démolir les murailles des villes, excepté celles de Tolede & de Leon. Roderic ou Rodrigue, qui lui fuccéda dans fes vices comme dans fon trône, bannit & chaffa deux des enfans de fon predeceffeur, qui fe refugiérent en Affrique, chez le comte Julien, gouverneur pour les Goths de la Mauritanie tingitane. Celui-ci avoit un fujet de mécontentement particulier à l'occafion de fa fille, que le roi avoit deshonorée: ainfi, tous les trois, ne fongeant qu'à fatisfaire leur reffentiment, ils fe portérent à facrifier leur religion & leur patrie. Dans cette vûë, le comte Julien entretint avec foin les mécontens du royaume, &, d'autre côté, il fit entendre au roi que, pour leur ôter le moyen de prendre les armes, il faloit envoyer tous les chevaux d'Efpagne partie du côté de Gibraltar, partie du côté du Languedoc, afin que, les frontiéres étant bien pourvûës & l'interieur du royaume dégarni, perfonne ne pût y remüer. Cet artifice ayant réuffi, les conjurez fe mirent à la tête des mahometans, qu'ils attirérent de leur voifinage, &, s'étant rendus maîtres des chevaux qui étoient fur leur côte, ils prefentérent la bataille au roi Rodrigue; ce prince infortuné, fe trouvant fans armes & fans chevaux, fut réduit, comme l'a

VIIIe Siècle.
647.
Page xxii.

662.

Origine des Sarazins.

Lucas Tudencis.

remarqué un hiftorien d'Efpagne, de fe fervir de mules & de mulets pour s'oppofer à l'enémi; cette bataille lui coûta la vie, & les infidéles, prenant courage de ce premier fuccez, firent venir d'Affrique un plus grand nombre de troupes.

· Moufa ou Moyfe, gouverneur du pays pour le calife de Damas, fe mit lui-même à la tête du renfort, &, joignant fes troupes à celles qui étoient déja en Efpagne, il s'avança jufqu'à Tolede, qui lui fut renduë par l'archevêque Oppa, &, après en avoir fait mourir les principaux habitants, il pouffa jufqu'à Sarragoce, qu'il trouva ouverte, deforte que, par cette prife, il foûmit toute l'Efpagne, depuis le détroit jufqu'en Aragon.

Les Vifigoths avoient le cœur fi abbatu qu'ils n'ofoient fe prefenter devant l'enémi, qui brûloit tout fur fon paffage, faifoit mettre en croix les habitants les plus riches & égorgeoit jufqu'aux enfans; les villes qui reftoient, fe voyant hors d'état de défenfe, demandérent la paix & fe foûmirent; mais, cette paix ayant été mal obfervée, un nombre infini d'habitans s'enfuirent dans les montagnes, où plufieurs perirent de faim, & les autres ayant été joindre le comte Pelage, qui s'étoit refugié dans les Afturies, ils l'aidérent à conferver cette province, qui fut depuis la reffource des chrêtiens opprimez & qui leur donna le moyen, par la fucceffion des tems, de chaffer les mahometans de l'Efpagne & de la remettre fous la puiffance des princes chrêtiens, qui y regnent maintenant.

*Cependant, les nouveaux maîtres de ce royaume, ayant affuré leurs conquêtes par la mort des anciens peuples, y en appellérent de nouveaux, qu'ils firent venir de l'Affrique, &, pour être plus à portée du fecours qu'ils en attendoient, ils établirent leur fiége à Cordoue, dans l'Andaloufie, d'où ils projettérent la conquête de la France.

Ils y entrérent en effet, par le Languedoc, en 719, fix ou fept ans après leur entrée en Efpagne, &, par la conquête qu'ils firent de cette derniére province, ils achevérent de détruire entiérement le royaume des Vifigoths, qui avoit duré plus de trois cens ans.

L'armée des infidéles vint nous attaquer par terre & par mer: celle de terre prit Narbonne, en 714, fous la conduite de Zama, lieutenant du calife Yefid, & leur flote, après avoir fondé toutes nos côtes, entra par le paffage où les eaux de la Mediterranée fe jettent dans l'étang de Maguelonne & qu'on a appellé depuis le *Port Sarrazin*. C'eft fous ce nom que les mahometans vainqueurs de l'Efpagne font connus dans nôtre hiftoire; les Efpagnols du royaume des Afturies, qui eurent longtems à combattre contr'eux, les on appellez *Maures*, à caufe qu'ils étoient venus de cette partie de l'Affrique dite anciênement Mauritanie. Quelques auteurs de ce tems-là les ont auffi

Sur l'ancténe ville de Maguelonne.

appellez Vandales, du nom de l'Andaloufie, où ils avoient établi leur fiége; mais, quelque nom qu'on leur donne, ils font les defcendans de ces mêmes Arabes qui s'attachérent au faux prophete Mahomet & qui, s'étant aguerris dans l'exercice des armes, firent ces grands progrez que nous venons de voir.

VIIIe Siècle.

A leur entrée dans la ville de Maguelonne, il eſt à croire qu'ils firent perir plufieurs habitans, comme ils avoient fait dans toutes les villes qu'ils avoient prifes; mais il eſt certain qu'ils ne détruifirent point la ville, de même qu'ils épargnérent les murailles de Narbonne, où ils fe contentérent de mettre garnifon; il eſt auffi prefque certain que l'évêque & le clergé de Maguelonne fe difperférent, fupofé que le plus grand nombre n'eût pas été maffacré par ces infidéles.

A peine les Sarrazins furent les maîtres de Maguelonne & de Narbonne qu'ils projettérent la conquête du Languedoc; dès l'an 721, ils affiégérent Toulouſe, mais Eudes, duc d'Aquitaine, qui s'eſt rendu célebre dans l'hiſtoire de ce tems-là, vint au fecours fi à propos qu'il les mit tous en fuite, après avoir tué Zama, leur chef. Le calife nomma pour le remplacer Abderame, qui eſt également connu dans nôtre hiſtoire & par fes fucces & par fes pertes; il inonda d'abord le Languedoc, l'Albigeois & le Roüergue & vint remettre le fiége devant Toulouſe; mais le même Eudes, qui avoit défait Zama, fon prédeceffeur, l'ayant atteint auprès de Caſtel-Sarrazin (felon quelques-uns) le mit en fuite l'an 725 & diffipa toute fon armée, après quoi il reprit Albi, Rodez & Caſtres, places dont les Sarrazins s'étoient emparez.

Viénent à Maguelonne.

Ce mauvais fuccez fufpendit le progrez d'Abderame, mais il ne l'arrêta point; dès l'année 731, il prit la ville d'Arles, &, envoyant de là une partie de fon armée le long du Rhône il fe rendit par fes lieutenans maître d'Avignon, de Viviers, & de Valence. Le peu de refiſtance qu'ils trouvoient par tout, les invitoit à pouffer plus loin; ils prirent Mâcon, Lyon, Châlon, Bezançon, Beaune, Dijon & Auxerre, mais ayant trouvé de la refiſtance aux approches de la ville de Sens, ils refolurent d'en faire le fiége; le faint homme Ebbon, archevêque de cette ville, voyant qu'il s'agiffoit de la religion & du falut de fon troupeau, l'anima fi bien par fes exhortations, qu'ayant formé un corps de troupes, il n'hefita point de fe mettre à leur tête, & il donna fi à propos fur les infidéles, qu'il les obligea de prendre la fuite, de forte que leur progrez de ce côté-là fut entiérement arrêté.

Et penetrent bien avant dans la France.

D'un autre côté Abderame porta fes armes dans l'Aquitaine pour profiter des divifions qui étoient entre Charles Martel & Eudes; il ravagea toutes les villes de cette province jufqu'aux Pirenées, prit Bordeaux dont il brûla les églifes, & paffant la Garonne & la Dordogne, il défit en bataille le même Eudes qui l'avoit battu auparavant. Rien ne lui refiſta, il prit Agen,

VIIIᵉ Siécle.
Page XXIV.

Défaite des Sarrazins à Poitiers, puis à Narbonne.

Perigueux, Xaintes & enfin Poitiers où il brûla l'églife de Saint-Hilaire, & menaçoit de traiter de* même Saint-Martin de Tours, qui étoit en fi grande véneration parmi les François.

Alors l'intérêt public fit oublier à Charles Martel la querelle particuliére qu'il avoit avec Eudes duc d'Aquitaine ; il n'héfita point de marcher à fon fecours, & leurs troupes s'étant jointes auprés de Poitiers, ils fe trouvérent en préfence des Sarrazins dans le mois d'octobre 732. Sept jours fe pafférent en efcarmouches, après lefquels ils en vinrent à une bataille generale, où les François plus grands & plus forts que les Arabes, les firent plier en un moment. Abderame y fut tué, & la nuit ayant feparé les combattans, les Arabes prirent la fuite ; Charles Martel craignant quelque embufcade ne voulut pas les pourfuivre, & il fe contenta d'être maître de leur camp, ce qui ayant donné aux Sarrazins plus de loifir dans leur marche, ils en profitèrent pour ravager les lieux où ils pafférent ; de forte qu'il n'y eut guere de ville fur leur chemin qui ne s'en reffentit par le maffacre des chrêtiens, par l'incendie des monaftéres & par la mort des évêques & des moines qu'ils traitoient par tout avec la derniére cruauté.

Peu de tems après Charles reprit fur eux tout le pays dont ils étoient les maîtres, hors les villes du Languedoc qui font voifines de l'Efpagne ; ils s'y renfermérent pour attendre une occafion favorable de rentrer en France & ils profitérent bientoft de la guerre que Charles Martel fut obligé de faire contre les Frizons. Alors, ayant paffé le Rône en 737, ils prirent Avignon que Charles Martel vint reprendre fur eux après un long fiége, & pour les chaffer entiérement du Languedoc il vint les attaquer dans Narbonne.

Altima qui y commandoit pour les Sarrazins, appella d'Efpagne ceux de fa nation, pour l'aider à conferver cette place d'autant plus importante pour eux, qu'elle leur fervoit de clef pour entrer dans le royaume. Amorrus, qui conduifoit le fecours, fit diligence pour faire lever ce fiége ; mais, Charles ne voulant pas l'attendre au pié des murailles, marcha à fa rencontre, & l'ayant trouvé à Sijean, à trois lieuës de Narbonne fur la riviére de Berre, il lui donna bataille & le défit entiérement.

C'eft de cette feconde victoire de Charles Martel contre les Sarrazins dont Eginard parle au commencement de la vie de Charlemagne, fon petit-fils, pour relever la gloire de l'ayeul, *Sarracenos Galliam occupare tentantes duobus magnis præliis, uno in Aquitania apud Pictavium Civitatem, altero juxta Narbonam apud Birram fluvium ita divicit, ut in Hifpaniam eos redire compelleret.* Les Sarrazins épouvantez fe jettérent dans l'étang de Villefalfe pour fauver leur

Liv. 4. Ch. 57.

vie ; mais, les François (au raport d'Aimon le Moine) les pourfuirent fur

fur des barques plates, & les tuérent à coups de javelots avec leurs chefs qui les avoient fuivis. Après cette défaite la ville de Narbonne ne pouvant plus tenir fe rendit à Charles Martel.

Cette victoire, toute avantageufe qu'elle étoit à nôtre nation, ne laiffa pas d'être bien pernicieufe à plufieurs villes de cette province; car le vainqueur voyant qu'elles pouvoient fervir de retraite aux enémis, comme il étoit déjà arrivé dans leur première irruption, refolut de les rüiner entiérement pour ne laiffer dans le pays aucun afile à ces infidéles; il fit donc renverfer les murailles de Beziers, d'Agde & de Nîmes, & après en avoir fait brûler les maifons il ravagea tout le pays voifin, *Urbes famofiſſimas*, dit Aimon le Moine, *Nemaufum, Biterras, Agatham, funditus muros & mœnia deſtruens, igne ſuppoſito concremavit; ſuburbana & caſtra illius regionis vaſtavit*.

Maguelonne, qui leur étoit une retraite encore plus fûre par fa fituation au milieu des eaux, eut le fort de ces autres villes, & fut moins épargnée par Charles Martel qu'elle ne l'avoit été par les Sarrazins; il ordonna de la rüiner entiérement, dans le même tems qu'il donna un pareil ordre pour la ville de Nîmes. St. Antonin en fait mention dans fa chronique en ces termes : *Carolus Martellus Narbonam obſidet, Magalonam & Nemauſum devictis hoſtibus deſtruit, & obſides de dictis civitatibus in Franciam mittit*. Verdale, dans l'hiſtoire de fon églife de Maguelonne, nous a conſervé ces vers trouvez dans les archives de fon églife, qui nous marquent le temps & la caufe de fa deſtruction.

* *Hic locus inſignis, fuit urbs habitata malignis*
 Gentibus, unde ruit ? quod ſcelerata fuit.
Carolus hanc fregit poſtquam ſibi Marte ſubegit,
 Ob Sarracenos quod tueretur eos.
Cum nemauſenas comburi juſſit arenas
 Aptas præſidio perfidiæ populi.

Par où l'on peut voir l'ancieneté de Maguelonne, la caufe de fa rüine, & le temps où elle arriva : le poëte l'appelle lieu illuſtre, fans dire par où elle s'étoit renduë recommandable, mais on peut bien comprendre que c'étoit par fon commerce & par fes richeffes. Il appelle méchans les habitans de Maguelonne, foit qu'il veuille défigner les Sarrazins qui s'en étoient emparez, foit qu'il entende parler des habitans naturels qui les avoient reçû dans leur ville. Elle fut détruite par Charles Martel dans le même tems qu'il fit rüiner la ville de Nîmes, & qu'il donna ordre de brûler l'amphiteatre de cette ville, ce qui heureufement ne put être executé quoique tenté, comme nous l'apprenons de l'Histoire de Nîmes, & comme il paroît encore par les marques de feu qui restent sur plusieurs arceaux des arenes où l'on voit quantité de pierres calcinées.

On met communément la démolition de toutes ces villes en l'année 737, qui fut celle de la première expedition de Charles Martel dans la Gothie, c'est-à-dire, le Languedoc. Il est vrai que ce prince en fit une autre contre les Sarrazins en 739, mais ces expeditions qu'il fit alors se passèrent au-delà du Rône, où il reprit, avec le secours de Luitprand, roi des Lombards, Arles, Avignon, Aix, Marseille & Orange, sur ces infidéles qu'il obligea d'abandonner entiérement la Provence.

Après cette derniére expedition Charles Martel retourna en France où il mourut l'an 741, après avoir regné vingt-six ans sous le titre de maire du palais ou de prince des François.

Nous verrons que sous le regne de Pepin & de Charlemagne, fils & petit-fils de Charles Martel, il sera encore fait mention de Maguelonne, & qu'elle donna son nom aux comtes qui gouvernérent dans le pays sous l'autorité de nos rois; nous verrons aussi que si la ville fut entiérement détruite, on conserva néanmoins l'anciéne église; mais, j'en reserve toutes les preuves au tems où la suite de l'histoire me conduira, & je me borne, pour le present, aux ordres rigoureux de Charles Martel sur Maguelonne pour mettre le lecteur plus en état de juger des commencemens de Montpellier, puisque la destruction de l'un occasionna l'établissement de l'autre.

Il donne commencement à Montpellier.

Les habitans de Maguelonne étant donc obligez de sortir de leurs maisons & d'abandonner leur anciéne demeure, cherchèrent d'un côté & d'autre de nouvelles habitations. Il est aisé de comprendre que dans une situation aussi triste, plusieurs allérent s'établir plus loin, & d'autres (soit par raison ou par necessité) se bornérent à bâtir une demeure dans le voisinage pour être à portée de cultiver les terres qu'ils y avoient, dont les lois du prince ne les avoient pas dépoüillez.

Plusieurs de ceux-ci s'arrêterent au lieu où est aujourd'hui Montpellier, soit qu'il y eût déja deux vilages, comme plusieurs ont crû, soit que ce lieu (selon le sentiment de quelques autres) fût rempli d'arbres propres à servir aux batimens des maisons de ces nouveaux refugiez, qui d'ailleurs étoient invitez de s'y arrêter par la bonté de l'air & par le voisinage de Substantion & de Murviel, dont ils pouvoient tirer du secours.

Page XXVI.

Ce qui augmenta considerablement cette nouvelle habitation & plusieurs autres de la province, fut la fuite des Visigots chassez de l'Espagne par les Sarrazins,* qui vinrent demander au roi Pepin, fils de Charles Martel, des terres à occuper dans fes états; la chofe paroît certaine par une lettre de l'empereur Charlemagne, adreffée à huit de fes barons (dont l'un étoit Aigulfe, comte de Maguelonne & pere de St. Benoît d'Aniane) au fujet d'une plainte qui lui avoit été faite par quarante-un de ces refugiez, qui font tous nommez dans la lettre, l'empereur ordonne qu'ils foient maintenus dans la poffeffion des terres dont ils ont reçû l'inveftiture depuis trente ans, *Ut quod per triginta annos habuerunt per aprifionem quiete poffideant, & illi & pofteritas eorum.*

> VIIIᵉ Siècle.
>
> Baluze, Capitulaires. Tom. premier, pag. 500.
>
> Idée de Montpellier, pag. 65.

La chofe foufre encore moins de dificulté par la conftitution de Loüis le Débonnaire, dont l'original eft confervé dans les archives de la metropole de Narbonne & qui a pour titre: *Hoc eft præceptum remiffionis feu conceffionis quod fecit Ludovicus Imperator Hifpanis qui ad fe confugerant.* Par cette conftitution qui eft de l'an 815, l'empereur promet fa protection non-feulement à ceux qui fe font déja retirez dans la Septimanie, mais encore à tous ceux qui voudront y venir, ne les foûmettant qu'aux feules charges des habitans naturels. Pour rendre cette conftitution plus connuë l'empereur ordonne qu'il en fera confervé trois copies en chaque cité où ces Efpagnols refugiez habiteront; qu'ils en auront un exemplaire afin d'y avoir recours dans le befoin, & les deux autres refteront entre les mains de l'évêque & du comte: fon fils Charles-le-Chauve confirma les mêmes priviléges, comme on peut voir dans les Capitulaires de Mʳ. Baluze.

> 815.
>
> Pithou. Calvifius. Baluze, Capitulaires. Tom. premier, pag. 570.
>
> 815.
>
> Tom. II, pag. 26.

Il n'eft pas dificile à comprendre avec quelle ardeur ces nouveaux refugiez, tant de Maguelonne que d'Efpagne, travaillérent à leur nouvelle habitation; l'indigence qui eft laborieufe fit devorer la premiére peine du défrichement, & la terre qui n'eft jamais ingrate au travail obftiné, les recompenfa au-delà de leur efperance; deforte qu'après en avoir tiré leur néceffaire; ils furent en état de fe donner les commoditez de la vie, & ils formérent une nouvelle ville dont on fera furpris de voir le grand accroiffement en moins de deux fiécles.

Cependant une autre partie des exilez de Maguelonne étant bien aife de trouver une demeure toute prête, choifit fa retraite à un grand quart de lieuë plus loin, dans une petite ville fort anciéne, fituée fur la riviére du Lez.

> Quelques habitans de Maguelonne fe retirent avec l'évêque & le chapitre à Subftantion.

Cette ville eft Subftantion, connuë du tems des Romains fous le nom de *Sextatio*, qui reprit alors une partie de fon luftre par le féjour qu'y firent l'évêque & le clergé de Maguelonne avec une grande partie des meilleurs habitans de l'ifle: ce changement fut fait (felon Gariel) par un ordre exprès de Charles Martel, & il eft bien probable qu'un prince chrétien en obligeant un évêque de fortir de fon églife avec tous fes miniftres, détermina lui-même le lieu où ils pourroient continuer le fervice divin.

La ville dont on voit encore les mazures en montant la riviére du Lez au-deſſus de Caſtelnau, étoit alors aſſez grande & aſſez forte pour le tems ; la ſituation eſt ſur un tertre raboteux qui donna occaſion à Teodulfe, évêque d'Orleans de s'en expliquer en ces termes :

Magalona tenet lævam, Sextatio dextram,
Hæc ſcabris podiis cingitur illa mari.

Ancienne Sextatio compriſe dans la grande route établie par les Romains.

Au bas de ſes murailles on voit dans la riviére les reſtes d'un pont que les Romains y avoient bâti pour la communication du grand chemin qu'ils établirent dans la Gaule-Narbonnoiſe, de même que dans les autres provinces de l'empire : ces chemins étoient ſous l'inſpection des ediles qui en prenoient bien autant de ſoin que nous pouvons faire maintenant pour ceux du Languedoc ; ils étoient marquez de mile en mile pas par de grandes pierres élevées en forme de colomne, dont il reſte encore quelques-unes ſur le chemin de Nîmes à Montpellier. On comptoit par miles comme nous comptons aujourd'hui par lieuës, & quatre miles de ce tems-là faiſoient une lieuë d'aujourd'hui de Languedoc.

Toute cette route étoit partagée en ſtations & en manſions, c'eſt-à-dire, en dînées & couchées pour les voyageurs ; & en lieux de ſéjour & d'alte pour les gens de guerre, à peu près comme nos étapes & nos cazernes d'aujourd'hui.* Sextatio du tems des Romains ſervoit à cet uſage, & l'on ne peut en douter par la liſte qui nous reſte de toutes les routes établies dans l'empire romain, comme on le voit dans l'itineraire d'Antonin & dans les tables de Putinger.

PAGE XXVII.

Montfaucon, Supplément, pag. 89, Tom. IV.

Tous les lieux avec leur diſtance l'un de l'autre, y ſont marquez exactement, & l'on voit encore par la poſition des lieux qui nous ſont connus, qu'il faloit quatre mile pas pour faire une lieuë de nôtre pays ; ainſi d'Arles à Nîmes ils comptoient ſeize miles qui reviénent à quatre de nos lieuës ; de Nîmes à Ambruſium (aujourd'hui le Pont-Ambroix ſur le Vidourle à un quart de lieuë de Galargues le Monteux), quinze miles, c'eſt-à-dire, quatre lieuës moins un quart ; du Pont-Ambroix à Sextatio la même diſtance ; de Sextatio à Forum Domitii (que je crois être Pouſſan [1]) autre quinze miles ;

---

[1] Ma raiſon eſt que Pouſſan eſt préciſément à la diſtance que l'itineraire d'Antonin marque de Forum Domitii à Sextatio & à Cezero.

On compte de Montpellier à Pouſſan trois lieuës & demi qui font quatorze miles, & avec le mile qui eſt de Montpellier au pont de Subſtantion ſur le Lez, on acheve les quinze.

On compte encore de Pouſſan à St. Thibery quatre lieuës & demi qui font préciſément les dix & huit miles ; ainſi, ſans me fixer ni à Fabregues, ni à Frontignan, comme quelques-uns l'ont penſé, au raport de de Pouffan à Cæfero (aujourd'hui St. Thibery) dix-huit miles, c'eft-à-dire, quatre lieuës & demi; de St. Thibery à Beziers, douze miles, trois lieuës; de Beziers à Narbonne feize miles, quatre lieuës, comme on les compte encore; de Narbonne à Salfe trente miles, & ainfi du refte.

Par ce détail on peut fe convaincre que Sextatio étoit employé par les Romains pour le logement de leurs troupes, pour la commodité des voyageurs, & pour celle des courriers qui y changeoient de chars & de chevaux; le chemin qu'ils avoient établi du Pont-Ambroix à Sextatio venoit par le bois-taillis de la Deveze au Crez, & de là au-deffus de Baillargues par la garrigue, où l'on voit encore des veftiges de ce chemin, que le peuple appelle, par une vieille tradition, *Lou camin de la monede*, peut-être parceque les deniers publics y paffoient autrefois. Mais les fçavans difent que ce nom vient de *Via munita*, à caufe de fa fûreté, parcequ'il étoit plus fréquenté, peut-être même fortifié par de petites tours d'efpace en efpace, comme on en voit des reftes dans le magnifique chemin qu'Appius fit conftruire de Rome à Naples, & dans celui de Rome à Viterbe. *Nicolas Bergier, Hift. des chemins romains. Liv. IV, pag. 713.*

Quoiqu'il en foit, on peut regarder comme certain que Sextatio étoit fort peuplé du temps des Romains, puifqu'on y trouve encore, malgré toutes les révolutions qui y font arrivées, quantité de médailles de bronze, d'or & d'argent (dont j'ai vu quelques-unes), & qu'il en a été tiré plufieurs marbres chargez d'infcriptions de plufieurs particuliers & de l'empereur même, qui ont été tranfportées à Montpellier ou dans le voifinage. *Infcriptions anciennes trouvées à Subftantion.*

Comme ces fortes de monuments font toujours précieux, je crois pouvoir inferer ici quelques-unes de ces infcriptions raportées par Gariel, aufquelles j'ajoûterai quelques petites obfervations pour les rendre plus intelligibles.

A l'entrée de l'églife de St. Martin de Crez, on voit fur le côté droit un

---

Mr. Baudrand, je me fixe plus volontiers à Pouffan, d'autant plus que c'eft un lieu ancien, comme il paroît par cette infcription gravée fur un pié-d'eftal qu'on voit encore dans le château:

D. M.
L. IULII.
CHRYSIONIS
OMBANIA SOSZU
SA MARIT. OPTIM.
ET SIBI VIVA. P.

Fabregues n'eft qu'à deux lieuës de Montpellier, ainfi il ne pouvoit y avoir que neuf miles de Subftantion jufques-là.

Frontignan n'eft point ancien; il eft à plus de trente miles de Cezero, fon chemin ne conduit aucune part, & pour aller de là à St. Thibery on eft détourné par l'étang de Balaruç.

marbre plat de quatre palmes de haut sur trois de large, avec cette inscription de l'empereur Tibere :

PAGE XXVIII.

*IUL. AUG. F. AUG.
PONT. MAX.
TRIB. POT. XXXII.
REFECIT. ET
RESTITUIT.

La première ligne qui manque à cette inscription est expliquée par une toute semblable qui est à St. Aunez, chemin de traverse pour aller à Lates, où on lit très distinctement : TI. CÆSAR.

Mais, ce qui est plus digne de remarque, est une colonne de treize palmes de haut & épaisse de trois, que j'ai vu au même St. Martin du Crez, au-dessus de Substantion; elle est couchée & sert de base à une des buttes de l'église. Sur la face convexe qu'on a laissé en dehors, on y lit :

IMP. CÆSAR
DIVI F. AUG. P....
MAX. COSS.
DESIG. XIII.
TRIB....

On ne doute point que ce fût une colomne milliaire, vû sa figure & la grandeur des lettres, qui ont plus de trois pouces de haut; elle fut dressée l'an 751, de la fondation de Rome, & trois ans avant la naissance de Jesus-Christ, selon nôtre manière de compter, ce qui revient à l'année qui preceda le XIIIme consulat d'Auguste.

Feu Mr. de Rosel, premier président en nôtre cour des aides, recouvra de Substantion une inscription sepulcrale que l'on voit encore dans la cour de son anciéne maison, qui appartient aujourd'hui aux RR. PP. benedictins d'Aniane; elle est très-entière sur un marbre de deux piés de long, & d'un pié & demi de haut, avec une petite moulure fort belle. On y lit :

C. MESSIUS. SULLA.
BALBI. L.
FECIT.
VIVOS. SIBI. ET. SUIS.

Ce qui veut dire *Caïus Messius Silla Balbi libertus fecit vivus sibi & suis.* Gariel, dans ses deux livres sur Montpellier, l'un latin, l'autre françois, a mis *Vivo fibi & fuis*, mais il faut que ce foit une faute de l'imprimeur, car, outre que l'infcription eft telle que je la raporte, après l'avoir bien verifiée; on fçait que *Vivos* veut dire *Vivus*; comme *Divos Julius Cæfar*, eft mis pour *Divus Julius Cæfar*; de même que le mot *Sulla* pour *Silla*.

L'infcription que l'on voit encore dans la facriftie de Caftelnau, gravée fur une table de marbre de trois piés de large fur deux piés quelques pouces de haut, avec une belle moulure, porte les paroles fuivantes, qui font gravées de la maniére que je les donne :

<pre>
       CN. PLAEToRIUS MACRINUS COLONIS
    ET INCOLIS EX EA PEQUNIA QUAE EI
            IN STATUAS CONLATA EST
</pre>

Je ne fçai fi ce Cneïus Plaetorius Macrinus ne feroit point de la famille des deux Plaetorius qui font marquez dans le catalogue des magiftrats romains de Goltzius, dont l'un étoit edile curule & l'autre duumvir; dans ce cas on pourroit dire qu'il fit faire quelque chemin ou édifice public de l'argent peut-être qui lui avoit été decerné pour des ftatuës. Je foûmets ma penfée aux plus habiles que moi fur ces matiéres.

Thefaurus rei antiquariæ.

Je pourrois encore raporter plufieurs autres infcriptions fepulcrales tirées des dehors de Subftantion, où, felon le goût des Romains, on élevoit de petits maufolées aux perfonnes confiderables, & jamais dans l'enclos des murs, felon la loi des douze tables *Intra muros ne fepelito*; mais, de crainte* d'ennuyer le lecteur, je le renvoye à Gariel, qui en raporte un plus grand nombre, & je me borne à celle-ci, dont la fin vaut une épigramme.

Page xxix.

<pre>
                  D. M.
           PETILIÆ ÆMILIANÆ
              UXOR. PROB.
          ÆLIUS. RESTITUTUS. V.
                MŒR. PO.
               SIT. T. L.
    IUNGAT. CINERES. QUÆ. OLIM. IUNXIT. AMORES.
</pre>

Elle veut dire : *Diis Manibus Petiliæ Æmilianæ uxoris probatiffimæ Ælius reftitutus vir* ou *vivus, mœrens pofuit. Sit terra levis*, façon de s'exprimer des

VIIIᵉ Siècle. Romains, dont on voit des exemples dans Horace, *Jungat Cineres*, & le reste.

Je ne m'arrête point à tirer avantage du caractere, de l'esprit ou de la qualité des personnes dont il est parlé dans ces inscriptions; il est aisé de comprendre, par le grand nombre d'anciens monumens qu'on en a tiré depuis si longtemps, que Sextatio n'étoit pas habité par de simples manans, mais que plusieurs citoyens Romains employez dans les provinces, ou qui y venoient pour leur plaisir, y avoient fait un séjour considerable.

La chose m'a paru moins douteuse depuis la découverte qu'on y a fait tout récemment d'un pavé de mosaïques, dont on m'a apporté plusieurs pièces, que j'ai encore. On sçait assez que ces sortes d'ouvrages n'étoient employez que pour les temples, les maisons publiques, ou pour celles des personnes distinguées par leur rang ou par leurs richesses.

Le séjour que l'évêque & le chapitre de Maguelonne vinrent faire à Substantion, commença de relever cette ville des pertes qu'elle avoit faites durant plus de trois cens ans que les Visigoths avoient été maîtres du pays; & les troubles qui survinrent après la mort de Charles Martel firent naître dans nos cantons grand nombre de petits seigneurs, qui y vêcurent en petits souverains, jusques bien avant dans la troisiéme race de nos rois. Il ne sera peut-être pas inutile, pour éclaircir cet endroit de nôtre histoire, qui paroît le plus obscur, de suivre les voyages que nos rois firent dans le Languedoc, pour être plus au fait des changemens qui y arrivèrent [1].

Après les trois expeditions dont j'ai déja parlé de Charles Martel contre les Sarrazins, l'une à Poitiers, l'autre près de Narbonne, & la derniére dans la Provence, ces infidéles, qui étoient maîtres de l'Espagne, ne renoncérent pas à l'esperance de rentrer dans le Languedoc. Ils y revinrent quelquefois à force ouverte, & souvent ils gagnérent des traitres qui leur livroient des places sur la frontiére. Les seigneurs qui y commandoient changeoient souvent de maîtres, selon leur intérêt ou selon leur inclination, & quelquefois même ils s'arrogeoient les droits de souverain.

Expedition du roi Pepin dans le pays. Nous en avons deux exemples remarquables dans l'histoire de ce siécle: l'un en la personne de Vaifier, contre qui Pepin fut si longtems en guerre dans l'Aquitaine, & l'autre en Theodoric de Pamiers, qui eut le crédit de s'emparer de la plûpart des villes que les Gots occupoient autrefois dans le

---

[1] Var.: Pour l'intelligence de ce fait, qui est très-intéressant pour nostre histoire, il faut remarquer que les rois Pepin & Charlemagne, fils & petit-fils de Charles Martel, ayant porté les armes dans le pays, y firent diverses dispositions pour le gouvernement, qui donnèrent occasion à ces petits souverains de s'y establir; mais pour bien éclaircir cet endroit de nostre histoire, &c.

Languedoc, jusques-là que le roi Pepin ayant été obligé de venir en personne contre lui, ce comte eut la hardiesse de lui presenter la bataille auprès de Maguelonne.

Nous apprenons toutes ces circonstances des diverses chroniques de nos églises, raportées par Duchesne; celle d'Usez, qui est la même que celle de St. Theodorit, nous apprend qu'en l'année 743, Misemond, Goth de nation, remit * entre les mains du roi Pepin, Nîmes, Maguelonne, Agde & Beziers, *Anno Domini 743 Misemundus Gothus Nemausum, Magalonam, Agatham, Biterras, Pipino Regi Francorum tradidit;* ce qui nous donne grande raison de croire qu'on avoit reparé les fortifications de toutes ces places, détruites par Charles Martel.

L'année d'après, l'armée des François ayant été assiéger Narbonne, dont les revoltez s'étoient rendus maîtres, ce même Misemond, qui combattoit pour le roi Pepin, fut assassiné aux portes de la ville par un de ses gens nommé Ermeniard, qui sans doute avoit été gagné par ses enémis, *Anno Domini 744 Misemundus Gothus apud Narbonam occiditur, dum Narbonam obsideret cum exercitu Francorum, a suo homine Ermeniardo nomine ante portam Narbonensis civitatis.*

Il n'est point dit si Narbonne fut délivrée du siége après la mort de Misemond, mais il est bien certain que Theodoric, qui pouvoit être l'auteur de ce meurtre, comme il l'avoit été des troubles precedens, vint avec son armée jusqu'à Maguelonne, & qu'il y presenta la bataille au roi Pepin. Nous ne sçavons pas precisément le lieu où elle se donna, mais nous sçavons qu'elle fut funeste à Theodoric, puisque la Chronique de Pamiers, dont Verdale a copié les paroles, nous apprend que Theodoric, à qui il donne le titre de roi, s'étant avancé vers l'isle de Maguelonne contre le roi Pepin, y fut défait avec toute son armée, & y périt malheureusement, *Theodoricus rex perexit ad bellum Magalonensis insulæ, contra Pipinum Imperatorem, patrem Magni Caroli christianissimi ubi victus, in fugam conversus, cum universo exercitu suo extitit interfectus.*

Le roi Pepin étant mort en 768, Charles son fils, à qui ses grandes actions firent donner le nom de Charlemagne, vint faire ses premières armes en Aquitaine contre Hunal, fils de Vaifier, qui continuoit les troubles que son pere y avoit causé, & comme l'exemple de la revolte est ordinairement contagieux dans les frontières, les gouverneurs des villes du Languedoc y attirèrent les Sarrazins, ou se laissèrent surprendre par eux, de sorte que Charles fut obligé d'y venir pour purger le pays de ces infidèles.

Un ancien roman de l'abbaye de la Grace, cité souvent par nos auteurs, & qui prend le nom de *Philomele*, compte jusqu'à seize petits rois Maures, qui s'étoient faits chacun un petit royaume dans le Languedoc, dans la Catalogne & dans la Provence; l'isle de Maguelonne eut le sien comme plusieurs autres villes, & l'auteur de ce roman, qui rapporte le nom de tous ces roitelets, dit que celui de Maguelonne s'appeloit Tamarin, & que tous ayant uni leurs forces pour combattre Charlemagne, furent défaits dans une seule bataille. Je sçais que la plûpart des romans sont fabuleux dans les circonstances, mais je ne dois pas ignorer qu'ils prennent toûjours leur fondement dans l'histoire; & nous voyons par celle de l'ordre de S^t. Benoit, qu'en reconnoissance de cette victoire, Charlemagne fit bâtir sur la rivière d'Orbieu, dans le diocèse de Carcassonne, l'abbaye de la Grace, qui l'a toûjours reconnu et le reconnoit encore pour son fondateur. Nous avons aussi une tradition constante qu'il fit bâtir en même tems, tout auprès de Montpellier, l'église de S^{te}. Croix de Celleneuve, où l'on voyoit autrefois cette inscription sur une pierre du chœur:

Gloriosissimus Dominus Imperator Carolus ut consecraret memoriam victoriæ quam die Sanctæ Crucis exaltatæ de Sarracenis hic & in tractu Juviniaco obtinuerat ecclesiam istam ædificari curavit. Quam filius ejus Ludovicus divina ordinante Providentia Imperator Augustus monachis Monasterii Anianensis ab Augusto Patre etiam constructi donavit prope fontem Agricolæ, ut in ista Cella absque ullius infestatione, quiete vivere, Deoque & regulæ libere militare valeant.

Excellentissimi Augusti
R. J. P. A.

Le terroir de Juvignac, qui est marqué dans cette inscription pour le champ de bataille, étoit un village voisin qui donnoit son nom à toute la contrée, & la fontaine d'Agricole, dont il y est parlé, avoit pris ce nom d'un prefet des Gaules, sous les empereurs Honorius & Theodose, qui avoit choisi les environs de cette fontaine pour son lieu de repos lorsqu'il revenoit de la chasse. Nous voyons encore une lettre de ces deux empereurs, écrite à Agricole avec ce titre:

* *Honorius & Theodosius Augusti, viro illustri Agricolæ præfecto Galliarum.*

Les victoires de Charlemagne en Aquitaine & dans le Languedoc, l'ayant engagé à porter ses armes dans l'Espagne, il fut battu à son retour à Roncevaux; mais il fut bientôt consolé de cette perte par la naissance de son fils aîné, qu'il fit appeller Loüis roi d'Aquitaine; & d'autant que l'âge du jeune roi ne lui permettoit pas de gouverner son royaume par lui-même, Charlemagne établit dans les principales villes des comtes ou gouverneurs pour conserver les états de son fils, tandis qu'il seroit occupé lui-même en Italie & en Allemagne, comme il le fut durant toute sa vie.

Ceux qui ont écrit son histoire, soit françois ou espagnols, l'ont remplie de plusieurs fables pour mieux donner dans le merveilleux, comme si la seule exposition des grands évenemens de son regne, n'auroit pas dû sufire pour relever sa gloire ; cette même affectation les a rendus moins exacts à nous marquer bien des choses qu'il nous seroit très-important de sçavoir ; par exemple, ils se contentent de nommer les comtes qu'il établit dans l'Aquitaine, dans laquelle ils comprennent Toulouse, Alby & le Velay, sans parler des autres bonnes villes du Languedoc où il est pourtant très-constant qu'il y eut des comtes ou des vicomtes, comme à Narbonne, Carcassonne, Beziers, Maguelonne & Agde.

Il n'est pas de mon sujet de raporter ici ceux que nous trouvons avoir été comtes ou vicomtes dans ces diverses villes du Languedoc sous le roi Charlemagne ; mais, je ne puis omettre ceux qui le furent à Maguelonne, car nous sommes assez heureux, malgré la désolation de cette isle, de pouvoir tirer de l'oubli quelques-uns de ceux qui, sous le nom de comtes de Maguelonne, gouvernérent dans le pays.

Le premier comte de Maguelonne est Aigulfe, pere de St. Benoît d'Aniane, qui, après avoir bien servi le roi Pepin dans les guerres qu'il eut en Aquitaine contre Vaifier, continua ses services au roi Charlemagne, & repoussa souvent les Gascons dans les irruptions qu'ils firent en Languedoc : nous apprenons ces circonstances d'un auteur qui fut presque son contemporain, puisqu'il fut successeur de son fils dans l'abbaye d'Aniane ; c'est l'abbé Ardo, qui écrivant la vie de St. Benoît, dit ces paroles : *Pater ejus Aigulfus nobilissimus vir, erat Magalonensis comes, qui armorum industria valens sæpe Vascones a Francorum finibus propulsavit.*

Son fils Amicus, qui suivit le roi Charlemagne dans ses guerres d'Italie (comme on le voit dans la vie du même St. Benoît), succéda à son pere dans la comté de Maguelone ; & nous en avons un témoignage bien certain par les actes du concile de Narbonne, tenu en 778, contre Félix d'Urgel, où les évêques, après avoir terminé la principale affaire qui les avoit assemblez, & voulant mettre d'accord l'archevêque de Narbonne & l'évêque de Beziers qui étoient en diferend pour les bornes de leur diocése, il est dit que Daniel de Narbonne produisit pour témoins Justin, évêque d'Agde, Winteringue, évêque de Nîmes, & Amicus, comte de Maguelonne, *atque amicum Magalonensem comitem*, ce qui donna gain de cause à l'archevêque de Narbonne.

Le troisiéme comte de Maguelonne, fut nommé Robert, que nous connoissons par une constitution de Loüis le Debonnaire en faveur d'Argemire,

VIII.e SIÈCLE.

Comtes qu'ils établissent dans le pays.

Catel. *Mém.*, pag. 565.

pag. 649.

Comtes de Maguelonne sous les rois de la seconde race.

778.

évêque de Maguelonne, pour lui faire rendre le lieu de Villeneuve que le comte Robert occupoit : l'empereur dit dans cette conftitution qu'il rend *Ecclefiæ Sancti Petri Magalonenfis quamdam villam quæ eft in territorio Magalonenfi, cujus vocabulum eft Villa nova, ficuti eam Robertus comes in beneficium habuit.* On fçait affez que Charles-Martel, pour entretenir fes troupes, donnoit fouvent aux officiers le bien des églifes, ce que l'on appeloit encore de ce tems-là comme du tems des Romains, *Beneficium* qui revient à nôtre mot de gratification. L'ufage pouvoit s'en être confervé jufqu'à Loüis le Debonnaire, qui, honorant de fa protection l'évêque Argemire, ordonna qu'on fit cette reftitution à fon églife.

Le quatrième nommé Adolfe, nous eft connu par une commiffion du même empereur, qui lui ordonne d'exécuter fes ordres fur une affaire que le comte Robert, fon predeceffeur, n'avoit pu terminer dans les vilages de Juviniac & de Jonquieres, *in pago Juviniaco & apud Juncherias.*

*Le cinquiéme, nommé Erneft, ne nous eft connu que par un vieux nécrologe de l'églife de Subftantion, où il eft fait mention de lui.

Enfin, le fixiéme nommé Everard, paroît avoir porté le nom de comte de Maguelonne, par quelques fragments d'inventaire, faits dans le tems de la feparation de Montpellier en deux bourgs diferens, c'eft-à-dire de Montpellier & de Montpellieret, du tems de Ricuin premier, qui fut évêque depuis 812, jufqu'à 817.

Tous ces feigneurs, quoiqu'ils fiffent leur féjour à Subftantion, confervérent le nom de comte de Maguelonne, et leur autorité ayant augmenté dans le pays par la diminution de celle de nos rois de la feconde race, ils agirent bientôt en petits fouverains.

Par cette même raifon, ils ne purent vivre longtems d'accord avec l'évêque et le chapitre de Maguelonne, qui étoient retirés comme eux à Subftantion; les démêlez qu'ils eurent fouvent enfemble nous donnent lieu de le penfer, & foit jaloufie ou efperance d'être mieux, ces anciens comtes changérent de demeure, & ils choifirent pour leur refidence ordinaire la petite ville de Melgüeil (aujourd'hui Mauguio), qui étant plus près de l'étang de Maguelonne, dans une riche et fertile plaine, leur fourniffoit une grande abondance de vivres.

La difpofition d'Hugues-Capet qui, pour parvenir au trône, ceda aux gouverneurs des places & des provinces, les terres dont ils avoient le gouvernement, acheva d'affurer l'établiffement de nos comtes : leur place qui, dans fon origine n'étoit qu'une commiffion, devint héreditaire, & ils établirent, fous le nom de comtes de Subftantion & de Melgüeil une puiffante maifon qui fe foûtint près de deux cens ans de pere en fils jufqu'à-ce que

Sur l'anciéne ville de Maguelonne.

n'ayant laiffé que des filles, leur comté paffa dans la maifon des Berengers de Barcelonne, dans celle des Pelets, feigneurs d'Alais, enfuite aux comtes de Touloufe, & enfin aux évêques de Maguelonne qui en joüiffent encore.

J'ai crû devoir donner la fuite de tous ces comtes, afin que le lecteur fût plus au fait des chofes qui fe pafférent entre eux & les feigneurs de Montpellier; je me contenterai d'indiquer feulement les principaux actes que nous avons d'eux, pour en parler plus au long dans la vie de nos Guillaumes.

BERNARD I nous eft connu avec Senegonde, fa femme, par l'inféodation de plufieurs terres aux environs de Montpellier, qu'ils donnérent à Guy ou Guillaume, le premier de nos feigneurs. L'acte eft de l'an 986, fous le regne de Lotaire, qui fut le penultiéme de nos rois Carlovingiens. *986.*

BERNARD II laiffa fa femme veuve avant l'an 1048, où l'évêque Arnaud fut placé fur le fiége de Maguelonne; car, il eft dit de cet évêque qu'il acheta un étang de la comteffe Sala ou Senegonde & de Raymond fon fils, & de Beatrix, femme de Raymond, *Arnaldus comparavit ftagnum de Sala comitiffa & de Raymundo filio ejus, & de Beatrice uxore ejufdem Raymundi.* *1048. Suite des comtes de Melgüeil.*

RAYMOND I eft fufifamment prouvé par l'acte dont je viens de parler & il le fera encore plus par plufieurs autres que je rapporterai dans la vie de nos Guillaumes: il eut de Beatrix, fa femme, Pierre, qui fuit, Pons, abbé de Cluny, Adelle, époufe de Pierre du Puy, & Ermenfende, femme de Guillaume de Montpellier, fils d'Ermengarde. *1079.*

PIERRE, dans un acte fort circonftancié du x des kalendes d'août 1079, fous le regne du roi Philippe, fous l'epifcopat de Bertrand, évêque de Maguelonne, & fous le pontificat de Gregoire, pape, *Cui fubjacet*, ajoûte-t-il, *univerfalis Ecclefia.* Il dit de lui-même, *Ego Petrus comes qui fui filius Raymundi comitis, genitrix vero mea fuit Beatrix.* Sa femme nommée Almodis eft fignée dans l'acte de foumiffion qu'il fit de toutes fes terres au St. Siége. Elle eft encore mentionnée dans un acte de délaiffement qu'ils firent à Dieu, à tous les faints & à tous les fidéles chrétiens pour le remede de leur âme, d'un droit de leude que le comte Raymond, fon pere, & Salla, fon ayeule, avoient établi à Caftelnau & fur les cabarets de Subftantion.

RAYMOND-BERNARD, fils de Pierre & d'Adelmonde, eut de grands démêlez vers l'année 1098, avec Godefroy, évêque de Maguelonne, qui finirent de la maniére que nous dirons en fon lieu; fon furnom de Bernard paroît par la * reparation qu'il fait des dommages caufez lors de l'election de Raymond, évêque de Maguelonne, à raifon defquels il s'engage de donner aux chanoines *Optimum apparatum*, à un certain jour. Il paroît avoir eu deux femmes; la premiére, nommée Marie, dont il eut Bernard, qui fut fon *1098.* *PAGE XXXIII.*

successeur, & qui prend dans tous les actes le nom de fils de Marie; la seconde, Guillelme, de Montpellier, qu'il épousa en 1120, & dont il eut Beatrix, qui prend toujours le nom de fille de Guillelme & de R. Bernard.

1125. BERNARD III, fils de Marie, eut de grands diferends avec Guillaume de Montpellier, fils d'Ermenfende, au fujet de l'affaire de Guadalmar, qui fut terminée en 1125. Ils firent enfemble le voyage de la terre fainte, dont ils revinrent en 1129. Nous avons des tranfactions qu'ils pafférent en 1130, & le teftament que fit Bernard, comte de Melgüeil en 1132, avant que d'aller finir fes jours (comme il fit) dans l'ordre de Cluny. Dés la même année, Béatrix fa fœur fiança Berenger Raymond, fils de Douce, comte de Gevaudan & marquis de Provence, qui, par acte de la même année, promet à Guillaume de Montpellier, fils d'Ermenfende, que lorfque Béatrix, fille de fa fœur Guillelme, aura atteint l'âge de douze ans, & qu'il l'aura époufée, il lui fera ratifier un accord particulier dont ils étoient convenus, *Poftquam habuerit duodecim annos completos & ego accepero eam in uxorem.*

Gariel. Idée, page 163.

1135. BERENGER RAYMOND, de la maifon de Barcelone, & fils de Douce de Provence, avoit déja époufé Beatrix en 1135, lorfqu'ils pafférent à Guillaume de Montpellier, fils d'Ermenfende, un engagement de trois deniers fur la monoye de Melgüeil; mais ils n'avoient pas encore l'un & l'autre vingt-cinq ans accomplis, puifqu'ils ajoûtent dans cet acte: *Quod cum fuerimus legitimæ ætatis laudabimus & firmabimus totum iftud placitum.* Beatrix vécut environ fix ans avec Berenger, qui fut tué fur le port de Melgüeil, par des gens de la faction des feigneurs de Baux, qui lui difputoient la comté de Provence, où ils prétendoient les uns & les autres du chef de leurs meres.

BERNARD PELET, feigneur d'Alais, étoit déja le fecond mari de Beatrix en 1140, où ils ratifiérent à Guillaume de Montpellier, fils d'Ermenfende, les trois deniers fur la monoye de Melgüeil, ce qu'ils renouvellérent encore en 1145. Ils tranfigérent enfuite, au mois de juillet 1149, avec Guillaume de Montpellier, fils de Sibille; &, dans le mois d'octobre 1161, ils eurent tous enfemble une conference prés de Soriech, pour l'obfervation d'une treve reglée entre eux par la médiation de Raymond de Montferrier. Je ne trouve point, depuis ce temps-là, combien vêcut Bernard Pelet, qui laiffa de fa femme Béatrix, Bertrand & Ermenfende.

1145.

1171. BERTRAND PELET prend la qualité de comte de Melgüeil, dans un acte du mois de juin 1171, par lequel il donne à Guillaume de Montpellier, fils de Sibille, tout ce qu'il avoit à St. Julien de Grabels & à St. Gervais de Juviniac, *Ego Bertrandus comes Melgorii, filius Beatricis comitiffæ Melgorii & Bernardi Peleti comitis Melgorii.* Par un autre acte de la même date, où il prend toûjours la même qualité, il donne à perpetuité à Guy, fils de Guillaume, jadis feigneur de Montpellier, qui enfuite fe fit moine *(poft monachi)*, pour lui & pour fes fuccefleurs, tout ce qu'il a à S^t. Cirice de Caftelnau; la ville de Subftantion, qu'il défigne jufqu'à la riviére du Lez, *Sicut veteres muri, & veftigia & figna murorum, determinant ufque ad flumen Lezi;* les métairies de Maleftang & d'Aiguelongue avec l'albergue, qui lui étoit dûë par les habitants de Salaifon, changez à S^t. Martin du Crez.

 La comteffe, fa mere, dégoûtée de lui pour des raifons que l'hiftoire ne marque pas, traita avec Raymond, comte de Touloufe (dit le fils de Faidite) du mariage de fon fils Raymond (dit fils de Conftance) avec Ermenfende, fa fille. L'acte qu'ils pafférent enfemble eft du douze décembre 1172, par lequel elle donne fa fille à Raymond, avec la moitié de la comté de Melgüeil pour les dépenfes qu'il a déja faites ou qu'il devra faire pour la conferver. Ermenfende donne à fon futur époux, *quidquid de bonis vel fucceffionis patris mei Bernardi Peleti quocumque jure pertinet vel pertinere debet;* & fi elle meurt après fa mere, elle tranfporte à Raymond * tous fes droits fur la comté de Melgüeil; Raymond, de fon côté, donne à Ermenfende tout ce qu'il a dans la ville & évêché d'Uzés (excepté le péage de Valdagne & de S^t. Saturnin), pour en joüir fa vie durant.

 Bertrand voulant s'affurer une protection contre le comte de Touloufe, fe rendit hommager d'Alfonce, roi d'Aragon, & de fes fuccefleurs, comtes de Barcelonne; l'acte eft du mois de décembre 1172, mais nous ne trouvons pas que cette démarche produifit pour lui aucun bon effet; car, quoiqu'il fût regardé comme l'héritier légitime de la comté de Melgüeil, les comtes de Touloufe en furent les maîtres, ce qui donna lieu au pape Clément IV de faire cette réponfe au roi S^t. Loüis, qui l'avoit confulté fur la comté de Melgüeil : *Jufte tenuit aliquo tempore Bertrandus comes; fed & comes Tolofanus (jufte ut ipfe dicebat) injufte (ut plurimi fentiebant) illum diverfis temporibus tenuit.*

 RAYMOND, comte de Touloufe, fils de la reine Conftance, n'eut point d'enfans d'Ermenfende, fa premiére femme, mais il ne laiffa pas de joüir toûjours de la comté de Melgüeil, en vertu du teftament qu'elle avoit fait le 3 de novembre 1176, par lequel elle lui donnoit tous fes biens, ne laiffant à fa mére que deux mile fols tous les ans; d'où nous pouvons inferer que Béatrix furvêcut à fa fille. Raymond s'engagea enfuite dans l'affaire des Albigeois, où il fut expofé à toutes les revolutions dont nous parlerons en fon lieu. Il laiffa pour héritier de fes grandes terres fon fils Raymond, qu'il avoit eu de Jeanne, fa quatriême femme, fille de Henry, roi d'Angleterre, & fœur de Richard, auffi roi d'Angleterre.

 RAYMOND, comte de Touloufe, fils de la reine Jeanne, fucceda au

1172.

Page xxxiv.

1176.

1222.

comte fon pere en 1222. Il avoit époufé, du vivant de fon pere, Sancie d'Aragon, fœur du roi Pierre. Il continua, en faveur des Albigeois, les mouvemens que fon pere s'étoit donnez; mais, ayant été pris & renfermé dans la tour du Louvre, à Paris, il ne put en fortir qu'en fe dépouillant de tous fes états : fa Comté de Touloufe fut le partage de Jeanne, fa fille aînée, qui porta fa fucceffion à Alfonfe, frere du roi S^t. Loüis; & la comté de Melgüeil ayant été confifquée fur lui au profit du S^t. Siége, le pape Innocent III l'inféoda aux évêques de Maguelonne, du vivant même de Raymond, qui mourut en 1249.

HISTOIRE

DE LA VILLE

DE MONTPELLIER.

SUITE CHRONOLOGIQUE

DES SEIGNEURS DE MONTPELLIER.

GUY ou GUILLAUME, dans le xe fiécle, acquit Montpellier de l'évêque Ricuin, en 990.

BERNARD GUILLAUME fon fils, & mari d'Adelaïs, eft mentionné dans la fondation de l'abbaye de S^t. Geniez, en 1019.

GUILLAUME, fils d'Adelaïs, mari de Beliarde, connu par divers actes raportez dans cette hiftoire.

GUILLAUME, fils de Beliarde, & mari d'Ermengarde, vivoit fous le roi Henri Ier, en 1058.

GUILLAUME, fils d'Ermengarde & mari d'Ermenfende, partit pour la premiére croifade de la Terre-Sainte en 1098, & mourut en 1121.

GUILLAUME, fils d'Ermenfende & mari de Sibille, quitta fa feigneurie pour entrer dans l'ordre de Citeaux, en 1147.

GUILLAUME, fils de Sibille & mari de Mathilde de Bourgogne, mourut en 1172.

GUILLAUME, fils de Mathilde & mari d'Eudoxie de Conftantinople, mourut en 1202.

MARIE de Montpellier, fille du dernier Guillaume, époufa, en 1204,

PIERRE II, roi d'Aragon, mort en 1213.

JACQUES Ier, dit le Conquerant, roi d'Aragon & de Mayorque, fils de Marie de Montpellier, mourut en 1276.

JACQUES II, roi de Mayorque, mort en 1311.

SANCHE, roi de Mayorque, mourut en 1324.

JACQUES III, roi de Mayorque, vendit, en 1349, fa feigneurie de Montpellier au roi Philippe de Valois, qui, l'année d'après, laiffa, par fa mort, cette feigneurie à fon fils.

JEAN, roi de France, mort en 1364.

CHARLES V, dit le Sage, donna la feigneurie de Montpellier, l'an 1365, en échange des villes de Mante, Meulan & Longueville, à

CHARLES dit le Mauvais, roi de Navarre, fur qui cette feigneurie fut reprife diverfes fois pour crime de felonie.

CHARLES VI, roi de France, dit le Bien-aimé, rendit la feigneurie de Montpellier à

CHARLES le Noble, roi de Navarre, qui en fit échange pour d'autres feigneuries qui appartenoient à la France dans la Navarre.

CHARLES VII, roi de France, fous le regne du roi fon pere, agit en maître à Montpellier, &, depuis ce temps, la feigneurie de cette ville n'eft point fortie de la domination immediate des rois de France.

HISTOIRE
DE LA VILLE
DE MONTPELLIER.

LIVRE PREMIER.

CHAPITRE PREMIER.

I. Eclaircissement de quelques doutes sur le lieu où Montpellier est bâti. II. Sa seigneurie passe des comtes de Substantion à l'évêque de Maguelonne. III. L'évêque en inféode la plus grande partie à Guillaume premier. IV. Remarque sur ce premier seigneur de Montpellier.

VIIIe SIÈCLE.

APRÈS la ruïne de Maguelonne, arrivée en 737, les habitans I. de cette isle, avec les Visigots, chassez de l'Espagne par les Sarazins, jettèrent les premiers fondemens de Montpellier, qui, dans ce tems-là, étoit une dépendance de Substantion.

Quelques-uns de nos auteurs (comme François Ranchin) *Traité de la peste.* ont crû que sur la coline où il est situé, il y avoit déjà deux vilages : l'un, du côté du couchant au nord, appelé Montpellier, & l'autre, du levant au midi, appelé Montpellieret : & que par la jonction de ces deux vilages, on forma une feule ville, qui retint le nom de celui des deux vilages qui étoit le plus confidérable. Quelques autres (comme Gariel l'a infinué dans prefque tout le cours de fon ouvrage), difent que cette coline étoit couverte de grands arbres, et que dans un de fes panchans appelé aujourd'hui Valfére, le bois, qui étoit plus épais qu'en aucune autre part, fervoit de retraite aux bêtes fauves, ce qui la fit appeler *Vallis-Ferarum*. Ils s'appuyent d'un paffage de Verdale, qui, parlant de la démolition de Maguelonne, dit qu'elle ne fut pas detruite par Charles Martel, en haine de l'Eglife, mais parceque les Sarazins venoient s'y refugier, d'où ils ravageoint les châteaux & les villes voifines, qui étoient alors en petit nombre,* parce, ajoûte-t-il, que Montpellier n'étoit pas encore conftruit, *Pro eo quod nondum Monfpeffulanus conftructus fuerat*. A quoi Ranchin pourroit repliquer, que fi cela prouve que Montpellier n'étoit pas alors une ville confidérable, comme elle le fut depuis, cela n'empêche point qu'il ne pût être dès-lors un vilage expofé, comme les autres, aux infultes des Sarazins.

II. Quoiqu'il en foit de ces deux fentimens, qu'il ne feroit pas impoffible de concilier, en admetant, & les deux vilages & le bois qui les feparoit ou qui les environnoit, il eft certain que les comtes de Subftantion en étoient les maîtres, & que le domaine en fut transféré à l'évêque de Maguelonne, environ deux cens ans après la deftruction de l'îfle.

Nous devons l'hiftoire de cette tranflation à Arnaud de Verdale, évêque de Maguelonne, dont les écrits doivent être d'un grand poids, depuis qu'ils ont été reçûs fans contradiction au Parlement & au Confeil, & jugez dignes d'être mis dans le corps des hiftoriens de France. Mais, ce qui autorife, d'une manière convaincante, ce qu'il nous apprend du droit de l'évêque fur Montpellier, eft la reconnoiffance que les feigneurs lui en firent durant près de quatre cens ans, jufqu'à ce que les rois de France, ayant acquis le droit de l'évêque, fe firent prêter par les rois de Mayorque, feigneurs de Montpellier, le même hommage qu'ils faifoient auparavant à l'évêque de Maguelonne.

III. Je raporte les propres paroles de Verdale, parcequ'elles fervent de preuve fondamentale à l'hiftoire de Montpellier.

« Il y eut autrefois deux fœurs (comme une tradition conftante, & les
« archives publics nous l'apprennent), dont l'une poffedoit Montpellier, &
« l'autre Montpellieret en franc-aleu. Elles étoient d'une ancienne nobleffe :
« car il eft prouvé qu'elles eurent pour frère le bienheureux Fulcrand, dont
« la mere étoit de la maifon des comtes de Subftantion, & qui, après avoir
« été archidiacre de Maguelonne, remplit avec beaucoup de gloire le fiége
« des évêques de Lodéve. Ces deux fœurs étant donc penetrées de la penfée

« que le monde passe avec les passions qui nous attachent à lui, resolurent
« de gagner le ciel par le moyen des biens passagers qu'elles avoient sur la
« terre : elles prirent donc le parti de transferer, par une donation irrevocable,
« à l'église de Maguelonne, tout le droit qu'elles avoient dans la possession de
« Montpellier & de Montpellieret, avec toutes leurs appartenances; & en
« s'acquitant de leur vœu, elles firent, à perpetuité, un don de ces deux
« places, avec tout leur district, à Dieu, aux saints Apôtres saint Pierre &
« saint Paul, & au vénérable Ricuin, évêque de Maguelonne. »

Cet acte répand une grande clarté sur notre histoire. On y trouve [1] & la qualité des personnes qui contractérent, & le tems où cette donation fut faite.

Il est plus croyable qu'elle arriva sur la fin du dixiéme siécle, puisque c'est le temps où vêcurent St. Fulcrand & l'évêque Ricuin, qui sont énoncez dans l'acte. St. Fulcrand fut sacré évêque de Lodéve en 949, & Ricuin fut évêque de Maguelonne l'année 975. St. Fulcrand mourut en 1006, & Ricuin en 999, c'est-à-dire qu'ils furent contemporains dans l'épiscopat durant vingt-quatre ans, depuis 975 jusqu'en 999. Quant aux deux sœurs dont il est parlé, il y a une tradition constante dans l'abbaye de St. Geniés, qu'elles s'y retirérent après la donation qu'elles avoient faites à Ricuin.

Voila comment la seigneurie de Montpellier passa de la maison des comtes de Substantion à l'évêque de Maguelonne. Voici maintenant comment le même évêque en ceda la plus grande partie à celui qui fit la tige de nos seigneurs nommez Guillaume. Je vais rapporter les propres paroles de Verdale :

« Or, il y avoit alors en ce païs un gentilhomme qui s'appeloit Guy, & qui,
« selon que la tradition le porte, relevoit du comte de Melgüeil, & le servoit
« de ses armes, à raison des terres et des possessions qu'il avoit de lui. Ce
« gentilhomme s'en alla un jour trouver le vénérable Ricuin, évêque de
« Maguelonne, & le pria instament de lui donner Montpellier en fief, pour
« le tenir de son église; ce qu'il obtint après plusieurs priéres. Guy reçut
« donc de l'évêque de Ricuin, Montpellier en fief, & lui prêta foi & hom-
« mage, en *s'obligeant de lui être desormais fidéle, & aux chanoines de Ma-
« guelonne. »

Voila donc, par cet acte, un seigneur de Montpellier, dans le tems qu'il étoit encore separé de Montpellieret, qui resta toujours à l'évêque. Nous verrons que Guy & ses décendans agrandirent extrémement leur fief, non-seulement du côté de la Valfére & de la Blanquerie, mais encore vers Montpellieret, en remplissant tout le vuide qui étoit entre-deux; de sorte que

---

[1] Var. : La gloze, que l'on peut ajouter au texte, servira beaucoup à l'éclaircissement de notre histoire, puisqu'on peut trouver dans ces paroles de Verdale, & la qualité, &c.

X· Siècle.

ces deux vilages se trouvant contigus, il en resulta une grande ville, dont les trois quarts furent aux seigneurs de Montpellier, & l'autre resta toûjours aux évêques de Maguelonne, qui furent maîtres jusqu'au tems de Philippe le Bel, de tout ce que l'on trouve à main gauche, en allant aujourd'hui par le droit chemin, de la porte du Pila-Saint-Gely à la porte de Lates.

Mais, avant que d'entamer ces matiéres, je croi devoir raporter ce que nos auteurs ont remarqué sur ce Guy ou Guillaume, à qui l'évêque Ricuin donna le fief de Montpellier. Et d'abord, il faut remarquer que dans la traduction de ces paroles de Verdale, *qui ex terris sive prædiis cum Melgoriensi comite militabat,* j'ai suivi le stile de la feodale, & non la force du latin, qui, par ce terme *militabat,* sembleroit donner quelque idée de guerre. La chose seroit hors de doute, s'il disoit *contra Melgoriensem comitem militabat;* mais, de dire *ex terris cum Melgoriensi militabat,* c'est, dans le latin de ce siécle, & en terme de feodale, insinuer une redevance, un hommage & un service de fief, qui l'obligeoit de servir de ses armes le comte de Melgüeil.

Manuscrits d'Aubais [1].

Ce fait est éclairci par un acte de l'an 986. C'est une donation que font Bernard, comte de Melgüeil, & Senegonde, sa femme, à Guy ou Guillaume, d'un domaine considerable dans le terroir de Montpellier, pour acquerir, disent-ils, son service de guerre & sa bienveillance. En voici le précis [2] :

« Au nom du Seigneur, moi, Bernard, comte, & Senegonde ma femme,
« pour donner à Guillaume quelque chose de nôtre propre aleu, dans le
« territoire de la cité de Maguelonne, & au voisinage de Substantion, en
« vûë de son service & de sa bienveillance, *pro suo servitio vel benevolentia.*
« Nous vous donnons à vous, Guillaume, dans le terroir de Montpellier,
« *in terminio montepestellario,* la métairie, *mansum,* qui fut jadis à Amalbert,
« avec les acquisitions que nous y avons faites de Bertho, nôtre ancien
« vassal, qui consistent en maisonnages, jardins, champs, vignes, prez,
« forêts, garrigues, arbres fruitiers ou non fruitiers, eaux, riviéres qui
« appartiénent à ce fonds, pour le posseder dès aujourd'hui, vous & vos
« enfans mâles, comme la loi salique l'ordonne, *sicut lex mea salica com-*
« *memorat.* Et si quelqu'un vous inquiéte sur cela, qu'il soit condamné à
« vous payer le double. Fait le VI des calendes de décembre, l'an trente-
« deuxiéme du regne du roi Lothaire. Signé : BERNARD, comte, &
« SENEGONDE sa femme; témoins : GERAULD, NADAL, PONCION,
« GREGOIRE & AIRADE. »

Cette donation, qui revient au 26 novembre 986, dans la trente-deuxiéme

---

[1] VAR. : Tiré d'un des manuscrits de M. le marquis d'Aubais, n° 81, f° 78.
[2] VAR. : Voicy le precis de l'acte, que je donneray en entier dans la suite de cet ouvrage.

année du regne de Lothaire, nous explique à quel titre le premier de nos Guillaumes fut hommager du comte de Melgüeil. Et, de là, nous pouvons comprendre les raifons qu'il eut de rechercher, comme il fit, l'infeodation de Montpellier, dont il avoit déja les dehors. Après qu'il l'eut obtenuë de l'évêque Ricuin, de la manière que nous venons de le voir, il y établit une puiffante maifon, qui, dans l'efpace de deux cens ans, s'allia aux ducs de Bourgogne, aux Comnenes, empereurs de Conftantinople, & aux rois d'Aragon, fans parler des comtes de Melgüeil, de Commenge & de Touloufe.

Xe Siècle.

Pour débroüiller la fuite de fes fucceffeurs, qui a été jufqu'à préfent un des articles des plus embarraffez de nôtre hiftoire, je dirai que parmi les auteurs qui ont travaillé fur ce fujet, M^r. de Varandal, confeiller au préfidial, & docteur-regent en l'Univerfité de cette ville, dans la table chronologique qu'il fit de nos Guillaumes au commencement du dernier fiécle, affure n'avoir pû découvrir que les quatre derniers; la raifon en eft claire : c'eft parcequ'il ne travailla que fur les actes tranfcrits dans le grand Talamus, qui ne monte pas plus haut. Mais M. de Rignac, confeiller en la cour des aides, à qui nous devons les plus importantes découvertes de nôtre hiftoire, ayant pris la peine de déchifrer les piéces originales * qui font dans les differentes armoires de nos archives, en a tiré quantité d'actes qui n'étoient connus à ceux qui l'avoient précedé. Il les redigea par ordre en plufieurs volumes, qui font à préfent entre les mains de M. le marquis d'Aubais, à qui j'ai obligation de tout ce que j'en ai tiré.

Page iv.

J'y ai donc trouvé de quoi remplir le onziéme fiécle, car Gui ou Guillaume, qui fit la fouche de tous les autres, n'ayant commencé que fur la fin du dixiéme, il falloit lui trouver des fucceffeurs jufqu'environ 1090, où nous avons des actes certains de Guillaume, fils d'Ermengarde. J'ai été affés heureux pour trouver dans les collections de M. de Rignac, le pere & l'ayeul de ce fils d'Ermengarde; &, en les liant tous deux avec Gui ou Guillaume, chef de leur maifon, on peut regarder cet efpace de quatre-vingt-dix ans fuffifamment rempli par la vie de trois perfonnes.

Il ne refte qu'une dificulté, qui nous vient d'un acte du quatorziéme fiécle, où, en parlant de la portion que nos Guillaumes avoient dans Mont-pellier, il eft dit : *Ifta pars fuit antiquitus Guillelmorum Montifpeffulani, qui fuerunt undecim fucceffive.* Car, fi quatre Guillaumes ont rempli tout le douziéme fiécle, avec une partie du précédent & du fuivant, comment imaginer qu'il y en ait eû fept dans l'efpace de quatre-vingt-dix ans? J'avouë que cette dificulté m'a arrêté, d'autant plus que l'acte qui y a donné fujet paroît être fort bon : mais, je foupçonne que dans ce nombre de onze, on ait compris les puînez de cette maifon, qui eurent dans la ville une partie

Liber eftimæ Villæ.

du domaine de Montpellier, fous le nom de Vicariat, comme on pourra le voir dans la fuite.

IV. Je croi cependant ne devoir pas omettre que pour faire plus d'honneur au premier de nos Guillaumes, Pierre Andoque, confeiller au préfidial de Beziers, dans fon *Hiftoire du Languedoc*, lui donne une origine des plus illuftres, puifqu'il le fait venir des décendans de Charlemagne. Mais, comme il n'en donne aucune preuve, je me borne à raporter feulement ce qui eft prouvé par actes; & c'eft bien affés pour nos Guillaumes d'avoir poffedé, de pere en fils, une feigneurie comme celle de Montpellier plus de deux cens ans, & d'être compris, comme ils le font, parmi les ayeux maternels de prefque tous les rois de l'Europe.

Leur maniére de fe diftinguer les uns des autres par le nom de leur mere paroîtra toute finguliére, en un tems où l'on diftingue par nombres les princes d'un même nom; mais comme tous les fiécles ont leur ufage, il n'eft pas furprenant que les Guillaumes de Montpellier ayent fait comme les comtes de Touloufe, qui prenoient le nom de leur mere. Ainfi, l'on voit qu'ils fe faifoient appeler Raymond, fils de Douce; Raymond, fils de Faiditte, & ainfi des autres.

Il ne refte plus qu'à fixer l'époque de l'infeodation de Montpellier, que l'évêque Ricuin fit à nos Guillaumes. Par l'obfervation que j'ai déja faite, elle fe trouve clairement marquée entre 975 & 999, qui eft le tems où S*t*. Fulcrand & Ricuin furent contemporains dans l'épifcopat.

Dans cet efpace de vingt-quatre ans, je fai précéder la donation du comte Bernard, par laquelle Guillaume devint fon feudataire, puifqu'il avoit déja cette qualité lorfqu'il fit l'acquifition de Montpellier. Ainfi, le comte de Melgüeil & Senegonde fa femme ayant fait leur donation en 986, Ricuin ne peut avoir fait la fiéne que quelques années après, & l'on peut, par conféquent, fixer l'infeodation de Montpellier environ 990.

Livre premier.

XIe SIÈCLE.

CHAPITRE SECOND.

PAGE 5.

I. Guillaume assiste à la fondation de l'abbaye de St. Geniés, avec son fils. II. Bernard Guillaume. III. Guillaume, fils de Beliarde, reçoit plusieurs hommages. IV. Guillaume, fils d'Ermengarde a de grands démêlez avec Godefroy, évêque de Maguelonne. V. Se marie avec Ermensende de Melgüeil. VI. Se prépare pour la première croisade.

LA rareté des actes du dixiéme siécle, qu'on appelle communément le siécle de l'ignorance, ne laisse aucune connoissance détaillée du premier de nos Guillaumes. On sçait en général, qu'il s'attacha à policer sa nouvelle seigneurie; & par l'acte de fondation de l'abbaye de S^t. Geniés, on est sûr qu'il vivoit encore en 1019. Son seing & celui de Guillaume Bernard son fils, précedé de ceux du comte de Melgüeil, de Gaucelin de Lunel, & suivi de ceux de Dalmas de Castries, de Bernard d'Andufe & de plusieurs autres, se trouvent dons cet acte, en ces termes : *Signavit Willelmus & alius Willelmus qui vocatur Bernardus* [1]. I.

BERNARD GUILLAUME son fils, appelé fils d'Adelaïs, du nom de sa mere, fut contemporain de l'évêque Arnaud, & ce fut de son temps que le chapitre quitta Substantion pour revenir à Maguelonne. Nous avons un acte passé sous Guillaume son petit-fils, dans lequel Bernard Guillaume, qui est appelé son ayeul, *qui fuit avus istius Guillelmi*, fit une ordonnance, *fecit hoc placitum*, portant que dorénavant il ne sera fait aucun nouveau four dans les terres du seigneur de Montpellier, sans sa permission : *Ab hac die in antea non erit factus furnus in toto Montepessulano, nec in domo nec in terra in qua dominus Montispissulani habet censum vel vendidam, sine consilio domini Montispessulani.* II.

Il est appelé mari de Beliarde dans une transaction de l'année 1058, entre Raymond Berenger, comte de Barcelonne, & Raymond Bernard, vicomte de Beziers, où il est dit qu'elle fut passée en présence de Guillaume de Montpellier, mari de Beliarde. Nous ne sçavons pas de quelle maison elle étoit; mais il paroît, par un acte de 1103, que Bernard Guillaume eut deux enfants mâles de sa femme Beliarde, l'un Guillaume qui lui succeda, & l'autre Guillaume Aymond, à qui il donna tout un vignoble, que Guillaume, fils d'Ermengarde confirma à ses enfants, en ces termes : *Dono vobis vineas omnes quas Guillelmus Aymonis habuit & tenuit de B. Guillelmo avo meo.*

Manuscrits d'Aubais.

---

(1) Ce paragraphe I est biffé dans le manuscrit.

Les enfans de ce Guillame Aymond, furent Raymond Guillaume, évêque de Nîmes, qui est marqué (dans S**te**. Marthe), avoir siégé depuis 1098, jusqu'en 1112, & Bernard Guillaume, qui fit la souche des vicaires de Montpellier.

Guillaume fils de Beliarde nous est connu par un acte qui a pour titre : *Sacramentum quod fecit Berengarius filius Guidenildis, Guillelmo domino Montispessulani filio Beliardis*. Le corps de cet acte est conçu en langage du païs, & comme il n'est pas long, je croi pouvoir le raporter ici, afin qu'on ait le plaisir de voir comment on parloit alors :

III. *Da aquesta hora adenant no tolra Berengarius lo fil de Guidinel, lo castel d'el Pojet que fo d'en Golen, à Guillen lo fil de Beliarde. Ni li devedra ni l'en decebra d'aquella forza que es. Ni adenant fara garni el, ni hom ni femna ab lou son art, ni ab son ganni, ab son consel. Et si homs es que o fara ni femna, Berengars lo fil Guidinel ab aquels societat no aura, fos quant pel castel à recobrar, fos quant Guillen lo fil Beliard l'en sollicitera : Et si recobrar lo pot, en la sua potestat de Guillen lo tornara, sans deception, & sans ley re dever. Facta est hæc carta regnante Henrico & ejus filio Philippo.* Ce qui rendu mot à mot, veut dire :

« De cette heure à l'avenir, Berenger, fils de Guidinel, n'ôtera point à
« Guillaume, fils de Beliarde, le château du Pojet, qui fut du Golen ; il ne le
« divisera, ni diminuëra de la force où il est ; & à l'avenir il ne le garnira, ni
« homme,* ni femme, par artifice, par finesse, ni par son conseil : & si c'est
« un homme ou une femme qui entrepréne sur ce château, Berenger fils
« de Guidinel, n'aura aucune société avec eux, si ce n'est lorsqu'il s'agira de
« recouvrer ce château, & même lorsque Guillaume, fils de Beliarde, l'en
« aura sollicité ; & pour lors, s'il peut le recouvrer, il le remettra au pouvoir
« de Guillaume, sans diminution & sans lui rien devoir. Cet écrit a été fait
« sous le regne de Henry & de son fils Philippe. »

Par cette date, il paroît que l'acte fut passé en mil cinquante-neuf, où le roi Henry premier avoit fait sacrer de son vivant son fils Philippe, selon l'usage assés ordinaire des premiers rois de la troisiéme race. D'où l'on peut encore inferer, que Guillaume, fils de Beliarde, succeda environ ce tems à Bernard Guillaume son pere, qui, l'année précédente 1058, avoit assisté, comme nous l'avons vû, à la transaction entre le comte de Barcelone & le vicomte de Beziers. La conjecture est d'autant plus probable, qu'il étoit ordinaire aux seigneurs d'exiger l'hommage de leurs vassaux, à leur premiere entrée dans leur seigneurie ; & que dans un autre serment qui lui fut prêté cette même année pour le château de S**t**. Pons de Mauxchiens, où il est appelé Guillaume, seigneur de Montpellier, fils de Beliarde ; on met en 1056, fon mariage avec Ermeniarde ou Ermangarde, fille de Raymond Ier, comte XIe Siècle. de Melgüeil & fœur du comte Pierre, dont il eut Guillaume qui fuit.

GUILLAUME fils D'ERMENGARDE nous fournit plus de matiére que fes IV. prédeceffeurs, parceque fur la fin du onziéme fiécle où il vêcut, on commença de fortir de l'ignorance qui avoit regné pendant le dixiéme. Pour la banir du corps du clergé[1], on établit dans la plûpart des églifes de l'Europe, une vie commune & reguliére entre les chanoines, à laquelle ceux de Maguelonne fe foumirent dès l'année 1048. Mais les féculiers profitant de leur foibleffe, ufurpérent la plûpart de leurs biens : & la chofe alla fi avant, que le comte Pierre de Melgüeil s'empara du droit de nommer à l'évêché de Maguelonne, comme il confte par la renonciation qu'il en fit enfuite. Guillaume de Montpellier, entraîné par fon exemple, fe faifit des églifes même, où il exerçoit toute forte d'autorité fur les prêtres qui les deffervoient.

Godefroy, évêque de Maguelonne, autant célébre par fa fermeté que par la fainteté de fes mœurs, cita le jeune Guillaume de Montpellier à une affemblée, où fe trouvérent Pierre, archevêque d'Aix, Hugues, évêque de Grenoble, fi connu par l'hiftoire des Chartreux, Didier, évêque de Cavaillon, Godefroy, de Maguelonne, Pons, prévôt de fon églife, avec nombre de fes chanoines, Alquier, archidiacre de Lodéve, & plufieurs laïques, qui tous condamnérent Guillaume à perdre le fief qu'il tenoit de l'évêque de Maguelonne, *Propter malefacta quæ epifcopo & clericis fecerat.*

Guillaume voyant qu'il ne pouvoit s'y maintenir qu'en gagnant les bonnes grâces de fon évêque, le pria avec inftance de lui rendre le fief, *quod ipfe & anteceffores fui tenuerant.* « Et Godefroy, qui fongeoit moins à le dé-
« pouiller qu'à l'inftruire, fe contenta d'exiger de lui une reconnoiffance, où,
« après l'avoir fait renoncer à toutes les ufurpations qu'il avoit déjà faites,
« il donna entier tout le fief de fes prédéceffeurs, excepté l'églife de S^{te}. Marie
« de Montpellier, celle de Montpellieret, & toutes les autres églifes, fur
« lefquelles Guillaume ne pourroit plus exiger la dîme, ni exercer aucune
« juridiction fur les clercs.

« Mais, pour adoucir en quelque forte la foumiffion qu'il venoit de faire,
« Godefroy lui donna tout ce que Pierre de Licas poffédoit au-delà des
« foffés de la ville, *quod eft infra vallatos, & foris muros de Montpeflier*, avec le
« tiers des maifons déjà bâties & à bâtir dans Montpellieret, *tertiam partem*
« *novorum ædificiorum quæ facta funt vel erunt in Montepefleireto;* fauf toujours
« les églifes & les cimetiéres, avec leurs dépendances. Guillaume paya pour
« le tout, trois cens fols Melgoriens, & fit, entre les mains de Godefroy, le

---

(1) VAR. Pour y remedier parmi le clergé.

« ferment de fidélité qui eſt écrit dans nos archives, commençant par ces « mots : *Audi tu Gothofrede Epiſcope* [1]. »

Par tout le contenu de cet acte, que Verdale met en 1090, on peut éclaircir divers point de nôtre hiſtoire : 1° Il paroît que Guillaume, fils d'Ermengarde, devoit avoir ſuccédé à ſon pére, quelques années avant le tems où ſe paſſa l'action mentionnée dans cet acte; parcequ'il lui falloit bien un tems pour établir ſon uſurpation, un autre pour aſſembler les juges, qui reçurent les plaintes de l'évêque de Maguelonne, & pour l'execution de leur ſentence : ainſi, je croirois volontiers qu'on peut mettre environ 1085, le tems où Guillaume fils d'Ermengarde ſuccéda à ſon pére. 2° Il paroît que l'égliſe de Notre-Dame ſubſiſtoit alors, de même que celle de St. Denis, qui ſervoit à Montpellieret d'égliſe paroiſſiale, bâtie alors où eſt aujourd'hui la citadelle. 3° Que Montpellier étoit déja environné de murailles & de foſſez, *infra vallatos & foris muros Montpeſlier*. 4° Que l'étenduë de Montpellieret étoit alors plus grande qu'elle n'eſt à préſent; & je ſoupçonne fort que l'endroit accordé à Guillaume par l'évêque Godefroy, ne ſoit tout ce qu'on trouve à main-droite, en allant du lieu que nous appelons le Bout-du-Monde, juſqu'à la porte de la Blanquerie, paſſant par la Capelle-Nove & devant Ste. Urſule, parceque tout ce quartier reſta toûjours à la paroiſſe de St. Denis, quoique pour le temporel il appartînt aux Guillaumes, ſeigneurs de Montpellier.

V. La paix que Guillaume venoit de faire avec ſon évêque fut bientôt ſuivie de celle qu'il fit avec Pierre, comte de Melgüeil, qui, après lui avoir fait raiſon ſur diverſes demandes qu'il lui faiſoit, lui donna en mariage ſa fille Ermenſende, l'une des plus ſaintes & des plus habiles femmes de ce tems-là : *Inſuper dedit Petrus comes ad Guillelmum de Montepeſſulano filiam ſuam ad*

---

(1) Var. Et Godefroy, qui ſongeoit moins à le dépoüiller qu'à l'inſtruire, ſe contenta d'exiger de luy une reconnoiſſance que je ne puis mieux exprimer que par les propres paroles de l'acte :

« Reconnoiſſez-vous (luy dit-il) que le fief que vous tenés de moy & de St. Pierre de Maguelonne eſt meilleur qu'aucun autre fief que vous teniés d'un autre ſeigneur ? — Je le reconnois, dit Guillaume.

« Reconnoiſſez-vous qu'il eſt plus avantageux d'eſtre noſtre homager que d'aucun autre ? — Je le reconnois.

« Rendés-vous à Dieu, à St. Pierre & à moy l'égliſe de Ste. Marie de Montpellier avec tous ſes clercs ? — Je les rends.

« Rendés-vous l'égliſe de Montpelleiret, avec le cimetiére & toutes ſes dépendances ? — Je les rends.

« Rennoncés-vous au tiers des dixmes, que vous preniés ſur tous les clercs de cette ville, & aux deux tiers du fief que Pierre Licas tenoit de St. Pierre, au-delà des murailles & des foſſés de Montpellier? *Quod eſt infra valatos & foris muros* de Montpellier. — J'y renonce.

Alors l'évêque luy donna en entier tout le fief de ſes predeceſſeurs, excepté l'égliſe de Ste. Marie de Montpellier, celle de Montpelieret, & toutes les autres égliſes ſur leſquelles Guillaume ne pouvoit plus exiger la dixme ni exercer aucune juridiction ſur les clercs.

Et pour adoucir en quelque ſorte la ſoumiſſion qu'il venoit de faire, Godefroy lui donna tout ce que Pierre Licas poſſédoit au-delà des foſſez de la ville, avec le tiers des maiſons déja bâties & à bâtir dans Montpelieret.

uxorem; ce qu'on peut mettre en 1093, où vivoient Matfred, évêque de Beziers, & Frotard, abbé de S`t`. Pons, pris pour témoins dans cet acte.

Le comte Pierre, qui s'eſt rendu ſi recommandable dans nôtre hiſtoire par ſes liberalitez envers l'égliſe de Maguelonne, & envers le S`t`. Siége, craignant encore que ſon gendre ne vint à ſe broüiller de nouveau avec ſon évêque, lui fit ratifier, par un ſecond acte, l'abandon qu'il avoit déja fait en faveur de Godefroy. Nous avons cet acte, de l'an 1093, dans les archives de noſtre hôtel-de-ville, où Guillaume prend le nom de fils d'Ermengarde. *Ego Guillelmus filius Ermengardæ dominus Montiſpeſſulani, &c.*

Tout étant devenu paiſible dans le païs par le moyen de ces deux accords, Guillaume chercha des occaſions au-dehors à exercer ſon courage, & il fut aſſés heureux pour en trouver une des plus brillantes pour un ſeigneur chrétien. Cette occaſion fut la premiere croiſade, qui fut reſoluë au concile de Clermont en Auvergne, en 1096. Et l'année précédente, Guillaume eut l'avantage d'être le premier ſeigneur du royaume qui reçut dans ſes terres le Souverain Pontife, car Urbain II étant parti après le concile de Plaiſance pour venir en France, aborda à Maguelonne, où Guillaume fut le recevoir avec toute la nobleſſe du païs, & le conduiſit à Montpellier, où il le traita magnifiquement.

Alors, ayant eu occaſion de s'aſſurer du deſſein du pape pour la guerre ſainte, qu'on n'avoit ſçû encore que par le bruit public, Guillaume s'y engagea avec pluſieurs ſeigneurs de ſon voiſinage, dont les noms nous ont été conſervez par les actes de vente ou d'engagement qu'ils paſſérent avec le chapitre de Maguelonne, en partant pour ce voyage. Les noms de ces ſeigneurs ſont : Guillaume Raymond, fils de Raymond Gaucelin, qui ſe maria à Antioche; Pons & Bernard de Montlaur, Guillaume de Fabregues, Eleazar de Montredon, Pierre Bernard de Montagnac, Othon de Cornon, Guillaume Bertrand, Eleazar de Caſtries. Tous ces ſeigneurs, ayant à leur tête Guillaume de Montpellier, ſe joignirent, quand il fallut partir, à Raymond, comte de Touloufe, qui, le premier des princes croiſez, avoit envoyé ſes ambaſſadeurs au pape Urbain, dans le temps qu'il étoit encore à Clermont.

Comme cette croiſade eſt la plus glorieuſe de toutes celles que les princes chrétiens entreprirent durant plus de deux ſiécles, & que Guillaume de Montpellier euſt part à toutes les belles actions qui ſe paſſérent en celle-ci, je croi que le lecteur verra avec plaiſir que je profite de cette occaſion de lui faire connoître le caractére du ſeigneur qui nous gouvernoit alors, & celuy des autres * ſeigneurs du Languedoc, dont les écrivains de ce tems-là nous ont conſervé le nom & les belles actions.

XI`e` Siècle.

Mémorial des nobles.

Page 8.

CHAPITRE TROISIÈME.

I. Départ des croisez par diferentes routes. II. Guillaume se trouve au siége de Nicée. III. Est commandé pour aller reconnoître les enemis aux approches d'Antioche. IV. Il se distingue au siége de Marra. V. Assiste au siége & à la prise de Jerusalem. VI. Il ramene en France la femme & le fils du comte de Touloufe.

LE pape Urbain II ayant pris soin d'animer les seigneurs françois par les exhortations du fameux Pierre l'Hermite, qui, deux ans auparavant, lui avoit apporté des lettres du patriarche de Jerusalem, trouva les esprits si bien disposez au concile de Clermont, qu'ayant commencé de parler au milieu de la place publique pour exhorter les assistans à la guerre sainte, il fut interrompu par une infinité de voix, qui s'écriérent : *Dieu le veut! Dieu le veut!*

Raymond, comte de S^t. Gilles & de Toulouse (appellé fils d'Adelaïs), l'un des plus grands seigneurs du royaume, se croisa avec Aymar de Monteil, évêque du Puy; & à eux s'offrirent, de leur bonne volonté, *sponte se obtulerunt*, Guillaume, évêque d'Orange; Raimbaud, comte de la même ville; Atho de Beziers; Girard de Roussillon; Guillaume de Montpellier; Guillaume, comte de Forêt; Raymond Pelet; Centon de Bear; Guillaume Amaneu, qui tous sont appellez par Guillaume de Tyr, *Viri nobiles & apud suos tam nobilitate quam morum elegantiâ clarissimi*. Ils formérent tous ensemble une armée de près de cent mille hommes, tirez des provinces de Bourgogne, d'Auvergne, de Gascogne & du Languedoc, ce qui les fit appeller Provinciaux, tandis que les seigneurs d'au-delà de la Loire retinrent le nom de François : *Omnes de Burgundia & Alvernia & Vasconia & Gothi, Provinciales vocabantur, cæteri vero Francigenæ.*

<small>Guill. de Tyr, liv. 2, ch. 17.</small>

<small>Raym. d'Agiles, pag. 144.</small>

Parmi ces seigneurs françois, étoient Hugues le Grand, comte de Vermandois, & frere de Philippe Ier, roi de France; Robert, duc de Normandie; Robert, comte de Flandre; Godefroy de Boüillon, fils du comte de Boulogne, avec ses freres Baudoüin & Eustache; les comtes de Chartres & de S^t. Paul, qui furent suivis d'une foule innombrable de croisez, dont ils donnérent la conduite à Godefroy de Boüillon.

I. Ce prince, qui s'est rendu si celébre dans l'histoire, voulant se débarasser de tout le peuple qui avoit pris la croix, le laissa sous la conduite de Pierre l'Hermite, qui osa bien se charger de ce soin. Il conduisit sa troupe,

par l'Allemagne & la Hongrie, jufqu'auprès de Conftantinople, d'où, en XIe SIÈCLE.
côtoyant l'Afie, il prétendoit entrer dans la Paleftine; mais le peu de
dicipline de fes gens, & la perfidie des Grecs, les fit prefque tous périr par
le fer & par la faim, avant que de pouvoir paffer au-delà de Nicée.

 Godefroy fuivit, quelques mois après, avec une armée de dix mille
chevaux, & de foixante-dix mille hommes de pié tous aguerris, prenant fa
route à travers l'Allemagne, le long du Danube, jufqu'aux confins de la
Trace. Mais l'empereur de Conftantinople, Alexis Comnene, prit un fi
grand ombrage de leurs deffeins, qu'il traverfa, par toute forte d'artifice,
le progrès de cette armée; de forte que les princes croifez ne purent s'affurer
de vivres qu'en lui promettant que les conquêtes qu'ils feroient en Afie
feroient pour lui, & qu'ils lui feroient hommage des autres terres qu'ils
retiendroient du même empire.

 Cependant, le comte de Touloufe, avec les feigneurs que j'ai déja
nommez, ayant paffé les Alpes, prirent leur chemin par la Lombardie &
par le Frioul; &, ayant traverfé toute la Dalmatie les armes à la main, pour
fe défendre contre* les infultes des Efclavons, ils s'avancèrent, par l'Epire & PAGE 9.
par la Macedoine, vers Conftantinople, ayant eu fouvent occafion, dans
leur chemin, de combattre les Bulgares & les Grecs, qu'Alexis envoyoit
pour les traverfer, & qu'il defavoüoit enfuite.

 Une des belles actions que fit Raymond, à Conftantinople, c'eft que
l'empereur l'ayant fort preffé de lui faire hommage, comme les autres
feigneurs avoient fait, il répondit nettement qu'il n'étoit pas venu fi loin
pour prendre d'autre maître que celui pour l'amour duquel il étoit venu:
Abfit ut in hac via aliquem dominum conftituam fuper me, nifi illum tantum-
modo cujus amore huc ufque veni. Et lorfque Godefroy de Boüillon, avec les
autres feigneurs de fon armée, qui avoient déja paffé le détroit, vinrent l'en
folliciter de nouveau, pour faciliter la jonction de leurs troupes, Raymond
fe contenta de promettre qu'il n'entreprendroit rien contre la vie &
l'honneur d'Alexis, à condition qu'il garderoit, de fon côté, ce qu'il avoit
promis.

 Ce ferment prêté de la forte, Raymond, avec les feigneurs de fon armée, II.
conduifirent leurs troupes devant Nicée, dont Godefroy avoit commencé
le fiége. On leur donna toute la partie méridionale à garder; & le fecours Guill. de Tyr,
que les affiégez attendoient s'étant préfenté de ce côté, ils le repouffèrent liv. 3, ch. 5.
avec une perte confiderable de Turcs. Et ayant enfuite renverfé, par la fape,
une groffe tour qui étoit de leur attaque, la ville fut obligée de fe rendre
après fept femaines de fiége.

 Les princes, après cette premiere conquête, qu'ils jugèrent à propos de remettre à Alexis, marchérent tous enfemble vers la Syrie, & défirent en chemin, dans la vallée Gorgonniéne, une armée formidable de Turcs qui étoient venus les attaquer. Ils prirent enfuite toutes les villes qui fe trouvérent fur leur paffage, dans la Licaonie, dans la Cappadoce & dans l'Armenie. Baudoüin, frere de Godefroy, fe laiffa alors entraîner par tant d'heureux fuccès : il pouffa, avec une partie des troupes, jufques dans la Mefopotamie, où il prit la ville d'Edeffe, & fonda une principauté de ce nom, qui lui refta en propre, & où il eut deux ou trois princes chrétiens pour fucceffeurs.

Cependant, l'armée étant prête d'entrer dans la Syrie, on chargea le comte de S^t. Gilles de faire reconnoître le pays; il donna ce foin aux feigneurs que l'hiftorien raporte en cet ordre : Pierre, vicomte de Caftillion; Guillaume de Montpellier; Barral, vicomte; Pierre de Roias & Pierre de Hautpoul, avec cinq cens hommes, qui, après avoir défait divers partis, vinrent faire leur raport à l'armée. *Raymundus comes de S^{to}. Egidio elegit, Petrum de Caftillione vicecomitem, Guillelmum de Montepifterio, Baralium vicecomitem, Petrum de Royas, Petrum Raymundum de Alto-pullo cum quingentis militibus.*

III. L'armée ayant oüy leur raport, entra dans la Syrie, & s'avança jufqu'à Antioche, où elle trouva des enemis plus dangereux que ceux qu'ils avoient eû à combattre : je veux dire l'abondance, & la trop grande fécurité des foldats, qui, ne voyant point paroître la garnifon d'Antioche, fe débandérent dans la campagne, pour y joüir, au milieu de la débauche, du butin immenfe qu'ils avoient fait pendant leur marche. Ils furent ramenez cruellement à leur devoir lorfque la garnifon, qui s'étoit tenue cachée, vint fondre fur eux au milieu de leur plaifir, &, les ayant diffipez, s'empara du camp, où elle caufa des maux infinis[1].

On en étoit déja au commencement de l'hiver, fans avoir rien gagné fur la ville, lorfque les Turcs vinrent, avec un fecours de vingt-huit mille chevaux, pour forcer le quartier du prince de Tarente. Le comte de Touloufe, avec les feigneurs qu'il avoit amené de France, coururent à fon fecours; ils n'avoient en tout que fept cens chevaux, qu'ils diviférent en fix efcadrons, & qu'ils rangérent en bataille entre un étang & la riviére de l'Oronte, pour n'être pas envelopez. Malgré leur difproportion, ils oférent marcher les prémiers à l'enemi, & ils combatirent fi vaillament, que tout le fecours fut entiérement défait, & que nos gens revinrent au camp chargez de dépoüilles, & avec un grand nombre de chevaux, dont ils manquoient.

---

[1] Var. : Au milieu de leur plaifir, & caufa dans leur camp des maux infinis, qu'ils n'attendoient pas.

Ce fuccès mit les princes croifez en état de continuer le fiége; ils y employérent toutes les machines qui étoient en ufage en ce tems-là. Mais la garnifon fit une fi forte refiftance, que nos troupes étoient, au neuviéme mois du fiége, fans avoir pû encore penetrer dans la ville. Il couroit même un bruit, que le foudan de Perfe envoyoit contre eux une armée formidable, lorfque Boëmond, prince de Tarente, propofa de faire valoir une intelligence qu'il s'étoit ménagée dans la ville. Elle lui réuffit fi bien, qu'étant devenu maître d'une tour, il introduifit toute l'armée dans Antioche.

XIe Siècle.
Page 10.

Le carnage y fut horrible, & le butin immenfe; mais la débauche ne le fut pas moins, comme il arrive ordinairement au foldat qui, après avoir beaucoup foufert, fe trouve dans l'abondance. Leur fituation, néanmoins, changea bientôt, car le fecours dont ils avoient oüy parler étant arrivé, ils fe trouvérent affiégez dans la ville qu'ils venoient de prendre, & réduits, ou à en foûtenir le fiége, ou à forcer l'armée qui les environnoit, & qui avoit déja pris fur eux le château d'Antioche.

Dans cette conjoncture fi preffante, il arriva ce qu'on a occafion d'admirer[1] dans tout le cours de cette premiere croifade: nos troupes, dans leurs plus grands befoins, trouvérent des reffources infinies, foit que le ciel, pour punir ces infidéles, leur abatît le cœur, ou que, pour recompenfer le zéle qui animoit veritablement nos gens, il augmentât leur force & leur courage.

Les princes croifez prirent la refolution de fortir en bataille, pour repouffer l'enemi. Ils laifférent la garde de la ville au comte de St. Giles, qui y étoit détenu par une grande maladie, & ils partagérent leur armée en douze corps, dont le onziéme étoit commandé par Izoard, comte de Die, Raymond Pelet, Atho de Beziers, Girard de Rouffillon, Guillaume de Montpellier, & Guillaume Amaneu: *Undecimam vero aciem Izoardus comes Dienfis, Raymundus Piletus, Atho Bitterenfis, Girardus de Roffeillon, Willelmus de Montepeffulano, Guillelmus Amaneu tenuerunt.* La déroute des enemis fut entiére, le château d'Antioche repris, & les chrétiens enrichis de dépoüilles.

Guill. de Tyr,
liv. 6, ch. 17.

Après cette victoire, dont les princes crurent devoir écrire au pape Urbain, ils pourvurent à la confervation de la ville, qu'ils donnérent en principauté à Boëmond; &, ayant déliberé fur leur principale entreprife, qui étoit celle de Jerufalem, ils réfolurent de la remettre au premier de novembre, tant pour éviter les chaleurs que pour donner le loifir à l'armée de fe repofer.

Cependant, Raymond, jaloux qu'on eût donné au prince de Tarente la

---

[1] Var.: Il arriva, dans cette occafion fi preffante, ce qu'on a lieu d'admirer.

principauté d'Antioche, voulut s'en faire une lui-même en Orient. Il s'avança, dans ce deffein, avec toutes fes forces, vers Jerufalem, &, s'étant rendu maître des villes d'Albare & de Rugie, il vint affiéger Marra, grande ville & très-forte, à deux ou trois journées d'Antioche, vers Appamée. C'eſt là où Raymond Pelet, après avoir mis en déroute une armée confiderable de Turcs, fut furpris lui-même, après fa victoire, par la foif extrême où lui & tous les fiens fe trouvérent réduits. Mais la valeur de Guillaume de Montpellier parut avec plus de fuccès durant le fiége; car le comte de St. Giles, ayant fait conſtruire une grande tour de bois, portée fur des rouës, pour l'approcher plus aifément des murailles, il eſt dit que Guillaume de Montpellier fe tenoit au plus haut de cette tour, d'où, avec les fiens, il lançoit de groffes pierres, que les enemis ne pouvoient parer de leurs boucliers : *Milites noſtri qui erant furfum in folario fuperiori videlicet Guillelmus de Montepifſlerio, & alii plures jactabant immenfos lapides fuper Sarracenos qui ſtabant fuper muros civitatis, & ita percutiebant eos fuper clipeos ita quod clipeus & paganus cadebant deorfum in civitate mortui.*

Ce moyen réuffit fi heureufement, que la ville fut emportée d'affaut. Mais, comme les paffions humaines fe mêlent fouvent dans les faintes entreprifes, Raymond ayant voulu s'approprier fes nouvelles conquêtes, donna de la jaloufie, à fon tour, au prince de Tarente; de forte qu'ayant eû de grandes difcuffions, les princes croifez eurent bien de la peine à les racommoder. Mais, ce que toute leur adreffe & leur autorité n'avoit pû faire, le foldat l'emporta de force, car les troupes de Raymond, voyant fon obſtination, & le retardement qu'il caufoit à la prife de Jerufalem, renverférent de fond en comble les murailles * & les tours de la ville de Marra, pour lui ôter la tentation de la retenir. Ce coup fit rentrer Raymond en lui-même; il fe reconcilia avec le prince de Tarente, & les chefs de l'armée, qui n'attendoient autre chofe, vinrent le joindre à Capharda, pour marcher tous enfemble vers Jerufalem.

Ils continuèrent leur marche, occupez, tantôt des propofitions que les foudans des villes voifines leur faifoient pour les amufer, tantôt à divers petits fiéges, comme ceux d'Arcas ou Archis, que Raymond tenta inutilement; il y perdit Pons de Balazun, fon bon ami, qui y fut tué d'un coup de pierre lâché par une machine. Mais le fiége de Tortofe réuffit mieux à Raymond Pelet, qui ayant fait allumer un grand nombre de feux autour de la ville, donna lieu de croire aux habitans que toute l'armée étoit là pour les inveſtir; de forte qu'ayant pris la fuite durant la nuit, ils abandonnérent la place à Pelet & à Raymond, vicomte de Turéne, qui étoient les auteurs de ce ſtratagême.

Atho de Beziers cauſa un plaiſir bien plus ſenſible à toute l'armée, par une avanture avec laquelle Guillaume de Tyr finit ſon ſeptiéme livre.

XIe Siècle.

« Ce noble & vaillant homme (dit-il), ayant pris trente des meilleurs
« cavaliers de l'armée, marcha, dès la pointe du jour, vers Jeruſalem, pour
« y enlever ce qu'il pourroit des troupeaux qui paiſſoient au voiſinage de
« la ville. Il en trouva heureuſement bon nombre, gardez par quelques
« bergers, qui prirent auſſitôt la fuite. Mais, tandis qu'il les faiſoit marcher
« vers l'armée, la garniſon, avertie par les bergers, ſortit en très-grand
« nombre pour lui enlever ſa proie. Atho, voyant que la partie étoit ſi
« inégale, ſe retira ſur le haut d'une coline; &, dans le temps qu'il ſe voyoit
« enlever ſon butin, Tancrède, avec cent chevaux, revenant de Bethléem,
« paſſa ſous la colline pour aller joindre l'armée. Alors Atho lui ayant
« raconté ce qui venoit de lui arriver, ils joignent leurs troupes, marchent
« à l'ennemi, en tuent une partie, mettent le reſte en fuite, &, ayant repris
« le bétail, ils le raménent au camp, où ils cauſérent une joie extraordi-
« naire. Mais, lorſqu'en racontant leur avanture ils nommérent Jeruſalem,
« dont ils ſe voyoient ſi près, ils ne purent retenir leurs larmes de joye, &,
« ſe proſternant à terre, ils adorérent Dieu, qui les avoit ſi heureuſement
« conduits; puis, s'étant avancez un peu plus au-delà, ils découvrirent la
« ſainte cité, dont le plus grand nombre ne voulut approcher qu'à piez
« nuds. »

Jeruſalem, que nous avons vû priſe dans le ſeptiéme ſiécle par les V. Sarrazins, avoit été repriſe ſur eux dans le onziéme par les Turcs, peuples originaires d'entre le mont Caucaſe & le Tanaïs, qui, ayant ſervi les califes ſarrazins durant près de quatre cens ans contre les empereurs grecs, défirent eux-mêmes les Sarrazins dans trois grandes batailles, & les dépoüillérent de la Perſe, de la Meſopotamie, de la Paleſtine & de la Syrie, s'étant fait mahométans peu de tems auparavant, de payens qu'ils avoient toûjours été.

Ce fut contre eux que les croiſez avoient eû toûjours à combattre depuis Nicée, où Soliman, leur ſultan, avoit établi ſon ſiége. Mais les grandes pertes que les Turcs firent dans cette premiere croiſade les ayant fort affoiblis, le ſoudan d'Egypte, prince ſarrazin, reprit Jeruſalem ſur eux peu de tems avant que les princes croiſez y arrivaſſent. Ce prince, que quelques-uns de nos écrivains appellent le ſoudan de Babilonne (c'eſt-à-dire du grand Caire), avoit muni la place de toutes ſortes de proviſions, & d'une garniſon de quarante mille hommes. L'armée des chrétiens, réduite à ſoixante mille perſonnes de l'un & de l'autre ſexe, n'avoit pas plus de vingt mille fantaſſins & quinze cent chevaux en état de ſervir.

Malgré cette disproportion, les croisez se resolurent à l'attaque; &, tandis qu'ils soutenoient les premieres sorties des assiégez, ils apprirent que les vaisseaux de Génes, arrivez à Joppé, leur apportoient des vivres & du secours. Le comte de Touloufe y envoya un gentilhomme de sa troupe, nommé Gaudemar Carpinel, avec trente chevaux & cinquante hommes de pié pour escorter le convoi. Mais les princes, craignant qu'ils ne fussent pas assez, on y ajoûta Raymond Pelet & Guillaume de Sabran, avec cinquante chevaux, qui facilitérent le passage * des Génois jusqu'à l'armée. Le grand service que les Génois rendirent alors fut pour la construction des machines, dont ils sçavoient manier les grosses piéces beaucoup mieux que nos soldats. Godefroy en fit dresser vers la partie septentrionale où il combatoit. Raymond en fit autant auprès de la tour de David, qui étoit son poste, entre le midi & le couchant; il en donna la garde à Guillaume de Montpellier, qui s'en étoit si bien acquité en d'autres occasions. Mais le premier succés vint du côté de Godefroy de Boüillon, qui, ayant abatu le pont de sa machine, se jeta, l'épée à la main, sur les murailles, avec les plus braves de sa troupe, se rendit maître de la porte de Damas, qu'il ouvrit à ceux qui n'avoient pû le suivre, & qui s'emparérent aussitôt de tout le côté septentrional de la place.

Cependant, Raymond combatoit encore à son quartier contre l'émire ou gouverneur de la ville, qui lui faisoit une forte resistance, lorsqu'ayant appris, par trois cavaliers de Godefroy, que la ville étoit prise : « Eh quoi! s'écria-t-il, les François sont dans la ville, & nous sommes encore ici? » ces mots animérent tellement ses troupes, que les uns, dressant leurs échelles, les autres, abaissant le pont de leurs machines, se jettérent en foule sur les murailles, d'où les enemis, qui entendirent les hurlemens de ceux que l'on tuoit derriére eux, se retirérent dans la forteresse. Alors le gouverneur, se trouvant pris de tous côtez, offrit au comte de lui remettre la place, moyennant la vie & la liberté de se retirer. Ce qui lui ayant été accordé, Raymond entra dans la tour de David avec Guillaume de Montpellier, qui ne le quitoit jamais, & ils y restérent, avec leurs troupes, jusqu'à ce qu'on eut donné un roi à Jerusalem.

Les premiers ordres ayant été donnés pour la conservation de cette belle conquête, & la dévotion satisfaite auprés des saints lieux, les princes s'assemblérent pour élire un roi. Ils en firent d'abord la proposition au comte de Touloufe, qui s'en excusa sur sa vieillesse; ensuite, au duc de Normandie, qui se contenta de faire élire pour patriarche, Arnaud, son chapelain. Mais il proposa Godefroy de Boüillon, qui fut élu avec les acclamations de tout le monde.

Ce nouveau roi fongea d'abord à fe défendre contre le foudan d'Egipte, qui étoit parti du grand Caire à grandes journées pour fecourir la ville, & qui, ayant appris fur fon chemin qu'elle étoit prife, s'avança jufqu'à Afcalon, à deux journées de Jerufalem vers l'Egipte. Godefroy ne jugeant pas à propos de l'attendre, fortit avec tous les princes pour le combatre dans fon camp. Le comte Raymond commandoit l'aîle droite, qui s'étendoit vers la mer; le roi prit la gauche, pour être oppofé à la droite des enemis, où étoient leurs principales forces; & le duc de Normandie, avec le comte de Flandres, Gafton de Beart & Tancréde commandoient le corps de bataille. On en vint aux mains avec un courage extraordinaire de la part des chrétiens. Mais cette bataille d'Afcalon fut plutôt une tuërie qu'un combat : il y perit plus de cent mille infidéles. Et les princes, après cette grande victoire, avec les feigneurs qui les avoient fuivis, croyant avoir accompli leur vœu, prirent congé du roi pour s'en retourner à leur païs. Le comte de Touloufe partit pour Conftantinople, ayant laiffé au Montpelerin, près de Tripoli de Syrie, fa femme Elvire & le jeune Alphonfe fon fils, qui lui étoit né dans ce voyage, d'où la mere & le fils furent conduits en France par Guillaume de Montpellier, comme nous l'apprenons de Guillaume de Malmesbury, dans fon hiftoire des rois d'Angleterre. Quant à Raymond, il voulut finir fes jours dans la Terre-Sainte, &, après un féjour de deux ans à Conftantinople, il revint, chargé de préfens de l'empereur, au Montpelerin, où il mourut, felon Guillaume de Tyr, en 1105.

XIIᵉ Siècle.

VI.

CHAPITRE QUATRIÉME.

I. Guillaume, à fon retour, travaille à retirer fes biens engagez. II. Fait fleurir le commerce. III. Donne à l'églife de St. Firmin le corps de St. Cleophas. IV. Il marie fa fille aînée au fils de Bernard d'Anduze. V. Acquiert plufieurs feigneuries. VI. Loi municipale. VII. Vicaires de Montpellier. VIII. Guillaume part pour Mayorque. IX. Divifion de fes biens entre fes enfants.

NOUS avons un acte fort étendu du 24 janvier 1103, c'eft-à-dire 1104, parce que l'année commençoit à Pâques, par lequel il paroît que Guillaume, fils d'Ermengarde, étoit revenu alors de fon expedition de la terre fainte. Il s'appliqua d'abord à retirer les terres qu'il

I.

avoit engagé. Mais il trouva, de la part du clergé, une refiftance qui eut les fuites dont je parlerai dans la vie de l'évêque Gautier, fucceffeur de Godefroy.

Il fut plus heureux avec fes coufins Raymond Guillaume, évêque de Nîmes, & Bernard Guillaume, frere de cet évêque, qui lui rendirent les terres mentionnées dans l'acte qui a pour titre : *Refignatio quam fecit domino Montifpeffulani Raymundus Guillelmi epifcopus Nemaufenfis & Bernardus frater ejus.* Le feigneur de Montpellier leur avoit engagé, non-feulement une partie de fon domaine, mais encore les droits utiles, comme la leude, les cenfives, la juftice & les fours de Montpellier. La chofe paroît par l'état des demandes qu'ils lui faifoient. *Demandabant lo balliage de las lefdas & de cenfu totius Montifpeffulani.* Le pouvoir d'établir un bailli : *Ut baïli effent per ipfos.* L'autorité entiére fur les veuves qui demeuroient dans le quartier qu'ils avoient dans Montpellier : *Omnes viduas quæ ftabant in domibus quas ipfi habebant in Montepeffulano.* Et tous les fours qui avoient été faits dans la ville depuis la mort de Guillaume, fon ayeul : *Omnes furnos qui fuerunt facti in Montepeffulano à morte Guillelmi de Montepeffulano qui fuit avus iftius Guillelmi.* Sur quoi il fut reglé que Raymond Guillaume, évêque de Nîmes, & Bernard, fon frere, cederoient au feigneur de Montpellier les femmes veuves que le vicaire avoit dans fon diftrict, & qu'il y auroit un juge qu'il feroit tenu de payer : *Vicarius pagabit homines fuos.* Mais qu'il n'entreprendroit rien fur le quartier du feigneur, comme il avoit fait par le paffé : *Et in antea vicarius non faciet hoc de parte domini.* Moyenant quoi ils lui remettent le moulin & les terres qu'ils avoient prifes de lui lorfqu'il partit pour Jerufalem : *Guerpierunt illum molinum & illas terras quas illi accaptaverant, poftquam Guillelmus de Montepeffulano ivit in Jerufalem ;* &, pour mieux defigner ce voyage, ils ajoûtent : *hac vice quando Jerufalem capta fuit.*

Je parlerai plus bas, & plus au long, de ces vicaires de Montpellier, qui paroiffent avoir commencé lors de cette expedition à la terre fainte.

II. Le voyage d'outre-mer fervit à Guillaume pour lui faire mieux connoître l'intérêt particulier qu'il avoit à faire fleurir le commerce que les habitans de Montpellier entretenoient au port de Lates, d'où ils pouvoient aller fur toutes les côtes de la Mediterranée. Guillaume, non-content d'avoir des confuls pour la police de la ville, en établit d'autres pour le commerce, qu'on appella confuls de mer, choifis, comme il le dit lui-même, *de fapientioribus, legalibus, & opulentioribus civibus.* Il perfectionna la maniére de tenir les foires & les marchez qui étoient déja établis à Montpellier ; &, pour fixer aux habitants une regle certaine dans le cours de leurs affaires civiles, il réduifit en meilleur ordre les loix municipales de la ville, où il eft dit, au

Livre premier.

commencement, que Montpellier ayant été *in poteſtate patrum & anteceſſorum Guillelmi domini Montiſpeſſulani,* Dieu l'avoit fait proſperer & croître, parcequ'il avoit aimé la juſtice & *la miſéricorde. Il regla en même temps les fonctions & le pouvoir du bailli, qui étoit le premier juge de la ville, & dont nous aurons occaſion de parler ſouvent.

Une des choſes qui contribüa beaucoup à exciter la piété des habitans de Montpellier, fut la Ste. relique que Guillaume porta à ſon retour de Jeruſalem, de St. Cleophas, diſciple de Nôtre-Seigneur, dont il eſt parlé dans l'Evangile, au ſujet de la mort & de la reſurrection de Jéſus-Chriſt; il la depoſa dans l'égliſe de St. Firmin, où elle fut en ſi grande vénération, que les conſuls & les ouvriers alloient en proceſſion la prendre le jour de Pâques, après vêpres, &, l'ayant portée en grande pompe dans l'égliſe de St. Barthelemy, ils la raportoient le lendemain à St. Firmin, avec la même ſolemnité.

Les regîtres de l'Hôtel-de-Ville, qui nous apprènent toutes ces particularitez, nous ont conſervé la formule du cri public que les conſuls faiſoient faire encore trois cens ans après, pour avertir les habitans de chomer cette fête le 25 de ſeptembre. C'eſt un témoignage de la confiance que nos peres avoient aux prières & à l'interceſſion de ce ſaint; & l'on peut auſſi s'en ſervir pour juger de l'altération arivée à nôtre langue dans cet eſpace de tems.

Barons, mande la cour de noſtre Seignour lou rey de France, & fay ſabé à toute perſonne, de quale condition que ſié, que attendu que dema es la feſte de San Cleophas, diſciple de Noſtre-Seignour Jeſus-Chriſt, & que per el Dieu à fach & fay toujours mouls miracles, & que ſon corps es en eſte ville, & attendu tamben que la gleize lou denonce per coulen, que toute perſonne faſſe feſte coulente per tout dema, à l'honnour de Dieu & de la benoite vierge, & de San Cleophas & de la cour celeſtial de Paradis; & qui, à l'encontre fara, la cour fara ce que devra ſans toute merce.

L'année 1109 eſt remarquable par l'établiſſement que fit Guillaume, de l'aînée de ſes filles, avec le fils de ſon bon ami Bernard d'Anduze. Ils en ſignèrent les pactes dans le mois de novembre, en préſence de Jean, évêque de Maguelonne, de Fulcrand, prévôt, & autres. Il y eſt dit que Guillaume, ſeigneur de Montpellier, donne ſa fille Guillelme à Bernard d'Anduze & à ſa femme Adelaïs, pour la garder durant quatre ans, & la donner enſuite en mariage à leur fils Raymond de Roquefeüil. Guillaume promet cent marcs d'argent pour la dot de ſa fille, & Bernard aſſure à ſon fils toutes ſes ſeigneuries en faveur de ce mariage; & pour ſureté de la dot de ſa belle-fille, il oblige le château de Briſſac, & donne tout ce qu'il a dans le terroir de Valleraugue, *in toto terminio de Valle-Eraurga.*

XIIe SIÈCLE.

PAGE 14.

III.

IV.

Spicileg. tom. 3, pag. 457.

24   *Histoire de la ville de Montpellier.*

XIIe Siècle.
V.

Les années suivantes sont toutes marquées par des acquisitions considerables que fit Guillaume, fils d'Ermengarde.

Memorial des nobles, fol. 150.

En 1111, il reçut, pour le château de Montarnaud, le serment de fidelité de divers conseigneurs qui y étoient alors, sçavoir : Bernard Peire, Bernard Raymond, fils d'Astorge, & Ademar, fils de Garsende.

Fol. 135.

Nous avons un pareil serment, qui lui fut prêté, cette même année, pour le château de Cornonsec, sous le regne de Loüis le Gros.

Fol. 111.

Quatre conseigneurs de Montferrier lui firent hommage cette même année. Nous avons, en langue vulgaire, le serment qu'ils prêtérent separément, où nous apprenons qu'ils s'appelloient : Bernard, fils de Garsende, Guillaume, fils d'Aldiarde, Pierre, fils de Brunisende, & Pons, fils de Bangars.

Fol. 139.

En 1112, Pierre Mascaluns fit une donation en aleu du château de Frontignan à Guillaume, seigneur de Montpellier, fils d'Ermengarde, en préfence de Gautier, évêque de Maguelonne, en conséquence de laquelle il lui prêta serment ; & Guillaume donna ce château en fief à Pons Mascaluns, frere de Pierre. Tous ces actes sont de la même date.

Fol. 163 & sequent.

Le château de Poupian étoit possedé, en ce tems-là, par divers conseigneurs, qui cedérent pour de l'argent leur portion au seigneur de Montpellier. Trois freres, nommez Ayfroid, Bertrand & Guiraud, donnérent pour deux cent sols melgoriens tout ce qu'ils avoient au château de Poupian, & aux paroisses de St. Vincent & St. Bauzeli. Arnaud de Poupian ceda sa portion pour trois cens sols ; Raymond Rostang de Poupian en fit de même, & Guillaume fit une donation de ce château à Arnaud de Poupian, qui prend le nom de fils de * Belisende dans le serment qu'il en prêta le 30 de septembre 1112.

Page 15.

Fol. 138.

L'année suivante, 1113, Guillaume acquit le château de Montbazen, pour mille sols melgoriens qu'il compta à Bernard Guillaume de Montbazen, de qui il reçut le serment ; & le même jour, qui étoit le septiéme d'août, Guillaume lui donna en fief ce même château.

Il paroît, par cette maniére de donner en fief ce qu'on avoit acheté, que nos seigneurs de Montpellier avoient en vûe de se faire quantité d'hommagers, en se conservant la seigneurie dominante.

Fol. 178.

Mais il n'en fut pas de même pour le château d'Omelas, que Guillaume, fils d'Ermengarde, acquit, en 1118, de divers particuliers qui possedoient cette terre. Car nous avons le serment que lui prêtérent Bertrand, fils de Beliarde, Hugues, fils de Petronille, Bernard Guiraud & Ademar, où il n'est pas dit que Guillaume leur ait rendu aucune de leurs portions pour les tenir de lui en fief ; au contraire, nous verrons que cette terre d'Omelas fut l'apanage de son second fils, qui laissa une longue posterité.

Les loix municipales qui avoient été dreſſées pour Montpellier donnèrent XII.ᵉ Siècle.
occaſion à un acte que nous avons de 1113, duquel nous pouvons tirer VI.
quelque éclairciſſement pour nôtre hiſtoire. Guillaume y fait mention de
ſes deux prédeceſſeurs; &, ſur le fonds de l'affaire dont il s'agiſſoit, il s'en
explique en ces termes :

« Sçachent tous que mon ayeul, mon pere, & moi, Guillaume de Mont- *Memorial, fol. 65.*
« pellier, avons eû telle coûtume dans la ville de Montpellier, à ce qu'il ne
« ſoit permis à aucun bourgeois, pour quelque raiſon que ce ſoit, de donner,
« vendre, ni engager ſes biens à aucun chevalier, ni à aucun homme
« d'égliſe; & qu'il ne lui ſoit non-plus permis de donner ſa fille pour
« femme à un chevalier, avec les biens qu'il auroit dans Montpellier, ni
« dans toute la paroiſſe de Sᵗ. Firmin.

« Or, il eſt arrivé que Faidit, mon bourgeois, a donné ſa fille pour
« femme à Guillaume Aymon, fils de Bernard Guillaume, vicaire, & qu'il
« a aſſigné en héritage à ſa fille, dans la ville de Montpellier, le four qu'il
« tenoit en fief de Bernard Guillaume, pour lequel il lui faiſoit hommage
« & albergue, & ſur lequel Bernard avoit ſon droit de lods & de vente, ſi
« le four étoit vendu, & le droit de conſeil, s'il étoit engagé.

« Mais je n'ai pas voulu conſentir à telle choſe, parcequ'elle a été faite
« contre la coûtume de Montpellier, juſqu'à ce que Bernard Guillaume ait
« convenu avec moi que ſon fils Guillaume, & Adelaïs, ſa future épouſe,
« fille de Faidit, me payeroient les mêmes redevances que Faidit payoit à
« Bernard Guillaume. »

Cette diſpoſition nous donneroit lieu de penſer que les chevaliers & les
gens d'égliſe poſſedoient noblement leurs biens dans Montpellier, puiſqu'on
défendoit avec tant de ſoins aux bourgeois de leur vendre ou aliéner aucun
fonds.

Mais ce qui eſt dit de Bernard Guillaume, vicaire, me donne occaſion de VII.
toucher un article plus important pour nôtre hiſtoire, où il eſt ſouvent parlé
des vicaires de Montpellier. Je trouve qu'ils joüiſſoient des droits ſeigneu-
riaux dans un eſpace de la ville, fermé de murailles, de tours & de portes;
qu'il y avoit un château des vicaires, *caſtellum vicariale*, avec l'égliſe de
Sᵗ. Nicolas enfermée dans cette enceinte. Ce fait conſte par un acte fort *Memorial, fol. 55*
autentique du mois de janvier 1103, paſſé dans le même tems que celui *& 56.*
dont j'ai parlé ci-deſſus, par lequel Guillaume, fils d'Ermengarde, donne à
Bernard Guillaume, *Caſtellum quod eſt ſitum juxta portam Sancti Nicolai in
Montepeſſulano, ſicut eſt clauſum cum turribus & muris cum ingreſſu & regreſſu.*
Il lui donne les fours de Montpellier, qui furent faits, dit-il, *in vita Guillelmi
avi mei*; & de tous les autres qui ont été faits depuis la mort de ſon ayeul;

XIIᵉ Siècle.

il ne s'en réferve qu'un feul, *a morte Guillelmi avi mei;* & il veut que Bernard puiffe difpofer de la vicairie & du château, en faveur de celui de fes enfants qu'il voudra : *Et ego Guillelmus dono ad feudum ad totos honores Bernardo & infantibus fuis vicariam cum caftello ficut ipfe Bernardus eis dimiferit.*

Fol. 57.
Page 16.

Ce Bernard ufa de fon droit en faveur de Guillaume Aymon, fon fils aîné,* par acte du 10 de mars 1118. *Totam vicariam Montifpeffulani & totum caftrum quod ego habeo in Montepeffulano, & totum quantum ego habeo fubter ecclefiam Sancti Nicolai.*

Cette églife de Sᵗ. Nicolas traverfoit la ruë de l'Aiguillerie, fur un arceau qui partoit de la maifon de Planque. Cela eft fi fort averé, que cette maifon eft encore chargée d'une redevance de dix écus, en faveur du titulaire de cette églife; mais, je n'ai pu découvrir où étoit le château vicarial, non plus que les murailles & les tours qui enfermoient tout cet efpace.

Fol. 58.

Raymond Aymon, fils de Bernard, tranfigea, en 1139, avec Guillaume, fils d'Ermenfende, qui lui confirma *totam vicariam villæ Montifpeffulani,* avec le château qui étoit près de la porte de Sᵗ. Nicolas, fermé de tours et de murailles. *Et caftellum quod eft fitum juxta portam Sti. Nicolai, ficut eft claufum cum turribus & muris.*

Raymond Aymon eft marqué pour le fils aîné de Guillaume Aymon, dans le teftament de Gaucelin de Claret, fon oncle, fait en 1150, par lequel l'oncle cede au neveu fa portion & fes droits fur la vicairie, afin que le neveu la poffede dorénavant tout en entier, & tout l'efpace renfermé avec le château. *Et locale totum ubi fuit caftrum vicariale, & totum quantum habebat pater meus fubtus ecclefiam Sti. Nicolai.*

Nous avons le teftament de ce Raymond Aymon, fait dans le mois de novembre 1182, où il nomme pour fon héritier fon fils Bernard Guillaume. Par où nous voyons une fuite de pere en fils de quatre vicaires de Montpellier, qui tinrent en fief & à tous honneurs cette partie de la ville, qu'ils avoient droit de tranfmettre à leurs enfans, & de la divifer même entre

Liber eftimæ villæ Montifpeffulani.

eux comme un bien patrimonial. Cette remarque peut fervir à trouver les onze Guillaumes dont il eft parlé dans l'acte mentionné dans le premier chapitre de cette hiftoire; car, en joignant ces quatres vicaires, qui poffedoient en arriere-fief une partie de Montpellier, aux fept Guillaumes, qui furent toûjours appellez feigneurs de cette ville, on trouvera le nombre de onze. Nous verrons bientôt que ces vicaires fe rendirent fi puiffants dans Montpellier, qu'ils eurent le credit d'en chaffer le feigneur.

VIII. Cependant, tandis que Guillaume travailloit, à Montpellier, pour y maintenir ou perfectionner les loix municipales de la ville, les princes chrétiens lui préparoient un exercice bien différent. Le pape Pafcal II, suc-

cesseur d'Urbain II, ayant fait le projet d'une croisade contre les Maures de XIIe Siècle.
l'isle de Mayorque, qui venoient souvent ravager les côtes d'Espagne, de
France & d'Italie, fit inviter Guillaume de Montpellier de se joindre à la
flotte des Pisans, pour secourir tous ensemble Raymond Berenger, IIIe de
ce nom, comte de Barcelonne, qui avoit un intérêt plus particulier à chasser
ces infidéles. Guillaume, à cette invitation, sentit renaître la même ardeur
qui l'avoit porté à la terre sainte. Il s'engagea volontiers à cette entreprise;
&, afin de pourvoir à sa famille, il fit un testament, où, dès le commencement, il nous apprend bien clairement le motif de son voyage : *Ego
Guillelmus de Montepessulano* (dit-il) *pergens ad expugnandam Majoricam insu-
lam anno dominicæ incarnationis 1114 tale facio testamentum.* Il donne à
Bernard d'Anduze, qu'il appelle son menescal & son frere d'armes, le
château d'Omelas & les dehors de Montpellier, qu'il appelle la baillie; le
château de Frontignan à ceux qui le tiénent de lui en fief; & si sa femme
& enfans venoient à mourir, il rend à Gautier, évêque de Maguelonne, &
à ses successeurs, la ville de Montpellier : *Quam villam,* ajoûte-t-il, *habeo ad
feudam per manum ejusdem sedis episcopi.*

Nous ne trouvons point le nombre des troupes qu'il amena, mais nous
sçavons que le succès de cette expedition fut plus heureux au comte de
Barcelonne qu'il ne l'avoit été à son pere, qui étoit mort dans la même
entreprise. Il fut si bien secondé qu'il chassa les Maures des places qu'ils
tenoient dans cette isle. Mais, après le retour des croisez, ces infidéles
trouvérent le moyen d'y rentrer, & ils n'en furent chassez entièrement, &
pour toûjours, qu'environ cent quatorze ans après, par Jacques, roi d'Aragon, natif de Montpellier & seigneur de cette ville.

*Après cette expédition dans l'isle de Mayorque, Guillaume auroit fait un Page 17.
second voyage en la terre sainte, si nous en voulions croire à l'auteur des
Mémoires historiques de la République séquanoise; car il dit, en parlant de *Loüis Goulut,*
quelques seigneurs qui firent un voyage à la terre sainte après la premiere liv. 5.
croisade, qu'Etienne, comte de Boulogne, & Guillaume, comte de Montpellier, moururent & furent enterrez à Famagouste de Chypre, & que leurs
noms étoient marquez sur un marbre que l'on conservoit dans le palais du
roi. Mais, comme il se trompe sur la qualité de comte qu'il donne à nôtre
Guillaume, il s'est trompé aussi dans ce second voyage qu'il lui fait faire en
Palestine, car, outre le silence de nos archives sur cet article, nous avons le
dernier testament de Guillaume, fait en 1121, où il ne fait aucune mention
de ce second voyage.

Nous trouvons, au contraire, qu'en 1120 il maria à Raymond Bernard, *Memorial, fol. 25.*
comte de Melgüeil, sa fille Guillelme, ci-devant fiancée au fils de Bernard

d'Andufe. Nous trouvons encore que le pape Gelaze II étant venu, en 1118, aborder à Maguelonne, pour fe dérober aux mauvais traitemens qu'il recevoit, en Italie, de la faction de l'empereur Henri IV, Guillaume alla l'y recevoir, & le conduifit à Melgüeil & à Saint Giles, d'où Pons, abbé de Cluny, qui étoit frere du comte de Melgüeil, l'amena dans fon abbaye, où le Saint-Pere finit fes jours.

Memorial, fol. 47.

IX. Dans ce dernier teftament dont je viens de parler, Guillaume ordonne qu'on diftribuë, pour l'amour de Dieu, tous les vafes d'argent qui lui appartiénent.

Il laiffe à fon fils aîné la ville de Montpellier, avec toutes fes dépendances; toute la palu de Lates, avec fes moulins, & tout ce que d'autres y tenoient pour lui; tout le fief qu'il tient en fon privé nom, ou d'autres pour lui, du comte de Melgüeil, qu'il défigne en ces termes : *de Amanfione verfus orientem*.

A Guillaume, fon fecond fils (qui laiffa une longue pofterité), il donne le château d'Omelas dans toute fon étenduë, & les châteaux de Montarnaud, de Popian, de Saint Pons, de Mazeres, & tout ce qu'il tient du vicomte de Beziers & du feigneur de Narbonne, avec le fief qu'il a de la Mouffon, vers l'occident.

A Bernard, fon troifiéme fils, le château de Villeneuve, les condamines, & les vignes qu'il a *prope ripam Amanfionis;* tout ce qu'il a dans la paroiffe de Sainte Eulalie (c'eft-à-dire Mirevaux), où il ordonne à fon héritier de lui bâtir une demeure *apud fanctum Johannem de Cellis;* tout ce qu'il a, dans la paroiffe de Zindrio, à la châtelenie de Frontignan, de Montbazen, Cornonfec, Pignan, & tout le fief qui eft de Saint Pierre & de l'évêque de Maguelonne.

On dit que ce Bernard Guillaume fervit fi utilement le roi d'Aragon, dans les mêmes guerres où fon frere aîné s'employa, qu'il en obtint le païs de Cerdagne. J'en parlerai fur la fin du chapitre fuivant.

Guillaume fubftituë fes trois enfants mâles l'un à l'autre, & à eux tous, fes trois filles; il confirme à la premiere les fept mille fols Melgoriens qu'elle avoit reçû à fon mariage avec le comte de Melgüeil, & ne donne aux deux autres, fçavoir : Ermeniarde & Adelaïs, que cinq mille fols Melgoriens à chacune.

Par une difpofition toute finguliére pour fes poftumes, il veut que fi c'eft un mâle, il foit religieux à Aniane, & qu'on lui donne trois mille fols Melgoriens; &, fi c'eft une fille, qu'elle y foit religieufe, & qu'on lui donne deux mille fols. Ce qui nous donne lieu de préfumer qu'il y avoit alors un monaftére de filles à Aniane.

Il donne, dans ce même teftament, une grande marque de la confiance qu'il avoit pour les habitans de Montpellier, car il défend à fes filles de prendre un mari fans le confentement de celui de fes héritiers qui aura la feigneurie de Montpellier, & fans le confeil des nobles hommes qui y font : *Et abfque confilio nobilium virorum Montifpeffulani.*

Je ne fçai fi on ne pourroit pas inferer d'un certain article de fon teftament, qu'il y avoit, de fon tems, une manufacture de draps à Montpellier; car, après avoir dit que fi fa femme vient à fe remarier, fon fils lui donnera dix mille fols de Melgüeil, il ajoûte : *& de cæteris pannis de Montepeffulano, & de Omelatio, quanta fuerit caufa nubentium eam.*

* On ne fçait pas bien certainement le lieu de fa fépulture, quoiqu'il y aye lieu de prefumer qu'il fut enterré à Maguelonne, parcequ'avant les derniers troubles de la religion on voyoit, à côté de l'autel, un tombeau élevé, dont la pierre avoit confervé fes armes; mais la figure & l'épitaphe eftoient effacez.

FIN DU LIVRE PREMIER.

HISTOIRE
DE LA VILLE
DE MONTPELLIER.

LIVRE SECOND.

CHAPITRE PREMIER

PAGE 19.

I. Ermenfende travaille utilement pour fon fils. II. Qui a de grands diferends avec le comte de Melgüeil. III. Il fait un voyage à la Terre-Sainte. IV. Se marie avec Sibille de Mataplane. V. Fait divers traitez pour la comté de Melgüeil. VI. Il va au fecours du roi de Caftille. VII. Acquiert la feigneurie de Tortofe.

RMENSENDE, veuve du feigneur de Montpellier, s'appliqua dès la mort de fon mari, à affermir fes enfants dans la pof- feffion des terres qu'ils avoient eû de leur pére. Elle obtint en 1122, de Pierre, abbé d'Aniane, pour Guillaume d'Omelas, fon fecond fils, une étenduë de païs, défignée en ces termes : *Ego Petrus, abbas Aniacenfis, cum confilio monachorum, dono tibi Guillelmo de Omelatis, filio Guillelmi de Montepeffulano, & tuis succefforibus, bailiam & totum honorem de Carcarez.* Ce diftrict alloit de Saint Bauzeli à Omelas, & d'Omelas à Gignac & à la riviére de l'Erault : *Et eft ifte honor fuprafcriptus de Sancto Baudilio, ufque in terminum de Omelatis, & ufque in Gigniacum, & ufque ad flumen*

XIIᵉ SIÈCLE.

I. 1122.

Arauris. Guillaume d'Omelas, en prenant fous fa protection & fous fa baillie (comme il dit), ces terres infeodées, ajoûte qu'il le fait du confeil de madame fa mere, & de Guillaume de Montpellier, fon frere.

1123. L'année fuivante, 1123, pour rendre plus utile la feigneurie de Frontignan, que fon mari avoit acquife, elle obtint du même abbé tous les droits que fes prédéceffeurs, les abbez d'Aniane, avoient cedez fur les pêcheries dudit lieu, aux devanciers de fon mari : *Quiquid Pontius de Frontiniano, qui fuit frater Petri Mafcaloni, habuit & poffedit ab abbatibus Anianenfis in piscatoriis ftagni*. L'acceptation en fut faite par Ermenfende, qui la fit ratifier par fon fils aîné & par Guillaume d'Omelas, pour Bernard Guillaume leur puiné, qui avoit Frontignan dans fon partage.

1124. En 1124, elle fit prêter ferment entre les mains de fon fils, pour le château de Saint Gervais, par Pierre de Saint Vincent.

Elle fit renouveler le ferment que les confeigneurs de Montferrier avoient prêté à fon mari, & ils convinrent qu'ils entretiendroient les tours & les murs * du château, chacun felon fa portion : *Quod unufquifque debet claudere & ædificare partem fibi pertinentem de turre & muris iftius caftelli*.

PAGE 20.

Elle fit diverfes acquifitions au Pouget & à Vendemian, pour Guillaume d'Omelas, fon fecond fils; mais elle prit la précaution de faire fubftituer le tout à fon aîné : & pour ne laiffer à fes enfants aucun refte des querelles de feu leur pere, elle fit renoncer Ermengaud de Fabrezan à tous démêlez que lui & fes freres avoient eu contre Guillaume, feigneur de Montpellier, à l'occafion d'un Pierre Gerald. L'acte eft figné par Aimery, vicomte de Narbonne, le 17 décembre 1124.

1125. Cette habile femme paroît s'être mêlée de toutes les affaires jufqu'en 1125, car dès-lors fon fils aîné agit par lui-même, quoiqu'il n'eût pas encore l'âge d'être fait chevalier. La chofe confte par un jugement qui fut rendu cette même année, pour un fait perfonnel qui le regardoit, & dont nous ne pouvons mieux juger que par l'expofé qu'il donna lui-même de fes griefs :

II. « Bernard Guadalmar (dit-il) fe plaignoit de Guillaume de Montpellier,
« au fujet d'une chauffée de la riviere du Lez; fur quoi Guillaume fe rendit
« à ladite chauffée, ayant avec lui B. d'Anduze, le doyen d'Uzés & quel-
« qu'autres de fes amis, en préfence defquels il dit à Guadalmar : je veux
« que nous vivions enfemble, comme nos peres ont vêcu entr'eux, & comme
« vous avés été avec le mien; & fi je dois faire davantage à votre égard, je
« le ferai dés que j'aurai été fait chevalier.

« Après cette parole, il fut rapporté à Guillaume de Montpellier, que
« Guadalmar vouloit lui faire la guerre; ce qui l'obligea de s'aller préfenter
« à la cour du comte, où il dit la même chofe qu'il avoit dit à Guadalmar;

« à quoi le comte répondit : je vous remercie de ce que vous venés de me
« dire, & je vous affure que perfonne de mon château ne vous fera du mal.

« Guillaume, ajoutant foi à cette parole du comte, ne fe défia pas de
« Guadalmar, qui fortit de Melgüeil avec les foldats du comte, & vint faire
« infulte aux habitans de Montpellier, auxquels il tua des mulets & des
« chevaux : alors, les habitans de Montpellier s'étant mis en armes, trouvé-
« rent fur leur chemin le comte de Melgüeil, qui leur dit qu'il fçavoit fort
« bien que le procedé étoit injufte, & qu'il leur feroit faire reparation; ce qui
« les obligea de fe retirer ; mais les mêmes gens qui avoient fait l'infulte,
« fortirent de Melgüeil & ravagérent les environs de Montpellier, en detrui-
« fant les vignes & les olivettes, & en repandant le vin qu'ils trouvoient
« dans les céliers : malgré tous ces dommages, Guillaume offrit fatisfaction
« au comte & à Guadalmar, qui ne voulurent pas l'accepter; mais ils con-
« tinuérent de menacer les habitans de Montpellier qu'ils rencontroient, &
« de leur dire qu'ils leur couperoient la tête.

« Jufques-là, Guillaume de Montpellier ne voulut point fe venger de fes
« ennemis; mais lorfqu'ils eurent pris de fes gens, & tué leurs chevaux, il
« fortit pour leur rendre la pareille : alors le comte de Melgüeil vint en per-
« fonne fur le grand chemin, à la rencontre de Guillaume, à qui il bleffa
« beaucoup de gens. Une autre fois le même comte vint faire du degât dans
« les vignes & olivettes de Montpellier, & fe mit en embufcade pour prendre,
« s'il le pouvoit, Guillaume de Montpellier, ou quelques-uns de fes gens;
« de quoi Guillaume a des preuves certaines. »

Cette guerre (continuë le verbal), ayant caufé la ruïne du païs, Gautier,
évêque de Maguelonne, s'entremit auprès du pape Calixte II, qui écrivit au
comte de Melgüeil & à Guillaume de Montpellier, pour remettre leurs intérêts
à des arbitres qu'il leur propofa; fçavoir : Pierre, archevêque de Vienne,
Hildegaire, archevêque de Taragone, Artaud, évêque de Carpentras, avec
Gauthier, leur évêque.

L'affaire ayant été bien examinée, il fut conclu unanimement :

« 1° Que Guillaume remettroit en fon premier état la chauffée qu'il avoit
« détruite ; & fi Guadalmar aimoit mieux qu'elle fût bâtie à pierre & à chaux,
« il pourroit le faire, à la hauteur feulement du rivage voifin, & en laiffant
« à cette chauffée* un épanchoir d'une braffe, pour ne pas arrêter le courant
« de l'eau.

« 2° Guillaume laiffera, le long de la riviere, une braffe de terre inculte
« pour la fureté des voifins, & il payera trois cens fols pour le dommage
« qu'il leur a caufé.

1125.
« 3° Il reparera fi bien la brêche qu'il a faite au canal de la riviere, que le
« moulin de Guadalmar ne perde rien des eaux qu'il avoit auparavant. »

Cette querelle particuliére donna occafion au comte de Melgüeil de demander un réglement entre fes vaffaux & les habitans de Montpellier, fur divers griefs dont on ne peut être mieux inftruit que par les articles mêmes du réglement qui fut fait. Il porte :

« Que Guillaume de Montpellier ne connoîtra point du fait des vaffaux
« de Melgüeil, à moins que leur action ne fe fût paffée dans le tems qu'ils
« font au marché de Montpellier; & le comte, de fon côté, fera juftice aux
« marchands de Montpellier qui négocient dans fes terres ; mais, s'il y
« manquoit, Guillaume ne doit pas en venir aux voyes de fait.

« La leude du poiffon ne doit pas être exigée avant que d'être arrivé à
« Montpellier.

« La rognure des écus de Melgüeil ne fera plus faite par les gens de
« Montpellier; &, pour leur ôter tout prétexte, le comte de Melgüeil jurera
« entre les mains de l'évêque de Maguelonne que, dorénavant, il fabriquera
« la monnoye fous cette loi, fçavoir : les deniers d'argent & les médailles,
« à la loi de cinq deniers d'argent fin, moins une pogeze ; de forte qu'il y
« ait vingt-quatre deniers à l'once & trente médailles, & en vingt fols de
« deniers, deux fols de médailles. *Denarios de quinque denariis argenti fini,*
« *& medallias fimiliter de quinque denariis argenti fini pogefia minus, & viginti*
« *quatuor denarios in uncia, & triginta de medalliis, & in viginti folidis denariorum*
« *duos tantum folidos de medalliis.* »

Le fufdit accord, reglé par les arbitres nommez par le pape Calixte, a été juré à Guillaume par le comte, & au comte par Guillaume, fur l'autel de Saint Martin de Crez.

Et, pour le comte, ont juré : Pons d'Obilion, Guillaume de Melgüeil, Pierre Seguier, Hugues d'Obilion, &c. Et, pour Guillaume de Montpellier, ont juré : Gaucelin de Claret, Guillaume de Fabregues, Brémond de Lunel-viel, Pons de Vallauquez, Guillaume de Gignac, Pierre de Clarenfac, &c. Témoins : Gautier, évêque de Maguelonne, & fes chanoines, Gaucelin de Cornon, Berenger de Sauve, Hugues de Boifferas, Pierre de Nant, fils de Guillaume Pons, Adalguier de Campnou. Le famedi neuviéme de may 1125, l'an 22 de l'épifcopat de Gautier, évêque de Maguelonne, & fous le regne du roi Loüis le Gros.

1127.
Ces réglemens produifirent un fi bon effet entre les deux feigneurs de Melgüeil & de Montpellier, qu'ils refolurent, peu de tems après, de faire le voyage de la terre fainte avec quelques troupes, qu'ils amenérent au fecours de Baudoüin du Bourg, troifiéme roi de Jerufalem.

Ce prince, qui, de la principauté d'Edeffe, avoit été appellé au royaume de Jerufalem après la mort de Baudoüin premier, fon coufin, & frere de Godefroy de Boüillon, avoit remporté de grandes victoires fur les Turcs, lorfqu'il tomba en embufcade; mais, étant heureufement forti des fers où ils l'avoient mis, il eut fa revanche contre les Turcs, contre les Egyptiens & contre le foudan de Damas.

1127.

III.

Dans ces dernieres conjonctures, Guillaume de Montpellier, avec le comte de Melgüeil, arrivèrent, par mer, à la terre fainte. Ils aidèrent le roi à repouffer les Afcalonites, qui étoient près de faire irruption dans fes états; &, après avoir fatisfait leur dévotion auprès des faints lieux, ils revinrent en France au commencement de 1129, comme nous l'apprenons du contrat de mariage paffé, cette même année, entre Sibille d'Obilion & Armand d'Omelas, où il eft dit que la célébration fut faite en préfence de Guillaume de Montpellier, la même année qu'il revint de Jerufalem : *Eodem anno quo Jerofolimam rediit.*

1129.

Spicileg. tom 3, pag. 485.

* Jë ne fçai comment tournèrent alors les affaires domeftiques du comte Bernard; mais il paroît qu'elles foufrirent bien du dérangement, puifqu'il fut obligé d'emprunter treize mille fols melgoriens du feigneur de Montpellier. Cet événement eft d'autant plus remarquable, qu'il fit acquérir à Guillaume un droit fur la monoye de Melgüeil, qui lui fut alors engagée; car, la fomme ne lui ayant jamais été payée, fon droit devint perpétuel, & il le tranfmit à fes fucceffeurs, ce qui donna lieu, dans la fuite, à bien de tranfactions entre les comtes de Melgüeil & les feigneurs de Montpellier, au fujet de cette monoye.

PAGE 22.

En 1130, Bernard voulant quitter le monde pour entrer dans l'ordre de Cluny, ratifia l'engagement qu'il avoit fait à Guillaume, & lui donna, à perpétuité, trois deniers fur chaque vingt fols de la monoye de Melgüeil.

1130.

Cependant, Guillaume, qui devoit un jour fuivre l'exemple du comte Bernard, & entrer comme lui dans un ordre religieux, s'engagea auparavant dans le mariage, à la folicitation de fa mere Ermenfende.

Un de nos écrivains a avancé que Guillaume, fils d'Ermenfende, amena de Jerufalem Sibille, fille du roi Baudoüin, peut-être parcequ'il avoit vû dans l'Hiftoire de Jerufalem & de Chypre, par frere Etienne de Luzignan, que Baudoüin donna fa fille Sibille à un Guillaume. Mais, c'eft vifiblement une méprife de Mr. de Varanda, caufée par le nom de Guillaume, que portoient le feigneur de Montpellier et le comte de Boulogne, dit Longue-Epée, lequel fut effectivement gendre de Baudoüin, & par le nom de Sibille, qui convenoit également à l'époufe de chacun de ces feigneurs.

Celle que Guillaume prit étoit de la maifon de Mataplane, illuftre dans

IV.

1130.

l'Aragon & dans la Catalogne. Elle avoit des aliances & des affaires à Melgüeil, d'où Ermenfende étoit fortie, ce qui nous donne lieu de croire qu'elle engagea fon fils à ce mariage. Leur contrat eft du mois d'août 1129, où il y a une phrafe latine que je craindrois d'affoiblir fi j'entreprenois de la rendre en françois. Après s'être engagé de lui donner (outre diverfes terres qu'il lui affigne) mille fols melgoriens tous les ans, pour en difpofer à fa volonté, il ajoute : *Præterea tantum quantum cum tuo amore invenire potero.* L'habileté de fa femme & leur bonne intelligence fut fi grande, que l'on trouve encore des actes où il eft marqué qu'il avoit agi par le confeil de fa femme, *de confilio Sibilliæ uxoris.*

L'année qui fuivit fon mariage, c'eft-à-dire en 1130, il eut l'honneur, avec l'évêque Raymond, d'accüeillir, à Maguelonne, le pape Innocent II, qui venoit en France pour implorer la protection du roi Loüis le Gros. Pierre de Leon, fils d'un des plus riches citoyens romains, avoit eû le crédit de fe faire élire par un petit nombre de cardinaux, & de chaffer Innocent de Rome. Dans cette trifte conjoncture, le pape vint aborder à Maguelonne, où Guillaume lui donna de fi grandes marques de refpect et d'attachement, qu'il en reçut trois brefs que nous avons encore, où Innocent le prend, lui & tous fes biens (Montpellier & le château de Lates fpecifiez), fous la protection du Saint-Siège : *Amorem & fervitium quod Beato Petro, & nobis exhibere non ceffas frequenter recolimus, &c.* Guillaume, avec l'évêque de Maguelonne, fuivirent le pape à Saint-Gilles, au Puy, à Clermont & à Eftampes, qui eft la route qu'il tint; & fon élection ayant été examinée dans l'affemblée d'Eftampes, où Saint-Bernard foûtint parfaitement bien fa caufe, toute la France, l'Efpagne, l'Angleterre & l'Allemagne fe rangérent fous fa communion. Guillaume forma, dès-lors, cette grande liaifon qu'il eut avec Saint-Bernard, & qui le porta, depuis, à quitter tous fes biens pour prendre l'habit de Cîteaux.

L'entrée du comte Bernard dans l'ordre de Cluny avoit mis du trouble dans les affaires de la comté de Melgüeil, où il ne reftoit qu'une jeune fille, âgée de huit à neuf ans. Tous les grands feigneurs des environs fongérent à elle, & chacun voulut prendre part à fes affaires, fur diferens titres. Guillaume ne pouvoit s'en difpenfer, en qualité d'oncle de la jeune héritière, puifqu'il étoit frere de Guillelme fa mere; mais les deux maifons de Touloufe & de Barcelone, qui partageoient alors la Provence, y prirent diferens intérêts. Le jeune* Berenger Raymond, de la maifon de Barcelone, fongea à fe faire une époufe de la jeune Beatrix, héritiére de Melgüeil; & Alphonfe, fils d'Elvire, comte de Touloufe (le même que nous avons vû ramené de la Paleftine par Guillaume fils d'Ermengarde), prétendit à la garde feigneuriale

PAGE 23.

de la comté. Chacun agit pour fes vûës particuliéres, & Guillaume fut obligé de traiter avec chacun d'eux. 1130.

« Par acte de 1132, Berenger promet à Guillaume que lorfque Béatrix, V. « fille de fa fœur Guillelme, aura douze ans accomplis, & qu'il l'aura prife « en mariage, *poftquam habuerit duodecim annos completos, & ego habuero eam* « *acceptam in uxorem*, il lui confirmera le château de Montferrand *cum toto* « *honore comitali*, jufqu'à-ce qu'on lui ait rembourfé les quinze mille fols « qu'il a prêtés; il lui confirme tout ce qu'il tient de la comté de Melgüeil, « *omnes tenefones, quas tu vel pater tuus tenuiftis in vita Bernardi coniitis melgo-* « *rienfis fili Mariæ*. De forte, ajoûte-t-il, que j'aurai Melgüeil, avec le refte « de la comté qui eft renfermée entre le chemin public, qui va depuis le « pont Fefcal jufqu'au lieu appellé Vetula, &, de là, à la mer. *Cum reliquo* « *comitatu Melgorienfi qui eft infra caminum qui ducit à ponte Fefcal, ufque ad* « *locum qui dicitur Vetula verfus mare*, fauf ce que le comte Bernard vous y « a laiffé. (Nous verrons, dans la fuite, ces limites expliquées plus clai- « rement.) 1132.

« Et fi Beatrix (ajoûte-t-il), vient à mourir avant que d'avoir douze ans « accomplis, moi, Berenger, j'épouferai l'aînée de vos filles, &, à fon défaut, « la feconde, &, au défaut de la feconde, la troifiéme, & j'aurai la comté de « Melgüeil pour fa dot, depuis le chemin fufdit jufqu'à la mer, fauf vos « tenemens, & les trois deniers fur la monoye de Melgüeil.

« Guillaume, de fon côté, lui promet fa fille dans le cas fufdit, & l'obfer- « vation des claufes ftipulées, & de lui être contre tous *rectus adjutor*, fauf « contre Bernard d'Anduze. Ainfi jurérent pour Berenger : Othon Señef- « calle, Pierre de Caftellet, Raymond Roch, Raoul de Provenchaire, « Geoffroy Porcelet, Etienne de Nugaret, Gaufrid de Marfeille, Bernard « Geofroy de Milhau, Guitard de Seveirac, Pierre de Caflus & fon com- « pagnon, *& focius ejus*, Raymond de Provenchaire. »

Cependant, Alphonfe vint dans le païs avec des troupes; ce qui fit craindre, de fa part, quelque hoftilité. Pour y remédier, on fit traiter Alphonfe avec Guillaume de Montpellier, & il fut convenu entr'eux « que « le comte Alphonfe tiendroit, durant fix ans entiers, la comté de Melgüeil, « depuis le pont Fifcal, fur le Vidourle, par le grand chemin, jufqu'à « Caftelnau & à Clapiers, &, de là, vers Melgüeil : *Sicut publica via quæ* « *peregrinarum caminus vocatur, dividitur à ponte Fifcali Viturli fluvii, ufque ad* « *pontem Caftelli-novi, ufque ad Claperium malæ vetulæ, fubtus verfus Melgorium;* « & fi, pendant ce tems, il fe fait une fabrication de monoye à Melgüeil, « Alphonfe la fera au poids & loi qu'elle doit être faite, & Guillaume en « tirera fes trois deniers.

1132.
« Pendant ces fix ans, Guillaume poffédera le château de Montferrand,
« avec toutes fes appartenances, felon la divifion du chemin public ci-
« deffus exprimé; mais, ni Alphonfe ni Guillaume ne pourront rien
« engager ni aliéner defdites terres.

« Paffé les fix ans, la fille de R. Bernard, comte, à qui ces terres appar-
« tiénent, prendra un mari par le confeil d'Alphonfe & de Guillaume;
« Alphonfe rendra ce qu'il tient de la comté de Melgüeil ci-deffus marqué,
« & Guillaume de même, excepté les droits de la comteffe de Melgüeil,
« fœur de Guillaume, & fans préjudice de la difpofition qu'elle en pourra
« faire, fi elle eft alors en vie.

« Au cas Alphonfe & Guillaume ne fuffent pas d'accord avec le mari de
« la jeune Beatrix, ils fe régleront par la médiation d'Arnaud de Leveze,
« archevêque de Narbonne, & d'Hugues, comte de Rhodez; &, fi ces deux
« médiateurs venoient à manquer, les parties choifiront des prud'hommes,
« qui régleront le tout avec celui qui fera alors archevêque de Narbonne.

« Si la jeune Beatrix vient à mourir, Alphonfe aura Melgüeil dans
« l'étenduë ci-deffus marquée, avec la monoye, fans que Guillaume y ait

PAGE 24.
« aucune portion,* mais Guillaume aura le château de Montferrand, qu'il
« tiendra à hommage du comte Alphonfe.

« Moyenant quoi, Alphonfe & Guillaume fe promettent paix et amitié.
« Témoins : Raymond de Baux, Raymond de Barjac, Roftang de Sabran,
« Hugues, comte de Rhodez, Arnaud d'Omelas, Pons Bremond, &c. »

1133.
Par un acte fubféquent, Alphonfe, fils d'Elvire, promet à Guillaume, fils
d'Ermenfende, de défendre fes terres depuis l'évêché d'Uzès jufqu'à Saint-
Gilles, & depuis le Rhône jufqu'à l'Eraut, furtout fi quelqu'un attentoit
contre le château de Montferrand, *contra conditionem quæ de ipfo caftello inter
me & te facta eft.*

1135.
Ces differens traitez pacifiérent toutes chofes dans le païs; &, fans
attendre les fix ans, Berenger Raymond époufa Beatrix, comme il confte
par un acte paffé à Moulines, près de Lanfargues, entre lui & Guillaume,
en 1135, dans lequel Beatrix eft appelée *uxor Berengarii*, & ils ratifient tous
les deux à Guillaume les trois deniers fur chaque vingt fols de la monoye
de Melgüeil, & lui promettent de ne rien faire contre lui; ce qu'ils s'en-
gagent de ratifier de nouveau lorfqu'ils auront l'âge compétant : *Quod cum
fuerimus legitimæ ætatis, laudabimus & firmabimus totum iftud placitum.*

En conféquence, Guillaume promet à Berenger de ne pas lui ôter
Beatricem uxorem tuam, & de les fecourir contre tous, excepté contre fes
propres freres & quelques autres. Il lui reconnoît le château de Montferrand,
jufqu'à-ce qu'il foit rembourfé des fommes pour lefquelles il l'a en enga-

gement; il lui promet de ne pas contrefaire la monoye de Melgüeil, bien 1135.
entendu qu'on lui tiéne la parole des trois deniers. Témoins : Lauger,
évêque d'Avignon, Raymond de Baux, Bernard de Caftries, fils de Pons de
Montlaur, Bertrand de Sauve, &c.

Il paroît qu'après tous ces traitez, la tranquilité revint dans le païs. VI.
Berenger vêcut avec fa jeune époufe; & le comte de Touloufe, avec
Guillaume de Montpellier, marchérent au fecours d'Alphonfe, roi de
Caftille, qui étoit en guerre contre Ramire, roi d'Aragon, & Garcias, roi de 1136.
Navarre, tous deux unis contre lui. Le fuccès lui fut très-heureux, car il
reprit Sarragoce, qui étoit alors de fes états; &, dans l'entrée qu'il y fit, en
1136, Zurita marque, avec le comte de Touloufe & autres, Guillaume,
feigneur de Montpellier : *Eftavan en Sarragoça con el rey dom Alonfo el conde
de fan Gil y Tolofa, y Guillen, fenior de Montpeller.*

La valeur avec laquelle il s'étoit conduit en cette occafion lui en attira VII.
une autre de la part de Raymond Berenger, comte de Barcelone, qui, voulant chaffer les maures de la ville de Tortofe, en propofa la conquête à
Guillaume de Montpellier. Il crut l'y engager, en lui faifant une donation
par avance, par un acte qui a été foigneufement confervé dans nos archives,
& qui a pour titre : *Scriptura donationis fuper civitate Tortofæ, quam fecit comes
Barchinonenfis, Guillelmo domino Montifpeffulani, & convenientia quam fecerunt
ad invicem.*

Cet acte porte, en fubftance, que le comte donne en fief la cité de Tortofe
à Guillaume de Montpellier, avec toutes les terres & forterefles qui en
dépendent, fuivant l'étenduë qu'avoit anciénement l'évêché de Tortofe.
Pour cette raifon, Guillaume devient l'homme du comte, & lui devra
fervice de guerre; comme auffi le comte lui donnera défenfe, comme tout
feigneur eft tenu envers fes hommagers. Et lorfque la cité de Tortofe fera
venuë au pouvoir des chrêtiens, Guillaume & fes defcendans la tiendront
du comte, aux charges de fidelité & fervice de guerre, contre tous, tant
hommes que femmes, payens ou chrêtiens : *Quando vero auxiliante deo ipfa
civitas Tortofa in poteftate chriftianorum venerit, habeat eam prædictus Guillelmus
& progenies ejus per ipfum comitem.* Fait le 29 décembre, l'an de l'incarnation 1136.

Cette inveftiture eut fi bien fon effet, que tous les defcendans de Guillaume conferverent la propriété de cette ville, jufqu'à ce que Pierre, roi
d'Aragon, ayant époufé l'héritiére de Montpellier, réunit à fa couronne la
ville de Tortofe, avec les autres feigneuries qu'il avoit eû du chef de fa
femme. Je ne m'arrête* point à ce qu'a écrit un auteur efpagnol, qui dit Page 25.
qu'après la conquête de Tortofe, cette ville fut partagée entre le fénéchal

1136. de Catalogne, entre les Génois & les templiers ; & que le comte, voulant recompenfer Guillaume, fon proche parent, ordonna que les poids & les mefures de Montpellier fuffent déformais celles de Tortofe. Mais, fans tirer l'avantage que je pourrois de ce qu'il avouë, je me contente de l'acte que je viens de raporter, qui nous donne lieu de croire que nos anciens eurent une connoiffance plus exacte de cette affaire que n'en avoit l'auteur efpagnol.

CHAPITRE SECOND

I. Revolte à Montpellier contre Guillaume, fils d'Ermenfende. II. Qui eft rétabli par le comte de Barcelone. III. Il fait plufieurs fondations à Montpellier. IV. Partage fes biens à fes enfants. V. Et fe retire dans l'ordre de Cîteaux.

1137. I. LES affaires qui avoient attiré en Efpagne Guillaume de Montpellier finirent, felon Zurita, en 1137, par le mariage de Raymond Berenger, comte de Barcelone, avec Petronille, fille de Ramire, dit le Moine, roi d'Aragon. Par ce mariage, Berenger unit à fes états de Catalogne le royaume d'Aragon, qu'il gouverna fous le nom de prince d'Aragon, fa femme portant le titre de reine.

1138. Guillaume, après avoir affifté à leur mariage, revint à Montpellier, où nous trouvons qu'il figna divers actes de 1138, comme la donation qui lui fut faite en aleu, le 29 novembre, par Berenger de Montpeiroux, fils de Garfinde ; tout ce qu'il poffedoit à Gignac & à Montpeiroux. Pareille donation de Rixende, veuve de Pons Falcon, de tout ce qu'elle poffedoit à Pignan ; ce que Guillaume rendit à fes enfans, pour le tenir de lui en fief.

1139. En 1139, il acquit des maifons à Villeneuve ; il reçut le ferment de Bertrand de Saint Gervais, & celui d'Hugues de Gignac, dans lequel font énoncez les devoirs des habitans de Montarnaud envers les feigneurs de Montpellier.

Mais, de tous ces actes qu'il figna cette même année, le plus remarquable eft la confirmation du vicariat de Montpellier, dont j'ai déja parlé, qu'il donna, dans le mois d'avril, à Gaucelin de Claret, à fes neveux Guillaume & Raymond Aimon, & Pelagos leur frere. Toute cette famille, qui étoit fort nombreufe & puiffante dans la ville, voulut prendre parti dans la difpute

qui survint alors entre Berenger, comte de Melgüeil, & les seigneurs de
Baux, pour une partie de la Provence. Les Aimons se déclarérent pour la
faction de Baux, & Guillaume suivit ses anciénes liaisons avec le comte de
Melgüeil & le prince d'Aragon, son frere. La diversité des partis causa de
l'indisposition dans les cœurs, & les Aimons travaillérent si secrétement &
avec tant de succés contre Guillaume, qu'il vit tout-à-coup un soulèvement
formé contre lui, dans le tems qu'il étoit sans forces pour réduire les
révoltez. Alors, il prit le parti de sortir de la ville, & de se retirer dans son
château de Lates, où il resta deux ans entiers, selon une de nos vieilles
chroniques. *Giteron les homs de Montpelier en Guillen de Montpelier de la villa,
y anet sen à Latas, & duret la batailla dos ans.*

1136.

Cette revolte commença en 1141, & Guillaume en instruisit aussitôt ses
alliez, qui reconnurent, en cette occasion, les services qu'ils avoient autrefois
reçûs de lui. Le pape Innocent II fut un de ceux qui parurent les plus
touchez de sa disgrace; il lui écrivit diverses lettres, que nous avons encore,
pour le consoler & pour lui relever le courage. Il ordonna à l'archevêque de
Narbonne & à ses suffragans d'interdire à leurs diocésains tout commerce
avec les revoltez de Montpellier; & parceque cet archevêque (Arnaud de
Leveze), retenu par le comte de Touloufe, agissoit mollement dans cette
affaire, le pape *lui-même déclara nul le serment que les habitans de Montpellier s'étoient fait prêter par les gens de guerre qu'ils avoient à leur solde,
& il donna la commission à l'archevêque d'Arles de ménager cette affaire,
dont celui de Narbonne s'étoit mal acquité.

1141.

PAGE 26.

Les soins de ce digne prélat, nommé Raymond de Montredon, réussirent II.
si bien, que les Aimons s'étant retirés de la ville, les habitans promirent de
se soumettre, & les consuls protestérent qu'ils ne demandoient autre chose
que la conservation de leurs priviléges. L'affaire étoit déja conduite à cet
heureux point, lorsque les mêmes artifices qui avoient excité la revolte,
renversérent toutes ces bonnes dispositions. On reprit les armes, &, tandis
que le pape employoit celles de l'église, en prononçant une nouvelle
excommunication contre les revoltez, le prince d'Aragon s'employa plus
eficacement, en venant au secours de son allié avec de bonnes troupes; il
fut soûtenu par quatre galéres de Génes: *Optimamente armate* (dit Foglieta,
auteur italien) *e fornite d'ogni appariechiamento opportuno riposto nella antica
signoria*. Ces galéres tinrent le passage de la mer fermé aux rebelles, & le
prince, avec ses troupes & celles que Guillaume put ramasser, investirent la
ville & en formérent le siége.

Il fut poussé si vivement, que les assiégez furent réduits à la famine;
ensorte que les féves, comme dit nôtre vieille chronique, se vendoient alors

1141.

un denier : *Adonc valien las favas un denié*. Et le prince, pour être plus en état d'infulter la ville, fit conftruire une grande tour, qu'on apella la tour de Lates, & nôtre vieux auteur, la tour de Montpellier. *El comps de Barcelona bafti la torre de Montpeller*. De là, on batit les murailles avec des béliers, felon l'ufage de ce tems-là ; cela paroît par un article du teftament de Guillaume, où il charge fa mere de rendre aux églifes de Prunet, de Centreiran, de Soriech & de Montelz, le bois de charpente qu'il y avoit pris pour fervir au fiége de Montpellier : *Domina mater mea emendet illam fuftam quam habui de ecclefiis... cum eram in obfidione Montifpeffulani*. Le comte de Barcelone, prince d'Aragon, fe rendit enfin maître de la ville, & il y rétablit fon allié : *el comps de Barcelona rendet li la villa per affietge*, dit encore nôtre vieille chronique.

Hift. de Provence. De quoi Zurita & Noftradamus font mention pour Raymond Berenger, en difant que, dans cette expedition, il rétablit Guillaume, & fecourut fon frere contre les feigneurs de Baux.

Il n'eft pas de mon fujet de m'étendre ici à raconter les fuites funeftes qu'eut cette querelle ; mais, je ne puis me difpenfer de dire que Berenger Raymond, mari de la jeune comteffe de Melgüeil, fut affaffiné dans le port même de Melgüeil, par des gens qu'on foupçonna toûjours avoir été envoyez par les deux freres Bertrand & Raymond de Baux, après que le prince d'Aragon eut retiré fes troupes du païs. Une action fi lâche alluma une longue & cruelle guerre entre les maifons de Barcelone & de Baux, que je ne dois pas m'engager à décrire ; mais, je ne puis omettre qu'après la mort de Berenger, fa veuve Beatrix époufa Bernard Pelet, fils de Bermond, & petit-fils de ce Raymond Pelet dont nous avons parlé dans la premiére croifade.

1142.

Dans ces entrefaites, c'eft-à-dire en 1142, Guillaume avoit été obligé, pour fatisfaire aux fraix du fiége de Montpellier, d'engager à Aimery de Clermont, la feigneurie de Paulian pour cinq cens fols melgoriens de monoye, & trente marcs d'argent fin, le marc évalué à quarante-fix fols ; mais, il dut être bien refait de fes dettes lors du mariage de Bernard Pelet & de Beatrix, puifqu'il fut en état de leur prêter & de traiter avantageufement avec eux.

1145.

La chofe paroît par un acte de 1145, paffé au même lieu de Molines, où il avoit tranfigé, dix ans auparavant, avec Berenger Raymond. La principale convention étoit que, pour fin de toutes les affaires paffées, *ad plenarium finem*, Guillaume & fes fucceffeurs joüiroient, fans aucune contradiction, du château de Montferrand ; & que, pour fureté de l'argent qu'il venoit de leur prêter, ils lui engageoient la leude de l'étang, tant pour le paffage du bois de charpente que pour le tranfport des vivres. Témoins pour le comte :

Bernard de Pignan, Pierre Seguier, Guillaume de Boucairan, &c. Et pour Guillaume : Trincavel, Raymond Senefcale, Gaucelin de Claret, Berenger, frere de Pons de Mefoa, &c. 1142.

*Dans ce même tems, pour reconnoître le fervice que les Ebrards (d'une famille confiderable de Montpellier) lui avoient rendus pendant fa difgrace, il leur donna une grande maifon qu'il avoit auprès de S^t. Firmin : *Meam falam quæ eft ante portam ecclefiæ Sti. Firmini ab aquilone*. Et il ajoûte que c'eft en dédommagement des pertes qu'ils avoient foufertes pour lui donner des preuves de leur fidelité : *ob fidelitatem & fervitium veftrum, & ob reftitutionem veftri honoris quem pro me amififtis*. III. PAGE 27.

Par ce même motif, il donna aux Génois, dans Montpellier, une maifon, où ils firent un établiffement très-utile à leur nation & aux habitans de la ville, car le même auteur dont j'ai déja raporté les paroles, en parlant des quatre galères que les Génois avoient envoyé à fon fecours, ajoûte que tous les gens des environs accouroient au logement que Guillaume leur avoit donné dans Montpellier, pour profiter des marchandifes que les Génois y apportoient : *dove concorrono al mercato tutte le genti che gli fono d'attorno*. Foglieta.

Depuis le rétabliffement de Guillaume dans Montpellier, il partagea le peu de tems qui lui reftoit au bon gouvernement de fon peuple & à des exercices de piété. Il agrandit l'églife de Nôtre-Dame-des-Tables, qui attiroit depuis longtems la vénération publique. Il fit ranger, vis-à-vis de cette églife, les bancs des changeurs, *Forum campforum*, appellez aujourd'hui la Loge, & mife en l'état où nous la voyons par les liberalitez de Jacques Cœur.

En 1144, il obtint du pape Celeftin II une commiffion adreffée à l'abbé de S^t. Gilles, pour mettre la premiére pierre à la chapelle du château de Montpellier, qu'il vouloit faire bâtir à l'honneur de Nôtre-Dame, de même qu'il avoit déjà fait à fon château de Lates : mais nous verrons, dans la vie de fon fucceffeur, que la chofe ne fut executée que de fon tems. 1144.

On met parmi fes autres fondations l'églife de S^{te}. Croix, dans la place appellée aujourd'hui la Canourgue, où il mit un morceau de la vraye croix, qu'il avoit apporté de la terre fainte. Cette églife fubfifta jufqu'aux premiéres guerres des Huguenots, & a laiffé fon nom au fixain, que nous appellons encore de S^{te}. Croix.

A fon retour d'Efpagne, il avoit doté de cent fols de cenfive l'hôpital de S^t. Guillem, établi dans le faubourg de ce nom, dans le même lieu où font aujourd'hui les religieufes de S^{te}. Catherine de Siéne. C'eft dans l'acte de cette dotation où l'on voit qu'il l'avoit fait du confeil de fa femme Sibille, *de confilio Sibiliæ uxoris*.

1144.   Il est fait mention, de la même manière, de Sibille son épouse, & d'Ermensende sa mere, dans une autre donation qu'il fit en faveur de la maladrerie de Castelnau, de même que dans l'établissement des religieux de Cluny, près de Sauret, sur la rivière du Lez ; par où l'on peut voir l'union qui regnoit dans sa famille, & le même esprit de religion qui les conduisoit tous. Je parlerai plus au long de ce dernier établissement, dans l'article que j'espere donner des anciénes églises de Montpellier.

1145.   IV.   Sur la fin de 1145, Guillaume perdit sa chere epouse ; & cette perte ayant rapellé plus vivement les sentimens de piété qu'il avoit toûjours eû, il prit la resolution de quiter le monde, & de se retirer dans l'ordre de Cîteaux, qui étoit alors dans sa première ferveur, & que S[t]. Bernard, encore vivant, animoit par ses saints exemples, & par cette sage conduite qui lui attirèrent le respect & la confiance de tous les princes de son tems.

1146.   Avant de dire le dernier adieu à ses enfants & à sa mere, il fit son testament sur la fin de 1146, où, par le partage qu'il fait, on peut connoître le nombre d'enfans qu'il laissa, & les biens dont il joüissoit.

A Guillaume, son fils aîné, il donne la ville de Montpellier avec toutes ses appartenances, le château de Montferrier, avec les chemins, les bois, les pâturages, les eaux, les riviéres, les carriéres de pierre, les devois, les solitudes qui y sont, & tout ce qu'il tient à fief du comte de Melgüeil.

A Guillaume, son puiné, la cité de Tortose : *quam civitatem* (dit-il) *dedit mihi comes Barcinonensis ad feudum & ad totos honores*. Il lui donne, de plus, le château de Pignan, Châteauneuf & Sauret, la châtelenie de Monferrand,

PAGE 28.   avec* ses albergues & ses baillies, celles qu'il avoit au château de Melgüeil, & tout ce qui lui appartenoit à Substantion, à S[t]. Martin de Crez, & dans tout l'évêché de Substantion, comme il s'en explique, *in toto episcopatu Substantionensi*.

Raymond Guillaume, son troisiéme fils, avoit été déja donné à l'ordre de Cluny. Et pour Bernard Guillaume, le quatriéme, il veut que son aîné le fasse étudier aux lettres jusqu'à l'âge de dix-huit ans, pour être promu aux ordres, s'il veut. Mais si ce n'est pas sa volonté, & qu'il veüille prendre le parti des armes, il veut que le seigneur de Montpellier le retiéne auprés de soi, en lui fournissant des armes & des chevaux, & en pourvoyant honorablement à sa suite, à sa nourriture & à ses habits, car, ajoûte-t-il, un héritage vil & de peu de valeur ne sied pas bien à un homme noble : *vilis hereditas hominem nobilem non decet*.

Quant au cinquiéme, nommé Guy ou Guido, il lui donne les châteaux de Paulian & du Poujet, avec tout ce qui se trouvera lui appartenir dans ces lieux.

Pour ſes filles Guillelme, Adelaïs & Ermenſende, il veut que ſon fils aîné acheve de payer ſa ſœur aînée, qui étoit déjà mariée à Bernard Atho, vicomte d'Agde, & que les deux autres ſoient contentes de cent marcs d'argent chacune, avec tous leurs habits & un lit de pallio, ſix gobelets d'argent d'un marc chacun, & un palefroi.

1146.

Ses autres diſpoſitions regardent l'égliſe de Sᵗᵉ. Croix, qu'il dit avoir fait bâtir à ſon retour de Jeruſalem. Je dirai, ſous l'article de cette égliſe, les dons qu'il y fit : il donna aux pauvres du pont de Caſtelnau le moulin qui étoit auprés de leur maiſon, avec quatre quarterées de vigne dans le terroir de Sauret, dont il laiſſe la poſſeſſion à ſa mere, ſa vie durant ; il la fait tutrice de ſes enfans, juſqu'à-ce que ſon fils aîné ait atteint l'âge de vingt ans : *donec Guillelmus filius meus major ad ætatem viginti annorum pervenerit.*

Aprés les avoir pourvûs de la ſorte, & leur avoir donné ſa benediction, il partit pour le monaſtére de Granſelve, ordre de Citeaux, dioceſe de Toulouſe, où il entra ſur le commencement de 1147. Il y paſſa le reſte de ſa vie dans la pratique continuelle des vertus de ſon état. Sa ſainteté y fut ſi diſtinguée, dans un tems même où ces religieux étoient regardez comme des anges vivans, que tous les hiſtoriens de l'ordre font une mention trés-honorable de frere Guillaume de Montpellier ; juſque là que ſa vie a trouvé place dans celle de Sᵗ. Bernard. La choſe mériteroit bien d'être raportée ; mais, comme elle pourroit paſſer ici pour une trop longue digreſſion, je la renvoye à la fin de cet ouvrage, où, en parlant des perſonnes de Montpellier qui ont été diſtinguées par leur ſainteté, je raporterai au long ce que nous trouvons de lui dans les auteurs de ſon tems.

V.

1147.

Je crois ſeulement devoir ici obſerver que, de cinq enfans mâles qu'il laiſſa, trois finirent leurs jours dans l'état religieux. Guillaume, ſon ſecond fils, dit Tortoſe, aprés s'être engagé dans le mariage, & avoir perdu Ermenſende de Caſtries, ſon épouſe, en 1157, fit un voyage au Sᵗ. Sépulcre, où il ſe fit chevalier du temple, pour exercer tout enſemble ſa valeur & ſa piété. Raymond Guillaume, le troiſiéme, qui étoit entré tout jeune dans l'ordre de Cluny, en fut tiré pour être évêque de Beziers, dont il occupa le ſiége ſous le nom de Guillaume II, juſqu'en 1166 ; & Guy, ſon cinquiéme fils, aprés avoir reſté aſſés long-tems dans le ſiécle, mourut religieux de Citeaux, dans l'abbaye de Valmagne, dioceſe d'Agde, à laquelle il donna le fief de Valautre & un moulin ſur l'Eraut, dont elle joüit encore.

CHAPITRE TROISIÉME

I. Guillaume, fils de Sibille, va au secours du roi de Castille. II. Revoit son pere à Montpellier. III. Le seigneur d'Omelas, son oncle. IV. Guillaume se marie avec Mathilde de Bourgogne. V. Prend parti pour le roi d'Angleterre contre le comte de Touloufe.

1147. **I.** La retraite du seigneur de Montpellier dans l'ordre de Cîteaux obligea Ermensende sa mere de reprendre le soin des affaires, pour continuer à Guillaume, fils de Sibille, les services qu'elle avoit rendus à son pere pendant sa minorité. Cette sage & habile femme engagea les habitans de Montpellier à un nouveau serment de fidelité en faveur de son petit-fils, & elle porta ce jeune seigneur à faire hommage des seigneuries de Montpellier & de Lates à Raymond, évêque de Maguelonne, pour prévenir tous les troubles qui auroient pû lui venir de ce côté-là.

En même tems, elle entra dans un mariage que Guillaume d'Omelas, son second fils, resolut de faire, de sa fille Tiburgette avec Ademar de Murviel. Je marque cet événement pour faire connoître la posterité de Guillaume d'Omelas, & pour disposer ce que j'aurai à dire de ses décendans. Par le contrat de mariage, qui est du mois de février 1147, selon nôtre maniére de compter, Ademar donne la moitié de tous ses biens à sa future épouse, sauf le château de Murviel; & Guillaume donne à sa fille tout ce qu'il avoit à Cornonsec, à Madieres & à Narbonne, avec mille sols melgoriens. Ermensende prit soin que Guillaume, fils de Sibille, fût présent aux épousailles de sa cousine germaine; &, parmi les témoins, on marque : Bernard de Cazouls, Gauserand de Capestang, Raymond de Cervian, & le seigneur Trincavel.

Peu après, l'occasion s'étant présentée d'acquerir toutes les censives que Berenger Prunet avoit à Centreirargues, la dame Ermensende en fit l'acquisition pour son petit-fils. Mais ce jeune seigneur, qui étoit déja dans sa dix-huitiéme année, ayant appris que les rois Alphonse de Castille, Sanche de Navarre, & le prince d'Aragon, alloient faire le siége d'Almeria sur les côtes de Grenade, fut impatient d'aller apprendre, sous leur conduite, le métier des armes ; &, pour les aller joindre, il fit équiper une galére, qu'un poëte de ce tems-là, cité par Sandoval, décrit de cette maniére :

> *Dux Pessulanus Guillelmus in ordine magnus*
> *Hos sequitur juxta, celsa fortique carina.*

Almeria fut emportée le dix-septiéme du mois d'octobre 1141. Mais, tandis que les princes chrétiens travailloient si heureusement sur les côtes de Grenade, les Maures, dans la Catalogne, surprirent la ville de Tortose, qui interessoit particuliérement Raymond Berenger & Guillaume de Montpellier. Ils ramassérent l'un & l'autre tout ce qu'ils purent de troupes : &, étant fortifiez du secours qu'ils reçurent de l'Aragon & des galéres de Génes, ils furent se présenter en bataille devant Tortose. Les Génois & les lances de Catalogne & d'Aragon occupoient le côté de la mer; Berenger et Guillaume de Montpellier, avec grande partie des volontaires de l'armée, gardoient le côté opposé : *de la otra parte* (dit Zurita) *estuvo el principe, y don Guillem, senor de Mompeller y la major parte de los ricos hombres y cavalleros*.

1147.

Liv. 2, chap. 8.

Les choses étant en cet état, un officier maure, sorti de la ville, s'avança vers l'armée des chrétiens, & leur donna le défi d'un combat singulier, selon l'usage ordinaire de ce tems-là. Le jeune seigneur de Montpellier, ne consultant que son courage, accepta volontiers le parti. Ils en vinrent aux mains en présence de toute l'armée & à la vûë des assiégez, qui, du haut de leurs murailles, * voulurent être spectateurs du combat. Le Maure fit des efforts extraordinaires de valeur, que Guillaume se contenta de parer avec beaucoup d'adresse; mais, prenant son tems à propos, il lui abbatit la main d'un coup de sabre, &, profitant aussitôt de son avantage, il lui fit voler la tête. Un poëte espagnol, qui représente ce maure sans mains & sans tête, aux piez de Guillaume, m'a fourni cette avanture, dans laquelle, si l'on croit reconnoître le goût de sa nation, qui aime le grand & le merveilleux, on peut penser aussi que les loüanges qui viénent d'une part comme la siéne, en faveur d'un étranger, ne peuvent être soupçonnées de flaterie.

Page 30.

Le succès du siége ne tarda pas beaucoup à suivre celui du combat. Le comte de Barcelone entra triomphant dans Tortose, où il fit un butin extraordinaire; il en distribüa la plus grande partie aux troupes qui l'avoient secouru. Les Génois en eurent une émeraude qu'on disoit n'avoir pas sa pareille dans le monde; & Guillaume, après avoir fait renouveller en faveur de son frere l'investiture de cette ville, reçut lui-même quantité de belles pierreries, que Berenger lui donna, en lui disant gracieusement qu'étant à marier, il en seroit mieux venu de sa maîtresse.

Guillaume resta encore aux environs de Tortose tout le tems qu'il falut pour y mieux établir l'autorité de sa maison; &, voyant le prince d'Aragon, son bienfaicteur & son bon ami, tranquile dans ses états, il prit congé de lui pour revenir à Montpellier, où il fut reçu avec la joye & les applaudissemens que méritoient les marques de valeur qu'il avoit données.

1148.

Aussitôt après son retour, il eut occasion, en faisant plaisir au comte de

1148. Melgüeil, de s'affurer les droits fur le paffage de l'étang, que lui & Beatrix, fon époufe, avoient engagez à fon pere ; car, après avoir reçû les trois mille fols melgoriens qu'il leur paya, ils firent en fa faveur une renonciation à leurs droits, en préfence d'Ermenfende & de Guillelme fa fille, qui étoit la mere de Beatrix de Melgüeil.

1150. Guillaume reçut, dans cette même année 1150, le ferment pour le château de Pignan : *in caftello de Veiruna in ecclefia Stæ. Mariæ fuper altare Sti. Felicis;* & un autre pour le château de Montferrier, dans l'églife de S^t. Firmin, fur l'autel de la très-fainte Trinité.

1151. II. Quelques mois après, il eut le plafir d'embraffer fon pere, qui, pour des motifs de religion, fut amené à Montpellier par le prieur de Granfelve, fon fupérieur. Le fait refulte d'un acte qui fut paffé à Maguelonne le quinziéme du mois de février 1151, par lequel Guillaume fit un échange avec Jean, prieur de S^t. Firmin, de l'églife de S^{te}. Croix, que fon pere avoit fondée, contre un logement auprès de S^t. Firmin, que le prieur lui bailla. Il eft à obferver que Guillaume, fils de Sibille, fe referve, dans cet échange, le jardin, les vignes & les ornemens d'églife qui étoient à S^{te}. Croix, pour fervir un jour à la fondation de l'églife & chapelle de fon château, qu'il dit vouloir faire avec le fecours de Dieu : *retentis horto & vineis, & ornamentis huic ecclefiæ deputatis ad opus capellæ & ecclefiæ quam deo auchore fundaturus fum in caftello meo.* Frere Guillaume de Montpellier eft marqué préfent à cet acte, avec le prieur de Granfelve, avec Bernard d'Anduze & Raymond Gaucelin, feigneur de Lunel : *fub præfentia Guillelmi Montifpeffulani monachi, Guillelmi prioris Grandis-filvæ, Bernardi de Andufia junioris, Raymundi Gaucelini de Lunello.*

1152. Ce Raymond Gaucelin de Lunel nous donne lieu d'apprendre un fervice effentiel que Guillaume lui avoit rendu, car nous avons de lui un acte public du mois d'août 1152, par lequel il rend de grandes actions de grâces à Guillaume de fa délivrance & de fa liberté : *tibi Guillelmo domino Montif-peffulani maximas referens gratiarum actiones quod ex mera liberalitate corpus meum à captione liberafti.* Et en reconnoiffance, il lui remet Lanfenegues, & tout ce que le pere de Gaucelin avoit reçû du pere de Guillaume, dans le tems qu'il étoit en guerre avec fes habitans : *transfero villam quæ vocatur Lanfenegues, quidquid videlicet pater tuus Guillelmus occafione fuæ guerræ, patri meo in ea dederat.* D'où nous pouvons conclure que Gaucelin le père avoit

PAGE 31. fort aidé Guillaume, fils d'Ermenfende, pendant* le fiége qu'il fût obligé de mettre devant Montpellier; qu'il en reçut le fief de Lanfenegues, foit par engagement ou par reconnoiffance des fervices qu'il lui avoit rendus ; & que Gaucelin le fils étant tombé entre les mains de fes enemis (fans dire par quelle occafion) Guillaume fils de Sibille l'en retira genereufement fans rien exiger de lui : ce que Gaucelin voulant reconnoître à fon tour, lui remit volontairement tout ce qu'il tenoit de fa maifon. 1152.

Cette action de generofité fut bientôt fuivie d'une autre action de charité chrétiéne, bien utile au public : car, la maladrerie de Caftelnau, qui, depuis plus d'un fiécle, étoit un objet de pitié pour les comtes de Melgüeil & pour les feigneurs de Montpellier, étant déchûë du bon ordre qui y avoit été établi, Guillaume, pour l'y remettre, pria (conjointement avec Ermefende, son ayeule), Raymond, évêque de Maguelonne, & Jean, archiprêtre de St-Firmin, de faire des réglemens que je raporterai dans l'article de cette maladrerie. 1153.

Cependant, le feigneur de Montpellier, qui n'étoit pas encore marié, profita de l'occafion de marier fon frère Tortofe, avec une riche héritiére du païs : c'étoit Ermenfende de Caftries, fille de Dalmas de Caftries, dans la maifon duquel cette feigneurie étoit depuis long-temps, avec plufieurs autres terres. Par le contrat de mariage, qui eft du mois de juillet 1153, Guillaume de Tortofe donne à Ermenfende la moitié des biens qu'il avoit à Subftantion, & les trois deniers pour livre qui lui appartenoient fur la monoye de Melgüeil. Ce mariage (comme nous le verrons) valut bientôt à Guillaume, fils de Sibille, toute cette riche fucceffion.

En 1155, Guillaume d'Omelas, étant tombé malade, fit fon teftament le III. feptiéme du mois de mars, par lequel il mit fous la garde & la défenfe de Guillaume de Montpellier, fon neveu, Raimbaud d'Omelas, fon fils, pour être fait chevalier de fa main ; *Ut de eo militem faciat :* ordonnant à fon fils d'aimer & de fervir Guillaume de Montpellier, fon coufin germain, à qui il veut que tous fes biens foient fubftituez : *Ut eum diligat & fit ad obfequium ejus.* 1155.

Nous apprenons de fon teftament, qu'Ermenfende, sa mére, vivoit encore, puifqu'il lui laiffe l'ufufruit de la terre du Val; & que fes filles étoient Tiburgette, époufe d'Ademar de Murviel, & autre Tiburge, déja veuve de Geoffroy de Mornas. Son fils, Raimbaud, eut pour fon partage les châteaux d'Omelas, de Montarnaud, de Poupian, du Pojet, de S^t. Pons, de Villeneuve & de Frontignan, que Guillaume d'Omelas avoit eû de fon frere Bernard.

Enfin, Guillaume de Montpellier, qui avoit déjà vingt-cinq ans paffez, IV. fe maria en 1156. Catel, fur la bonne foi de Zurita, lui donne pour femme Mathilde, fille de l'empereur de Conftantinople; mais c'eft vifiblement une erreur qui leur a fait confondre les qualitez des époufes du pere & du fils. La chofe eft hors de doute, par les termes du contrat de mariage que 1156.

Sainte Marthe, Maifon de France. Tom. II, p. 701.

1156. nous avons, où Mathilde eſt appelée ſœur du duc de Bourgogne. *Ego Guil-lelmus Montiſpeſſulani dominus ducens te Mathildem ſorrorem ducis Burgundiæ in uxorem.* Il lui donne les châteaux de Montferrier & de Pignan: les droits de la foire ou du marché qu'on tenoit alors au Peirou, *Forum ſeu mercatum Montiſpeſſulani del Peirou;* les étuves et les juifs de Montpellier, *Balnea & Judæos Montiſpeſſulani*, & divers fonds de terre, qui n'intereſſent pas nôtre hiſtoire: ſon frere, Guillaume de Tortoſe, ſe rendit garant de toutes ces promeſſes, & Raymond Etiéne de Cervian, ſon beau-frere, jura, avec la plûpart des ſeigneurs du voiſinage, marquez dans cet ordre: Eleazar, fils de Gaucelin de Claret, Pons de Montlaur, Raymond de Caſtries, Guillaume de Fabregues, Raymond de Montferrier, Bremond de Sommieres, Ermengaud de Melgüeil, Guillaume de Centreirargues, Guillaume de Pignan, P. Gaucelin de Montauberon, Bernard de Caſtries, Guillaume d'Aubeterre, Raymond de Soriech, Raymond de Salviniac, Ermengaud de Loupian, Pierre de Laverune, Guillaume de Montolieu, Arnaud de Marojol.

Il eſt marqué que les fiançailles avoient été faites à Nôtre-Dame du Puy, en préſence de l'évêque de cette ville, de G. évêque de Châlons, & de Raymond, évêque de Maguelonne. La jeune princeſſe fut remiſe entre les mains* de Bernard d'Anduze, d'Hugues comte de Rodez, de Bernard Atho vicomte, & de Raymond, fils de Trincavel, qui l'amenérent à Montpellier, où les epouſailles furent celebrées dans l'egliſe de St. Firmin, le vingt-cinquiéme février 1156, par Raymond, évêque de Maguelonne.

PAGE 32.

Ce mariage fut bientôt ſuivi de l'héritage que Guillaume acquit de ſon frere Tortoſe; car ce jeune ſeigneur ayant perdu ſa femme, Ermenſende de Caſtries, prit la reſolution d'aller faire le voyage de Jeruſalem, & d'entrer dans l'ordre des Templiers, qui étoit alors dans ſon plus grand luſtre: il ramaſſa auparavant tout l'argent qu'il put, en engageant ſes terres à ſon frere; & enſuite il lui fit une donation entre-vifs du château de Caſtries, qu'il avoit eû du chef de ſa femme, & de la ville de Tortoſe, que ſon pere lui avoit donné: *Similiter dono tibi civitatem Tortoſam & quidquid juris & rationis ibi, & in toto ejus epiſcopatu habeo.*

Spicileg. 1, pag. 12,

C'eſt ainſi que la terre de Caſtries ſortit de la maiſon de ſes premiers ſeigneurs, pour entrer dans celle des Guillaume de Montpellier, d'où elle paſſa dans celle de Montlaur, qui en joüiſſoit dans le XIIIe ſiécle, & enfin dans celle de Lacroix de Caſtries, qui a beaucoup illuſtré cette terre par ſon erection en marquiſat & en baronie des Etats du Languedoc.

1158. V. Cependant, la France étoit toute en feu depuis le ſecond mariage de la reine Eleonor, avec Henry, ſecond roi d'Angleterre. Cette princeſſe, que le roi Loüis le Jeune avoit repudiée, porta à ſon ſecond mari, les états de

Guiéne, qu'elle avoït eû de son pere, saint Guillaume, duc d'Aquitaine. 1158.
Henry prit aussitôt possession de la dot de sa femme; & voulant en étendre
les droits, il vint assiéger Toulouse, qu'il prétendoit lui appartenir; il avoit
pris soin de gagner le prince d'Aragon, qui avoit de trop grandes liaisons
avec Guillaume de Montpellier, pour ne pas l'entraîner dans cette guerre:
ils furent donc, avec leurs troupes & celles de Trincavel, vicomte de
Beziers, joindre le roi d'Angleterre & Macloüin, roi d'Ecosse, qui faisoient
le siége de Toulouse. Raymond, fils de Faidite, qui en étoit comte, im-
plora le secours du roi Loüis le Jeune, dont il avoit épousé la sœur, appelée
Constance; il fit une si belle résistance, que le roi d'Angleterre fut obligé
d'en lever le siége; mais, voulant rétablir son armée, il en laissa le com- 1159.
mandement au prince d'Aragon & à Guillaume de Montpellier, qui la
conduisirent dans le Quercy, où, après l'avoir remise des fatigues passées,
ils entreprirent le siége de Cahors, qu'ils prirent, pour le roi d'Angleterre,
sur le comte de Toulouse.

CHAPITRE QUATRIÉME.

I. Diferends de Guillaume avec Bernard Pelet, comte de Melgüeil. II. Terminez par frere Guillaume de Montpellier. III. Etablissement des Templiers à Montpellier. IV. Mort du comte de Barcelone. V. Arrivée du pape Alexandre III en cette ville.

LES hostilitez entre l'Angleterre & la France étant finies, Guillaume I. 1160.
revint à Montpellier, où il fut recherché par plusieurs communautez,
qui demandérent d'être reçûës sous sa protection & sa sauvegarde.
Les habitans de St. Jean de Murviel, y recoururent en 1160, et lui payérent
(dit l'acte), cent soixante-dix sols melgoriens, en se soumettant de lui
porter à Montpellier, un setier d'orge, tous les jours de Nôtre-Dame d'août.

Pierre de Nebian prit une autre route; car il dit dans l'acte: *Cupiens atque
desiderans te Guillelmum dominum Montispessulani vero amore diligere, fideliter
servire, & in gratia & sub defensione tua consistere*: qu'il lui donne le château
de Nebian, avec tout ce qu'il possede et pourra posseder depuis le chemin
de Dorbie à Clairmont;* mais il reconnoît avoir reçu de lui huit cent cin- PAGE 33.
quante sols melgoriens: & Guillaume lui remet toutes ces mêmes terres,

1160.   pour les tenir de lui à foi et hommage; en conféquence de quoi, Pierre de Nébian lui prêta ferment de fidélité.

Raymond de Montpeiroux, avec fa femme Alemandine, lui firent dans la même année, une donation de tout ce qu'ils avoient au château & terroir de Clairmont; mais il faut qu'ils ne reftaffent pas long-temps maîtres de ce bien; car, trois ans après (c'eft-à-dire en 1163), Berenger de Vallauquez fit une donation en aleu à Guillaume, fils de Sibille, du château de Clairmont, que Guillaume lui remit à fief.

Cependant, tout fe préparoit au trouble dans le païs, où Guillaume eut à foûtenir une petite guerre dont on ne nous marque pas bien les caufes; mais il confte par les fuites, que tout le mal tomba fur le territoire de Pignan, & que Bernard Pelet, comte de Melgüeil y ayant pris parti, Guillaume fut obligé de recourir au fecours du vicomte de Trincavel. Alors, Jean de Montlaur, qui occupoit depuis peu le fiége de Maguelonne, voulant pacifier ces troubles, crut devoir s'aider de la préfence de frere Guillaume de Montpellier, qui étoit dans fon monaftère de Granfelve; il écrivit à fon fupérieur pour l'engager à le ramener dans le païs, & l'efprit du fils ayant été bientôt adouci par la préfence du père, on fit convenir les parties de s'affembler à Soriech, où, par la médiation de Raymond de Montferrier il fut réglé entre Pelet & Beatrix, fon époufe, d'une part, & Guillaume de Montpellier, d'autre, qu'on feroit une trêve de cinq ans, à commencer du carême prenant; *Ab hoc caramantran ad quinque annos.* Mais, parce que Raymond de Pignan avoit le plus foufert dans tout ce démêlé, on régla que Guillaume lui donneroit deux mille fols melgoriens, en dédommagement de fes pertes; moyennant quoi, Raymond de Pignan et fes freres renoncérent à la guerre qu'ils avoient commencée.

II.   Frere Guillaume de Montpellier, fe trouvant alors dans le païs, eut à regler fes propres enfans, au fujet de trois deniers fur la monoye de Melgüeil, que Guillaume de Tortofe, en entrant dans l'ordre des Templiers, avoit donné à fon frere aîné, préférablement à Guy, le puîné de tous, qui prétendoit que ce droit lui étoit fubftitué. Ce diferend ayant duré trop long-temps (comme difent nos annales) *hæc autem cum diutius protraheretur altercatio,* frere Guillaume décida la queftion par la déclaration fuivante, qu'il donna en faveur de fon fils aîné : *Ego Guillelmus Montifpeffulani, monachus, pro certo habeo & verum effe cognofco, quod prædictos tres denarios de moneta melgorienfi ita habui & acquifivi de Bernardo comite Melgorii & Beatrice uxore fua, ut illi filiorum meorum relinquerem, qui dominus effet Montifpeffulani.* Guy, le cadet de fes enfants, fe foumit à fa décifion & renonça aux demandes qu'il avoit déja faites. Mais, ce bon pere, pour cimenter entr'eux une bonne union, engagea l'aîné de donner à son cadet une certaine quantité de champs & de vignes (énoncés dans l'acte) qui rendirent plus confiderable la terre de Paulian, dont le jeune Guy joüiffoit en vertu du teftament de fon pere. Fait et paffé en préfence de leurdit pere : *In prefentia dicti Guillelmi Montifpeffulani, monachi Grandis-filvæ.* 1160.

La délicateffe de confcience qu'on reconnut en ce bon religieux, lui attira plufieurs demandes de la part de ceux à qui il avoit été obligé de faire des actes d'hoftilité dans le tems du fiége de Montpellier, quoiqu'il fe fût déjà écoulé près de vingt ans. De là vient un grand nombre de quittances que nous avons dans nos archives, pour les dettes de frere Guillaume de Montpellier, qui furent exigées alors ; car, après avoir écouté toutes les demandes, il porta charitablement fon fils à y fatisfaire.

Ainfi, nous voyons qu'en 1161, en commençant l'année par janvier, Gaudioufe, femme de Guillaume Roftang, & Marie, leur fille, fe départent en sa faveur & en celle de fes héritiers, *tibi Guillelmo de Montepeffulano monacho & hæredibus tuis*, de tout ce qu'elles avoient à demander à raifon de la capture de Roftang, faite autrefois par fon ordre, & elles reconnoiffent avoir reçû de lui cent fols melgoriens. Ainfi, Pons de Montdragon & Dragonet, fon frere, remettent à Guillaume, fils * de Sibille, & à fon pere, *remittimus tibi & patri tuo*, tout le dommage qu'ils avoient foufert de lui par la prife de leur pere. Aimery de Monclaret & Raymond de Montferrier, fon frere, remettent pour trois cens fols melgoriens, à Guillaume, fils de Sibille, toutes les demandes qu'ils avoient à faire contre fon pere, et Bernard d'Armazan fait quittance de quinze cens fols melgoriens qu'il difoit lui être dûs par le même. 1161.

PAGE 34.

Mais, de tous ces actes, le plus remarquable eft une quitance de trois mille fols melgoriens dûs encore en 1162 à Ermengarde, veuve de Guillaume de Narbonne : *Quos Guillelmus monachus debebat Guillelmo de Narbona.* Sa veuve en pourfuivit le payement en préfence de Guillaume même, & de fon fupérieur, l'abbé de Grandfelve : *præfente Guillelmo fupradicto, & abbate Grandis-filvæ*, pardevant l'archidiacre de Narbonne & le commandeur de Beziers, pris pour arbitres dans cette affaire. La fomme ayant été adjugée à Ermengarde, elle en fit quittance au fils qui paya pour fon pere, où elle dit qu'elle eft mariée en fecondes nôces avec Raymond Roch : *Ego olim uxor prædicti Guillelmi de Narbona, nunc vero Raymundus Rocha vir meus eft;* ce que j'obferve, parce que nous aurons fouvent à parler de cette famille, qui fleurit durant plus de deux fiécles à Montpellier. Et dans la quitance de Bernard d'Armazan, dont je viens de parler, on trouve fignez pour témoins, *Guillelmus de Rocha & Vizianus de Millanicis milites.* 1162.

1161. III. Un des actes que je viens de citer porte cette soufcription remarquable pour l'ordre des Templiers : *Hæc compofitio facta eft in domo militiæ Templi in horto juxta ecclefiam Sanctæ Mariæ.* Ce qui me donne occafion de parler de cet ordre militaire, qui fut établi à Montpellier peu de temps après leur première fondation. Guillaume de Tyr en met la première époque en 1119, où neuf gentilshommes françois, dont les principaux étoient Hugues de Payens & Godefroy de S^t. Omer, furent fe préfenter à Garimond, patriarche de Jerufalem, entre les mains duquel ils firent vœu de chafteté & d'obéiffance, & d'employer leur vie à tenir les paffages & le chemin libre aux pèlerins de la Terre-Sainte. Le roi Baudoüin II leur donna un logement dans fon palais, auprès du Temple, d'où ils furent appelez Chevaliers du Temple ou Templiers. Ils demeurérent neuf ans en cet état, fans que leur nombre augmentât, & fans aucune diftinction d'habits, jufqu'à ce qu'en 1128, le pape Honoré II, leur fit donner au concile de Troyes, une régle, avec l'habit blanc, auquel Eugéne III ajoûta la croix rouge. La grande reputation qu'ils s'acquirent par leur vertu, leur courage, & par les belles actions qu'ils firent dans leur guerre contre les infidèles, accrut fi fort leur ordre, & le rendit fi puiffant par les grands biens qu'on leur fit de toutes parts, qu'ils égalérent la fortune des plus grands princes, jufqu'à-ce que ces mêmes richeffes devinrent la caufe de leur malheur, ayant donné occafion aux déreglemens qu'on leur reprocha dans la fuite, & qui firent abolir leur ordre au concile de Vienne en 1331, environ deux cens ans après qu'ils eurent été approuvez dans celui de Troyes.

Ces chevaliers eurent à Montpellier une maifon très-confidérable, hors la porte de la Saunerie, dans l'enclos appellé aujourd'hui le Grand S^t. Jean. Nos écrivains particuliers ont crû qu'ils y avoient été établis par Guillaume, fils d'Ermengarde, qui avoit fi bien fervi dans la première croifade. Mais, j'aurois peine à croire que ce Guillaume, dont nous avons le teftament en 1121, ait introduit à Montpellier un ordre qui ne reçut fa dernière perfection en France, qu'en 1128, & je ferois beaucoup plus porté à croire, qu'ils ne furent établis que fous Guillaume, fils d'Ermenfende, qui, ayant fait le voyage de la Terre-Sainte, plus de vingt ans après fon pere, eut occafion de connoître les chevaliers du Temple, dans le tems qu'ils étoient encore dans le palais du roi Baudoüin.

Quoiqu'il en foit, il confte, felon Gariel, que Gautier, évêque de Maguelonne, dont on ne met la mort qu'en 1129, confacra leur églife fous le nom de Sainte Marie de Lezes, par où j'explique la foufcription dont j'ai déja parlé, *in domo militiæ Templi in horto juxta ecclefiam Sanctæ Mariæ*, dans la maifon du Temple, & dans fon jardin, tout proche fon églife, dédiée à la Sainte Vierge.

La mort prématurée de Raymond Berenger, comte de Barcelone et prince IV.   1162.
d'Aragon, jeta le feigneur de Montpellier dans de nouvelles peines. Ce
prince,* que la neceffité des affaires de fa maifon avoit attiré dans le Piémont, Page 35.
avec le comte de Provence fon neveu, y fut à peine arrivé qu'il y mourut,
en 1162. Cette perte priva la Catalogne d'un des plus illuftres comtes
qu'elle eût eû, & Guillaume de Montpellier d'un de fes meilleurs amis.
La reine Petronille, fa veuve, voulant pourvoir à la tutelle de fes enfans,
convoca dans la ville d'Huefca une affemblée générale de tous fes barons, Liv. 2, ch. 20.
parmi lefquels Zurita marque Guillaume de Montpellier entre les feigneurs
de Catalogne : *Fueron a eftas cortes del principado de Cataluna Guillem de
Mompeller,* &c. Ce qui fortifie ce que nous avons déja dit de fes droits fur
la cité de Tortofe, qui lui avoient été cédez par fon frere en 1157.

Au retour de ce voyage, il trouva à Montpellier une grande occafion de V.
faire paroître fon attachement au St. Siége, dans une affaire qui intéreffa
toute la chrêtienté. Alexandre III ayant été élû pape trois années auparavant,
c'eft-à-dire en 1159, l'empereur Frederic, furnommé Barberouffe, lui avoit
oppofé l'antipape Victor, qui travailla auffitôt à fe faire reconnoître dans le
Languedoc & dans les provinces voifines, en écrivant *ad univerfam Gothiam
provinciam, Guafconiam, & utramque Hifpaniam.* Nous avons même une lettre
qu'il écrivit de Pavie à Guillaume, & qu'il lui fit rendre par Me Bandin, fon
légat, où il le flate fur la gloire qu'il s'étoit acquife, & fur les marques de
generofité que fa famille avoit toûjours donnèes; *principaliter autem de tuæ
magnitudinis & fanguinis tui generofitate in hac parte confidimus.* Mais Guillaume
s'étant fait inftruire du droit des deux concurrens, ne fit aucune réponfe à
Victor; & l'empereur ayant obligé Alexandre de fortir de l'Italie, ce pape
n'eut d'autre recours qu'à la France, & vint aborder à Maguelonne le mécredi de Pâques 1162. Le cardinal Baronius, de qui nous tenons l'année &
le jour de fon arrivée, ajoûte qu'Alexandre y ayant confacré le grand autel
de Maguelonne, jugea à propos de venir à Montpellier, incomparablement
plus peuplé : *tunc ad populofam Montifpeffulani villam afcendere dignum duxit ;*
d'où Guillaume, qui en étoit feigneur, vint à fa rencontre, avec fes barons,
fes bourgeois, & une belle troupe de gens en armes; il prit les rênes de fon
cheval, & le conduifit jufqu'à Montpellier : *Occurrente fibi domino villæ cum
baronibus & decora militia, officium ftratoris per milliarium agente.*

Durant le féjour qu'Alexandre y fit, il donna trois bulles, datées de
Montpellier, en faveur de Guillaume et des habitans de cette ville, qu'on
peut voir encore dans les archives de nôtre Hôtel-de-Ville.

Par la premiére, du premier de juillet, adreffée à Guillaume, il met fa
perfonne & fes biens fous la protection du St. Siége, & il fe referve à lui

1162.

seul, ou à son légat, *a latere*, le pouvoir de l'excommunier, & d'interdire la chapelle qu'il avoit à Montpellier, & celle qu'il avoit aussi à Lates.

Dans la seconde, en date du quinze de juillet, adressée aux archevêques de Narbonne & d'Arles avec leurs sufragans, & aux évêques de Viviers, de Mende, du Puy & de Rhodez, il prend sous sa protection, non-seulement la personne de Guillaume avec ses biens, mais encore les marchands de Montpellier,

Par la troisiéme, du huitiéme d'août, adressée à l'évêque & aux chanoines de Maguelonne, le pape ordonne que les offrandes faites à l'autel de St. Sauveur, dans l'église de Nôtre-Dame, soient renduës au prieur de cette église, attendu que le terme de cinq ans accordé par le pape Adrien, son prédécesseur, étoit expiré; & il veut que Guillaume & les habitans de Montpellier, à qui on avoit laissé ces offrandes pour les reparations de la bâtisse de l'église de Nôtre-Dame, remettent le prieur dans son droit, à moins qu'il ne veüille librement les en laisser joüir.

1164.

Le pape ayant passé quelques mois à Montpellier, comme il resulte de la date de toutes ces bulles, en partit pour se rendre au Puy, par le chemin de Nîmes, &, de là, par Clairmont à Paris, où, ayant conferé avec le roi Loüis le Jeune, il choisit la ville de Sens pour y vaquer au soin de toute l'Eglise. Il y resta jusqu'à ce qu'il apprit la mort de son concurrent, arrivée en 1164,

Page 36.

car alors, se flattant que l'Italie seroit plus tranquille pour lui, il prit * le dessein d'y retourner, &, passant par Paris, Bourges & le Puy, il se rendit à Montpellier, deux ans après qu'il en étoit parti : *Ad Montempessulanum inco-*

Annales,
Baronius.

lumis per Dei gratiam quo venerat remeavit.

A peine y fut-il arrivé que Frederic, son enemi déclaré, voulut tenter la fidelité de Guillaume, pour avoir Alexandre entre ses mains : *Imperator vero*

Liv. 2, ch. 16.

non quiescens (dit Neubrigensis) *secretis litteris & promissis amplissimis apud Montispessulani dominum agere studuit ut proderet hospitem.* Il lui fit parler par le comte d'Escot, son confident, qui lui fit de sa part toutes sortes d'offres & de promesses. Mais cet homme recommandable, ajoûte le même auteur, fut d'une fidelité à l'épreuve de tout : *At vir memorabilis integræ fidei inventus est*; & il renouvella ses marques de respect dans la reception qu'il fit au pape : *Et insignem hospitem decentissime honoravit.*

Cette voye ayant manqué à l'empereur, il eut recours à la surprise et à la force ; car les cardinaux de la suite d'Alexandre s'étant embarquez à Maguelonne sur un navire du Temple, les galéres de Pise, qui étoient du parti des Gibelins, croyant que le pape y fut avec eux, livrérent à ce vaisseau un rude combat, pendant lequel Alexandre, qui suivoit de loin sur une barque de

Ibidem.

Narbonne, revint aussitôt à Maguelonne, *mox remis retortis in Magalonæ se portum recepit ;* & il y resta jusqu'à ce que la flote enemie s'étant retirée, il pût se rembarquer sur les galéres que Guillaume, roi de Sicile, lui envoya.

1164.

CHAPITRE CINQUIÉME

I. Affaires de Melgüeil. II. Affaires d'Omelas. III. Ravages des Génois aux environs de Montpellier. IV. Témoignage du Rabbi Benjamin sur l'état de Montpellier en ce tems-là. V. Suite des affaires de Melgüeil. VI. Testament de Guillaume, fils de Sibille.

LA mort de Bernard Pelet, comte de Melgüeil, qui arriva dans le tems dont je viens de parler, causa une grande division entre Bertrand Pelet son fils & Ermensende sa fille, qui se portérent l'un & l'autre pour héritiers de la comté de Melgüeil. Raymond, fils de Faidite, comte de Toulouse, voulant faire épouser à son fils la jeune Ermensende, se rendit à Montpellier, &, nonobstant les liaisons que Guillaume avoit pris autrefois contre lui, ils firent un accord, en date du mois de juin 1164, par lequel ils se promirent réciproquement de ne rien entreprendre sur la vie l'un de l'autre, & de s'avertir mutuellement s'ils avoient connoissance que quelqu'un voulût y attenter. L'acte fut passé *apud Montempessulanum in solario Guillelmi de Texeriis.*

I. 1164.

Memorial des nobles.

Ces vûës du comte de Toulouse ne réussirent pas pour le coup, parceque la comtesse Beatrix, qui n'avoit des yeux que pour sa fille, se pressa de l'établir dans son voisinage avec Pierre Bermond. Ermensende vécut avec ce premier mari durant prés de deux ans, après lesquels, se trouvant veuve, elle fut de nouveau recherchée.

Alphonse, roi d'Aragon, qui avoit succedé dans ce royaume à la reine Petronille sa mere, & à Raymond Berenger son pere, dans les états de Catalogne, n'oublia pas que la comté de Melgüeil avoit été dans sa maison, par le mariage de son oncle Berenger Raymond avec la comtesse Beatrix. Il vint dans le Languedoc en 1167, &, pour gagner le seigneur de Montpellier, qui étoit grand-oncle d'Ermensende, il le prit pour garant du traité qu'il fit, cette même année, avec Hugues, comte de Rhodez, au sujet de la succession du comte Gilbert, ayeul maternel du roi.

1167.

1168.

II. Mais, tandis que ces princes étoient occupés de l'héritière de Melgüeil, Guillaume eut occasion de réunir à sa maison la seigneurie d'Omelas, selon un acte que nous avons, fort important pour la maison de Montpellier & pour celle * d'Orange ; il est du mois de mars 1168, où Raimbaud, qui y prend la qualité de fils de Guillaume d'Omelas & de Tiburge d'Orange son époufe, engage au feigneur de Montpellier, fon parent, *confanguineo meo*, le château d'Omelas avec fes feigneuries, *cum fenioriis fuis*, pour le prix de quatre mille fols melgoriens. Mais il est à obferver qu'il veut que l'intérêt lui en foit payé à raifon de fix deniers pour livre tous les mois, jufqu'à ce qu'il lui ait remis le château : *Volo & mando ut illa quatuor millia folidorum Melgorienfium lucrentur fingulis menfibus fex denarios la libra tamdiu ufquequo prædictum caftellum tibi reddam, pro pignore de dictis quatuor mille folidis & pro lucro quod factum habuerunt.* Il y eft encore ajoûté que fi la monoye de Melgüeil venoit à rabaiffer, il feroit tenu de payer le marc d'argent fin à raifon de cinquante fols : *Quod fi moneta Melgorienfis abbatuta effet teneretur reddere ad rationem marchæ quinquaginta folidos.*

Nous verrons dans la fuite que Raimbaud fit un trafic continüel de fes terres, en les offrant au dernier enchériffeur, & qu'il finit enfin fous le nom de Raimbaud d'Orange, qu'il portoit du chef de fa mere.

1169.

III. Cependant, les Génois donnoient bien de l'exercice à Guillaume de Montpellier, par les irruptions qu'ils vinrent faire fur fes côtes. On ne nous marque pas les raifons qu'ils en eurent ; mais la chofe devint fi férieufe que l'évêque de Maguelonne & le feigneur de Montpellier en portèrent leurs plaintes à la feigneurie de Gênes ; & cette démarche ayant été fans effet, ils furent obligez d'écrire au pape pour faire ceffer leurs pirateries. Nous apprenons, en effet, par les lettres qui nous restent d'Alexandre III au peuple de Gênes, datées de la dixième année de fon pontificat, c'est-à-dire en 1169, que les Génois venoient frequemment dans le port de Maguelonne & de Lates, qu'ils brûloient les navires des habitans de Montpellier, & qu'après avoir dépoüillé les marchands & les paffagers, ils les entrainoient par force en leur ville de Gênes : *Frequens & replicata ex parte dilecti filii nobilis viri Guillelmi de Montepeffulano ad nos querela pervenit, quod vos proprietatem in mari quærentes, portum ejus frequenter invaditis, confumitis naves incendio, & peregrinos & mercatores fuis rebus per violentiam fpoliatis, & Genuam cogitis declinare.* Nous apprenons encore, par les actes du chapitre & par ceux de l'hôtel-de-ville, que, nonobftant cet avertiffement du pape, les Génois ravagèrent alors les maifons de campagne qui étoient du côté de la mer, où ils détruifirent un moulin fur la rivière de Lamouffon. Ces pertes, également fenfibles aux habitans & au feigneur de Montpellier, les portèrent à repréfenter au comte

Page 37.

Memorial des nobles.

de Touloufe tout ce qu'il avoit à craindre lui-même pour fa comté de St. Giles. Il fe joignit à eux contre les Génois, qui, voyant augmenter le nombre de leurs ennemis, écoutérent les propofitions qui leur furent faites par Hildebrand, conful pour les Pifans à Montpellier.

1169.

Nous avons, de ce même tems, un témoignage inconteftable du grand commerce qu'il y avoit alors à Montpellier. Ce témoignage eft du celebre juif Rabbi Benjamin (dit Tudellenfis), qui vivoit dans le XIIe fiécle, & qui, ayant voyagé dans tout le monde connu, écrivit en hebreu l'hiftoire de fes voyages, qui fut portée en Efpagne après la prife de Conftantinople, & traduite en latin par Arrias Montanus. On trouve à la quinziéme page de l'édition d'Anvers, par Chriftofle Plantin, en 1575, ces paroles remarquables de l'auteur :

IV.

« Etant partis de Beziers, nous arrivâmes en deux jours au Mont-
« Tremblant, que les habitans du païs appelloient autrefois Montpeffulan,
« & aujourd'hui Montpellier. Cette ville, qui abonde en toute forte de
« marchandife, eft éloignée de la mer d'environ deux lieuës; elle eft fré-
« quentée, à caufe de fon commerce, par diverfes nations, comme font les
« Iduméens & les Ifraëlites du Portugal, les Lombards & les peuples
« d'Italie, ceux de l'Egipte & de la Paleftine : on y trouve des marchands
« de toute la Gaule, de l'Efpagne & de l'Angleterre; & l'on y entend parler
« le langage de toutes les nations du monde, qui y abordent avec les
« Génois & les Pifans. »

Enfuite l'auteur, pour ne pas omettre ceux de fa nation qu'il trouva à Montpellier, s'explique en ces termes : « Il y a dans cette ville des diciples
« de nos fages qui fe font rendus très-celebres, dont les principaux font
« Ruben, fils de Théodore, * & Nathan, fils de Zacharie; mais le plus confi-
« derable de tous eft Samuël, avec Salamias & Mardochée, qui vient de
« mourir. Plufieurs d'entr'eux font fort riches & charitables envers les
« pauvres, & ils fecourent volontiers tous ceux qui viénent à eux. »

PAGE 38.

C'eft ainfi que s'explique ce celebre juif pour l'année 1174, qui fut le tems où il paffa à Montpellier, comme on peut l'inferer de la route qu'il a marqué dans fon itinéraire. On voit par fon témoignage une confirmation de tout ce qui eft femé dans le corps de cette hiftoire, fur le grand commerce de Montpellier, & fur les juifs qui habitérent dans cette ville durant plufieurs fiécles. [1]

---

[1] Inde vero duorum dierum itinere facto in Trimulum-Montem, qui Peffulanus olim, ab incolis nunc *Montpellier* vocatur, urbem negotiationi & mercaturæ opportunam a mari duabus leucis diffitam a variis nationibus commerciorum caufa frequentatam. Idumæis & Ifmaëlitis ex Algarba, Longobardis & ex

V. La division qui avoit commencé dans la maison de Melguëil, dès la mort de Bernard Pelet, continūoit encore en 1171. Son fils Bertrand, cherchant peut-être à se faire une protection, ou par d'autres motifs qu'on ne dit pas, se défit cette même année de presque toutes ses terres en faveur de la maison de Montpellier. Nous avons deux actes de lui, dans l'un desquels il donne à Guillaume, seigneur de Montpellier, la seigneurie de Grabelz, & tout ce qu'il possédoit dans cette paroisse, & dans celle de S^t. Gervais de Juvignac. Par l'autre acte, de la même année, il donne à Guy, le dernier des enfans de Guillaume, qui se fit moine, *tibi Guidonis filio Guillelmi post monachi*, tout ce que Raymond Bernard, son ayeul, & Beatrix, sa mere, avoient eû dans le territoire de Castelnau, *trado & successoribus tuis omne quod habuit R. Bernardus avus meus vel mater mea Beatrix in toto Castronovo;* avec tout ce qui peut ou doit appartenir à la seigneurie de Melgüeil, *cum universis quæ ad dominationem seu potestatem Melgorii possunt vel debent jure pertinere;* & il spécifie la ville de Substanstion, comme les anciens murs & les marques des murailles la terminent, jusqu'à la rivière du Lez : *Sicut veteres muri, & signa murorum determinant usque ad flumen Ledi.*

Une conduite si extraordinaire fit résoudre Beatrix à chercher pour sa fille un second mari, qui eût assez de pouvoir pour rendre inutiles toutes les dispositions que Bertrand venoit de faire. Elle n'en trouva point de plus propre que le fils du comte de Toulouse, qui, unissant par ce mariage, la comté de Melgüeil à celle de S^t. Giles, devenoit très-puissant dans le païs, indépendamment de ses autres états. L'affaire fut dès-lors arrêtée, quoique la conclusion ne s'en fit qu'en 1172. Nous en avons le contrat du douzième de décembre, par lequel Beatrix donne à Raymond, comte de Toulouse, duc de Narbonne & marquis de Provence, sa fille Ermensende, avec la comté de Melgüeil, pour être possédée par lui & par ses successeurs dans la comté de S^t. Giles. Elle lui donne en propre, la moitié de cette comté, pour les dépenses qu'il a déja faites ou qu'il devra faire pour la conserver; & l'autre moitié à sa fille, pour en disposer, si elle veut, en faveur du fils qu'elle avoit eû de Pierre Bermond : *Si tunc filius ejus quem ex Petro Bermundo suscepit superstes fuerit.*

Ermensende, de son côté, donne à son futur époux, tous ses droits sur l'hérédité de son pere, Bernard Pelet : *Quidquid de bonis vel successione patris*

---

magnæ Romæ regno, atque ex omni terra Egipti & Israëlis. Ex omni gente Galliæ & Hispaniæ & Angliæ, atque ex omnibus gentium linguis ibidem inveniuntur opera Genuensium & Pisanorum.

Sapientum quoque discipuli ibidem sunt hac ætate percelebres. In primis Ruben, Theodori filius & Nathan Zachariæ filius, & omnium præcipuus Samuël & Salamias & Mardochæus, qui jam vita defunctus est. Nonnulli inter illos præcipui sunt & liberales in pauperes qui cunctis ad se venientibus subsidium ferunt.

mei Bernardi Peleti quocumque jure pertinet vel pertinere debet; et Raymond, fils de Constance, donne à Ermensende tout ce qu'il a dans la ville & évêché d'Uzès, sauf la moitié du péage de Valdagne & de St Saturnin : témoins, Bernard de Sauve, Bermond de Vezenobre, Eleazar d'Uzés & autres.

Ces conventions renversoient entiérement tout ce que Bertrand Pelet VI. avoit fait en faveur de la maison de Montpellier, où elles alloient engager Guillaume dans de grandes discussions avec le comte de Toulouse ; mais il vint à tomber malade, &, dans cet intervalle, il fit son dernier testament le jour de S^t. Michel, vingt-neuviéme de septembre, en présence de Jean de Montlaur, évêque de Maguelonne, de Guillaume Raymond,* archidiacre de la même église, & de Guillaume Maurin, prieur de S^t. Firmin. Nous ne savons pas si Guillaume survécut de beaucoup à ce testament, mais nous ne pouvons ignorer l'état de sa famille qu'il nous y donne à connoître dans ce même testament.

Il est d'abord à observer, que sa femme, Mathilde, étoit déja morte, puisqu'il ordonne que tous les articles du testament qu'elle avoit déja fait seroient executez dans leur entier : *Mando quod testamentum Mathildis quondam uxoris meæ compleatur in integrum.*

Il veut être enterré auprés de son pere, dans l'abbaye de Gransetve, à laquelle il donne mille sols ; & pour témoigner sa bienveillance à tout l'ordre de Cîteaux, il veut non seulement qu'on acheve à ses dépens le dortoir de l'abbaye de Valmagne, qu'il avoit déja commencé, mais encore que tous les religieux de Franquevaux & de Valmagne ayent leur moûture franche dans ses moulins, & le droit de faire paître leurs troupeaux dans ses prairies de Lates.

Il donne encore à l'abbaye de Franquevaux, diocése de Nîmes, cinq cens sols melgoriens, autant à celle de Valmagne, autant à la maladrerie de Castelnau, qu'il appelle *Infirmos de ponte,* & mille sols à l'église de Maguelonne, pour fonder un anniversaire à perpétuité, tous les jours de S^t. Côme et S^t. Damien.

Nous apprenons par la destination qu'il fit de ses biens, qu'il laissa quatre enfans mâles & cinq filles ; mais, au lieu de leur partager ses terres, comme avoient fait ses prédecesseurs, il donne generalement tout à son aîné, à la charge de payer ses freres & sœurs en argent ou en pensions.

Ainsi, après avoir dit qu'il donne à Guillaume, son fils aîné, *universum honorem meum & omnia jura mea,* il veut que son second fils, Guillaume, soit entretenu honorablement dans la maison de son frere ; & que, s'ils ne peuvent s'accorder ensemble, son aîné lui donne tous les ans vingt marcs d'argent, ou mille sols melgoriens. Raymond, son troisiéme fils, est destiné pour le monastére de Granselve, avec mille sols melgoriens, et Guy, le quatriéme, à la milice du Temple, avec autres mille sols; voulant qu'il y soit élevé durant six ans, aprés lesquels il entend qu'il soit chevalier du Temple, & privé de sa substitution si ses fréres vivent; mais, si l'un d'eux venoit à mourir dans ces six ans, celui qui se trouvera seigneur de Montpellier retirera son frere des Templiers, et l'entretiendra chez lui, avec une pension de vingt marcs d'argent.

Toutes ces précautions furent bien inutiles, parce que Guy se dévoüa entiérement au service des pauvres; & nous le verrons dans la suite fondateur de l'ordre des Hospitaliers du S^t. Esprit. Raymond, qui suivit la destination de son pere, entra dans le monastére de Granselve, d'où il fut tiré en 1188, pour être évêque de Lodéve; dont il remplit le siége jusqu'en 1197. Ainsi, de tous ses quatre enfans mâles, il ne resta dans le monde que Guillaume, seigneur de Montpellier, dit fils de Mathilde, & le second, qui prit le surnom de Burgondion, pour faire honneur à la mémoire de sa mere, qui étoit sœur d'Eudes II, duc de Bourgogne.

Quant à ses cinq filles, il dit avoir déja donné Clemence au monastére d'Aniane, pour y être religieuse, avec vingt marcs d'argent, dont il veut qu'elle soit contente & le monastére aussi; mais, nous verrons qu'elle ne crut pas être tenuë à la destination de son pere, & qu'elle épousa depuis Rostang de Sabran.

Sibille était déja mariée à Raymond Gaucelin, seigneur de Lunel, & son pere veut qu'elle soit contente de ce qu'elle a reçû à son mariage, savoir : cent marcs d'argent, deux tasses pesant cinq marcs, deux lits de *pallio*, ses habits & ses palefrois, *vestimentis & equitaturis*.

Il promet à ses autres filles Guillelme, Adelaïs & Marie, la même dot qu'avait eû leur sœur Sibille; mais il leur déclare que si elles se laissoient enlever, elles feroient deshéritées. Si pourtant (ajoûte-t-il) quelqu'une d'elles étant tombée dans ce cas, venoit à s'en repentir & retournoit à son devoir, qu'elle soit rétablie dans ses droits, quoique le fruit de ce mariage illicite ne doive pas y avoir part. Quant à Guillelme, elle fut depuis mere de Raymond de Roquefeüil.

Il ordonne, comme avoient fait ses prédecesseurs, qu'aucun juif ne fût jamais bailli de Montpellier : *Ne umquam judæus sit bajulus Montispessulani*. Et pour que* la seigneurie de cette ville ne sortît point de sa maison, & qu'elle ne fût point divisée, comme il paroît l'avoir eû toujours en vûë, il appelle à sa succession, au défaut de tous ses enfans, son frere Guy, & aprés eux, les enfans de ses sœurs Guillelme & Adelaïs, l'une mariée à Bernard

Atho, & l'autre à Raymond Etiéne de Cervian, comme nous l'avons dit ci-devant. 1171.

Ayant ainſi diſpoſé de tous ſes biens, il pourvut à la tutelle de ſes enfans qui étoient encore jeunes : Il nomme pour adminiſtrateurs de leurs biens, Jean de Montlaur, évêque de Maguelonne, avec Guy, ſon frere, juſqu'à ce, ajoûte-t-il, que ſon fils aîné ait atteint l'âge de vingt ans; il les met tous ſous la protection de Raymond Gaucelin, ſon gendre, & ſous celle d'Alphonſe, roi d'Aragon, qu'il appelle ſon ſeigneur; ce qui peut fortifier tout ce que nous avons déja dit de ſes droits ſur la ville de Tortoſe.

FIN DU LIVRE SECOND.

HISTOIRE
DE LA VILLE
DE MONTPELLIER.

LIVRE TROISIÉME.

CHAPITRE PREMIER

I. Commencemens de Guillaume, fils de Mathilde. II. Mort de fon oncle Guy le Guerroyeur. III. Son mariage avec Eudoxie de Conftantinople. IV. Il acquiert la fucceffion de fon frere Burgondion. V. Vicariat de Montpellier. VI. Guillaume fait ferment à l'évêque de Maguelonne.

IL faut que Guillaume, fils de Sibille, n'eût pas beaucoup furvêcu à fon teftament, puifque nous avons un ferment de fidelité qui fut prêté à fon fils, dans le mois d'octobre fuivant 1172, par Guillaume Pierre, fils de Raymond de Montferrier, en préfence de Jean de Montlaur, évêque de Maguelonne, & de Guy Guerregiat, fes tuteurs : *In caftello infra ecclefiam fanctæ Mariæ ante confpectum Joannis Magalonenfis epifcopi & Guidonis Guerregiati.*

I. 1172.

Memor., fol. 114.

Ce même Guy, oncle & tuteur de Guillaume, fils de Mathilde, acquit pour lui, en 1173, de la veuve de G. de Pierrebrune, tout ce qu'elle avoit au château du Pouget, à la ville & terroir de Vindemian, depuis la rivière de l'Eraut, jufqu'à Omelas, & depuis Pueclacher à Gignac, pour la fomme

1173.

Fol. 161.

de deux mille cinq cens fols melgoriens, le marc évalué à quarante-huit fols : *Pro valentia ut nunc valet marcha quadraginta & octo folidos.*

En 1174, Raymond, comte de Touloufe, fils de Faidite, & pere du comte de Melgüeil, voulant fans doute arrêter toutes les prétentions de la maifon de Montpellier fur la comté de Melgüeil, traita avec les tuteurs de Guillaume fils de Mathilde, & lui promit, en leur préfence, de ne lui faire aucun mal, & de n'avoir aucune focieté avec fes enemis. Fait dans le lieu de Mezouls, fur les confins des terres de Melgüeil & de Montpellier. Préfens : Pons de Alfatio, archevêque de Narbonne, Jean de Montlaur, évêque de Maguelonne, Raymond Guillaume, abbé d'Aniane, oncle du feigneur de Montpellier, Guy Guerregiat, fon autre oncle, Bernard d'Andufe, Raymond d'Uzés, Raymond Gaucelin & Guillaume de Sabran, * fes beaux-freres, Bremond de Sommieres, Pierre de Bernis, Guillaume de Pierre, Pierre d'Alegre, & plufieurs autres.

En 1175, Guillaume, fils de Mathilde, reçut le ferment de fidelité, pour le château de Pignan, du même Raymond, avec qui nous avons vû que fon pere avoit traité ; & en 1176, il acquit d'une nommée Etiénette, un plan dans Montpellier, qui eft defigné dans l'acte par fes confrons, où il permit aux corroyeurs de dreffer leurs tables.

II. Dans l'année fuivante, 1177, il perdit fon tuteur et fon oncle Guy, furnommé Guerregiat (ou le Guerroyeur), qui voulut finir fes jours dans l'ordre de Cîteaux, que fon pere avoit embraffé trente ans auparavant. Nous avons le teftament qu'il fit à ce fujet, où il dit qu'il fe rend & qu'il fe donne à Dieu & à Nôtre-Dame de Valmagne, *Reddo & dono meipfum Deo & Beatæ Mariæ Vallis-Magnæ in ordine Cifterfienfi.* Il partage fes biens à fes neveux et aux moines de Valmagne, ne refervant qu'une legère portion pour l'enfant qui pourroit naître d'une nommée Mathive, qu'il appelle fa femme. Les moines, dit-il, auront le moulin de Paulian, les fiefs de Valautre & de Cocon ; Guillaume de Montpellier, Châteauneuf, Subftantion & le Crez ; Burgondion, le château du Pouget, le bien qu'il a à Centreirargues, & fa terre de Paulian, excepté le moulin qu'il a déja donné ; fa femme Mathive aura la moitié de ce qu'il avoit à Sauzet, & le fils qu'elle pourroit avoir, tout le refte de ce qui lui a appartenu. Ce teftament, fait au château d'Armazan, au mois de février 1177, fut lû publiquement au mois de mars fuivant, dans l'antichambre du château de Montpellier, où les témoins, en grand nombre, ayant été refumez, certifiérent la verité de ce teftament, en préfence de Jean de Montlaur, évêque de Maguelonne, de Bernard d'Andufe, de Pons, prévôt de Maguelonne, & de plufieurs autres. Après quoi (dit l'acte) Guillaume de Montpellier & Burgondion, son frere, jurérent d'obferver inviolablement cette derniére volonté de leur oncle. 1177.

Je ne fçai s'il faut prendre à la lettre ces mots, *reddo & dono meipfum, &c.*, et inferer de là, que Guy prit effectivement l'habit de Cîteaux, pour y vivre & mourir; ce qu'on ne pourroit guere accorder avec le mariage dont il paroît qu'il étoit lié. Peut-être n'étoit-ce qu'une dévotion qu'il eut d'être enterré à Valmagne, dans l'habit de Cîteaux, comme plufieurs grands feigneurs firent depuis, & particuliérement Jacques le Conquerant, fon arriére petit-neveu, roi de Mayorque & feigneur de Montpellier.

Je ne fçai non plus, fi Guillaume de Montpellier avoit encore atteint l'âge de vingt ans, qu'il devoit avoir felon le teftament de fon pere, avant que de gerer fes affaires; car nous avons un acte du mois d'août 1178, où Raymond Guillaume, abbé d'Aniane, qui fe dit *Patruus Guillelmi domini Montifpeffulani gerens adminiftrationem nepotis mei*, reconnoît à un particulier de la ville, qu'il lui a donné un efpace de terre pour fervir à une rue publique, & il lui accorde pour cela certaine permiffion. Il eft ajoûté dans le même acte, que dans le mois de feptembre fuivant, Guillaume, feigneur de Montpellier, confirma la conceffion faite par fon oncle; d'où j'infere qu'il devoit précifément être alors entré dans fa vingtième année; & la chofe eft d'autant plus probable, que fon pere ne s'étoit marié qu'en 1156, et que fes deux fœurs, Clémence & Sibille, étoient nées devant lui, puifque la feconde étoit déja mariée en 1172, lors du teftament de leur pere. 1178.

Le premier ufage que fit Guillaume, fils de Mathilde, du pouvoir que l'âge de vingt ans lui donnoit, fut de fe donner une époufe; mais avant que de parler de fon mariage, j'avertis déja le lecteur, qu'on pourroit regarder ce que j'en ai à dire comme une avanture de roman, s'il n'étoit certifié par tout ce que nous avons d'anciens auteurs efpagnols et françois; je m'attache à fuivre ce que Zurita & Beuter en difent, parcequ'ils ont parlé fur les mémoires que le roi Jacques d'Aragon, petit-fils de Guillaume de Montpellier en laiffa lui-même. III.

Ils racontent qu'Alphonfe, roi d'Aragon, dont nous avons déja fait mention, ayant fait traiter de fon mariage avec Eudoxie, fille d'Emanuel Comnéne, empereur de Conftantinople, il eut parole qu'il auroit cette princeffe, & qu'on la feroit partir inceffamment. Mais, foit que les troubles qui étoient alors dans l'empire d'Orient euffent caufé du retardement au départ de la princeffe, * ou que le mauvais tems eût empêché fon arrivée, le roi Alphonfe commença à fe defier de la parole des Grecs, et il écouta les propofitions qui lui furent faites pour l'infante Sanche de Caftille. Cette propofition étant acceptée, & le mariage confommé, la princeffe Eudoxie

PAGE 43.

68   *Histoire de la ville de Montpellier.*

1179.   arriva de Constantinople, suivie d'un évêque et de deux seigneurs de l'empire, qui lui servoient de conseil. La nouvelle qu'ils apprirent en arrivant, du mariage du roi d'Aragon, les obligea de relâcher à Montpellier, pour y attendre les ordres de l'empereur, à qui ils écrivirent le mauvais succés de leur voyage. Durant le séjour qu'ils firent à Montpellier, Guillaume ne negligea rien auprés de la princesse, soit par galanterie ou par ambition; il fit proposer au conseil de la princesse, qu'il repareroit (si elle vouloit) le tort que le roi d'Aragon venoit de lui faire. Les Grecs (au raport de Beuter) furent choquez de la proposition, regardant comme un trop grand abaissement, que la fille de leur empereur s'établit avec un homme qui n'étoit ni roi, ni fils de roi : *Teniendo a gran menga, que la hija d'el emperador cazasse con hombre que ni fuesse rei ni hijo de rey.* Cependant, comme il leur faloit du tems pour recevoir la réponse qu'ils attendoient de Constantinople, Guillaume eut le loisir de travailler à son projet; & les rois d'Aragon & de Castille entrérent dans ses vûes, pour se dégager en quelque

Zurita. Liv. 2, chap. 33.   maniére envers la princesse & envers l'empereur son pére; ils s'employérent si efficacement, que les Grecs & la princesse furent ébranlez, & la mort de l'empereur Emanüel étant arrivée dans ces entrefaites, ils se détermi-

1180.   rent à faire consentir Eudoxie à recevoir Guillaume pour époux. Toute la précaution qu'ils prirent fut d'exiger de Guillaume, que le premier enfant qui naîtroit de leur mariage, soit garçon ou fille, auroit la seigneurie de Montpellier : *Con condicion que lo hijo o hija que premiero naciesse d'esto matri-*

1181.   *monio heredasse à Monpeller.* Le mariage fut donc accompli, & les commencemens en furent heureux, puisqu'ils eurent une fille, nommée Marie, dont nous aurons grande occasion de parler.

1182.   IV.   Cependant, Guillaume travailloit avec succés à ses affaires domestiques; il recüeillit, en 1182, la succession de son frere Burgondion, dont nous avons le testament du mois de novembre de cette même année. Nous y apprenons qu'il avoit épousé Adelaïs de Cognac, dont il avoit une fille, nommée Burgondioze, qu'il fait son héritiére, avec substitution à son frere le seigneur de Montpellier, à qui il laisse par préciput tout ce qu'il a et qu'il

Memor., fol. 46.   doit avoir dans l'évêché de Maguelonne, excepté ce qu'il avoit par engagement à Poussan, qu'il laisse à la disposition de Jean de Montlaur, évêque de Maguelonne, pour reparer, dit-il, les mauvaises actions & les violences que j'ai faites : *Pro meis clamoribus & malefactis restituendis cognitioni Joannis episcopi Magalonensis plenarie relinquo.* Il laisse à sa femme la moitié du château de Paulian, et nous verrons bientôt comment Guillaume s'accorda avec elle.

V.   Cette année 1182 fut funeste aux deux branches de la maison de Montpellier, car Raymond Aimon, chef de la branche des vicaires, fit son testament dans le même mois que Burgondion, par lequel il nous fait connoître 1182. toute fa famille. Après avoir choifi fa fépulture à Maguelonne, il nomme pour fon héritier fon fils Bernard Guillaume, à qui il donne tout ce qu'il a depuis le Lez jufqu'à l'Eraut; à fa fille Aimoine (depuis époufe de Guillaume de Montolieu) tout ce qu'il a eû de fon frere Pelage ; à fa fille Adalmudis (depuis époufe de Raymond Pierre de Montpeiroux) tout ce qu'il a dans le château de Colias & dans l'évêché d'Uzès ; & à fa troifiéme fille Alaimande, trois mille fols Melgoriens, payables lors de fon mariage. Il veut, s'il a un fils poftume, qu'il foit chanoine de Maguelonne, avec trois mille fols Melgoriens; & fi c'eft une fille, qu'elle foit religieufe, avec pareille fomme. Il fubftituë fes filles à fon aîné ; donne la joüiffance de fes biens à fa femme Guillelme, & la garde de fes enfants au feigneur de Montpellier, à Jean, évêque de Maguelonne, à Guillaume Maurin, archidiacre, & à Guy, maître des templiers. Témoins : P. Bertaud, archidiacre de Maguelonne, Pierre de Caftelnau, Pierre de Brozet, Pierre de Lunel, Pierre d'Aigrefeüille, Michel Morezan, tous chanoines de Maguelonne.

Dans l'année fuivante 1183, le feigneur de Montpellier confirma à Bernard * Guillaume Aimon le fief que Pelage fon oncle avoit dans le vicariat de Montpellier, & certaines tables fous l'églife de St. Nicolas. Mais il eut beaucoup plus à faire avec la veuve de fon frere Burgondion, qui, ayant perdu fa jeune fille Burgondioze, prétendit devoir lui fucceder, nonobftant la fubftitution faite en faveur des feigneurs de Montpellier. De plus, elle demandoit les fraix qu'elle avoit faits pour l'entretien du château de Paulian. Surquoi il fut convenu que Guillaume laifferoit à fa belle-fœur tout ce qu'elle avoit à Pouffan, et qu'il lui payeroit deux mille fols melgoriens pour toutes fes demandes, aufquelles elle renonça en préfence de Roftang de Montbazen et autres.

1183. PAGE 44. Fol. 61.

Depuis que Guillaume étoit forti de tutelle, il n'avoit point rendu l'hommage que tous fes prédeceffeurs avoient fait aux évêques de Maguelonne. On choifit le mois d'avril 1184 pour cette ceremonie, où Guillaume, s'étant rendu à Maguelonne, fit entre les mains de Jean de Montlaur, fur l'autel de St. Nicolas, le ferment, mêlé de latin & de patois, qu'on peut voir dans D. Luc d'Achery, en préfence de quarante-huit chanoines qui fe trouvérent alors à Maguelonne. Peut-être fera-t-on bien aife d'en fçavoir les noms, que l'acte nous a confervés : Pons ...., prevôt, Guill. Maurin, archidiacre, Guill. Raymond, autre archidiacre, maître Richard, Guillaume de Pierre, Pons Gaucelin, Pierre de Brozet, Pons de Cocon, Hugues de Ulmis, Raymond Guinet, Pierre de Pignan, Pierre de Lunel, Pierre de Châteauneuf, Pons Almeras, Pons Garnier, Guill. de Montarnaud, Pierre Raymond, R. de

VI. 1184.

Spicileg. tom. 3, pag. 543.

1184.

St. Drezery, Pons de Cornon, Jean de Montlaur, Bermond Fulconis, Pons de Cell., Bertrand, facriftain, Olric, Guill. de Fleix (depuis évêque), Raymond d'Arboraz, Guill. de Lechas, Pierre d'Aubagne, Raymond de Vic, Jean de Roquefeüil, R. Pierre de Ganges, Pierre Blanchet, Bernard Bidofc, Bertrand de Pierre, Bernard Vezian, Berenger Balbi, Guy de Ventadour (depuis prévôt), Guill. Rotbert, Guill. Ademar, Raymond de St. Brez, Durand de Lodéve, Aimeric Guillaume, Adalguier, Bernard Bermond, Bertrand de St. Geniez, Pierre de Brozet, Pons Comi, archiprêtre, tous fignez.

On peut obferver par ces noms de Gaucelin, Ventadour, Roquefeüil, Bermond, de Pierre & autres, dont les familles tenoient la plûpart des feigneuries des environs, qu'on regardoit alors Maguelonne comme un féminaire pour la jeune nobleffe qui vouloit entrer dans l'Eglife.

1185.

L'année 1185 eft marquée par un acte de confederation pour le commerce, entre le feigneur de Montpellier & l'évêque d'Agde, avec le vicomte de la même ville; j'en rapporte les propres paroles : « Moi Pierre, par la grace
« de Dieu, évêque d'Agde, & moi Bernard Atho, par la même grace de
« Dieu, vicomte d'Agde, pour nous et nos fucceffeurs, nous vous recevons
« à perpetuité, vous Guillaume, feigneur de Montpellier, avec tous vos
« héritiers préfens & à venir, fous nôtre guide, protection, défenfe & fécu-
« rité, vous prométant, & à toute la communauté de Montpellier, de rece-
« voir tous les marchands chrêtiens ou farrazins qui viendront chez nous
« à raifon du commerce ; & moi Guillaume, fils de la ducheffe Mathilde,
« je vous donne la même affurance. Témoins : Pons, Got & autres.

1186.

Enfin, la mauvaife étoile de Guillaume, fils de Mathilde, le porta à faire éclater, en 1186, le dégoût qu'il avoit pris pour fa femme Eudoxie de Conftantinople. On en donne, pour la premiére raifon, la paffion d'avoir des enfans mâles, qu'il n'efperoit plus d'avoir de fa femme ; &, pour la feconde, la mauvaife humeur d'Eudoxie, qui, par ennui de fe voir dans une terre étrangére, ou par trop de retour fur fa naiffance, exerça fouvent la patience de fon mari, jufqu'à lui reprocher l'inégalité qui étoit entre eux, & la violence qu'il lui avoit faite pour la faire confentir à l'époufer.

Ces reproches, qui auroient pu être adoucis de part & d'autre, ne firent qu'augmenter tous les jours; de forte que Guillaume, s'abandonnant au dégoût qu'il avoit pour Eudoxie, la laiffa à Montpellier, & alla dans l'Aragon diffiper fes chagrins auprès du roi Alphonfe ; malheureufement pour lui, il y prit de l'amour pour une parente de la reine, & Alphonfe, qui l'avoit fervi dans fon mariage avec Eudoxie, non-feulement approuva fes nouvelles inclinations, mais encore il le détermina à époufer cette parente de fa femme.

CHAPITRE SECOND

PAGE 45.

I. Guillaume repudie Eudoxie, & épouse Agnez. II. Se régle avec le comte de Melgüeil. III. Agnez travaille utilement pour ses affaires. IV. Recherche la protection du pape Celestin. V. Elle marie la fille d'Eudoxie. V. Divers actes passez par Guillaume.

NOUS avons le contrat de mariage que Guillaume passa avec Agnez, dans le mois d'avril 1187, où après une assez longue préface sur le mariage en general, Guillaume dit que dans le desir d'avoir des enfans, il a choisi Agnez, à qui il donne la dixiéme partie de tous ses biens meubles ou immeubles, quelque part qu'ils soient : *Amore procreandornm filiorum elegi mihi sponsam assumere, nomine Agnetem, & facio ei dotem & donationem decimæ partis omnium rerum mobilium & immobilium ubicumque habeo & habebo.* Le roi Alphonse, pour mieux colorer ce mariage, fit une donation à Guillaume & à Agnez, qu'on prit grand soin d'enregîtrer dans nos archives, où elle est encore : *Dono tibi Guillelmo Montispessulani domino, & Agneti uxori tuæ, consanguineæ meæ.* Je vous donne, dit-il, les vignes, bois, terres, eaux & autres choses qui m'appartiénent dans la paroisse de S^t. Just & de S^{te}. Rufine, avec l'albergue qu'Ermengaud de Vernet me doit tous les ans ; mais, à la charge de retour après vôtre mort. Fait au mois d'avril 1187. Cette reserve de retour, avec cette énumeration de vignes, bois, terres & eaux, renfermez dans une seule paroisse, sentent plus une donation simulée qu'un présent réel & de quelque importance.

I. 1187.

Spicileg. Tom. 4, pag. 550.

Memorial des nobles.

Mais on ne manquera pas sans-doute d'être surpris, que sans garder d'autre formalité, un seigneur catholique osât épouser une seconde femme du vivant de la premiére, & que le roi Alphonse, après avoir manqué de parole à Eudoxie, & après s'être employé à lui faire épouser Guillaume, portât ce même Guillaume à la quiter pour en prendre une autre. A quoi je n'ai d'autre raison à donner, que les grands abus qui regnoient alors sur cette matiére dans les états voisins des Albigeois, qui répandoient déja leurs dogmes dans le Languedoc.

Toute la formalité qu'observa Guillaume, fut d'envoyer à Eudoxie qu'il la repudioit ; et cette princesse, dans sa triste situation, n'eut d'autre recours qu'à l'évêque de Maguelonne, Jean de Montlaur, qu'elle conjura par tout ce que son état avoit de touchant, de ne pas laisser violer les sacrez

1187.

neuds du mariage. Ce prélat en écrivit à Rome, d'où il reçut ordre, avec l'archevêque de Narbonne, de mettre en interdit les terres de Guillaume ; mais le credit du roi d'Aragon en ayant fait furfeoir l'exécution, Guillaume prit ce temps pour amener à Montpellier fa prétenduë époufe, d'où Eudoxie, pour éviter la vuë de fa rivale, fe retira dans le monaftère des religieufes d'Aniane.

Ils arrivèrent dans le païs en 1187, où nous voyons que le premier de juillet de cette année, Raymond Atho de Murviel fe reconnut vaffal de Guillaume de Montpellier, dans la forme ordinaire de ce tems-là ; c'eft-à-dire, qu'il lui donna fes terres, & que Guillaume les lui rendit & les lui donna à fief honoraire. Les terres énoncées dans l'acte font les châteaux d'Omelas, du Pouget, de Montarnaud, de Cornonfec & de Montbazen. Il lui foumet de même, tout ce qu'il a à Poupian, Pignan, Frontignan, Villeneuve, S^t. Pargoire, Adillan, Pleiffan, Vindemian, S^t. Amans, S^t. Bauzeli, Valmale, S^t. Paul de Montcamel, Murviel, S^t. Georges, & tout ce qu'il a depuis l'Eraut jufqu'à Lamouffon, & depuis le pont de S^t. Guillen jufqu'à la mer. Raymond Atho dit dans cet acte, qu'il a atteint l'âge de vingt-cinq ans, qu'il étoit fils d'Ademar de Murviel ; & il paroît que le dérangement de fes affaires le porta à paffer ce contrat, puifque Guillaume lui remet cinq mille fols qu'il avoit en engagement. En conféquence,

PAGE 46.

Raymond Atho lui fait hommage. * Témoins : Raymond, abbé d'Aniane, P. de Vabres, prévôt de Maguelonne, Guy de Ventadour, prieur de S^t. Firmin, Guillaume de Fleix (depuis évêque), Hugues de Centreirargues, Michel de Morezan, tous chanoines, avec B. de Roquefeüil.

1188. II. Le voifinage de Melgüeil, poffedé alors par le comte de Touloufe, fembloit demander que le feigneur de Montpellier fe reglât avec lui ; la chofe fut faite dans le mois de mars 1188, par un acte qui nous explique bien clairement quelles terres il tenoit du comte de Melgüeil. Guillaume, qui fe dit d'abord, par la grace de Dieu, feigneur de Montpellier, fils de la ducheffe Mathilde, reconnoît à Raymond, comte de Melgüeil, tout ce qu'il a

Memorial, fol. 36. au château de Caftries, Caftelnau & Centreirargues. De plus, tout ce qu'il avoit à Pignan, dans le tems qu'ils firent enfemble un accord à Grammont, dans le terroir de Montauberon ; ce qu'il reconnoît tenir de lui *ad feudum honoratum*, de maniere qu'il ne foit tenu de rendre aucun de ces lieux aux comtes de Melgüeil.

Il reconnoît tenir des mêmes comtes le chemin de Malevielle jufqu'au Vidourle, & celui de Montpellier jufqu'à l'Eraut ; les trois deniers pour livre fur la monnoye de Melgüeil, le rivage et le pâtus du fleuve du Lez, fon chaufage & celui des habitans de Montpellier, fur le bois de Valéne et

fur tous les arbres, excepté Rome & Elzers, & fauf (ajoute-t-il) *ufatico* 1188.
*ipfius bofchi, ficut continetur in cartis quæ a tuis & meis predeceſſoribus laudatæ
funt.* Il reconnoît tenir le tout *ad feudum francum,* & il lui rend pour toujours, Aiguelongue, Botonet & Maleftar dont il joüiſſoit.

Raymond, de fon côté, lui accorde le tout avec les mêmes qualifications
& conditions que deſſus. Et en parlant de l'accord fait à Grammont, il dit :
Scilicet illud quod habuit Guido Guerregiatus in caftro de Pojeto; et dans le château de Pignan, le fief que Raymond de Pignan tenoit de Guillaume de
Montpellier.

Quant aux chemins énoncez ci-deſſus, il promet de garder et défendre
tous les paſſans, & de ne prendre d'autre droit de guide et de péage, que
celui de quatre deniers etablis fur le chemin de Cornon à Montpellier, fur
celui de Montferrand à Ganges, & de Ganges à Montpellier, moyennant
quoi, Guillaume promet de ne pas contrefaire la monoye de Melgüeil.
Fait à Montpellier, dans la maifon de la milice du Temple, le troifiéme
jour du mois de mars fuivant. Témoins : Jean, évêque de Maguelonne,
Raymond de Sauve, Roftang de S^t. Privat, Salomon de Falguieres, Guillaume de Thezan, Pierre de S^t. Gregoire, maître du Temple, Guil. de Pierre,
et plufieurs autres.

Agnez, déjà maîtreſſe de l'efprit de fon mari, fe rendit bientôt maîtreſſe III.
des affaires, où elle fit paroître beaucoup de génie, avec une grande paſſion
d'établir fes enfans. Comme le commerce de Montpellier apportoit à fon
mari beaucoup d'argent comptant, elle le faifoit valoir avec avantage, et
toujours fur des hipotéques bien fures. Ainfi, voyant le dérangement des
affaires du vicomte d'Agde, elle lui prêta dix mille fols melgoriens, fur
lefquels elle retint mille fols pour le prêt, et fe fit encore donner Marffilian
pour fureté : *Laudo vobis defuper pro pignore mille folidos melgorienfes,* dit bon- 1189.
nement le vicomte dans l'acte d'emprunt, paſſé avant la fête de Notre-Dame
d'août 1189. Et, par un autre, du jour de S^t. Michel fuivant, elle lui prête
onze mille fols, pour lefquels Bernard Atho lui engage le bourg et la cité
d'Agde : *Obligo tibi Guillelmo & Agneti uxori tuæ totum illud quod ego habeo
vel habuit pater meus Bernardus Atho in tota civitate & burgo vel in fuburbio
Agatenfi.* Mais, parce que l'évêque pouvoit s'oppofer à cet engagement,
attendu le don que B. Atho lui en avoit déjà fait, Agnez prit la précaution
d'y faire intervenir l'évêque de cette ville : *Ego Petrus, Agatenfis epifcopus,
laudabo totum pignus civitatis Agatenfis quod Bernardus Atho vicecomes vobis
pignori fuppofuit.*

Nous ne trouvons pourtant pas que cet engagement de la cité d'Agde,
ait eû aucun effet pour la maifon de Montpellier; & je ferois fort porté à

1189.   croire que l'évêque d'Agde, pour conferver la donation que Bernard Atho lui en avoit faite deux ans auparavant, dégagea fon donateur, en rembour-fant le feigneur de Montpellier & Agnez, fon époufe. La chofe eft d'autant
1190.   plus probable, que, par acte du mois de janvier 1190, Bernard Atho vou-
PAGE 47.   lant pourvoir à tous * fes engagemens déja pris, fait donation à Guillaume, de fa terre de Loupian, pour lui & pour les enfans qu'il a déja et qu'il aura dans la fuite, de madame Agnez, *dominæ Agnefis*, ne fe refervant que l'ufu-fruit de ladite terre fa vie durant.

Je crois ne devoir pas omettre une œuvre de charité que nous trouvons avoir été faite dans cette même année, par Guillaume de Montpellier, aux religieux de Grammont, établis depuis peu dans la paroiffe de Montau-beron. Il leur donne, pour aider à fe loger dans le lieu où ils font, tous les revenus du four du Peyrou, qu'il avoit alors dans l'efpace où eft aujour-d'hui l'églife des Carmes du Palais. J'en parlerai plus amplement dans l'ar-ticle que je donnerai dans mon fecond tome, concernant les religieux de Grammont.

1191.   IV.   Cependant, la promotion de Celeftin III, qui fut élevé en 1191, au fou-verain pontificat, parut à Agnez une occafion favorable à fes diferens deffeins. Comme la maifon de Montpellier étoit connuë particuliérement de ce pape, elle engagea Guillaume à lui ecrire pour le féliciter de fon exaltation, & pour lui demander diverfes graces. Nous avons la réponfe que Celeftin lui fit, datée de la premiére année de fon pontificat, dans la-quelle, faifant mention de l'attachement de feu fon pere pour le St. Siege & pour lui-même avant que d'être pape, *Confiderantes quantum claræ memo-riæ progenitor tuus Stæ Romanæ Ecclefiæ & nobis ipfis in minore officio conftitutis devotus extiterit*, il met fa perfonne et celle de fon fils Guillaume, avec tous leurs biens, fous la protection du St. Siége, felon la demande qu'il en avoit faite : *Petitionibus tuis gratum impertimur affenfum*. Et il renouvelle en leur faveur le privilege obtenu par feu fon pere, de ne pouvoir être excom-munié que par le pape lui-même, ou par fon legat *a latere* (fauf dans cer-tains cas particuliers qu'il marque); il confirme, de plus l'exemption d'in-terdit accordée déja pour fes deux chapelles du château de Montpellier & de celui de Lates. Nous verrons bientôt l'ufage que fit Agnez de cette favo-rable réponfe.

Il paroît qu'elle avoit déja plus d'un enfant mâle, puifque nous trouvons des articles de mariage arrêtez dès-lors, entre fes enfans & les deux petites-filles d'Ademar de Murviel, quoique les parties euffent à peine quatre ou cinq ans. L'acte eft du mois de juin 1191, où Ademar, qui avoit furvécu à fon fils, Raymond Atho, promet fes petites-filles, Tiburge & Sibille, aux deux premiers enfans d'Agnez, fous un dédit de dix mille fols melgoriens. Cela nous fait voir l'afcendant qu'elle avoit pris fur fon mari, puifqu'elle eft nommée dans tous les actes, et qu'ils paroît même avoir eû la principale direction des affaires. Mais, comme elle ne perdoit jamais de vûe fes intérêts, elle fe fit retroceder par Ademar l'engagement de la feigneurie d'Omelas, qui avoit été fait à fon fils, Raymond Atho, par Raimbaud d'Orange.

1191.

Nous avons l'acte du ferment qui fut prêté cette même année, à Guillaume, fils de Mathilde, par Raymond de Cournon, pour le château de Cournonfec, & celui qu'Ermengaud de Pignan lui prêta l'année fuivante, 1192, *in fala caftri domini Guillelmi Montifpeffulani*.

Mémorial, fol. 136.

1192.
Fol. 133.

La réponfe favorable que Guillaume avoit reçû du pape Celeftin, fit naître la penfée à Agnez de demander à ce pape la confirmation de fon mariage; elle en chargea Imbert d'Aiguieres, archevêque d'Arles, qui expofa, comme Guillaume le lui avoit dit fort naturellement, que n'efperant pas d'avoir des enfants mâles de fa premiére femme, Eudoxie, il avoit époufé Agnez, de qui il en avoit. Le pape, qui leur avoit été déja fi favorable, fit une grande diference des graces qu'il pouvoit accorder fans préjudice d'autrui, d'avec la confirmation qu'ils demandoient, d'un mariage fait contre les loix de l'Eglife, & au préjudice d'une légitime époufe. Après néanmoins leur avoir donné tout le tems qu'ils voulurent pour inftruire leur affaire, il donna un refcrit de l'an 1194, par lequel il déclara nul & illégitime le mariage de Guillaume avec Agnez.

1193.

1194.

Ce coup, qui renverfoit toutes les vûes de cette femme pour l'établiffement de fes enfans, ne l'abatit point : elle travailla dès-lors à éloigner d'auprès de fon mari la feule fille qu'il avoit eû de fa femme Eudoxie; & quoiqu'elle eût à peine douze ans, elle fe hâta de la marier cette même année, avec Barral, vicomte de Marfeille, et frere de Gaufrid, évêque de Beziers.

V.

* Dans ces entrefaites, il fut paffé plufieurs actes avec Raymond, fils de Faidite, comte de Touloufe, qui, outre fes qualitez ordinaires de duc de Narbonne & marquis de Provence, prend le titre de comte de Melgüeil, quoique cette comté appartint à fon fils depuis plus de vingt ans, par fon mariage avec Ermenfende. J'avoüe que cette difficulté m'a d'abord arrêté; mais j'ai trouvé dans Catel que Raymond, fils de Faidite, vivoit encore, & ne mourut que fur la fin de cette année 1194, fon fils étant âgé de trente-huit ans. Quant à la qualité de comte de Melgüeil, je ne fçai quelles conventions pouvoient s'être paffées entre le pere & le fils, mais il eft toujours vrai, felon les actes que je cite, en date du 29 de mai 1194, que

VI. Page 48.

Comtes. Liv. 2, pag. 220.

76 *Histoire de la ville de Montpellier.*

1194. VI. Raymond, fils de Faidite, donne à Guillaume, fils de Mathilde, le château de Frontignan, avec toutes fes dépendances, pour le tenir de lui à fief & fous fervices de guerre.

 Par autre acte du même jour, le même Raymond donne au feigneur de Montpellier les châteaux d'Omelas & du Pouget, avec plufieurs autres terres qui en dépendoient, joüies ci-devant par Raymond Atho, à la charge de ne pouvoir les tranfporter ni aliéner qu'en faveur de fes enfans, fils ou filles. Ce qui ayant été accepté par Guillaume, il renonça aux droits de guide & de péage qu'il levoit auparavant dans la comté de Subftantion, fauf les ufages anciens établis par bons titres : *Juro tibi, reverende domine, mi prædicte comes, quod de coetero in antea ufaticum pedaticum guidaticum non capiam nec capere faciam in toto Subftantione, exceptis ufaticis antiquis ficut in chartis continetur de pedaticis compofitis.* Je ne fçai comment toutes les terres ci-deffus énoncées relevoient de la comté de Melgüeil ; car, jufqu'à ce temps il ne s'en était vû aucun titre. Peut-être qu'Agnez, par la timidité propre de fon fexe fur ces fortes d'affaires, porta fon mari à rechercher la protection du comte de Touloufe, pour conferver fes nouvelles acquifitions.

Spicileg., Tom. 3, pag. 556.

1195. Les années 1195 & 1196 font marquées par des actes particuliers qui n'intereffent que les affaires domeftiques des feigneurs de Montpellier.

Memor., fol. 162. Le 18ᵉ du mois de février 1195, Bertrand & Bernard de Sᵗ. Drezery reconnurent à Guillaume, qu'ils tenoient de lui à fief tout ce qu'ils avoient au château du Poujet.

1196. Au mois de juin 1196, Guillaume reçut le ferment de Roftang d'Arfas, pour le lieu d'Arfas ; & de Pierre de Montferrier, pour Montferrier.

Fol. 109.

 Un acte du mois d'octobre de cette même année, nous apprend le nom de la veuve de Raymond Atho de Murviel, dont nous avons fouvent parlé. Elle s'appelait Fidis ; elle époufa en fecondes noces Bertrand de Caderouffe, et, comme Guillaume avoit acquis tout ce que Raymond Atho eut en engagement de Raimbaud d'Orange, il paya fept mille fols pour la dot de Fidis, fa veuve, qui lui en fait quittance.

Fol. 154. Dans ce même tems, il fit plufieurs acquifitions de divers particuliers, à Sᵗ. Paul de Moncamel, qui eft de la dépendance du château d'Omelas. Il acquit auffi de Pierre Bremond de Caftelnau, tous fes droits fur la fortereffe du Val, *Fortiam-Vallis*, qui lui avoient été engagée depuis long-tems par Raimbaud d'Orange : & ainfi, en ayant réuni toute la feigneurie à fa perfonne, il reçut dans le mois de novembre le ferment des habitans de la fortereffe du Val.

Fol. 119.

 Nos archives marquent dans cette même année la donation qu'il fit à Nôtre-Dame de Caffan, de la métairie de Martinzac, avec tous les fiefs que

cette église pouvoit acquerir, depuis la rivière de Rovegia jufqu'au champ 1196.
de Planmajour, & le droit de pâturage dans le terroir d'Omelas.

Mais, l'évènement le plus remarquable pour la ville de Montpellier, eft l'entreprife qui fut faite alors d'agrandir la ville, & de clorre de bonnes murailles toute cette augmentation. Nous avons un acte paffé dans le mois d'octobre, par lequel Guillaume s'engage de relever les adminiftrateurs de la ville qui prenoient foin de ce travail, de toutes les plaintes que les particuliers pourroient faire à ce fujet. Les adminiftrateurs nommez dans cet acte font : Pierre de Conchis, Raymond Lambert, Hugues Fulverel & Pierre Montbeliard.

CHAPITRE TROISIÉME

Page 49.

I. Affaires de Marie de Montpellier. II. Son mariage avec le comte de Comenge. III. Guillaume eft protegé par le pape Innocent III. IV. Eft loüé de fon zéle pour la foi catholique. V. Fait plufieurs acquifitions.

L'ANNÉE 1197 fut le commencement de toutes les agitations qui I. 1197. troublérent la vie de Marie, fille de Guillaume de Montpellier & d'Eudoxie de Conftantinople. Cette jeune princeffe ayant perdu le vicomte de Marfeille, fon époux, peu après fon mariage, fut obligée de revenir auprès de fa marâtre, qui ne fe confola de fon retour que par l'efperance des cinq cens marcs d'argent que le vicomte avoit laiffé à fa jeune veuve. Agnez en demanda le payement à l'évêque de Beziers & à Rofcelin, freres du défunt; mais n'en ayant pas eû la satisfaction qu'elle attendoit, elle en fit porter des plaintes par fon mari au pape Celeftin, qui, ayant connu la juftice de fa demande, & étant bien aife, dans cette occafion, de lui faire plaifir, donna un refcrit, adreffé aux archevêques d'Arles & de Narbonne, par lequel il leur mandoit d'obliger par toutes voyes l'évêque de Beziers & Rofcelin fon frere de faire raifon à Guillaume, & s'il étoit neceffaire, de mettre Marfeille en interdit.

Le payement de toute la fomme n'étoit pas encore achevé qu'Agnez, empreffée de fe défaire de Marie, lui chercha un fecond époux. Elle le trouva en la perfonne de Bernard, comte de Comenge, tel qu'il le faloit pour la rendre malheureufe; car ce feigneur, fils d'une fœur du comte de

1197. Touloufe, qui s'étoit déja déclaré pour les Albigeois, étoit lui-même dans les fentimens que ces héretiques répandoient fur l'article du mariage, & il avoit actuellement deux femmes lorfqu'il accepta la princeffe Marie; mais, comme il faloit fauver les apparences pour en venir où fa marâtre vouloit conduire les chofes, on chargea les docteurs en droit, qui, depuis Placentin, faifoient fleurir la jurifprudence à Montpellier, de prendre toutes les furetez poffibles pour bien lier les futurs époux, & pour affurer en même tems la fucceffion des biens de Guillaume aux enfans qu'il avoit eû d'Agnez. Pour cela, on fit faire à la jeune princeffe une renonciation à tous les biens de fon pere, où l'on voit clairement que des gens les mieux verfez dans l'étude des loix y avoient travaillé. Et parcequ'il étoit notoire que le comte étoit marié, & qu'il avoit un enfant de la première de fes deux femmes; on ne dit rien de la feconde, mais on fupofa une folution de mariage avec la première, que l'on fit enregîtrer avec foin à Montpellier.

Dans la renonciation, qui eft du mois de décembre 1197, Marie dit : « Qu'ayant déja quinze ans & au-dela, *fciens me effe ætatis quindecim annorum* « *& amplius,* elle abandonne, fans rien retenir pour foi, pour fes héritiers, « ni pour fes fucceffeurs, à Guillaume fon pere & au fils qu'il a eû de « Madame Agnez, toute la ville de Montpellier & toutes fes appartenances, « fçavoir : les châteaux de Lates, de Montferrier, d'Omelas, du Poujet, de « Poupian, de Cornonfec, de Montbazen, de Montarnaud, de Paulian, de « Mazeres, de Pignan, de Frontignan, Murviel, S^t. Georges & Vindemian, « avec tout ce qui peut lui appartenir, tant à la ville de Montpellier qu'à « tous ces châteaux & places, fe contentant de deux cent marcs d'argent « fin, & des joyaux des nôces que fon pere lui a donnez. »

Mais, pour déroger à la claufe du mariage de Guillaume avec Eudoxie, qui affuroit la ville de Montpellier à l'enfant premier né, foit garçon ou fille, &, pour établir en quelque façon la loi falique dans la maifon des Guillaumes, on ajoûta adroitement, fous prétexte d'une refervation : *Sciendum tamen eft quod fi Guillelmus pater meus fine liberis mafculis decefferit, hereditas illius, jure confuetudinario Monfpelii, ad me pleno jure devolvitur tanquam ad filiam primogenitam.* « Bien entendu, pourtant, que fi mon pere venoit à mourir « fans enfans mâles, fon * héredité, felon la coûtume de Montpellier, m'eft « dévoluë de plein droit, en qualité de fa fille aînée. »

Le refte de l'acte n'eft autre chofe qu'un ferment fur les évangiles, que font la princeffe Marie, le comte de Comenge & Raymond de Touloufe, pour l'obfervation de tout ce qu'il contient,

Quant à la diffolution du mariage du comte de Comenge avec fa première femme, elle porte : « Que tout ce qui fe fait avec juftice devant être

« confervé à la poftérité, on fait fçavoir à tout le monde que Bernard, 1197.
« comte de Comenge, fils de la fœur du comte de Touloufe, ayant fait un
« mariage illicite & contre les faints canons, avec Guillelmette de Contors,
« fille d'Arnaud Guillaume de Bertha, qui étoit fa parente au quatriéme
« degré, & ne voulant point refter dans fon péché, il fe feroit préfenté à
« certain jour convenu avec ladite Contors & fes parents, devant l'évêque
« de Comenge, où il auroit prouvé, fans aucune contradiction, qu'ils
« étoient parens au quatriéme degré. Ledit fieur reverend évêque, après
« avoir écouté les preuves & les témoins, auroit prononcé juftement &
« canoniquement fur leur féparation, qui auroit été confirmée enfuite par
« l'archevêque d'Auch, au mois de novembre de la même année 1197. »

Ces deux actes furent fuivis du contrat de mariage du comte de Comenge II. avec la princeffe Marie, dans lequel Guillaume donne à fa fille deux cent marcs d'argent fin, avec fes joyaux de nôces; & Bernard, fon futur époux, lui donne le château de Muret, avec toutes fes appartenances. Il affure fa fucceffion au premier enfant mâle qui naîtra de leur mariage; &, s'ils n'ont qu'une fille, il lui affure tous fes biens, excepté la ville de S^t. Bertrand de Comenge, refervant néanmoins Montdezert, Favars & Galliac pour le fils qu'il avoit eû de la Contors.

Mais, ce qui prouve bien la défiance où l'on étoit du comte, c'eft l'excès de précaution que l'on prit pour le lier; car on lui fait promettre « qu'il ne « prendra point une autre femme avec Marie, mais qu'il la tiendra pour « fon époufe; & l'on fait jurer le comte de Touloufe qu'il fera garant de « cette promeffe; & l'archevêque d'Auch, avec les évêques de Touloufe & « de Comenge, qui étoient préfens, promettent d'excommunier Bernard « & de mettre fes terres en interdit s'il vient à manquer à fa parole.

« Marie, par reconnoiffance, tranfporte au comte de Comenge tout le « droit qu'elle a fur la fucceffion de fon premier mari, & particuliérement « trois cent marcs d'argent qui ne lui avoient pas encore été payez : » Ce qui peut infinuer l'empreffement où l'on étoit de fe défaire d'elle & l'avarice de fa marâtre, qui, fans recompenfer la renonciation que Marie avoit faite en faveur de fes enfants, la renvoye avec les feuls droits qu'elle avoit de fon premier mari.

Mais l'injuftice du procédé d'Agnez fut bientôt punie, car le comte de Comenge n'ayant point tardé, à fon ordinaire, de fe dégoûter de fa nouvelle époufe, & n'ayant pû lui arracher fon confentement à une féparation, ni la faire ordonner par l'évêque de Comenge, il traita fi indignement cette jeune princeffe, qu'elle aima mieux revenir, avec une feule fuivante, dans la maifon de fon pere, que d'être toûjours expofée aux fureurs de fon mari. Guil-

1197.   laume, pour tâcher de ramener le comte, employa toutes les voyes de la douceur; mais n'ayant pû rien gagner par ce moyen, il eut recours aux plaintes, qu'il crut devoir être d'autant plus efficaces qu'elles étoient trés-juftes. Mais il ne s'attira que des reproches fur fon divorce avec Eudoxie, & le comte lui dit fort nettement qu'il ne faifoit rien dont il ne lui eût donné l'exemple.

1198.   III.   Les efprits étant ainfi aigris de part & d'autre, Agnez, dont le principal objet étoit d'éloigner Marie d'auprés de fon pere, engagea Guillaume de porter fes plaintes au pape Innocent III, qui venoit de fucceder à Celeftin. Ce pape qui, fans contredit, eft un des plus dignes qui ayent occupé la chaire de S^t. Pierre, voulant remedier au mal, aprés s'en être affuré écrivit d'Agnani (en date du 29 de décembre), à l'archevêque de Narbonne & à l'évêque de Comenge d'examiner la chofe, &, que, s'ils trouvoient que les plaintes de Guillaume fuffent fondées, ils avertiffent le comte de Comenge de traiter fa femme en véritable époufe; &, qu'en cas de refus, on l'y

PAGE 51.   contraignît par voye d'excommunication,* fans aucune voye d'appel, le pape fe refervant de proceder plus féverement contre lui : *Si vero in fua contumacia duxerit perfiftendum nos, in eum manus noftras curabimus aggravare.*

Bernard de Comenge, qui n'avoit pas encore fecoüé le joug de l'Eglife comme il fit dans la fuite, reprit alors la princeffe Marie, dont il eut deux filles; l'une, nommée Mathilde, mariée depuis à Sanche de Barra; & l'autre, Peironne ou Petronille, qui fut l'époufe de Centulle, comte d'Aftarac. Mais la liaifon que la naiffance des enfans fortifie d'ordinaire entre un mari & une femme ne rendit pas plus conftant le comte de Comenge, car il repudia Marie quelques années après, & fon divorce fut approuvé par l'Eglife, comme nous le verrons en fon lieu.

Cependant, Agnez, qui concevoit des efperances flateufes de toutes les graces qu'elle avoit obtenu de la cour de Rome, voulant toûjours la ménager pour fon grand deffein, qui étoit la confirmation de fon mariage, profita de l'occafion des troubles que les Albigeois caufoient dans le Languedoc, &, fous une belle apparence de zéle, elle fit demander par Guillaume à Innocent III un légat, pour arrêter toutes les entreprifes de ces nouveaux héretiques. Sa lettre fut portée par le prévôt de Marfeille, que Guillaume en avoit chargé; & il n'oublia pas de demander encore la confirmation de toutes les graces que lui & fes prédeceffeurs avoient obtenu du S^t. Siége.

1199.   Le pape, par deux refcrits que nous avons, du dixiéme de juillet, & donnez au palais de Latran la feconde année de fon pontificat, c'eft-à-dire 1199, met, par l'un de ces brefs, la perfonne de Guillaume fous la protection du St. Siége, avec tous les biens qu'il poffede juftement, & ceux qu'il pourra acquerir de même; &, dans l'autre, il lui donne avis qu'il lui a deftiné un legat, comme il lui avoit demandé *(quoniam poftulafti)*, nommé frere Renier, de l'ordre de Citeaux.

1199.

Ce premier legat fut fuivi du cardinal de St. Prifque, qui arriva l'année d'après 1200, chargé de très-grands pouvoirs contre les Albigeois; &, lorfqu'il fut fur les lieux, le pape lui adreffa deux brefs pour le feigneur de Montpellier, dans l'un defquels ayant pris fous fa protection la perfonne de Guillaume & celle de fes enfans, il défend que qui que ce foit, fans caufe manifeftement raifonnable, & fans les avertir auparavant, ofe les excommunier ni mettre leur terre en interdit; &, dans l'autre, il permet que fi fes terres venoient à être comprifes dans un interdit général, il puiffe faire dire la meffe à huis clos dans fa chapelle du château par fes chapelains, pourveu que lui-même, ni aucun d'eux, ne foient point liez par interdit ou excommunication.

Le pape, dans tous ces brefs, paroît fort perfuadé de la fincérité du zéle de Guillaume: *Movet nos* (dit-il dans le dernier) *tuæ devotionis finceritas & follicitudo qua (ficut audivimus) ferves in operibus pietatis.* Et il eft vrai qu'il reçut de fon tems bien des éloges fur cet article, puifque nous trouvons dans le livre qu'Alanus fit alors contre les Vaudois, & qu'il dédia à Guillaume, qu'il le regardoit, entre les princes chrétiens, comme un des plus diftinguez par fon zéle: *Cum inter univerfos mundi principes te videam fpecialiter indutum armis fidei chriftianæ.* Et plus bas: *Quia te, princeps ftrenuiffime, fpecialem fidei filium & defenforem intueor, tibi hoc opus devoveo.*

IV.

Il garantit, en effet, la ville de Montpellier, de l'entrée des Albigeois, où ces héretiques ne purent jamais s'établir. Et tandis que la plus grande partie des villes du Languedoc furent en proye aux erreurs & aux entreprifes de ces héretiques, celle de Montpellier en fut heureufement préfervée, par l'éloignement que Guillaume fit toûjours paroître pour eux, & par la protection qu'il donna conftamment aux miniftres de l'Evangile. Il ne nous appartient pas de décider de la pureté des motifs qui le firent agir dans cette occafion, quoique fa conduite, peu réguliere dans un point auffi effentiel que celui du mariage, puiffe nous donner quelque lieu d'en douter. Mais Dieu, qui fe fert quelquefois de nos propres paffions pour fes differens deffeins, pourroit bien s'être fervi, en faveur de fon églife, de l'ardente paffion qu'avoient Agnez & Guillaume pour la confirmation de leur mariage, ce qu'ils ne pouvoient efperer que de la puiffance ecclefiaftique.

* Ils prirent alors la refolution de faire une derniere tentative auprès du pape Innocent III, de qui ils avoient reçu tant de marques de bonté; mais,

Page 52.

1199.

tandis qu'ils difpofoient toutes les chofes neceffaires pour ce deffein, il fe paffa à Montpellier quelques évenémens dignes de remarques pour nôtre hiftoire.

V. Guillaume avoit réuni, en 1199, toute la feigneurie de la ville, en acquerant la portion que les vicaires y avoient depuis plus d'un fiécle. Les actes que nous en avons nous apprénent que Raymond Aimon, le dernier des vicaires, ne laiffa que trois filles, fçavoir : Aimoine, qui époufa Guillaume de Montolieu ; Adelme, qui fut femme de Bernard de Montpeiroux, & Alamande, dont nous ne trouvons point la fuite. L'aînée de ces trois fœurs, avec fon mari, vendirent leur portion, en 1197, au feigneur de Montpellier. Et la feconde, après avoir joüi de la fiéne, avec Bernard de Montpeiroux, jufqu'en 1199, ils en firent une vente à Guillaume, dans laquelle ils difent qu'ils lui abandonnent tout ce qu'ils ont poffedé dans Montpellier, à raifon de la vicairie de feu Raymond Aimon : *Acta funt hæc apud Anianam in ecclefia Beatæ Mariæ.*

Memor., fol. 64.

Fol. 63.

Le projet du mariage dont j'ai parlé ci-devant, entre les deux aînez du feigneur de Montpellier & les deux petites-filles d'Ademar de Murviel, fut rompu, cette même année, par la refolution des deux fœurs, qui voulurent choifir un époux à leur gré. Elles commencèrent, pour cet effet, une procédure, dont nous avons tous les actes, où d'abord elles demandent à l'évêque de Maguelonne de nommer un commiffaire pour juftifier de leur âge. Guy de Ventadour, prévôt de cette églife, fut nommé pour oüir les témoins, qui, au nombre de dix-fept, certifièrent que Sibille, la feconde des deux fœurs, avoit paffé douze ans, &, par conféquent, Tiburge fon aînée. Ce point ayant été établi, elles firent une déclaration à Guillaume, où elles difent qu'attendu le degré prohibé où elles étoient avec fes enfans, il paroiffoit plus avantageux de ne point contracter de mariage que de s'expofer à le faire rompre après l'avoir contracté ; c'eft pourquoi, *beneficio minoris ætatis*, elles renoncent à tous les pactes déja paffez, & en déchargent Guillaume, promettant de ratifier le tout à fa volonté. Fait fur les bords de l'Eraut, auprès de la ville d'Agde, dans le mois d'août 1199.

Spicileg., Tom. 3, pag. 590.

Il eft à croire que c'étoit une affaire toute concertée entre parties, par l'interêt qu'Agnez trouvoit dans cette même occafion à bien placer fon argent, car auffitôt les deux fœurs firent une vente generale de toutes leurs terres à Guillaume de Montpellier, pour le prix de foixante-dix-fept mille quatre cent fols melgoriens. L'acte en explique fi bien les motifs & les circonftances, que je crois en pouvoir donner ici une traduction du latin :

« L'an 1199, au mois d'août, nous Tiburge & Sibille, filles de Raymond
« Atho, defirant de nous marier, puifque nous avons paffé l'âge de douze

« ans, nous avons (du confeil d'Etiéne de Cervian nôtre coufin, & de
« Raimbaud, nôtre oncle) choifi pour époux Pons & Flotard, fils de Pons
« d'Olargues. Et parcequ'ils ont voulu recevoir de l'argent comptant pour
« nôtre dot, nous qui n'en avons pas, vû les dettes contractées par nôtre
« pere Raymond Atho, & Fidis nôtre mere, pour lefquelles il a fallu payer
« de grandes ufures, nous fommes dans la neceffité de faire de l'argent
« avec les biens que nous avons reçû de nôtre pere; c'eft pourquoi, nous
« Tiburge & Sibille (en approuvant tous les engagements faits à raifon
« defdites dettes) nous vendons à vous Guillaume, feigneur de Mont-
« pellier, fils de la ducheffe Mathilde, & vous remétons à titre de vente
« confommée tout le château d'Omelas, avec toutes fes dépendances, fpé-
« cialement les châteaux de Montarnaud, de Pignan, de Cornonfec, de
« Montbazen, de Frontignan, de Miravaux, & tous les droits que nôtre
« pere Raymond Atho a eû fur le château de Villeneuve, fur ceux de Pou-
« pian, du Poujet, de S^t. Pons, & fur les villes de S^t. Pargoire, de Vinde-
« mian, de S^t. Bauzile, de Capreriis, de Cardonet, de S^t. Antoine de Pinet,
« S^t. Paul de Montcamel, Valmale, Murviel, S^t. George, Marfeillan, &
« generalement tous les biens & tous les droits que nous avons, depuis le
« Larzac jufqu'à la Roche Ermengarde & le château de Paulian; pour
« laquelle vente nous reconnoiffons que vous Güillaume, feigneur de
« Montpellier, nous avez compté foixante-dix-fept mille quatre cent fols
« *melgoriens; vous prométant de ne vous demander point de plus-valuë,
« & de ratifier le tout, toute-fois & quantes que vous voudrés. Ratifié de
« même par Pons & Flotard d'Olargues, avec leur pere. » Préfens : Guillaume de Roquezel, évêque & feigneur de Beziers, Raymond, évêque
d'Agde, Guy de Ventadour, prévôt de Maguelonne, Guillaume d'Altiniac,
chanoine de Maguelonne (depuis évêque), Guy, maître du Temple, Bernard
de Murviel, chanoine d'Agde, Guillaume d'Altiniac, chevalier, & quantité
d'autres.

CHAPITRE QUATRIÉME

I. Habileté d'Agnez dans les affaires temporelles. II. Réponse du pape Innocent III sur son mariage. III. Guillaume en tombe malade & fait son testament. IV. Renversement de tous ses projets.

I. L'AFFAIRE dont je viens de parler fut d'autant plus avantageuse pour Agnez, qu'elle acqueroit à ses enfans toute la succession de Raymond Atho, qu'elle avoit eû toûjours en vûë. Et la grande somme qu'il faloit compter ne lui étoit pas fort à charge, parcequ'elle avoit déja pour trente-sept mille sols melgoriens sur cette succession, comme il paroît par la quitance de Pons d'Olargues, qui reconnoît vingt mille sols à Guillaume, fils de Mathilde, pour la dot de sa femme Tiburge, pareille somme reservée pour la dot de Sibille, & le reste pour les dettes de l'heredité, dont Guillaume s'étoit chargé.

De cette maniére, Agnez réünit tous les biens qui avoient été démembrez de la maison de son mari; & pour achever d'en purger toutes les dettes passives, elle fit trois differens payemens, dont nous avons les quitances, qui nous font connoître deux des beaufreres de son mari, & un de ses oncles.

La premiére, qui fut faite dans le mois de septembre, est de Rostang de Sabran, mari de Clemence, sœur de Guillaume, seigneur de Montpellier, de qui il reconnoît avoir reçû cinq mille sols pour la dot de sa femme, à laquelle il laisse la disposition entiére de cette somme, au cas que leur mariage vint à se rompre : *Ita ut, soluto matrimonio nostro, tu uxor mea Clementia de istis quinque mille solidis melgoriensibus possis plenissime voluntatem tuam facere*. La nouvelle doctrine des Albigeois sur le mariage faisoit prendre aux femmes mariées toutes ces précautions.

La seconde, qui est du mois de novembre, fut faite par Raymond Guillaume, évêque de Lodéve, oncle du seigneur de Montpellier, qui décharge son neveu du prix de certain bien qu'il avoit acquis dans le diocése de Lodéve, de Gaucelin, son prédécesseur dans cet évêché; l'acte dit : *Libero & absolvo Guillelmum dominum Montispessulani nepotem meum, in perpetuum absque ulla retentione, &c.* Il faut, selon nôtre acte, que Raymond Guillaume ait vécu une année plus que ne dit M^r. Plantavit de la Pauze, dans sa cronologie des évêques de Lodéve, car il marque sa mort en 1198.

La troisiéme quitance, faite dans le mois d'octobre 1200, est de Raymond de Roquefeüil, neveu du seigneur de Montpellier, qui reconnoît avec sa femme marquise, avoir reçû cinq mille sols, qui avoient été promis au premier enfant mâle lors du mariage de Guillelme, sœur de ce seigneur. Témoins : Guillaume, abbé de Nant, Foulques Roch & Petot Roch.

Agnes, toûjours infatigable pour amasser du bien, fit acquerir à son mari, dans cette même année, les droits seigneuriaux du château de Tressan, en comptant deux mille cinq cent sols melgoriens à Raymond de Castries, fils de Raymond & d'Ermensende, qui en fit hommage à Guillaume, seigneur de Montpellier; de même que Bertrand de Gigean pour le château de Frontignan : *In castello domini Guillelmi Montispessulani in viridario juxta ecclesiam.*

Dans l'année suivante 1201, on lui fit une reconnoissance pour Centrei-rargues, *junctis manibus & flexis genibus apud castellum in plano ante turrim.* Et en 1202,* Agnes, qui avoit la grande direction des affaires, acquit de Gaucelin, abbé d'Aniane, les pêcheries de Frontignan, pour quatre mille sols, que l'abbé, avec trente de ses religieux, reconnurent avoir reçus le dix-huitiéme du mois de juin ; &, dans le mois d'août suivant, elle fit acheter à son mari les censives, justice & possessions que la veuve de Raymond de Ste Croix avoit au château & terroir de Frontignan : *Et in hac venditione concedimus vobis domum quæ dicitur* (sala), *& unum locale quod est in barrio de Frontiniano.*

Au milieu de tous ces soins temporels, Agnes & Guillaume reçurent la II. réponse du pape Innocent III sur la confirmation de leur mariage, qu'ils avoient si fort à cœur. La supplique en avoit été présentée par le même archevêque d'Arles, qui s'étoit interessé pour eux auprès du pape Celestin ; &, pour l'obtenir plus aisément, ils se servoient de toutes les inductions qu'on pouvoit tirer du droit canon. Vous pouvés, Saint-Pere, disoient-ils, élever des bâtards à la dignité épiscopale, & un simple évêque peut ordonner une personne qui n'est pas libre. Donc vous pouvés, *a majori ad minus,* rendre habiles des enfans bâtards à la succession de leur pere. Et, pour appuyer ce raisonnement de quelque préjugé, on osa citer l'exemple du roi Philippe-Auguste (*ex eo traxit majorem audaciam postulandi*), qui, ayant renvoyé la reine Ingeburge son épouse, en avoit pris une autre, dont il avoit actuellement un fils & une fille ; d'où l'archevêque d'Arles concluoit que le pape pouvoit accorder une pareille dispense à Guillaume, qui se trouvoit dans le même cas.

1202.
Lib. 2. tit. 17.
Qui Filii sint legi-
timi.

Cette demande attira une réponse, qui est inférée dans les décretales, & adressée à Guillaume même, *nobili viro Guillelmo domino Montispessulani*, où le pape, répondant aux raisons exposées par l'archevêque d'Arles, reconnoît que si les choses spirituelles sont dans un rang supérieur aux temporelles, le pouvoir du pape ne s'étend pas également sur les unes & sur les autres. Et quant à l'exemple tiré de la dispense accordée au roi de France, Innocent ajoûte qu'il y a cette diference que le roi avoit été séparé de la reine par l'autorité de l'archevêque de Reims, legat du St. Siége ; mais que lui Guillaume (comme tout le monde dit) ne s'étoit séparé que par sa propre témerité, *tu vero uxorem tuam a te* (sicut dicitur) *temeritate propria separasti*. De plus, le roi avoit objecté contre son premier mariage, l'empêchement d'affinité qu'il avoit avec la reine, & lui n'avoit rien objecté contre sa première épouse. D'où le pape conclud qu'il a crû devoir surseoir à sa demande, jusqu'à-ce que sa faute soit devenuë moindre, s'il est possible, ou que l'exercice de son autorité sur cette matière paroisse mieux établie, *donec* (si fieri poterit) *& culpa levior & jurisdictio liberior ostendatur*. Et il finit en l'assurant qu'il lui accordera avec plaisir toutes les graces qui ne seront pas contraires à la loi de Dieu & à l'honnêteté publique. Cette réponse (selon M. Baluze) est de la cinquième année du pontificat d'Innocent III, c'est-à-dire de 1202.

III. Je ne sçai comment Guillaume reçut cette réponse, & si l'on ne peut pas attribuer au déplaisir qu'il en eut la maladie dont il fut saisi bientôt après, & qui l'obligea de faire son dernier testament, le quatrième du mois de novembre 1202. Il paroît, par la grande quantité de legs-pies qu'il fit, qu'il eut une grande apprehension des jugemens de Dieu, comme il est naturel à ceux qui, après avoir long-tems vécu dans le desordre, se trouvent menacez de mourir.

Les grandes aumônes qu'il ordonna nous font connoître les maisons de pieté qui étoient alors à Montpellier ou dans le diocése.

A Maguelonne, il donne deux mille sols, & établit un anniversaire pour son âme & celles de ses parents, le jour de St. Michel.

Au monastére de St. Félix (aujourd'hui les religieuses de Gigean), mille sols, avec pareille charge.

A celui de St. Gehiez, cinq cent sols.

A l'hôpital du St. Esprit, mille sols ; à celui de St. Guillem, deux cens ; & à chacun des autres hôpitaux de la ville, cinquante.

A la maison de Grammont, mille sols.

Au monastére de Grandselve, cent livres.

A St. Firmin, un calice d'argent d'un marc & demi ; autant à Nôtre-Dame

Page 55.
*des Tables ; & à chacune des autres églises de Montpellier, cinquante sols.

Aux infirmes du Pont de Castelnau, cent sols.

Pour la rédemption des captifs, cent marcs d'argent.

A la maison de Valmagne, il confirme la donation des moulins sur l'Eraut, que son oncle Guy le Guerroyeur avait faite.

Il fait une ample disposition en faveur de la chapelle du château, que je rapporterai dans l'article de cette église.

Il charge son héritier d'envoyer tous les ans, au commencement du Carême, une saumée de poisson salé aux Chartreux de Bonnefoy, diocése de Viviers.

Et, après avoir ordonné cinq mille messes pour le salut de son âme, il choisit (par une seconde disposition) sa sepulture dans le cimetiére des chanoines de Maguelonne.

Après avoir ainsi réglé tout ce qui regardoit le soulagement de son âme, il porta ses soins sur la ville de Montpellier & sur sa famille.

Il donne pouvoir à tous les habitans de Montpellier & de Lates, d'acheter & de vendre du sel, sans aucune contradiction de ses héritiers.

Il met sa terre & ses vassaux, *terram & homines meos*, sous la protection, garde & défense du seigneur Raymond, son frere, évêque d'Agde, *domini Raymundi, fratris mei Agathensis episcopi*; de Guillaume de Fleix, évêque de Maguelonne, & de Guy de Ventadour, prévôt de la même eglise.

Il défend, comme tous ses prédecesseurs avoient fait, qu'aucun juif ne fût jamais bailli de Montpellier.

Et parceque la coûtume de cette ville avoit été jusqu'alors, qu'un majeur de quatorze ans pouvoit aliéner ses biens & changer la volonté de son prédecesseur, il veut qu'on suive le droit écrit, & que dorénavant on attende l'âge de vingt-cinq ans, sans néanmoins que cette derniére disposition puisse avoir un effet retroactif.

Quant à ses enfans & d'Agnez, il paroît qu'il avoit alors six garçons & deux filles; mais que le principal objet du pere & de la mere, fut de n'établir que les deux aînez, en laissant aux quatre autres le parti du clergé ou du cloître.

Ainsi, après avoir donné à Guillaume, son fils aîné, la ville de Montpellier, le château de Lates, Montferrier, Châteauneuf, Castries, Loupian, Omelas, le Pouget, Poupian, Montarnaud, Vindemian, Tressan, St. Pargeoire, St. Pons, Cornonsec, Mireval, Pignan, St. George, Murviel, Mujolan, & tout ce qu'il a ou doit avoir depuis l'Eraut jusqu'au Vidourle; il donne à Thomas, son second fils, appelé Tortose, la terre de Paulian, avec tous les droits qu'il avoit dans la cité de Tortose, *& omnia jura quæ habeo in civitate Tortosæ*, & generalement tout ce dont il jouissait au-delà de l'Eraut, dans les évêchez de Beziers & de Lodéve, & mille fols par an, que fon frere aîné commencera de lui payer lorfque lui, Thomas, aura été fait chevalier.

Quant aux autres, il ne leur laiffe que deux cent livres tournois à chacun, voulant que Raymond foit moine de Grandfelve; Bernard, chanoine de Gironne & de Lodéve; Guy, moine de Cluny, près de Montpellier, & Burgoudion, chanoine du Puy. Néanmoins, il les appelle tous par ordre à fa fucceffion, au défaut de leurs freres aînez, fuppofé, dit-il, qu'ils ne fe trouvent pas engagez dans le foûdiaconat; & à eux tous, il fubftituë fes filles, fçavoir: Marie la premiére; & à Marie, les deux autres qu'il avoit d'Agnez. Mais, pour empêcher que fes grands biens ne fortent de fa maifon, il appelle encore fes neveux en ces termes: *Si nulla filiarum fuperftes fuerit vel earum hæredes ad Raymundum Gaucelinum nepotem meum integre revertatur. Item fi Raymundus Gaucelinus fuperftes non fuerit vel ejus hæres, ad nepotem meum Raymundum de Rocafolio revertatur. Et fi Raymundus de Rocafolio vel ejus hæres deceffrit ad nepotem meum Berengarium Guillelmum revertatur.* Raymond Gaucelin de Lunel, étoit fils de fa fœur Sibille; Raymond de de Roquefeüil, de fa fœur Guillelme, & Berenger Guillaume, de fa fœur Clemence.

Il fe contenta de confirmer à Marie les deux cens marcs d'argent qu'il lui avoit donné à fon mariage, fauf à elle à les repeter fur le comte de Comenge, fon mari, ou fur le comte de Touloufe, fa caution. Pour fes autres filles du * fecond lit, fçavoir: Agnez & Adelaïs, elles n'eurent que cent marcs chacune, avec leurs Joyaux des nôces.

Dans tout ce teftament, il n'eft fait aucune mention d'Eudoxie; d'où l'on pourroit inferer qu'elle étoit morte; mais ce qui empêche d'affurer fa mort avant celle de Guillaume, c'eft que nous ne voyons pas qu'Agnez fe foit jamais fervie de cette raifon pour faciliter la confirmation de fon mariage, ce qu'il lui auroit été bien aifé en ce cas d'obtenir, felon toutes les apparences.

Agnez, dans ce teftament, eut la portion qu'elle voulut, fon mari lui ayant affigné les châteaux de Montferrier & de Caftelnau pendant fa vie, avec les étuves de Montpellier, la leude du Peirou, & les droits qu'on levoit fur les corroyeurs & fur les juifs: *Balnea Montifpeffulani, lefdam Petroni, & de legatorio, & cenfum judæorum.*

IV. Il vient naturellement à l'efprit, après tout ce que nous venons de dire, qu'en l'état où étoient alors les affaires de Guillaume de Montpellier, il étoit fans contredit un des plus riches feigneurs de la province, & qu'Agnez avoit travaillé bien avantageufement, en lui faifant acquerir toutes les terres que nous avons vû, en liquidant toutes fes dettes, & en lui laiffant une fi nombreufe famille. Mais, par une fatalité fouvent attachée au crime, il trouva fa perte & la ruine de fa maifon dans les mêmes moyens qu'il avoit pris pour la mieux établir : Sôn mariage avec Agñez lui caufa la mort à l'âge de quarante-deux ans, par le déplaifir qu'il eut de n'avoir pû en obtenir la confirmation; les fix enfans mâles qu'il avoit d'elle ne purent jamais parvenir à fa fucceffion, & les foins infatigables d'Agnez pour lui amaffer du bien, n'aboutirent enfin qu'à enrichir la fille du premier lit, qu'elle n'avoit ceffé de perfecuter, tant il vrai, qu'avec le temps, l'injuftice eft toujours punie.

Tous ces évenémens font d'autant plus intereffans pour notre hiftoire, qu'ils occafionnérent le changement total qui arriva dans la maifon de nos Guillaumes, & qui fit paffer toutes leurs feigneuries dans celle des Berengers de Barcelonne, devenus roi d'Aragon. Je vais, dans le livre fuivant, en donner les particularitez.

FIN DU LIVRE TROISIÉME.

HISTOIRE
DE LA VILLE
DE MONTPELLIER.
Sous le roi Pierre d'Aragon & la reine Marie.

LIVRE QUATRIÉME. PAGE 57.

CHAPITRE PREMIER

I. Marie de Montpellier épouſe Pierre ſecond, roi d'Aragon. II. Qui confirme les ſtatuts & les priviléges de la ville. III. Il va ſe faire couronner à Rome. IV. A ſon retour, il fait la guerre dans la Provence. V. Il engage la ville de Montpellier. VI. Ce qui cauſe une ſédition.

PEINE Guillaume, fils de Mathilde, eut rendu les derniers ſoupirs, que l'artificieuſe Agnez ne ſongea qu'à rendre public le teſtament de ſon mari en faveur de ſes enfans. Elle en fit faire l'ouverture par Guillaume de Fleix, évêque de Magüelonne, & ce prélat étant mort peu de jours après, elle fit prêter ſerment à ſon fils, entre les mains de Guillaume d'Altiniac, qui lui ſuccéda dans cet évêché. Le ſerment que nous en avons commence par ces mots: *Audi tu, Guillelme, Magalonenſis epiſcope. Ego Guillelmus dominus Montiſpeſſulani, filius Agnetis, ab iſta hora in antea perſonam tuam non capiam nec membra tua tibi non tollam, &c.* L'argent qu'elle répandit à propos dans Montpellier lui fit beaucoup de partiſans; et la princeſſe Marie, ſeule fille légitime du dernier de nos Guillaumes, auroit été opprimée après la mort

1202.

1203.

1203.

de son pere, si les personnes équitables, qui n'avoient en vûë que son bon droit, ne lui avoient conseillé de chercher une alliance qu'elle pût opposer aux intrigues de sa marâtre.

I. La mort de la première femme de Pierre, roi d'Aragon, lui fut une occasion favorable de sortir des mains de sa marâtre. On sollicita dom Pierre à un nouveau mariage; & l'héritière de Montpellier lui ayant été proposée, il s'arrêta, de l'avis de son conseil, à cette princesse, comme dit Mariana : *Rex suadentibus proceribus Mariam Monpellerii principem, Guillelmi filiam, propter ejus principatus opportunitatem, uxorem duxit.* En effet, par ce mariage, il réunissoit à ses Etats de Catalogne, la ville de Tortose, & il acqueroit avec Montpellier, un grand nombre de terres qui étoit fort à sa bienséance par leur proximité du Roussillon, & * des terres d'Alphonse, son frere, comte & marquis de Provence. L'affaire (selon que Beuter nous l'apprend) fut traitée par ambassadeurs & conclue quelque temps avant que d'être exécutée, & par des motifs que l'histoire ne nous apprend pas, le roi voulut établir auparavant l'aînée des deux filles d'Agnez, qui portoit le même nom que sa mere; il la maria avec Raymond Roger, vicomte de Beziers, à qui il compta pour sa dot deux mille cent sols melgoriens.

PAGE 58.

Il semble qu'avant que de celebrer le mariage du roi & de la princesse, il auroit falu déclarer nul celui qu'elle avoit auparavant contracté avec le comte de Comenge, qui vivoit encore : mais, soit qu'on supofât alors que ce mariage étoit nul de droit, ou qu'on n'y regardât pas de plus près, il est certain qu'on n'y fit alors aucune attention; & ce ne fut qu'environ huit ou neuf ans après, que le roi d'Aragon, s'étant dégoûté de la reine, il demanda la rupture de son mariage avec elle, sous prétexte que son premier mari étoit encore en vie. Nous verrons de plus, que dans les défenses que la reine donna pour lors, elle ne fit jamais mention d'aucune sentence qui eût été donnée sur son premier mariage, quoique cette allégation eût été décisive pour elle, si elle avoit pu s'en servir.

1204.

Quoi qu'il en soit, les articles furent réglez à Montpellier, par les seigneurs que le roi y avoient envoyé, & le contrat en fut passé dans la maison des Templiers, hors les murs de la ville, le quinzième du mois de juin 1204.

Spicileg., Tom. 3, pag. 565.

Nous y voyons que la princesse donne au roi d'Aragon, la ville de Montpellier, avec toutes ses appartenances, & une vingtaine de terres ou seigneuries aux environs, qui sont les mêmes que nous avons vû ci-devant dans le testament de son pere. Le roi, de son côté, lui donne pour ses fiançailles, la comté de Roussillon, avec toutes ses dépendances, depuis la fontaine de Salses jusqu'à Cluze. Il est stipulé que tout ce qu'ils se donnent réciproquement fera fans divifion pour l'aîné de leurs enfans mâles; qu'au défaut de mâles, tout ira aux filles; & que fi tous leurs enfans viénent à manquer, les biens de chacune des parties retourneront à fes plus proches parens.

1204.

Le roi y promet de plus, qu'il n'aliénera ni ne demembrera aucun des biens qu'il aura reçu de la princeffe: mais, ce qui eft plus remarquable, c'eft qu'il lui jure fur les faints Evangiles, qu'il ne fe féparera jamais d'elle, & qu'il ne prendra point d'autre femme, tant qu'elle fera en vie. De quoi fe donnèrent pour caution, le comte Sanchez, oncle paternel du roi, Alphonfe, fon frère, comte & marquis de Provence, Guillaume & Hugues de Baux, freres, Rofcelin, vicomte & feigneur de Marfeille, Guy de Cavaillon, Pierre Amiens & Pierre d'Albanez. En même-tems, un très-grand nombre d'habitans de Montpellier fervirent de témoins.

Il parut bientôt (comme le dit Guillaume de Puylaurens) que ce mariage ne fut qu'une affaire d'intérêt de la part du roi: *Quod autem fecit ambitione dominandi per eam in Montepeffulano.* « Car (ajoûte Beuter) dès la première vûë, « il trouva que la princeffe n'étoit ni fi bien foite que lui, ni d'un âge pro- « portionné au fien; ce qui lui fit rechercher d'autres femmes, & fe jeter « dans des amours volages, qui ne convenoient point à fa haute qualité. » Nous verrons les fuites de fon indiference pour la reine, & de fes galanteries qui produifirent des événements bien finguliers: mais il eft temps de raconter quelles furent fes premières démarches dans le gouvernement de la ville qu'il venoit d'acquérir.

Ch. 27.

Il banit d'abord de Montpellier toutes les perfonnes qui lui étoient fufpectes; & pour s'attacher davantage le refte des habitans qui lui étoient fidéles, il confirma les privilèges & les libertez dont ils avoient joüi fous les ancêtres de la reine, fon époufe; & il approuva, par un acte folemnel du quinzième du mois d'août 1204, les ftatuts & les coûtumes qui leur fervoient de loi dans l'adminiftration de leur ville; voulant que les douze prud'hommes qui la gouvernoient (c'eft-à-dire les douze confuls) euffent pouvoir de faire de nouveaux ftatuts, & de murer & fortifier leur ville.

II.

Ces ftatuts, en l'état que nous les avons préfentement, font contenus en cent vingt & un articles, & marquent l'ancien ordre judiciaire & politique qu'on obfervoit* dans Montpellier, avec plufieurs privilèges & immunitez, qui avoient attiré grand nombre d'étrangers. Mais, comme parmi ces privilèges, tout habitant avoit une pleine & entière liberté de s'abfenter & revenir dans Montpellier quand il vouloit, le roi, en ratifiant leurs privilèges, en exclut certaines perfonnes, qu'il défigne en ces termes.: « Dans « tout ce que deffus, j'éxcepte les perfonnes que j'ai fait banir de Mont-

Page. 59

1204.

« pellier, & de toute la terre qui a appartenu à Guillaume, seigneur de « Montpellier, jadis fils de Mathilde, duchesse; parceque, connoissant leur « faute dans le tems auquel la terre de Montpellier m'est venuë, j'ai juré, « à la requisition du peuple de ladite ville, qu'ils ne retourneront jamais « à Montpellier, ni en ladite terre. »

Il vient d'abord dans l'esprit, que ces personnes, que le roi ne nomme pas, devoient être l'infortunée Agnez avec ses partisans les plus déclarez, puisqu'en bonne politique, le roi ne pouvoit les laisser dans Montpellier, sans être exposé tous les jours à des intrigues continuelles, contre ses interêts & contre la sureté publique. Aussi, peut-on bien observer dans nos regîtres, qu'il n'y est plus fait mention ni d'Agnez, ni de ses enfans; & si elle fut soupçonnée depuis, d'avoir fomenté les troubles qui arrivèrent à Montpellier, ce fut sans être jamais rentrée dans la ville, mais seulement par le moyen des partisans secrets qu'elle y avoit & qu'elle faisoit agir, sans sortir de Pezenas, où elle se retira.

III. Cependant, le roi, par des motifs que l'histoire ne marque pas bien, prit la résolution d'abord après son mariage, d'aller se faire couronner à Rome, par le pape Innocent III, ce qu'aucun de ses prédecesseurs n'avoient encore fait, au rapport de Zurita. Comme cet événement intéressa beaucoup ses sujets d'Espagne, les historiens de cette nation ont été fort soigneux d'en marquer les circonstances; & ils nous apprennent que le roi, étant parti de Montpellier, alla s'embarquer en Provence, sur cinq galères, qui le portérent à Génes, & de là dans une isle, entre Porto & Ostie, où il arriva le huitième de novembre 1204. Le pape, en étant averti, lui envoya deux cent chevaux de selle ou bêtes de charge, pour lui ou pour sa suite, qui étoit très-nombreuse. On marque expréssement: Michel de Moresio, archevêque d'Arles, Guy de Ventadour, prévôt de Maguelonne, plusieurs ecclesiastiques distinguez par leur naissance & leur capacité, avec quantité d'autres seigneurs. Quelques cardinaux furent à sa rencontre, avec le senateur de Rome & plusieurs nobles romains. Il fut logé honorablement à St. Pierre, dans la maison des chanoines, & le treizième jour, fête de St. Martin, le pape, suivi de tous les cardinaux, de tous les officiers de sa maison, de plusieurs nobles, & d'une grande foule de peuple, se rendit à l'église de St. Pancrace, où il fit donner au roi l'onction sacrée, par Pierre, évêque de Porto, & le couronna lui-même de sa main, lui donnant tous les ornemens royaux, sçavoir: le sceptre, la pomme, la couronne & la mitre.

Le roi revint ensuite avec le pape à l'église, où il mit son sceptre & sa couronne sur l'autel, & reçut de la main du pape l'épée de chevalier. Ensuite il mit sur l'autel une lettre-patente, par laquelle il offroit son royaume au

Liv. 2, ch. 52.

Hisp. Illust., pag. 61.

Duchesne, Tom. 4, pag. 808.

Gesta Innoc., n° 120.

S*t*. Siége, & le lui rendoit tributaire, s'obligeant à lui payer tous les ans deux cent cinquante marabotins, qui étoit une monnoye d'or venuë des Arabes. Après quoi, le pape fit reconduire le roi à S*t*. Paul, où il trouva fur le Tybre, des galéres toutes prêtes pour le porter en Provence.

1204.

Il n'eft pas de mon fujet de raporter ici les plaintes que firent les feigneurs & le peuple d'Aragon, de ce qu'il avoit rendu tributaire fon royaume, qu'ils difent avoir toujours été libre; mais je ne puis omettre les changemens qu'il trouva dans la Provence, puifqu'ils furent caufe de tous les défordres qui arrivérent bientôt après à Montpellier.

A peine le roi eût mis le pied dans les terres d'Alphonfe, fon frere, comte & marquis de Provence, qu'il apprit la trifte nouvelle de fa détention entre les mains du comte de Forcalquier. Ces deux feigneurs, pendant le voyage du roi, avoient rompu la tréve qu'ils avoient fait enfemble, & les fuites en ayant été funeftes au comte de Provence, le roi, fon frere, fut obligé de faire la guerre au comte de Forcalquier. Pour fubvenir aux frais de cette guerre, * le roi mit à Montpellier un fubfide, qui prit le nom de la ville d'Huefcha, d'où les partifans d'Aragon étoient venus pour l'exiger. Le peuple, peu accoûtumé, fous fes anciens feigneurs, à cette forte d'impôts, l'appella, par une efpéce de plaifanterie, en termes du païs, *la Monedaffe*; mais il ne laiffa pas de le payer.

IV.

Page 60.

Je ne fçai fi dans ces entrefaites la reine ne fit pas un voyage dans le Rouffillon, que fon mari lui avoit affigné pour fa dot; car nous avons une donation qu'elle lui fit à Collioüre, en date du fecond dimanche de feptembre 1205, par laquelle elle lui donne entre-vifs & irrevocablement, Montpellier, Lates, Châteauneuf, Montferrier, Pignan, Caftries, Loupian, Frontignan, Omelas, & generalement tous fes biens préfens & avenir: *Et quidquid in aliis locis habeo vel habere potero;* renonçant par exprés à la loi qui défend pareils dons entre mari & femme: *Renuntians legi quæ donationem prohibet inter virum & uxorem.* Néanmoins, nous verrons que la reine ne laiffa point, dans la fuite, d'agir dans Montpellier comme maîtreffe.

1205.

Spicileg., Tom. 3. pag. 566.

Cependant, les fecours que le roi avoit reçû de cet impôt n'étant pas fufifants pour entretenir fes troupes, il fongea à tirer de plus grandes fommes des habitans de Montpellier fous le nom d'engagement, & il leur engagea réellement le château de Lates pour foixante-quinze mille fols melgoriens. Cette fomme ne lui ayant pas encore fufi, il fit un fecond engagement, qui fut de la ville même de Montpellier, pour cent mille fols. Nous avons l'acte qui en fut paffé, & la confirmation que les habitans voulurent en avoir de la reine. Mais, ce qui peut fervir à faire voir comment les feigneurs en agiffoient dans ce tems-là avec leurs vaffaux, c'eft que le roi, pour leur

V.

1205.

donner une assurance de la liberté entiére qu'ils auroient de retirer les droits qu'il venoit de leur engager, signa un autre acte solemnel, avec serment sur les saints évangiles, dans lequel il promet à Guillaume d'Altiniac, évêque de Maguelonne, & à Pierre Lobet, sindic de la communauté de Montpellier, qu'il n'entrera en aucune maniére dans la ville, jusqu'à-ce que la somme de l'engagement ait été entiérement payée : *Quod ego eques vel pedes vel alio modo qui excogitari possit non ingrediar villam Montispessulani, donec annexi pignoris pertinencia fuerit liberata.* Fait & passé à Villeneuve, dans la

1206.

maison de l'évêque, le vingt-septiéme du mois d'octobre 1206, en présence de l'archevêque d'Arles & de Pierre de Montlaur, *qui hæc scripsit*.

En consequence de cet engagement, les habitans fournirent toutes les sommes promises; mais, comme dans les repartitions qu'il falut faire sur les particuliers, on ne put éviter bien des abus, le peuple commença de se plaindre hautement, & ceux qui, dans la ville, soûtenoient secrétement le parti d'Agnez, entretinrent ces murmures, en exagerant les demandes reïterées que le roi leur avoit faites en si peu de temps, & le mépris qu'il témoignoit pour eux & pour leur reine, qu'il abandonnoit (disoient-ils) depuis son mariage, pour dissiper, en voyages & en guerres inutiles, tous

VI. les biens qu'elle lui avoit portés. Ces raisonnemens & autres semblables, qu'on fit valoir auprès d'un peuple déja ému, l'anima davantage; ils prirent les armes & en vinrent à des hostilitez ouvertes, qui donnérent tout à craindre aux honnêtes-gens, & particuliérement à frere Pierre de Castelnau, legat du pape dans le Languedoc.

Ce saint homme, occupé alors contre les Albigeois, craignit avec raison qu'à la faveur de ces troubles l'héréfie ne se glissât dans Montpellier. Il employa toute l'autorité que sa légation lui donnoit pour porter les esprits à un accommodement ; &, ayant eû plein pouvoir du roi, de la reine & des habitans de Montpellier, il fit assembler des commissaires pour concilier les diferens interêts & faire cesser les troubles. Cette assemblée fut composée du même archevêque d'Arles, Michel de Moresio, qui avoit suivi le roi dans son voyage de Rome; de Guillaume de l'Anguisel, évêque de Nîmes; Ermengaud de Beziers; Pierre Froteri de Lodéve, & Guillaume d'Altiniac de Maguelonne; les abbez de St. Guillem, de Villemagne & de St Afrodise y assistèrent, avec le prévôt, l'archidiacre & le sacristain de Maguelonne; on y compte encore le doyen d'Arles, le précenteur de Beziers, & plusieurs

Grand Talamus. avocats, nommez en cet ordre, Pierre Leon, P. de Montlaur, P. Almerad,
PAGE 61. P. de Clairmont, Guillaume Ricard, Bernard Ferreol, * Jean d'Aigrefeüille, Bernard de Lignan, & quelques-autres.

L'acte qu'ils dressérent à ce sujet a pour titre : *Compositio inter regem &*

homines Montifpeſſulani. Il eſt fort long, & il renferme bien des clauſes pour la ſureté des commiſſaires, dans la charge qu'ils prirent d'être les garans & cautions du traité. Je me contente d'en donner le précis, qui fera voir que les hoſtilitez, de part & d'autre, étoient allées fort loin, & qu'on n'étoit pas bien convaincu, à Montpellier, de la bonne-foi du roi dans ſon mariage avec la reine :

1206.

« 1º Amniſtie pour le paſſé, & reconciliation entre les hommes de Lates
« & de Montpellier.

« 2º Les engagemens faits par le roi, du château de Lates & de la ville
« de Montpellier, ſubſiſteront en leur entier.

« 3º Les biens des habitans de Montpellier, qui ont été ſaiſis par ordre
« du roi, en Catalogne ou dans l'Aragon, ſur mer ou dans les étangs, leur
« ſeront rendus, s'ils ſont encore en nature ; & s'ils ont été conſommez,
« on le fera par eſtimation.

« 4º Le roi & la reine pourront retirer les gages lorſque le tems préfix
« ſera tombé.

« 5º Les perſonnes priſes de part & d'autre, & nommément celles qui
« ont été conduites dans la terre de Roſtang de Sabran (parent de la reine)
« ſeront remiſes en liberté, avec reſtitution de leurs biens.

« 6º Les habitans de Montpellier compteront du revenu des gages par-
« devant les commiſſaires, à qui le roi laiſſe tant le château & la ville de
« Lates, que le château d'Omelas, avec tous les châteaux, hors la ville de
« Montpellier, qui appartiénent au droit des gages.

« 7º Lorſque l'engagement aura fini, les commiſſaires rendront fidéle-
« ment tous les lieux au roi & à la reine, ſi leur mariage ſubſiſte : et s'ils
« ſont ſéparez de droit ou de fait, ils les rendront à la ſeule reine ; & ſi la
« reine n'eſt pas en vie, ils les reſtituëront à celui ou à ceux que le droit
« appellera.

« 8º Cependant, les habitans de Montpellier, les habitans de Lates, &
« de tous les châteaux engagez, jureront de ne faire aucun changement
« ſans le conſentement des commiſſaires.

« 9º Quarante mille ſols ſeront amendez au roi & à la reine, ou à l'un
« d'eux, pour la reparation des dommages cauſez au château de Mont-
« pellier, tant à ſes clôtures qu'à ſes fortifications.

« 10º Nule autre choſe ne pourra être exigée des habitans de Mont-
« pellier, à l'occaſion de la guerre qui a été faite & des violences qu'elle a
« produites, mais l'amniſtie aura lieu pour le bien & le repos de tous.

« 11º Si, par ordre du roi, on faiſoit mourir un habitant de Montpellier,
« à l'occaſion de cette guerre, ou qu'on lui cauſât quelque perte ou dom-

98   *Hiſtoire de la ville de Montpellier.*

1206.
« mage au-delà de cent marcs d'argent, & que dans trois mois après la
« monition des commiſſaires, on ne leur en fît pas raiſon, les commiſſaires
« auront la liberté de reſtituer aux habitants de Montpellier les lieux qu'ils
« ont en dépôt.

« 12° Le ferment des conſuls, que le roi & la reine ont accordé pour
« cinq ans aux citoyens & à la communauté de Montpellier ſera étendu à
« autres cinq.

« 13° Les doutes qui pourront naître ſur cet accord ſeront décidez par
« les commiſſaires; & le roi ordonnera à tous les feudataires du ſeigneur
« de Montpellier de jurer aux commiſſaires une fidélité entiére pour tout
« le tems de l'engagement.

« Mais, parce (ajoûtent les commiſſaires) que le roi nous a prié de l'ab-
« ſoudre du ferment qu'il a fait contre les exilez de Montpellier, & que
« nous n'avons pas un tel pouvoir, nôtre conſeil nous renvoye au pape ſur
« ce chef, pour faire ce qu'il nous mandera. Fait à Villeneuve, dans le
« palais épiſcopal, l'an de l'incarnation 1206. »

Dans ce dernier article, on peut entrevoir le ménagement qu'eut le roi de ne mettre d'autre obſtacle au retour des exilez, que le ferment qu'il avoit fait; & d'autre part, la ſageſſe des commiſſaires, qui, connoiſſant la conſequence de cet article, le renvoyérent à la déciſion du pape. On peut même croire qu'il n'en* fut plus parlé, parce que dans les lettres de confirmation que le pape donna à ce traité, il n'y eſt abſolument fait aucune mention des exilez.

Page 62.
Grand Talam., Fol. 6.

Il me ſufira maintenant de dire que, quoique l'engagement fait par le roi ſubſiſtât encore long-tems à Montpellier, l'accord qu'on venoit de faire ne laiſſa pas d'y remettre la joye et la tranquilité.

CHAPITRE SECOND.

I. Naiſſance du roi Jacques. II. Origine du chevalet de Montpellier. III. Le roi d'Aragon prend parti pour les Albigeois. IV. Commencement de ces héretiques dans le Languedoc. V. Miſſionnaires envoyez pour les ramener. VI. La mort de Pierre de Caſtelnau y allume la guerre.

1207.
LA naiſſance du roi Jacques, qui eſt un evénément des plus celébres pour nôtre hiſtoire & pour celle d'Eſpagne, fut un effet de l'affection du peuple de Montpellier pour ſes princes, & une recompenſe qu'accorda le ciel à la vertu de Marie, à qui tous les hiſtoriens donnent de grands

éloges, à caufe de la patience qu'elle fit paroître dans tous les mépris que le roi eut pour elle; il venoit d'en donner une marque toute récente, en écoûtant les propofitions qui lui furent faites par les feigneurs de la Paleftine, d'époufer une autre Marie, niéce d'Amaury, roi de Jerufalem. Les archevêques de Cezarée, de Tyr & de Nazareth, appuyez du patriarche de Jerufalem & du cardinal de S^t. Marcel, pouffoient cette affaire dans l'efperance du fecours & de la protection qu'ils attendoient du roi d'Aragon ; mais, le pape Innocent III s'y étant toûjours oppofé, ce retardement donna lieu aux confuls de Montpellier d'imaginer un ftratagême qui leur réuffit très-heureufement.

1207.

Zurita. Liv. 2, *chap. 54.*

Comme le roi fut obligé de revenir à Montpellier pour la ratification du traité dont nous venons de parler, on s'apperçut bientôt qu'il regardoit de bon œil une jeune veuve que la reine, à la priére de fes parens, avoit prife auprès de foi. Les confuls, qui comprenoient toutes les fuites fâcheufes qu'auroit infailliblement la rupture du mariage du roi avec la reine, crurent devoir fe fervir de la nouvelle paffion que le roi faifoit paroître. Dans cette vûë, ils perfuadérent à la jeune veuve de donner de bonnes efpérances au roi; & ayant gagné fon chambélan par beaucoup de préfens & de promeffes, ils le portérent à dire au roi que la jeune veuve fe rendoit enfin à fes defirs, mais qu'elle demandoit en grâce d'être introduite fecrétement & fans lumiére dans fa chambre. Cet air de miftére augmenta la paffion du roi, qui confentit à tout. Mais, l'heure venuë, on introduifit la reine à la place de la jeune veuve : & le lendemain, bon matin, les douze confuls, qui avoient paffé toute la nuit en priére dans l'églife de Nôtre-Dame des Tables, voulant que le roi ne pût pas revoquer en doute ce qui venoit de fe paffer, ils entrérent dans fa chambre avec des cierges allumez ; & fe jetant d'abord à fes genoux, ils lui demandérent pardon de la tromperie qu'ils venoient de lui faire, & qu'il reconnoîtroit encore mieux (ajoûtérent-ils) s'il vouloit bien confiderer la perfonne qui étoit auprès de lui. Le roi, ayant reconnu fon erreur, rougit & ne dit mot. Surquoi, la reine, profitant de ce moment, lui expliqua l'intention de fes fujets, & lui fit entendre qu'elle efperoit dès lors lui donner un fucceffeur : « Car je ne doute point, feigneur (lui dit-« elle), que Dieu, qui eft fi bon, n'exauce les priéres qui ont été faites pour « nous donner un fils qui puiffe affurer mon bien à vôtre maifon, et vôtre « maifon à toute la chrétienté. » Le roi, revenu de fa premiére furprife, tourna le tout en plaifanterie, que nos auteurs * raportent affés au long dans un recit de trente pages.

I.

Gariel. Idée, pag.

Page 63.

Ce que j'en raporte ici n'en eft que le précis : mais je ne puis omettre une feconde avanture arrivée à Mirevaux, où l'on remarque que la reine fe

1207.

Liv. 2, ch. 59.

Lafaille, tom. 1, pag. 200. Annales de Touloufe.

II.

plaifoit beaucoup, à caufe du voifinage de Maguelonne. Un jour qu'elle y étoit allée, peu après ce dont je viens de parler, le roi, de fon côté, fut fe promener à Lates, où le plaifir de la chaffe & la curiofité de voir fes haras l'attiroient fouvent. Un gentilhomme de fa fuite (que Zurita appelle dom Guillem d'Alcala, & qui étoit bien avant dans fes bonnes graces), le voyant dans une grande gayeté : « Seigneur (lui dit-il), parmi les plaifirs de la « chaffe, nous pourrions bien paffer jufqu'à Mirevaux, & voir la reine, « nôtre bonne maîtreffe. Vôtre Majefté pafferoit une feconde nuit avec « elle; nous veillerions le cierge à la main, fi vous vouliez, & Dieu, par « fa bonté, vous donneroit un fils de benediction. » Le roi, touché de fes paroles, lui dit en riant : « Je le veux bien, & je prie Dieu qu'il foit ainfi que vous le dites. » La reine avoüa, depuis, qu'elle croyoit que ce fût dans cette nuit que le ciel lui avoit donné le roi Jacques, comme ce prince l'écrivit lui-même dans fes commentaires, raportez par Beuter.

On ajoûte auffi que le roi, revenant de Mirevaux, ne voulut pas y laiffer la reine; mais qu'il la prit en croupe fur fon palefroi, & qu'il la ramena de la forte dans Montpellier; à peu près comme nous voyons dans un grand tableau de l'Hôtel-de-Ville de Touloufe, où Loüis XI, alors dauphin, eft reprefenté faifant fon entrée à cheval, avec la reine fa mere en croupe.

A peine on fçut à Montpellier la venuë du roi & de la reine, que tout le monde courut en foule au-devant, pour être témoins de leur union fi defirée; & dans l'efperance dont on fe flata de leur voir bientôt un fucceffeur, il n'eft pas de marque de réjoüiffance qu'ils ne donnaffent autour du cheval qui les portoit. De forte que le peuple ayant voulu en renouveller la fête l'année d'après, à pareil jour, il donna, fans y penfer, commencement à une forte de danfe, appellée du chevalet, qui s'eft perpetuée à Montpellier, & dont j'aurai encore occafion de parler fous le roi Jacques.

A peine la groffeffe de la reine eut paru, que les confuls, comprenant toute l'importance qu'il y avoit d'en affurer les fuites, priérent le roi de vouloir bien qu'un nombre des feigneurs de fa cour & des dames de la ville reftaffent auprès de la reine, pour la fervir & pour être témoins de ce que Dieu accorderoit à leurs vœux. Leur priére ayant été bien reçuë, ils en firent dreffer un acte par deux notaires; & la reine, pour être plus en repos, fe retira dans la maifon des Tournemires, *in præclara Tornamirenfium domo*, dit Gomefius; & Dom Juan de Tornamira de Soto l'appelle *caza grande y de muchos apofientos*.[1]

---

[1] Cette maifon eft aujourd'hui fituée dans la petite place, appellée encore Plan de Tournemire, que nous avons vû appartenir au tréforier Clauzel, & dont le fieur Caffagnes, qui en avoit été le maître avant lui,

Ce fut dans ce tems que la reine, pour ôter tout ombrage aux habitans sur la sûreté de l'engagement déjà fait, leur permit de détruire la tour du château de Montpellier, qui, par sa hauteur & par sa forte situation, donnoit une grande facilité pour attaquer la ville. Dans cet acte, qui est du sixième du mois d'août 1207, la reine donne à sa mere le nom d'imperatrice : *Ego Maria, filia quondam Guillelmi, domini Montispessulani, & imperatricis Eudoxiæ.* Elle y renonce, pour soi & pour ses successeurs dans la seigneurie de Montpellier, à la faculté de bâtir au même lieu, aucune fortèresse : *Quod numquam aliquo tempore ipsa vel aliquis dominus Montispessulani possit turrim vel fortiam facere vel habere ibi.* Ce lieu étoit contigu à la chapelle du palais (comme nous avons souvent vû en parlant des Guillaumes), & par conséquent dans le lieu le plus élevé de la ville.

1207.

Peu de jours après, la reine étant allé voir à Melgüeil, Raymond, fils de Constance, comte de Toulouse, voulut donner à ses chers habitans une nouvelle sûreté contre la défiance qu'ils avoient pris des troupes que le roi son époux gardoit encore dans le païs. Pour cet effet, elle confirma aux douze.* consuls la possession de Lates & de Castelnau pour reste de l'engagement ; & afin qu'ils n'eussent rien à craindre pour les otages qu'ils y avoient, elle promet de ne jamais songer à les en retirer, jusqu'à ce que le roi, avec toutes ses troupes, soit sorti du païs, et passé la fontaine de Salses : *Donec dominus rex cum exercitu suo de terra ista exierit, & in terram suam redierit, ita quod transierit fontem de Salsis.* L'acte est du douzième du mois d'août 1207, passé à Melgüeil, *coram domino Raymundo, comite Tolosano & marchione provinciæ.*

Page 64.

Enfin, l'heureux terme de la reine étant venu, on prit la précaution d'appeler les principaux de la ville, pour être présens à ses couches : *Cuncti civitatis optimates cum uxoribus adfuerant in præclara Tornamirensium domo ad fidem partus faciendam.* Et la nuit du premier au second de février 1208, jour de la Purification, elle accoucha d'un prince dont la naissance la combla de joye et tous ses bons sujets. Les auteurs espagnols, qui en ont écrit dans un grand détail, nous apprénent que la reine voulut qu'on apportât dans ce même jour son fils à l'église, puisque c'étoit celui où le Sauveur y avoit été présenté, & ils observent que l'infant entra dans l'église de Nôtre-Dame, précisément lorsqu'on y commençoit le *Te Deum*, sans qu'il

Gomesius.

Bzovius.

1208.

Zurita. Liv. 2, ch. 59.

---

fit changer les fenêtres du premier étage, & laissa celles du second dans leur forme gothique, où l'on voit encore les armes d'Aragon, celles de Montpellier & celles de Tournamire, qui font une tour. Mais il faut, pour que cette maison eût tous les agrémens qu'on lui donne, que quelcune des autres maisons voisines y fût jointe alors, & que les jardins qui sont sur le derriére fussent du palais de la reine.

1208.

y eût aucune affectation; & qu'ayant été porté ensuite dans celle de S*t*. Firmin, on y arriva dans le moment qu'on entonnoit, *Benedictus Dominus Deus Ifraël, quia vifitavit, &c.*, ce qui fut regardé comme un préfage tres-heureux.

Mais, la manière dont ils racontent que le nom de batême lui fut donné, a quelque chofe de plus fingulier; car ils difent que dans le choix du nom d'un des douze apôtres qu'on vouloit qu'il portât, il fut déliberé qu'on expoferoit dans l'églife de Nôtre-Dame douze cierges d'une même groffeur, & allumez en même tems, avec le nom à chacun d'un des douze apôtres, & que celui qui brûleroit le dernier donneroit le nom au jeune prince. La chofe ainfi arrêtée, le cierge auquel on avoit attaché le nom de S*t*. Jacques brûla plus long-tems que les autres, & ainfi on s'arrêta à ce nom, qui fut donné au prince. Ils ajoûtent que dom Fernand, abbé de Montaragon, frere du roi, fut au defefpoir de la naiffance de l'infant, parce qu'il s'étoit flatté de changer d'état, voyant que fon frere étoit fans pofterité. S'il en faut croire Beuter, il fit jetter, par une ouverture qui donnoit jour dans la chambre de l'infant, *por una trapa que dava lumbra à la camera*, une groffe pierre qui devoit l'écrafer, mais qui heureufement n'endommagea que fon berceau.

Il eft inutile de dire que tous ces accidens, joints à l'importance dont étoit la confervation du jeune prince, firent redoubler les foins, tant de la reine fa mere que des confuls de Montpellier, dont le zéle & la bonne conduite a merité des Efpagnols même un des plus grands éloges; car Montaner ne fait pas de dificulté de dire qu'ils étoient regardez comme les plus fages perfonnages qui puffent compofer un confeil de ville : *Era cert que per tot lo mon fe dia quel plus favi confel del mon, era aquel de Monpeller.* Ils concourrurent en effet avec tant d'affection & de fuccès aux foins de la reine, que le jeune prince grandit en un an (felon Montaner) plus que les autres ne le font en deux : *Crefca & millora mez en un an que altre non feya de dos anys.*

Apud Innoc. Lib. 15, Epift. 182.

Cependant, le roi continuant toûjours dans fon indiference pour la reine, malgré le gage précieux qu'elle avoit de lui, paffa les années fuivantes dans fes états d'Efpagne, où, pour donner de l'exercice à fa valeur, il combatit avec le roi Alphonfe de Caftille contre les Maures, & fe trouva à la fameufe bataille qui fut donnée le feizième du mois de juillet 1212, *à las Navas de Tolofa*, prés de la *Sierra Morena*, où il perit plus de cent mille de ces infidéles, & où les chrêtiens firent un butin immenfe.

Cette victoire, à laquelle le roi d'Aragon avoit eu beaucoup de part, augmenta l'eftime generale qu'on avoit de fa valeur & de fon courage; mais, par un effet affés ordinaire des bonheurs de ce monde, cette grande reputation l'engagea dans un parti, qui lui coûta bientôt fon entiére perte. De forte que l'on vit en moins d'un an le même prince, qui venoit de prodiguer fon fang contre les infidéles, perir les armes à la main pour le foûtien de l'héréfie.

1208.

III.

*Il y fut engagé par fon beaufrere, le comte de Touloufe, qui, ayant attiré les armes des croifez dans le Languedoc, à caufe de la protection ouverte qu'il donnoit aux Albigeois, fe vit, après une longue fuite d'événemens, dépoüillé de fes terres ; &, en cet état, il n'eut d'autre reffource que d'aller trouver le roi d'Aragon, lorfqu'il revenoit de la bataille contre les Maures, & de lui dire qu'il lui abandonnoit fon fils Raymond, & fa femme Eleonor, propre fœur du roi, pour les défendre, s'il vouloit, ou les laiffer dépoüiller.

Page 65.

Le roi, touché par les differens motifs de compaffion, de gloire ou d'interêt que cette propofition lui faifoit naître, entreprit la défenfe du comte de Touloufe ; & d'abord, pour arrêter les armes des croifez, il commença plufieurs négociations avec la cour de Rome, qui n'ayant pas réuffi comme il fe le propofoit, il eut recours aux armes, & fortifia fon parti du fecours des comtes de Foix & de Comenge, avec celui du vicomte de Bearn, tous trois fes vaffaux, & tous trois Albigeois déclarez, dont le roi Pierre d'Aragon prit ouvertement la défenfe.

Cette refolution caufa avec le temps un changement entier dans le Languedoc, puifqu'elle occafionna, vingt ans après, la réunion de cette province à la couronne de France. Mais, comme cette guerre des Albigeois en fut la premiére caufe, je crois que le lecteur attend de moi que je donne ici quelque idée de ces héretiques, puifque la plûpart des évenémens qu'ils cauférent dans la province intereffent particuliérement la ville de Montpellier.

Les Albigeois commencérent à paroître dans le Languedoc vers la fin du douziéme fiécle, quelques années après que les Vaudois eurent publié leurs erreurs dans le Dauphiné, en 1160. On dit qu'un d'eux, nommé Olivier, vint les répandre dans nôtre province, où le peuple, qui en fut bientôt infecté, ajoûta plufieurs autres erreurs à celles des Vaudois. Car, outre l'indépendance commune des uns & des autres, qui leur faifoit rejetter la hiérarchie eccléfiaftique, & tous les facrements, les Albigeois y ajoûtérent les folies des Manichéens, qui reconnoiffoient deux differens principes, l'un du bien, & l'autre du mal ; ce que les Vaudois ne faifoient pas, comme l'a prouvé M. de Meaux dans fon onziéme livre des Variations.

IV.

Valfernay.

Alanus.

En 1176, ils furent condamnez (fous le nom de Bons-Hommes qu'ils

1208.

prenoient alors) dans un Concile tenu à Lombez, où Gilbert, archevêque de Lion, préfida. Deux ans après, c'eft-à-dire en 1178, Pierre Cardinal, avec les archevêques de Bourges & de Narbonne, s'affemblérent à Alby, où ils condamnérent de nouveau ces héretiques, qui depuis ce tems-là furent appellez Albigeois, foit qu'ils fuffent en plus grand nombre dans ce diocéfe, foit parceque la condamnation qui fut portée contr'eux dans ce concile d'Alby, les rendît plus connus dans le monde.

Le troifiéme concile de Latran, que le pape Alexandre III celebra l'année fuivante, 1179, exhorta les princes chrétiens de conclure une ligue fainte contr'eux; mais cet expedient ne fut pas fitôt mis en ufage; & l'on fe contenta, durant tout le refte de ce douziéme fiécle, & durant les dix premiéres années du fuivant, de leur envoyer des miffionnaires, pour tâcher de les convaincre & de les perfuader.

V. Le pape Innocent III étant monté fur la chaire de S^t. Pierre, en 1198, envoya auffitôt deux moines de Cîteaux, Raynier & Guy, pour travailler à leur converfion, avec pouvoir de proceder contr'eux par voie d'excommunication, & de recourir, en cas de befoin, au bras féculier. Mais nous ne voyons pas que ces commiffaires, qu'on appela depuis inquifiteurs, ayent employé ce dernier moyen, parceque les feigneurs du païs foûtenoient fortement les Albigeois, quoiqu'ils ne vouluffent pas fouvent le faire paroître.

Epit. Inn., Liv. 1. 81. 94. 163.

Les principaux qui fe déclarérent pour eux furent Raymond, fils de Conftance, comte de Touloufe, & Raymond Roger V, comte de Foix, fans parler de plufieurs évêques, qui moliffoient dans cette affaire, comme il ne parut que trop. Le pape leur oppofa Pierre de Caftelnau, natif de Montpellier, qu'il avoit déjà employé en des affaires importantes, avec Raoul, moine, comme lui, de l'abbaye de Fontfroide, ordre de Cîteaux, diocéfe de Narbonne, aufquels il donna * toute l'autorité de fes legats; ils allérent à Touloufe, où étoit le fort de l'héréfie (comme dit Valfrenay), & ayant intimidé les habitans, plus fufceptibles de crainte que de raifon, ils les portérent à abjurer leur héréfie; ce qu'ils firent par un acte public, au commencement de 1204.

PAGE 66.
Hift. Albig., ch. 1.

Peu de mois après, le pape joignit à leur légation Arnaud, abbé de Cîteaux, & tous enfemble, ils procedérent, felon l'ordre qu'ils en avoient reçu, contre Berenger, archevêque de Narbonne, & contre les evêques de Viviers, de Beziers & de Touloufe, dont les uns furent fufpendus de leurs fonctions, & les autres dépofez, avec le prévôt de Touloufe, convaincu de fimonie, comme fon evêque.

Toutes ces operations remedioient à quelques maux, mais elles ne con-

vertiffoient aucun héretique : ce qui dégoûta fi fort les legats, qu'ils fon- 1208.
geoient déjà à renoncer à leur légation, lorfque l'evêque d'Ofma, paffant
par hafard à Montpellier, les encouragea tous, en leur ouvrant un moyen
plus efficace pour convertir ces héretiques.

 Ce faint evêque, nommé Diego de Azebes, après avoir travaillé utile- *Catel. Comtes,*
ment pour Alphonfe IX, roi de Caftille, fon fouverain, venoit de prendre *Liv. 2.*
l'habit monaftique à Cîteaux, lorfque trouvant à Montpellier les trois legats,
il fut touché de leurs plaintes; & s'étant fait inftruire des mœurs de ces héretiques, il apprit qu'ils pervertiffoient les fimples par un extérieur de mo-
deftie & de frugalité qu'ils joignoient à leurs prédications. Alors il leur dit
qu'il falloit leur oppofer une vie toute apoftolique; & qu'il offroit de renvoyer fes chevaux, fon équipage & fes domeftiques, pour travailler avec eux
dans le païs, en ne vivant que d'aumônes & en marchant à pied. Il le fit en
effet, & il ne retint auprès de lui que Domingue ou Dominique, alors chanoine régulier, foûprieur de fa cathédrale, & depuis fondateur de l'ordre
des freres prêcheurs.

 Tous ces miffionnaires, ayant choifi l'evêque d'Ofma pour chef de leur
miffion, fortirent de Montpellier en gardant le genre de vie qu'ils s'étoient
propofez. Ils fe rendirent au bourg de Carmain, & enfuite à Beziers & à
Carcaffonne, où s'étant apperçus qu'on en vouloit à la vie de Pierre de
Caftelnau, ils lui confeillérent de fe féparer d'eux; ce qu'il fit, avec le moine
Raoul, qui vint mourir à Franquevaux. Pour lui, après avoir excommunié
le comte de Touloufe, il fut affaffiné dans le temps qu'il entroit dans un
bateau pour paffer le Rhône.

 Cette mort, qui arriva dans le mois de février 1207, fut comme le fignal IV.
de la guerre. Le pape écrivit une grande lettre à tous les feigneurs et chevaliers des provinces de Narbonne, d'Arles, d'Embrun, d'Aix & de Viéne,
pour les exhorter à fecourir de leurs armes la religion, qui alloit perir dans
le Languedoc. Le comte de Touloufe, allarmé de cet orage, renoüa plufieurs négocations avec la cour de Rome, de qui il obtint deux nouveaux
legats, qui furent le docteur Milon & le docteur Théodife, chanoine de
Génes, dont on voit plufieurs lettres dans la collection des epîtres d'Innocent III.

 Ces nouveaux legats, qui fe conduifoient par le confeil de l'abbé de Cîteaux (l'evêque d'Ofma étant déjà mort), allérent trouver le roi Philipe
Augufte, & publiérent en France l'indulgence pleniére que le pape accordoit à ceux qui fe croiferoient contre les Albigeois. Le nombre en fut très-
confidérable; & tandis que leur armée fe formoit, les legats citérent à
Valence le comte de Touloufe, qui promit à Milon de faire en tout fa

1208.

volonté; & livra, pour fureté de fa parole, fept châteaux, des domaines qu'il avoit en Provence; confentant expreffement, que s'il manquoit à fes promeffes, la comté de Melgüeil feroit confifquée au profit de l'Eglife romaine.

Tandis que Théodife alla prendre poffeffion, de la part du pape, des fept châteaux donnez en Provence, pour fûreté, Milon fut à S^t. Gilles pour y donner l'abfolution au comte de Touloufe : ce qui fe paffa le dix-huitiéme du mois de juin 1209, de la maniére humiliante que nos hiftoires le marquent. Le comte fut amené nud, en chemife, devant la porte de l'eglife, où il jura fur le corps de Nôtre-Seigneur qu'il ne tomberoit plus dans les fautes pour lefquelles il avoit été excommunié,* dont il fit une longue énumération; & en cas de recidive, il fe foumit à la perte des fept châteaux qu'il avoit donné en gage, & à être excommunié de nouveau. Aprés quoi, le legat lui donna l'abfolution; & en lui tendant fon etole, il l'introduifit dans l'églife, d'où ne pouvant fortir à caufe de la foule, il fut contraint de décendre dans l'églife baffe, où étoit le corps du bienheureux Pierre de Caftelnau, ce que nos hiftoriens remarquent comme une humiliation (ménagée du ciel) contre celui qui avoit ordonné fa mort.

PAGE 67.
1209.
Catel. Comtes, Liv. 2, pag. 245.

CHAPITRE TROISIÉME

I. Croifade contre les Albigeois. II. Grand maffacre à Beziers. III. Les comtes de Touloufe & de Montfort chefs des deux partis. IV. Le roi d'Aragon veut faire rompre fon mariage avec la reine Marie. V. Traverfes qu'elle eut à foufrir. VI. Son mariage eft déclaré bon par le pape Innocent III. VII. Le roi fe refoud à la bataille, & y perit. VIII. Mort de la reine & fon teftament.

I.

CEPENDANT, l'armée des croifez s'étoit affemblée à Lyon, de tous les quartiers de la France, vers la S^t. Jean de cette année 1209, & le comte de Touloufe qui les craignoit extrémement, pria auffitôt les legats de lui donner la croix, & à deux de fes chevaliers qui fe croiférent avec lui; il fut au-devant des croifez jufqu'à Valence, où il leur promit de faire tout ce qu'ils voudroient, offrant fon fils en otage, outre les places de fureté qu'il avoit données.

Hift. Albig., ch. 13 & 14.

Livre quatrième. 107

Les principaux de l'armée étoient: (*a*) Pierre, archevêque de Sens, (*b*) Gautier, evêque d'Autun, (*c*) Robert, evêque de Clermont, (*d*) Guillaume, evêque de Nevers, Eudes III, duc de Bourgogne, le comte de Nevers, le comte de St. Paul, Simon, comte de Montfort, & plusieurs autres seigneurs, qui reçurent avec eux le comte de Touloufe, & marchant tous ensemble, ils vinrent à Beziers, qui étoit rempli d'Albigeois.

1209.

Ch. 15.

Alors arriva cet evenément mémorable, où sept mille personnes perirent dans l'église de la Magdelaine de cette ville; car, les habitans ayant méprifé tous les avis de leur evêque, Renaud de Montpellier, homme vénérable par son âge, sa vertu & sa doctrine, qui leur avoit été envoyé par l'armée des croisez, ils commencérent eux-mêmes à les provoquer, en faisant une sortie sur eux, & en leur tirant vigoureusement des flèches. Les valets de l'armée, qui en furent indignez, s'approchérent des murailles, & sans ordre de la nobleffe (& à son inscû même), ils prirent la ville d'emblée, y mirent le feu, & firent main-basse sur tous les habitans, dont le plus grand nombre s'étoit refugié dans l'église de la Magdelaine. Ces deux circonstances furent remarquées comme une punition divine, tant à cause des blasphémes que les Albigeois publioient contre Ste. Magdelaine, que du meurtre de Raymond Trincavel, vicomte de Beziers, que ses habitans avoient tué quarante-deux ans auparavant, dans la même eglife, & brifé les dents à leur evêque, qui vouloit les en détourner.

II.

Duchesne. Tom. 5, pag. 764.

Cet accident funeste fut avantageux à la ville de Carcaffonne, parce que les croisez, déja maîtres des fauxbourgs, ne voulurent point ruïner la ville, qu'ils vouloient prendre de force; ils se contentérent de recevoir les habitans à composition, à la charge de tout abandonner, & de sortir nuds en chemife : ce qui fut executé à la fête de l'Affomption, quinziéme du mois d'août 1209. Catel ajoûte, après Mathieu de Paris, que Roger, vicomte de Beziers, le même que nous avons vû avoir épousé Agnez, fille du dernier de nos Guillaumes, étoit alors dans Carcaffonne, qu'il fut prisonnier de Simon de Montfort, & qu'il mourut de diffenterie.

Liv. 4, Comtes, pag. 251.

Après cet heureux evénement, (*e*) les croisez crurent devoir difposer de leurs* conquêtes, dont ils offrirent la seigneurie au duc de Nevers, puis au duc de Bourgogne, qui la refuférent, & enfin au comte Simon de Montfort, qui en accepta la donation, forcé par l'autorité du legat apoftolique, l'abbé de Cîteaux. Ce seigneur, en qui nos historiens reconnoiffent toutes les

PAGE 68.
Valfern. ch. 17.

1210.

(*a*) Pierre de Corbeil, arch. de Sens.
(*b*) Gautier, sans surnom, év. d'Autun.
(*c*) Robert d'Auvergne, év. de Clermont.
(*d*) Guillaume de St. Lazare, év. de Nevers.
(*e*) Le manufcrit porte fimplement : Alors les croisez.

qualitez neceffaires dans le perilleux emploi dont on le chargeoit, conduifit le peu de troupes qui lui reftérent après la retraite des croifez, à la ville de Caftres, dont il fe rendit le maître. Et l'année d'après 1210, lorfqu'il affiégeoit le château de Minerbe, au diocéfe de Carcaffonne, on eut le trifte fpectacle de voir cent quarante de ces héretiques aimer mieux s'aller jetter d'eux-mêmes dans le feu, plutôt que d'entendre parler de converfion.

III. Le comte de Touloufe, affligé des bons fuccès qu'avoit Simon de Montfort, courut à Rome, en Allemagne & en France, pour émouvoir en fa faveur le pape, l'empereur Othon & le roi Philipe, mais par tout il fut regardé avec mépris; & revenant dans le Languedoc, il fit de nouvelles inftances auprès des legats pour être admis à la purgation canonique. Hugues, evêque de Riez, qui avoit été affocié à Théodife dans fa légation, après la mort de Milon (arrivée à Montpellier fur la fin de 1209), tint une affemblée à S^t. Giles, de plufieurs archevêques, evêques & barons, pour examiner les preuves que le comte allégoit à fa décharge. Le tout bien examiné, on vit clairement par les effets qu'il n'avoit rien executé de fes promeffes; & bien loin de recevoir la purgation qu'il avoit demandé, il fut excommunié de nouveau avec fes fauteurs. Après quoi, le comte fe retira, & fit pis encore qu'auparavant.

Mais, ayant appris qu'il fe formoit en France une nouvelle armée de croifez, pour le fecours du comte de Montfort, il eut recours à un de fes artifices ordinaires, qui fut de demander une nouvelle conference. On la tint en effet à Narbonne, où il fe rendit avec les legats, avec Simon de Montfort & le roi d'Aragon, qui, pour cette première fois, fe montra publiquement dans les affaires de fon beaufrere. Les legats y propoférent, pour le comte de Touloufe, la reftitution de tous fes domaines, pourveu qu'il chaffât les héretiques de fes terres; mais lui, toûjours obftiné, il refufa cette condition, & fe fit excommunier de nouveau par Raymond, evêque d'Uzès, alors legat avec l'abbé de Cîteaux & Theodife, comme il paroît par une lettre du pape Innocent III, écrite le 15 du mois d'avril 1211, à l'archevêque d'Arles, en confirmation de la fentence de fes legats.

Cependant, Simon de Montfort, profitant du nouveau fecours des croifez, affiégea vers la mi-carême 1211, le château de Thermes, dans le diocéfe de Carcaffonne, où fe trouvérent les evêques (*a*) de Chartres (*b*) & de Beauvais, avec Guillaume, archidiacre de Paris, excellent ingénieur, qui en avança beaucoup la prife. La ville de Lavaur fut enfuite emportée d'affaut,

---

(*a*) Renaud de Bar, év. de Chartres.   (*b*) Philipe de Dreux, év. de Beauvais.

avec le secours que les evêques (*a*) de Paris, (*b*) de Lizieux (*c*) & de Bayeux lui amenèrent; & dans ce même temps, Simon de Montfort ayant appris que (*d*) Foulques, evêque de Toulouse, en avoit été chassé par le comte, il alla mettre le siége devant cette ville, qu'il fut enfin obligé de lever, tant par le défaut de vivres que par la retraite des croisez, qui, selon leur coûtume ordinaire, se retiroient après avoir servi le temps qu'ils avoient promis.

1211.

Cet échec fut reparé par la prise de Cahors, où Simon de Montfort fut reçû avec honneur; & pendant tout l'hiver suivant, Guillaume, archidiacre de Paris, & Jacques de Vitry, curé d'Argenteüil, avec Foulques, evêque de Toulouse, chassé de sa ville, allérent chercher du secours en France & en Allemagne, où ils donnérent la croix à une multitude incroyable de personnes.

Ce fut dans ces conjonctures que le comte alla implorer le secours du roi d'Aragon, à son retour de la grande victoire qui avoit été remportée sur les Maures, le 16 juillet 1212, comme nous l'avons dit. J'ai remarqué que la compassion, la gloire ou l'interêt pouvoient l'avoir engagé à prendre le parti de son beaufrere; mais, j'ajoûte que le dépit y contribua beaucoup, & c'est un * point considerable de nôtre histoire qu'il est temps de raconter.

1212.

Page 69.

Nous avons vû que peu de tems après la naissance du prince Jacques, arrivée à Montpellier, le premier du mois de février 1208, le roi d'Aragon laissa dans cette ville la reine son épouse avec le jeune prince, & se rendit dans ses etats d'Espagne, où il passa les années suivantes; il n'y fut pas si occupé des affaires étrangéres qu'il ne donnât encore ses soins à l'affaire personnelle qui l'interessoit le plus, je veux dire à l'amour de son plaisir, & à la rupture de son mariage avec la reine, qui, selon lui, y mettoit un grand obstacle; il résolut, dès 1210, d'en reprendre l'instance, & il en fit proposer à Rome les motifs, qui étoient:

IV.

1° Que le comte de Comenge, premier mari de la reine, étoit actuellement en vie.

2° Que le roi d'Aragon avoit eû connoissance d'une proche parente de la reine avant leur mariage, ce qui apportoit un empêchement dirimant.

Zurita, L. 2, ch. 62.

A quoi la reine repliquoit: qu'il étoit vrai que du vivant de son pere elle avoit contracté avec le comte de Comenge, mais que ç'avoit été par force; & que d'ailleurs leur mariage étoit nul de droit:

1° Parcequ'ils avoient ensemble les deux empêchemens de consanguinité & d'affinité.

(*a*) Pierre de Nemours, év. de Paris.
(*b*) Jordan du Hommet, év. de Lizieux.
(*c*) Robert de Ablagel, év. de Bayeux.
(*d*) Foulques de Marseille, év. de Toulouse.

2º Que le comte avoit actuellement deux femmes lorfqu'il contracta avec elle.

D'abord cette affaire fut commife fur les lieux par Innocent III à l'abbé de Cîteaux, & aux evêques d'Uzés & de Riez, legats du S^t. Siége; mais, ayant traîné affés long-tems, elle fut portée à Rome, du confentement des parties, où la reine voulut aller en perfonne pour y foûtenir fa caufe.

V. Cette bonne princeffe, recommandable dans l'hiftoire par fa grande patience, eut le malheur de fe voir perfécutée tout-à-la-fois par fes freres & par fes habitans. Pour mieux entendre d'où venoit la perfecution de fes freres, il eft à obferver que le roi fon époux, ayant déjà réfolu de fe déclarer pour le comte de Touloufe, voulut mettre fes terres à couvert de la confifcation, dont on ufoit en France contre ceux qui protegeoient les Albigeois. Pour cet effet, il fit une donation fimulée à Guillaume, fils d'Agnez, des feigneuries de Montpellier, Lates, Paulian, Omelas, avec toutes leurs dépendances, excepté tout ce qu'il devoit tenir du comte de Touloufe, comme comte de Melgüeil : *Exceptis illis quæ tenere debes per comitem Tolofanum.* Cet acte fut paffé dans la ville même de Touloufe, le vingt-cinquième du mois de janvier 1212, comme on peut le voir dans le fpicilége de D. Luc d'Achery, en confequence duquel, Guillaume, fils d'Agnez, fe déclara fon vaffal. Mais, pour tromper le pape, & pour le prévenir contre la reine Marie, qui étoit actuellement à Rome, Guillaume lui porta de grandes plaintes, fur l'injuftice qu'elle lui faifoit, en détenant (difoit-il) la feigneurie de Montpellier, qui lui appartenoit par droit d'héredité; cette plainte fut communiquée, par ordre du pape, à la reine Marie, & elle fait le fujet d'une lettre que Balufe a mis dans fa collection des Epîtres d'Innocent III, mais il ne paroît pas, par les fuites, qu'elle eût eu d'autre effet que d'inquieter la princeffe.

Liv. 15, Epit. 104.

La feconde attaque qu'elle eut à foutenir fut de la part des habitans de Montpellier, qui la laiffoient à Rome fans argent, portez à cela peut-être par les partifans du roi, fon mari, & des Guillaumes, fes freres; cela lui donna lieu d'en faire porter fes plaintes au pape, qui les marque dans un grand détail, à l'abbé de S^t. Paul de Narbonne & au prieur de Fontfroide, dans une lettre dont voici le précis.

Epit. 23, Liv. 4. Collection de Bofquet.

La reine, après avoir parlé de l'engagement fait par le roi, fon époux, aux gens de Montpellier, ajoûte : « que cet engagement étant de fes biens « dotaux, il ne pouvoit avoir lieu à fon préjudice; et quand même il feroit « valable, les habitans jouiffoient depuis fi longtemps de fes revenus, qu'ils « devroient non-feulement être déja payez de ce qu'ils ont prêté, mais en- « core avoir au-delà de quoi lui reftituer. Elle fe plaint qu'ils ont détruit le

« château de Montpellier, & emporté les pierres ailleurs ; qu'ils ont en-
« trepris d'établir un notaire, & d'élire les confuls à Montpellier ; qu'ils
« ont ôté la poiffonnerie du lieu où elle étoit auparavant ; qu'ils font faire
« les cris publics au nom des confuls, & non à celui* de la reine ; qu'ils
« ont détruit le château de Lates, & tué plufieurs habitans ; que tous ces
« dommages montent à plufieurs millions de marcs ; & comme fi toutes
« ces infultes ne fuffifoient pas, ils ont chaffé le roi d'Aragon d'un certain
« château, comme pour l'irriter davantage contre la reine ; & ce qui feroit
« encore plus capable d'augmenter entr'eux la difcorde, ils ont fait jurer le
« roi qu'il n'entreroit pas de deux ans dans Montpellier. »

1212.

PAGE 70.

Le pape, en écrivant aux deux commiffaires, leur mande de contraindre, même par cenfures, & nonobftant tout appel, les habitans de Montpellier, de payer à la reine du moins la moitié de fes revenus. Ce qui, fans doute, fut executé envers cette bonne princeffe, pour qui les habitans de Montpellier avoient donné de fi grandes marques de leur attachement. Il faut auffi que les avocats dont elle s'étoit fervi pour dreffer fa fuplique euffent affecté, pour rendre fa caufe meilleure, de rappeler des faits déja oubliez, ou qui n'étoient qu'une fuite néceffaire des actes paffez entre le roi & eux.

Mais la grande affaire de la reine étoit celle de la validité de fon mariage, qu'elle foûtint fi bien à Rome, que le pape fe déclara enfin en fa faveur, malgré tous les ménagemens qu'il voulut bien garder pour le roi d'Aragon. La chofe paroît par la fentence qu'il donna le 19 janvier 1212, qui entroit dans 1213 ; elle eft comprife dans le recueil des epîtres d'Innocent III, qui nous apprend tout le cours de la procédure, les demandes, les repliques des parties, les incidens qu'elles firent naître, enfin la fentence en faveur de la reine contre toutes les impugnations du roi : *De communi fratrum noftrorum confilio te ab impetitione regis fuper his quæ in judicium fuere deducta, fpecialiter duximus abfolvendam.* Et dans le double qu'il en envoya au roi, il le prie de confiderer que dans ce jugement il a dû deferer moins à fes defirs qu'à fon falut, puifqu'il avoit protefté lui-même qu'il ne cherchoit autre chofe que la décharge de fa confcience. Il l'exhorte & le conjure de vivre avec la reine en bon époux ; d'autant plus qu'elle lui a déja donné un jeune prince, & qu'elle eft femme d'une grande vertu : *Præfertim cum filium fufceperis ex ea, & fit mulier timens Deum, multa prædita honeftate.*

VI.

Epît. 221 du Liv. 15. Collection de Baluſe.

1213.

Nous ne voyons pas que le roi eût fait depuis de nouvelles inftances contre fon mariage ; mais on ne peut douter qu'il ne continuât toujours dans fon éloignement pour la reine, qui, fur les avis qu'on lui donna, ne voulut point fortir de Rome : *Ne forte quid detrimenti à rege acciperet,* dit Gomefius.

1213.

On crut même, fur le raport de fon medecin Theobald, & de Jean Caftellionate, medecin du pape, que le poifon avoit aidé à terminer fes jours.

Il eft toûjours certain que le roi ne garda plus les ménagemens qu'il avoit eû pour la cour de Rome; il porta au pape les mêmes plaintes que le comte de Touloufe répandoit partout; & pour prévenir la réponfe qu'il fçavoit bien qu'on lui feroit de la mauvaife foi de fon beaufrere, il difoit hautement qu'il demandoit pour le fils ce qu'on ne vouloit pas accorder au pere. Le pape, voulant toûjours le ménager, écrivit à fes legats qu'on contentât le roi dans tout ce qui feroit poffible; & il manda au comte de Montfort de rendre au roi d'Aragon tous les dévoirs que lui rendoit le vicomte de Beziers, & de reftituer au roi & à fes vaffaux les terres qu'il prétendoit leur avoir été ôtées.

Inn. Epit. 212, Liv. 15.

Epit. 213, & 214.

Catel nous apprend que Simon de Montfort vint à Montpellier pour rendre hommage au roi d'Aragon de la ville de Carcaffonne, qui relevoit de lui; mais le roi, qui vouloit conferver un prétexte pour continuer de fe plaindre, ne voulut pas le recevoir, & il lui fûcita tous les gentilshommes du païs; enforte que plufieurs villes & châteaux de l'obéïffance de Simon de Montfort, fe revoltérent contre lui.

Comtes. Liv. 2, pag. 255.

Les frequentes négociations qui furent employées dans le Languedoc & auprès du pape, dans le cours de cette guerre, ne tendoient qu'à ralentir l'ardeur des croifez, par les bruits qu'on faifoit courir, tantôt d'une trêve, & tantôt de la reconciliation à l'églife, des feigneurs qui protegeoient les Albigeois; mais lorfqu'on étoit prêt de conclure, on éludoit, ou par une défaite, ou par un refus formel. Ainfi, le roi d'Aragon ayant demandé un concile à Lavaur, il en appela au pape, parcequ'on ne lui accorda pas tout ce qu'il vouloit. Ainfi, * ayant d'abord furpris le pape, & fes artifices ayant été découverts, il envoya défier le comte de Montfort, qui le défia réciproquement, & la guerre recommença.

Page 71.

VII. Les conjonctures ne pouvoient en être plus favorables pour le roi d'Aragon, puifque la France étoit alors en guerre avec l'Angleterre, & que d'ailleurs on prêchoit dans le royaume une croifade pour la Terre-Sainte, qui faifoit une grande diverfion à celle des Albigeois. Ces contretems avoient arrêté Loüis, fils du roi de France, qui s'étoit croifé contre les Albigeois, avec grand nombre de chevaliers à fon exemple. Et le roi d'Aragon, profitant à propos de ces circonftances, fit venir des nouvelles troupes de fes états, renforça la garnifon de Touloufe; & parceque le château de Muret, fur la Garonne, incommodoit cette ville, il alla y mettre le fiége, avec les comtes de Touloufe, de Comenge & de Foix.

A cette nouvelle, Simon de Montfort, qui étoit à Fanjaux, fe rendit à

Saverdun, accompagné de plusieurs evêques, qui voulurent encore tenter une négociation. Ils envoyérent au roi d'Aragon les lettres qu'ils avoient du pape, où il l'exhortoit de ne plus proteger les hèretiques, ce qu'il promit; mais malgré fa parole, il continua toûjours fes hoftilités; de forte que le comte de Montfort, voyant que pour fecourir le château de Muret il en faudroit venir à une action generale, il s'y prépara avec un courage qui tenoit plus de l'infpiration que de la prudence humaine; car il n'avoit qu'un petit fecours de troupes, que les evêques d'Orleans & d'Auxerre lui avoient amené fort à propos.

1213.
Liv.16. Epft.48.

Malgré l'inégalité de fes forces, il marcha au combat en homme refolu d'y perir. Et tandis que les evêques étoient en priére dans une église voifine, il chargea les enemis, & enfonça le premier rang. Alors le roi d'Aragon s'étant préfenté à la tête du fecond, il y fut tué auffitôt, ce qui décida du fuccès de la bataille; car les Albigeois, ayant pris l'épouvante, fe mirent tous en fuite, & il perit près de vingt mille hommes, qui furent tuez ou noyez dans la riviére.

Valfernay. Liv.2, ch. 127.

Catel. Comtes. Liv. 2, pag. 293.

Telle fut la fin de Pierre, roi d'Aragon, comte de Barcelone & feigneur de Montpellier, titre qu'il prit toujours dans les actes publics, depuis fon mariage avec la reine Marie. Son courage dans la guerre & fon habileté dans les affaires fembloient lui promettre un plus heureux fort; mais fon amour pour le plaifir, & fon ambition l'entretinrent toute fa vie dans des mouvemens continuels qui cauférent enfin fa perte dans la fleur de fon âge. Un auteur efpagnol, en citant les mémoires du roi Jacques, fon fils, avouë qu'il fe prépara bien mal, pour un chrétien, à la bataille où il fut tué; car il dit: *Dormièra con una muguer la noche ante la batailla*. Et le comte de Montfort, en qui tous les hiftoriens reconnoiffent une piété fort exacte & fort exemplaire, ayant intercepté la lettre qu'il écrivoit à cette dame, où il lui marquoit qu'il s'étoit engagé dans cette guerre pour avoir le plaifir de la voir, ne put s'empêcher de dire qu'il auguroit bien d'une bataille où fon adverfaire fe préparoit par un double adultére.

Guill. de Puy-laurens.

Sa mort arriva le treize du mois de feptembre 1213, jour où la grande bataille de Muret fe donna, peu de mois après la mort de la reine, fon époufe, qui étoit décedée à Rome, dans le mois d'avril de la même année. Je marque cette circonftance, parceque Zurita, fe fondant fur une lettre de recommendation du pape Honoré III, en faveur du roi Jacques, fupofe, dans fes annales d'Aragon, que la reine Marie vécut jufqu'au tems de ce pape, c'eft-à-dire en 1217 ou 1218. Mais, outre que l'explication naturelle qu'on doit donner à la lettre d'Honoré III ne prouve point ce qu'avance Zurita, comme nous le dirons dans la vie du roi Jacques, on trouve la mort

114   *Histoire de la ville de Montpellier.*

1213. de la reine marquée si précisément dans nos archives, qu'on ne peut guere douter d'un fait si bien circonstancié dans les regîtres publics, & par des gens qui ne pouvoient se dispenser d'y prendre beaucoup d'interêt. En voici les propres termes :

En aquest an 1213, mori à Rome madona Maria, regina d'Aragon; & pueis à 13 de settembre, mori à Muret Peire, rey d'Aragón.

VIII.
PAGE 72.

Par le dernier testament que la reine Marie fit à Rome, en date du 20 avril* 1213, & dans la seizième année du pontificat du pape Innocent III, elle institua pour son héritier universel Jacques, son fils, avec substitution à ses filles Mathilde & Peyronne, qu'elle avoit eû du comte de Comenge. Elle confirme, pour les autres chefs, le testament qu'elle avoit fait à Montpellier, lorsqu'elle en partit pour aller à Rome; c'est-à-dire qu'au défaut de ses filles, elle appelle à sa succession Raymond Gaucelin de Lunel, son cousin germain, fils de sa tante Sibille; & après Gaucelin, ses autres cousins, Raymond & Arnaud de Roquefeüil, enfans de Guillelme, autre tante de la reine. Dans tout ce testament, elle ne fait aucune mention de ses freres, qu'elle regarde toûjours comme bâtards; mais elle ajoute au testament déja fait à Montpellier, quantité de legs-pies en faveur des principales églises de Rome, & des domestiques qu'elle avoit auprès de sa personne dans sa dernière maladie : *Apud ecclesiam sancti Petri* (dit-elle), *michi eligo sepulturam;* donnant à cette église & à celle de St. Jean de Latran, vingt-cinq livres chacune; pour les frais de sa sépulture, elle assigne trente livres; pour Ste. Marie Majour, un calice de deux marcs, & autant pour celle de St. Paul.

A St. Sauveur d'Aniane : *Quidquid habeo* (dit-elle) *in piscariis castri de Frontiniano & in pertinentiis suis. Quas piscarias bonæ memoriæ Guillelmus de Montepessulano, pater meus, ab eodem monasterio tenuit & possedit.*

Au monastére de St. Felix de Monceau (aujourd'hui les religieuses de Gigean), le château de Mirevaux, avec toutes ses appartenances; mais elle en reserve l'usufruit & le domaine à Clemence, sa tante, pendant sa vie; *Reservato tamen usufructu & pleno dominio ejus, dominæ Clementiæ amitæ meæ omnibus diebus vitæ suæ.* D'où nous apprenons que Clemence, l'une des sœurs de son pere, & mariée à Rostang de Sabran, vivoit encore. Nous verrons, dans la suite de cet ouvrage, que le roi Jacques retira le château de Mirevaux des religieuses de Gigean, par un échange qu'il fit avec elles.

Elle donne à Rissende, sa cameriere, vingt-cinq livres, outre ce qu'elle lui avoit donné dans son premier testament; sçavoir, sa chape, sa ganache, sa tunique, son manteau d'écarlate fourré de péleterie, avec un autre manteau & ganache de drap vert; à Guillelme, sa servante, la nourriture dans sa maison, avec une ganache de brunet, & autre d'écarlate doublée de peau; à Oderic de Boulogne, cinq cent livres tournois; aux avocats qui l'avoient servie dans sa cause, trente livres; & au reste de ses domestiques, qui sont marquez en grand nombre, tout ce qu'elle leur avoit donné dans son premier testament, avec une augmentation de vingt livres pour les uns, & de trente pour les autres.

1213.

Enfin, elle laisse au pape Innocent III le pouvoir de changer son testament; & met sous sa protection & sous celle de l'église romaine, son fils Jacques & tous ses domestiques.

FIN DU LIVRE QUATRIÉME.

HISTOIRE
DE LA VILLE
DE MONTPELLIER.
Sous le roy Jacques d'Aragon & de Mayorque.

LIVRE CINQUIÉME.   Page 73.

CHAPITRE PREMIER

I. Le roi Jacques est retiré des mains du comte de Montfort. II. Exemple remarquable de la fureur des guerres de religion. III. Concile de Montpellier en 1214. IV. Première expedition de Loüis VIII en Languedoc. V. Concile general de Latran. VI. Le roi Jacques confirme les priviléges de Montpellier. VII. Amaury de Montfort veut ceder tous ses droits au roi de France. VIII. Concile de Montpellier en 1224. IX. Seconde expedition de Loüis VIII en Languedoc. X. Sa mort, & la réunion du Languedoc à la couronne.

LA MORT précipitée de Pierre, roi d'Aragon, causa bien du trouble dans ses états, où ses freres, Ferdinand & Sanchez formérent aussitôt differens partis pour en avoir le gouvernement ; le prétexte étoit d'autant plus spécieux, que le jeune roi Jacques se trouvoit depuis trois ou quatre ans entre les mains du comte Simon de Montfort, d'où il paroissoit bien dificile de le retirer.

I. 1213.

1213.

Ce fait est très-constant, & avoüé par tous les auteurs espagnols, quoiqu'ils ne nous marquent pas bien précisément par quelle occasion il étoit tombé entre ses mains. Guillaume de Puylaurens est le seul à nous apprendre que dans les conferences que Pierre d'Aragon eut avec Simon de Montfort en 1210, le roi lui donna son fils en otage, pour sureté des conventions reglées entr'eux : *Pro quibus servandis idem rex tradidit Jacobum, filium suum parvulum, obsidem eidem comiti Carcassonæ.* On dit que Simon en vouloit faire son gendre, & que le roi, toujours attentif à l'agrandissement de ses états, étoit bien aise d'y réunir le Languedoc, dont le comte possedoit la plus grande partie, & qu'il auroit donné volontiers à sa fille en faveur de ce mariage.

Ch. 16.

Ch. 22.
Page 74.

Quoiqu'il en soit, les seigneurs d'Aragon & de Catalogne, après avoir rendu* les derniers devoirs à leur roi défunt, dont les hospitaliers de St. Jean de Hierusalem avoient retiré le corps après la bataille de Muret, n'eurent pas de plus grand empressement que de travailler à la délivrance de son fils, le prince Jacques. Ils tentérent la voye des armes (selon Zurita) par des irruptions qu'ils firent jusqu'à Narbonne, & ils envoyérent des ambassadeurs à Rome, pour interesser le pape dans leur demande. Cette seconde voye leur réussit mieux que la premiére ; car Innocent III, ayant envoyé au commencement de 1214, le cardinal de Benevent pour legat dans le Languedoc, il le chargea de retirer le jeune roi des mains du comte, à qui il écrivit de le remettre entre les mains de son legat. La chose fut ainsi executée, mais avec promesse solemnelle qu'on ne songeroit plus à venger la mort du roi d'Aragon, ni à troubler le comte Simon de Montfort dans la possession de ses conquêtes. Par ce moyen, le jeune roi, qui n'avoit alors que sept ans, fut rendu à ses sujets, & confié par eux aux soins de Guillaume de Montredon, maître des Templiers en Espagne, qui le garda durant deux ans dans la forteresse de Monçon, où il étoit plus en état de veiller à sa sureté & à son éducation.

1214.

Gomesius.

Series, pag. 223.

On dit qu'avant que de s'y rendre il vint à Montpellier, lieu de sa naissance, où il ne lui étoit pas indiferent de se faire voir depuis la mort de son pere & de sa mere. On croit qu'il y reçut alors le serment de fidelité des habitans, comme on l'infére d'une lettre qu'Innocent III leur écrivit en 1215, par laquelle il leur recommende de veiller à la conservation des biens du roi d'Aragon, à qui (dit la lettre) vous avés depuis peu prêté serment. Et il leur marque en même tems, de s'adresser à Guillaume de Montredon, maître des Templiers en Espagne, chargé du soin de la personne & des affaires du roi.

II. Dans ces entrefaites, le comte Simon de Montfort, qui, depuis la bataille de Muret, avoit reçu de France un grand fecours de troupes, fe rendit maître de plufieurs places en Agenois & dans le Quercy, tandis que le comte de Touloufe faifoit tous fes efforts pour le traverfer. On raconte que Baudoüin, fon frere, qui étoit du parti des croifez, ayant été pris & conduit à Montauban, le comte de Touloufe s'y rendit auffitôt, & l'ayant fait tirer de prifon, il commanda qu'on lui mit la corde au cou pour le pendre. Baudoüin, fon frere, l'ayant conjuré de lui donner au moins le temps de fe confeffer & de recevoir le viatique, l'un & l'autre lui fut refufé; & auffitôt le comte de Foix, fon fils, & un chevalier aragonois, prêtant leurs mains à ce cruël miniftére, l'enlevérent de terre, & avec la corde qu'ils lui avoient mis au cou, ils le pendirent à un noyer. Je marque cette circonftance pour faire voir que dans les guerres de religion, on fe porte à de plus grandes fureurs que dans les guerres ordinaires.

1214.

Puylaurens, ch. 23.

Cependant, le cardinal legat voulant pourvoir aux befoins fpirituels & temporels de la province, affembla aux fêtes de Noël 1214, un concile à Montpellier, où fe trouvérent les cinq archevêques de Narbonne, d'Auch, d'Embrun, d'Arles & d'Aix, avec vingt-huit evêques & plufieurs barons du païs. Le comte Simon de Montfort ne manqua point d'y venir; mais il n'ofa entrer dans la ville, à caufe de la mort du roi d'Aragon, que les habitans lui imputoient; & il prit le parti de fe tenir au château du Terrail, appartenant à l'evêque de Maguelonne, d'où il fe rendoit tous les jours à la maifon des Templiers, hors les murs de la ville, pour y conferer avec les prélats, qui venoient l'y trouver. On fit dans ce concile de beaux reglemens pour la difcipline ecclefiaftique & monaftique; j'en parlerai ailleurs; mais on n'oublia point les intérets communs de la province, qui avoit befoin d'un chef pour la confervation des places conquifes par les croifez. Tous, d'une voix unanime, priérent le legat de les donner au comte de Montfort, avec la ville de Touloufe, qui venoit de fe rendre à lui, & dont il avoit reçû des otages: *Quæ in manu legati fe pofuerat, datis obfidibus.* Mais, le legat s'en étant excufé fur les bornes du pouvoir de fa legation, toute l'affemblée députa Bernard, archevêque d'Embrun, pour aller à Rome fuplier le pape de confirmer le choix qu'ils avoient fait de Simon de Montfort pour leur feigneur: *Ut electum virum Simonem confirmaret, & concederet in illius terræ dominum & monarcham.*

III.

Valfernay, ch. 81.

Præcl. Franc. Facin.

*Tandis qu'on traitoit de cette affaire, le comte, invité par le legat, fe rendit avec fes deux fils, dans l'eglife Notre-Dame des Tables, où fe tenoit le concile; & dans le tems qu'il conferoit avec les prélats, les gens de fa fuite fe répandirent dans la ville, où leur préfence reveilla les regrets des habitans fur la mort du roi d'Aragon. Plufieurs s'attroupérent en armes à

Page 75.

1214.

une des portes de l'eglife, & d'autres allérent attendre le comte dans les ruës, par où ils croyoient qu'il devoit paffer; ce qui étant venu à la connoiffance des peres du concile, ils firent fortir le comte par une autre porte, & gagner les dehors de la ville, où l'on marque qu'il n'entra jamais plus. Cette avanture, dont Pierre de Valfernay nous a confervé l'hiftoire, bien loin d'être un effet de la méchanceté des habitans de Montpellier, comme il voudroit le faire entendre, ne peut être regardée que comme une marque de l'affection qu'ils confervoient pour leurs feigneurs, puifque durant toute la guerre des Albigeois ils firent paroître un attachement trèsconftant pour la bonne caufe.

Hift.Albig., cap. 81.

1215.   IV. Cependant, Loüis de France, fils du roi Philipe-Augufte, voulant accomplir le vœu qu'il avoit fait depuis trois ans, fe rendit à Lyon, où étoit le rendés-vous de fes troupes, au jour de Pâques 1215, pour marcher de là contre les Albigeois. Le comte de Montfort étant venu au devant de luy jufqu'à Vienne, & le legat jufqu'à Valence, ils décendirent tous enfemble à St. Gilles, où les députez du concile de Montpellier apportérent de Rome la réponfe du pape, qui donnoit au comte de Montfort la garde de toutes les conquêtes faites par les croifez, jufqu'à-ce qu'il en fût plus amplement ordonné par un concile general. Le prince n'y ayant fait aucune oppofition, vifita les villes du Languedoc jufqu'à Carcaffonne, où la difpofition du pape en faveur du comte de Montfort fut approuvée, dans une affemblée d'evêques & des feigneurs de la fuite du prince, qui s'étant rendu à Touloufe, en fit abatre les murailles, & ordonna qu'on en fît autant à celles de Narbonne. Son expedition dans le Languedoc fe borna pour cette fois à ces divers événemens; car, y ayant employé les quarante jours de fon vœu, il s'en retourna en France, de même que le legat à Rome, où le pape Innocent III tint, dans le mois de novembre, le quatriéme concile general de Latran.

1216.   V. Parmi les canons de ce concile, qui eft un des plus celébres, on peut remarquer, au fujet de l'affaire dont je parle, qu'outre les punitions canoniques portées contre les heretiques de ce tems-là, il eft dit : « que fi les « feigneurs n'en purgent pas leurs terres, ils feront excommuniez, leurs « vaffaux abfous du ferment de fidelité, & leurs terres expofées à la con-« quête des catholiques, fauf le droit du feigneur principal, pourveu que « lui-même ne porte aucun obftacle à l'execution de ce decret. » Par où on paroiffoit confirmer tout ce qui avoit été déja fait contre les comtes de Touloufe, de Comenge & de Foix. En quoi, remarque M. Fleury, fi l'eglife fembloit entreprendre fur la puiffance féculiére, il faut fe fouvenir qu'à ce concile affiftoient les ambaffadeurs de plufieurs fouverains, qui confentoient à ces decrets au nom de leurs maîtres.

Hift.Eccl.liv.,77, pag.388.

Je ne dois pas oublier que ceux du roi Jacques s'y trouvérent, & que ce 1217. jeune prince, peu de tems après, ayant été obligé de fortir du château de Monçon pour calmer les troubles que fes oncles Ferdinand & Sanchez excitoient dans fes états, il reveilla fi bien par fa préfence la tendreffe de fes fujets, que tous concoururent à pacifier les troubles & à difpofer un regne tranquille à ce jeune roi, qui n'étant encore que dans fa dixième année, donnoit les plus grandes efperances qu'on pût attendre.

Il donna des marques de fa bonté l'année fuivante, 1218, envers la ville IV. 1218. de Montpellier, non-feulement en confirmant fes priviléges, mais encore en prenant fous fa protection les douze confuls & toute la communauté; Les termes en font remarquables : *Recipimus in amorem noftrum perfectiffimum & tuitionem perpetuam dictos duodecim probos homines & totam univerfitatem Mon-* Grand Talam., *tifpeffulani.* Et la raifon qu'il en donne, c'eft qu'il eft naturel d'aimer ceux fol. 57. qui nous aiment, & qu'il croit devoir reconnoître les fervices qu'il a reçû Liv. Noir, fol. 42. des confuls de Montpellier, & les parfaites marques d'amour qu'on y a fait paroître pour fa perfonne : *Scientes eos.... nos perfecte in omnibus dilexiffe & multa nobis acquifiviffe, & dominationem terræ* Montifpeffulani ampliaffe.* Il pro- PAGE 76. met de ratifier le préfent acte lorfqu'il aura acquis l'âge de puberté, & lorfqu'il fera parvenu à fa vingt-cinquième année.

On met au dixième d'août de cette même année, 1218, le premier etabliffement de l'ordre de la Mercy, dont le roi Jacques eft mis au nombre des fondateurs, avec Raymond de Pennafort, fon confeffeur, & Pierre Nolafque, gentilhomme d'auprès de Carcaffonne, qui avoit été connu de lui tandis qu'il étoit dans cette ville, entre les mains du comte de Montfort. Ils eurent tous trois en même tems une forte infpiration de pourvoir à la redemption des efclaves que les Maures faifoient journellement fur les chrétiens; & Pierre Nolafque s'étant offert pour cette fainte entreprife, il s'y confacra publiquement entre les mains de l'evêque de Barcelonne, avec quantité de jeune nobleffe, qui embrafférent ce nouvel ordre comme un ordre militaire. Raymond de Pennafort leur dreffa une regle, & le jeune roi Jacques, qui étoit alors dans fa onzième année, les prit fous fa protection fpéciale, qu'il continua de leur donner le refte de fa vie. Cet ordre fut enfin confirmé par le pape Grégoire IX, en 1230. Nous aurons occafion d'en parler fouvent dans le cours de cet ouvrage.

Les faveurs que le roi Jacques venoit d'accorder à la ville de Montpellier, avoient été précedées de celles qu'il reçut lui-même du pape Honoré III, qui avoit fuccédé immédiatement au pape Innocent III, mort dès le mois de juillet 1216. Ce nouveau pape (de la maifon de Savelli), voulant foûtenir dans le Languedoc les affaires de la religion, écrivit à fon legat Bertrand, qu'il prenoit sous la protection du S⟨r⟩. Siége les interêts du roi d'Aragon, qui lui avoient été fort recommendez par la reine Marie, dans la maladie qui l'enleva à Rome: *Agens dudum apud sedem apostolicam in extremis:* ce qui a donné lieu à Zurita de mettre la mort de cette reine sous le pontificat d'Honoré III, en 1217; mais ces paroles, *Dudum & in extremis*, font assés voir que le pape parloit d'une recommendation faite depuis long-tems, & avant qu'il fût parvenu au S⟨t⟩. Siége, où la reine prévoyoit qu'il seroit élevé, comme il le fut en effet dès le lendemain de la mort d'Innocent III. En même tems, le pape fit tous ses efforts pour empêcher le roi d'Aragon d'attaquer les terres de Simon de Montfort, comme il paroît par les lettres que nous avons de lui, écrites à son legat, au roi lui-même, & à ses ministres; mais elles n'eurent pas un long effet, car ce brave seigneur fut tué quelques mois après en affiégeant Touloufe.

Sa mort, qui arriva le vingt-cinquième du mois de juin 1218, releva le courage des Albigeois & du comte Raymond, qui devint paisible maître de Touloufe, & où il se maintint jusqu'à sa mort, arrivée en 1222. Son fils, appellé Raymond le Jeune, pour le distinguer du pere, qui est appellé dans l'histoire de ce tems Raymond le Vieux, eut des guerres continuelles avec Amaury, fils du comte Simon de Montfort, qui n'ayant pas dans le païs le même credit qu'avoit eû son pere, ne fut point en état d'y faire de grandes entreprises. Il tenta de reprendre Castelnaudarry sur le comte de Touloufe, qui le lui avoit enlevé; il chercha à le harceler quelquefois dans ses marches; il fit quelques ravages aux environs de Montpellier, pour venger (disoit-on) le mauvais traitement qu'on y avoit fait à son pere, dans le tems du concile de 1214; mais toutes ces tentatives ne lui ayant pas réussi, il s'ennuya d'une guerre dont il ne pouvoit pas soûtenir la dépense: *Affectus tædio & expensis*, dit Puylaurens: ce qui lui fit naître la pensée de ceder tous les droits qu'il avoit sur la comté de Touloufe, au roi de France, afin qu'il l'unît à son domaine.

Il est vrai que la chose ne fut executée que quelques années après; mais il est certain qu'elle avoit été projettée du vivant de Philipe-Auguste, comme il paroît par les lettres qu'Honoré III écrivit à ce prince, en 1122, & ensuite au roi Loüis VIII, son fils, lors de son avénement à la couronne, en 1223, où le pape parle du dessein d'Amaury comme d'une offre déja faite. Le roi Loüis VIII fut assés long-tems à l'accepter, ou à travailler éficacement à la faire executer, parce qu'il fut obligé de faire la guerre aux Anglois, pour le recouvrement de l'Aquitaine, & parceque Raymond y fit naître des obstacles de la part du roi d'Angleterre, & de la part de l'Empereur, qui craignoient, l'un pour la Guiéne, & l'autre pour la Provence.*

Cependant Raymond, voulant gagner le pape à quelque prix que ce fût, VIII. 1224.
fit toute forte de promeffes pour fa reconciliation à l'églife; il obtint un
ordre à Arnaud, archevêque de Narbonne, de convoquer un concile pour
écouter les propofitions de paix qu'il avoit à faire avec les Albigeois, fes
adhérens. Ce concile fut tenu à Montpellier, pendant l'octave de l'Affomption
Nôtre-Dame, en 1224, où, en préfence des archevêques de Narbonne &
d'Auch, avec les evêques de ces deux provinces & de celle d'Arles, Ray- *Appar. Tom. 11.*
mond de Touloufe, Roger, Bernard, comte de Foix, & Trincavel, vicomte *Conc., pag. 233.*
de Beziers, promirent aux peres du concile la fidelité qu'ils devoient à
l'églife, & la reparation des maux qu'ils avoient caufé; mais à condition
toutefois que le pape feroit renoncer le comte de Montfort à fes prétentions
fur leurs terres. Nous ne voyons pas quel fut le refultat de l'affemblée;
car, dans les actes de ce concile, on ne trouve autre chofe que les proteftations des feigneurs dont je viens de parler, avec les repréfentations du
comte Amaury au concile, pour la manutention de fes droits, où il faifoit
fur tout valoir les grandes efperances qu'on avoit de réduire bientôt les
héretiques, puifque le roi de France l'avoit entrepris.

Ce projet néanmoins ne fut executé que l'année fuivante, durant laquelle 1225.
Romain, nouveau legat du St. Siége, perfuada au roi de France, Loüis VIII,
de fufpendre la pourfuite de fes droits contre l'Angleterre, & de marcher
contre les Albigeois. Il excommunia auparavant le comte de Touloufe
avec fes complices, dans un concile national tenu à Paris, le 28 janvier 1226.
1226. Et le comte Amaury, avec Guy, fon oncle, ayant fait au roi une
ceffion par écrit de tous leurs droits fur la comté de Touloufe, le legat en
confirma le droit à perpetuité au roi Loüis VIII & à fes hoirs; & il lui
promit, du confentement de quelques evêques, cent mille livres par an,
durant cinq années, de la décime qui fe levoit alors fur le clergé au nom du
pape, & dont le St. Pere faifoit en ce temps-là l'application comme il jugeoit à propos.

Alors le roi fe prépara férieufement au voyage du Languedoc; il prit la IX.
croix de la main du legat; il convoqua à Bourges, pour le dix-feptiéme de *Gefta Lud.*
mai, tous ceux qui lui devoient fervice de guerre, & il en partit, menant *Duchefne, Tom.*
fes troupes par Lyon, le long de la riviére du Rhône. Les confuls des villes *5. pag. 287.*
& vilages qui appartenoient au comte de Touloufe venoient lui rendre
les fortereffes, & lui donnoient des otages. Avignon, qui étoit la ville la *Puyl., chap. 25.*
plus forte, en fit autant; mais le roi ayant voulu faire paffer fon armée au
milieu de la ville, les habitans, qui étoient excommuniez depuis long-tems,
craignirent d'être traitez comme enemis; ils fermérent leurs portes, & ils
fe contentérent d'offrir le paffage pour la feule perfonne du roi avec peu

1226. de suite. Ce refus engagea Loüis VIII à entreprendre le siége de cette ville; il y employa près de trois mois, durant lesquels il perdit plus de deux mille hommes; & les assiégez s'étant enfin rendus à composition, ils furent châtiez par la perte de leurs murailles & de trois cent maisons, tant dedans que dehors la ville, qui furent abatuës par ordre du roi & du legat.

Ce fut pendant ce siége que les habitans de Montpellier allérent présenter au roi les lettres de recommendation qu'ils avoient fait demander au pape Honoré III, dans lesquelles on voit un eloge bien singulier de l'abondance & de la fertilité du païs. *Tibi, ut credimus* (dit le St. Pere), *dubium non existit quod cum villa Montispessulani ubertate bonorum omnium taliter sit repleta, quod ei Dominus benedixisse videatur, qui de rore cæli & de pinguedine terræ abundantius ei dedit: Dilecti filii consules,* &c. Une si haute recommendation valut à la ville de Montpellier des lettres de sauvegarde que le roi leur fit expedier, portant affranchissement de tous péages, tant dans les propres

Liv. Noir, fol. 26. terres du roi que dans celles de ses amis: *In tota terra nostra & amicorum nostrorum actum in obsidione Avinioni,* dans le mois de juin 1226.

Plusieurs seigneurs particuliers de la province n'attendirent pas la prise d'Avignon pour aller faire soumission au roi de toutes leurs terres: Pierre de Bermond y fut, pour la ville d'Anduse; Rostang de Sabran, pour la ville de Bagnols; Guy de Tournon, pour le château de Tournon; Guillaume-Bernard de Najac, pour son château de Najac; Gaucelin, seigneur de Lunel,

Page 78. pour sa ville de *Lunel, & pour quantité d'autres terres énoncées dans l'acte. Les villes en corps suivirent l'exemple des seigneurs particuliers: Nîmes y envoya ses consuls, qui prénent le titre de consuls du château des Arénes & de la ville de Nîmes; Beziers, dont la catholicité paroissoit suspecte, donna des otages, & les seigneurs de ce diocése ajoûtérent à leur serment, de ne donner aucune retraite dans leurs terres à Raymond, fils de Raymond, jadis comte de Toulouse. Les noms de ces seigneurs, tels que M. Catel les a tiré des archives de Carcassonne, sont: Pons de Tezan, Pierre

Comtes, Liv. 2, pag. 304. de Villeneuve, Raymond de Corneillan, & Pierre Vintrou, avec le viguier de Puysseguier.

Toutes les autres villes, châteaux & forteresses qui se trouvérent sur le passage de roi, suivirent cet exemple jusqu'à quatre lieuës de Toulouse, où le roi s'arrêta; il y laissa Imbert de Beaujeu, pour conserver ses conquêtes, & il partit en diligence, pour retourner à Paris, dans le dessein de revenir au printems finir cette guerre; mais une grande maladie l'ayant retenu à Montpensier, en Auvergne, il y mourut le huitiéme de novembre de cette même année 1226, la trente-neuviéme de son âge, & la quatriéme de son regne

La mort de ce prince, qui, selon toutes les apparences, devoit relever le X. 1227.
courage des Albigeois, ne leur fut d'aucun avantage, par l'heureuse étoile
& par la sage conduite de la reine Blanche, sa veuve & regente du royaume
pendant la minorité de son fils, le roi St. Loüis, qui n'avoit alors qu'onze
ans & demi. Elle fut si bien servie dans le Languedoc, que le comte de
Toulouse n'y trouva presque point de secours; & l'on y prit même grand
soin de le dénoncer excommunié, avec ses fauteurs, le comte de Foix &
Trincavel de Beziers. La chose paroît certaine par le xviie canon du concile provincial de Narbonne, tenu en 1227, par Pierre Amelin, alors archevêque.

Tom. II., Conc.,
pag. 304.

En même tems, une armée de croisez étant venu joindre Imbert de
Beaujeu, qui commandoit les troupes du roi, ils firent un si grand dégât
aux environs de Toulouse, que les Toulousains, affligez de tant de pertes,
écoutérent les propositions qui leur furent faites par Guerin, abbé de Granselve, & l'on convint de s'assembler à Meaux, l'année suivante, pour conclurre le traité.

Cette action, qui est une des plus mémorables pour nôtre province, se 1228.
passa dans le mois d'août 1228, avant Pâques, auquel tems, selon la maniére de France, devoit commencer l'année 1229. Le cardinal Romain,
legat du pape, se rendit à Meaux, avec l'archevêque de Narbonne & ses evêques sufragans. D'un autre côté, Raymond y vint avec nombre de Toulousains; & après plusieurs déliberations pour regler les conditions du
traité, ils se rendirent à Paris, où on lui donna sa derniére persection en
présence du roi; il est redigé en forme de lettres-patentes, que l'on peut
voir tout au long dans nos archives, où le roi dit en substance : « Que Ray-
« mond, demandant grâce à l'église & au roi, promet de leur être fidéle;
« de chasser les héretiques de ses terres; de restituer aux églises les biens
« qu'il leur détient; de faire payer les dîmes, même de son domaine; de
« donner une certaine somme pour reparer les dommages des guerres
« passées; & de payer quatre mille marcs d'argent pour entretenir des
« maîtres à Toulouse pendant dix ans, sçavoir : deux doƈteurs en theo-
« logie, deux decrétistes, six maîtres des arts liberaux, & deux de gram-
« maire, ce que M. Fleury appelle l'institution de l'université de Toulouse.

Puyl., ch. 39.

Grand Talamus,
fol. 106.

Hist. Eccl., liv.
19, pag. 664.

« Aussitôt après son absolution (continuë l'aƈte), Raymond recevra la
« croix des mains du legat, pour faire le voyage d'outremer, où il restera
« cinq ans, & ce sera sa penitence. Il remettra Jeanne, sa fille unique, entre
« les mains du roi, qui la fera épouser à un de ses freres. Moyennant quoi,
« le roi laissera à Raymond le diocése de Toulouse; & après sa mort, tou-
« tes ses terres appartiendront à celui des freres du roi qui aura épousé sa

1228.

1229.
Ch. 39.

PAGE 79.

« fille, & aux enfans qui proviendront de leur mariage ; mais s'ils n'en laiſ-
« ſoient point, toutes ces terres reviendront au roi & à ſes ſucceſſeurs. »

En conſequence, le comte Raymond reçut l'abſolution du legat, le Vendredi Saint, treiziéme jour d'avril. Ce fut un ſpectacle bien touchant (dit Guillaume de Puylaurens, ſon chapelain) de voir ce prince, qui avoit été ſi puiſſant, être* conduit à l'autel, nuds-pieds, en chemiſe & en caleçon : *Eratque pietas virum tantum videre, qui tanto tempore tot & tantis nationibus poterat reſtitiſſe, duci in camiſia & braccis, & nudis pedibus ad altare.*

Ce traité, qui le dépoüilla du plus grand nombre de ſes terres, eſt appellé par un de nos écrivains le chef-d'œuvre de la reine Blanche, & il valut enfin le Languedoc au ſucceſſeur du roi St. Loüis, parcequ'Alphonſe, ſon frere, étant mort, avec la comteſſe Jeanne, ſon épouſe, peu de temps après lui, ſans enfans, Philipe le Hardi réunit auſſitôt le Langudoc à ſa couronne ; & ainſi, comme on l'a encore remarqué, cette guerre des Albigeois, qui avoit duré vingt ans, fut terminée en un jour, par un roi de quatorze ans, gouverné par une femme.

Fleury, Hiſt., liv.
79. pag. 665.

Nous apprenons par des lettres-patentes du roi St. Loüis, que le comte Raymond, pour ſureté de ſes promeſſes, demanda lui-même de reſter dans les priſons du Louvre, juſqu'à ce qu'il eût fait remettre dans la ville de Carcaſſonne, ſa fille Jeanne, entre les mains des envoyez du roi : *Raymundus, filius Raymundi, quondam comitis Toloſani remanſit in priſione noſtrâ Pariſiis apud Luparam, ad petitionem ſuam, & de propriâ ejus voluntate, donec filiam ſuam apud Carcaſſonam nuntiis noſtris tradiderit.* Quelque tems après, il mit des otages à ſa place ; & étant ſorti de priſon, il paſſa le reſte de ſa vie dans les mouvemens & dans les variations que nous verrons dans la ſuite.

CHAPITRE SECOND.

I. Mariage du roi Jacques. II. Son expedition à Mayorque. III. Il vient à Montpellier et fait pluſieurs conceſſions à cette ville. IV. Il y revient en 1234, pour le mariage du roi St. Loüis. V. Enfans de Guillaume, fils de Mathilde, oncle du roi Jacques. VI. Le roi revient à Montpellier en 1238, & pourquoi. VII. Veritable origine du chevalet. VIII. Fin du dernier Raymond, comte de Touloufe.

JE reviens à l'hiſtoire de Montpellier, que celle des Albigeois avoit interrompu ; & comme ce que j'ai de plus important à dire roule ſur les actions de Jacques, roi d'Aragon, ſeigneur de cette ville, il eſt neceſſaire que je reprêne les choſes où je les avois quitées.

Ce jeune prince, après sa sortie du château de Monçon (comme nous l'avons vû), fut instament solicité par son conseil de se marier au plûtôt, pour achever d'ôter à ses oncles toute esperance de succession. Il choisit Eleonor, fille du roi de Castille, & sœur de la reine Blanche, qu'il épousa à Tarragone, l'an 1221. Il étoit alors dans sa quatorziéme année. Berenger de Cervera, son lieutenant à Montpellier, partit aussitôt avec une grande députation pour se trouver à cette fête; le chapitre de Maguelonne fit partir ses députez, & la ville nomma Jean Lucien, qui en étoit bailli, Guillaume Fulcran & Raymond de Lates, consuls, avec quatre des principaux habitans, pour féliciter le roi de son mariage, & pour lui présenter une très-riche piéce de drap d'or, qu'un marchand de Montpellier (disent nos annales) avoit apporté du Levant.

I. 1229.

Zurita, Liv. 2, ch. 75.

C'étoit un fruit des soins que le conseil du jeune roi avoit pris de faire fleurir le commerce dans ses états, tandis que le Languedoc étoit en feu au sujet des Albigeois. La ville de Montpellier y profita considerablement, comme nous le voyons par les traitez de commerce qu'elle renouvella pour-lors avec les Génois & les Pizans, avec ceux de Nice, d'Antibes, de Toulon, d'Hyeres & de Marseille : ce qui fut suivi, dans la suite des tems, des sauvegardes qu'ils obtinrent des rois de Chypre & de Jerusalem, du prince d'Antioche & du grand-maître de Rhodes, de l'empereur de Constantinople, des rois de Sicile,* d'Armenie & d'Angleterre, dont on conserve encore dans les archives de l'hôtel-de-ville & à la bourse, les priviléges accordez aux marchands de Montpellier.

Liv. Noir. fol. 26 & seq.

Page 80.

Les secours que le roi Jacques pouvoit tirer de cette ville, joints à ceux qu'il trouvoit déja dans ses ports de Catalogne, le mirent facilement en état d'entreprendre quelque expedition glorieuse pour sa personne & utile à tout son royaume.

L'occasion s'en présenta lorsque le Languedoc eut été pacifié par le traité du comte Raymond, dont nous venons de parler : car le roi de Mayorque, alors mahometan, ayant fait une prise sur les habitans de Barcelonne, sujets du roi Jacques, & ayant mal répondu aux demandes qu'il lui en fit faire, le roi d'Aragon resolut dans son conseil de lui déclarer la guerre; & il en écrivit une lettre-circulaire à tous ses sujets, par laquelle il leur promit de partager avec eux ses conquêtes, à proportion du secours qu'ils lui ameneroient; de leur laisser la liberté de se retirer quand ils voudroient, & de vendre ou de disposer à leur volonté des biens qu'ils auroient acquis. Nous trouvons dans l'histoire de cette expedition, écrite en castillan par le docteur Jean Damête, que la proposition fut reçûë avec une joye incroyable, par l'aversion naturelle que les Espagnols avoient contre les Maures, & par les avantages que

II.

Page 202.

1229.

tous les sujets du roi esperoient de tirer de cette conquête. Ils s'y portérent avec ardeur; & les principaux seigneurs, tant ecclesiastiques que séculiers, fournirent chacun jusqu'à trente, soixante ou cent hommes de guerre; de sorte qu'avec un grand nombre de volontaires, qui vinrent s'offrir d'eux-mêmes, l'armée fut de quinze mille hommes de pied, & de quinze cens chevaux.

Hist. Balear., Liv. 2, pag. 194.

Je crois ne devoir pas oublier ici le portrait que les historiens nous ont laissé de ce grand prince, qui étoit à la fleur de son âge lors de cette expedition. « Il étoit (dit l'auteur de l'histoire de Mayorque) plus haut de « quatre doigts que le commun des hommes, & bien proportionné dans « sa taille; son visage étoit d'une grande blancheur, & bien coloré, son « nés aquilin, sa bouche grande, mais gracieuse; les yeux bleus, les dents « blanches comme perles, & les cheveux blonds comme de l'or; il avoit « les épaules larges, la taille proportionnée, & la jambe bien faite; à quoi « il ajoûtoit une agilité merveilleuse dans tous les exercices de pied & de « cheval, fort vaillant, fort liberal envers toute sorte de gens, & naturelle- « ment bon. »

L'armée partit du port de Salou, le premier du mois de septembre 1229, sur des bâtimens ramassez dans les côtes de la Catalogne, du Languedoc & de la Provence, parmi lesquels les auteurs espagnols font mention d'un grand vaisseau de Narbonne, à trois ponts, & d'une galère de Montpellier,

Hist. Balear., Liv. 2, § 5, pag. 209.

sur laquelle le roi voulut faire le trajet : *La galera en que iva el rey era de Montpeller.* Le passage fut troublé par une grande tempête qui dissipa les vaisseaux; mais tous s'étant rejoints à la Palomere, ils y firent leur débarquement, malgré l'opposition des Maures, ausquels il falut livrer bataille. Il en coûta la vie au vicomte de Bearn, dom Guillem de Moncada & à sept ou huit seigneurs de sa maison, qui perirent avec lui dans cette occasion; mais la fin du combat ayant été heureuse aux troupes du roi, il fut en état d'entreprendre le siége de la capitale, qu'il commença.

Ce siége fut remarquable par les efforts & par les stratagémes de guerre qu'on employa de part & d'autre. Le roi, ayant fait construire des machines avec le bois de ses vaisseaux pour battre les murailles de la ville, fut interrompu par le maure Infantilla, qui lui coupa toutes les eaux qui se rendoient à son camp. Le roi marcha contre lui, le défit & le tua. Les assiegez, se voyant pressez plus fortement, prirent tous les esclaves chrétiens qu'ils avoient & les exposérent, chargez de chaînes, à l'endroit que le roi faisoit batre avec plus de force. Alors on vit une autre sorte de combat entre l'armée chrétienne & ces pauvres esclaves qui conjuroient les Espagnols de ne pas suspendre leur attaque, & de les laisser plûtôt perir que de manquer à prendre la place. Les habitans de la campagne, voyant qu'ils ne pouvoient tenir contre l'armée du roi,* vinrent fe rendre à lui; & parmi les perfonnes que le roi leur donna pour les gouverner, l'hiftoire marque avec éloge un homme de Montpellier qui fut affocié à Berenger Durfort: *Fueron eftos Berenguer Durfort, natural de Barcelona, y otro cavallero principal de Montpeller, llamado Jaime Sans, perfona de fingular valor y confiança.* Enfin, toutes chofes paroiffant favorables pour les chrétiens, le roi maure demanda à capituler; mais fes propofitions ne pouvant être reçûës, on en vint à un affaut general, qui ayant manqué par la chûte d'une tour qui boucha la brèche, on revint à la charge le dernier décembre 1229, & on emporta la place.

1229.
PAGE 81.

Liv. 2. §. 9.

Cette conquête fut fuivie de la repartition des terres que le roi avoit promife; il nomma pour la faire deux prud'hommes de chaque païs qui lui avoient donné fecours, parmi lefquels on trouve pour Montpellier, Pierre Bar & Pierre Serre. On trouve même que la communauté de Montpellier y fut comprife pour deux groffes métairies de douze jovades chacune.

1230.

Pag. 293.

Alqueria muxarrat doze jovadas, es de los hombres de Montpeller.
Alqueria moracefin doze jovadas, es de los mefmos.

Pag. 287.

Plufieurs autres particuliers de cette ville eurent leur portion féparée; car on trouve dans le catalogue qu'en donne le docteur Daméte, un Pierre de Montpellier, un Jacques, un B. Gaetan de Montpellier, Pierre Conches, Jacques Sans, dont nous avons déja parlé, & Raymond, épicier de Montpellier, qui eurent chacun, les uns quatre, les autres dix, d'autres douze jovades.

Pag. 278 & 279.

Je n'entreprens pas de fuivre le roi dans toutes les conquêtes qu'il fit après celle de Mayorque, qui lui ont acquis dans l'hiftoire le titre de conquérant. Je me contenterai de les indiquer à mefure qu'il faudra parler des voyages qu'il fit à Montpellier & des affaires qu'il y eut.

Le premier voyage qu'il y fit après l'expedition de Mayorque, fut en l'année 1231, qui eft remarquable dans nos regîtres par les conceffions & les réglemens que le roi fit pour la ville de Montpellier. Nous en avons une confirmation de nos coûtumes & priviléges, donnée en cette ville le vingt-huitiéme du mois d'août. Une autre de l'exemption, déja accordée aux habitans de Montpellier par le feu roi fon pere, du droit de leude dans tous fes états. Un acte du don gratuit de cent mille fols melgoriens, que nos habitans lui firent pour l'aider dans fes guerres contre les Sarrazins; & la donation que le roi leur fit de cent maifons dans la ville de Mayorque, dont il marque les confrons & les ruës où ces maifons étoient fituées. Une conceffion à la communauté, de tenir de lui en emphitéofe l'étang de Lates jufqu'à la montagne de Sette, avec le rivage de la mer & le chemin

III. 1231.

Liv.Noir,fol. 41.
Fol. 40.

Grand Talamus, fol. 34.

1231.
Fol. 41.

Fol. 40.

Fol. 34.

qui eſt entre-deux : *Stagna & maria cum corrigia quæ eſt in medio cum littore maris prout extenditur à Latis uſque ad montem Setæ.* Une permiſſion à la même communauté d'acquerir toute ſorte de domaines & de ſeigneuries dans l'étenduë de ſes états. La confirmation des priviléges déja accordez à nos notaires, mais avec quelques nouveaux réglemens : 1º Que ceux qui exerceront dans Montpellier ſeront de la ville, ou du moins y réſidens depuis dix ans; 2º Qu'ils ne ſeront point clercs, & s'ils le deviénent, ils ſeront privez de leurs offices *ipſo jure*. Je ſoupçonnerois fort que les différends qui s'étoient déja émûs entre Jean de Montlaur, evêque de Maguelonne, & les officiers du roi, n'euſſent donné lieu à ce nouveau réglement. Le lecteur ſera plus en état d'en juger par tout ce que j'en dirai dans la vie de cet evêque, où je remets d'en parler plus au long. Mais je ne dois pas omettre que, dans le dernier acte dont je viens de parler, le roi, en reglant l'exercice de la juſtice dans Montpellier, veut qu'on donne l'eſpace de cinq mois pour prononcer ſur les appellations; & il permet enfin aux marchands de cette ville de trafiquer avec les Sarrazins, pourveu qu'ils ne leur apportent point de marchandiſes prohibées : *Licet nos* (ajoûte-t-il) *cum Sarracenis illis guerram habuimus.*

IV.

Gariel. Idée de Montpellier.

PAGE 82.
Geſta Sancti Ludovici.
Ducheſne. Pag. 331.

Liv. Noir, fol. 45.

Le ſecond voyage que le roi Jacques fit à Montpellier fut en 1234, qui fut l'année du mariage de St. Loüis avec Marguerite de Provence, proche parente du roi Jacques. Un de nos hiſtoriens a avancé que ce prince vint en cette ville pour aſſiſter à ce mariage, qu'il ſupoſe avoir été celebré dans * l'égliſe de Nôtre-Dame des Tables. Mais, ayant voulu verifier ce fait dans l'hiſtoire du roi St. Loüis, j'ai trouvé ſi poſitivement que ſon mariage avoit été celebré à Sens, ſur la fin du mois de mai, par Gautier, archevêque de cette ville, que je n'ai pas crû pouvoir hazarder, ſur la foi de nôtre auteur, un événement qui, tout glorieux qu'il ſeroit pour Montpellier, ne ſe trouve point fondé dans l'hiſtoire.

Nos archives diſent ſeulement que le roi Jacques, étant venu à Montpellier dans cette même année, il eut à travailler beaucoup pour appaiſer des troubles qui y avoient été excitez par les nommez Guerrao ou Geraud de la Barce, proche parent des anciens ſeigneurs de la ville, avec Pierre Boniface, homme puiſſant, & Bernard Regordan. On leur fit promettre, par un ſerment ſolemnel, dans l'egliſe de St. Denis, en préſence de Michel de Moreze, archidiacre de Maguelonne & prieur de St Denis, faiſant pour l'evêque, & Raymond de Concques, bailli de Montpellier, pour le roi, qu'ils maintiendroient la paix dans Montpellier, l'autorité du roi & les coûtumes de la ville. Nous verrons dans la ſuite qu'ils ne tinrent pas bien leurs promeſſes.

Au retour de ce voyage, le roi continua en Espagne ses expeditions contre les Maures du royaume de Valence, dont on n'attend pas que je donne le détail; mais je ne puis omettre la part qu'eurent dans cette guerre les V. enfans de Guillaume, fils de Mathilde, dont l'histoire d'Espagne fait une grande mention, quoique la nôtre n'en parle plus. J'ai dit, en raportant le testament de leur pere, qu'ils étoient six enfans mâles, sçavoir: Guillaume, Thomas, Raymond, Bernard, Guy & Burgondion. On ne trouve véritablement aucune mention des deux derniers, ni de Thomas; mais Zurita parle si positivement des trois autres, que je ne crois pas devoir omettre ce qu'il nous en apprend.

1231.

Annal. Liv. 2, ch. 65.

Après avoir fait une legére mention de Guillaume, l'aîné de tous, il parle fort au long de Bernard, que nous avons vû avoir été destiné par son pere pour être chanoine de Lodéve & de Gironne. *Eran los ijos del señor de Monpeller* (dit-il) *Guillen de Monpeller y don Bernardo Guillen.* Le roi donna à ce dernier de grands établissemens en Espagne, où il lui fit épouser dona Jusiana, fille de Pons Hugues, frere du comte d'Empurias, dont la mere étoit de la maison d'Entença: *Dio el rey don Jayme à don Bernardo Guillen gran estado en su reyno, y le caso con doña Jusiana hija de Ponce Ugo, hermano del conde d'Ampurias, que por parte de la madre era del linaje d'Entença.* Ce seigneur, qui est toujours appellé oncle du roi, se distingua beaucoup dans ses armées; mais son action la plus éclatante, est la victoire qu'il remporta sur Zaën, roi de Valence, qui, avec une armée fort supérieure, vint l'attaquer au Puech S^{te}. Marie. Zurita en a fait tout un chapitre de ses annales, où il dit que le courage & la valeur de Bernard Guillen anima tous les siens à mépriser la mort: *Porque el solo con su animo y coraçon dio vigor y fuerças à los suyos, con que osaron avanturarse à la muerte.* Cette bataille facilita au roi Jacques le siége de Valence, qu'il poursuivit encore avec plus de chaleur lorsqu'il eut appris la mort de ce même Bernard Guillen, qui arriva peu de temps après; il en témoigna beaucoup de regret; & après lui avoir fait faire de belles funerailles, il fit chevalier, à l'âge de onze ans, son fils don Guillen de Entença, qu'il avoit élevé dans sa cour, & auquel il donna toutes les terres qu'avoit eû de lui son pere, Bernard Guillen: *Otro dia armo cavallero à don Guillen de Entença, hijo de don Bernardo Guillen, que el avie llevado consigo. Y no tenia onze annos. Y hysole merced de tota la tierra que su padre tenia en honor.* On peut observer de cet endroit de Zurita que les décendans de Bernard Guillen prirent le nom d'Entença, mais qu'ils conservérent aussi celui de Guillaume, comme distinctif pour leur famille. Nous aurons lieu de parler de ces seigneurs, qui, sous le nom d'Entença, ont continué une puissante maison en Espagne.

1238.

Liv. 3, ch. 27.

Ch. 29.

1238.	Le troisiéme enfant de Guillaume, fils de Mathilde, dont Zurita fait mention, est Raymond, que son pere avoit destiné pour être moine dans l'abbaye de Granselve. Il suivit en Espagne le roi Pierre, son beau-frere, dans la maison duquel il fut élevé sous le nom de Raymond de Montpellier. Zurita croit que c'est le même qu'on appella depuis, sous le roi Jacques, *Tortosette*, soit que son frere Thomas, à qui nous avons vû que son pere avoit donné la ville de *Tortose, lui en eût transmis les droits, soit, comme il est plus probable, que toutes les terres des seigneurs de Montpellier ayant été réunies à la maison d'Aragon, on laissât par honneur porter à Raymond le nom de cette ville, mais avec un diminutif qui est assés dans le génie du païs : *Tuvo otro hijo el señor de Monpeller, que se crio en casa del rey don Pedro, y se llamava Ramon de Monpeller. Y creo que es este el que en la historia del rey don Jaime se dise que le llamavan Tortoseta.*

Liv. 3, ch. 65.

PAGE 83.

VI. Le roi ayant heureusement fini toutes ses expeditions dans le royaume de Valence par la prise de la capitale, qu'il réduisit en 1238, resolut de faire un voyage à Montpellier, tant pour tirer de cette ville un secours d'argent, que pour appaiser les troubles qui y étoient à l'occasion de ce même Guerrao de la Barce, dont j'ai déja parlé, & qui avec ses adhérens y menoit les affaires avec une grande hauteur. On raconte même que le roi entrant un jour dans la ville, ayant à ses côtez don Fernand de Açagra et don Affalido de Gudal, Pierre Boniface voulut prendre leur place, & se mit brusquement au côté du roi; la chose alloit avoir des suites, lorsque le roi arrêta tout par sa prudence; mais ayant fait paroître qu'il en étoit irrité, le bailli Atbrand profita de cette disposition, & vint avec un grand nombre d'habitans qui étoient dans les intérêts du roi, protester de leur fidélité, & lui demander avec de grandes instances, qu'il fit faire le procès à ceux qui attentoient tous les jours contre son autorité. A ce bruit Guerrao de la Barce, Pierre Boniface, Bernard Rigordan & Raymond Besfede, tous associez, craignant pour leurs personnes, prirent le parti de sortir de la ville, ce qui donna lieu à les condamner par défaut, & à confisquer leurs biens. L'acte que nous en avons fait voir que leur principal dessein étoit d'obliger le roi à suprimer la juridiction du bailli, & qu'ils avoient même attiré beaucoup de gens dans leur complot, puisque le roi crut devoir donner une amnistie generale, excepté aux principaux chefs; mais, pour leur donner quelque satisfaction & pour leur ôter tout prétexte de plainte, il regla que dorénavant le bailli & ses autres officiers ne pourroient exercer que pendant un an, sauf le concierge des prisons : *Acta sunt hæc statuta à domino rege in stari quondam Atbrandi quod liberi ejus inhabitant apud Montempessulanum scilicet* XVI *Cal. Nov. 1239.*

Ch. 36.

Zurita. Liv. 3, ch. 36.

1239.

Livre Noir, fol. 43.

Cette date nous fait voir que le roi féjourna plufieurs mois à Montpellier, VII. 1239.
durant lefquels (comme Zurita le marque) il reçut les vifites du comte de
Provence, du comte de Touloufe, & de plufieurs feigneurs & barons de
France; il nous dit auffi que fes vaffaux lui firent une grande fête à fon
château de Lates : *Fue recebido con grande regozijo & fiefta de fus vaffallos en el* Liv. 3, ch. 36.
caftillo de Lates. Cette fête ne fut qu'un renouvellement de celle qu'ils
avoient faite autrefois, lorfque la reine, fa mere, revint de Mirevaux avec
le roi fon époux, à l'occafion de la naiffance du roi Jacques. Pour en rapeller
le fouvenir, ils avoient rempli de paille la peau d'un cheval, pour repréfenter celui fur lequel le roi Pierre avoit amené la reine Marie en croupe, &
comme fi cet animal devoit prendre part à leur joye, ils le faifoient danfer
de la maniére que nous voyons qu'on le fait encore.

Telle eft la veritable origine du chevalet de Montpellier, dont le Mercure
d'octobre 1721 nous a donné une hiftoire femblable à celle que je raporte,
hors cette circonftance, qu'il fait prendre au roi fa maîtreffe en croupe, au
lieu de la reine, fon époufe, qui certainement intereffoit bien plus les habitans de Montpellier. Toute ingenieufe que foit la narration du Mercure, je
dois dire, pour la verité de l'hiftoire, qu'on s'y trompe : 1° En nommant, au
lieu de Pierre, roi d'Aragon, un Fernand cinquiéme, qui ne fut jamais feigneur de Montpellier; 2° En le faifant roi de l'ifle de Mayorque, qui ne fut
conquife que par le prince qui nâquit de cette avanture; 3° En mettant le mariage de la reine Marie en 1251, qui s'étoit fait en 1204; 4° En la nommant
fille de Guy, comte de Montpellier, au lieu de Guillaume qui ne prit jamais (non plus que fes prédéceffeurs) le titre de comte, mais feulement
celui de feigneur, comme firent les rois d'Aragon qui lui fuccedérent dans
cette feigneurie.

Les réjoüiffances qui furent faites à Paris pour la convalécence du roi
Loüis XVI, en 1721, donnérent lieu à ce petit point d'hiftoire, parceque le
roi voulut bien agréer qu'on lui donnât le divertiffement du chevalet de
Montpellier.* L'auteur nous apprend qu'il fut executé le vingt-uniéme du PAGE 84.
mois d'août, dans la falle où le roi a accoûtumé de manger; & il en fait la
defcription en cette maniére :

« Un jeune homme, monté fur un petit cheval de carton, proprement
« équipé, & femblable à ceux qu'on introduit quelquefois dans les balets,
« lui fit faire le manége, au fon des hautbois & des tambours. Un de fes
« camarades tourne autour de lui, ayant un tambour de bafque, dans lequel
« il fait femblant de vouloir donner de l'avoine au chevalet.

« L'adreffe confifte en ce que le chevalet doit paroître éviter l'avoine,
« pour ne point fe détourner de fon exercice, & que l'affectueux donneur

1239.

« de civade doit le fuivre dans toutes fes caracoles, fans s'embaraffer avec
« lui; ce qui fe fait avec beaucoup d'agilité, & toûjours en cadence.

« Vingt-quatre danfeurs, vêtus à la legere, avec des grelots aux jambes,
« & conduits par deux capitaines, entourent ces deux-ci, & s'entrelacent
« en plufieurs façons, en danfant toûjours les mêmes rigodons que le che-
« valet. » C'eft ainfi que l'auteur du Mercure en fait la defcription; mais
revenons au roi Jacques.

Liv. 3, ch. 36.

Après que les affaires qui avoient attiré le roi à Montpellier eurent été
terminées, il en partit (comme Zurita nous l'apprend) fur une galére de
quatre-vingt rames qui appartenoit à la communauté de Montpellier, &

1240.

qu'on appelloit la Couronne. Il aborda heureufement à Collioüre, d'où il
fe rendit à Gironne, & de là dans fes autres états, où il fut occupé durant
quelque tems à arrêter les mouvemens que les Maures, vaincus depuis
peu, excitoient dans le royaume de Valence, & à pacifier les troubles domeftiques que fes enfans de differens lits cáufoient déjà dans fa famille;
mais il fut bientôt obligé de revenir à Montpellier, pour une affaire d'état
qui intereffoit également la France & l'Efpagne.

VIII.

Pour en être mieux au fait, je prie le lecteur de fe reffouvenir que par le
traité fait à Paris en 1229, le comte de Touloufe devoit donner fa fille à
un des freres du roi St. Loüis, ce qui fut executé en 1241, par le mariage
d'Alphonfe, comte de Poitiers, & de Jeanne, fille de Raymond de Touloufe; mais le pere de cette princeffe, venant à fe repentir du traité qu'il
avoit fait, chercha à fe remarier pour avoir un fils qui pût exclurre fa fille

1241.

de fa fucceffion. Il en écrivit au roi Jacques, qui fe rendit à Montpellier,
cette même année 1241, où il fut conclu entre le roi, le comte de Touloufe & le comte de Provence, qu'on pourfuivroit à Rome la féparation du
comte Raymond avec Sancie d'Aragon, fon époufe, & qu'il prendroit enfuite Sancie de Provence, troifiéme fille du comte Raymond Berenger.

Liv. 3, ch. 39.

Zurita nous a donné, dans un grand détail, les conditions de ce traité, qui
fut fait à Montpellier, & il nomme, parmi les témoins qui y affiftérent,
Raymond Gaucelin, feigneur de Lunel, & un gentilhomme du païs, nommé
Albeza, avec deux autres feigneurs efpagnols. En confequence, on envoya
à Rome foliciter cette féparation auprés du pape Gregoire IX, dont la mort,
arrivée dans ce même tems, fit changer le projet; de forte que Sancie
époufa Richard, frere du roi d'Angleterre & élû roi des Romains; & le
comte Raymond, de fon côté, traita avec Ifabelle de Luzignan, fille du
comte de la Marche.

1242.

Cette feconde vûë n'ayant pû encore réuffir, à caufe de la parenté qui
étoit entr'eux, le comte de Touloufe replongea le Languedoc dans le trou-

ble. Son bailli à Avignonet, près de S^t. Papoul, fit tuer, en 1242, F. Guillaume Arnaud, natif de Montpellier, de l'ordre des freres prêcheurs, avec dix autres religieux ou ecclefiaftiques, dans le château & dans la propre chambre du comte; & lui, fe joignant avec le comte de la Marche, au roi d'Angleterre, contre le roi S^t. Loüis, fut obligé, après la défaite des Anglois à Taillebourg, de fe retirer en Italie, où ayant travaillé à la paix entre le pape & l'empereur Frederic, il obtint fon abfolution, tandis qu'en Languedoc, Pierre Amelin, archevêque de Narbonne, Durand, evêque d'Alby, & le fenéchal de Carcaffonne, firent le dernier exploit de guerre contre les Albigeois, par la prife du château de Montfegur, au diocéfe de Touloufe, où l'on brûla deux cent de ces héretiques qui ne voulurent pas fe convertir.

Depuis ce tems-là, le comte Raymond fit fa paix avec le roi de France, à Loris, en Gâtinois. Il fit arrêter quelques hommes, que l'on difoit avoir été préfens au meurtre commis à Avignonet, & les condamna à être pendus. Il courut en Efpagne pour y tenter un nouveau mariage; mais la chofe ayant manqué, il revint en France, & fit de grands préparatifs pour accompagner le roi S^t. Loüis dans fon voyage d'outremer. Cette derniére entreprife ayant encore été fans effet, il parut fe reconcilier avec fa fille & avec le comte de Poitiers, fon gendre, puifqu'il vint les voir à Aiguemortes, lorfqu'ils s'y embarquèrent, en 1249, pour aller joindre le roi S^t. Loüis en Afrique. Après quoi, le comte Raymond, s'en retournant à Touloufe, par le Roüergue, tomba malade à Milhau, d'où ayant voulu fe faire porter à Rhodez, il mourut dans un village tout proche, nommé Priz, dans la cinquantiéme année de fa vie; & en lui finit cette puiffante maifon de Touloufe, dont l'extinction (dit Guillaume de Puylaurens) fut regardée comme une punition divine de la protection ouverte qu'elle avoit donné à l'hérefie.

1242.

1243.

Puylaur., ch.46.
PAGE 85.
Ch. 45.

CHAPITRE TROISIÉME

I. Divers voyages du roi Jacques à Montpellier. II. Traité de Corbeil qu'il fait avec le roi St. Loüis. III. Il marie sa fille avec Philipe le Hardi. IV. Concile de Montpellier en 1258. V. Amnistie pour les habitans de cette ville. VI. Mariage de l'infant d'Aragon à Montpellier. VII. Exploits du roi Jacques à Grenade & à Murcie. VIII. Son départ pour la terre sainte. IX. Il revient à Montpellier, & se rend au second concile general de Lyon. X. Son testament & sa mort.

1244.   I. CEPENDANT, le roi Jacques n'étoit pas si occupé à soumettre les Maures & à pacifier les troubles que ses enfans causoient en Espagne, pour qu'il oubliât ses interêts dans le Languedoc. Zurita nous apprend qu'il y revint en 1244, & qu'il eut une conference avec le roi S^t. Louis, à Notre-Dame du Puy, en Auvergne. Quoiqu'il ne nous en marque pas le sujet, il est croyable que c'étoit pour prendre des mesures ensemble contre les agitations du comte de Toulouse, qui étoient alors plus vives que jamais; il paroît aussi qu'il étoit à Montpellier au commencement de l'année suivante, puisque nous avons du premier de mai 1245 les

1245. nouveaux ordres qu'il donna dans cette ville pour l'élection des consuls,

Liv.Noir fol.49. portant, entr'autres choses, que les nouveaux prêteroient serment entre les mains des anciens, si le seigneur ou son envoyé ne se trouvoient pas dans

1249. Montpellier; il y a aussi lieu de croire qu'il y revint sur la fin de 1249, peu après la mort du comte de Toulouse, puisque nous avons une lettre de créance, datée de Montpellier, qu'il donna dans ce même tems à un juris-

Grand Talamus, fol. 52. consulte nommé Guy Cap-de-Porc, pour regler les différends qu'il avoit avec les evêques de Maguelonne; comme aussi une reconnoissance qui lui

1250. fut faite en 1250, signée de lui, avec une confirmation qu'il donna pour la prise de possession faite, lui présent, de certaines maisons situées proche l'église de Nôtre-Dame des Tables, qui avoient appartenu à la communauté

Fol. 53. de Génes.

Hisp.App.,n.519. Je ne voudrois pas assurer qu'il y fût revenu en 1255, où M. de Marca nous dit qu'il nomma des arbitres pour regler les contestations qu'il avoit avec la France, puisque cette nomination pouvoit être faite dans tous les lieux de son royaume, & qu'on ne nous marque pas qu'elle eût été faite à Montpellier; mais on ne peut pas douter que le roi n'y revint en 1258,

Livre cinquiéme.

qui est remarquable par divers évenémens également interessans pour le royaume & pour la ville de Montpellier.

1258.

Le premier est le traité de Corbeil, qui regla les prétentions reciproques qu'avoient le roi de France & le roi d'Aragon sur diverses parties de leurs *états. Il y fut conclu que le roi Loüis cederoit au roi Jacques tous ses droits sur les comtez de Barcelonne, d'Urgel, de Roussillon, Bezalu, Cerdagne, Lampourdan, Conflans, Gironne & Offone, avec toutes les autres terres qui sont au-delà des Pyrenées; & que le roi Jacques cederoit, de son côté, au roi Loüis, ses droits & ses prétentions sur plusieurs terres & villes de deça les monts: sçavoir: Carcassonne, Beziers, Agde, Narbonne, Rhodez, Cahors, Alby, Milhau, Touloufe, Lauragais, Nîmes, S^t. Giles, Gevaudan, païs de Saut, Foix, Fenoüilledes, Leucate & Pierre-Pertufe.

II.

Page 86.

Zurita nous apprend que le roi Jacques étoit venu pour cela à Montpellier, d'où il concerta l'entrevûë qu'il eut ensuite à Corbeil avec le roi S^t. Loüis, le onze du mois de mai 1258; il en donna une déclaration autentique, qui fut publiée à Barcelonne le seiziéme de juillet suivant, & ensuite à Montpellier, où on la voit encore tout au long dans nos regîtres. J'y renvoie le lecteur pour tout le détail de cet accord passé entre les deux rois. J'ajoûte seulement qu'ils y arrêtérent aussi le mariage d'Isabelle, fille du roi Jacques, avec Philipe, fils aîné du roi S^t. Loüis, qui, dans les lettres qu'il en fit expedier, marque que le roi d'Aragon lui avoit envoyé Arnaud, evêque de Barcelonne, Guillaume, prieur de Nôtre-Dame de Corneillan, & Guillaume de Roquefeüil, son lieutenant à Montpellier, avec lesquels il avoit réglé que l'infante Isabelle seroit conduite à Montpellier, avant la fête de Notre-Dame de septembre, *Dicta Isabella certo mandato nostro infra instantem nativitatem beatæ Mariæ corporaliter tradita erit apud Montempessulanum,* pour y être remise entre les mains de ceux qu'il envoyeroit pour l'y recevoir. Mais, comme le roi S^t. Loüis fut l'homme du monde qui se donna le plus de peine pour procurer la paix entre ses sujets & les grands de son royaume, il profita de cette occasion pour assurer la comté de Provence à Charles, son frere, qui, après avoir épousé la derniére des filles de Raymond Berenger, avoit conquis, sur les Provençaux revoltez, les états de son beaupere; car il obtint du roi d'Aragon une renonciation de tous ses droits sur la comté de Provence & de Forcalquier, & sur les villes d'Arles, d'Avignon & de Marseille, qui avoient appartenu à Raymond Berenger, proche parent du roi Jacques, & de la même maison que lui.

Grand Talam., Fol. 44. verso.

III.

Spicileg., tom 3, pag. 634.

Zur., l.3, ch.56.

Le second évenément, qui interesse plus particuliérement la ville de Montpellier, est le concile provincial qui y fut tenu le sixiéme de septembre 1258, par Jacques, archevêque de Narbonne, successeur immédiat de Guillaume

IV.

Tom. II. Conc., pag. 778.

1258.
Spicil., pag. 724.

de la Broüe. Nulle affaire politique ne donna lieu à ce concile, comme il étoit arrivée dans les deux précédens; & l'on s'y borna à faire, pour les mœurs ecclefiaftiques & pour la confervation des biens de l'eglife, les réglemens que je raporterai dans mon fecond volume.

V.

Series, pag. 274.

Le troifiéme évenément dont j'ai á parler, eft une amniftie accordée fur la fin de cette même année, aux habitans de Montpellier, dont nous n'aurions aucune connoiffance, fi on n'avoit confervé dans nos archives l'acte même que le roi Jacques en fit expedier, où il dit en fubftance (après un affés long & beau préambule fur la juftice & la clemence dont les rois doivent ufer envers leurs peuples) : « Que s'étant crû offenfé par les gens de « Montpellier, il s'étoit affés long tems abfenté de leur ville; mais qu'ayant « été fuplié très-humblement par les habitans de leur rendre la joye que « fon abfence leur avoit ôtée, il avoit bien voulu y revenir; mais qu'avant « d'y entrer il avoit affemblé tout le peuple au-devant de l'eglife des freres « prêcheurs, où tous s'étant foumis à ce qu'il lui plairoit d'ordonner, il « leur avoit pardonné, à la prière du bienheureux Loüis, roi de France, « tous les mécontentemens qu'il en avoit reçû. » Cet acte eft du dixième du mois de décembre 1258, & dans le mois de janvier fuivant, qu'on comptoit alors pour être de la même année, il confirma de nouveau les coûtumes, libertez & loix municipales de la ville de Montpellier, où il donna diverfes déclarations, que nous avons encore, fur le ferment qui lui étoit dû par les confuls, fur l'élection du bailli & fur le droit de coupe & de leude.

1259.
Grand Talamus, fol. 49.
Fol. 51 & 172.
Fol. 49. verfo.

Memor., fol. 191.

PAGE 87.

Fol. 207.
Fol. 215.

Nous trouvons auffi qu'il y fit faire une reftitution à Pierre Adelbert, homme de guerre, de divers droits qu'il avoit au terroir du Poujet, qui lui avoient* été enlevez par Atbrand, lieutenant du roi dans le détroit de Montpellier. Nous avons auffi les reconnoiffances à fief qui lui furent faites alors par les confeigneurs de Montferrier, & celle d'Arnaud de Vallauquez, pour tout ce qu'il avoit, en diverfes cenfives, dans la ville, lieux & terroir de Montpellier, Lates & Omelas.

1260.

Ch. 57.
1262.

Ch. 63.

Le roi féjourna à Montpellier jufqu'à la fin du mois de février fuivant, d'où nous voyons qu'il écrivit en Efpagne, fur les affaires de ce païs-là, la lettre que Zurita raporte dans fon troifiéme livre, datée du 26 février; il ne paroît point qu'il y foit revenu plutôt qu'en 1262, pour s'y trouver à la celebration du mariage de dom Pierre, fon fils aîné, avec Conftance, fille de Mainfroy, roi de Sicile, qui avoit été conduite par Boniface de Aglan, comte de Montalban & oncle du roi Mainfroy. La ceremonie en fut faite le treizième du mois de juin 1262, *ante fores ecclefiæ beatæ Mariæ de Tabulis in villa Montifpeffulani, aftantibus prælatis, comitibus, baronibus, militibus, & difcre-*

tis viris, parmi lesquels Zurita fait mention expresse de dom Bernard Guillen de Entença.

1262.

Dans les pactes que nous avons de ce mariage, le roi Jacques & dom Pedro, son fils, reconnoissent à la princesse vingt-cinq mille onces d'or, tant en bijoux qu'en especes sonantes, que le roi Mainfroy devoit leur compter; & ils lui donnent pour sa dot les comtez de Roussillon, Cerdagne, Conflans & Valespir. Mais, parce (ajoûte l'acte, comme par observation) que dans le partage fait quelque tems après par le roi Jacques, le Roussillon fut assigné à Jacques, son second fils, Pierre, son frere, assigna à Constance, son épouse, le château & ville de Paniscola, avec plusieurs autres terres du royaume de Valence. Ainsi fait & approuvé par l'infant Jacques, à Barcelonne, le 12 novembre 1264. *Testes Guillelmus de Rocafolio de Montepessulano*, & plusieurs autres.

Spicileg., *tom.3*, *pag. 644*.

Au retour de ce voyage, le roi fit à Barcelonne, le vingt-uniéme du mois d'août, le partage entre ses enfants, dont l'acte précedent vient de parler. Il donna à dom Pedro les royaumes d'Aragon & de Valence, avec la comté de Barcelonne; & à dom Jacques les isles de Mayorque, avec la comté de Roussillon & la seigneurie de Montpellier. L'année d'après, il envoya un pouvoir à dom Guillen de Roquaful, gouverneur de Montpellier, pour aller traiter du mariage de Jacques son second fils, avec Beatrix de Savoye; & tandis que ce seigneur travailloit à sa commission, le roi, dont la vie étoit destinée aux plus grands événemens, fut obligé d'aller secourir le roi de Castille, contre qui les Maures de Grenade & de Murcie s'étoient revoltez. Pour subvenir aux fraix de la guerre, le roi Jacques voulut faire revivre un impôt sur les bêtes de labourage, appelé *el bovaje*, qu'on lui avoit accordé lors de ses expeditions de Valence & de Mayorque : les Catalans s'y soumirent alors volontiers, & ceux de Montpellier s'en exemptérent moyenant cent mille sols melgoriens; mais les Aragonois le refusérent avec tant de hauteur, que le roi eut bien de la peine à les calmer. La plûpart des seigneurs de ce royaume voulurent faire revivre des pretentions qu'ils disoient avoir sur plusieurs grandes seigneuries du domaine du roi; & parmi celles que Zurita raporte dans un assés grand détail, il n'oublie pas les demandes de dom Bernard Guillen de Entença, pour la seigneurie de Montpellier, qu'il disoit lui appartenir par la succession de son pere, & de ses oncles, freres de la reine Marie.

1263.

Liv. 3, ch. 64.

VII.

1264.

Ch. 66.

Cet endroit de Zurita nous donne lieu de penser, que des six enfans mâles que Guillaume fils de Mathilde avoit eû d'Agnez, les trois premiers étoient déja morts sans posterité, ou qu'ils avoient renoncé à leurs droits, comme fit celui d'entr'eux, qui s'engagea (comme nous le verrons)

1264.

dans l'ordre de la Mercy; car il n'eſt pas naturel que le fils de Bernard Guillem, qui n'étoit que le quatriéme, eût pû prétendre à la fucceſſion de fon ayeul, ſi fes oncles, qui étoient les aînez de fon pere, euſſent vécu alors, ou qu'ils euſſent eû poſterité.

1265.

Cependant le roi, ayant fait convenir les feigneurs d'Aragon de renvoyer la difcuſſion de leurs demandes après l'expedition qu'il projettoit, marcha vers le royaume de Murcie, dont il fe rendit le maître après pluſieurs combats: dom Guillem de Roquefeüil, revenant de fon voyage de Savoye,

Ch. 71.
PAGE 88.

vint trouver le roi dans le temps qu'il faifoit le fiége de la capitale, & il lui rendit* compte du mariage qu'il avoit conclu entre le prince Jacques fon fils & Beatrix de Savoye, ce qui fit prendre la refolution au roi de fe rendre à

1266.

Montpellier pour le terminer: il y vint en effet dans l'année 1266, comme Zurita le marque; mais, pour des raifons que l'hiſtoire ne nous dit point, ces propoſitions de mariage furent fans effet, & le prince Jacques époufa depuis Efclarmonde, fœur de Roger Bernard, comte de Foix, qui paſſoit pour la plus belle princeſſe de fon tems.

Grand Talamus, fol. 53.

Dans ce voyage que le roi fit à Montpellier en 1266, il y figna un acte de revocation (que nous avons) d'un bail par lui fait auparavant, d'un certain efpace entre la dougue du Peirou & l'hôpital St. Jacques, avec une

Fol. 56.

conceſſion de la maifon d'un nommé Guillaume Prince, pour agrandir la ruë de la Lanerie.

1269. VIII. L'année 1269, qui eſt memorable dans l'hiſtoire de France par les préparatifs du roi St. Loüis pour fa derniére expedition en Afrique (où il mourut l'année fuivante), ne fut guére moins remarquable parmi nous & en

Zur., liv. 3, ch. 74.

Efpagne, par une pareille entrepriſe que fit le roi d'Aragon. Gagné, difoiton, par les promeſſes & par les facilitez que Michel Paleologue, empereur des Grecs, lui donnoit depuis longtems, il publia le voyage qu'il avoit refolu de faire à la terre fainte: & ayant nommé pour fon lieutenantgeneral dans tous fes états, don Pedro fon fils aîné, il partit de Barcelonne au mois de feptembre, avec tout ce qu'il avoit de troupes, pour aller joindre le reſte de fon armée qui l'attendoit à Mayorque; mais la tempête l'ayant furpris en chemin, il en fut ſi maltraité que toute fa flote fut difperſée: quelques uns de fes vaiſſeaux furent emportez juſqu'à Acre; & le fien ayant été pouſſé fur les côtes de France, fut aſſés heureux pour pouvoir aborder à Aiguemortes, d'où il fut auſſitôt rendre graces à Dieu dans l'eglife de Nôtre-Dame de Vauvert.

A la nouvelle de fon arrivée, Berenger de Fredol, evêque de Maguelonne, alla fe rendre auprès de fa perfonne, avec un des enfans de Raymond

Zur., ibid.

Gaucelin, & grand nombre d'habitans de Montpellier. Le roi, à leur invitation, vint en cette ville pour fe délaffer de fes fatigues; & ce fut pendant le féjour qu'il y fit, qu'il donna aux juifs la permiffion d'avoir une boucherie particuliére à Montpellier, comme il confte par l'acte qui en a refté dans nos archives.

1269.

Il employa les années fuivantes 1270 & 1271, à pacifier dans fes états d'Efpagne les troubles que fes enfans de differens lits y cauférent durant longtems, & qui entrainérent fouvent dans leur parti les grands du royaume: le roi, aprés y avoir mis quelque ordre, vint à Montpellier en 1272, où il fit pour cette fois un féjour plus confiderable; car nous avons plufieurs actes paffez en fa préfence pendant cette année & dans le commencement de la fuivante.

1270.

1272.

Il y fit fon teftament le vingt-fixiéme du mois d'Août 1272, comme nous l'apprenons de Zurita.

Liv. 3, ch. 101.

Le même auteur nous marque, qu'il écrivit de Montpellier le 28e d'octobre fuivant, au roi Philipe le Hardi, fon gendre, qui avait fuccedé depuis deux ans au roi St. Loüis, pour le prier inftamment de rendre la liberté au comte de Foix qu'il retenoit en prifon: il ajoûte que le trentiéme du mois de janvier fuivant, qu'il marque en 1273, le roi écrivit de Montpellier aux feigneurs de Catalogne & d'Aragon, au fujet de la guerre qu'il projettoit contre les maures du royaume de Grenade. Nous avons dans nos archives une ordonnance qu'il donna dans ce tems là, touchant la monoye, & fes lettres d'établiffement pour des gardes de la monoye: nous avons du même mois de janvier, un acte de prélation, figné de lui à Montpellier, d'une poffeffion fituée au devant de la poiffonnerie; & une déclaration du 8e février fuivant, qu'il donna en faveur de la ville, portant que les feigneurs de Montpelier n'ont pas droit de prélation.

Ch. 83.

1273.

Ch. 84.

Grand Talam., fol. 22.
Fol. 65.
Fol. 85.

Environ ce tems, le pape Grégoire X, qui traitoit de la réunion des Grecs avec l'églife latine, voulut, pour la rendre plus folemnelle, qu'elle fût faite dans un concile general; & parmi les villes fur lefquelles il jetta les yeux pour la tenuë du concile, Montpellier eut l'honneur d'être du nombre; il y envoya frere Guillaume de Thonains, prieur des FF. prêcheurs de Marfeille, avec des lettres de créance auprés de Berenger de Fredol, evêque de Maguelonne,* afin qu'ils agiffent de concert, pour fçavoir des confuls le nombre des logemens qu'ils pourroient fournir, & les autres commoditez neceffaires pour une fi grande affemblée. *Utrum de his quæ funt ad ipfum concilium, & ad hanc ejus multitudinem neceffaria infra tempus ad ejus congregationem indictam, abunde & copiofe valeant providere?* La lettre eft du vingt-neuviéme du mois de feptembre, donnée à Parme la deuxiéme année de fon pontificat, qui étoit 1270.

Page 89.

1273.

Les confuls répondirent qu'il y avoit dix-fept cens maifons dans la ville ; & qu'outre le palais epifcopal (appellé la fale de l'evêque), outre les maifons des prêtres & les couvens des religieux, ils offroient cent foixante-dix maifons pour les prélats, mille livres melgoriénes pour le palais du pape ; & que dans moins de deux mois, ils auroient préparé deux cens hôteleries pour les etrangers : ce qui n'ayant peut être pas contenté le pape, il affigna le concile à Lyon, où il trouvoit, & plus de logement, & plus de fureté pour le concile, parce que cette ville appartenoit alors à l'archevêque.

Tout ce détail, qui eft au long dans nos archives, peut fervir à nous faire connoître l'état où étoit alors nôtre ville ; & fi par l'événement Lyon lui fut preferé, on peut en tirer une conféquence avantageufe pour l'eftime où étoit alors Montpellier chés les étrangers.

IX. La tenuë du concile ayant donc été refoluë pour la ville de Lyon, le roi Jacques, qui avoit reçû en Efpagne des lettres du pape pour l'inviter à s'y trouver, vint à Montpellier dans le mois d'avril 1274, & après s'y être repofé pendant huit jours, il partit pour Lyon, d'où le pape envoya jufqu'à Viéne pour le complimenter ; & à fon approche de Lyon toute la cour romaine fortit, & alla le recevoir à une lieuë. Sa première entrevûë avec Gregoire X fut fort gracieufe de part & d'autre : car, le pape lui ayant communiqué le deffein qu'il avoit pour le recouvrement de la terre fainte, le roi lui offrit d'y aller en perfonne avec l'elite de fes troupes, pourveu qu'il lui accordât un décime fur les benefices de fes états. Quelques jours après, le roi voulut être couronné de fes mains, comme le roi fon pere l'avoit été par Innocent III, & il en fit faire la demande au pape, qui prenant occafion de l'exemple qu'il citoit, demanda au roi le tribut auquel Pierre d'Aragon fon pere s'étoit foumis lors de fon couronnement : la réponfe du roi fut, « qu'aprés les grands fervices qu'il avoit rendu à l'eglife pour l'exaltation « de la fainte foi, il croyoit avoir merité les faveurs du ft. fiége ; plûtôt que « la demande odieufe qu'on lui faifoit de fe rendre dépendant d'autrui pour « le temporel de fes royaumes, que lui & fes prédéceffeurs avoient acquis « fur les Maures, au prix de leur fang. » Ces refus mutuels indifpoférent les chofes entre le pape & le roi, qui fe contentant d'avoir affifté à la premiére & à la feconde feffion du concile, tenuë le 2 & le 18 de mai, partit de Lyon mal fatisfait du pape, & arriva à Montpellier le vingt-neuviéme du même mois.

1274.

Zurita. Liv. 3, ch. 87.

Je ne fçai fi la réponfe du roi Jacques au pape Grégoire X n'a pas donné lieu à un auteur anglois, nommé Fleta, de dire qu'en l'année 1275, il y eut une affemblée folemnelle à Montpellier, où tous les princes chrétiens convinrent par eux, ou leurs ambaffadeurs, que le domaine de leur couronne feroit inalienable: mais, fans repeter ici ce que Mr. de Lauriere, ancien avocat au parlement, dit à ce fujet, dans fa préface fur les ordonnances de nos rois, je puis ajouter qu'on ne trouve rien dans nos archives de cette prétenduë affemblée ; & il n'y a nule apparence qu'elle eût pû fe tenir alors, à caufe des grandes traverfes qui furvinrent au roi Jacques, comme nous allons le dire.

1274.
Pa . 39.

Beuter nous apprend qu'auffitôt après fon retour de Lyon, il tomba dangereufement malade à Montpellier, & que le fecours des médecins ayant été fans effet, il eut recours à celui de la vierge, par l'interceffion de laquelle il obtint une prompte guerifon, dans le tems qu'on l'efperoit le moins : il en voulut marquer publiquement fa reconnoiffance dans un grand tableau, qu'il ordonna de placer dans l'eglife de Nôtre-Dame des Tables, où on le voyoit encore dans le tems des premiers troubles de la religion.

X.
Hift. Hifpa.,liv. 2, chap. 54.

Dès que la fanté lui permit de fe faire porter en Efpagne, il fe hâta de partir * pour calmer les troubles que dom Pedro, fon fils aîné, continuoit d'y caufer. En paffant à Perpignan, il pourvut au gouvernement de Montpellier, comme nous l'apprenons des lettres patentes qu'il y fit expedier le vingt-unième du mois de juin 1274, par lefquelles il établit Jacques fon fecond fils pour fon lieutenant à Montpellier : « Voulant (dit le roi) qu'il y ait le même « pouvoir que fi nous y étions, & que fon pouvoir ait toûjours la même « force, jufqu'à ce que nous l'ayons expreffément revoqué. » Les confuls, qui en eurent avis par une lettre particuliére du roi, apprirent cette nouvelle avec plaifir, parce que l'infant étoit fort aimé dans Montpellier, où l'on fit la publication de fes lettres avec de grandes démonftrations de joye. De là vient que, dans nos archives, on trouve depuis ce tems divers ordres donnez par l'infant Jacques au nom du roi fon pere.

PAGE 90.

Cependant les troubles domeftiques continuoient en Efpagne, où les enfans du roi fe firent une guerre déclarée; il en coûta la vie à Fernand Sanchez fon fils naturel, que dom Pedro fit noyer dans la riviére de Cinca. Dom Sanche, archevêque de Toléde, fon autre fils naturel, fut pris en même tems dans un combat contre les Maures, & tué de fangfroid par ceux qui fe difputoient fa prife. Enfin les Maures de fon royaume de Valence, ayant pris les armes contre lui, tombèrent fur fon armée dans la plaine de Luxen, la défirent entiérement, & tuérent un grand nombre de feigneurs, parmi lefquels Zurita marque un des fils de dom Guillen de Entença.

Zurita. Liv. 3, chap. 94.

Ch. 100.

Ce dernier echec fut d'autant plus fenfible au roi qu'il avoit toujours vaincu les Maures ; & ce déplaifir (joint à ceux qu'il avoit déja) le jettérent dans un épuifement qui fit tout craindre pour fa vie : il connut lui même le danger où il étoit ; & voulant ne fonger qu'à une mort chrétiéne, il fe démit

1274.
Ch. 101.

Spicileg. Tom. 3, pag. 696.

1276.

Liv. 83, n. 42.

PAGE 91.

de tous ses royaumes en faveur de ses deux fils, dom Pedro & dom Jacques, & se fit revêtir de l'habit de Cîteaux, pour passer le reste de ses jours dans le monastére de Poblet, où il vouloit être enterré : il en fit dresser un acte, du vingt-uniéme de juillet, adressé à l'archevêque de Tarragone, où, après lui avoir donné avis qu'il a renoncé à tous ses royaumes, & qu'il prend l'habit de Cîteaux, il lui mande de faire rendre dans l'isle d'Yvica à son fils Jacques, la même obéïssance qu'on lui devoit à lui-même. La maladie ne lui laissa que six jours à passer dans le nouveau genre de vie qu'il venoit d'embrasser ; car il mourut le vingt-septiéme juillet de cette même année 1276, qui étoit la soixante-troisiéme de son regne, depuis la mort de Pierre II, roi d'Aragon son pere, tué en 1213, à la bataille de Muret.

Il fut sans contredit un des plus vaillans princes de son siécle. Il battit trente-trois fois les Maures en bataille rangée, & conquit sur eux les royaumes de Mayorque, de Valence & de Murcie : il donna des marques signalées de clemence au milieu des agitations continuelles où ces guerres l'entretinrent ; & il fit paroître sa piété, dans la construction de plus de mille eglises, y compris les mosquées qu'il fit consacrer. Les beaux couvens que les religieux de St. François & de la Mercy avoient à Montpellier, étoient un effet de sa liberalité.

Mais, comme les vertus des grands hommes sont souvent mêlées de foiblesse, il en fit si fort paroître pour les femmes, que sa famille en fut presque toûjours dans le trouble, & qu'il s'attira souvent des reprimandes des papes à qui on en portoit les plaintes.

Dés l'an 1229, il fit rompre son mariage avec Eleonor de Castille, sous prétexte de parenté ; & ayant épousé quelques années après Yoland de Hongrie, il excita toute la jalousie & la fureur d'une de ses maîtresses, qui prétendit qu'auparavant il lui avoit promis de l'épouser. Cette affaire eut des suites très fâcheuses pour le roi ; car, l'evêque de Gironne en ayant écrit au pape Innocent IV, le roi, qui s'étoit confessé à cet evêque, le fit appeller dans sa chambre, & lui fit couper la langue. Ce coup attira l'excommunication sur le roi, et l'interdit sur son royaume ; il falut même assembler pour sa reconciliation un concile qui fut tenu à Lerida en 1246, dont on peut voir le détail dans l'histoire écclesiastique de Mr. Fleury.

*Après la mort de la reine Yoland, arrivée en 1251, il reprit cette même Thérése Giles Vidaure, qui lui avoit attiré tous les troubles dont je viens de parler. Il vêcut avec elle (dit Zurita) comme s'il l'avoit épousée ; mais s'en étant dégoûté dans la suite, il écrivit en 1266, au pape Clement IV, pour la solution de ce mariage prétendu, afin d'avoir la liberté d'épouser publiquement Berenguele, qu'il entretenoit depuis long tems : sa demande lui attira la lettre que nous voyons dans la collection d'Oderic Raynaud, où l'on voit également la foiblesse de ce bon prince & la fermeté du pape.

1276.
N. 27.

Mais ce qui marque encore plus l'ascendant que sa passion avoit pris sur lui, c'est qu'une année avant sa mort, il continuoit d'entretenir une dame qu'il avoit ôtée à son mari. Le pape Gregoire X lui en écrivit de Beaucaire, le vingt-cinquiéme de juillet, avec toute la force & le ménagement qui étoit convenable; mais le bon roi, dans la réponse qu'il fit au pape, n'eut pas honte d'objecter la beauté de cette femme, & le danger qu'elle courroit en retournant à son mari.

N. 28.

N. 31.

Il n'est pas difficile à comprendre que les divers intérêts de toutes ces femmes, qui le gouvernérent tour-à-tour, dûrent causer du trouble dans sa famille; aussi fut-il obligé de faire souvent des partages entre ses enfans; & ces mêmes partages causoient ensuite de plus grands troubles, parceque celui qui n'en étoit pas content trouvoit toûjours de l'appui pour troubler l'état. Le roi ayant perdu, en 1260, dom Alphonse, qu'il avoit eû de sa premiére femme, Eleonor de Castille, fut en état de faire un nouveau partage entre les deux enfans mâles qui lui restoient d'Yoland de Hongrie, dom Pedro & dom Jayme. Au premier, il donna les royaumes d'Aragon & de Valence avec toute la Catalogne; & au second, les isles de Mayorque, le Roussillon & la seigneurie de Montpellier.

Quant aux filles qu'il avoit eû de cette princesse, Zurita nous apprend que Yoland fut mariée à l'infant de Castille, dom Alphonse; Isabelle à Philipe le Hardi, roi de France; & que Sancie, sa troisiéme fille, s'étant retirée dans un hôpital de S^t. Jean de Jerusalem, y vécut en habit inconnu, à peu près, comme nous lisons que fit S^t. Roch, & mourut en odeur de sainteté.

Zurita, Liv. 3, ch. 46 & 63.

Je ne parle point de ses fils naturels, qui furent en grand nombre, & je me contente de remarquer qu'il fit épouser à dom Pedro Fernandez, qu'il avoit eû de Berenguele, une fille de dom Guillen de Entença, que Zurita appelle dona Téréza.

Ch. 101.

Ce même auteur nous apprend que, par le testament qu'il avoit fait à Montpellier, le 26 du mois d'août 1272, il substitua ses filles à ses enfans mâles, & à leur défaut, ses fils naturels, qu'il déclara légitimes pour cet effet. Zurita ajoûte que le roi, en mourant, recommenda particuliérement à dom Jacques, son second fils, qui devoit lui succeder dans la seigneurie de Montpellier, Jacques Roch, qui avoit été son menin, & qu'il fit ensuite, de sacristain de Lerida qu'il étoit auparavant, evêque d'Huesca, & son chancelier; il lui recommenda, en même tems, un des freres de cet evêque, à qui la sacristie de Lerida avoit été transmise lors de sa promotion: *Que favoriciesse*

Ch. 101.

1276.   *à dom Jayme Roca, obiſpo de Hueſca, ſu canceller, aquel el avia criado deſde ſu ninez, y al sacriſtan de Lerida ſu hermano.*

Comme par le teſtament du roi Jacques, la ſeigneurie de Montpellier ſortit de la branche aînée de la maiſon d'Aragon, pour entrer dans celle du puîné, qui eut en même tems les iſles de Mayorque, nous n'appellerons plus rois d'Aragon les ſeigneurs que cette maiſon nous donna depuis, mais ſeulement rois de Mayorque, du nom de la principale partie de leurs états.

FIN DU LIVRE CINQUIÉME.

HISTOIRE
DE LA VILLE
DE MONTPELLIER.

Sous les rois de Mayorque Jacques II & Sanche I.

LIVRE SIXIÉME. PAGE 93.

CHAPITRE PREMIER

I. Jacques second accorde plusieurs priviléges à Montpellier. II. Il est forcé de reconnoître ses états à son frere, le roi d'Aragon. III. Il se ligue contre lui avec le roi de France. IV. Evenémens de la guerre qu'ils eurent ensemble. V. Traitez pour la restitution de son royaume de Mayorque.

ACQUES second, roi de Mayorque, ne tarda point, après I. 1276.
la mort de son pere, de se faire reconnoître dans les états qui
lui avoient été assignez, & particuliérement à Montpellier,
où nos archives conservent plusieurs actes de reconnoissances
qui lui furent faites en 1276, qui est précisément l'année où
le roi son pere mourut. Divers feudataires lui rendirent hommage pour *Memorial des no-*
ce qu'ils tenoient de lui à Montarnaud; divers autres pour Mont- *bles, fol. 203 & 204.*
ferrier; Pierre Fredol, & Pierre de Pignan pour tout ce qu'ils tenoient

1276. de lui, quelque part que ce fût (dit l'acte); Pons de Vallauquez & autres pour Pignan; Raymond Vassadel, damoiseau, pour Montbazen; Raymond Gaucelin pour le château d'Omelas; Raymond Pierre, damoiseau, pour celui de Poupian; & Bernard Gaillard, damoiseau, pour celui de Montferrier.

Grand Talam., fol. 78. Il accorda, de son côté, divers priviléges aux habitans de Montpellier, comme de ne pouvoir être citez hors de leur ville; de n'y donner entrée, pour le vin & pour les raisins, qu'à ce qui appartenoit aux habitans; il cassa quelques actes, qui leur étoient onéreux, sur les faits de justice. Et toutes ces concessions, que l'on trouve encore dans nos regîtres, furent signées à St. Yberi, dans cette même année 1276.

II. Cependant, le roi Pierre d'Aragon, son frere aîné, poussé par la même jalousie qu'il avoit si souvent fait paroître contre ses freres, du vivant de leur pere, & par cette grande ambition qui lui fit mettre depuis toute la Sicile en feu, se plaignit hautement du préjudice que le roi son pere lui PAGE 94. avoit fait, en démembrant,* de ses états, le royaume de Mayorque, la comté du Roussillon & la seigneurie de Montpellier. Il prétendit que la donation qui en avoit été faite, étant injuste, ne pouvoit se soûtenir; &, profitant de ses forces, supérieures à celles de son frere, il exigea de lui qu'il se déclarât feudataire de la couronne d'Aragon, pour tous les états qu'il avoit reçû du roi, leur pere. Jacques II, qui n'étoit pas en état de lui resister, lui fit la reconnoissance qu'il demandoit, où on n'oublia point de lui faire faire les soumissions accoûtumées de paix & de guerre. Mais il est à observer, pour nôtre histoire, que dans le dénombrement des terres qu'il reconnut tenir du roi d'Aragon, il excepte nommément le fief qu'il tenoit de l'evêque de *Zurita, liv. 4, ch. 7.* Maguelonne, avec les autres lieux acquis ou achetez depuis peu: *Exceptando el feudo que tenia del obispo de Magalona, y el de algunos lugares que de nuevio se aviam adquirido y crompado.*

1278. Cet acte, passé à Perpignan entre les deux rois, en 1278, termina à l'extérieur tous leurs diferends, mais il n'éteignit point ce fonds de défiance qu'ils avoient l'un pour l'autre, & qui ne tarda guere d'éclater, d'une manière bien funeste pour les deux partis, à l'occasion des affaires du tems.

Une des plus considérables d'alors étoit la guerre des royaumes de Naples & de Sicile, qui furent si long-tems disputez entre les maisons de France & d'Aragon. Charles, comte d'Anjou & de Provence, frere du roi St. Loüis, en ayant eû l'investiture du pape Clement IV, avoit défait & tué à la bataille de Benevent, Mainfroy, dit le Bâtard, qui étoit usurpateur de cette couronne. Le roi d'Aragon y prétendit du chef de sa femme Constance, *Liv.5,ch.5,n.6.* fille du même Mainfroy, qu'il étoit venu épouser à Montpellier, comme nous avons déjà vû; mais, parce qu'il ne lui étoit pas aifé d'en chaffer de force les François, il eut recours à une confpiration, qui fut conduite par le fameux Jean de Procide, & qui éclata par les vêpres ficiliénes, où tous les François qui fe trouvérent dans l'ifle furent égorgez, le trentiéme du mois de mars 1282.

Pierre, roi d'Aragon, qui en attendoit le fuccès fur les côtes d'Afrique, où il s'étoit rendu fous un autre prétexte, vint auffitôt aborder en Sicile, où il fut reçû & proclamé roi par les conjurez de fon parti. A cette nouvelle, le pape Martin IV, indigné du maffacre qui venoit d'être fait en Sicile, & de l'entreprife du roi d'Aragon fur un royaume qui relevoit du S^t. Siége, prononça une fentence d'excommunication, & fit publier une croifade contre lui.

III. Dans ces entrefaites, Philipe le Hardi, roi de France, qui veilloit aux interêts du comte d'Anjou, fon oncle, cherchoit à gagner le roi de Mayorque, qu'il fçavoit être mécontent du roi d'Aragon, fon frere; il avoit eû occafion de le fonder dans une conference qu'ils avoient eû tous trois à Touloufe, en 1281, au fujet des affaires de Caftille, qui ne font pas de mon fujet; mais, lorfque le roi de Mayorque fut revenu à Montpellier, il s'y détermina entiérement pour les interêts de la France, après une longue conference qu'il y eut avec le prince de Tarente, fils de Charles, roi de Sicile, qui lui fut envoyé exprès à Montpellier.

Alors il arriva dans cette ville un événément digne de remarque pour la jurifdiction des trois fenéchaux qui avoient été établis dans la province depuis fa réunion à la couronne. Celui de Beaucaire, dont le diftrict s'étendoit jufqu'aux environs de Montpellier, voulut y comprendre cette ville, quoiqu'elle appartint au roi de Mayorque. Celui de Carcaffonne prétendit la même chofe, pour les vilages du feigneur de Montpellier qui fe trouvoient enclavez dans le fien; & l'un & l'autre vouloient connoître par appel, de toutes les caufes qui avoient été jugées par les officiers du feigneur de Montpellier. Le roi de Mayorque, attentif au bien de fes vaffaux, eût la précaution de faire expliquer le roi Philipe, lors de la conference qu'il eut avec lui à Touloufe; & dès qu'il eut pris les nouveaux engagemens dont je viens de parler, il fit publier les lettres qu'il avoit obtenuës du roi de France, portant : « Que les appels qui pourroient être relevez de droit, ou « felon les coûtumes de la ville, ne feroient point portez aux fenéchaux de « Beaucaire ou de Carcaffonne, mais pardevant le roi de France ou fa cour. « Que ces deux fenéchaux ne toucheroient jamais aux fentences que les « officiers de Montpellier auroient donné felon les difpofitions du droit « écrit. Que le roi de Mayorque & fes fucceffeurs auroient pouvoir

1278.

1281.

Zurita, liv. 4, ch. 10.

PAGE 95.

1281.

« d'accorder ou défendre le port des armes, dans toute la juridiction de
« Montpellier, & imposer aux contrevenans telle peine qu'ils jugeroient
« à propos. Que ses propres affaires & celles des rois de Mayorque, ses
« successeurs dans la seigneurie de Montpellier, seroient exemptes de la
« juridiction des deux sénéchaux, & portées au roi de France ou à ses
« conseils. »

Quelque précis & clairs que fussent ces priviléges, le sénéchal de Beaucaire refusa d'y acquiécer, & il demanda toûjours obstinément d'être maintenu dans la possession où il prétendoit être, de connoître des appels. A cette demande il en ajoûta plusieurs autres dont la plus spécieuse étoit que les notaires de la ville missent à la tête de tous leurs actes : Regnant Philipe, roi des François. Je ne sçai comment tout lui fut refusé pour cette fois ; mais le sénéchal, ayant recours aux voyes de fait, ramassa des troupes à Nîmes & à Sommiéres, & vint faire le ravage aux environs de Montpellier. Alors les habitans, ne croyant point devoir repousser la force par la force, priérent leur seigneur de vouloir terminer le tout à l'amiable. Il envoya Arnaud, son bailli, au sénéchal, pour lui proposer une entrevûë, en lui offrant pour sa sureté plusieurs otages, qui resteroient à Nîmes tout le tems que le sénéchal séjourneroit à Montpellier. Ces offres ayant été acceptées, on convint « qu'il ne seroit plus parlé des appels pardevant le sénéchal ;
« que les cris publics se feroient au nom du roi de France ; & que le roi de
« Mayorque, comme seigneur de Montpellier, prêteroit serment de fidelité
« au roi Philipe, pour la seigneurie de cette ville. »

Liv. 4, ch. 10.

Liv. 5, ch. 1, n. 3.

Tout ce que je viens de dire prouve suffisament l'attention qu'avoient les officiers du roi de France à étendre & augmenter l'autorité du roi, leur maître, sur Montpellier, dont ils regardoient la proprieté comme la seule acquisition qui lui restoit à faire dans le Languedoc. Le roi d'Aragon en prit souvent jalousie, & il s'en plaignit, comme nous le voyons en divers endroits de Zurita. Mais il eut bien d'autres chagrins, lorsqu'il eut des nouvelles certaines que son frere avoit pouvoir du roi Philipe de lever des soldats à Nîmes ; il comprit (comme il étoit vrai) qu'il avoit pris des liaisons contre lui dans la conjoncture la plus délicate où il pût se trouver ; car, en consequence de l'excommunication déja prononcée contre sa personne, le pape Martin IV, regardant le royaume d'Aragon comme un fief de l'église romaine, en vertu de la soumission (dont nous avons parlé) faite à Innocent III, en 1204, donna l'investiture de ce royaume à Charles de Valois, second fils de Philipe le Hardi, qui étant, par sa mere Elizabeth d'Aragon, neveu du roi excommunié, seroit, selon toutes les apparences, mieux reçû des peuples & des seigneurs de ce royaume.

Mais il s'agiſſoit de le conquerir ſur un roi qui étoit en état de ſe bien défendre, & qui, n'ignorant point les préparatifs du roi de France, ſongea d'abord à lui fermer tous les paſſages. Il envoya ſur les frontiéres de Navarre un grand nombre de troupes, ſous la conduite des principaux ſeigneurs d'Aragon (parmi leſquels Zurita n'oublie point dom Bernard Guillem de Entença), pour s'oppoſer à Philipe le Bel, fils aîné du roi de France, qui venoit d'épouſer Jeanne de Navarre, & qu'on diſoit devoir entrer dans l'Aragon, par ce nouveau royaume qu'il avoit du chef de ſa femme ; mais, parceque le Rouſſillon, qui appartenoit au roi de Mayorque, ſon frere, pouvoit encore donner une entrée plus facile aux François, il s'avança avec une extrême diligence & un profond ſecret, pour s'aſſurer de Perpignan, qui lui ouvrit ſi ſubitement ſes portes, que le roi de Mayorque eut à peine le loiſir d'en ſortir à la dérobée, laiſſant ſa femme & ſes enfans à la diſcretion du vainqueur.

IV. 1281.

Liv. 4, ch. 58.

1285.

Ch. 56.

Cette diligence préſerva l'Aragon & fit des états du roi de Mayorque le théâtre de la guerre ; car, Philipe le Hardi, qui venoit avec une floriſſante armée, pour établir Charles de Valois, ſon fils, dans le royaume d'Aragon, ne put jamais y penetrer, & les ſeules villes du Rouſſillon lui donnérent de l'exercice durant toute cette campagne, qui lui coûta enfin la perte de ſes troupes & de ſa propre vie.

Il ſurmonta d'abord tous les obſtacles qu'on voulut mettre à ſon entrée dans * le Rouſſillon, où s'étant ſaiſi des places qui étoient le long de la mer, il alla s'aboucher avec le roi de Mayorque, qui s'étoit retiré dans la forte-reſſe de Carroca. On dit que ce prince ceda alors au roi de France tous ſes états de Rouſſillon, moyenant le royaume de Valence que Philipe lui promit ; mais, ce qui eſt bien certain, c'eſt que l'on mit garniſon françoiſe à Perpignan & dans les autres places qui s'étoient renduës, & les deux rois, ayant joint leurs troupes, allérent faire le ſiége de Gironne, dont ils ſe ren-dirent enfin les maîtres après une longue reſiſtance.

Page 96.

Liv. 4, ch. 57.

Les ſuites ne laiſſérent pas d'être très-malheureuſes aux deux partis ; car le roi d'Aragon, ayant été bleſſé dans une embuſcade qu'il avoit dreſſé aux François, mourut peu de mois après ; & la cavalerie françoiſe ayant été attaquée par une multitude innombrable de mouches, perit preſque toute de leurs piqueures venimeuſes ; de ſorte que, la contagion s'étant miſe dans le camp, le plus grand nombre des ſeigneurs françois en fut attaqué, avec le roi lui-même, qui s'étant fait porter à Perpignan, y mourut le vingt-troiſiéme du mois de ſeptembre 1285, année fort remarquable par la mort des deux rois dont nous venons de parler, & par celle du pape Martin IV & de Charles d'Anjou, roi de Naples & de Sicile, tous principaux acteurs de cette guerre.

1285.
Ch. 71 & 74.

Ch. 82.

1289.
Ch. 120.
1290.

Ch. 3.

1291.

Tom. 2, pag. 18 & seq.

Durant toutes ces agitations, Alphonse, fils aîné de Pierre, roi d'Aragon, avoit été s'emparer de l'isle de Mayorque, en faisant fort valoir auprès des habitans l'infidelité (comme il disoit) de son oncle, qui s'étant reconnu feudataire de la couronne d'Aragon, avoit pris les armes contre le roi, son frere, qu'il auroit du soûtenir. Cette conquête réduisit le roi Jacques à la seule seigneurie de Montpellier & à la ville de Perpignan, qu'il conserva par le moyen des François, qui s'y étoient retirez après leur défaite. Avec ce secours il se soûtint dans le Roussillon, & fut même en état de faire quelques entreprises sur les frontières de Catalogne; mais il ne put jamais obtenir la restitution des isles de Mayorque du vivant de son neveu Alphonse, qui ne voulut jamais le comprendre dans le traité d'Oleron, fait avec la France, par la médiation du roi d'Angleterre, en 1289, ni dans une célèbre conference qui fut tenuë à Montpellier, en 1290, entre les legats du pape & les ambassadeurs de France, d'Aragon & de Sicile, qui finit ensuite par le traité de Tarascon.

Ce refus du roi Alphonse piqua si fort le roi de Mayorque, qu'il crut pouvoir recourir à un expedient qui avoit réussi au feu roi Pierre d'Aragon, son frere, lorsque, selon le goût de ce tems-là, il donna un défi à Charles, comte d'Anjou, pour terminer, dans un combat singulier, les diferends qu'ils avoient pour le royaume de Sicile. Jacques défia de même le roi Alphonse, son neveu, & lui assigna la ville de Bordeaux, pour y combattre en champ clos ; mais, par les mêmes raisons que Pierre allégua pour manquer à l'assignation qu'il avoit donnée, Alphonse, son fils, ne voulut pas accepter celle qu'on lui donnoit, & le roi de Mayorque, son oncle, resta dépoüillé de son royaume tout le tems que vêcut son neveu.

Enfin, après la mort d'Alphonse, arrivée, heureusement pour lui, en 1291, on reprit les négociations qui avoient été faites pour son rétablissement. Boniface VIII, qui venoit d'occuper la place du pape St. Celestin, signala le commencement de son pontificat par cette grande affaire, dont nous sommes assés heureux d'avoir les piéces originales, que Mr Baluze nous a donné dans la vie des papes d'Avignon. Comme elle interesse particuliérement la ville de Montpellier, par raport à son seigneur, je crois qu'on ne désaprouvera point que j'en donne ici le précis, avec la brieveté où je me suis engagé.

V. On fit intervenir, dans cette affaire, Charles, comte de Valois, à qui Martin IV avoit donné l'investiture du royaume d'Aragon. Le roi Philipe le Bel y entra; & le roi Jacques d'Aragon, frere & successeur du roi Alphonse, nomma ses commissaires. Ceux du roi de Mayorque furent : Bermond de Montferrier & Jacques de Muredine, chevaliers, avec Arnaud, jurisconsulte, bailli & juge pour le roi de Mayorque, à Montpellier. Le traité de paix qui fut arrêté portoit :

« Que le roi d'Aragon restituëra le royaume de Mayorque, avec toutes
« ses * isles & dépendances, au roi de Mayorque, son oncle, pour en joüir
« de la manière qu'il en joüissoit avant le commencement de cette guerre.

« Que le roi de Mayorque en fera hommage au roi Jacques d'Aragon,
« conformément à la reconnoissance qu'il en avoit faite ci-devant au roi
« Pierre, son frere, sans que cela puisse augmenter ou diminuer le droit
« de l'un ni de l'autre.

« Les deux rois se restituëront reciproquement toutes les terres &
« châteaux qu'ils se sont pris depuis le commencement de la guerre de
« Sicile.

« Ils déposeront tout ressentiment du passé, & déchargeront les sujets
« l'un de l'autre des sermens qu'ils se sont fait prêter dans le cours de la
« guerre ; ils entretiendront entr'eux une bonne paix, & se remettront les
« otages.

« Le roi Jacques d'Aragon rendra au roi de France tout ce qu'il retient
« de lui ou de ses sujets, & le roi de France lui remettra tout ce qu'il a
« occupé dans l'Aragon, depuis la donation qui en avoit été faite à Charles
« de Valois.

« Ils pourront faire démolir, s'ils veulent, les fortifications qu'ils avoient
« fait faire dans les places & dans les terres qu'ils auront à se restituer.

« La vallée d'Aran est exceptée de cette restitution, jusqu'à ce qu'il en ait
« été décidé plus amplement.

« On levera l'interdit, on absoudra de l'excommunication, & on fera les
« mariages convenus. »

Le pape Boniface VIII confirma solemnellement ce traité, par une bulle donnée à Anagnie, le vingt-deuxiéme de juin 1295, dans laquelle il rapelle toutes les conditions du traité, & il n'y ajoûte qu'une exhortation au roi de Mayorque, de ne pas donner entrée dans son royaume aux Sarrazins, qui en avoient été chassez par le roi, son pere, & de permettre aux chrétiens qui lui seroient suspects de se retirer.

En consequence de tous ces actes, Pierre de Mornay, evêque d'Orléans, nommé par le comte de Valois, avec J. abbé de St. Germain des Prez, & Pierre de la Chapelle, evêque de Carcassonne, nommé par le roi de France avec Jean de Bourges, son chapelain (pour faire & recevoir de leur part les restitutions convenuës), commirent Jean de Arreblay, senéchal de Carcassonne, pour verifier & regler avec les députez d'Aragon ce qui devoit être restitué par le roi de France ; & cette verification ayant été achevée, ils don-

1291.

nérent pouvoir, de la part de leur maître, au roi de Mayorque, de faire lui-même cette reſtitution.

Il ſemble qu'aprés toutes ces démarches l'affaire devoit être finie; mais les Aragonois firent voir que ce qui leur avoit été facile à prendre leur fut incomparablement plus difficile à reſtituer; car il n'eſt point de ruſe qu'ils ne miſſent en uſage pour diferer de ſe deſſaiſir du royaume de Mayorque : tantôt le roi d'Aragon renvoyoit à ſon conſeil les commiſſaires de France, tantôt ſon conſeil les lui renvoyoit, diſant qu'ils n'avoient aucun pouvoir de faire cette reſtitution.

Toutes ces longueurs donnérent occaſion à un acte remarquable que nous avons de Jacques, roi de Mayorque, fait à Perpignan le vingt-troiſième du mois d'août 1295, par lequel il proteſte contre la reconnoiſſance qu'il avoit été forcé de faire de tous ſes états, excepté de la ſeigneurie de Montpellier & de Lates; il y rapelle tous les commencemens de cette affaire, & il y donne un manifeſte de toute ſa conduite; en voici le précis :

Martene, Anec-dotes, tom. 1, pag. 1272.

« Il dit d'abord que le roi, ſon pere, ayant fait le partage de ſes états
« entre ſon frere & lui, ce partage fut ratifié par ſon frere, en préſence de
« leur pere; & qu'enſuite, ſur les priéres qu'il en fit à ſon frere en préſence
« de leur pere, ſon frere lui en fit une nouvelle ratification.

« Néanmoins, auſſitôt après la mort de leur pere, ſon frere, malgré ſon
« ſerment & ſes promeſſes, avoit exigé de lui une reconnoiſſance de ſes
« états; à raiſon de quoi il auroit eû recours à la médiation de l'égliſe
« romaine, & de leurs amis communs; mais cette voye ayant été refuſée,
« *quare non videntes & cognoſcentes non ita eſſe potentes quod ejus potentiæ reſiſtere*
« *valeremus*, nous avons été contrains, par la crainte de ſa puiſſance & par

1292.

PAGE 98.

« les ménaces qu'il nous a faites, de lui faire une reconnoiſſance : *Accipiendo*
« *pro ipſo in feudum honoratum* prædictum regnum Majoricarum & alias terras*
« *noſtras ſub certis conditionibus, excepta villa Montiſpeſſulani & caſtro Latarum.*

« Et depuis ce tems-là, nôtredit frere, s'étant fait excommunier, à cauſe
« de l'invaſion qu'il a fait du royaume de Sicile, nous aurait fait requerir
« de lui donner ſecours contre le roi de France, qu'on diſoit devoir venir
« l'attaquer au nom & de l'autorité de l'égliſe romaine, nous aurions répondu
« que nous ne pouvions lui donner ſecours dans une guerre injuſte, puiſ-
« qu'il vouloit ſoûtenir l'invaſion qu'il avoit faite de la Sicile, qui eſt un
« patrimoine de St. Pierre, dans lequel cas nous n'aiderions pas même
« nôtre pere s'il étoit en vie.

« Néanmoins, malgré toutes ces raiſons, dans le tems que nous étions
« dangereuſement malade à Perpignan, & qu'il nous faiſoit viſiter de ſa
« part, & nous offrir, comme il ſe pratique entre bons freres, tout ce qui

Livre sixiéme. 155

« pouvoit nous être de quelque foulagement dans nôtre maladie, il eft venu
« en traître, à main armée, nous furprendre à Perpignan, fe faifir de la
« reine, nôtre époufe, & de quatre de nos enfans, qu'il a amené, & des
« gens de nôtre confeil, qu'il a rançonnez de groffes fommes.

1292.

« Quant à nous, qui échapâmes alors de fes mains comme par miracle,
« nous apprîmes qu'il avoit envoyé fon fils Alphonfe s'emparer de nôtre
« royaume de Mayorque.

« Mais n'ayant d'autre efpoir que dans les traitez déja conclus par l'en-
« tremife du pape, entre les rois de France & de Sicile, d'une part, & le roi
« d'Aragon, nôtre neveu, d'autre, par lefquels il veut nous aftreindre à
« renouveller la fufdite reconnoiffance de toutes nos terres, nous protef-
« tons, en préfence de témoins & notaire, contre tout ce qu'il nous fera
« faire, ne voulant nous en tenir qu'à ce qui a été reglé par le roi, nôtre
« pere, & ratifié enfuite par nôtre frere, comme il a été dit, déclarant nul
« & de nul effet tout ce qu'il nous contraindra de faire contre la pré-
« fente proteftation. Fait à Perpignan, le vingt-troifiéme du mois d'août
« 1295. »

Je ne fçai fi c'eft à cette proteftation qu'on doit attribuer le changement qui arriva dans les refolutions du confeil d'Aragon; car, après plufieurs conferences tenuës à Panifars, le roi d'Aragon fe préparant à faire un voyage en Italie, donna des lettres-patentes, adreffées au roi de Mayorque, fon oncle, du trente juin 1298, où, après plufieurs démonftrations d'amitié, il promet, en conformité des paroles folemnelles qu'il en avoit données, de le rétablir au premier du mois d'août fuivant; & il commet Raymond Foulques, vicomte de Cardonne, fon lieutenant-general en Catalogne, pour faire à fon oncle cette reftitution.

Nous avons la promeffe que le vicomte en donna par écrit, où il s'engage de reftituer le royaume de Mayorque aux fêtes de Noël fuivant, avec tous les fruits qui courront de ce jour-là, déduit quelques dépens modiques pour la garde des places; & afin qu'on n'ignorât point ce qui devoit auffi être reftitué à fon maître, il fpécifie les lieux de Châteauneuf, de Beaupuis, de St. Felieu, de Ceret, de Baftide (fauf neuf mille fols que le roi de Mayorque avoit fur cette terre), avec les châteaux de Raymond, de Palaudan, Fontanilles, Rocaberti, Capraria, Capmayn, Maffanet, Cantalops, Jonquiéres, Requezens & Avalrin. Par où nous pouvons apprendre quelles étoient les conquêtes que le roi de Mayorque avoient faites en Catalogne. Cet acte fut paffé à Argillers, diocéfe d'Elne; fignez le vicomte ftipulant, & le roi approuvant, avec les procureurs du roi de Mayorque, Bermond de Montferrier, Jacques de Murediné, chevalier, frere Raymond de Gardia, de

156   *Histoire de la ville de Montpellier.*

1292.

l'ordre des Templiers, & Arnaud, jurisconsulte, juge du roi de Mayorque, à Montpellier.

Le même jour, l'évêque de Carcassonne & son associé donnèrent ordre au gouverneur de Navarre de remettre au roi de Mayorque le château de Sauveterre, & les lieux d'Ul & de Fleres, situez sur les frontières d'Aragon & de Navarre, pour être restituez par ce prince au roi d'Aragon, à qui le roi son oncle fit hommage par le même acte.

PAGE 99.

Telle fut la fin de cette négociation, qui avoit traîné plus de quatre ans, quoique tous les articles en eussent été accordez. Boniface VIII fut si satisfait des soins de l'evêque de Carcassonne, qu'il le transfera cette même année* au siége de Touloufe; & le roi de Mayorque, rentré dans son royaume, en joüit encore pendant douze ou treize années. Mais, avant que de raconter toutes les suites de son regne, je crois devoir toucher un événement très-considerable pour nôtre histoire, sçavoir: l'acquisition qui fut faite alors, par les rois de France, de la partie que l'evêque de Maguelonne avoit dans Montpellier.

CHAPITRE SECOND.

I. Acquisition de Montpellieret par le roi Philipe le Bel. II. Nouvelles juridictions qui y furent établies. III. Priviléges accordez. IV. Philipe le Bel vient à Montpellier. V. La ville lui donne un secours pour ses guerres de Flandres. VI. Le pape Clément V vint deux fois à Montpellier avant l'emprisonnement des Templiers. VII. Fin du roi Jacques.

I.   JE ne rapelle point ce que j'ai dit plusieurs fois, que l'evêque de Maguelonne, dans l'inféodation qu'il fit au premier de nos Guillaumes, s'étoit réservé la portion de la ville qu'on appeloit Montpellieret; elle n'étoit pas d'une si grande étenduë que l'autre, mais elle étoit sans contredit beaucoup plus honorable, puisque les seigneurs de Montpellier relevoient des seigneurs de Montpellieret, à qui ils devoient hommage. De là vient que le roi de France ayant acquis le Languedoc, & voulant s'introduire dans Montpellier, qui étoit la seule ville de la province qui ne fût pas à lui, il fit agir ses ministres pour se ménager une entrée dans Montpellieret[1]. Guy

---

1. Le manuscrit ajoute ces quelques mots qui ont été biffés: *préférablement à l'autre portion, qui étoit moins seigneuriale.*

Fulcodi, depuis pape fous le nom de Clément IV, difpofa Pierre de Conchis, 1292. evêque de Maguelonne, à faire à la reine Blanche, alors regente du royaume, une reconnoiffance de fa portion, & en même tems du fief que les rois de Mayorque tenoient de lui à Montpellier. Les fenéchaux de Beaucaire, qui furent chargez des affaires de la cour de France, agirent dans le même efprit; & par les embaras qu'ils fufcitérent fouvent à nos evêques, comme nous le verrons plus amplement dans leur hiftoire, ils les portérent à faire un échange de leur portion avec d'autres terres que le roi de France leur devoit donner.

Berenger de Fredol, d'une des plus anciénes familles du diocéfe, occupoit alors le fiége de Maguelonne; il confomma cette affaire auffitôt après la mort d'Alphonfe, roi d'Aragon, dans le tems où fon oncle, le roi de Mayorque (preffé par de plus grands befoins), étoit difpofé à fuporter plus patiemment l'execution de ce projet [1].

Ce fut dans ces conjonctures qu'on publia cet échange projetté depuis long-tems entre les agens du roi Philipe le Bel & ceux de l'evêque : *Dudum tractatum fuit inter gentes noftras & gentes epifcopi Magalonenfis, fuper permutatione partis epifcopalis Montifpeffulani, quæ vulgariter dicitur Monfpeffulanetus*, dit le même roi dans les lettres-patentes qu'il donna fur cette affaire, au mois de mars 1292.

Ces lettres, qui font confervées dans les archives du domaine & dans celles de l'evêché, nous font connoître toutes les perfonnes qui concoururent dans cette affaire, avec les convenances & les conditions du traité, d'une maniére fi précife, que je ne puis donner à ma narration plus d'autenticité qu'en faifant le précis de la déclaration du roi.

Regift. B, pag. 160 & feq.

Il dit d'abord qu'après toutes les conferences qu'on avoit tenu pour ce fujet, Ademar de Cabreroles, prevôt de Maguelonne, Martin de Vabres, chanoine, & Bertrand Matthæi, official de l'evêque, lui avoient été enfin envoyez avec tous les pouvoirs neceffaires; & qu'après un mûr examen ils l'avoient affuré qu'il reviendroit à l'eglife de Maguelonne de grands avantages de cet echange, & qu'elle éviteroit de grands inconveniens : « c'eft « pourquoi, ajoûte le roi, nous y avons procédé de la maniére qui fuit :

Series, pag. 301.

« * I. Lefdits procureurs, au nom de l'evêque & du chapitre, nous tranf- « férent à nous & à nos fucceffeurs, à perpetuité, toute la juridiction que « l'evêque de Maguelonne a & doit avoir dans la partie epifcopale appellée

PAGE 100.

---

1. *Qui tendoit à diminuer confiderablement fon autorité dans Montpellier.* Autre paffage biffé dans le manufcrit.

« Montpellieret, & dans son territoire : *Ita tamen quod dictus episcopus habeat*
« *jurisdictionem tantum in sua familia.*

« II. Ils nous transférent, *totum jus feudi & dominationis cum homagio & sacra-*
« *mento fidelitatis*, que l'evêque a sur le seigneur de Montpellier, & tout ce
« que ledit seigneur tient de l'evêque, par raport à la ville & au château de
« Lates ; c'est-à-dire le droit temporel sur les personnes desdits lieux, & sur
« les etrangers même, à raison desdites choses ; de sorte pourtant que nous,
« ni les rois nos successeurs, ne puissions aliéner ni transporter, en entier
« ou en partie, lesdits droits, ni donner à l'evêque & à son eglise d'autre
« supérieur que nous.

« III. Ils nous transférent tout le droit que l'evêque peut & doit avoir
« sur les juifs de Montpellier, à raison de sa jurîdiction temporelle, excepté
« les censives, les usages & les lods que l'evêque retire d'eux, dont nous
« n'aurons qu'une moitié par indivis.

« IV. Ils nous transférent aussi, par indivis, la moitié du four que
« l'evêque a dans la susdite partie de Montpellier, *& obventionem ejusdem*
« *furni,* avec le droit d'en construire d'autres ; de maniére pourtant qu'après
« la délivrance des choses que nous devons donner pour cet échange, nous
« aurons la moitié de ce four qui est déjà bâti, & que nous & l'evêque
« pourrons dans la suite en construire d'autres à nos dépens.

« V. En outre, lesdits procureurs nous transférent & à nos successeurs
« les rois de France, la moitié, par indivis, des censives, usages & lods des
« maisons de la campagne & de la ville, que l'evêque tient à Montpellier,
« Montpellieret & leur territoire, moyennant la juste compensation que
« nous lui donnerons ; de quoi il nous fera reconnoissance, de la maniére
« qu'il la faisoit pour Montpellier & Montpellieret.

« *Item*. Nous voulons & accordons que l'evêque, le chapitre & les cha-
« noines, tant séparément que conjointement, joüissent dans nôtre partie
« de la ville, de la même immunité du droit de coupe & de leude qu'ils
« ont dans la partie du roi de Mayorque ; & que nos baillifs, en prêtant
« serment au commencement de leur administration, jureront de ne donner
« aucune atteinte aux droits de l'evêque & du chapitre.

« Nous mandons aux vassaux des terres que nous devons ceder à l'evêque,
« de lui être fidéles comme ils l'ont été à nous & à nos prédecesseurs.

« Sur quoi, nous Martin de Vabres, chanoine de Maguelonne, & Bertrand
« Matthæi, official de l'evêque, en vertu de nos procurations, nous rece-
« vons l'assignation de cinq cens livres qui doit être faite ; & nous faisons
« présentement l'échange en question, à vous, seigneur Philipe, par la
« grace de Dieu, sérénissime roi des François, pour vous & vos successeurs,

« de la manière, forme & condition ci-deſſus; vous promettant que l'evêque
« & le chapitre ratifieront le tout; & nous enjoignons dès à preſent au
« ſeigneur de Montpellier & de Lates, & à tous & chacun des feudataires
« de l'evêque, de vous prêter les mêmes ſermens de foi, hommage, fidelité
« & ſervice de guerre qu'ils lui devoient, pour les lieux que nous vous
« cedons à ſon nom; ſauf, pour ledit evêque, l'autorité du pape & de
« l'egliſe romaine, comme auſſi de l'archevêque de Narbonne, autant qu'il
« peut leur appartenir.

« Et nous, roi des François, afin que toutes choſes ſoient fermes &
« ſtables pour toûjours, nous avons fait appoſer nôtre ſceau au préſent acte.
« Donné à Paris, l'an de Nôtre-Seigneur, 1292, au mois de mars. »

Dans cette même année, le roi, voulant gratifier plus particuliérement l'evêque & le chapitre de Maguelonne, leur donna pouvoir d'acquerir, durant l'eſpace de quinze années, juſqu'à la concurrence de deux cens livres de rente, dans le dioceſe de Maguelonne, excepté les fiefs & arriere-fiefs de la couronne. Et par d'autres lettres, adreſſées en même tems au ſeul evêque, il lui promet* que s'il vient jamais à acquerir la portion que le ſeigneur de Montpellier a ſur la monoye de Melgüeil, il la remettra toute entiére à l'evêque de Maguelonne ou à ſes ſucceſſeurs, & qu'il donnera cours à cette monoye dans les ſenéchauſſées de Beaucaire & de Carcaſſonne.

Nous verrons l'effet qu'eurent ces promeſſes; mais, pour ne pas ſéparer les articles de ce traité, je crois ne devoir pas renvoyer ailleurs à dire quelles furent les terres qu'on donna à l'evêque de Maguelonne, pour lui faire les cinq cent livres de rente auſquelles le roi s'étoit engagé. Pierre de la Chapelle, qui étoit encore alors evêque de Carcaſſonne, & toûjours employé dans les affaires les plus conſiderables de ſon tems, fut chargé de celle-ci. Il prit les officiers des deux ſenéchauſſées, pour faire l'eſtimation des terres qu'on devoit aſſigner dans leurs diferens reſſorts, ſçavoir : Alphonſe de Rouveirac, chevalier & ſenéchal de Beaucaire, avec Guy de Cabrieres, viguier & châtelain dudit Beaucaire, pour les terres de leur ſenéchauſſée; & pour celles du diſtrict de Carcaſſonne, il prit Renaud de Meſſiac, viguier de Beziers, Guillaume Ban, & Me. Pierre de Medant, procureur du roi à Carcaſſonne. Avec eux tous, Pierre de la Chapelle aſſigna pour le roi, à l'evêque de Maguelonne, la baillie de Sauve, avec toutes ſes dépendances, pour la rente de trois cent ſoixante livres melgoriénes; le château de Durfort, & Sainte Croix de Fontanez, pour celle de quatre-vingt livres dix ſols; & enfin, pour les cinquante-neuf livres dix ſols qui reſtoient, afin de parfaire la ſomme entiére de cinq cent livres, ils cedérent tout le droit qui appartenoit au roi ſur la ſeigneurie de Pouſſan.

1292.

Il vient naturellement à l'esprit que c'étoit un prix bien modique pour de si belles terres; mais on en sera moins surpris quand on verra par d'autres exemples combien l'argent étoit rare en ce tems-là, & par consequent le bas prix des denrées: ainsi, par la même raison qu'on n'évaluoit qu'à cinq cent livres de rente les terres de Sauve, de Durfort, de Fontanez & de Poussan, on n'apprecioit pas davantage la seigneurie de Montpellieret, qui seroit incomparablement plus estimée dans nôtre siécle.

A peine l'échange en eut été signé, que le senéchal de Beaucaire reçut ordre d'en venir prendre possession pour le roi son maître, Philipe le Bel. Il le fit avec toute la solemnité requise; car ayant convoqué à son de trompe, tous les habitans de Montpellieret dans le monastére des freres mineurs, qui se trouvoit situé dans cette partie de la ville, il leur fit notifier par Piërre de Bourges, procureur du roi, que le roi de France avoit acquis, par permutation & échange, la juridiction temporelle de Montpellieret, & le serment de fidélité & hommage que le roi de Mayorque avoit coûtume de prêter à l'evêque. En même tems, il leur déclara la nomination des nouveaux officiers, sçavoir: Guichard de Marziac pour recteur; Scipion d'Antoniac, jurisconsulte pour juge; & Jean Rogier pour notaire & greffier. Ces nouveaux officiers prêterent aussitôt serment & promirent d'administrer la justice, selon les us & coûtumes de Montpellier, & au défaut des coûtumes, selon le droit écrit.

Mais, il étoit bien dificile que la chose se passât sans quelque contradiction de la part des officiers du roi de Mayorque. En effet, Bermond de Montferrier, chevalier & son lieutenant à Montpellier, fit ses protestations, tant en son nom qu'à celui d'Etiéne Sabors, procureur du roi de Mayorque, & de Guillaume Causiti, baile de la cour de Montpellier, contre tout ce qui venoit d'être fait, en tant qu'il portoit préjudice au roi leur maître qui avoit divers droits dans la partie dont on avoit fait échange.

Le senéchal répondit qu'il avoit fait signifier cette échange au roi de Mayorque, afin qu'il prêtât le serment de fidélité qu'il devoit au roi de France, et qu'il lui rendît hommage de la ville de Montpellier; & s'adressant à Bermond, il lui dit que lui & les autres curiaux du roi de Mayorque devoient obéir aux officiers nouvellement créez, de même qu'à lui senéchal.

A quoi Bermond de Montferrier ayant repliqué qu'il reconnoissoit bien le senéchal pour son supérieur, mais non les viguiers & recteur pour le roi de France; ils firent leurs protestations reciproques, dont ils se donnérent acte: *In domo* * *FF. Minorum, an. 1292, XII. cal. martii, Philippo regnante.*

PAGE. 102.

II. Le roi, de son côté, voulant donner plus de lustre à sa nouvelle acquisition, y fit des etablissemens trés considerables qui mirent cette partie de la ville dans une espece d'égalité avec Montpellier; car, si Montpellier l'emportoit sur Montpellieret par le nombre de ses maisons & de ses habitans, Montpellieret devint plus remarquable par les nouvelles juridictions qui y furent établies.

1292.

On compte, pour la premiére, le siége de justice, qui fut appellée rectorie, & qui avoit pour ses justiciables tous les habitans de Montpellieret & de son territoire; c'est-à-dire, dans la ville, tout ce qu'on trouve sur la main gauche, en allant par le droit chemin, depuis le pont des Augustins, qui est hors la porte du Pila-Saint-Gilles, jusqu'à celle de Lates; & hors la ville, depuis la porte de Lates, le long des fossez, jusqu'aux Agarelles, d'où, en suivant ce ruisseau par un long circuit, au-dessus du pont Juvenal, on venoit retomber au pont des Augustins: c'est ce qui fut appellé la rectorie, & qui eut son juge particulier, sous le nom de recteur, établi par le roi Philipe le Bel. On donna depuis à la rectorie le nom de partantique, parce qu'on la regardoit comme la premiére & la plus anciéne portion que nos rois eussent acquis dans toute la seigneurie de Montpellier.

Comme par cet échange les feudataires de l'evêque devoient au roi le serment de foi & hommage, avec le service de guerre auquel ils étoient tenus envers l'evêque, le sénéchal de Beaucaire fit assigner le S^r. de Rupé pour sa portion de la seigneurie de Poussan, avec le seigneur de Ganges & les conseigneurs d'Assas. De là vient que dans une liste du service dû par les nobles des diocéses de Nîmes, d'Uzés & de Maguelonne, qui se trouve (de ce tems-là) dans les archives du domaine, on voit sur la fin:

PRO RECTORIA MONTISPESSULANI.

Dominus de Rupe, pro castro de Porsano . . . . *unum equum.*
Dominus de Agantico . . . . *duos equos.*
Domini de Assatio . . . . *unum roussinum.*

Les seigneuries possedées par l'evêque ou par le chapitre n'y sont pas comprises; mais je ne sçai pourquoi on n'y fait aucune mention des seigneuries de Cornom-Terrail, de Murles, de Fabregues, de Teiran, de Brissac & autres qui ressortoient de l'evêque [1].

Le roi Philipe le Bel établit dans ce même-tems à Montpellieret une bourse de marchands, à qui il donna pour conservateurs, le recteur ou juge de la partantique.

---

1. VAR. : Qui ressortissoient de la rectorie. MS.

1292.

Mais l'etabliffement du petit-fceau donna beaucoup plus de luftre à Montpellieret, à caufe des grands privilèges que nos rois avoient donné à cette cour. J'en parlerai plus amplement dans un article feparé; mais pour le préfent je me contente de faire obferver qu'elle avoit été créée en 1254, par le roi St. Loüis, pour la commodité des pelerins qui s'embarquoient à Aiguemortes, d'où elle fut transferée par fon petit-fils, Philipe le Bel, à Montpellieret, & placée dans la ruë qui va maintenant des Jefuites à l'Efplanade, précifément à l'endroit où eft aujourd'hui la congregation des Meffieurs. On y voyoit encore en 1682, le fiége de cette cour, telle qu'elle avoit été bâtie du tems de Philipe le Bel, avec fes armoiries fur la porte, & quelques autres marques de nos rois.

L'hôtel des monoyes acheva de rendre Montpellieret auffi confiderable qu'il pouvoit le devenir par les diferentes juridiƈtions de ce tems-là. On marque que cet hôtel avoit été tiré de Melgüeil & transferé à Sommières, où n'ayant refté que fort peu de tems, il fut changé par Philipe le Bel à Montpellieret, & placé dans la partantique, au même lieu où il eft encore. Son anciéne porte d'entrée, qui fe préfente de front à ceux qui viénent du côté de l'Efplanade, fait voir, par les ornemens qui l'accompagnent, que c'étoit un ouvrage de la fin du treiziéme fiécle, ou du commencement du quatorziéme.

[Enfin, pour augmenter le nombre des habitans de Montpellieret, on accorda de grands privileges à tous ceux qui viendroient s'y établir, ce qui fut appellé droit de bourgeoifie, de laquelle les particuliers prenoient des lettres du roy, & luy payoient un marc d'argeant au commencement de chaque année. Nous trouvons dans les archives du domaine quantité de ces fortes de lettres, & entre autres celles qui furent données par Philippe de Valois, en 1339, c'eft-à-dire dix ans avant qu'il euft acquis la portion des roys de Mayorque, aux nommés Nery, Guigue, Sandre & Triche, freres & fils de feu Bertache, marchands de Florence.

Reg. 7, fol. 133.

Nous apprenons par les lettres du roy Charles V, rapportées dans les anecdotes du P. Martene, que Philippe le Bel fût le premier qui accorda tous ces beaux privileges; mais ils degenerérent enfin dans de fi grands abus qu'il falût que Charles V les modifiât par fes lettres données à Paris le 27 aouft 1376.

T. 1, p. 1518.

Il paroît auffi, par les memes lettres, que le reƈteur de la partantique connoiffoit, privatiment à tous autres juges du royaume, des privilèges de ceux qui avoient ce droit de bourgeoifie, jufqu'à ce que le roy Charles V en attribua la connoiffance au chatelain d'Ayguemortes lorfqu'il y transfera la bourgeoifie de Montpellier].

*Tandis que le roi de France combloit de fes graces cette partie de Montpellier qu'il venoit d'acquerir, le roi de Mayorque n'oublioit pas celle qui lui appartenoit dans cette ville ; car, malgré les agitations où il fe trouva après l'invafion de fon royaume, & dans le tems qu'il combatoit dans le Rouffillon, pour conferver cette province, il étendoit fes foins fur Montpellier, pour le bon ordre de la police & du gouvernement.

Nous trouvons, en effet, qu'en 1292 on y prit de fon autorité une précaution affés finguliére pour prévenir les incendies, qui fut de marquer une certaine heure, où chaque particulier feroit tenu de couvrir le feu dans fa maifon avant que de fe coucher. Et afin que perfonne ne l'oubliât, on établit que tous les foirs on feroit averti de le faire par le fon d'une cloche qui fut appellée pour cette raifon *cuebre-foc*. La mode s'en répandit dans le royaume, comme on le voit dans les Recherches de Pafquier.

L'année d'après, on fit à Montpellier la premiére ceremonie de la prife de bonnet par un nouveau gradué, fuivant les formalitez établies depuis peu dans les autres univerfitez du royaume. Je me contente pour le préfent d'en marquer l'epoque, & je referve d'en parler plus au long dans l'article de l'univerfité de cette ville.

En ce même-tems, le roi Philipe le Bel, voulant donner un nouveau relief à la partie de Montpellier qu'il avoit acquife, y convoqua une affemblée des plus remarquables qu'il y eût eú encore dans la province. Je ne puis la faire mieux connoître qu'en traduifant mot-à-mot l'article latin de la chronique de Guillaume Bardin, fi fouvent mentionnée dans les annales de Touloufe.

« L'an de Nôtre-Seigneur 1293, & le 14 d'avril, il fut convoqué une
« affemblée du païs du Languedoc en la ville de Montpellier, par mande-
« ment d'Alphonfe de Roveirac, chevalier & chambelan du roi de France,
« fenéchal de Beaucaire & de Nîmes, vicegérant pour cet effet de nôtre
« feigneur le roi Philipe. Tous les fenéchaux de la province, tous les baillifs,
« leurs lieutenans, leurs premiers juges ou juges-mages, les inquifiteurs
« de la foi, tant de Touloufe que de Carcaffonne, les juges fubalternes, les
« findics generaux de la province, s'y rendirent, pour y traiter de la refor-
« mation des abus de la juftice, dans toutes les juridiĉtions. Ils firent fur
« cela plufieurs beaux réglemens, qu'ils jurèrent d'obferver eux-mêmes &
« de faire obferver aux autres. »

Bardin ne nous a point confervé ces réglemens; mais le fait qu'il nous raporte prouve fufifament l'attention du roi Philipe le Bel en faveur de Montpellieret, où l'affemblée fut tenuë par fon ordre, comme en la feule partie de la ville qui lui appartint.

1294. III. Le roi de Mayorque, de son côté, donna, dans l'année suivante, 1294, une ordonnance fort remarquable dans nos coûtumes, qui avoient déja accordé aux femmes de grands privilèges pour leur dot. Celles qui vivoient alors, cherchérent à y donner une plus grande extension, en demandant la préference pour leur dot, sur les meubles des locataires, à l'exclusion des proprietaires des maisons. L'affaire ne put être mieux solicitée qu'elle le fut; & dans le partage où se trouvérent les juges, ils crurent devoir recourir au roi lui-même, qui, apprehendant les collusions assés ordinaires entre un mari & une femme, débouta sur ce point les femmes de Montpellier.

1296. Peu de temps après, Jacques II, cherchant à se refaire des grandes sommes qu'il avoit employé pour la restitution de son royaume, fit la première alienation que nous trouvions avoir été faite à Montpellier par les rois de Mayorque : ce fut de vendre le droit qu'il avoit sur les issuës des bêtes qu'on tuoit à la boucherie, comme : moutons, bœufs, vaches & agneaux, dont les extrémitez appartenoient au seigneur. Pour cet effet, il envoya de Perpignan, en 1296, sa procuration à Mathieu Boccii, jurisconsulte, lequel, en 1299, infeoda le droit du roi à Berenger Sarralleri, pour en joüir à perpe-

Grand Talamus. tuité, lui & les siens, avec pouvoir de l'aliéner, en tout ou en partie, à qui il voudroit; d'où est venu ce grand nombre de proprietaires qu'il y a aujourd'hui au droit de la triperie.

1298. Le roi Philipe, de son côté, favorisa indistinctement les marchands de Mont-
PAGE 104. pellier* & de Montpellieret, en leur accordant les privilèges dont je parlerai dans l'article du commerce de cette ville. Enfin, en 1300, il donna aux notaires de Montpellier la permission, dont ils joüissent encore, de contracter dans tout le royaume.

Après tant de graces reçuës, il semble que les habitans de Montpellier n'avoient autre chose à desirer, que le bonheur de voir chez eux un prince qui, depuis dix ans, n'avoit cessé de leur faire du bien. Ils l'eurent enfin, ce
1302. bonheur, en 1302, où les fameux diferends entre le pape Boniface VIII & le roi Philipe le Bel engagérent le roi à faire un voyage à Touloufe. On dit que Bernard de Saisset, premier evêque de Pamiers, avoit voulu per-
Defferents, pag. suader aux comtes de Foix & de Comenge, de se revolter, & de soustraire
627 & seq. la ville de Touloufe de l'obéïssance du roi. Cette raison obligea Philipe le
IV. Bel d'y faire un plus long séjour, d'où étant parti pour le Bas-Languedoc, il vint à Montpellier, avec la reine & les princes ses enfans, sçavoir : Loüis, Philipe & Charles, qui lui succedérent tous trois à la couronne. Ils furent logez à la sale de l'evêque, dans Montpellieret, dont le roi avoit fait l'acquisition; & tous les habitans lui ayant donné les démonstrations qu'ils lui

devoient de soumiffion, de refpect & de fidelité, ils en reçurent la confir- 1302.
mation de leurs priviléges.

Ils eurent bientôt occafion de lui donner des marques effentielles de leur V. 1304.
reconnoiffance, car, les affaires de Flandres s'étant broüillées de nouveau
en 1304, comme elles le furent long-temps fous le regne de Philipe le Bel,
ce prince, pour fubvenir aux frais de cette guerre, demanda un fecours à la
ville de Montpellier, qui lui fut accordé beaucoup plus confiderable qu'il
n'avoit été demandé. Nous l'apprenons par les lettres même du roi, que je
raporte en leur entier, pour faire voir les ménagemens qu'il voulut avoir
pour le roi de Mayorque, & pour les priviléges des habitans.

« Philipe, par la grace de Dieu, roi des François, à tous ceux qui ces pré-
« fentes verront, falut. Nous faifons fçavoir que nos bien-aimez les confuls,
« bourgeois & habitans de Montpellier, nous ayant accordé volontairement,
« pour toute l'année préfente, certaine fubvention que nous leur avions
« demandé pour quatre mois, à raifon de l'armée que nous fommes obligez
« d'avoir en Flandres, nous acceptons de nôtre grace fpéciale, l'octroi qu'ils
« nous font; & ne voulant point que cet octroi puiffe porter aucun pré-
« judice à nôtre très-cher oncle, l'illuftre roi de Mayorque, ni aux confuls
« & à leurs priviléges, nous déclarons qu'on ne pourra point le regarder
« comme une introduction de nouvelle charge, ni comme un nouveau
« droit acquis pour nous ou pour nos fucceffeurs à l'avenir. En foi de quoi
« nous avons fait appofer nôtre fceau aux préfentes lettres, données à
« Paris, le lundi avant la Nativité de S^t. Jean-Baptifte, l'an de Nôtre-Sei-
« gneur 1304. »

Cette même année eft encore remarquable par la double alliance que fit
le roi de Mayòrque avec la maifon de France, en donnant Sancie, fa fille,
à Robert, duc de Calabre, fils de Charles, roi de Naples, & en faifant époufer
à Sanche, fon fils & fon fucceffeur, Marie, fille du même roi Charles.

L'élévation de Clement V au fouverain pontificat, qui arriva l'année fui- 1305.
vante, 1305, attira à Montpellier une grande cour; car ce pape, ayant reçû
à Bordeaux (dont il étoit archevêque) la nouvelle de fon election, partit
fur la fin du mois d'août pour s'acheminer à Lyon; & ayant paffé par Agen
& Touloufe, il vint à Montpellier, où plufieurs princes fe rendirent pour
fe trouver à fon arrivée. Le roi Jacques d'Aragon fut de ce nombre; car *Olv. Rayn., n.8.*
on marque qu'il lui rendit en perfonne, dans cette ville, l'hommage qu'il *Paul Emile.*
lui devoit pour les royaumes de Sardaigne & de Corfe, dont il avoit reçû
l'inveftiture par les papes fes prédeceffeurs, dans le cours des guerres de *Zurita, ch. 68.*
Sicile.

Son oncle Jacques, roi de Mayorque, l'accompagna dans ce voyage, puif-

1305.
Baluse, tom. 1.
Pap. Aven. pag. 623 & seq.

Page 105.

qu'ils se trouvérent tous les deux au couronnement du nouveau pape, qui fut fait à Lyon, le quatorziéme de novembre, & qui devint célébre par un événément des plus tristes; car nous apprenons de tous les historiens de ce tems-là que le pape, revenant à son logis, après la ceremonie faite, ayant la tiare en * tête, & le roi de France tenant la bride de son cheval, successivement avec les princes ses freres, & le duc de Bretagne, une vieille muraille, trop chargée de spectateurs, tomba dans le moment que le pape passoit, le renversa de son cheval, & blessa un fort grand nombre de personnes, dont il y en eût jusqu'à douze qui moururent peu de jours après, du nombre desquels fut Jean, duc de Bretagne.

VI. Ce pape ayant resolu de ne point aller en Italie, passa tout son pontificat en 'divers voyages dans la France. Nos annales raportent quil vint une seconde fois à Montpellier, en 1307, & qu'il y logea dans la maison des Templiers, précisément quelques mois avant l'extinction de leur ordre.

1307.

Cette époque, si remarquable dans l'histoire de l'église & dans celle du royaume de France, où leur procès commença & finit, interesse particuliérement la ville de Montpellier, par la mention qui est faite de leur maison de cette ville, dans les interrogatoires qu'ils furent obligez de subir. Il est dit, après l'aveu qu'avoient fait un grand nombre de chevaliers d'avoir en usage de renoncer Jesus-Christ le jour de leur profession, » que Hugues « de Peraud déclara qu'ils adoroient une tête qui étoit demeurée à Mont- « pellier, ayant quatre pieds, deux devant & deux derriére, & Raoul de Gise « ajoûta qu'elle étoit d'une figure terrible, & que quand on la montroit, « ils se prosternoient tous à terre, en ôtant leurs capuces. »

Dupuy, pag. 87.

Un pareil aveu (si nous voulions le suivre) nous engageroit dans une longue dissertation, qui ne convient pas à une histoire comme celle-ci; je me contente de raporter le fait, en laissant au lecteur à faire deux reflexions qui viénent naturellement, sçavoir : que leur foiblesse fut extrême, d'avoüer pareille chose, supôsé qu'elle ne fût pas veritable, comme on l'a prétendu depuis, ou bien, que leur aveuglement est encore plus déplorable, si leur aveu a été sincére.

Reg. 4, fol. 58.

[Tandis que cette affaire occupoit toute l'Europe, les officiers que Philippe le Bel avoit à Montpellieret n'y causoient guere moins de troubles par leurs entreprises sur la jurisdiction du roy de Mayorque. Comme ce prince avoit esté absent de Montpelier durant plusieurs années, le senéchal de Beaucaire profita de ce temps pour faire plusieurs innovations qui donnerent lieu au roy Jacques d'en porter ses plaintes au roy Philippe. On ne peut mieux juger des entreprises du senéchal que par les reglements qui fûrent faits par Philippe le Bel pour la jurisdiction du roy de Mayorque, à Montpellier. Les lettres qu'il en donna font datées de Paris, l'an 1307, au mois de juin.

« Nous accordons (dit Philippe le Bel) que les caufes d'appellation ne
« feront pas portées devant nos fenéchaux, mais par devant nous, que, fous
« pretexte de faire rendre juftice, nos fenéchaux n'attenteront rien contre
« le roi de Mayorque ou fes curiaux, tant que le roy ou fes officiers feront
« prets de faire juftice felon les loix.

« Que nos fenéchaux ne pourront marquer un temps prefix au roy de
« Mayorque, ni à fon lieutenant, bailly, ou autres fes officiers, pour rendre
« juftice.

« Que le roy de Mayorque & fes fucceffeurs dans la feigneurie de Mont-
« pellier, ont la liberté de permettre le port d'armes dans leur jurifdiction,
« & fi leurs fujets vouloient les porter contre leur défenfe, la connoiffance,
« la punition & l'amende luy en appartiendront. En forte que le fenéchal
« de Beaucaire ne pourra molefter à cette occafion les fujets dudit roy.

« Que le roy de Mayorque, ni fes fucceffeurs dans la feigneurie de Mont-
« pelier, ne feront point tenus de playder, ni de fubir le jugement de nos
« fenéchaux, mais par devant nous ou devant notre cour, fauf que fi fes
« gens s'en prenoint aux biens de quelqu'un de nos fujets, ou autres qui
« feroient fous noftre fauvegarde, hors de fa jurifdiction, alors noftre fené-
« chal, fur la plainte qu'ils en feroint, leur donneroit la recreance dans le
« cas où elle doit s'accorder, fauf, pour tout le refte, à noftre droit & à
« celuy de noftre amé & féal l'evêque de Maguelonne & de tous autres. »

Ces mefmes reglemens furent confirmez par le roy Charles le Bel, en 1322, dans le mois d'octobre.]

Jacques fecond, roi de Mayorque, qui eût le plaifir de voir, en 1309, fon gendre, Robert, roi de Jerufalem & de Sicile, couronné à Avignon par le pape Clement V, eut encore celui de raffembler toute fa famille à Montpellier, où nos annales marquent qu'il fe trouva le dernier du mois d'août, avec la reine Efclarmonde, fon époufe; Sanche, leur fils, & le roi Robert, avec Sancie, leur fille.

Il ne paroît pas que depuis ce tems il foit retourné à Montpellier; car l'hiftoire de Mayorque nous apprend qu'au milieu de la joye qu'il avoit de fe voir en paix avec tous les princes chrétiens, & particuliérement avec le roi d'Aragon, il fe fentit accablé par fon grand âge & par fes fatigues paffées, dont il mourut dans la ville de Mayorque, le 28 du mois de mai 1311, veille de la Pentecôte; il fut enterré dans la chapelle royale de la grande eglife, où fon corps étoit encore entier & fans corruption en 1631, qui eft l'année où le docteur Jean Daméte imprima fon hiftoire des ifles Baleares.

Hift. Balearit., liv. 3, §. 5. VII.

1311.

Cet auteur loue le roi Jacques II de fa piété envers Dieu, de fa foumiffion au S*t*. Siége, & de fa bonté & juftice envers fes fujets ; & à cette occafion, je crois ne devoir pas fuprimer ici ce qu'on voit dans nôtre petit Talamus, du jour de fa naiffance, & du furnom de bon roi que nos anciens lui donnérent : *l'an 1243, en la vigilia de Pentecofta, nafquet à Monpelié, Moffen Jayme, lo bon rey;* à ce compte, il vêcut foixante-huit ans complets, étant né & mort la veille de la Pentecôte, quoiqu'à diferent jour ; la circonftance d'être né à Montpellier eft remarquable pour nôtre ville, à qui il ne peut être que bien glorieux d'avoir donné naiffance à Jacques I, dit le Conquerant, & à Jacques II, dit le bon roi.

Page 106.

Le même auteur nous apprend que le roi Jacques, dont nous parlons, étoit d'une grande taille & bien proportionnée ; qu'il fit paroître beaucoup de grandeur & d'égalité d'âme dans fa bonne & dans fa mauvaife fortune, & que c'eft avec raifon qu'il fut toûjours protegé par les papes & les rois de France ; il nous dit qu'il laiffa quatre enfans mâles, dont l'aîné, qui portoit le nom de *Jacques, comme lui, étant prifonnier du roi d'Aragon, avec Loüis, fils du roi Charles le Boiteux, prit refolution, avec cet autre jeune prince, d'embraffer la régle de S*t*. François ; ce qu'ils firent tous deux, après être fortis de prifon, Loüis en 1296, d'où il fut tiré auffitôt pour être evêque de Touloufe, & Jacques, en 1302, qui fut l'année de fa profeffion dans le même ordre.

§. 3 & 4.

Sanche, fecond fils du roi Jacques fut par l'abdication de fon frere, fucceffeur de tous fes états. Fernand ou Ferdinand, qui, du vivant du roi fon pere, s'étoit fignalé par une expedition à Conftantinople, & enfuite en Efpagne contre les Maures, fut pere de Jacques III, qui fucceda (comme nous le verrons) à tous les états du roi Sanche, fon oncle. Philipe, le dernier de tous, ayant pris le parti de l'églife, porta long-tems le titre de tréforier de S*t*. Martin de Tours, & finit fes jours dans le tiers-ordre de S*t*. François, où il eut beaucoup de part aux fameufes queftions qui s'élevérent parmi eux dans ce fiécle, fur l'obfervation de leur régle. On peut voir, dans M*r* Fleury, la requête qu'il préfenta fur cela au pape Jean XXII, en 1328, où il prend le nom de Philipe de Mayorque, oncle & tuteur du roi Jacques III, qui regnoit alors.

Liv. 93, n. 55.

Ses filles furent : Ifabelle, qui époufa Jean Manüel, frere du roi de Caftille, & Sancie, femme de Robert, roi de Naples, à qui les hiftoriens donnent la loüange d'avoir été une des meilleures princeffes de fon tems.

CHAPITRE TROISIÉME

I. Commencemens du roi Sanche. II. Il rend au roi d'Aragon la valée d'Aran, & lui fait hommage de fes états. III. Ses diferends avec Philipe le Bel & Loüis Hutin. IV. Qui font terminez fous Philipe le Long. V. Il exerce librement fon autorité dans Montpellier. VI. Il aide le roi d'Aragon dans la conquête des ifles de Sardaigne & de Corfe. VII. Va voir le roi Charles le Bel à Touloufe. VIII. Et meurt à Fromigéres.

L'ENTRÉE de dom Jacques, fils aîne du roi de Mayorque, dans l'ordre de S^t. François, fit dès-lors regarder Sanche, fon fecond frere, comme héritier des états de fa maifon; &, en cette qualité, le roi d'Aragon exigea auffitôt de lui une reconnoiffance pour le royaume de Mayorque, pour la comté de Rouffillon, & pour la feigneurie de Montpellier; il la fit (felon Zurita) la même année que fon frere fe fut fait religieux, c'eſt-à-dire en 1302, & le roi fon pere, fongeant auffitôt à lui donner une époufe, fit traiter de fon mariage avec Marie de Sicile, fille de Charles II, roi de Jerufalem & comte de Provence.

I. 1311.

Le traité en fut conclu fur la fin de 1303, & la princeffe ayant été conduite à Collioure, au commencement de 1304, on y fit la celebration du mariage, par le miniftére de Pierre IVe du nom, évêque de Vence & de l'ordre des freres prêcheurs, qui étoit à la fuite de la princeffe.

L'acte qui nous en refte, m'a paru par fa fingularité, pouvoir ici trouver place, car le notaire qui raporte en latin tout le détail des epoufailles, y mêle, en langage du païs, toutes les paroles que les perfonnes contractantes fe donnérent l'une à l'autre : « *Yeu Sanchol, fil del clar fegnor moffen*
« *Jaime, per la gratia de Diou, rey de Mayorgas, doni mon cors per feal marit à*
« *vos Maria, filla de Laut fegnor moffen Carle, per la gratia de Diou, rey de*
« *Jerufalem & de Secilia;* & dicta donna Maria refpondens, dixit ad eum,
« *& yeu vos en recebe :* & vice-verfa domicella fpectabilis donna Maria junctis
« fuis manibus cum manibus dicti incliti Sancii, dixit. *Yeu Maria, filla de*
« *Laut fegnor moffen Carle fecond, per la gratia de Diou, rey de Jerufalem & de*
« *Secilia, doni mon cors per lial molher a vos* * *Sanchol, fil del clar rey moffen*
« *Jaime, per la gratia de Diou, rey de Mayorgas;* & dictus Sancius, junctis fuis
« manibus cum manibus inclitæ Mariæ, dixit ad eam. *Et yeu vos en recebe :* His
« quoque fic habitis reverendus in Chrifto pater dominus Petrus Dei gratia

PAGE 107.

1311.

Hift. Balear., liv. 3, § 5.

1312.

Spicil. Tom. 3, pag. 702.

Zurita. Liv. 6, ch. 25.

« Vencienfis, epifcopus indutus pontificalibus... dixit fuper prænominatos
« conjuges, in nomine Patris & Filii & Spiritus fancti. Amen. »

Nous trouvons que le roi Sanche confirma les priviléges de Mayorque, le quatriéme du mois de juillet 1311, d'où l'on tire une preuve certaine que fon pere étoit déja mort; & étant venu de Mayorque débarquer à Frontignan, il s'arrêta dans ce lieu, où quatre confuls de Montpellier, avec six des principaux habitans, vinrent l'affurer de leur fidelité & de leur obéïffance; il leur accorda, de vive voix, la confirmation de leurs priviléges; mais, ne voulant point pour cette fois entrer dans la ville, il écrivit à Guillaume de Villaragut, fon lieutenant à Montpellier, de recevoir pour lui le ferment des autres confuls & habitans de Montpellier. La lettre eft du treize de janvier fuivant, c'eft-à-dire 1312.

On ne dit point quelles furent les raifons qui l'obligérent alors de partir de Frontignan fans être entré dans Montpellier, qui n'en eft qu'à trois lieuës; mais, je ne fçai fi les mauvaifes nouvelles qu'il eut de la fanté de la reine Efclarmonde, fa mere, ne l'obligérent point de partir en diligence pour Perpignan, où cette princeffe fit fon teftament, le vingt-troifiéme du mois de mars fuivant, en préfence du roi Sanche, fon fils. Nous y apprenons le détail de fa famille, tel que je l'ai marqué ci-deffus. Elle donne mille cinq cens livres barcelonnoifes à dom Ferdinand fon troifiéme fils, à la charge de donner mille fols à fon frere Jacques, de l'ordre des freres mineurs, qu'elle recommande auffi au roi Sanche, le priant de vifiter & de faire vifiter fon frere, & de lui fournir le neceffaire, même au-delà des foixante livres de penfion annuelle que le roi fon pere lui avoit affigné: dom Ferdinand eft encore chargé de donner cinq mille fols barcelonnois à fa fœur Sancie, reine de Sicile, & à Philipe fon autre frere, tréforier de St. Martin de Tours, mille fols barcelonnois; ce que le roi Sanche, à la fin du teftament, promet de faire executer.

Ce prince eut bientôt des difcuffions à foutenir avec les deux puiffans rois dont il étoit feudataire pour fes diferens états. Philipe le Bel ne prétendit à rien moins qu'à la feigneurie de Montpellier, & il le cita pour ce fujet au parlement de Paris. D'autre côté, le roi d'Aragon le preffoit vivement de lui rendre l'hommage qu'il lui devoit à fon avénement à la couronne, & de lui faire raifon fur la valée d'Aran, qui avoit refté en fequeftre entre les mains du roi Jacques, fon pere, dans le tems de fon rétabliffement en 1298.

II. Sanche fe détermina, avant toutes chofes, à donner fatisfaction au roi d'Aragon, touchant la valée d'Aran, pour terminer enfuite avec fon fecours les demandes que lui faifoit le roi de France; il donna tous fes foins à assembler dans le Roussillon, où il étoit, les commissaires qui devoient décider sur le domaine de la valée d'Aran: Pierre Raymond de Rabastens, sénéchal de Bigorre, fut chargé des interêts du roi de France, & divers seigneurs d'Aragon, pour le roi leur maître: mais il arriva (comme il étoit aisé de le prévoir) que les arbitres ne purent jamais s'accorder, & dans la necessité de choisir un tiers, ils prirent le cardinal de Tusculum, qui étoit alors Berenger de Fredol, de la maison des seigneurs de la Verune, près de Montpellier. Ce cardinal, qui avoit été employé dans les plus grandes affaires de son tems, décida celle-ci, tout françois qu'il étoit, en faveur du roi d'Aragon; & le roi de France, ayant appris son jugement, bien loin d'en être fâché, écrivit au roi de Mayorque, qui avoit cette valée en sequestre, de la remettre au roi d'Aragon, avec Castel-Leon, qui y est situé. La chose fut aussitôt executée par les ordres que Sanche en donna à Pierre du Chatel, qui y gouvernoit pour lui; & l'on convint, en même tems, que le roi d'Aragon, payeroit à celui de Mayorque sept mille livres barcelonnoises, pour la garde qu'il avoit entretenue. C'est ainsi que cette valée, l'une des plus belles des Pirénées, revint à l'Espagne, à qui elle est encore, quoique pour le* spirituel elle depende d'un evêché de France, qui est St. Bertrand de Cominges.

1312.
Zurita. Liv. 5, ch. 98.

PAGE 108.

Cependant le roi Sanche vint à Montpellier, où il donna des lettres patentes pour confirmer les priviléges, coûtumes & statuts de la ville, approuvez par le roi son pere; elles sont du douzième du mois de décembre 1312, données à Montpellier, *in palatio regio, ubi populus convenerat ad publicum parlamentum.* Témoins: Sicard de Beaupuis, prévôt de Maguelonne; Jean de Monlaur, prieur de St. Firmin & archidiacre de Maguelonne; Pierre de Ferrouilledes, chevalier, et quantité d'autres.

L'affaire de la valée d'Aran ayant été terminée de la manière que nous avons vû, le roi Sanche se rendit à Barcelonne pour achever de satisfaire le roi d'Aragon sur toutes ses demandes; & s'étant rendu dans le palais royal, le neuvième du mois de juillet 1312, il ratifia l'accord passé entre le roi son pere & Pierre III, roi d'Aragon, &, en conséquence, il rendit homage du royaume de Mayorque, des comtez du Roussillon, Cerdagne, Conflans, Valespir & Collioure, & de la seigneurie de Montpellier (ajoute Zurita), avec les châteaux & villes de cette baronie; *sobre el señorio de Monpeller con los Castillos y villas de aquella baronia.* C'est pour la première fois que je trouve ce titre de baronie, qui resta depuis à tout le terroir dépendant de la seigneurie de Montpellier. Zurita ajoute, qu'il fit cette reconnoissance de la même manière que le roi son pere l'avoit faite aux rois Pierre & Jacques d'Aragon, lors de leur accord avec Charles de Valois, & que l'hommage qu'il rendit alors fut fait selon les coûtumes d'Espagne. Nous verrons dans

Ibidem.

1312.

Zurita, ibidem.

III.

1313.

Dupuy:, Hiſt. des Templiers.

1314.

1315.

IV.

Zurita. Liv. 6, ch. 25.

1316.

1317.

Page 109.

la fuite, l'uſage que firent les Aragonois de toutes ces précautions priſes avec tant de ſoin.

Il reſtoit cependant au roi de Mayorque à terminer ſes diferends avec le roi Philipe le Bel; mais ce prince étoit alors tout occupé de l'affaire des Templiers, qui tenoit toute l'Europe en attente. On avoit aſſemblé cette même année le concile general de Vienne, où le pape Clement V publia, par voye de proviſion (comme il le dit lui-même dans ſa bulle) la ſupreſſion de tout l'ordre des Templiers, en préſence du roi de France, de ſon frere, Charles de Valois, roi de Sicile, & de ſes trois fils, Loüis, Philipe & Charles.

L'année ſuivante, 1313, & une partie de 1314, furent employées à l'execution de ces miſerables, ou à la diſtribution de leurs biens, qui furent donnez en France, partie aux chevaliers de S^t. Jean de Jeruſalem, & partie au roi, pour l'indemniſer de ce que les Templiers lui devoient. Les rois de Caſtille, d'Aragon, de Portugal & de Mayorque firent appliquer tout ce que les Templiers avoient dans leurs états, à la défenſe de leur propre païs, contre les Maures, qui tenoient encore le royaume de Grenade.

Toutes ces affaires ſuſpendirent les pourſuites du roi Philipe le Bel pour la ſeigneurie de Montpellier; & ſa mort, arrivée, comme celle du pape Clement V, en 1314, tranſmit à ſon ſucceſſeur, ſes mêmes prétentions. Loüis Hutin, qui étoit déja roi de Navarre du vivant de ſon pere, lui ayant ſuccedé à la couronne de France, renouvella ſes demandes pour la ſeigneurie de Montpellier, & il cita de nouveau le roi de Mayorque au parlement de Paris.

Le roi d'Aragon en ayant appris la nouvelle, fît partir pour Paris ſes ambaſſadeurs, avec ceux du roi de Mayorque, qui ayant ſçû en chemin, la mort de Loüis Hutin, dans le dix-huitiéme mois de ſon regne, & celle de Jean, ſon fils poſthume, qui ne lui ſurvêcut que de quelques jours, revinrent pour en rendre compte aux rois leurs maîtres.

En ce même tems, le pape Jean XXII, fit la canoniſation de S^t. Loüis, evêque de Touloufe, dont il donna avis au roi Sanche, ſon beau frere, par une lettre où il lui parle de ſes démêlez avec le roi de France; c'étoit Philipe le Long qui venoit de ſucceder à ſon frere, Loüis Hutin, dans ſes royaumes de France & de Navarre: *noveris* (lui dit-il) *quod cariſſimo in Chriſto filio noſtro Philipo, regi Francorum & Navarræ, ſuper illatorum tibi revocatione gravaminum efficaciter ſcribimus.* Et il exhorte le roi Sanche de ſe conduire avec tant de modération envers le roi de France, qu'il ne puiſſe rien arriver au préjudice de * l'un ni de l'autre: *Sic decenter, ſic juſte, ſic moderate facere ſtudeas dicto regi, quod non in ſcandalum utriuſque redundet.*

Les deux rois d'Aragon & de Mayorque renvoyérent vers Philipe le Long leurs ambaſſadeurs, qui, ayant eû audience de ce prince, au mois de février 1317, repréſentérent « que la baronie de Montpellier étoit du « domáine direct des rois d'Aragon, avant que les rois de France euſſent « rien acquis dans cette ville, puiſque le roi Jacques, dit le Conquerant, « avoit eû cette ſeigneurie de la reine, ſa mere, dont les auteurs l'avoient « poſſedée durant pluſieurs ſiécles ; ils proteſtérent contre quelques abus « qui s'étoient gliſſés dans Montpellier, par la faute des rois de Mayorque, « comme étoient ce qu'on appelloit reſort, d'y donner cours à la monoye « du roi de France, & de mettre ſon nom à la tête des actes publics. »

1317.

Ces repréſentations (continuë Zurita) portérent le roi Philipe à envoyer, dans le mois d'avril ſuivant, des ambaſſadeurs au roi d'Aragon, qui furent le prieur de Ceutat, ordre de S^t. Benoît, Pierre Cavillon, archidiacre d'Autun, & Jean d'Areblay, chevalier, pour lui dire qu'il accordoit un ſurcis du procès commencé au parlement de Paris, & qu'il conſentoit de terminer le tout à l'amiable, par des perſonnes qui feroient nommées de part & d'autre.

1318.

A la faveur de ce ſurcis, le roi Sanche exerça ſon autorité dans Montpellier, par ſes officiers & par lui-même, ſans aucune contradiction. On attribuë à ſes officiers, la permiſſion qu'eurent les juifs, en 1319, de revenir dans cette ville, & l'acquiſition qu'ils y firent d'un cimetiére pour ceux de leur nation. La choſe eſt d'autant plus remarquable, qu'ils avoient été chaſſez depuis peu d'années, de tout le royaume, par Philipe le Bel, à l'occaſion du meurtre de pluſieurs enfans, dont ils furent accuſez durant ce ſiécle. Il fut d'autant plus heureux pour eux d'avoir trouvé un azile dans Montpellier, qu'ils auroient été expoſez, dans l'année ſuivante, à la fureur des nouveaux paſtoureaux qui s'élevérent en France, & qui, après avoir tué à Toulouſe, tous les juifs qu'ils purent trouver, vinrent dans le Bas-Languedoc, où ils continuërent leurs deſordres ; mais, un de leurs chefs, que nôtre Talamus appelle Jean de Roüergue, ayant été pris & pendu à Montpellier, les autres ſe diſſipérent, & les juifs qui avoient été reçus dans la ville, y vécurent en ſureté ſous la protection du roi Sanche.

V.

1319.

Ce même roi donna une marque ſignalée de ſa piété, en établiſſant un hôpital pour les pauvres malades qui étoient attaquez de la maladie nommée les ardens, ou le feu-ſacré, & pour laquelle on reclamoit S^t. Antoine. Les hoſpitaliers qui prenoient ſoin de ces malades avoient été érigez depuis peu en* ordre religieux, par le pape Boniface VIII, & n'ayant pas de maiſon dans Montpellier, le roi Sanche voulut les y introduire ; il envoya de Perpignan des lettres à ce ſujet, qui nous apprennent les motifs qui le firent agir,

1320.

*1297.

les personnes avec qui il eut à traiter, & le lieu où il les établit, dont nous n'aurions sans cela aucune connoissance, parce que cet établissement ne subsiste plus depuis les premières guerres des huguenots. Voici une fidéle traduction de ces lettres :

« Sçachent tous, que nous, Sanche, par la grace de Dieu, roi de Mayor-
« que, comte du Roussillon & de la Cerdagne, & seigneur de Montpellier,
« considerant la piété de nos prédecesseurs envers le glorieux St. Antoine,
« & les grandes œuvres de charité qu'on exerce dans l'abbaye & monas-
« tére de ce nom, diocése de Vienne, & dans les autres maisons de cet
« ordre, envers les pauvres membres de Jesus-Christ, à qui l'on admi-
« nistre toutes les choses necessaires dans leurs besoins ; voulant participer
« à ces bonnes œuvres, & sçachant qu'il n'y a point de maison de cet
« ordre dans nôtre ville de Montpellier, *qui locus egregius est & insignis*, &
« que faute de cet établissement, les malades y meurent en grand nombre,
« & tombent en piéce, pour ne pouvoir être baignez dans le vin preparé
« auprés de ce glorieux corps, qui les lave & qui les purifie ; ce qui est très-
« digne de la consideration de tous les gens de bien. A ces causes, & pour
« l'honneur de Dieu tout-puissant, & du bien-heureux Antoine, son confes-
« seur, pour la remission de nos pechez, & pour le salut de * nôtre ame ;
« nous fondons, dans la susdite ville de Montpellier, une maison & com-
« manderie de St. Antoine, & la donnons au venérable frere Pons, par la
« grace de Dieu, abbé du monastére de St. Antoine de Vienne, pour la
« posseder à perpetuité ; & nous assignons pour cet effet, à vous frere Guil-
« laume Matte, stipulant & recevant pour ledit abbé, & pour sa commu-
« nauté, tout l'hospice que nous avons dans le quartier appelé Villefranche,
« avec sa chapelle, ses droits & appartenances, pâtus, jardins, edifices, &
« place qui est au-devant de la chapelle, avec tous les jardins qui sont à
« l'entrée de la grande porte de nôtredit logement. Donné dans la cham-
« bre royale du château de Perpignan, le vingt-sixiéme du mois de juillet
« 1320. »

Par cet acte, nous voyons clairement qu'il y avoit alors à Montpellier un fauxbourg appellé Villefranche, entre les portes du Pila-Saint-Giles & de la Blanquerie, au delà du ruisseau que l'acte appelle Ribanson : *A parte maritima seu ripariæ Ribansonis confrontatur*, etc. Nous donnerons les autres confrons dans l'article de l'hôpital St. Antoine ; & il me susira de dire pour le present, qu'il étoit situé dans l'espace occupé aujourd'hui par l'aire de Mr Brun, d'où le quartier voisin prit le nom de Tenement de St. Antoine, que nos cadastres lui donnent encore.

Cet établissement de charité fut suivi d'une reparation que l'on fit dans ce même tems à l'hôtel-de-ville, & que nos anciens jugèrent à propos de marquer dans leurs archives; ce fut d'y élever un clocher, & d'y mettre la cloche *Cuebre-Foc*, dont nous avons parlé, pour avertir les habitans de couvrir le feu dans leurs maisons avant que de se coucher.

1320.
Pet. Talamus.

La diversité des seigneurs sous lesquels vivoient alors les habitans de Montpellier & de Montpellieret fit naître deux cas particuliers, pour lesquels on eut recours au roi Philipe le Long. Le premier vint de la part des habitans de Montpellieret, qui prétendirent n'être pas sujets aux réglemens de police faits par les consuls de Montpellier, pour commencer ou retarder les vendanges. Sur quoi, le roi se contenta de commettre, par ses lettres du 21 avril 1320, le sénéchal de Beaucaire, pour s'informer du droit que les consuls de Montpellier pouvoient avoir de faire pareilles ordonnances pour Montpellieret.

Le second cas vint de la part des notaires dudit Montpellieret, qui représentèrent au même roi que, de tems immémorial, ils étoient exempts de la contribution aux aides & autres quêtes imposées par les consuls de Montpellier. Sur quoi le roi, par ses lettres-patentes, données à Paris, le 20 de juin 1320, mande au sénéchal de Beaucaire & au recteur de Montpellieret, que s'il consté de la verité de leur exposé, il les fassent maintenir dans leurs priviléges. Nous verrons dans la suite de cette histoire que les professeurs de médecine & de droit, avec les officiers de la monoye & autres, eurent alors de pareilles immunitez; mais elles ne durérent pas long tems, car ils furent bientôt réduits, pour les tailles, à la condition des autres habitans.

On a marqué pour l'année suivante, 1321, une reconnoissance faite au roi Sanche, par Pons de Fabregues, fils de Jean, héritier de Pierre de Fabregues, pour les forteresses de Frontignan & tout ce qu'il possedoit audit lieu, ainsi que Pierre l'avoit anciennement tenu & reconnu : l'acte est du dix-neuviéme du mois de mai 1321.

1321.

Ce roi Sanche avoit vécu tranquillement depuis le sursis qu'il avoit obtenu du roi Philipe le Long, & encore plus, après les satisfactions qu'il avoit données au roi d'Aragon; mais il lui survint, dans cette même année, un sujet de brouillerie, qui auroit eû de grandes suites, s'il ne les avoit arrêtées par sa modération. Zurita, qui raporte tout le détail de cette affaire, nous apprend que Jacques, second roi d'Aragon, voulant chasser les Pizans du royaume de Sardaigne, resolut d'assembler les etats de Catalogne, pour y faire approuver cette guerre, & pour en obtenir du secours; mais, comme il lui étoit avantageux d'y attirer aussi le roi de Mayorque, il eut recours aux artifices ausquels sont exposez tous les princes qui dépendent d'un autre plus puissant* qu'eux. Le roi d'Aragon suposa que le roi de Mayorque, à

VI.

Liv. 3, ch. 99.

PAGE III.

1321. l'inftigation de quelques François qu'il avoit auprès de fa perfonne, prétendoit n'être pas tenu à la reconnoiffance qu'il lui avoit faite de fes etats, attendu la violence qu'avoit employée autrefois le roi Pierre pour l'extorquer du roi Jacques de Mayorque, ce qui ne pouvoit impofer aucune obligation à fes fucceffeurs.

Tout cet artifice ne tendoit qu'à engager le roi Sanche de fe rendre aux etats de Catalogne, pour en tirer du fecours; & pour y mieux réuffir, on écrivit à Pierre Marck, fon treforier, de repréfenter à fon maître, que fi par le confeil de perfonnes mal intentionnées pour fon fervice, il vouloit donner quelque atteinte à la reconnoiffance qui étoit fi bien établie par les pactes & conventions paffées, le roi d'Aragon le feroit dénoncer comme traitre, & donneroit fes etats à l'infant dom Alphonfe, fon fils. Le tréforier fit voir à fon maître la lettre qu'il venoit de recevoir, & gagné fans doute par le roi d'Aragon, il ajoûta qu'il ne convenoit pas de rifquer tout ce qu'on lui faifoit craindre, & qu'il valoit beaucoup mieux ménager la bienveillance du roi d'Aragon.

La chofe réuffit comme on l'avoit projetté. Le roi Sanche, à qui Zurita donne la loüange d'avoir été un prince pacifique, d'un naturel doux et énemi de toute forte de difpute, voulant faire voir combien il étoit éloigné de confeils violens, envoya fes ambaffadeurs à Valence, où étoit le roi d'Aragon, pour entretenir la paix & l'union avec lui, & pour offrir de fe trouver aux etats generaux qu'on devoit tenir en Catalogne.

1322. En confequence, les etats furent affemblez à Gironne durant l'été de l'année fuivante, 1322, où les Catalans fervirent leur maître avec grande affection; & fur le projet que l'on fit d'équiper une grande flote pour l'infant dom Alphonfe, qui devoit faire cette expedition, le roi Sanche offrit de l'aider de vingt galéres armées en guerre, pour quatre mois à fa folde. Avec ce fecours, l'infant vainquit les Pizans, fur terre & fur mer, en 1323, & conclut enfuite avec eux un traité de paix, par lequel il s'affura le royaume de Sardaigne & de Corfe.

VII. Tandis que le roi Sanche donnoit au roi d'Aragon cette marque de fon zéle, il voulut auffi le faire paroître envers le nouveau roi de France, qui fit un voyage à Touloufe, environ ce tems-là : c'étoit Charles IV, dit le Bel, que fes affaires de Guienne attirérent en cette ville, où il fit un féjour confi-

1223. derable, avec la reine Marie de Luxembourg, fa feconde époufe, en 1323. Tous les feigneurs des provinces voifines fe rendirent auprès de fa perfonne; & le roi Sanche, comme fon feudataire pour la feigneurie de Montpellier, y amena l'evêque de Maguelonne, André de Fredol, & plufieurs des principaux du païs. Nos annales marquent qu'ils furent retenus par le roi

Charles durant fix femaines, & qu'ils l'avoient perfuadé de prendre fa route par Montpellier, en s'en retournant à Paris, lorfqu'on apprit que la pefte fefoit de grands ravages dans le Bas-Languedoc.

1323.

En effet, les mêmes annales nous marquent que la féchereffe y fut alors fi grande qu'elle y caufa la famine; de forte que les pauvres gens étoient réduits à foüiller la terre pour en tirer quelques racines, & cette mauvaife nourriture, jointe aux chaleurs du païs, caufa une mortalité qui fit périr beaucoup de monde à Montpellier.

Pet. Tal.

Ces funeftes conjonctures obligérent le roi Sanche de fe tenir éloigné du Languedoc & du Rouffillon; il fe retira fur les frontiéres de Catalogne, dans un lieu appellé Fromigéres, qu'il préferoit à tout autre durant les chaleurs de l'été; il y paffa celui de 1324; mais fur la fin, il fut attaqué d'une maladie qui l'enleva le quatriéme de feptembre, à la treiziéme année de fon regne, fans laiffer aucune pofterité de la reine Marie, fon époufe, fœur (comme nous l'avons dit) de Robert, roi de Sicile. Zurita, qui, parmi les vertus morales de ce prince, avoit fait mention de fon efprit de paix & de modération, ajoûte, en parlant de fes vertus chrêtiénes, qu'il fut un prince fort catholique, de beaucoup de religion & d'une vie fort exemplaire; il laiffa par fon teftament, qu'il avoit déja fait en 1322, fes états à Jacques, fon neveu,* fils aîné de fon frere Ferdinand, avec fubftitution au fecond de fes neveux, appellé Ferdinand, comme fon pere; & pour ne pas oublier les rois d'Aragon, qui étoient les aînez de fa maifon, il les appella à fa fucceffion, au défaut d'enfans mâles de fes deux neveux.

VIII.

Liv. 6, ch. 57.

PAGE 112.

FIN DU LIVRE SIXIÉME.

HISTOIRE
DE LA VILLE
DE MONTPELLIER
Sous Jacques III, roy de Mayorque.

LIVRE SEPTIÉME. PAGE 113.

CHAPITRE PREMIER

I. Commencemens de Jacques III, roi de Mayorque. II. Hommages qu'il rend à Jacques & Alphonse, rois d'Aragon. III. Dégoûts qu'il commence de recevoir sous le roi Pierre IV, qui le broüille avec la France. V. Et élude toûjours de lui donner du secours.

E DÉMEMBREMENT que Jacques le Conquerant avoit I. 1323. fait de ses états, en faveur de Jacques second, roi de Mayorque, son puîné, indisposoit depuis trop long-tems les rois d'Aragon, pour ne pas profiter de la mort du roi Sanche, qui venoit de mourir sans enfans. Les Aragonois prétendirent dès-lors que toute sa succession devoit revenir à leur couronne, 1324. & leur roi Jacques second interpreta aussitôt en sa faveur le testament de Jacques le Conquerant, son ayeul, qui substituoit aux aînez les biens qu'il avoit donné aux puînez, au cas que ceux-ci n'eussent point de décendans.

1324.

Liv. 6, ch. 57.

Cependant, pour proceder avec quelque apparence de droit, il voulut confulter fes états, & il fit affembler, le dix-feptiéme du mois d'octobre, grand nombre de prélats, de feigneurs et de gens de lettres à Lerida, qui rendirent leur réponfe le jour de S^t. Luc fuivant, par laquelle (dit Zurita) la chofe fut plus douteufe qu'auparavant.

Leur irréfolution ne parut pas au roi d'Aragon un motif fufifant pour abandonner fes prétentions, il crut devoir, par provifion, fe faifir de ce qu'il demandoit, & il envoya l'infant dom Alphonfe, fon fils, s'emparer de la Cerdagne & du Rouffillon, & il écrivit aux confuls de Montpellier de fe bien garder de reconnoître pour leur feigneur l'illuftre Jacques, fils de Ferdinand : *Mandamus vobis quatenus inclito Jacobo non faciatis homagium, nec habeatis eum, nec recognofcatis in dominum.*

Ch. 63.
Page 114.

A toutes ces entreprifes, le jeune roi de Mayorque ne pouvoit rien oppofer* puifqu'il n'étoit qu'en fa onziéme année, étant né à Catane en 1315, au mois d'avril. Mais fon oncle Philipe, celui que nous avons vû avoir embraffé l'état ecclefiaftique, ayant accepté les lettres de tutelle qu'on lui défera (& qu'on voit encore dans nos archives), fit pour fon neveu, dans cette occafion, au-delà de ce qu'on pouvoit attendre de lui. Il accourut auffitôt à Saragoffe pour foûtenir les droits de fon pupille, & il repréfenta fortement que, felon l'interprétation qu'ils donnoient au teftament du roi Jacques le Conquérant, le royaume d'Aragon auroit dû revenir au roi Sanche, qui étoit dans la ligne directe de la décendance, au lieu que le roi d'Aragon n'étoit que collateral. La chofe ayant paru jufte, on tranfigea le vingt-quatre feptembre 1325, & on convint : « Que le roi d'Aragon « renonçoit, pour cette fois, au droit de fucceffion, en faveur du roi « Jacques III; que Philipe, fon oncle, comme fon tuteur, cedoit au roi « d'Aragon vingt-cinq mille livres, que le roi Sanche lui avoit prêté pour « fon expedition de Sardaigne; que le roi Jacques viendroit à la cour du « roi d'Aragon, pour lui faire hommage de tous fes états; &, afin de « cimenter une plus grande paix entr'eux, que le roi Jacques épouferoit « Conftance, fille de l'infant dom Alphonfe & de dona Thereza d'Entença, « lorfqu'elle auroit atteint l'âge de douze ans. »

1325.

Il ne fera pas hors de mon fujet de dire ici quelle étoit cette Thereza d'Entença, puifqu'elle étoit du fang de nos Guillaumes. Nous avons vû que la reine Marie de Montpellier, ayant époufé Pierre fecond, roi d'Aragon, la plûpart des freres de cette reine, nez du mariage prétendu entre Guillaume fon pere, & Agnez fa maîtreffe, fuivirent en Aragon le roi, leur beaufrere, où Bernard Guillem, fous le roi Jacques premier, établit une grande famille qui fut appellée d'Entença, du nom de fa bellemere;

Guillem, fon fils, qui fucceda à fes grands biens & à fa faveur, laiffa Gom- 1325.
baud Guillem, qui, étant mort dans fes expeditions en Grece, ne laiffa *Zur., l. 6, ch. 74.*
d'enfans légitimes que deux filles, nommées l'une dona Thereza, & l'autre
dona Urraca; elles étoient toutes deux niéces, du côté de leur mere,
d'Ermengaud de Cabrera, comte d'Urgel, qui, fe voyant fans enfans, donna
tous fes états au roi d'Aragon, à condition que l'infant dom Alphonfe
époufèroit l'aînée de fes niéces, dona Thereza d'Entença.

Ce mariage fut fait le dix de novembre 1314, d'où nâquit, entre plufieurs
autres enfans, la princeffe Conftance, deftinée au jeune roi de Mayorque;
& par cette nouvelle alliance, les rois d'Aragon & de Mayorque, qui décendoient de la fille que Guillaume de Montpellier avoit eû d'Eudoxie de
Conftantinople, fe réunirent au fang de ce même Guillaume par les enfans
qu'il avoit eû de fa maîtreffe. Je ne parlerai plus de la fucceffion que les
freres bâtards de dona Thereza ont laiffé en Efpagne, les affaires de cette
maifon n'ayant plus rien de commun avec l'hiftoire de Montpellier.

En confequence de la tranfaction paffée entre le roi d'Aragon et Philipe II. 1326.
de Mayorque, le jeune roi Jacques, fon neveu, fut reconnu dans tous fes
états fans aucune contradiction, & il fe difpofa d'aller rendre l'hommage
qui avoit été ftipulé. Zurita nous marque qu'il le rendit durant l'au- *Liv. 6, ch. 75.*
tonne de 1327, & dans des conjonctures bien triftes pour lui, car dona 1327.
Thereza, fa bellemere, mourut à Saragoffe en travail d'enfant, le 28 octobre
de cette même année; & cinq jours après, le roi Jacques fecond, ayeul de
la jeune reine Conftance, fon époufe, mourut à Barcelonne.

Cette mort fit paffer la couronne d'Aragon fur la tête d'Alphonfe fecond,
pere de la reine Conftance, à qui le roi de Mayorque devoit un hommage
pour fon avénement au trône; il fe difpofa dés l'année fuivante à le lui
rendre; ce qu'il fit, comme on le marque, le vingt-cinquiéme d'octobre
1328, à Barcelonne, où il s'étoit rendu, fuivi d'un grand nombre de 1328.
nobleffe de fes états de Mayorque, de Rouffillon, de la Cerdagne & de
Montpellier.

Tout le regne d'Alphonfe fecond, qui étoit d'un caractére très-doux, fut *Liv. 7, ch. 6.*
heureux pour le roi de Mayorque; & l'on peut dire que les neuf ou dix
années qu'Alphonfe regna en Aragon furent les plus belles années de la
vie du roi Jacques; qui paffa agréablement tout ce tems à vifiter fes diférens états, où il étoit fort aimé.

*Nos annales marquent qu'il vint à Montpellier fur la fin d'octobre 1330, PAGE 115.
& qu'il y fit la ceremonie, dans le mois fuivant, de faire chevaliers deux 1330.
habitans de la ville, l'un nommé Guillaume Delpoux, & l'autre Bernard
Sabors. *L'an 1330*, dit nôtre petit Talamus, *& lo jorn de la fefta de Simon &*

1330.   *Juda, entret en Montpeiler, moſſen Jaume, rey de Malhorcas, & après al mes de novembre fag cavaliers novels en Montpeiler, en Guillen Delpoux & Bernard Sabors.*

1331.   Il y étoit encore ſix mois après, puiſque nous avons des lettres autentiques qu'il y donna le trentiéme du mois de mai 1331, en confirmation des priviléges accordez à la ville de Montpellier par les rois ſes prédeceſſeurs. dont il fait une expreſſe mention; car il y rapelle les lettres du roi Jacques le Conquerant, en 1258, du roi Jacques ſecond, en 1276, & du roi Sanche, en 1312. Et pour marquer la ſolemnité avec laquelle la choſe avoit été faite, il eſt ajoûté : *In palatio dni regis, ubi populus aggregatus erat ad publicum parlamentum. IIIe cal. junii 1331.*

1333.   Nôtre petit Talamus nous apprend qu'il y revint en 1333, & qu'il y arriva le premier jour du mois d'avril, qui ſe rencontroit avec le jeudi de la ſemaine ſainte.

1335.   Le même livre marque en 1335, l'arrivée du roi Philipe de Valois à Montpellier, où il ſéjourna huit jours, avec la reine, ſon épouſe, leur fils Jean, qui portoit alors le nom de duc de Bourgogne, & un grand nombre de ſeigneurs de leûr cour. *L'an 1335, lendeman de Caramentran, intrec à Montpeiler moſſen Philip, rey de Franſſa, & la regina, & ſon premié nat, Joan, duc de Borgonha, & mots autres grans barons, & aſteron li 8 jorns.*

Pet. Talam.

1336.   L'an mil trois cent trente-six, donna un grand ſujet de joye au roi de Mayorque, par la naiſſance de ſon fils Jacques IV, qui nâquit à Perpignan, le jour de la St. Barthélemi de la même année; il le fit auſſitôt reconnoître pour l'héritier & ſucceſſeur de tous ſes états; & les peuples du Rouſſillon & de la Cerdagne le reconnurent en cette qualité dès le berceau; mais, cette joye avoit été précedée d'une perte dont il ne pouvoit connoître alors toute la grandeur; c'étoit la mort du roi Alphonſe ſon beaupere, qui mourut au commencement de cette année, à la trente-ſeptiéme de ſon âge: Pierre IV, ſon fils, qui lui ſucceda, ne tarda point de faire voir qu'il ne lui ſuccederoit pas dans l'affection qu'il avoit eû pour ſa famille & pour ſes peuples. L'hiſtoire d'Aragon lui donne le titre de ceremonieux, pour le diſtinguer de Pierre le Cruel, qui regna de ſon tems dans la Caſtille. On verra qu'il porta à juſte titre le nom de ceremonieux, & qu'il en aurait auſſi merité bien d'autres, à n'en vouloir juger que par la conduite qu'il garda avec le roi de Mayorque ſon beaufrere. J'avertis mon lecteur que tout ce que j'ai à raconter de lui eſt tiré de l'hiſtoire d'Aragon, plus intereſſée que nous à ménager la reputation d'un de ſes princes; & je m'attache plus particuliérement à Zurita, qui a écrit les annales de ce royaume, & qui, ſans contredit, eſt un des meilleurs hiſtoriens que l'Eſpagne ait eû.

1337.   III.   Un des premiers ſoins de Pierre le ceremonieux fut d'exiger les hommages qui lui étoient dûs. Le roi de Mayorque, qui l'avoit prêté à son pere & à son ayeul, le lui devoit sans contredit; mais les affaires domestiques qu'eut le roi Pierre au commencement de son regne, avec la reine Eleonor sa marâtre, & avec les infans ses freres, l'obligérent de surseoir avec le roi de Mayorque, qu'il ne commença de presser qu'en 1338.

En ce même tems, le roi Jacques fit demander aux habitans de Frontignan un secours d'argent; & il leur envoya Berenger de Vernede, son lieutenant à Montpellier & dans toute la baronie, pour exposer au conseil de Frontignan que le roi de Mayorque étoit menacé par les maures d'Afrique & que pour plusieurs autres besoins il leur demandoit ce secours : *Propter bellum quod Jacobus rex sperabat habere in insulâ Majoricarum, per perfidum crucis blasphemum regem Garbi, necnon de multis aliis causis.* Surquoi, Pierre Bezace, Raymond Pesson, & Raymond Paschal, consuls de Frontignan, offrirent par pure liberalité, cinq cent livres petits tournois, payables à trois diferens termes, avec protestation, consentie par le lieutenant, que cette liberalité ne pourroit tirer à conséquence. L'acte est du 3 décembre 1338.

* Peu auparavant, le roi d'Aragon avoit fait faire une citation en forme, sous les peines de droit, au roi de Mayorque, de venir sans retardement lui prêter le serment qu'il lui devoit, à quoi le roi Jacques répondit, pour cette fois, qu'il prioit le roi son beaufrere, de lui donner une surséance; elle lui fut refusée absolument, & ayant voulu faire de nouvelles instances, les refus & la citation lui furent réïterez. Enfin, un des infans étant venu à Perpignan, tira parole du roi de Mayorque, qu'il se rendroit à Barcelonne dans le mois de juillet; & parcequ'il fit prier que son hommage fût reçû dans la chapelle du palais, & non en public, le roi Pierre affecta d'y faire trouver une plus grande affluence de monde, afin de lui rendre plus sensibles toutes les mortifications qu'il lui préparoit.

On marque qu'il le laissa longtemps sur ses pieds, dans la chambre où on le fit attendre, parce qu'on avoit eu soin d'en ôter toutes les chaises; & ce ne fut que sur les représentations du conseil, que le roi ceremonieux consentit qu'on tirât de sa propre chambre, une chaise pour le roi de Mayorque, mais beaucoup plus basse que celle qu'il devoit occuper lui-même. Tout étant disposé à son gré, il fit donner un carreau au roi Jacques, sur lequel il prêta à genoux son hommage pour tous ses états, « excepté (dit Zurita) « des fiefs qu'il tenoit de l'evêque ou de l'église de Maguelonne, dont les « uns étoient tenus par l'evêque, les autres par l'eglise, & les autres par « le roi de France, qui les avoit achetez des evêques de Maguelonne. » Ainsi se passa cette ceremonie, en présence d'un grand nombre des seigneurs, de la cour des deux rois, parmi lefquels eft nommé Arnaud de Lordat, vice-chancelier du roi de Mayorque, qui demanda auffitôt de fe retirer avec tous fes gens.

Peu de mois après, le roi d'Aragon fut dans les mêmes peines où il avoit mis le roi fon beaufrere; car, le pape Benoît XII, exigea de lui l'hommage qu'il lui devoit pour les ifles de Sardaigne & de Corfe, & il lui fit faire les mêmes citations qu'il avoit fait lui-même pour les états de Mayorque. On marque qu'il partit de Barcelonne la veille de tous-les-faints pour fe rendre à Avignon; que le roi de Mayorque fortit de Perpignan pour le recevoir au Boulou; qu'il lui fit de grandes fêtes dans tous fes états, & qu'il l'accompagna dans tout fon voyage, avec le feigneur d'Acher, & autres barons du Languedoc.

Mais, comme s'il y avoit eu quelque fatalité pour tenir ces deux princes dans une éternelle divifion, un accident inopiné faillit à caufer entr'eux des fuites bien funeftes ; car, on raconte que dans le temps que les deux rois marchoient de front dans les ruës d'Avignon pour fe rendre au palais du pape, Gafton de Levis, maréchal de Mirepoix, qui étoit de la fuite du roi de Mayorque, voyant qu'un cheval qu'on menoit pour le roi d'Aragon alloit trop en avant, l'arrêta avec la cane qu'il avoit à la main, dont il toucha celui qui le menoit. Le roi Pierre, regardant la chofe comme une infulte faite à fa perfone, jetta tout fon reffentiment fur le roi Jacques, parce qu'il lui parut n'avoir pas défapprouvé cette action ; & dans la colére où il entra, il voulut tirer fon épée pour le frapper: « mais heureufement (ajoûte Zurita), « c'étoit la même épée qu'il portoit à fon couronnement, & qui refifta trois « fois aux efforts qu'il fit pour la tirer. » Cela donna le tems à l'infant dom Pedro de repréfenter au roi Pierre, fon neveu, le rifque où il expofoit fa perfonne dans une terre étrangère, où le roi de Mayorque étoit plus aimé que lui du pape & des cardinaux; & il l'apaifa fi bien, qu'après avoir rendu fon hommage, il vint coucher à Villeneuve, d'où il partit pour Montpellier avec le roi de Mayorque, qui lui ayant fait une grande fête dans cette ville, l'accompagna encore jufqu'à Perpignan, & fe fépara de lui au Boulou.

Le paffage de ces deux rois par Montpellier, rendit cette année remarquable dans nos regîtres, à caufe de l'exemption que nos habitans obtinrent du droit de lods, pour les échanges qu'il faifoient entr'eux. Les officiers du roi de Mayorque avoient voulu l'introduire pour étendre les droits de leur maître; mais le prince, plus favorable qu'eux, donna les lettres que nous avons de l'an * 1339, par lefquelles il décharge de ce droit les habitans de la ville.

Nous trouvons encore qu'en l'année 1340 on voulut établir la gabelle dans Montpellier; mais le même article de nôtre Talamus, qui nous marque l'oppofition qu'y firent nos confuls, ne nous dit point quel en fut le fuccès.

1340.

Dans ce même tems, le roi de Mayorque fit un nouveau concordat pour l'entretien de fon frere Ferdinand, à qui il avoit affigné auparavant trois mille livres, payables tous les ans, comme nous l'apprenons des lettres qu'il donna à Nîmes, le feptiéme du mois de mars 1336; mais, foit que la fomme n'eût pas été payée exactement, ou qu'elle fût dificile à amaffer dans un tems où les efpéces étoient fort rares, les deux freres s'accordérent, en 1340, à affigner cette penfion fur diverfes feigneuries dans le voifinage de Montpellier, ce qui eft un autre exemple de la rareté de l'argent. Ces feigneuries, de la manière qu'elles font énoncées dans l'acte, étoient Omelas, le Pouget, Pouzols, S^t. Bauzeli, Vindemian, S^t. Paul, S^t. George, Paulian & Valmale, avec tous les droits que le feigneur de Montpellier avoit à Adiffan, Pleiffan, Gremian, Poupian, S^t. Amans, Izenfac, Carabettes, Cornonfec, Montbazen, Montarnaud, Pignan & Sauffan; toutes ces terres furent affignées à dom Ferdinand, pour lui & pour fes enfans. Mais il eut, fa vie durant, de plus grands avantages; car l'acte porte que le roi fon frere lui laiffe la joüiffance du château de Frontignan, excepté du port & de celui qui pourroit y être fait de nouveau, *fi in dicto loco fieret novus;* le revenu de quatre fours que le roi avoit à Montpellier, fçavoir : le four de S^t. Jacques, celui de S^t. Guillem, celui du Corral, & un autre appellé Migé, c'eft-à-dire mitoyen avec le feigneur de Montpellieret; plus la leude du Legaffieu & des Etuves, dont l'infant Ferdinand fera hommage au roi fon frere, qui, par ces mêmes lettres, fe referve la punition des héretiques & de fes officiers, s'ils venoient à délinquer, avec le droit de batre monoye, & le pouvoir de fe racheter, en lui affignant ailleurs la valeur defdites trois mille livres, ou en lui payant une fois trente mille florins du poids de Florence.

Ce concordat entre ces deux freres eut fi bien fon effet, que nous avons des lettres, en date du feptiéme de feptembre de cette même année 1340, où Ferrand (c'eft la même chofe que Ferdinand), infant de Mayorque & frere du roi Jacques III, prend la qualité de vicomte d'Omelas & feigneur de Frontignan. Nous verrons qu'il n'en joüit pas longues années.

En ce même tems, le roi Philipe de Valois reçut, de la part des confuls de Montpellier, de grandes plaintes qui font voir à quel point les officiers de la rectorie portoient leurs entreprifes contre les fujets du roi de Mayorque. « Il nous a été repréfenté (dit le roi dans fes lettres au fénéchal de

1340.

« Beaucaire & au recteur de Montpellieret, datées de Vincénes, le 4 avril
« 1340) par les confuls de Montpellier, fujets du roi de Mayorque : lefquels
« ayant toûjours été exempts envers nous du fervice de guerre, *quitti &*
« *immunes de veniendo, feu mittendo ad guerras noftras*, de même que les autres
« jufticiables des feigneurs qui ont la baffe & haute-juftice ; néanmoins, ils
« fe plaignent que vous contraignés plufieurs d'entre eux de venir ou
« d'envoyer fervir dans nos armées, fans leur donner aucune folde, mais
« à leurs propres fraix, en les contraignant de payer, les uns cent marcs,
« les autres cinquante, ou autres fommes ; & que vous exigés d'eux le
« ferment de ne relever jamais ce qu'ils ont donné, faute de quoi vous les
« menacés de prifon, & de les accufer de rebellion & d'infidélité ; à raifon
« de quoi ils ont recours à nous. Sur quoi, nous vous mandons, qu'ayant
« appellé notre procureur & autres que de droit, vous examiniés fommai-
« rement les priviléges defdits confuls, & ceux qui ont été accordez aux
« perfonnes nobles ; & s'il vous confte de leur expofé, vous ne leur donniés
« plus lieu de revenir à nous. »

L'an 1340, & le dixiéme de janvier, le roi Jacques III figna à Montpellier la fondation qu'il avoit fait du chapitre dit *de la Reale*, à Perpignan,
compofé de douze prêtres, dont le premier devoit être doyen, le fecond
facriftain, & le troifiéme précenteur, aufquels il affigne diverfes dîmes &
autres revenus de fes états de Rouffillon & de Cerdagne.

Toute cette année 1340 fut pour le roi de Mayorque comme un tems
de furcis aux troubles qu'il avoit eû & à ceux qu'il devoit avoir ; ils com-

1341.

mencérent enfin en 1341, pour ne finir qu'avec fa vie. On en attribuë la
première caufe à la haine implacable que le roi Pierre eut toûjours contre
lui, & à la paffion démefurée qu'il avoit de le dépoüiller de tous fes états,

Page 118.

& de fe les approprier. * Pour y mieux réuffir, on le rendit fufpect au roi
Philipe de Valois ; on le porta à fe brouiller avec lui, fur l'efperance d'un
puiffant fecours ; & quand la partie fut engagée, on l'abandonna lâchement
pour achever de l'accabler, lorfqu'il ne pourroit plus recourir à la France.

IV. Pour dévelloper toute cette intrigue, il eft néceffaire de dire que le roi
Philipe de Valois étoit alors dans le plus grand feu de la guerre qu'il eût eû

Zur., l. 7, ch. 54.

contre les Anglois ; & comme dans ces occafions les moindres foupçons
font beaucoup plus d'impreffion, on lui fit entendre que le roi de Mayorque
traitoit du mariage de fon fils avec une des filles du roi d'Angleterre, d'où
l'on concluoit une grande intelligence entre ce prince & les enemis de la
France. Je ne trouve point dans les auteurs aucune preuve de cette accufation ; mais il eft certain qu'elle fit une fi grande impreffion fur Philipe de
Valois, qu'il fit fignifier au roi de Mayorque qu'il eût à venir prêter l'hom-

mage qu'il lui devoit pour la feigneurie de Montpellier, & il le fit citer pour cet effet au parlement de Paris.

1341.

D'autre côté, on fit entendre au roi de Mayorque qu'il ne pouvoit devoir hommage au roi de France pour la feigneurie de Montpellier, laquelle n'étoit pas mouvante immédiatement de la couronne, depuis l'échange qui en avoit été fait entre la France & l'evêque de Maguelonne. Or, cet échange (lui difait-on) eft nul & invalide, parceque le pape n'y eft point intervenu, comme il le devoit de droit, felon les principes de ce tems-là, & par une claufe fpéciale du contrat, qui portoit: fauf pour ledit evêque, l'autorité de l'églife romaine & de l'archevêque de Narbonne, autant qu'il peut leur appartenir. Sur ce raifonnement, on infpira au roi de Mayorque de ne point reconnoître le parlement de Paris, mais de s'en remettre à la décifion du pape & des cardinaux.

Il fuivit ce confeil, & fit rendre fa réponfe à Philipe de Valois, qui, ne s'arrêtant point à ce déclinatoire, donna ordre au fenéchal de Beaucaire de faifir & de mettre fous fa main, la feigneurie de Montpellier, ce qui fut executé dans le mois de décembre.

L'affaire en étant venuë au point que le roi d'Aragon la fouhaittoit, il ne fongea qu'à laiffer le roi de Mayorque dans l'embarras où il l'avoit jetté, & à éluder les demandes qu'il avoit droit de lui faire, & qu'il lui fit, de le fecourir dans la guerre qu'il alloit avoir avec la France. Pour cet effet, il s'enveloppa dans de grandes negociations avec Philipe de Valois, qui tantôt fe pafférent entr'eux feuls, & tantôt il y fit intervenir le roi de Mayorque.

Zurita nous en a marqué quatre ou cinq qui fe pafférent toutes dans le cours de cette année 1341. D'abord, il nous apprend que le roi Philipe pria le roi d'Aragon de laiffer vuider cette affaire par voye de jugement, & qu'il lui apprit en même tems, que le roi de Mayorque l'avoit folicité de lui déclarer la guerre. A cette nouvelle, le roi de Mayorque courut pour fe juftifier auprés du roi d'Aragon; & dans le tems qu'ils conferoient enfemble, les ambaffadeurs de France arrivérent à Valence, où ils n'eurent pas beaucoup de peine de gagner le roi d'Aragon.

Liv. 7, ch. 54.

Alors, le roi Jacques crut que la confideration de la reine Conftance, son époufe, feroit d'un plus grand poids auprès du roi, fon beaufrere; & dans cette vuë, il amena cette princeffe avec lui à une autre conference qu'il eut à San Celoni, avec le roi Pierre. Ce prince, le plus caché de tous les hommes, lui répondit par de grandes generalitez, fans lui donner jamais une réponfe précife fur le fecours qu'il lui demandoit; & il conclut à écrire au roi de France, pour le prier de furfeoir à la faifie qu'il avoit fait fur Montpellier.

Ibidem.

1341.

Il n'étoit pas bien difficile de comprendre que ce n'étoit qu'une défaite de sa part, puisque le moindre secours auroit été plus éficace que toutes ces négociations, dans un tems où la France avoit sur les bras toutes les forces d'Angleterre. Cependant, le roi Pierre, pour suivre toûjours sa pointe, voulut que son beaufrere envoyât des ambassadeurs à Paris, pour y terminer ses diferends, par un accord ou par un compromis. Les besoins du roi Jacques l'y firent resoudre, & les ambassadeurs étant arrivez à Paris, furent renvoyez au conseil, pour * y être procedé par voye de jugement. Comme c'étoit remettre l'affaire au premier point qu'elle avoit commencé, ses ambassadeurs ne purent s'y soumettre, & le roi de France, qui avoit déja fait saisir la baronie de Montpellier, fit avancer Jean de France, son fils aîné (appellé alors le duc de Normandie), vers le Roussillon, avec les milices du Languedoc, que ses officiers dans cette province, Loüis, comte de Poitiers, Jean de Marigny, evêque de Beauvais, & le senéchal de Carcassonne, lui firent conduire jusqu'à S^t. Paul de Fenoüilledes, à deux lieuës des états du Roussillon.

PAGE 119.

V. Cette approche donna tout à craindre au roi de Mayorque, qui, voyant la partie si engagée, vit aussi qu'il ne pouvoit avoir d'autre ressource que dans le secours du roi d'Aragon, dont il étoit feudataire; il renouvella auprès de lui ses instances, en lui apprenant l'arrivée de l'armée de France; mais la réponse de ce prince fut tout-à-fait conforme à son caractère : il blâma beaucoup l'entreprise des François, il dit qu'il se sentoit lui-même fort offensé de leur procedé; mais il fut muet sur le secours qu'on lui demandoit. « C'est ainsi (dit Zurita) qu'il s'acheminoit à la perte de ce pauvre prince ; « car, s'il s'étoit seulement déclaré pour lui, la France n'étoit en état de « rien entreprendre. » Et pour achever le ceremonial qu'il avoit tant à cœur, il écrivit de nouveau au roi de Mayorque qu'une déclaration de guerre étoit d'une trop grande consequence pour ne pas assembler les états d'Aragon ; & tandis qu'il les assembla au monastere du Poblet, les François mirent des garnisons sur toute la frontiére.

Ibidem.

Jusque-là, le roi de Mayorque avoit agi avec le roi d'Aragon, comme les princes d'une même maison agissent à l'égard de leur chef; mais, se voyant pressé par les François, & sentant peut-être plus que jamais le mauvais naturel du roi, son beaufrere, il crut devoir agir avec lui de roi à roi ; & pour cet effet, il lui envoya une ambassade solemnelle, pour le sommer, en vertu des confederations qu'ils avoient ensemble, de lui donner le secours qu'il lui devoit, pour garantir le Roussillon, & recouvrer les baronies d'Omelas, de Carladez & de Montpellier, qui étoient des biens appartenant à son feudataire.

Liv. 7, ch. 55.

Raymond Roch, d'une famille de Montpellier, anciénement attachée aux rois de Mayorque, fut chargé de cette ambassade; il parla vivement pour les interêts de son maître, & s'acquita si bien de la commission dont il étoit chargé, que le roi d'Aragon lui promit de donner dans quelques jours le secours qu'il demandoit; mais, ces jours étant passez, il répondit par un grand manifeste, dans lequel il donnoit tout le blâme au roi de Mayorque, qui refusoit au roi de France de reconnoître ses justes droits sur Montpellier; d'où il concluoit, qu'il ne pouvoit, en conscience, donner du secours pour une guerre injuste. Il poussa même ses artifices plus loin; car il prétendit qu'il pouvoit attaquer le même prince qui lui demandoit du secours, en formant une querelle contre lui, de ce qu'il faisoit batre dans le Roussillon une monoye diferente de celle de Barcelonne, avec quoi il renvoya son ambassadeur.

1341.

Le conseil du roi de Mayorque, ne croyant point que le nouveau cas de la monoye pût devenir une affaire sérieuse, fut d'avis de continüer les instances & les sommations du secours qu'on avoit demandé. On choisit pour cette seconde ambassade le majordome du roi que Zurita appelle *mossen Ramond de Codolet*. Il se rendit à la cour du roi d'Aragon, qui lui refusa long-tems une audience; & sur les instances qu'il en fit faire, le roi n'eut pas honte (dit nôtre historien) de le renvoyer après une chasse de sanglier qu'il alloit faire sur diverses montagnes, dont il lui fit une grande description. A son retour, Codolet lui dit hardiment que le roi, son maître, étoit resolu de se faire raison, par la voye des armes, de tous les dommages que le roi de France lui avoit fait à Montpellier; que, pour cet effet, il alloit se lier avec l'Angleterre, & qu'en vertu des alliances & des conventions qui engageoient autant le seigneur envers son feudataire que le feudataire envers le seigneur, il le requeroit d'envoyer ses troupes à Perpignan, le vingtiéme du mois d'avril 1342.

Zurita. Liv. 7, ch. 55.

Cette sommation, dont le roi Pierre le Ceremonieux comprit toute la justice & toute la force, l'obligea d'assembler son conseil, qui, pour lui complaire, fit* beaucoup valoir les inconvéniens de la guerre qu'il faudroit déclarer à la France; mais, il ne put lui dissimuler l'infidelité qu'il y auroit pour un seigneur, de refuser du secours à son feudataire. Le roi, plus embarrassé qu'auparavant, imagina un expedient, que Zurita appelle une subtilité indigne d'un prince, *una sotileza muy indigna de principe*: il resolut de convoquer des états à Barcelonne, dans le dessin que si le roi de Mayorque s'y rendoit, comme il y étoit tenu, il lui diroit qu'il vouloit lui accorder sa demande, après en avoir eû le consentement du royaume, ce qui le meneroit toûjours fort loin; & que s'il manquoit de s'y rendre, il seroit déchargé

1342.

PAGE 120.

1342.

des obligations qu'il lui objectoit. En confequence, il fit citer aux états de Barcelonne le roi de Mayorque; & ce prince n'ayant pû y venir, le roi d'Aragon prétendit être quitte envers lui; mais, non content d'avoir ce prétexte pour lui refufer le fecours qu'il lui avoit fi fouvent demandé, il en chercha un autre pour le dépoüiller de fes états, comme nous allons voir dans le chapitre fuivant.

CHAPITRE SECOND.

I. Pierre pourfuit ouvertement le roi Jacques. II. Conference de ces deux princes à Barcelonne, par la médiation du legat. III. Expedition du roi Pierre à Mayorque, où le roi Jacques eft trahi. IV. Le pape Clement VI s'intereffe pour lui auprès du roi Pierre. V. Qui fait une querelle au pape. VI. Et marche vers le Rouffillon. VII. Entrevüe des deux rois.

I. CE prétexte ne fut autre que celui de la monoye dont nous avons déja parlé. Le roi d'Aragon ne pouvoit difconvenir que les anciens comtes de Rouffillon n'euffent fait batre monoye avant que cette comté eût été réunie à fon royaume; mais, pour foûtenir la querelle qu'il vouloit faire au roi de Mayorque, il prétendit qu'il n'avoit pas fuccedé aux droits des anciens comtes, & particuliérement au comte Guinard, qui, le dernier de tous, avoit poffedé cette comté. Pour donner plus de couleur à fa fupofition, il avança que Jacques, fecond roi de Mayorque, n'avoit eû le Rouffillon que par l'infeodation que fon frere Pierre III lui en avoit faite, & il fe garda bien de faire aucune mention du teftament de Jacques le Conquérant, qui avoit donné le Rouffillon avec tous fes droits, à Jacques fecond, fon puîné, comme nous l'avons dit ci-deffus.

Zurita. Liv. 7, ch. 60.

Pour proceder dans tout le ceremonial, Pierre le Ceremonieux fit citer le roi de Mayorque à comparoître dans vingt-fix jours à Barcelonne, pour répondre fur la grande faute qu'il avoit commis, en donnant cours dans le Rouffillon à toute autre monoye que celle de Barcelonne. Le roi de Mayorque n'ayant pas comparu, il fut auffitôt déclaré contumace, fans autre forme de procés; & on déclara qu'on agiroit en juftice[1] contre fa perfonne & contre tous les fiefs qu'il tenoit de la couronne d'Aragon.

---

1. Les mots *en juftice* ne fe trouvent pas dans le manufcrit.

Livre septiéme.

A peine cette déclaration eut été donnée, qu'on vit arriver à Barcelonne les ambaſſadeurs du roi de France, Guillaume de Villers, maître de requêtes, & Raymond de Salgas, chanoine de Paris, qui dirent au roi d'Aragon qu'à ſa conſideration, le roi, leur maître, avoit ſurſis ſes pourſuites contre le roi Jacques, à raiſon de la ſeigneurie de Montpellier ; & ils lui firent de ſa part beaucoup de remercîmens de ce qu'il avoit empêché ce prince d'exécuter les menaces qu'il avoit faites de ſe lier avec le roi d'Angleterre.

1342.

Cette ambaſſade en attira une autre du roi d'Aragon à la cour de France, par laquelle, afin d'ôter au roi de Mayorque le moyen de ſe défendre, il prioit Philipe de Valois d'ordonner aux ſenéchaux de Carcaſſonne, Beaucaire, Toulouſe & Bigorre, de faire déſenſe de ſa part, à tous les ſeigneurs du païs, de donner * aucun ſecours au roi de Mayorque, parcequ'on croyoit (dit Zurita) que les comtes de Foix & d'Armagnac, le ſeigneur de Mirepoix, le vicomte de Narbonne, & le ſeigneur de Cappendut, aideroient ce prince dans ſa querelle contre le roi d'Aragon ; la choſe (ajoûte-t-il) ne fut pas difficile à obtenir, parceque chacun de ces deux rois prétendoit à la dépoüille de l'autre.

Ibidem.
Page 121.

Les défenſes que les ſenéchaux firent de la part du roi, aux ſeigneurs du païs, n'empêchérent point les comtes de Foix & d'Armagnac de ſervir le roi de Mayorque, leur voiſin, ſans contrevenir aux ordres qui leur avoient été intimez. Ils regardérent comme très-favorable à leurs deſſeins, l'exaltation de Clement VI, qui avoit ſuccedé à Benoît XII, le 18 d'avril de cette même année 1342; ils priérent ce nouveau pape d'employer ſa médiation pour mettre la paix entre les deux princes, & ils obtinrent de lui un nonce au roi d'Aragon. Armand de Barces, archevêque d'Aix, fut choiſi pour cette négociation, & il travailla ſi heureuſement auprès des deux rois d'Aragon & de Mayorque, qu'il les fit convenir de s'aboucher enſemble ; & pour faciliter la choſe, il fit donner par le roi d'Aragon, un ſauf-conduit au roi de Mayorque, pour venir en ſureté à Barcelonne.

II.

Zurita. Liv. 7, ch. 61.

En conſéquence, le roi Jacques s'embarqua avec la reine Conſtance, ſon épouſe, ſur quatre galéres, qui le conduiſirent à Barcelonne, où il avoit fait préparer ſon logement au couvent des Freres-Mineurs, qui donnoit ſur le port, & où, pour la commodité de la reine, on avoit fait faire une galerie couverte, pour la conduire de ſon bord au monaſtére. Le roi d'Aragon reçut ſa ſœur & ſon beaufrere avec de grandes démonſtrations d'amitié, à la conſideration du nonce du pape ; mais, dans les conferences que les deux princes eurent enſemble, ils ne purent s'accorder ſur rien ; & le roi d'Aragon, voulant les rompre pour toûjours, eut recours à un artifice des plus groſſiers, qui fut de publier que le roi de Mayorque avoit voulu le faire aſſaſſiner par des hommes cachez dans la galerie dont nous venons de parler; il fit bien plus, car il ordonna à l'infant dom Jayme, de lui amener la reine, sa sœur, de gré ou de force, ce qui fut executé, malgré les plaintes & les protestations du roi, son époux, de tout ce qu'on feroit contre la bonne-foi des sauf-conduits.

Par des maniéres si outrées, le roi Ceremonieux vouloit engager son adversaire à en venir à quelque action d'éclat, pour avoir un prétexte spécieux de le dépoüiller. Le nonce en fut si honteux & si affligé, qu'il partit aussitôt pour Avignon; la reine fit mille instances pour être renduë à son mari, mais inutilement; & ce prince, obligé de la laisser entre les mains de son enemi, avec une seule camerere, n'eut d'autre parti à prendre que d'aller se refugier à Mayorque, dans toute la tristesse & l'abatement qu'on peut imaginer.

Dès qu'il y fut arrivé, on lui fit regarder les Aragonois qui y étoient établis, comme autant d'espions du roi, son persecuteur; il crut devoir leur donner ordre de sortir de ses états, avec leurs effets; & le roi d'Aragon, ne demandant pas mieux, saisit cette occasion comme une justification de tout ce qu'il alloit faire contre lui. Aussitôt il envoya des troupes dans la Cerdagne, qui prirent la forteresse de las Cuevas; & il dépêcha à dom Pedro de Moncada, son amiral, qui étoit au détroit de Gibraltar, pour le service du roi de Castille, de tout quiter, & de le venir joindre à Valence, parcequ'il avoit besoin de lui pour la conquête de Mayorque.

III. Avant que de partir, il ne voulut rien omettre du ceremonial; car Zurita nous marque qu'il assembla son conseil à Barcelonne, dans son palais, où, étant monté sur son trône, comme il avoit coûtume de faire lorsqu'il rendoit justice au peuple, il déclara que le roi de Mayorque étoit coupable de contumace aux citations qui avoient été faites, & censé convaincu de tout ce dont il étoit accusé; partant, déchû de tous ses droits sur le royaume de Mayorque, sur les états de Roussillon, de Cerdagne, & tous autres, qui devenoient acquis & confisquez au domaine d'Aragon.

Toutes ces ceremonies & ces préparatifs ne purent se faire sans que le bruit* ne s'en répandit dans l'Europe. La reine Sancie, veuve de Robert, roi de Sicile, dont nous avons parlé comme d'une des meilleures princesses de son tems, en donna une marque éclatante en cette occasion; car elle envoya une ambassade solemnelle au roi d'Aragon, pour tâcher de le toucher sur l'état de son neveu; mais, le roi, inflexible, exagera les fautes de son adversaire, & donna pour réponse que les grandes dépenses qu'il avoit déja faites pour les préparatifs de la guerre ne lui permettoient pas d'en suspendre l'execution.

Afin de la faire plus furement, il avoit menagé dans l'isle de Mayorque une intelligence secrette, dont les principaux acteurs nous font voir claire‑ ment que la famille des Roch, établie depuis long-tems dans Montpellier, l'étoit aussi à Mayorque. Le roi d'Aragon marque dans ses mémoires, raportez par Zurita, « que Michel Roch, l'un des plus considerables de l'isle, vint l'as‑ « surer, s'il vouloit y venir, de l'obéïssance des habitans, moyennant la con‑ « servation de tous leurs priviléges ; que le roi fit un accord avec lui, par « lequel il promit tout ce qu'on lui demandoit ; & que, pour s'attacher toute « cette famille, il assura à Bertrand Roch & à ses successeurs six mille sols « de rente, sçavoir : trois mile sur le royaume de Valence, & trois autres « mile sur l'isle de Mayorque, avec franchise & exemption, pour lui & ses « décendans en ligne directe, de tous les biens qu'ils auroient dans tous « les états de sa couronne ; il lui permit, de plus, de se faire armer chevalier, « par tel noble qu'il voudroit choisir dans son royaume, pour joüir des « immunitez & priviléges que la coûtume donnoit aux anciens chevaliers. » Tout ce détail nous fait voir que dans les guerres civiles, ceux d'un même nom & d'une même famille ne prénent pas toûjours le même parti ; car, si Raymond Roch, de la branche de Montpellier, fut toûjours très-fidéle à son prince, Michel & Bertrand Roch, de la branche de Mayorque, ne suivirent pas son exemple.

1342.

Ch. 65.

Dans ce même-tems, le roi de Castille se plaignit hautement de la retraite qu'avoit fait l'amiral d'Aragon, dans la conjoncture où il avoit le plus besoin de son secours. A quoi le roi Pierre objecta les préparatifs qu'on faisoit en Provence pour le roi de Mayorque ; & pour ne pas perdre le tems de se mettre en état de l'attaquer, il cita, selon l'usage du tems, tous ceux qui lui devoient service de guerre, & il laissa pour son lieutenant‑general, l'infant dom Juan, son frere, avec des troupes pour garder les frontiéres de Catalogne.

Zur. Liv.7, ch. 66.

Tout étant prêt pour son embarquement, il partit de Barcelonne le dix‑ huitiéme de mai 1343, & aprés cinq jours de navigation il arriva sur les côtes de l'isle, où il découvrit, sur une hauteur, les troupes du roi de Mayor‑ que, qui, avec treize cent chevaux & quinze mille hommes de pied, se tenoit prêt à lui disputer l'entrée de l'isle. Les Aragonois resolurent alors de séparer leurs vaisseaux, pour tenter la décente en même tems par diferens endroits ; & les plus courageux ayant pris terre, malgré les fléches & les pierres qu'on leur jettoit, ils donnérent moyen aux autres de débarquer & de les venir joindre ; leurs troupes s'étant réunies, ils resolurent d'attaquer sans retardement le roi de Mayorque ; & les deux armées étant venuës en présence & prêtes à combatre, le roi d'Aragon fit répandre dans le camp

1343.

Ch. 67.

énemi le traité qu'il avoit fait avec Bertrand Roch, citoyen de Mayorque. Alors il arriva, comme nous l'avons vû de nos jours, dans une autre isle de l'Europe, que les troupes du roi Jacques l'abandonnérent & prirent lâchement la fuite. Cette trahison fit comprendre au prince infortuné qu'il n'y avoit aucune sureté pour lui dans un païs où son énemi étoit déja le maître; & ne pouvant douter de l'intelligence qu'avoient avec lui les citoyens de sa capitale, il crut ne devoir pas s'y enfermer; mais qu'il convenoit mieux de ceder au temps & de se rembarquer pour se mettre en état de tenter quelque nouvelle entreprise.

Son éloignement donna au roi d'Aragon un champ libre pour étaler son ceremonial; il fit plusieurs chevaliers sur le champ de bataille; il rangea son armée en ordre & la fit marcher, enseignes déployées, vers la ville de Mayorque, d'où les habitans lui envoyérent aussitôt une nombreuse députation, parmi lesquels Zurita marque un Jacques Roch. L'audience qu'on leur donna* eut un air tout mistérieux, car celui qui portoit la parole, témoigna au roi la surprise où ils étoient de le voir en armes ravager le païs; d'où il prit occasion de leur faire un grand & long discours sur l'infidélité du roi de Mayorque, & sur les droits incontestables que la couronne d'Aragon avoit sur leur isle. Les députez ayant demandé du tems pour faire sçavoir à leurs concitoyens la réponse du roi, revinrent bientôt après, & dirent (pour la forme) qu'ils avoient juré fidelité au roi Jacques, & qu'il ne leur appartenoit pas de juger s'il avoit tout le tort qu'on lui imputoit. Sur quoi, ayant été renvoyez au vice-chancelier, ils conclurrent, sans autre discussion avec lui, un traité par lequel ils firent des conditions trèsavantageuses.

Le roi ne difera point d'entrer dans leur ville, où il confirma leurs priviléges avec tous les autres articles que Bertrand Roch avoit demandé pour eux; & ayant assemblé le peuple dans la grande-église, il prêcha long-tems sur les graves & justes motifs qu'il avoit eu de proceder comme il avoit fait contre le roi Jacques. Cette ceremonie fut suivie du serment que lui prétérent, pour tout le royaume, quelques députez, parmi lesquels Zurita nomme Arnaud Burgues & Raymond de Salelles; les gouverneurs particuliers des villes suivirent leur exemple; & le seul Guillaume de Sô, qui étoit du Languedoc, refusa de le reconnoître, & se mit en défense dans la forteresse de Polença, dont il étoit alcaïde.

IV. Tous ces heureux succés n'auroient pas contenté le roi d'Aragon s'ils n'avoient été sçûs de toute l'Europe; il prit soin lui-même d'en instruire le pape Clement VI, par une fort longue lettre, & fort étudiée, qu'il lui écrivit de Mayorque, le treize du mois de juin; on la voit dans la collection de

Baluze; & l'on peut y remarquer la haine implacable qu'il avoit contre fon adverfaire, par le foin qu'il prend de noircir fes actions les plus innocentes, & par les fentimens de mépris & d'averfion qu'il auroit voulu infpirer de lui à tout le monde; il partit peu de jours après de Mayorque, pour aller s'emparer du Rouffillon, & à peine fut-il arrivé à Barcelonne, qu'il fit avancer fes troupes vers les Pirénées.

1343.

Cependant, la lettre qu'il avoit écrit à Clement VI n'avoit pas produit l'effet dont il s'étoit flatté; car le pape, inftruit du diferend des deux rois, & connoiffant le caractére de l'un & de l'autre, comprit que celui d'Aragon ne manqueroit pas de profiter de fes avantages, & qu'il faloit tâcher de le fléchir par fes repréfentations, puifqu'il n'avoit d'autres armes à lui oppofer; il jetta les yeux fur le cardinal Bernard, du titre de S^t. Ciriaque, qui étoit connu particuliérement du roi d'Aragon, pour aller, en qualité de nonce, près de fa perfonne, faire les derniéres tentatives en faveur du roi de Mayorque; il le fit partir en diligence, & le chargea d'un bref, que nous avons, daté de Villeneuve-lez-Avignon, du premier juillet, où il lui marque ingenûment que, quoique par la lettre fort élegante qu'il a reçû de lui, il paroiffe juftifier fa conduite envers le roi de Mayorque, ce prince ne laiffe pas de donner des bonnes excufes contre tout ce qu'on lui objecte; &, fans entrer dans aucune difcuffion des faits: « Je vous conjure (lui dit-il) de
« confiderer, qu'il eft de vôtre fang & de vôtre maifon, uni encore plus
« particuliérement avec vous par fon mariage avec vôtre fœur, dont il a eu
« un fils & une fille; vous ne pouvés le perdre qu'en perdant vôtre fœur
« & vos neveux, qui font innocens; & puifqu'il vous a rendu l'hommage
« que vous demandiés, la juftice, la nature & la bienféance exigent que
« vous n'ufiés pas avec lui de la dernière rigueur. »

Zur. L. 7, ch. 68.

Baluz., pag. 625.

C'étoient les fentimens du public, auffi bien que du pape; mais le roi d'Aragon ne penfoit pas comme eux; il preffa fi fort la marche de fes troupes, qu'il fut devant Gironne le quinze de juillet, où, ayant appris que Roger, comte de Cominges, devoit conduire du fecours au roi de Mayorque par la vallée d'Aran, il donna fes ordres pour lui faire couper les paffages.

Zur. L. 7, ch. 69.

Le legat, de fon côté, continuoit fes inftances auprès de lui; & ayant difpofé le roi de Mayorque à renoncer au droit de faire batre la monoye dans le Rouffillon, il crut qu'une entrevûë des deux princes pourroit pacifier tous les * troubles. Dans cette vuë, il difpofa le roi Jacques à demander un fauf-conduit; mais tout lui fut refufé, & le legat ayant voulu en parler lui-même, il eut pour réponfe « que les rois d'Aragon, après tous les fervices
« qu'ils avoient rendu au S^t. Siége, n'avoient reçu pour toute grâce qu'une

V.

PAGE 124.
Ch. 71.

1343.

Ch. 72.

Ch. 73.

Pap. Avenion. Tom. 2, pag. 635 & seq.

Zurita. Liv. 7, ch. 74.

« feüille de parchemin pour le royaume de Sardaigne; & qu'il étoit furpre-
« nant que le pape & les cardinaux fiffent paroître tant de zéle pour fon
« adverfaire, qui n'avoit rien fait pour eux. » Avec cette défaite, il renvoya
le legat, & s'étant rendu maître de Canet, il alla ravager les environs de
Perpignan, où le roi de Mayorque s'étoit enfermé; mais, voyant bien qu'il
n'étoit pas en état de l'y forcer, faute de vivres & de machines de guerre, il
chercha à fe faire un mérite auprès du legat, en confentant à une tréve pour
le refte de l'année.

Il vouloit employer ce tems, comme il fit, à fortifier Canet, dans le Rouffillon, & à renforcer les garnifons du royaume de Mayorque pour empêcher qu'il n'entrât aucun fecours dans Polença, qui fe défendoit toûjours;
mais, parcequ'il manquoit d'argent, il ufa de toute forte d'artifices pour en
obtenir de fes fujets. A Barcelonne, il refufa les fêtes qu'on lui préparoit, &
demanda l'argent qu'on y avoit deftiné; à Valence, il fit faifir le temporel
des ecclefiaftiques, & les contraignit à lui donner de l'argent; à Saragoce,
il confentit à toutes les proteftations que l'on fit de lui en donner fans confequence; & pour mieux éluder les folicitations du legat, il chercha querelle à plufieurs cardinaux, qu'il fupofa avoir prêté des fommes à Jacques
de Mayorque, ou vouloir lui acheter des fiefs de la baronie de Montpellier;
il en écrivit trois lettres au pape, que l'on peut voir dans la collection de
Baluze, avec celle qu'il adreffa au facré colége en corps, & à divers cardinaux en particulier.

Il eft vrai que le cardinal Imbert Dupuy, natif de Montpellier, venoit
d'acheter une prérie à Lates, qui fervit depuis à la fondation de fon église
de St. Sauveur; mais, le prix de cette vente étoit un fi petit objet, qu'il
n'étoit prefque d'aucun fecours au roi de Mayorque, réduit, comme il étoit,
à la feule ville de Perpignan, & entiérement hors d'état de refifter à toutes
les forces qui avoient été préparées contre lui durant la tréve. Dans cette
trifte conjoncture, il jugea des fentiments d'autrui par les fiens, & crut pouvoir encore toucher de pitié le roi, fon beau-frere. Pour cet effet, il lui
envoya un religieux de l'ordre de St. Auguftin, homme de mérite, avec une
lettre écrite de fa main, par laquelle il le conjuroit, par tous les motifs de la
religion & du fang, de donner créance à tout ce que ce religieux lui diroit de
fa part. Le religieux lui repréfenta « que le roi Jacques lui avoit déja fait
« hommage de tous fes états; qu'il avoit renoncé au droit de batre la
« monoye dans le Rouffillon, & qu'ayant ainfi fatisfait à tout ce que les
« rois d'Aragon pouvoient exiger de lui, il lui laiffoit à juger fi, en bonne
« juftice, il pouvoit le dépoüiller, parce qu'il étoit le plus foible, fur tout
« étant fon beau-frere, de la même maifon & du même fang que lui. »

Ces raisons, bien loin de toucher le roi Ceremonieux, ne firent que l'aigrir davantage ; mais, pour sauver les apparences, il fit une longue réponse, que Zurita raporte en trois pages, dans laquelle il s'efforce de persuader au public, que les seuls motifs de charité & de justice le faisoient agir : & sur ce qu'on lui dit que son beau-frere vouloit le venir trouver en habit de pélerin ou de religieux, pour le toucher davantage, il écrivit au viguier de Figuiéres, au procureur de la vicomté de Bas, & aux officiers sur toutes les routes, que si Jacques de Mayorque (car il ne lui donnoit d'autre nom) vouloit tenter de passer, sous quelque habit déguisé que ce pût être, on eût à le prendre & à l'enfermer, sous bonne garde, dans la tour de Gironelle ; & pour achever d'ôter à ce prince tout espoir de le fléchir, il publia un long écrit « par lequel il déclara tous les états de Mayorque &
« Yvica, les comtez de Roussillon, Cerdagne, Conflans, Valespir & Colioüre,
« unis à perpetuité à la couronne d'Aragon ; sans que le roi lui-même, ni
« aucun de ses successeurs, pussent les démembrer pour aucun prétexte ;
« voulant que, dans ce cas, on lui désobéît, s'il vouloit* l'entreprendre ; &
« que ses successeurs seroient obligez de faire pareil serment, avant que les
« peuples de ces états, nouvellement unis, fussent tenus de lui jurer
« fidelité. »

Environ ce tems là, le roi de Mayorque perdit son frere Ferdinand, à qui il avoit donné la joüissance de Frontignan pendant sa vie : la chose resulte d'une quitance faite en 1343, aux consuls de Frontignan, par Jacques Maissende, procureur à Montpellier des droits royaux, de la somme de cinquante livres, dûë jadis à Ferrand de bonne mémoire, frere du roi ; ces mots de jadis & de bonne mémoire, ne peuvent convenir qu'à un homme mort.

Après la déclaration fulminante que le roi d'Aragon venoit de donner, il marcha avec toutes ses machines de guerre vers Gironne, où il arriva le vingt-cinquiéme d'avril 1344, pour y commencer la campagne : elle fut mêlée de diferens succès ; car le roi Jacques fit faire une diversion sur les côtes de Catalogne par les galéres de Monaco, & alla lui même disputer le passage du Lampourdan. Le roi Pierre, de son côté, prit Colioüre par famine, & Elne par composition ; mais, ayant voulu se présenter devant Perpignan, il fut maltraité dans les sorties qu'on fit sur lui ; & ses troupes s'étant mutinées, faute de paye, il alla faire un pélerinage à Nôtre Dame de Montferrat, où il donna une galére d'argent, en memoire de la victoire qu'il avoit remporté à Mayorque.

Durant cette retraite, il pourvut au payement de ses troupes, en envoyant renouveller avec le roi de Tunis l'alliance qu'il avoit avec les rois de

Mayorque, & recevoir de lui douze mille livres des arrérages du tribut qu'il leur payoit; il fit partir en même tems deux galéres pour ramaffer de l'argent à Barcelonne, &, comme les négociations qu'il avoit fi fouvent rejettées pouvoient alors lui être utiles, il fit rechercher le roi de Mayorque, & lui propofer que, s'il vouloit s'en remettre à lui, il lui promettoit liberté & fureté pour fa perfonne, & qu'il en agiroit à fon égard avec bonté & clemence.

Dans ce même tems, le fils aîné du roi Philipe de Valois (Jean, duc de Normandie) fit partir Guillaume de Villers, maître des requêtes, pour appuyer auprès du roi d'Aragon les inftances d'un furcis que le pape demandoit; mais ce roi, plus fin qu'eux tous, rejeta leur priére; &, ne voulant pas renoncer aux avantages d'une négociation déja commencée entre Pierre d'Exerica, de fa part, & le roi de Mayorque, il laiffa interpreter au roi Jacques les promeffes vagues de bonté & de clemence qu'il lui avoit fait donner, & ayant reglé l'entrevûë qu'il devoit avoir avec lui, elle fe fit de la manière que je vais raconter après Zurita.

VII. Le roi Jacques, armé de toutes piéces, fe rendit dans le camp du roi d'Aragon, où, en entrant dans la tente du roi, il fe découvrit; le roi fe leva dés qu'il le vit approcher, &, voyant qu'il mettoit un genou à terre, il lui tendit la main comme pour le relever; le roi Jacques la prit & la lui baifa, & le roi l'ayant baifé au vifage, Jacques dit ces paroles, que le roi Pierre raporte mot à mot dans fon hiftoire:

« Monfeigneur, j'ai manqué contre vous, mais non pas contre ma foi;
« car tout ce que j'ai fait n'eft pas de moi même, mais par mauvais con-
« feil; je viens vous en faire fatisfaction. Et moi, qui fuis de votre maifon,
« je cherche à vous fervir, parceque je vous ai toûjours aimé de cœur; &
« je ne doute point que vous, monfeigneur, ne m'aimiés encore. Je mets
« en votre pouvoir ma perfonne & mes états. »

A ces paroles, qui auroient pû (dit Zurita) toucher de pitié le prince le plus cruel & le plus barbare, le roi répondit: » Si vous avez erré,
« j'en fuis fâché, parce que vous êtes de ma maifon, & quoiqu'il foit natu-
« rel d'errer, ce feroit une bien plus grande malice de perfeverer dans fon
« erreur; mais, puifque vous reconnoiffés la vôtre, j'uferai avec vous de
« miféricorde, & vous ferai grace de manière que tout le monde le connoî-
« tra, puifque vous vous mettés vous même & vôtre terre en mon
« pouvoir. »

Après cette réponfe, le roi Jacques fe retira à Elne; & on ne tarda point de venir lui demander un ordre pour les troupes qu'il avoit à Perpignan, de * remettre cette place au roi d'Aragon. La chofe ayant été executée de bonne foi, le roi Pierre y entra comme en triomphe le 17 de juillet; & son plus grand empressement étant de s'assurer de toutes les autres places du Roussillon, il envoya demander au roi de Mayorque un nouvel ordre: & parceque le public étoit dans la persuasion que tout ce qu'il en faisoit n'étoit que pour châtier ce prince, & non pour le dépoüiller, il se hâta de faire publier, le jour de la Magdelaine, l'incorporation du Roussillon aux états d'Aragon, & donna ordre à ceux qui étoient auprès du roi de Mayorque de le garder de plus près.

1344.

Zurita. Liv. 7, ch. 78.

Ces suretez ayant été prises, il voulut encore faire sortir de ses nouveaux états tous ceux qui restoient fidéles au roi Jacques, parmi lesquels Zurita marque Jean Sô, vicomte d'Evol, Pierre Raymond de Codolet, Guillem Roch de Villeneuve, Arnaud de Lordat, Raymond Villarnaud, Roger de Rovenac & plusieurs autres.

Ch. 79.

Dans ce tems, le roi Jacques, qui étoit à Elne, demanda de passer à Tuir, ce qu'il obtint; mais, avant que de s'y rendre, le roi Pierre consentit à le voir, parceque le public (comme il le dit lui même dans son histoire) souhaitoit fort qu'il le vit: il sortit pour cet effet à demi-lieuë de Perpignan, où les deux rois se parlérent sans décendre de cheval. Jacques demanda au roi Pierre:

1° De le recevoir à ses faits justificatifs;

2° Que ses neveux, fils de son frère Ferdinand, qui venoit de mourir, fussent maintenus dans les seigneuries qu'ils avoient en Roussillon;

3° Qu'il ne trouvât pas mauvais, s'il marchoit en armes dans le Roussillon à cause des enemis particuliers qu'il y avoit;

4° Qu'il lui donnât copie de son procés;

5° Qu'il n'admit aux conseils qu'il tiendroit sur ses affaires, aucun de ceux qui l'avoient trahi.

Le roi Pierre, l'homme du monde le plus avantageux, répondit brusquement, « que le roi de Mayorque avoit été cité & oüy en son tems; qu'il « devoit rester en repos pour ses neveux; qu'il pouvoit être armé comme « il voudroit; &, quant à la copie de son procés qu'il demandoit, les con- « ventions passées devoient tenir lieu de tout; ensuite, affectant un air plein « d'émotion, il ajoûta qu'il étoit bien fâcheux d'entendre appeler traîtres « ceux qui avoient fait leur devoir; qu'il eût à s'abstenir de pareils termes, « & que quand il seroit tems, il lui feroit sçavoir les services qu'il attendoit « de lui. »

Après tous ces discours, ils se separérent; & le roi Jacques reçut bientôt un ordre de se retirer dans la Catalogne, où il se tint à Berga, qu'il choisit pour sa demeure. Le roi Pierre, de son côté, resta dans le Roussillon pour

1344.

s'en assurer les places; &, ayant fait publier à Puycerda l'union des états de Mayorque à sa couronne, il s'en retourna au mois de septembre par Manreze, d'où il partit le jour de Nôtre-Dame, avec une précipitation incroyable, sur la nouvelle qu'il eut que Jacques de Mayorque étoit venu à Montserrat, & vouloit se trouver sur son chemin pour lui parler.

Page 127.

CHAPITRE TROISIÉME

I. Nouvelles querelles du roi Pierre contre le roi Jacques. II. Qui partagent tous les seigneurs de leur cour. III. Jacques obtient que la reine son épouse viéne à Montpellier. IV. Troubles dans l'Aragon favorables au roi Jacques. V. Tentatives qu'il fait à Mayorque & dans le Roussillon. VI. Etat particulier de ses affaires. VII. Sa derniére expedition à Mayorque, & sa mort.

Zurita. Liv. 7, ch. 80.

DU caractére dont nous connoissons le roi Pierre le Ceremonieux, il est facile de comprendre qu'il ne se borna pas à être le maître des états & de la personne de son enemi; mais que, suivant sa politique ordinaire, il devoit, par toutes sortes de dégoûts & de mortifications, le pousser à sa perte, pour être délivré une bonne fois des suites que pouvoit avoir l'invasion qu'il venoit de faire.

I. Dans cette vûë, il résolut de tenir à Barcelonne (où il arriva le 10 de septembre) le parlement qu'il avoit convoqué à Lerida; &, pour disposer les choses qu'il vouloit y faire résoudre au sujet du roi Jacques, il lui fit une querelle sur les bruits qui couroient de son rétablissement, qu'on publioit devoir être fait à la St. Michel suivant, ou à la fête de tous les saints. Pour cet effet, il lui envoya dire, entre les bras (pour ainsi-dire) de son épouse, qu'il venoit de retrouver en Catalogne, « qu'il n'ignoroit pas que sur le
« refus qu'il avoit fait par le passé de le servir, on avoit fait l'incorporation
« de ses états à la couronne d'Aragon, qui avoit été publiée plusieurs fois &
« jurée par les grands du royaume; que pour ces raisons, il ne pouvoit, ni
« en conscience ni en justice, rompre une union faite si solennellement;
« ainsi, qu'il ne pouvoit pas attendre d'être écouté par lui-même ou par
« autrui sur cette demande; mais que, du reste, il vouloit user de clemence
« avec lui; &, comme les bruits qu'on affectoit de répandre de Mayorque à
« Perpignan étoient pleins d'orgüeil & de menaces, il devoit sçavoir que
« le sauf-conduit qui lui avoit été accordé n'étoit pas pour attenter contre

« fa perfonne, depuis qu'il s'étoit mis en fon pouvoir; & il finiffoit en lui
« marquant qu'il alloit faire proceder, fous peine de mort, contre ceux qui
« feroient courir de pareils bruits. »

1344.

Le roi de Mayorque (dit Zurita), fort troublé de cette ambaffade, envoya au roi un homme de lettre, nommé Raymond de Bruziac, pour lui demander d'être oüy, afin de fe juftifier fur ces bruits qu'il ignoroit, & dont il feroit punir les auteurs s'il les connoiffoit. Il ajouta que veritablement il ne defefperoit pas d'être rétabli dans fes états, & que c'étoit la raifon pour laquelle il continuoit à lui demander d'être oüy; il continua en effet d'envoyer ambaffade fur ambaffade pour avoir copie de fon procès; mais le roi, inflexible, éluda jufqu'au parlement.

Zurit. Ibid.

Il fut enfin tenu à Barcelonne le feptiéme d'octobre 1344, & le roi y parla beaucoup fur l'explication qu'il falloit donner au terme de miféricorde dont il avoit promis d'ufer envers le roi de Mayorque. Zurita nous marque qu'il prétendit qu'on devoit l'expliquer par celui d'égard, qu'il vouloit avoir véritablement pour lui; & n'ayant pas voulu qu'on en vint publiquement aux opinions, il demanda les avis par écrit, et de cette forte il fut le maître de publier ce qu'il voulut.

Il publia donc, « qu'on donneroit dix mile livres de rente au roi de
« Mayorque, en attendant qu'on lui affignât des terres de pareil revenu,
« pour lui & pour fes décendans; à la charge néanmoins de retour, s'ils
« mouroient fans * lignée. De plus, que le roi d'Aragon lui remettroit la
« confifcation des vicomtez d'Omelas, de Carladez & de la feigneurie de
« Montpellier, dont il lui laifferoit la directe ; à la charge qu'il renonceroit
« aux titres & marques de roi. Qu'il feroit rompre les fceaux, changer
« les marques royales, & remettroit tous les papiers de la couronne qu'il
« avoit portée : bien entendu que lui ni fes décendans ne feroient ni pro-
« cès ni demande de fon royaume, qui avoit été faifi en juftice, autrement
« que toute la miféricorde dont on ufoit préfentement, n'auroit aucun
« effet. »

Page 128.

Les envoyez du roi d'Aragon fignifiérent cet arrêt au roi de Mayorque, en lui faifant fort valoir la clémence de leur roi à fon égard; à quoi il ne répondit qu'en proteftant contre, & en demandant du tems pour déliberer fur ce qu'il avoit à faire.

Le roi Pierre, peu content de cette réponfe, envoya ordre de renforcer toutes les places du Rouffillon, & le roi Jacques, en s'éloignant de Barcelonne, lui fit fçavoir par Raymond de Bruziac, fon vice-chancelier, par Bernard de Roquefeüil & Pons Calça, qui étoient de fon confeil, « qu'il
« le prioit de l'excufer, s'il n'acceptoit & ne pouvoit accepter les offres

« qu'il lui faifoit, parcequ'il étoit obligé, pour la dignité royale, de garder
« les engagemens qu'il avoit contracté à fon couronnement, qu'il étoit
« injufte qu'il lui retint fes états, en fe contentant de lui laiffer les vicomtez
« d'Omelas, de Carladez & de Montpellier, qu'il poffedoit en paix; qu'il
« étoit furprenant qu'il ne voulût pas l'entendre, & qu'il retint auprès de
« fa perfonne fes énemis déclarez qu'il avoit promis de renvoyer, en pré-
« fence de l'infant dom Jame & de Pierre d'Exerica; qu'il n'y avoit aucune
« bienféance qu'il renonçât à la vocation où il avoit été appelé à fon facre;
« & que le roi d'Aragon, fous le nom de clemence & de grace, voulût
« l'obliger de renoncer à fes états, avec infamie pour fa perfonne, pour la
« dignité royale & pour fes enfans; il difoit enfin que Pierre d'Exerica lui
« ayant fait de grandes promeffes de la part du roi, il ne comprenoit point
« où elles fe réduifoient, puifqu'on le dépoüilloit de tout; que le roi lui
« avoit envoyé un billet, écrit de fa main, par lequel il l'affuroit qu'il
« agiroit avec lui de grace & de clemence, fans parler d'aucune renoncia-
« tion; qu'il ne convenoit point qu'il la fît au préjudice de fon fils, l'infant
« Jacques, reconnu déja pour roi par les prélats & feigneurs de fon royaume,
« qui lui avoient juré leur foi; & pour conclufion, il demandoit la refti-
« tution de fon royaume de Mayorque, & des comtez de Rouffillon & de
« Cerdagne. »

A toutes ces demandes, le roi d'Aragon ne répondit que par une grande relation des excès commis (comme il le prétendoit) par le roi de Mayorque, pour raifon defquels fes états étoient dévolus à la couronne d'Aragon.

II. Ce manifefte, devenu public, fit naître l'envie à Pierre d'Exerica, fon favori, d'en publier un fur fon propre fait, dans lequel il racontoit à fa façon tout ce qui s'étoit paffé entre lui & Raymond de Codolet, & avec le roi de Mayorque lui-même. Ce prince, ayant vû fon écrit, y répondit par les preuves qu'il avoit en main, & ajoûta qu'il offroit de le foûtenir par un combat entre perfonnes convenables, ou devant des juges competans; & que quiconque difoit le contraire, mentoit comme un faux traître.

Zurita. Liv. 7, ch. 81.

Plufieurs feigneurs de France & de Rouffillon s'offrirent au combat pour le roi de Mayorque, leur maître; à quoi l'envoyé de Pierre d'Exerica répondit par un autre démenti; & les chofes en étant venuës à un point qu'on alloit prendre les armes de part & d'autre, le roi d'Aragon ne put trouver d'autre remede (dit Zurita) que de diffimuler le chagrin qu'il en avoit.

D'un autre côté, Raymond de Codolet publia de fon chef un manifefte, où il marquoit au long les propres paroles qu'Exerica lui avoient dites au fujet de fon maître, & s'offroit de les foûtenir dans un combat contre lui.

Artal de Pallas en fit de même; & les gens du roi d'Aragon ayant répondu par des défis semblables, tous les esprits se trouvérent dans un si grande émotion, que le roi de Mayorque comprit bien qu'on ne songeoit qu'à le pousser à bout; il trouva le moyen de se dérober à ceux qui étoient chargez de l'observer, & il * arriva enfin à Puycerda, capitale de la Cerdagne. Ses amis lui ramassèrent alors six cens hommes de cheval & treize cens d'infanterie, qu'il conduisit à Livia, dont il prit les fauxbourgs, sans pouvoir se rendre maître de la place; il fit une autre tentative sur Villefranche, d'où voulant revenir à Puycerda, les habitans, épouvantez par les menaces du roi d'Aragon, fermérent les portes, & firent sonner le tocsin pour armer tout le païs contre lui. « Il est incroyable (dit Zurita) ce qu'il eut à sou-« frir en cette occasion: & son état (ajoûte-t-il) auroit été capable de tou-« cher de pitié son plus grand énemi, s'il eût été à tout autre que celui avec « qui il avoit à faire. » Toute sa ressource fut de traverser les montagnes des Pirénées, dans le tems le plus rude, pour se rendre chés le comte de Foix, d'où il vint à Montpellier.

1344.

PAGE 129.
Zur. L. 7, ch. 83.

Alors le roi d'Aragon, ayant appris sa sortie du Roussillon, se hâta d'y venir, & il y signala son entrée en faisant billoter Hugues de Adania & Arnaud de Palaros, gentilshommes du roi de Mayorque, avec autres quatorze. Et se trouvant à Perpignan, le premier jour de l'an 1345, il voulut solenniser ce jour par une marche pompeuse dans cette ville, comme s'il revenoit en triomphe de la défaite d'un puissant énemi. Pour cet effet, il assembla les seigneurs de sa cour, les officiers de ses troupes, & les magistrats de Perpignan avec toute leur suite; mais, à peine la marche eut commencé, qu'un orage violent & imprévû dissipa tous les préparatifs de ce prétendu triomphe.

Zur. L. 8, ch. 1.

1345.

Cependant, le roi Jacques, se voyant à Montpellier plus tranquile & plus en sureté qu'il n'avoit été de long-tems, voulut attirer en cette ville la reine, son épouse, qu'on lui dètenoit en Espagne; il entreprit pour cela un voyage à Avignon, afin d'engager le pape dans ses interêts, & durant le séjour qu'il y fit, les officiers qu'il avoit à Montpellier, voulant lui amasser de l'argent, demandérent aux consuls la somme de seize cent quarante-cinq livres, sous divers prétextes, & entr'autres pour un prêt qui leur avoit été fait par le feu roi Sanche, oncle du roi Jacques. Surquoi, les consuls ayant fait leur replique, la somme fut moderée à trois cent quatre-vingt-dix-sept livres dix sols petits-tournois, en comptant (dit l'acte) l'écu d'or de France fin & de poids, pour quinze sols tournois. Après cette reduction, les consuls allérent à Avignon pour payer au roi cette somme, où il fut passé une transaction entre le roi & les consuls, par laquelle ils se déclarérent respectivement

III.

Grand Talamus.
Fol. 26.

1345.

quites de tout le paſſé. Fait à Avignon, dans l'hôtel à l'enſeigne du Lyon, où le roi avoit pris ſon logement. *Avinioni, in hoſpitio vocato Leonis, ubi dominus rex hoſpitat.*

Le pape entra avec plaiſir dans les demandes du roi de Mayorque, & il engagea le roi de France à les appuyer auprès du roi Pierre, qui répondit à leurs lettres par un long recit des griefs qu'il avoit contre le roi Jacques; & pour avoir un plus beau prétexte de leur refuſer ce qu'ils demandoient, il fit ſon poſſible auprès de la reine Conſtance, pour lui inſpirer du mépris & de l'averſion pour ſon mari. Cette derniére voye n'ayant pû lui réuſſir, il ſongea à tirer avantage de la demande du pape, pour en obtenir pluſieurs graces dont il avoit beſoin; & il lui envoya des ambaſſadeurs pour lui faire ſes demandes, mais ſans leur donner aucun pouvoir ſur les affaires du roi de Mayorque. Cela n'empêcha point le pape d'en uſer liberalement avec lui (dit Zurita); & comme le roi Pierre vit qu'il pouvoit payer des ſervices effectifs par une complaiſance qui ne lui étoit d'aucun préjudice, il conſentit au départ de la reine, ſa ſœur, en prenant la précaution de lui faire faire le trajet par mer, de peur que ſa préſence n'excitât quelque mouvement parmi les peuples de la Cerdagne & du Rouſſillon; il la fit embarquer à Colioüre, pour être remiſe à Leucate, entre les mains du nonce du pape, d'où elle fut conduite à Montpellier.

Liv. 8, ch. 1.

Les choſes commencérent dès-lors à tourner plus favorablement pour le roi Jacques; car le roi de France, ſoit par indignation des injuſtices criantes qu'on lui avoit faites, ſoit (comme dit Zurita) à la ſolicitation des plus grands ſeigneurs de ſon royaume, qui étoient parens ou alliez du roi de Mayorque, ſe feroit déclaré ouvertement pour lui, s'il n'avoit été dans le fort de ſes démêlez avec Edoüard, roi d'Angleterre; il ſe contenta d'interpoſer ſon autorité pour le rétabliſſement* des affaires domeſtiques du roi Jacques, qui étoient fort dérangées à Montpellier, comme on peut l'inferer des lettres que nous avons du 25 août 1341, où Philipe de Valois mande au ſénéchal de Beaucaire, & au juge du petit-ſcel royal de Montpellier, que le roi Jacques étant tenu, à raiſon du doüaire de ſa femme, à la ſomme de cinq mille cinq cent livres envers Hugues Allemant, ſeigneur de Valbonay, auquel il avoit cédé *certas leudas, copas & alios reditus*, que ce roi avoit à Montpellier, quoique ces leudes, coupes & autres revenus valuſſent plus de quinze mille livres: Philipe marque que, par reſpect pour le pape, qui lui en a écrit, & par amitié pour le roi de Mayorque, ſon parent, il annule cette vente, & ordonne que Hugues prêne tous les ans la moitié des revenus juſqu'à ſon entier payement, & que l'autre moitié ſerve pour la nourriture & l'entretien des enfans du roi Jacques, toute autre raiſon & coûtume ceſſant.

Page 130.
Archiv. du Domaine, Reg. 7, fol. 91.

Peu de jours auparavant il avoit fait une action de generofité en remettant fept cent reales d'or, pour le dixiéme d'une clameur du petit-fcel de Montpellier, que Hugues Allemant, feigneur de Valbonay, avoit obtenuë contre le roi Jacques, pour prêt de fept cens réales d'or. Surquoi Philipe de Valois écrit à la chambre des comptes de Paris, qu'il remet au roi Jacques, les fept cens réales, nonobftant que les emolumens du petit-fcel foient donnés à ferme : « Auquel cas, nous voulons, dit le roi, que vous « rabatiez à nos fermiers defdits emolumens du petit-fcel, la fomme de « fept cens réales; » & en confequence, il mande au fenéchal de Beaucaire, & au garde du petit-fcel de Montpellier, ou à leurs lieutenans, de tenir la main à l'execution de fes ordres. Donné à Paris, le 9 août 1345.

1345.

Ibidem, fol. 78.

En même tems, pour faire voir au roi d'Aragon qu'il entroit dans les interêts du roi Jacques, plus qu'il n'avoit fait, il revoqua toutes les fauvegardes qu'il avoit données dans fes états aux habitans du Rouffillon & de Mayorque; de quoi le roi Pierre prit un fi grand ombrage, que pour détourner les bonnes difpofitions de la France, il fit propofer par la reine de Navarre, le mariage d'une infante d'Aragon avec Charles, fils de Jean, duc de Normandie; & crainte que les Génois (comme on le publioit) ne donnaffent du fecours à fon énemi pour faire quelque entreprife fur Mayorque, il rechercha l'alliance des Venitiens, pour les traverfer.[1]

Zurita. Liv. 8, chap. 1.

Dans ce tems, le roi Jacques donna de nouvelles lettres, en confirmation des coûtumes de Montpellier, que nous avons du dix-neuviéme du mois de décembre 1345, données, dit le roi, *in villa noftra Montifpeffulani*. Le roi Pierre, de fon côté, agité par la crainte que fon ambition démefurée lui donnoit, fit répandre le bruit qu'on devoit dans Perpignan attenter à fa vie ; & fur ce prétexte, il fit prendre & executer un grand nombre de perfonnes.

Grand Talamus, fol. 130, verfo.

Zur. L. 8, ch. 2.

On peut mettre à peu de diftance de ce même-tems, la mort de la reine Conftance, qui mourut à Montpellier, en 1346, comme il refulte des comptes rendus alors par Jacques de la Manhania, où il comprend les fraix funéraires de la reine, au couvent des Freres-Mineurs, dans une caiffe de

1346

---

1 Les trois paragraphes ci-deffus, fauf quelques lignes du premier, n'exiftaient pas dans la première rédaction.. Voici ce qu'on lit fur le manufcrit : « Il fe feroit déclaré ouvertement pour luy s'il n'avoit « efté dans le fort de fes demeflés avec Edouard, roi d'Angleterre. Il fe contenta de revoquer toutes les fauvegardes qu'il avoit données dans fes états aux habitans du Rouffillon & de Mayorque, de quoy le roy Pierre prit un fi grand ombrage que pour détourner les bonnes difpofitions de la France, il fit propofer par la reyne de Navarre le mariage d'une infante d'Aragon avec Charles, fils de Jean, duc de Normandie, & de crainte que les Génois, comme on le publioit, ne donnaffent du fecours à fon ennemy, pour faire quelque entreprife fur Mayorque, il rechercha l'alliance des Venitiens pour les traverfer. »

plomb & dans un tombeau fait exprès, pour lefquels il compte foixante-quatre livres quinze fols; il eft à croire que les cruelles épreuves où le roi Pierre avoit mis fa fœur, abregérent les jours de cette infortunée princeffe.

IV. Cependant, toutes les executions du roi Pierre contre fon beau-frere, & contre ceux qui tenoient fon parti, commencèrent à indifpofer les princes de fa propre maifon & les feigneurs de fa cour; il en foupçonna quelque chofe; mais, ne pouvant rien découvrir, il borna tous fes foins à mettre le Rouffillon hors des attaques de Jacques de Montpellier, car c'eft ainfi qu'il commença de nommer le roi de Mayorque. Toute cette année, 1346, fe paffa fans aucun événement confiderable; mais l'année fuivante fit éclorre la confpiration qu'il avoit foupçonnée, & dont la première origine venoit de ce fonds de haine & d'averfion qu'il eut toujours pour les princes de fon fang. Je ne parlerois de la forte, fi Zurita ne s'exprimoit dans des termes plus forts que moi : *Fue*, dit-il, *la condicion del rey don Pedro, y fu naturaleza tan perverfa y inclinada a mal, que* en ninguna cofa fe feñalo tanto, ni pufo major fuerça, come in perfeguir fu proprio fangre.* « Il fut d'un naturel fi pervers & fi « porté au mal, qu'il ne fe fignala jamais tant en aucune chofe qu'à perfe-« cuter de toutes fes forces fon propre fang. » La marque particuliére qu'il en donna alors fut d'ôter à l'infant dom Jayme, fon frere, la procuration generale de fes royaumes, dévoluë par l'ufage à l'héritier préfomptif de la couronne. Il fit bien davantage, car, il entreprit, n'ayant point d'enfant mâle, de faire tout expedier au nom de l'infante Conftance, fa fille. Cette nouveauté fouleva tous les états de Valence & d'Aragon. Il fe forma une ligue fous le nom d'Union, entre ces deux royaumes: on leva des troupes, & il fe vit fur le point d'être abandonné de tous fes fujets.

V. Dans ces entrefaites, le roi de Mayorque s'embarqua fur les galéres de France, commandées par Charles Grimaldy, & fut fe prefenter à Mayorque pour encourager ceux qui tenoient encore de fon parti; mais, voyant qu'il n'étoit pas le plus fort, il ramaffa tout ce qu'il avoit de gens de pied & de cheval, & vint fe jetter dans le Conflant, où ayant pris Vinça & Villefranche, il fe rendit maître de tout le païs.

Jamais le roi d'Aragon ne fut plus indéterminé qu'alors fur le parti qu'il avoit à prendre; il hefita long-tems, s'il refteroit dans fes propres états, pour y mettre ordre aux troubles inteftins, ou s'il marcheroit contre Jacques de Montpellier. La haine qu'il eut toûjours pour ce prince le détermina de fon côté, & il eft certain, dit Zurita, que s'il ne fût venu lui-même en perfonne, tout fe déclaroit pour le roi de Mayorque. Les deux armées étant en prefence, donnérent divers petits combats, & la garnifon de Vinça ayant fait une fortie fur le roi d'Aragon, incommoda beaucoup fes troupes; mais, n'ayant pas pris la précaution en fortant, de faire bien garder les portes de leur ville, quelques Aragonois, qui fuyoient, trouvèrent le moyen d'y entrer; & voyant qu'elles n'étoient pas gardées, ils appellèrent leurs compagnons, s'en rendirent maîtres, & y pafférent tout au fil de l'épée.

Cet évenément décredita les armes du roi de Mayorque, qui, ne voulant point tenter une action generale au milieu d'un païs énemi, mit toutes fes troupes dans les places qui tenoient pour lui, & fe retira en France par les montagnes.

Il eft aifé de comprendre que ces deux dernières expeditions qu'il venoit de faire devoient avoir épuifé, non-feulement ce qui lui reftoit de fes revenus, mais encore les reffources qu'il pouvoit avoir d'ailleurs. La chofe paroît par plufieurs déliberations qui fe voyent encore dans nos archives, fur les fecours que la ville lui donna volontairement, ou qu'il demanda lui-même; on en a une du fixiéme décembre 1346, par laquelle il fut déliberé de lever en fa faveur, pendant quatre ans, une obole fur tout ce qui fe vendroit à Montpellier; fauf, dit l'acte, le poivre, la cire & le fafran. Le roi Jacques confirma cette déliberation, & pour fe faire avancer les deniers de cette nouvelle impofition, il eut recours au roi Philipe de Valois, qui écrivit aux confuls pour lui faire toucher la fomme de neuf mile livres tournois, pour les deux premières années, des quatre que devoit durer la levée de l'obole; la fomme fut payée fort exactement; mais, au bout de fix mois, les neuf mile livres fe trouvérent confommées, & le bon roi n'eut pas honte de recourir encore à fes fidéles fujets de Montpellier. Nos confuls, dont on peut juger de l'exactitude dans les affaires publiques, par l'acte que je vais raporter, voulurent avoir l'avis des plus habiles jurifconfultes de Montpellier, pour fe difculper envers le peuple, ou envers le roi, felon la réponfe que feroient les docteurs; elle eft au pied de l'expofé qu'ils leur avoient fait, dont voici le précis. Parmi ces docteurs, il eft à remarquer que Guillaume Grimoard, qui fut depuis pape fous le nom d'Urbain V, profeffoit alors dans nôtre univerfité.

« EXPOSÉ.... Un prince étranger, ayant une baronie en France, qui lui
« donneroit le moyen de vivre en baron, a été chaffé de fa principauté par
« fes énemis; il a engagé une partie des biens allodiaux de fa baronie pour
« recouvrer fa principauté, & en a même vendu une autre partie. Les
« fujets* de fa baronie lui ont donné, de l'ordre du roi de France, neuf mile
« livres tournois pour l'entretenir, lui & fes enfans, pendant deux ans,
« mais il a confommé le tout en moins de fix mois. Maintenant il demande
« aux fujets de fa baronie qu'ils lui donnent, pour lui & pour fes enfans,

1347.

VI.

PAGE 132.

« les alimens qu'il dit ne pas avoir. On demande si les sujets de sa baronie, « qui ne sont ses sujets qu'à raison de sa jurīdiction, ne lui étant obligez, « ni par hommage, ni par aucune autre charge de service, sont tenus de lui « fournir les alimens qu'il demande ?

« RÉPONDU.... Que selon l'exposé, il est clair : 1º Que les sujets ne « doivent rien pour les deux premières années, puisqu'ils ont payé les neuf « mile livres auxquelles ils étoient taxés.

« 2º Que pour les années suivantes, ils n'y sont pas tenus, ni par le « droit naturel, ni par le droit civil : par le droit naturel, parceque *illo jure* « *aluntur liberi proprii non extranei*; par le civil non plus, parceque *domini* « *non possunt à subditis pecunias, seu subsidia exigere, nisi reperiatur in jure* « *expressum quod ei debeatur.*

« Les auteurs qui disent que le vassal doit nourrir son seigneur, parlent « *de subditis conditionatis ratione feudi, seu homagii, vel alterius servitii,* & ne « parlent pas de ceux qui sont sujets *ratione jurisdictionis*. Or, ce baron, qui « a eu recours au roi de France, paroît avoir reconnu que cela ne lui étoit « pas dû... Et pour répondre à la comparaison des vassaux envers leurs « seigneurs, des fils envers leurs peres, & autres semblables, on dit que la « sujetion de jurīdiction dépend si fort des sujets, qu'ils peuvent s'en « délivrer quand il leur plaît, en changeant de lieu. D'ailleurs, n'étant que « simple baron en France, il n'a sur les sujets de sa baronie que les simples « droits de baron : *Sicut episcopus qui frequenter est in capitulo non tanquam* « *episcopus, sed ut simplex canonicus.*

« *Juxta thema & allegationes præmissas non tenentur subditi alimenta præstare...* « *Dico ego Guillelmus Grimoardi, decretorum doctor & decanus cluniacensis...* « *Dico ego Guiraudus Pargez, legum doctor.*

« *Et ego Guillelmus d'Espinassone, decretorum doctor.* »

Le roi Pierre se voyant tranquile dans le Roussillon, par la sortie du roi Jacques, ne songea plus qu'à rompre l'union formée contre lui dans ses propres états, & à poursuivre son frere dom Jayme, qu'il soupçonnoit être dans les interêts du roi de Mayorque; il appella les principaux confederez, qui refusèrent de venir; il leur fit offrir un sauf-conduit, qu'ils ne se contentèrent point de rejetter, mais ils convinrent entr'eux qu'aucun de l'union ne parleroit jamais seul-à-seul avec le roi. Il permit enfin qu'ils vinssent en grand nombre, &, pour avoir quelque prise contre son frere, dont la déposition étoit le prétexte de leur revolte, il le piqua publiquement par les reproches les plus outrageans, afin qu'il lui fît quelque mauvaise réponse, qui lui donnât occasion de le faire assassiner par deux hommes qui se tenoient tous prêts. L'entrevûë finit par de grands troubles, qui néanmoins ne furent suivis d'aucune effufion de fang; mais le roi artificieux changea de conduite; il revoqua tout ce qu'il avoit fait en faveur de l'infante Conftance; il jura de nouveau les priviléges de ceux de l'union, pour les engager de fe trouver aux états qu'il convoqua à Barcelonne, où l'infant dom Jayme, fon frere, étant venu fans défiance, il y mourut fubitement de poifon.

1347.
Ch. 17.
1348.
Ch. 18.

Sa mort, au lieu d'appaifer les troubles, caufa une guerre fanglante entre ceux de l'union & les troupes du roi, durant laquelle le roi de Mayorque fit diverfes tentatives fur le Rouffillon, mais fans aucun fuccés confiderable. Enfin, pour en venir à un dernier effort, il refolut, tandis que les troubles continûoient toûjours en Efpagne, de porter fes armes à Mayorque; & pour fournir aux fraix de la guerre, il traita avec le roi de France de la vente de fa feigneurie de Montpellier. Cette affaire ne fut confommée qu'au mois d'avril de l'année fuivante, 1349, comme je le dirai plus amplement en fon lieu; & cependant, il traita avec le pape Clement VI, pour le prix de quatre mile florins *d'or, de la rente qu'il tiroit fur le poids-du-roi, qui eft appellé dans l'acte le poids & leude-mage de Montpellier. Nous en avons le contrat de vente, faite à Avignon, le neuviéme d'octobre 1348, qui eft la feptiéme année du pontificat de ce pape. Le roi y reconnoit avoir reçû de fa fainteté les quatre mile florins d'or, promettant de faire ratifier cette vente par l'infant Jacques, fon fils; & le pape affigna deux cent cinquante florins d'or, que portoit le poids-du-roi, pour la fondation de huit chapelenies dans l'abbaye de la Chaife-Dieu, ordre de Saint Benoît, diocéfe de Clermont, où il avoit fait profeffion, & où il vouloit être enterré.

Ch. 19.

Armoire G., caffette 6.

PAGE *133.*

Avec cette fomme & plufieurs autres que le roi Jacques fit en démembrant les terres de fa feigneurie de Montpellier, il équipa fur les côtes de Provence, par la faveur de la reine Jeanne, une armée navale, compofée de quatorze galéres, de huit vaiffeaux de guerre, & de plufieurs autres navires, qui portoient quatorze cent chevaux & trois mile hommes de pied; il étoit accompagné de Charles Grimaldy, feigneur de Monaco, d'Atho-Grimaldy, fon parent, & de plufieurs autres génois, qui voulurent le fervir dans cette occafion.

VII.

Zur. L.8,ch. 34.

Tous ces préparatifs ne purent fe faire fans que le roi d'Aragon en fût informé; mais, dans l'incertitude fi fon énemi en vouloit au Rouffillon ou à Mayorque, il envoya fon oncle, l'infant dom Raymond Berenger en Rouffillon, & il fit porter en diligence un ordre à fon amiral dom Pedro de Moncada, d'abandonner les vûës qu'il avoit pour le fecours de la Sardaigne, & de s'occuper uniquement à conferver les ifles de Mayorque. Enfin, étant éclairci du deffein de Jacques de Montpellier, il ramaffa promptement tout ce qu'il put tirer de troupes du royaume de Valence & de la Catalogne, &

1349.

1349.

les fit partir en diligence, sous la conduite du vice-amiral Mathieu Mercer, qui arriva, heureusement pour lui, presqu'en même tems que le roi Jacques faisoit prendre terre à son armée.

Gilbert de Centellas, qui commandoit alors dans l'isle, voyant le secours que Mercer lui amenoit si à propos, crut devoir prévenir le roi de Mayorque, dont les troupes étoient pour le nombre inférieures aux siénes; il marcha dans un grand silence pour le surprendre; mais il le trouva en trèsbon ordre, & les François qui combatoient pour lui rompirent les premiers rangs des énemis, comme Zurita le dit lui-même : *El rey de Mayorca y los Francefes se pufieron en muy buena ordenança, y rompieron los primeros, y començo se una muy brava batailla.* Il ajoûte que la bataille fut long-tems disputée, comme si chacun eût fait sa propre affaire de la conservation ou de la conquête de ce royaume; mais sur le midi, dans la plus grande ardeur du soleil, les troupes du roi Jacques se sentirent accablées du nombre. Alors ce prince, voyant qu'elles commençoient à se ralentir, soûtint, avec les plus courageux, tout le poids du combat; de sorte qu'il attira sur sa personne toute l'armée des énemis, qui l'enveloppa pour le faire prisonnier; mais, n'ayant jamais voulu se rendre, ils lui tüérent son cheval; & le voyant renversé à terre, un d'entr'eux, qu'on dit être un Almogavare de Buriana, s'avança, & lui abatit la tête.

Ainsi finit, à la vingt-cinquième année de son regne, le dernier des princes de la maison d'Aragon, que Montpellier avoit eu pour ses seigneurs durant l'espace de cent quarante-cinq années. Il se montra (dit Zurita) digne de la couronne, par tout ce qu'il fit pour la conserver; & l'année de sa mort, qu'on met dans le mois d'octobre 1349, est la grande époque du dernier changement de domination arrivé à Montpellier.

Nous verrons, dans la suite de cette histoire, que le roi Jacques III laissa un fils, une fille & une veuve : son fils, appellé Jacques, fut un des quatre maris de la célébre Jeanne, reine de Naples; sa fille, dite Elizabet ou Isabelle, épousa Jean, marquis de Montferrat; & Yoland, qu'il avoit épousé après la mort de la reine Constance, fit des demandes sur la seigneurie de Montpellier, que nous verrons sous le regne du roi Jean.

Ibidem.

Ch. 34.

FIN DU LIVRE SEPTIÉME.

HISTOIRE
DE LA VILLE
DE MONTPELLIER
Sous les rois Philipe de Valois & Jean.

LIVRE HUITIÉME.

PAGE 135.

CHAPITRE PREMIER

I. Vente de la feigneurie de Montpellier au roi Philipe de Valois. II. Lettre du roi de Mayorque à ce fujet. III. Compofition faite avec le roi d'Aragon. IV. Philipe de Valois termine l'affaire de Bernard de Roquefeüil. V. Confirme les priviléges de la ville & l'anciéne forme de l'élection des confuls. VI. Il établit un fequeftre ou gouverneur de la juftice.

A MORT de Jacques III, roi de Mayorque, avoit été précédée environ fix mois auparavant, par la vente qu'il avoit faite à Philipe de Valois de la feigneurie de Montpellier. L'acte que nous en avons dans le grand Talamus eft du mois d'avril 1349, & la mort de ce prince arriva, comme nous l'avons marqué, le onziéme octobre de cette même année. Dans l'acte de vente, qui eft au nom des deux rois, celui de Mayorque dit: « qu'étant chargé de I.
« foins très-preffans & innombrables, aufquels il ne peut fubvenir qu'en
« aliénant fon patrimoine, il a crû que la bienféance vouloit que ce fût en

1349

1349.

« faveur du roi de France, de qui il tenoit ces mêmes terres à foi & hom-
« mage; c'eft pourquoi, après une mûre déliberation, il déclare qu'il a
« vendu & transferé à Philipe, roi de France, & à fes fuccefleurs, à titre
« de pure & de veritable vente, fon château ou palais de la ville et baronie
« de Montpellier, fa châtelenie de Lates, avec leur terroir, leur diftrict &
« toutes leurs appartenances, pour le prix de fix-vingt mile écus d'or,

PAGE 136.
« monoye de France; payables, un tiers le quinze * du mois de juin fuivant,
« l'autre tiers à la fête de l'Affomption, & le dernier à la fête de S^r. Jean-
« Baptifte, de l'année 1350; ne fe refervant aucune chofe des droits &
« poffeffions qu'il y a eu, mais s'en dépoüillant entièrement, & en revêtant
« dès cette heure le roi Philipe, pour joüir de tous les droits & actions
« qu'il a eu ci-devant fur ces terres. »

Et afin qu'on connoiffe le prix de ce qu'il vend, il affure & certifie que les revenus de la ville & baronie de Montpellier montoient, années communes, à trois mile deux cent quatre-vingt livres tournois; & ceux du lieu & baronie de Lates, quatre cent trente cinq livres de la même monoye; outre les fiefs, juridictions, compofitions, amendes, lods, édifices, forterefles & autres droits. Et pour faire voir la chofe en détail, il affure que la groffe leude & poids de la ville de Montpellier ont coûtume d'être affermez tous les ans mile livres . . . . 1000 liv.

 La petite leude, cent cinquante livres. . . . . . . 150 l.
 La boucherie, deux cent livres. . . . . 200 l.
 La courraterie, vingt livres. . . . . 20 l.
 La poiffonnerie, trois cent cinquante livres. . . . 350 l.
 Le legaffieu ou tanerie, cent cinquante livres. . . . 150 l.
 Le droit de coupe fur le bled & les farines, cent quatre-vingt
livres . . . . 180 l.
 Les deux maifons des étuves ou bains publics, fix cent cin-
quante livres . . . . 650 l.
 La rafinerie de l'or & de l'argent, cent cinquante livres. . 150 l.
 La leude du bois, vingt livres. . . . . 20 l.
 La ferme du vermillon, trente livres. . . . . . . 30 l.
 Celle de la mangonerie, quinze livres. . . . . . . 15 l.
 Le cri du vin, trente livres. . . . . 30 l.
 Les hôteleries, vingt-cinq livres. . . . . 25 l.
 Les ufages, y compris ceux qui ont été engagez à un cer-
tain génois, & qui feront rachetez par le roi de Mayorque,
deux cent cinquante livres. . . . . 250 l.

Et pour les revenus de Lates, quatre cent trente-cinq livres tournois, &c., consentant que, si l'évaluation qu'il donne se trouve au-dessous du juste prix des choses, ou qu'il en ait engagé quelqu'une, le roi de France retiéne sur le dernier payement dix sols pour chaque sol de revenu annuel qui se trouveroit manquer; promettant en outre de faire ratifier le tout par ses enfans. Donné à Monthaut, près de Villeneuve, joignant le pont d'Avignon, dans le mois d'avril 1349. *De mandato regis vobis domino de Ravelle, & cancellario nostrûm litteratorie facto.* J. CHALLON.

1349.

Les officiers du roi de France ne se contentérent pas du seul acte de vente : ils voulurent encore que le roi Jacques écrivît aux consuls de Montpellier pour les décharger du serment de fidelité qu'ils lui avoient fait, & pour leur apprendre qu'il avoit transmis tous ses droits au roi de France. Il le fit par ces lettres, données à Avignon le dix-huitiéme du mois d'avril 1349, qu'on ne manqua pas d'inserer dans nôtre grand Talamus, où on les voit encore.

II.

« JACQUES, par la grace de Dieu, roi de Mayorque, comte du Roussillon
« & de la Cerdagne : A nos bien-aimez les consuls & prud'hommes, tous
« & chacun des habitans de la ville de Montpellier & de Lates, & à tous
« ceux du district des bailliages desdits lieux, salut.

« Attendu que nous avons vendu au sérénissime prince & respectable
« parent, *reverendo nostro consanguineo*, le roi des François, la ville de
« Montpellier & le lieu de Lates, avec tous les droits qui nous appar-
« tenoient dans leur bailliage, & que nous lui avons transporté, avec la
« justice haute, moyéne & basse, tout le domaine que nous y avions;
« pour cette raison, nous avons crû devoir décharger, par ces présentes,
« vous consuls, & en vôtre nom tous & chacun desdits habitans, du
« serment de fidelité & hommage qui vous lioit à *nous; transportant au
« respectable seigneur, nôtre parent, toute la soumission que vous nous
« deviez. En foi de quoi nous avons accordé aux gens de nôtre-dit
« respectable seigneur & parent, les présentes lettres. Donné à Avignon,
« le dix-huitiéme jour d'avril, l'an de N. S. 1349. Par le roi : P. GLORIE. »

PAGE 137.

On pourvut dès-lors au premier payement qui devoit être fait au roi Jacques, par le moyen d'un emprunt que le roi Philipe fit à la communauté de Montpellier. La chose conste par les lettres que nous avons de ce prince, où il marque la satisfaction qu'il a de ses amez consuls & habitans de Montpellier, qui l'ont aidé du leur pour faire le payement de l'achat de leur ville. Et dans la quitance que fournit Pierre Scatisse, son trésorier, il reconnoît avoir reçû des consuls de Montpellier quatre mile écus d'or, pour

Parchemin coté n° 1, de la liasse 3, au cabinet doré.

1349.
Ibidem.

prêt qu'ils avoient fait au roi, à la folicitation de l'evêque de Noyon, chancelier de France : *Recognoscimus nos habuisse & recepisse à consulibus Montispessulani quatuor mille scutados auri, quos iidem domino regi mutuaverant ad requisitionem reverendi in Christo patris episcopi noviomensis, Franciæ cancellarii. Datum in AquisM-ortuis, die 13 junii, anno 1349.*

En confequence, les commiffaires de Philipe de Valois fe rendirent à Montpellier, où, après avoir remis aux confuls la lettre du roi de Mayorque, & communiqué l'acte de vente, ils prirent jour au troifiéme du mois fuivant, pour recevoir, au nom du roi de France, le ferment des confuls. Mais je ne fçai par quel ceremonial de ce tems-là on choifit une maifon hors des fauxbourgs de Montpellier, de même qu'on en avoit choifi une autre dans le fauxbourg de Montpellieret, lorfque Philipe le Bel en avoit fait l'acquifition : *In domo Guiraudi Genefii, propè domum beatæ Mariæ de Carmelo fituata.* (C'eft l'endroit où eft aujourd'hui l'hôpital general.) Les confuls Pierre Vaquier, Guillaume Dupuy, Jean de Sueilles & les autres, s'y rendirent; &, s'étant mis à genoux, ils prêtérent leur ferment entre les mains de Firmin Coquerel, evêque de Noyon, chancelier de France, & de puiffant feigneur Guillaume de Flota, feigneur de Revel, commiffaire du roi. Mais la proteftation des confuls eft remarquable en ce qu'ils déclarent que la pofture qu'ils ont tenuë à genoux n'eft point un hommage, mais fimplement un ferment de fidelité qui ne peut donner aucune atteinte à leurs priviléges, ufages, coûtumes & ftatuts. *Nec ipfam flexionem intelligunt, vel intelligi debet, per ipfam homagium acquiri, fed facramentum fidelitatis tantùm facere, nec etiam eorum privilegiis, ufibus, conftitutionibus, ac ftatutis derogare.*

Grand Talamus, pag. 141.

III. Cependant, le roi d'Aragon, Pierre le Ceremonieux, voyoit avec peine la nouvelle acquifition que la France venoit de faire : il cacha fon reffentiment durant les fix mois qui s'écoulérent entre la vente de Montpellier & la mort du roi Jacques ; mais, à peine fut-il paifible poffeffeur des états de cet infortuné prince, qu'il voulût tirer parti de la feigneurie de Montpellier. Il envoya, comme nous l'apprenons de Zurita, Pierre de Fenoüilledes, feigneur de l'Ifle & de Canet, pour repréfenter au roi Philipe de Valois que les vicomtez d'Omelas & de Carladez, avec la feigneurie de Montpellier, n'avoient pû être venduës à fon préjudice, ni à celui du fils du roi de Mayorque, qu'il avoit en fon pouvoir. Il eft vrai que ce jeune prince, n'ayant jamais voulu quitter fon pere durant le combat où il fut tué, avoit été bleffé lui-même au vifage, fait prifonnier & conduit au château de Xativa, d'où il fut transferé à Barcelonne, au Petit-Palais, où le roi Pierre le retint refferré fort étroitement durant plufieurs années.

Liv. 8, ch. 37.

Ch. 34.

Livre huitième.

Philipe de Valois, jugeant à propos d'employer la négociation plûtôt que la force, pour se maintenir dans la seigneurie de Montpellier, envoya au roi d'Aragon Raymond de Salsa, doyen de Paris, pour faire entr'eux un traité d'alliance, par le mariage de Constance, infante d'Aragon, avec un des petits-fils du roi Philipe. Pour y proceder avec toutes les formalitez requises, le roi Ceremonieux voulut que la vente de la seigneurie de Montpellier fût auparavant discutée dans son conseil, où, après plusieurs disputes entre le doyen de Paris & ceux du conseil d'Aragon, il fut conclu que la vente de Montpellier auroit son effet, * & que les terres disputées demeureroient unies au domaine du roi de France, moyennant qu'il payât le reste du prix; & que, pour cet effet, le roi d'Aragon auroit le consentement de l'infant Jacques de Mayorque. On regla en même tems le mariage de dona Constantia avec Loüis, duc d'Anjou, aux conditions que nous dirons sous le regne du roi Jean, pere de ce jeune prince.

1349.

Ch. 37.

Page 138.

Dans ces entrefaites, le roi Philipe de Valois finit à Montpellier une grande affaire qui y avoit éclaté depuis quelques années, & qui interessoit beaucoup la maison de Roquefeüil. Je n'ai pû en parler dans le tems qu'elle commença, pour ne pas interrompre la suite des guerres que le roi Jacques eut à soûtenir; mais maintenant que cette affaire fut terminée, je crois devoir la reprendre depuis son commencement, en raportant tout ce qui resulte de Zurita, des mémoires particuliers que nous en avons, & des actes qui sont dans la bibliotèque du roi, dont on conserve des copies autentiques dans le château du Pouget.

IV.

Il est certain, suivant toutes ces autoritez, que le jeune Bernard de Roquefeüil, parent du roi de Mayorque, étant auprès de sa personne en qualité de page, y perdit cruellement la vie. Zurita dit qu'il fut tué par ordre du roi : *fue muerto per su mandado cruelmente*. Les actes suposent le meurtre averé, sans dire comment; & nos mémoires particuliers racontent que le roï Jacques étant venu à Montpellier en 1343, dans le tems qu'il étoit poursuivi le plus vivement par le roi d'Aragon, il voulut, pour dissiper ses ennuis, donner un bal dans le palais qu'il occupoit alors, & qui est encore apellé la maison du roi de Mayorque [1]. On raconte donc que, le roi étant à table dans cette maison, Bernard de Roquefeüil, qui lui versoit à boire, répandit du vin sur un habit de satin blanc que le roi portoit ce jour-

Liv, 7, ch. 76.

---

[1] Cette maison avoit deux principales avenuës, l'une attenant l'ancien Poids-du-Roi, près le logis de la Vieille, & l'autre à l'Argenterie, à la maison du Sr. Fargeon, qui, avec celles des srs. Richard & Maryé, formoient le palais du roi : les deux portes d'entrée, qui subsistent encore de part & d'autre, prouvent l'ancièneté du bâtiment.

1349.

là; dequoi il fut si irrité, qu'en le repouſſant bruſquement il le bleſſa du couteau qu'il avoit à la main; Bernard mourut, peu de tems après, de cette bleſſûre.

Liv. 7, ch. 76.

Nous apprenons de Zurita que ſon pere, Arnaud de Roquefeüil, voulant venger ſa mort, fit offrir au roi d'Aragon, dans le tems qu'il aſſiégeoit Elne, qui tenoit pour le roi Jacques, de venir le ſervir avec cent hommes de cheval, tous de ſa famille, & d'amener le comte d'Armagnac, avec cinq cens hommes d'armes & trois mile hommes de pied; il lui fit faire excuſe en même-tems de ce qu'un autre de ſes fils ſervoit actuellement dans l'armée du roi de Mayorque. Ce qui peut nous faire entendre que, tandis que le pere ſe laiſſoit entrainer à ſon reſſentiment, le fils ſuivoit ſon inclination, ou que tous les deux, de concert, vouloient tenir à chacun des deux partis qui ſe faiſoient la guerre, comme on a vû faire ſouvent dans les querelles des princes d'une même maiſon.

Les offres d'Arnaud de Roquefeüil n'ayant pas été acceptées, il porta ſa vengeance aux environs de Montpellier, où il arma pour faire la guerre au roi de Mayorque. Mais le pape Clement VI & le roi Philipe de Valois s'étant entremis pour accommoder ce diferend, ils les obligérent de paſſer une tranſaction, qui fut ſignée à Villeneuve d'Avignon le vingt-troiſiéme d'avril 1348, par laquelle le roi Jacques céde à Arnaud de Roquefeüil, ſon très-cher couſin, la baronie du Pouget, Vendemian, St. Bauzeli, St. Amans & Pouzolz, dans le dioceſe de Beziers, avec dix hommages nobles, dont les principaux étoient: Clermont, Poupian, Montarnaud & Treſſan. Pour plus grande ſureté de cet accord, on le fit ratifier l'année ſuivante par les enfans du roi de Mayorque, Jacques & Iſabelle, qui en ſignérent l'acte en préſence du roi leur pere, le dernier janvier 1349. En conſequence, le roi envoya un ordre aux habitans du Pouget & des autres terres qu'il avoit cedées, de reconnoître Arnaud de Roquefeüil, ſon couſin, pour leur ſeigneur, & de lui obéir.

Les préparatifs qu'on faiſoit alors à Montpellier, pour la derniére expedition du roi Jacques à Mayorque, ſuſpendirent l'execution de cet ordre, & le projet de la vente de Montpellier, qui devint public, la fit renvoyer encore plus loin; car Arnaud de Roquefeüil fut obligé de recourir au roi

Page 139.

Philipe de Valois, pour * être mis en poſſeſſion des terres qui lui avoient été cedées. Ce roi lui accorda les lettres que nous avons du 20 mars 1349, par leſquelles il confirme la tranſaction paſſée, & ordonne au ſenéchal de Carcaſſonne de mettre Arnaud de Roquefeüil en poſſeſſion de la terre du Pouget & de ſes dépendances. La choſe néanmoins ne put être executée que l'année ſuivante, où Arnaud fut mis en poſſeſſion par Thierry le Comte, seigneur de Arreblay, chambelan du roi de France, & gouverneur de Montpellier, par acte du 23 avril 1350, c'eſt-à-dire, ſix mois après la mort du roi Jacques, & un an après l'acquiſition de Montpellier par Philipe de Valois.

1350.

En ce même tems, les priviléges de la ville furent confirmez, & l'élection des conſuls fut reglée ſur le même pié qu'elle avoit été établie ſous le roi Jacques le Conquerant, roi d'Aragon & de Mayorque.

V.

Les lettres qu'en donna Philipe de Valois ſont adreſſées au gouverneur & au bailli de Montpellier; & portent que les conſuls, en prêtant leur ſerment de fidelité au nom de toute la ville, auroient ſuplié d'être maintenus dans les priviléges, libertez, franchiſes, mœurs, uſages & coûtumes, dont ils joüiſſoient ſous les rois de Mayorque : auquel effet (dit le roi Philipe) nous vous mandons & ordonnons à chacun de vous, ſelon qu'il vous appartiendra, de faire joüir les conſuls & communauté de Montpellier, des mêmes priviléges, libertez, franchiſes, mœurs, uſages & coûtumes dont ils ont joüi juſqu'à préſent, & dans leſquelles le roi de Mayorque, jadis ſeigneur de Montpellier, les a maintenus : *In quibus dictus rex, Majoricarum dominus, olim Montiſpeſſulani ipſos tenebat & conſervabat;* nonobſtant tout autre ordre de nôtre part : *Alio mandato minimè spectato.*

En conſequence, on proceda à l'election des nouveaux conſuls, ſelon l'ancien uſage, auquel Philipe de Valois ne voulut point toucher : il s'eſt conſervé depuis, à peu de choſe près; & je croi qu'on prendra plaiſir de comparer ce que Jacques le Conquerant regla pour l'election des douze conſuls qu'il y avoit de ſon tems, avec ce que nous faiſons aujourd'hui pour l'election des ſix que nous avons.

« Par ſes lettres données à Montpellier l'an 1245, il dit qu'à la prière
« des conſuls, tant anciens que modernes, il régle le jour de leur élection
« au premier de mars... Pour y proceder, les conſuls des métiers, qu'il ap-
« pelle *miniſteriorum*, s'aſſembleront ſeparément dans la maiſon conſulaire.

« Chacun d'eux nommera cinq hommes de probité de ſon echelle, qui
« feront le nombre de trente-cinq, d'entre leſquels on en choiſira ſept, qui
« feront l'election des conſuls.

« Les conſuls des métiers procederont à ce choix par ſcrutin ſecret, qui ſera
« renfermé dans des boules de cire, de même poids & de même couleur.

« De toutes ces boules, il n'y en aura que ſept dans leſquelles ſoit ren-
« fermé le nom d'un electeur... Ces boules ſeront tirées & ouvertes par un
« enfant ou perſonne non-ſuſpecte... Et le nombre des ſept electeurs ayant
« été tiré, le ſurplus des trente-cinq perſonnes qui avoient été propoſées,
« ſe retirera.

1550.

« Cela fait, les consuls en charge, avec les sept électeurs, procederont
« à l'élection des consuls modernes, en cet ordre :

« Ils choisiront soixante hommes de probité, tous de la ville, & qui se
« seront comportez honnêtement avec leurs voisins, pour choisir de ce
« nombre les douze consuls nouveaux.

« Avant toutes choses, ils prêteront serment entre les mains du roi, s'il
« est présent, & en son absence entre les mains de celui qu'il aura envoyé;
« & ils jureront de proceder sans haine ni affection particuliére, mais seu-
« lement pour le bien & utilité de la communauté.

« Ils procederont de la maniére qu'il a été dit pour la nomination des
« électeurs, c'est-à-dire que, de toutes les boules de cire qu'on jettera, il n'y
« en aura que douze qui renferment un nom écrit.

« Ceux qui seront nommez entreront en charge le jour de Nôtre-Dame

PAGE 140.
« de * mars ; & auparavant ils prêteront leur serment entre les mains du
« roi ou de son envoyé ; &, en l'absence de l'un & de l'autre, entre les mains
« du lieutenant de roi de Montpellier. Que si le lieutenant de roi, ayant
« été averti, refusoit de venir, ils prêteront serment entre les mains des
« anciens consuls... Leur serment sera de travailler de bonne-foi au bien &
« à l'utilité de la communauté ; de la gouverner fidélement, en gardant les
« statuts, sauf les droits du roi & les coûtumes de la ville; de ne recevoir
« aucun présent dans les fonctions de leur charge, ni par eux ni même par
« autrui ; d'aider de leur conseil le bailli & le lieutenant de roi à Mont-
« pellier ; de conserver les droits & domaine du roi, sauf les coûtumes de
« la ville.

« Et nous (ajoute le roi), si nous sommes présens, ou nôtre envoyé
« pour nous, promettons, comme nous le faisons dès-à-présent, de don-
« ner aide & secours aux consuls & à la communauté, & de défendre
« les droits, tant du general que des particuliers.

« Mais, s'il venoit à y avoir partage dans l'élection, le suffrage du roi
« ou celui de son envoyé aura la prépondérance, pourveu que des dix-neuf
« électeurs il y en ait sept qui concourent avec lui.

« Quant à l'envoyé du roi dont il a été parlé, le roi entend pouvoir l'en-
« voyer de toutes ses terres au-delà de Salces, pourveu qu'il ne soit pas son
« lieutenant dans Montpellier; & s'il manquoit de se rendre à l'election
« avant le premier de mars, le roi veut que les sept électeurs & les douze
« consuls en place procèdent à l'élection des nouveaux.

Il ordonne de plus : « qu'un homme qui sort du consulat ne puisse pas
« y rentrer de trois ans; & que si un consul vient à mourir dans l'année de
« son administration, les autres consuls, avec les sept électeurs, procèdent

« à l'élection d'un autre pour remplir fa place, ou bien qu'ils en donnent
« avis au roi, afin qu'il nomme fon envoyé : figné par le roi & par les
« confuls. A Montpellier, le XVI des calendes d'avril 1245. »

1350.

Il eſt à obſerver que les lettres du roi Philipe de Valois (qui ont donné VI.
lieu à ce que je viens de raporter du roi Jacques le Conquerant) font
adreſſées au gouverneur de Montpellier, *gubernatori Montifpeſſulani* : titre
que nous trouvons pour la première fois dans nos archives, qui juſqu'alors
avoient donné le nom de *locum tenens domini regis*, à tous ceux qui avoient
exercé la juridiction du palais fous les rois d'Aragon & de Mayorque.

La raiſon du changement qui fut fait alors vient des diferentes prétentions des fénéchaux de Beaucaire & de Carcaſſonne, lorſque Philipe de
Valois eut acquis Montpellier ; car, comme cette ville fe trouvoit préciſément
aux extrémitez de leur fenéchauſſée, chacun d'eux tâcha d'attirer Montpellier
dans ſon reſſort ; mais le roi n'ayant pas voulu prononcer fitôt fur leurs demandes, il établit un *fequeſtre* dit *gouverneur de juſtice*, qui exerça par provifion & en attendant que l'affaire eût été mieux examinée. La mort du roi
Philipe de Valois, arrivée peu de temps après, & les troubles qui furvinrent
fous les rois fes décendans, firent laiſſer les choſes en cet état ; en forte que
depuis ce tems juſqu'à Henri II, on appella *cour du gouvernement* ce qu'on
avoit appellé auparavant *la cour ou juridiction du palais*. Celui qui fe trouva à
la tête de cette cour, & qui étoit homme de robe courte, fut appellé *gouverneur de la juſtice à Montpellier*, comme on le voit dans pluſieurs actes du
préfidial ; ils prirent même ſimplement le nom de gouverneur de Montpellier, dans les ſentences qu'ils donnoient, ce qui les a fait confondre quelquefois avec les gouverneurs militaires ; mais le roi Louis XIII leva toute
équivoque, en érigeant cette charge en celle de fenéchal de Montpellier, qui
fubfifte encore.

Le roi Philipe de Valois ne furvêcut pas de beaucoup aux lettres de confirmation qu'il avoit donné pour nos priviléges & pour l'election des
confuls : car il mourut le vingt-deuxième du mois d'août 1350, dans la
vingt-deuxième année de fon regne, laiſſant fon fils aîné Jean, duc de Normandie, héritier de fa couronne & de fes états.

CHAPITRE SECOND

I. Arrivée du roi Jean à Montpellier. II. Son traité avec le roi d'Aragon pour la seigneurie de cette ville. III. Troubles causez par le roi de Navarre. IV. Pronostics à Montpellier sur les malheurs de l'Etat. V. Affliction qu'on y témoigne de la prise du roi. VI. Prétentions du duc d'Anjou sur Montpellier.

I. LE roi Jean étant parvenu à la couronne à l'âge d'environ quarante ans, fut sacré à Reims le 26 septembre 1350, & peu de mois après, il voulut venir voir la nouvelle acquisition que le roi son pere avoit faite de Montpellier. Nous trouvons, en effet, dans nos regiftres & dans les lettres-patentes qu'il donna, qu'il arriva en cette ville le septiéme du mois de janvier suivant, & qu'il voulut loger dans le magnifique couvent que les jacobins avoient hors la porte du Peyrou.

Les lettres-patentes dont je parle sont remarquables par l'eloge qu'il fait de la fidelité & du zéle des consuls & des habitans de Montpellier : *Quam retroactis temporibus* (dit-il) *novimus ab experto;* mais la demande qui lui fut faite alors, avec de grandes instances, a quelque chose de plus remarquable : ce fut de ne pas permettre que, sous aucun prétexte, ils passassent jamais sous une autre domination que celle des rois de France : *Ipsis consulibus ac toti universitati villæ hujusmodi affectantibus, & cum magna instantia petentibus, sub nostro immediate successorumque nostrorum regum Franciæ regimine, perpetuo gubernari.*

A quoi le roi voulant favorablement répondre, il leur accorde, de l'avis de son conseil, de sa pleine puissance & autorité royale, par grâce spéciale, d'être gouvernez à perpétuité, par les rois de France ses successeurs & par leurs officiers, sans pouvoir, pour autre cause ou traité que ce soit, en être jamais separez : *Nec ullis temporibus à domino regum Franciæ, causis vel rationibus quibuscumque, valeant quomodolibet separari.* Donné à Montpellier, l'an 1351, au mois de janvier, par le roi en son conseil, BLANCHET.

II. Je soupçonnerois fort que le motif de cette demande fut la crainte qu'on avoit alors du traité que le roi Jean devoit ratifier avec le roi d'Aragon, pour le mariage projetté entre leurs enfans : ce que l'évenement ne prouva que trop; car nous apprenons de Zurita que le roi Jean, voulant accomplir, au commencement de son regne, ce qui avoit été reglé du vivant du roi Philipe de Valois son pere, envoya une grande ambassade, composée de Raymond de Salga, doyen de Nôtre-Dame de Paris, de Guillaume Durant, chanoine de la même eglife, du maréchal de Levis, feigneur de Mirepoix, d'Arnaud, feigneur de Roquefeüil, & de Robert Balhadart, pour regler avec le roi d'Aragon les conditions du mariage projetté.

1351.

Ils s'affemblérent à Perpignan avec Bernard de Cabrera & don Pedro de Fenoüilledes vicomte de Canet & de l'Ifle, nommez par le roi d'Aragon, & ils fignérent un traité le 8 février 1351, par lequel on convint :

Ibidem.

« Que Loüis, duc d'Anjou, fecond fils du roi Jean, époufero it l'infante
« Conftance, fille de Pierre, roi d'Aragon, ou *donna Juanna,* fa feconde fœur.

« Que le roi de France donneroit à fon fils la ville de Montpellier, le
« château de Lates, & tout ce qu'il avoit dans cette feigneurie du feu roi
« de Mayorque.

« Que le roi d'Aragon donneroit à fa fille cinquante mile florins,
« moyennant quoi il renonceroit à toute la feigneurie de Montpellier, vi-
« comté d'Omelas, Frontignan & fief de Carladez.

« Que, pour plus grande marque d'amitié, le roi de France donneroit
« autres cinquante mile florins, en faveur des enfans qui naîtroient de ce
« mariage.

PAGE 142.

« * Mais s'il ne venoit point d'enfans, ou que le mariage ne s'accomplît
« point par la faute du roi de France, il donneroit à celui d'Aragon cent
« cinquante mile florins, en trois ans, depuis la rupture du mariage; &
« pour la fureté de ce traité, on convint que le roi de France envoyeroit
« fes otages en Rouffillon. »

En même-tems il fit partir pour Montpellier le fenéchal de Beaucaire, afin d'entretenir dans cette ville la paix que ce projet d'aliénation pouvoit y alterer. L'acte eft du 25 mai 1351, où il eft dit que Guillaume Rotland, chevalier feigneur de Montfaucon, fenéchal de Beaucaire & de Nîmes, ayant fait affembler au fon de la trompette publique, les confuls & les habitans de la ville, reçut pour le roi Jean le ferment qui fut prêté entre fes mains, en la forme accoûtumée, par Bernard Royan, Guillaume Quintalier, Jacques Bonami, Guillaume Caufiti, Pierre Troffel, & autres confuls; après quoi tous les officiers d'epée & de robe qui étoient préfens levérent la main en figne d'approbation de ce que les confuls venoient de faire. Les nobles qui font nommez dans l'acte font : Guillaume Dupuy pere, Guillaume Dupuy fils, Etiéne de Cabanes & Guillaume Auger, chevaliers. Les officiers de robe font : Robert l'Enfant, juge-mage, Ponce Calce, juge-criminel, Pons Berenger, juge de la rectorie, Durand Ruffi ou Roux, juge du petit-fcel.

Ms. d'Aubais.

L'affaire du mariage concerté ayant été conduite jufqu'à ce point, le roi de France fit partir pour Barcelonne Pierre André, evêque de Cambray, qui jura, dans la chapelle du palais, que le roi fon maître accompliroit ce ma-

1352.

riage, pour le comte d'Anjou, fon fils, moyennant difpenfe du pape; & dom Galceran de Anglefola en fit de même pour le roi d'Aragon, fon maître. Les deux rois ratifiérent eux-mêmes le traité peu de tems après; fçavoir : le roi de France, par fes lettres du mois de juin, données à St-Oüen, près St-Denis, & celui d'Aragon à Valence.

Les feigneurs de Mirepoix & de Roquefeüil furent donnez pour otages des fommes que le roi de France devoit compter; &, tandis qu'ils étoient en Efpagne, le roi Jean termina une affaire très-remarquable pour l'hiftoire de Montpellier.

Nous apprenons des lettres qu'il donna à Paris le 29 de novembre 1353, qu'après la mort de la reine Conftance d'Aragon, première femme de Jacques III, roi de Mayorque, ce prince en avoit époufé une autre, nommée Yoland, laquelle, après la mort du roi fon mari, s'étoit remariée : *cumque dicta Yolandis olim regina Majoricarum poftea contraxerit matrimonium cum dilecto & fideli noftro duce de Breſſorio*. Elle demanda au roi de France le payement de fon doüaire fur la feigneurie de Montpellier, quoiqu'elle fût acquife à la France depuis plufieurs années. Il confte par ces mêmes lettres qu'on lui avoit déja affigné cinq cent livres de rente aux environs de Montpellier. Mais la reine Yoland, n'en étant pas contente, fit de nouvelles inftances auprès du roi, qui, pour un bien de paix, écrivit au fenéchal de Beaucaire de lui affigner encore autres cinq cent livres de rente, avec un château & une demeure convenable, auffi près de Montpellier qu'on le pourroit : *ubi magis propè Montempeſſulanum fieri poterit*. Moyenant quoi (dit le même acte) la reine, autorifée du duc fon mari, promit de ne demander autre chofe pour fon doüaire; & le roi ordonna à la chambre des comptes de Paris d'enregîtrer cette conceffion.

Il paroît, par d'autres lettres que nous avons du 5 novembre 1360, que le château d'Omelas lui fut affigné pour fa demeure; car il en eft parlé fort au long dans ces mêmes lettres, à l'occafion de la conduite violente que le duc fon époux avoit tenu contre les habitans d'Omelas; ce qui attira des ordres fort féveres de la part du roi Jean. Depuis ce tems, je ne trouve plus dans nos archives qu'il y foit parlé de cette princeffe comme vivante, mais feulement après fon décès, dans un acte important que nous verrons fous le regne de Charles VI. Après avoir raporté tout de fuite ce que j'ai trouvé d'elle dans nôtre hiftoire, je reviens aux troubles déja annoncez pour le regne du roi Jean [1].

Reg. 14, fol. 45.

---

1 Ces trois derniers paragraphes n'exiftaient pas dans la première rédaction. Voici la variante que fournit le manufcrit : Les feigneurs de Mirepoix & de Roquefeüil furent donnés pour oftages des

*On en attribuë la première cause à Charles, dit le Mauvais, roi de Navarre & gendre du roi Jean, dont nous aurons occasion de parler souvent dans le cours de cette histoire. Ce prince, ayant fait assassiner Alphonse de Lacerda, connétable de France, trouva grace auprès du roi son beau-pere, par les sollicitations de Jeanne, son épouse, & de sa sœur Blanche, veuve du roi Philipe de Valois; mais, son mauvais naturel l'emportant sur la reconnoissance, il se retira dans ses états de Navarre, sans prendre congé du roi son beau-pere; il sema des discours séditieux contre lui; &, ayant appris qu'il lui avoit fait saisir les terres qu'il avoit en Normandie, il revint par mer en France avec dix mile hommes.

III. 1353. PAGE 143.

Froissart. Vol. 1, chap. 154.

Ce premier mouvement, qui annonçoit de plus grands troubles dans le royaume, porta les habitans de Montpellier à élargir les fossez autour de leur ville; ce qui fut ordonné par un cri public, de l'ordre des douze consuls & du gouverneur, le deuxiéme du mois de décembre 1353, comme nous l'apprenons du petit Talamus, qui marque que cet ouvrage fut commencé le lendemain, & qu'on y travailla par échelles, c'est-à-dire par quartiers de ville.

A peine fut-il achevé, que la tréve finit entre l'Angleterre & la France. Alors le Languedoc¹ se ressentit des premiers malheurs de la guerre, car le prince de Galles, fils d'Edouard III, ayant débarqué à Bordeaux, & traversé toute la Guiéne, qui appartenoit alors à l'Angleterre, vint jusqu'aux environs de Toulouse, où ses troupes brûlérent Castanet, Mongiscard, Bazieges & Avignonet; puis, décendant à Castelnaudarry & à Carcassonne, ils prirent Fangeaux & Montreal; &, s'étant présentez devant Narbonne, ils en brûlérent le bourg, & commençoient déja l'attaque de la cité, lorsqu'ayant appris que les hommes d'armes de Montpellier, & de toute la sénéchaussée de Beaucaire marchoient à eux, ils prirent le parti de se retirer par les montagnes, où ils brûlérent en chemin Pepieu, Azillan, le Comtal, & beaucoup d'autres lieux.

1355.

Leur fuite n'empêcha point qu'on ne se précautionnât encore davantage à Montpellier, où l'on resolut d'établir une garde exacte; & parce que les ouvriers de la monoye, avec les membres de l'université, refusoient de s'y soumettre, les consuls présentérent requête au sénéchal pour les y obliger; ce qu'il fit par une ordonnance dans laquelle il dit que, nonobstant tous leurs priviléges, il les y soumet pour cette fois, vû le péril urgent. Le comte

sommes que le roi de France devoit compter; mais tandis que les affaires paroissoient si prestes pour une derniere conclusion, les malheurs de la France arreterent tout, & jetterent le royaume dans un des plus grands troubles où il eust esté depuis l'établissement de la monarchie.
¹ Les premiers mots de ce paragraphe sont biffés dans le manuscrit.

224 *Histoire de la ville de Montpellier.*

1355.
Jean d'Armagnac, lieutenant de roi en Languedoc, confirma depuis l'ordonnance du fenéchal, & obligea tous les habitans, fans aucune diftinction, d'obéïr aux fix perfonnes qui furent prépofées au bon gouvernement de la ville, voulant que les refufans fuffent condamnez, pour chaque fois, à payer cinq fols tournois, ou au-delà. Donné à Touloufe, le vingt-cinquiéme d'avril 1356.

IV. Cependant, un accident inopiné jetta l'épouvante dans la ville, où il tomba une quantité prodigieufe de grêle, & d'une groffeur effroyable, le vendredi douziéme feptembre 1354. Nos regiftres marquent qu'il y eut des pierres dont une feule pefoit jufqu'à une livre ; que la plûpart des toits en furent brifés ; que les clochers de S^t. Martin de Prunet, & de Nôtre-Dame de Chaulet, furent abatus ; & qu'un orage de pluye étant furvenu, ravagea toute la campagne & entraîna plufieurs voitures qui revenoient de la foire de Pezenas, depuis la pointe de S^t. Criftol jufqu'au petit portail de S^t. Barthelemi, où elles fe noyérent. Cet accident parut fi digne de remarque aux étrangers, que nous trouvons encore dans la chronique d'Urfperg : *In loco Montifpeffulani fuit tempeftas validiffima grandinis, & lapidum grofforum ad inftar unius magni ovi, fueruntque fructus qui exiftebant confumpti, arbores avulfæ, & tecta domorum plurimarum totaliter deftructa.*

1354.

Mais la confternation fut bien plus grande le mardi fuivant, où l'on eut une éclipfe du foleil. Le peuple, qui eft toujours frapé de ces fortes de phénoménes, parce qu'ils font moins ordinaires, publia hautement que tous ces fignes étoient un préfage de quelque grand malheur ; & véritablement tout s'y préparoit du côté de France, où Charles, roi de Navarre, ne prétendoit à rien moins qu'au trône, fondé fur les droits de la reine fa mere, qui étoit fille de Loüis Hutin, & qu'il difoit devoir l'emporter fur ceux de Jean & d'Edoüard, qui fe difputoient* la couronne. Il forma dans le royaume un troifiéme parti, qui donna tout à craindre ; de forte que le roi fon beau-pere fut obligé de s'affurer de fa perfonne, en le faifant arrêter dans le château de Roüen, d'où il fut conduit prifonnier à Paris.

Page 144.

Ce coup d'éclat irrita Philipe, frere du roi de Navarre, qui, s'étant faifi de plufieurs places, appella l'Anglois à fon fecours. Edoüard, profitant de cette occafion, fit partir le duc de Lancaftre pour la Normandie, & le prince de Galles, fon fils, pour la Guiéne. Ce prince, qui s'eft rendu célébre par les maux qu'il nous caufa, avoit déja fait de grands progrès dans l'Auvergne, le Berry & le Poitou, lorfque le roi Jean vint fe préfenter à lui avec une armée fort fupérieure à la fiéne. Ils étoient campez à deux lieües de Poitiers, près l'abbaye de Nuaillé, où les cardinaux de Perigord & d'Urgel, envoyez par le pape, vinrent pour menager la paix. Le prince de Galles s'y porta

1356.

volontiers; mais le roi, comptant sur ses forces, voulut absolument effacer par une bataille (comme il le dit lui-même) la honte de celle de Crecy, que le feu roi son pere avoit perdu. Il se disposa à forcer son énemi dans ses retranchemens; mais l'Anglois, tournant sa première crainte en fureur, soûtint si bien le premier feu de l'armée françoise, qu'il fit périr, dès la première attaque, le duc de Bourbon, le duc d'Athenes, connétable, le maréchal Nesle, & quantité de noblesse; de sorte que, la déroute s'étant mise dans nos troupes, le roi, qui se trouva envelopé de la gendarmerie angloise, fut obligé de se rendre, avec Philipe, son quatrième fils, qui ne voulut jamais le quiter, & un très-grand nombre d'autres seigneurs, parmi lesquels nos regîtres nomment le comte de Ventadour, le vicomte de Narbonne & le seigneur de Montfrin, tous du Languedoc. *1356.*

Le 19 septembre.

Je ne sçaurois exprimer la consternation de tous les bons François à la nouvelle de ce triste évenement; mais je ne puis omettre les marques de douleur qu'on en donna à Montpellier, où toute sorte de jeu & de divertissement cessa dans l'instant, pour donner cours aux larmes que chacun y répandit; mais, l'espérance & l'amour du prince succedant à la première douleur, on ne parla que de sa délivrance; & nos dames, voyant qu'on vouloit établir une contribution generale, offrirent de leur chef leurs bagues & leurs bijoux, pour grossir la somme qu'on devoit y employer. V.

Je n'aurois pas osé avancer ce fait, quoique bien circonstancié dans nos regîtres, si je n'avois encore une plus grande autorité, qui est celle du roi lui-même; car ce prince, ayant reçû à Londres les députez que la communauté lui envoya (sçavoir : Pons Blegeri, docteur ès loix, & Etiéne Rozier, bourgeois de la ville), il leur donna des lettres-patentes où il rend témoignage de la bonne affection de ses nouveaux sujets de Montpellier. *Fuerunt* (dit-il) *in Angliam visuri nos, & oblaturi nobis ex parte ipsorum ad opus liberationis nostræ, necdum bona, sed & corpora, & necdum proprias personas, sed uxorum & liberorum suorum.*

N° 12 de la liasse B, du cabinet doré.

Cette députation avoit été occasionnée par le duc d'Anjou, qui, après la prison du roi son pere, voulut faire executer à son profit les conventions passées avec le roi d'Aragon, au sujet de son mariage avec l'infante Constance. Et, comme, par ce traité, la seigneurie de Montpellier lui étoit promise, il crut devoir s'en assurer, quoiqu'on ne parlât plus de son mariage. Le tems où les Anglois, après avoir conduit le roi son pere à Bordeaux, parloient de le transferer à Londres, parut favorable à son dessein; il en profita pour envoyer son procureur à Montpellier, afin d'en prendre possession en son nom. VI.

1357.

Ses lettres de procuration portent : « Que Loüis, fils du roi de France,

1357.

« comte d'Anjou & du Maine, & feigneur de Montpellier, nomme Pierre
« Scatiffe, fon tréforier, avec Jean de Brayemont, chevalier, fon maître-
« d'hôtel, pour prendre poffeffion réelle & perfonnelle de la ville & châtel
« de Montpellier. C'eft, à fçavoir : de la partie acquife de Jacques, roi de
« Mayorque, par le roi Philipe, ayeul du comte d'Anjou ; femblablement,
« de prendre poffeffion du châtel, ville & châtelenie de Lates, au diocéfe
« de Maguelonne, à nous donnée (dit le duc d'Anjou) par mon feigneur
« & pere, au traité de nôtre mariage ; donnant pouvoir aufdits commiffaires

PAGE 145.

« de changer & müer toutes maximes * de gouvernement, juges, receveurs,
« tréforiers, & généralement faire tout autant que nous ferions & faire
« pourrions, fi nous y étions. Donné à Paris, le douziéme jour de mars 1357.

Le confeil de Montpellier crut pouvoir objecter aux commiffaires du duc
d'Anjou les lettres patentes qu'ils avoient du roi Jean, pour n'être jamais
féparez de la couronne de France ; & cette raifon parut fi bonne à Pierre
Scatiffe, qu'il alla en rendre compte au duc fon maître, qui, ne fe rendant
point à cette dificulté, envoya fur les lieux Guillaume de Flavacourt, tranf-
feré depuis peu de l'archevêché d'Auch à celui de Roüen, pour prendre
poffeffion de la ville & feigneurie de Montpellier. Ce prélat y arriva le
vingtiéme du mois d'avril ; & nos confuls, ayant ouï fa propofition, voulurent aller à confeil pour leur propre fureté & pour celle de la caufe publique, comme nous trouvons qu'ils pratiquérent exactement durant tout
ce fiécle.

Leur expofé porte en fubftance : « Que l'archevêque de Roüen, jadis
« archevêque d'Auch, & lieutenant du feigneur Loüis, fecond fils du roi
« de France, comte d'Anjou & feigneur de Montpellier, eft venu à Mont-
« pellier pour prendre poffeffion de ladite ville & du château de Lates, en
« vertu de la donation à lui faite par le roi fon pere, à raifon de fon mariage
« arrêté avec la feconde fille du roi d'Aragon. A quoi les confuls de Mont-
« pellier ayant oppofé le privilége fpécial qu'ils avoient du roi, de n'être
« jamais féparez de la couronne de France, il leur avoit été repliqué que
« l'archevêque de Roüen avoit des lettres du roi & du duc de Normandie,
« alors regent du royaume, beaucoup plus claires & plus pofitives que leurs
« priviléges. »

Surquoi il fut répondu aux confuls Pierre de Languterne, Giraud Broffet,
Guillaume Caufit, Etiéne Rozier, Jean Claparede, Raymond de Colet, Pierre
Lautier & Jacques Joüin, qui avoient demandé confeil, « qu'il faloit repré-
« fenter au roi le privilége qu'ils avoient obtenu de lui, & que fi le roi
« perfiftoit dans le nouvel ordre dont l'archevêque de Roüen étoit porteur,
« il faudroit obéïr à fa volonté, en obfervant toutefois de faire jurer au

Livre huitiéme.

« nouveau feigneur la confervation des priviléges de la ville. Déliberé le
« 24 du mois d'avril 1357. » Et, en confequence, on prit, le 27, une déliberation publique conforme à ce confeil.

L'archevêque de Roüen ne fe rebuta point de toutes ces oppofitions ; il
fe fit mettre en poffeffion du palais le premier du mois de mai, & il ordonna
aux receveurs des deniers royaux d'en répondre au duc d'Anjou. Surquoi
les confuls étant revenus à confeil, il leur fut répondu de députer au regent
du royaume & au roi en Angleterre : *Fiat ambaxaria in Galliam & apud
regem in Angliam.*

Avant que d'en venir là, ils crurent en devoir écrire au dauphin Charles,
duc de Normandie, qui gouvernoit le royaume pendant la détention du roi
fon pere. Nos confuls lui marquoient, dans leur lettre du deuxiéme du
mois de mai, l'arrivée de l'archevêque de Roüen, & de Jean de Braymont,
juge-mage de la fenéchauffée de Beaucaire, pour prendre poffeffion de leur
ville pour le comte d'Anjou fon frere, en vertu (difent-ils) de certaines
lettres émanées du roi vôtre pere & de vous. De quoi nous ayant demandé
nôtre confentement, nous leur avons dit avec refpect » que n'étant fait,
« dans lefdites lettres, aucune mention qui intereffe le droit du roi & le
« nôtre, fçavoir : que nôtre ville fera à perpetuité fous la domination
« immédiate des rois de France, nous ne pouvions y donner aucune
« atteinte, après en avoir juré l'obfervation, à moins qu'il n'intervînt un
« confentement exprès du roi nôtre feigneur ; néanmoins, ledit juge-mage,
« difant qu'il étoit commiffaire de vôtre part, a mis ledit archevêque en
« poffeffion du palais & de la maifon royale ; & il a ordonné au tréforier
« de la ville de ne compter de fa recette qu'au feul duc d'Anjou. C'eft
« pourquoi nous fuplions vôtre férénité de nous donner fes ordres, pour
« fçavoir comment nous devons nous conduire, priant Dieu qu'il la con-
« ferve longues années en profperité. A Montpellier, le deuxiéme de mai
« 1357. Vos humbles & fidéles confuls de Montpellier. »

* Cette lettre au duc de Normandie n'auroit point fuffi, fi elle n'avoit été
accompagnée d'une autre lettre au duc d'Anjou, qui avoit le principal
interêt dans cette affaire, & qui étoit d'un naturel bien plus vif que le duc
Charles fon frere ; auffi trouvera-t-on que dans la lettre qui lui fut écrite, ils
ménagent extrêmement les termes, par raport aux conjonctures du tems
& au caractère du prince à qui ils avoient à faire. L'infcription portoit :
A très-excellent & magnifique prince feigneur Loüis, comte d'Anjou.

Très-sérénissime prince et seigneur, *comme il vous convient avoir
des fujets fidéles, nous avons crû devoir vous donner des marques de nôtre fidelité
en vous repréfentant très-humblement que le reverend pere & feigneur l'archevêque*

1357.

de Rouen, & Jean de Braymont, juge-mage de la fénéchauffée de Beaucaire, étant venus dans nôtre ville pour en prendre poffeffion en vôtre nom, en vertu de certaines lettres émanées du roi, vôtre pere, & du duc de Normandie, vôtre illuftre frere, ils auroient voulu que nôtre confentement intervint à cette prife de poffeffion ; furquoi nous leur aurions repréfenté, avec tout le refpect & l'honneur que nous devons, que dans lefdites lettres il n'étoit fait aucune mention de certains priviléges accordés par le roi aux confuls & habitans de Montpellier, portant qu'ils refteroient à perpetuité fous le gouvernement immédiat des rois de France, duquel privilége les feigneurs députez voulurent avoir une copie ; & ayant été affurez par nous que le peuple inclinera toûjours à fuivre la volonté du roi, & la vôtre, nous nous propofons de vous donner les marques de fidelité que des fujets doivent à leur feigneur, nous confiant toutefois que vous voudrés bien nous conferver les priviléges de nôtre ville, comme tous les feigneurs que nous avons eu ont accoûtumé d'en faire le ferment. Du refte, nous prions Dieu qu'il veüille conferver vôtre férénité dans une longue profperité. Ecrit à Montpellier, le 2 du mois de mai 1357.

Le duc d'Anjou reçut cette lettre en la ville d'Eu, où elle lui fut apportée par un exprès que nos confuls lui avoient dépêché. Il faifit auffitôt l'ouverture qu'ils fembloient lui faire en parlant de leur ferment, & il leur répondit qu'il leur promettoit de les en faire relever. N'ayant pû (ajoûte-t-il), à caufe de la grande hâte de vôtre meffager, lui bailler les lettres de décharge que je vous ferai tenir inceffamment. Donné en la ville d'Eu, le dix mai 1357.

Après cette démarche, nos confuls firent la députation qui leur avoit été confeillée, & ils choifirent les députez que j'ai déja nommés, fçavoir : Pons Blegeri, docteur és-loix, & Etiéne Rozier, l'un des confuls actuellement en place. Ils étoient chargez d'offrir au roi, pour fon rachat, les biens & la vie des habitans de Montpellier ; & cette députation étoit d'autant moins fufpecte, que les villes du Languedoc avoient donné, en cette occafion, de plus grandes marques de zéle qu'aucune autre province du royaume, comme tous nos hiftoriens en conviénent ; mais l'inftruction fecrette de nos députez étoit de travailler, de toutes leurs forces, à fe conferver fous la domination immédiate des rois de France.

1358.

Il faut que le duc d'Anjou en eût eu quelque foupçon, car nous avons une lettre qu'il écrivit de fon château de Chinon à nos confuls, le troifiéme de juillet 1358, par laquelle il leur marque « d'ajoûter foi à tout ce que « Guillaume, fon confeiller & fon fecrétaire, qu'il leur a dépêché, leur dira « de fa part, afin qu'il régle fes réfolutions fur les réponfes qu'ils lui fe- « ront. » Mais il faut auffi qu'il n'eût pas été content de leur réponfe, puifqu'il employa, un mois après, la médiation du duc de Berry, fon frere, pour porter les confuls de Montpellier à lui donner la fatisfaction qu'il demandoit.

Son frere Jean, comte de Poitiers & duc de Berry, dont nous aurons occafion de parler dans les regnes fuivans, étoit alors occupé à difputer le gouvernement du Languedoc au comte d'Armagnac, & il étoit actuellement à Alby, pour y former une petite armée contre fon competiteur. Il écrivit de cette ville, à nos confuls, une lettre du neuviéme août 1358, où l'on peut reconnoître ce caractére de politeffe que les écrivains de fon fiécle lui donnent.

Le roi, dit-il en parlant à nos confuls, *pour bonnes caufes & utilité de fon royaume que vous fçavés, a ja pieça donné au comte d'Anjou, en la ville & terre de Montpellier & fes appartenances, la part qui en fut acquife du roi de Mayorque.... Si* * *vous prions que vouliés amiablement recevoir les gens de nôtredit frere, tant au fait de la juridiction que en tous autres cas, felon le mandement & volonté de mon feigneur le roi, auquel vous ferés grand plaifir; & foyés certains que nôtredit frere vous fera amiablement traiter & gouverner; & fi vous voulés chofe que faire puiffions, faites-nous le fçavoir, & nous le ferons volontiers.*

Malgré toutes ces folicitations, il paroît que nôtre confeil voulut attendre le fuccés de fa députation en Angleterre. Mais le duc d'Anjou, qui fut un des princes les plus entiers dans ce qu'il vouloit, chercha encore à les épouvanter par une lettre qu'il leur écrivit le vingtiéme d'octobre 1358, où il leur fait entendre qu'il va lui-même en Angleterre pour fervir d'otage au roi fon pere; & il ajoûte que fi ce voyage ne fe fait pas, il ira en Aragon accomplir fon mariage avec l'infante, où il reglera (dit-il) avec le roi d'Aragon les moyens qui feront propres pour les réduire à leur devoir: *Et, au cas que vous ne nous voudriés obéir comme feigneur, nous, au bon confeil du roi d'Aragon, y pourvoirons comme il appartiendra.* Donné à Nevers, le 20 octobre 1358.

Cependant nos députez travailloient de toutes leurs forces en Angleterre à faire régler, par l'autorité du roi, les prétentions du duc d'Anjou; ils en obtinrent enfin un ordre pour ce prince, de fufpendre toutes fes pourfuites jufqu'au retour du roi fon pere, qui voulut bien que nos députez en fuffent eux-mêmes les porteurs; mais, en les chargeant de cet ordre, écrivit aux confuls pour leur marquer la fatisfaction qu'il avoit d'eux. Les termes en font fi expreffifs, que je ne crois pas y devoir changer un mot.

DE PAR LE ROY

Donné à Londres, le quinziéme jour de décembre 1358.

Consuls et habitans de Montpellier, *nous avons bien vû ce que écrit nous avés, & avons oüy ce que Yvon, nôtre fecretaire, nous a dit de vous.*

1358.

Si vous fçavons très-bon gré, & vous mercions de la bonne fiance & amour que continuellement avés eu, & du grand defir & bonne volonté que avés à nôtre délivrance; & auffi des bonnes & gracieufes réponfes, avec le bon effet que nôtre chancelier Me Jean de Champeaux, nôtre confeiller & nôtre dit fecretaire, ont toûjours trouvé en vous, tant en la finance oltroyée par-delà, pour nôtre délivrance & pour nôtre vivre, comme en toute autre chofe que nofdits gens ont eu à faire par-delà pour nous. Et fe Dieu plaît encore le reconnoîtrons-nous envers vous, fi que vous en appercevrés. Quant au contenu en vofdites lettres, & par fpécial de la fubjection que Loüis, nôtre fils, s'efforce d'avoir de ladite ville, & de la poffeffion de juftice & jurifdiction, nous écrivons à nôtre dit fils fur lefdites chofes, defquelles nous envoyons la copie ci-dedans; que de ce fe déporte préfentement jufqu'à nôtre retour en nôtre royaume, ainfi que écrit nous avés, & que ainfi le voulons nous, & le vous l'avons oltroyé; fi penfons qu'ainfi le fera, & nous vous envoyons nos lettres-ouvertes [1] *fur ce dit oltroi. Si vous prions & requerons que vous continüiés toûjours en bonne volonté, amour & obéiffance envers nous, & en defir de nôtre délivrance avec bon effet, ainfi que fait avés jufqu'ici, & y teniés de tout vôtre pouvoir les autres bonnes villes & nos fujets de la fenechauffée de Beaucaire & des autres du Languedoc; car nous en avons en vous parfaite fiance; & nous écrivés fouvent de l'état & des nouvelles de par-delà. Donné à Londres, le quinziéme jour de décembre, fous nôtre fignet fecret, & figné de nôtre main. JEHAN, figné, & au deffus:* A nos amez & feaux fujets les confuls & habitans de Montpellier.

La lettre du roi au duc d'Anjou ne merite pas moins que la précedente d'être raportée ici dans fon entier, puifqu'elle fervit à la décifion de cette grande affaire.

PAGE 148.

« LOUIS, les confuls & habitans de Montpellier nous ont fait fçavoir
« que plufieurs fois vous avés voulu, & vous êtes efforcé d'avoir la poffef-
« fion & jurîdiction de la ville, & nous ont fait montrer les priviléges
« qu'ils ont de * nous, de les non-mettre hors de nôtre main & féparer
« de nôtre couronne, & plufieurs autres caufes & raifons nous ont fait
« expofer, par lefquelles femble que à vous & à nous pourroit être peril &
« dommage, & en naîtroit efclandre, fe plus vous efforciés d'en avoir la
« poffeffion, jufqu'à nôtre retour par-delà. *Si voulons auffi, & vous mandons*
« *fufpendre tous vos doutes, & que plus ne vous efforciés d'avoir ladite poffeffion,*
« *contre le gré & volonté defdits confuls & habitans, jufqu'à nôtre retour par-delà,*
« *où nous entendons être bien briévement, fe Dieu plaît, & lors nous-même vous la*

---

1 Nous avons ces lettres-patentes du roi Jean, qu'il appelle lettres-ouvertes; je ne les raporte point, parce qu'elles ne difent que ce qui eft ici contenu. (Cette note eft biffée dans le manufcrit.)

« ferons avoir paifiblement fans contredit ; & ainfi le leur avons-nous oltroyé par nos
« lettres ouvertes & clofes, que nous leur envoyons fur ce, & fe auffi le faites, vous
« nous ferés grand plaifir, & du contraire, nous courrouceriés très-grandement.
« A Londres, le quinziéme jour de décembre. »

1358.

CHAPITRE TROISIÉME

I. Troubles dans le pais après la prife du roi Jean. II. Paffage d'Ifabelle de Mayorque par Montpellier. III. Suite des troubles caufez par les compagnies defapointées. IV. Grande pefte à Montpellier. V. On y fait un chemin des rondes, dit les Douze-Pans.

J'AI raconté tout de fuite, dans le chapitre précedent, le commencement & la fin des prétentions du duc d'Anjou fur la feigneurie de Montpellier; il eft tems de reprendre les chofes où je les avois laiffées après la prife du roi Jean.

I. Son fils aîné, Charles, dauphin, duc de Normandie, prit foin des affaires du royaume pendant l'abfence du roi; & il fe conduifit avec tant de fageffe dans ce tems orageux, qu'il merita le furnom de *Sage* que nôtre hiftoire lui donne. Mais fon beau-frere, le roi de Navarre, fit bien voir que ce fut à jufte titre qu'on le furnomma le Mauvais ; car ce prince remuant, tout prifonnier qu'il étoit, trouva le moyen de débaucher la plus grande partie du confeil du regent, & de fe faire enfuite tirer de prifon par les Parifiens. Alors on ne vit que féditions dans Paris & dans les provinces, où le Navarrois prenoit foin de les entretenir, tantôt par fes propres troupes, tantôt par celles des Anglois. Le regent fe vit comme prifonnier dans fon hôtel, où les féditieux tüerent, en fa préfence, plufieurs de fes bons ferviteurs; & les païfans s'étant foulevez à la campagne contre leurs feigneurs, achevérent de mettre partout le defordre

Heureufement le peuple de Montpellier ne fe reffentit de tous ces troubles que par le paffage des gens de guerre que le comte d'Armagnac, gouverneur du Languedoc, fut obligé d'envoyer en Provence contre le fameux brigand Arnaud de Servole, qui y mettoit tout à contribution. Cet homme, par un goût affés bizarre, fe faifoit appeller l'archiprêtre de Veziens. Mais ce beau nom ne le rendit pas plus refpectueux pour le pape Innocent VI, puifqu'il exigea de lui quarante mile écus pour fe garantir de fes infultes, & qu'il le mit dans la néceffité de faire bâtir les belles murailles que l'on voit encore à Avignon.

Bouche. Hift. de Provence. Liv. 9, pag. 379.

Tandis que le peuple de Montpellier étoit à l'abri des troubles du royaume, le conseil de ville étoit exercé tout à la fois par le duc d'Anjou, par le duc de Normandie, regent du royaume, & par le comte d'Armagnac. J'ai déja dit quelles étoient les demandes du duc d'Anjou; mais j'ai à ajoûter que le duc de Normandie, son frere, demanda aux consuls une très-grande somme, qui étoit dûë au roi d'Aragon, soit que ce fût pour restes de la vente de Montpellier, ou pour le dédit porté dans la promesse de mariage entre le duc d'Anjou & l'infante. Nos titres ne s'en expliquent pas davantage, mais ils servent à nous faire connoître la prudence avec laquelle nos consuls se conduisoient alors; & je ne puis mieux faire que de raporter ici l'exposé qu'ils donnèrent à ceux dont ils prenoient conseil, & la réponse qui leur fut faite.

* « Un chevalier (disent-ils), envoyé par le duc de Normandie, fils aîné
« du roi, demande de sa part aux consuls de Montpellier une certaine grande
« somme d'argent pour payer le roi d'Aragon, à laquelle est tenu le roi de
« France, à raison du mariage qu'il avoit traité de son fils, le comte d'Anjou,
« avec la fille du roi d'Aragon. Les consuls demandent s'ils doivent
« emprunter ladite somme, qu'ils n'ont pas, d'autant plus que la commu-
« nauté est débitrice de beaucoup de gens, à qui elle paye cinq pour cent
« des sommes qu'elle doit, ce qui va à plus de quinze mile francs. D'autre
« côté, si l'on ne paye cette somme au roi d'Aragon, ils craignent qu'ils
« s'en feront un énemi, de bon ami qu'il est? » Réponse. *On conseille aux consuls de représenter à l'envoyé du duc de Normandie, en toute douceur, les bonnes raisons qu'ils ont de ne pas faire l'emprunt qu'il demande.* Déliberé le 17 avril 1357.

Nous ne voyons pas quel effet produisit ce conseil, mais nous trouvons que les consuls ayant été mandez dans ce même tems par le comte d'Armagnac, ils furent obligez de lui écrire, pour s'excuser sur l'arrivée des commissaires du duc d'Anjou; & il est à observer que toutes les lettres déja raportées pour le duc de Normandie, ou pour le duc d'Anjou, étant toutes en latin ou en françois, celle qu'ils écrivirent au comte est dans le patois de ce tems-là, que je raporte afin que les curieux ayent le plaisir d'en faire comparaison avec celui d'à présent.

AL MOT AUT ET REDUBTAT PRINCEP LO COMTE
d'Armaniac, loctenen del rey nostre senhor.

Cars et redubtat senhor. *A la jornada per la vostra magnificentia assignada à Tolosa lo premié jorn de may non poden esser; car, per la venguda de l'arcivesque de*

Roun, & de mots autres que eron venguts per penre la poſſeſſion de Montpelié pel nom de monſenhor lo comte d'Anjo, & puep per la venguda de moſſer lo cardenal, an loſqualz ens eſtats occupats per la dicha cauſa, perque non ens pougut anar tam preſtamen com devian; mas an l'ajutori de noſtre Senhor, alcuz de nos hi ſeran dimars que ven: perque plaſſa à la voſtra ſenhoria de aver nos excuſats. Lo Sint-Eſprit vos conſerve en ſa gracia, & vos don bona vida & longa.... Scricha divendres à 28 avril, per los voſtros coſſols humielz de Montpelié.

1358.

Ce qui veut dire: « Au très-haut & redouté prince le comte d'Armagnac, « lieutenant du roi nôtre ſeigneur.

« Cher & redouté ſeigneur, nous ne pouvons être à Touloufe au jour « affigné par vôtre excellence, le premier de mai; car, par l'arrivée de « l'archevêque de Roüen, & de pluſieurs autres qui étoient venus pour « prendre poſſeſſion de Montpellier, au nom de monſeigneur le duc « d'Anjou, & enſuite par la venuë de monſieur le cardinal, avec leſquels « nous avons été occupez ſur cette affaire, nous n'avons pû nous mettre « en chemin auſſi promtement que nous le devions; mais, avec l'aide de « nôtre Seigneur, quelques-uns de nous y ſeront mardi qui vient. C'eſt « pourquoi plaiſe à vôtre ſeigneurie de nous avoir pour excuſez. Le Saint-« Eſprit vous conſerve dans ſa grace, & vous donne bonne & longue vie... « Ecrite le vendredi 28 avril, par vos humbles conſuls de Montpellier. »

Il eſt à croire que cette aſſemblée, convoquée à Touloufe par le comte d'Armagnac, étoit pour la conſervation du Languedoc, qui étoit menacé par les diferens partis qui couroient tout le royaume. On s'en reſſentit plus fortement au commencement de l'année 1358, où nos conſuls en ayant écrit au duc d'Anjou, ils en reçurent une lettre du dernier de mars, où il leur marque que ſur la lettre qu'ils lui ont écrite à l'occaſion des dommages & roberies qui ont été faites à ſes bourgeois & ſujets de Montpellier, par Antoine Boutefeu, de Gênes, & ſes complices, il a donné ordre à ſes lieutenans (dit-il), *& gens qui demain doivent partir pour aller par-delà pour nos beſoignes, qu'ils y pourvoyent à nos bourgeois & ſujets de Montpellier;* ce qu'il repète quatre ou cinq fois dans ſa lettre.

Nos annales marquent, au mois d'octobre de la même année, * l'arrivée de l'infante Iſabelle, fille du feu roi Jacques, qui entra dans cette ville le jour de St. Michel, pour aller épouſer, dans la Savoye, le comte de Montferrat. Elle voulut s'arrêter quelques jours à Montpellier pour y faire faire un ſervice à la reine ſa mere, qui étoit enterrée dans l'égliſe des freres mineurs, & enſuite un autre pour ſon oncle Ferdinand, enſeveli aux freres prêcheurs; &, durant ce tems, nos habitans n'oubliérent rien pour lui marquer le reſpect qu'ils conſervoient toûjours pour la mémoire de leurs

II. Page 150.

1359.

anciens feigneurs. Elle en parut fi fatisfaite, que l'année d'après ayant accouché d'un prince, elle voulut leur faire part de fa joye par une lettre que j'ai en original, où elle les prie de marquer dans leurs regîtres cet heureux évenément.

NOBILIBUS VIRIS CONSULIBUS, CONSILIO, HOMINIBUS
ET UNIVERSITATI MONTISPESSULANI CARISSIMIS.

Agnofcentes vos fincere zelare profperitatem noftram, facimus vobis notum quod, auxiliante Deo, à quo bona cuncta procedunt, hâc nocte proximâ poft mediam noctem filium maximum in mundi luce produximus; & poft partum una cum prole, felici fane lacte & incolumes permanfimus : vos rogantes quatenùs conditionem noftram quam femper profperam optaviftis, velitis veftris litteris interinare... Elizabeth, infantiffa Majoricarum, comitiffa Montisferrati.

Cependant on preffoit fans relache, dans le Languedoc, la levée des fommes impofées pour la rançon du roy Jean. La province fit, pour cet effet, un emprunt de cent mille florins d'or, qui fût reglé à Montpellier, comme nous l'apprenons de la lettre de Jean, comte de Poitiers, du 20 décembre 1359, adreffée à Jean de la Croix, trezorier principal : *mutuum centum millia florenorum auri pro liberatione domini regis, de inpofitionibus, & gabellis, dudum in confilio Montifpeffulani habitis.*

Malgré tout leur zele, ils ne pûrent réuffir que fept ou huit mois aprez, où le roi Jean fortit de prifon, en vertu du traité de Bretigni, prez de Chartres, le huitiéme du mois de may 1360 [1].

1360. III. Les conditions en furent très-dures pour le roi, comme on le voit amplement dans l'hiftoire du royaume. Mais les fuites en devinrent bien funeftes pour les provinces, où tout fut en proye aux foldats congediez par les Anglois & les François, qui, n'étant reprimez par aucune puiffance, fe partageoient en bandes, & pilloient impunément tout ce qui étoit hors d'état de leur refifter. Comme le Languedoc étoit alors environné des Anglois, qui étoient maîtres de la Guiéne, du Limoufin, du Quercy & du Roüergue, ils fe joignirent avec les bandes françoifes qui ravageoient la Provence, & nous attaquérent, tantôt du côté de la Garonne & du Roüergue, & tantôt du côté du Rône.

---

[1] Ce dernier paragraphe eft tiré du manufcrit, & eft vifiblement la dernière verfion de l'auteur. Voici le texte de l'imprimé : « Enfin le roi Jean, après quatre ans de prifon, revint en France, en vertu du traité de paix figné à Bretigni, près de Chartres, le huitiéme du mois de mai 1360. »

Nos archives, qui parlent dans un grand détail de tous ces défordres, nous marquent qu'ils furprirent, en 1360, la ville du St.-Efprit, dans laquelle étoit le fenéchal de Beaucaire, & qu'ayant manqué une tentative fur Nîmes, ils fe répandirent jufqu'à Maffillargues, où ayant appris que le feigneur d'Andreham, maréchal de France, avec Bertrand d'Efpagne (connu depuis fous le nom du Guefclin) étoient fortis de Montpellier pour leur courre fus, ils fe retirérent au plûvite.

1360.

Dans l'année fuivante 1361, ils revinrent par un autre côté, fous la conduite d'un chevalier de Gafcogne, que nos regîtres appellent Seguin de Badafol. Cet homme, qui avoit avec lui bon nombre de gens de pied & de cheval, courut, dans le mois d'avril, les diocéfes de Beziers & d'Agde, où, ayant pillé Gignac, Pommeirols, Villeveirac, Florenfac & Aniane, il vint s'arrêter à Frontignan, d'où il envoya faire des courfes jufqu'aux murs de Montpellier, où ils prirent, dans l'églife de St. Côme, quelques hommes & quelques femmes de la ville qui s'y étoient refugiez.

1361.

« Cependant (continüent nos archives), vint à Montpéllier meffire
« Robert de Fiennes, connétable de France, avec l'amiral Jean de la Heuze,
« dit le Beaudrand, & autres grands feigneurs & gendarmes à force, pour
« l'avenuë defquels ledit Badafol defempara Frontignan, prenant fon
« chemin devers le Vigan, où le connétable, avec fes gens & plufieurs
« autres, fous la baniére de Montpellier, le fuivirent, fans le combatre
« toutefois. »

Cette retraite forcée ne fervit qu'à leur donner envie de revenir; & l'année ne fe paffa point qu'ils ne caufaffent à Montpellier la perte d'une grande partie des fauxbourgs, qu'ils rüinérent eux-mêmes, ou que les habitans achevérent de démolir, pour être mieux en état de fe défendre. Voici comme nôtre Talamus s'en explique:

« *Audit an & au mois d'août, Bernard d'Alebret, avec grand force, PAGE 151.
« vint à Montpellier, & prit les Barris-Uberts des freres mineurs, où il fut
« bien quatre jours, durant lefquels les gens de Montpellier, où il y avoit
« grands gens de guerre & artillerie, firent plufieurs faillies & efcarmouches
« fur lui, meurtriffant plufieurs des énemis. Et lors, tant ceux de la ville
« d'une part, que les énemis d'autre, brûlérent & démolirent beaucoup de
« maifons à la porte de Lates, ès fufdits Barris-Uberts ; & après icelui
« d'Alebret, délogé de Montpellier, fans autre chofe faire, s'en alla au païs
« de Narbonne, où, fe joignant à lui le fufdit Badafol, s'en allérent au païs
« touloufain, gâtant & pillant tout. »

Le départ de cette troupe ne mit pas pour long-tems nos habitans hors de crainte, car ils découvrirent bientôt que les énemis avoient des efpions

1361.   dans la ville, & ils virent fouvent paffer fous leurs murailles des compagnies détachées, qui venoient s'y prefenter pour appuyer les intelligences qu'ils avoient au-dedans. On fit une grande recherche de ces efpions, &, après avoir puni de mort tous ceux qu'on put découvrir, on prit la refolution d'abatre toutes les maifons des fauxbourgs qui approchoient trop des murailles de la ville ; & parce que l'églife des Carmes n'en étoit féparée que par le foffé, on la détruifit avec fon clocher, d'où les énemis pouvoient découvrir l'intérieur de la ville.

1362.   Ce fut environ vers ce tems-là qu'on ceffa de payer, à Montpellier, les fommes qui avoient été impofées pour le rachat du roi Jean, car nous avons une quitance publique, faite aux confuls & à la communauté, par un des trois principaux habitans de la ville qui étoit chargé d'en faire la levée ; il prend la qualité de tréforier député & receveur du rachat du roi Jean dans le diftrict de la ville, baronie & rectorie de Montpellier : *Ego Joannes* [1] *de Montepeffulano thezaurarius & receptor redemptionis domini noftri regis deputatus* [2]. Il reconnoît avoir reçû quatre mile cinq cent quatre-vingt-trois francs, & la troifiéme partie d'un franc d'or de bon poids & du coin du roi regnant, qui lui reftoient à recevoir des foixante-dix mile moutons d'or, qui faifoient la cotité de la ville de Montpellier ; de laquelle fomme il quite les confuls & la communauté, fe tenant lui-même *pro contento & paccato*. Fait à Montpellier le vingt-deuxiéme du mois de mars 1362.

Au milieu de tous les mouvemens dont j'ai déja parlé, on ne laiffa pas de vaquer à deux grandes affaires, qui auroient demandé un plus grand calme : l'une fut la tenuë d'un chapitre general des freres prêcheurs, que nos archives marquent environ ce tems ; & l'autre fut l'achat d'un nouvel hôtel de ville, qui eft le même que l'on voit encore derrière l'églife de Nôtre-Dame des Tables. Nos confuls firent cette acquifition d'un riche marchand de la ville, nommé Pierre Bonamy, qui la leur ceda pour quatre mile neuf cent florins d'or, par acte du vingt-feptiéme d'août 1362, que l'on voit au long dans le grand Talamus.

IV.   La pefte generale qui ravagea dans ce tems toute l'Europe, augmenta les malheurs particuliers de Montpellier, où nos regîtres marquent qu'elle emporta jufqu'à cinq cent perfonnes par jour, grands ou petits, riches ou pauvres. Et un grand orage, étant furvenu dans le mois de novembre, abatit

---

[1] Var. : Joannes de Cruce.
[2] On lit dans le manufcrit, à la fuite de cette citation, quelques mots d'ailleurs biffés, & que voici : *Cette qualité peut bien eftre regardée comme un titre des plus authentiques de la confiance publique envers Jean de la Croix.*

une partie des murailles de Gignac & d'Aniane, & fit tomber, à Montpellier, la tour de la Partantique, qui ne put être rétabli que deux ans après.

1362.

Ces malheurs particuliers, joints aux publics que le Languedoc souffroit journellement des compagnies blanches, portérent les communes des sené-chauffées de Beaucaire, de Carcaffonne & de Touloufe à foldoyer les troupes efpagnoles qui avoient combatu en Caftille pour Henry, comte de Treftamare, frere bâtard de Pierre le Cruel. On les oppofa, fur les frontiéres de l'Auvergne, à cette foule de partifans qui en décendoient pour ravager nôtre province. Mais la force n'ayant pû encore les réduire, on n'eut pas de meilleur expedient que de les engager, par une groffe folde, à prendre parti avec les diferens princes qui étoient alors en guerre. Plufieurs allérent fervir le comte de Montferrat contre le duc de Milan; plufieurs autres dans les troupes que le comte de Foix & le comte d'Armagnac levoient l'un contre l'autre, & le refte fut engagé par le * comte de Treftamare, qui n'avoit pas encore fini les guerres qu'il eut contre Pierre le Cruel.

PAGE 152.

Ce comte vint à Montpellier, le onziéme de feptembre 1362, avec le maréchal d'Andreham, pour faire obferver aux troupes qui défiloient le traité qu'ils avoient fait enfemble. Mais tous leurs foins n'empêchérent pas que la troupe qui alloit joindre le comte de Foix ne s'arrêtat à la Verune, & n'allât brûler les fauxbourgs de Pignan, de Vic & de Mirevaux. Quelques autres de ces mauvaifes compagnies (car c'eft le nom que nôtre Talamus leur donne), n'ayant pas voulu prendre le parti de leurs camarades, conti-nüérent, aux environs de Montpellier, les mêmes dégâts. Ils prirent, à la Croix des Areniers, fous la conduite du capitaine Loüis Robaut de Nice, les ambaffadeurs que le roi de Caftille envoyoit à Avignon; & peu après ils enlevérent, auprès des freres prêcheurs, quelques habitans & deux écuyers des confuls de Montpellier.

Ces nouvelles infultes obligérent les habitans de faire, dans l'enceinte de leur ville, le chemin des Rondes, que nous appellons aujourd'hui les Douze-Pans. On commença d'y travailler le vingt-feptiéme de feptembre 1363, du confentement des trois cours temporelles, et de toute la communauté. Les confuls & les ouvriers, avec les curiaux, fe rendoient tous les jours fur les murailles, pour faire démolir les maifons qui en approchoient de plus de douze pans; &, pour faire la chofe avec plus de folennité, ils étoient pré-cedez dans leur marche par deux baniéres ou étendarts déployez, dont la première étoit des confuls, & la feconde des ouvriers. *Avec eux* (dit nôtre Talamus) *ils menoient trente ou quarante bregans, tant de Montpellier que de Marfeille; les aucuns defquels portoient baleftes, les autres portoient glaives, avec penons aux armes des confuls, & étoient foldoyez par la garde de la paliffade.*

V.

1363.

1363.

Cette précaution ne leur parut pas indiferente, lorfqu'ils eurent découvert (comme ils firent bientôt) qu'ils avoient des traîtres dans la ville ; & l'indignation qu'ils en eurent les porta, malgré le refpect qu'ils avoient pour leur gouverneur, à faifir un de fes écuyers, avec un valet du tréforier du palais, qui furent accufez d'avoir voulu faire furprendre & piller la cité de Maguelonne. Le gouverneur les réclama comme gens à lui ; mais, le crime ayant été averé, il laiffa proceder le bailli contre fon écuyer, qui fut trainé & décapité le 20 de novembre 1363.

L'hiver de cette même année fit éprouver à nos ancêtres un froid auffi funefte que celui que nous avons eu en 1709, car nos archives marquent que le Rône & que l'étang de Tau furent pris à un tel point, qu'on marchoit ferme depuis le cap de Cette jufqu'à Meze. Toute la vaiffelle qui fe trouvoit remplie d'eau éclatoit du froid ; &, la nége étant furvenuë par trois diferentes fois, depuis la Saint-André jufqu'à Sainte-Perpetuë, 7ᵉ de janvier, plufieurs vignes en périrent, avec la plus grande partie des oliviers, figuiers & autres arbres.

1364.

Cet évenement fut bientôt fuivi de la mort du roi Jean, qui, après s'être croifé à Avignon, où il fit un féjour confiderable, retourna en Angleterre pour reparer la faute de jeuneffe du duc d'Anjou, qui, étant en otage pour le roi fon pere, s'étoit évadé de ce royaume. Il efperoit encore difpofer le roi Edoüard à l'expedition de la Terre-Sainte ; mais il fut prévenu par la mort, qui l'enleva dans l'hôtel de Savoye, hors les murs de Londres, le huitiéme du mois d'avril 1364, dans la cinquante-troifiéme année de fa vie, & la quatorziéme de fon regne.

FIN DU LIVRE HUITIÉME.

HISTOIRE
DE LA VILLE
DE MONTPELLIER
Sous le roy Charles V.

LIVRE NEUVIÉME.

CHAPITRE PREMIER

I. La seigneurie de Montpellier est donnée au roi de Navarre. II. Elle lui est ôtée pour ses trahisons durant les guerres de Castille. III. Passage de l'infant de Mayorque par Montpellier, & ses avantures. IV. Passage de Jeanne de France, qui meurt à Beziers.

CHARLES V trouva, au commencement de son regne, les mêmes troubles qu'il avoit eu sous le roi son pere. Le plus obstiné de ses énemis, & qui interesse particuliérement l'histoire de Montpellier, fut ce même roi de Navarre qui avoit causé de si grands desordres sous le roi Jean. Charles V lui opposa Bertrand de Guesclin & le maréchal de Boucicaut, qui lui enlevérent les villes de Mantes & de Meulan, avec la comté de Longueville, & gagnérent, sur ses troupes, la bataille de Cocherel en Normandie, entre Evreux & Vernon.

Cette disgrace obligea le Navarrois à rechercher le roi de France, de qui il obtint, par les solicitations de Jeanne son épouse, sœur de Charles V, la

1364.

I. 1365.

seigneurie de Montpellier, en dédommagement des terres qu'on lui avoit prises en Normandie, & qu'on vouloit garder. Il en fut dressé un acte, qui est encore dans nos archives, dont voici le précis :

« Sur le discors entre les deux rois, a été reglé par les gens desdits « seigneurs, avec madame la reine Jeanne, & madame la reine Blanche, « que tous crimes & malfaits commis pour occasion de ladite guerre seront « pardonnez; que les villes de Mantes & de Meulan, avec la comté de « Longueville & leurs appartenances, demeureront en héritage perpetuel au « roi de France. La ville & baronie de Montpellier, avec ses appartenances, « sera en héritage perpetuel au roi de Navarre.*Les autres châteaux détenus « par le roi de France sur le roi de Navarre, ou sur ceux de son parti, seront « rendus à qui ils appartenoient. Le captal de Busch, qui est en prison, sera « délivré tout franc & quite envers le roi; Guillaume Amaneu le sera de « même. Et se soumettent les parties à la censure de l'église, c'est à sçavoir, « à l'excommuniement. Donné à Paris, en nôtre hôtel de Lez-St.-Paul, « l'an de grace 1365, & le second de nôtre regne au mois de juin. »

Peu de mois après, le roi Charles V donna ses lettres aux châtelains & gardes des châteaux de la baronie de Montpellier, où, après avoir rapellé les articles du traité, il ajoûte qu'il sera pourvû au dédommagement du roi de Navarre, s'il se trouve que les seigneuries par lui cedées à la France soient d'un plus grand revenu que celle de Montpellier; mais que cependant on lui délivre, ou à son ordre, tous les châteaux & forteresses de la baronie de Montpellier. Donné à Paris le dernier jour de novembre 1365, & de nôtre regne le second.

En consequence, le roi de Navarre donna sa procuration à messire Leger d'Orgey, pour venir prendre possession de sa nouvelle seigneurie; mais le duc d'Anjou y mit obstacle, fondé sur ses anciènes prétentions. L'affaire alla si loin qu'il falut la discuter à Avignon, en présence du pape Urbain V, où comparurent (dit l'acte) le duc d'Anjou, d'une part, & Guy de Boulogne, evêque de Porto Cardinal, avec noble Jean de Grely, captal de Busch, d'autre.

« Il y fut convenu que le duc laisseroit prendre possession de la ville de « Montpellier au captal de Busch, pour le roi de Navarre, & que ledit « captal, avec le cardinal de Boulogne, remettroient au duc d'Anjou, avant « les fêtes de Pâques, une promesse du roi de Navarre portant que, toutes « les fois qu'on lui baillera une compensation susisante, *en si grandes & « solennelles villes, comme la ville de Montpellier est,* il la fera bailler & délivrer « sans aucune dificulté audit duc;

« Et quant à la rectorie de Montpellier, qu'on doutoit devoir être com-

« prife dans les lettres du roi de France, convenu qu'on attendroit une
« déclaration plus expreffe de lui. »

Ainfi arrêté à Avignon, & figné par les parties *in camera curiæ domini nofiri papæ*. Témoins : le cardinal Giles de S*t*. Martin *in Montibus*, Anglic, evêque d'Avignon, Guillaume, abbé de S*t*. Florent, près de Saumur, Halamard, chevalier, Pierre Scatiffe, tréforier de France, & Girard Malfroment, bailli d'Evreux. *Et ego Petrus Boerii, clericus Mimatenfis, publicus authoritate imperiali notarius.*

Le captal de Bufch, muni des pouvoirs les plus amples du roi de Navarre, jufque pour la nomination aux benefices dépendant de fa nouvelle feigneurie, vint à Montpellier, dont il demanda l'inveftiture au duc d'Anjou, qui, felon le pouvoir fpécial qu'il en avoit du roi fon frere, la lui donna dans le mois de février, par la tradition de fon anneau. Après quoi, s'étant retiré à Beziers, le captal fit affembler, dans l'églife de Nôtre-Dame des Tables, le bailli, les curiaux & les confuls, qui lui prêtérent, pour le roi de Navarre, le ferment accoûtumé ; & il leur remit des lettres patentes de leur nouveau feigneur, données à S*t*. Jean de Pié-de-Porc, portant confirmation de tous les priviléges de Montpellier, *excepté*, ajoûte le roi de Navarre, *certain privilége qu'ils difent avoir de non être mis hors du domaine de la couronne de France, lequel nôtredit feigneur & frere a rapellé & mis au néant pour bonnes & juftes caufes.*

C'eft ainfi que l'interêt de l'état l'emporta, dans cette occafion, fur la promeffe folennelle que le roi Jean avoit fait à la ville de Montpellier, de la laiffer à perpetuité fous le gouvernement immédiat des rois de France ; mais les perfidies ordinaires du Navarrois nous firent bientôt revenir fous nos premiers maîtres. Et fi, durant le regne de Charles V, il y eut dans Montpellier un changement alternatif de ces deux gouvernemens, on verra que nous ne tardâmes pas beaucoup à retourner pour toûjours fous celui de France.

Cependant, le roi, qui vouloit purger le royaume de ces compagnies defapointées qui le ravageoient depuis fi long-tems, voulut que du Guefclin les conduifît en Efpagne pour le fervice du comte de Treftamare, que les Caftillans vouloient pour leur roi, à la place de Pierre le Cruel, qui s'étoit attiré la haine publique. *Du Guefclin, à qui nos annales donnent le titre de capitaine-major, vint à Montpellier le 29 de novembre 1365, pour y ramaffer les troupes qui couroient le Languedoc ; & ayant difpofé toutes chofes pour le paffage de celles qui reftoient à venir, il partit de cette ville le troifiéme de décembre ; & il travailla fi heureufement en Efpagne, qu'il eut le plaifir, dans le mois d'avril fuivant, de voir couronner à Burgos, roi de

1365.

Page 155.

1366.

1366. Castille, Henri, comte de Trestamare. Mais le roi de Navarre mit bientôt obstacle au repos de ce nouveau roi, en donnant entrée par ses états au prince de Galles, qui, étant venu au secours de Pierre le Cruel, défit le roi Henri, & prit prisonniers du Guesclin, le maréchal d'Andreham & le comte de Denia.

1367. II. L'artifice dont le Navarrois voulut se servir pour couvrir le passage du prince de Galles dans ses états fut bientôt connu à la cour de France, où l'on prit aussitôt la resolution de lui faire saisir la baronie de Montpellier; & le duc d'Anjou, chargé des ordres du roi, commit le sénéchal de Beaucaire, Amedée de Baux, pour venir faire cette saisie. Il arriva à Montpellier le 29 du mois de mars, précisément dans le tems que la bataille se donnoit en Espagne; & ayant trouvé quelque opposition de la part des curiaux que le roi de Navarre avoit à Montpellier, il prit le parti de les interdire tous; mais, voulant de son chef en établir des nouveaux pour le roi de France, il s'attira une nouvelle opposition de la part des consuls, qui protestérent contre son entreprise, comme contraire au droit qu'ils avoient eux-mêmes de les nommer.

Ce nouveau cas donna occasion à un nouvel ordre qui vint au sénéchal de Beaucaire, pourvû nouvellement du gouvernement de la ville par le duc d'Anjou, de proceder à l'élection des officiers en la forme accoûtumée. Il se rendit à Montpellier le vingtiéme de juin, &, en observant les formalitez requises, il fit élire pour bailli Jean de la Croix, & pour juge Jacques Rebufy, docteur és loix. Je ne nomme point le notaire, le sous-bailli, le sous-juge, le viguier ni l'affesseur, qui composoient alors la cour de Montpellier, parce que leurs noms ne sont plus connus.

Ce changement de domination, fait à Montpellier, fut suivi d'un autre bien plus considerable en Espagne, où les partisans du roi Henri de Castille faisoient de nouveaux efforts contre Pierre le Cruel. Du Guesclin, sorti de sa prison, vint aussitôt en Languedoc pour leur ramasser des troupes; de sorte qu'il fut à Montpellier (selon nos annales), avec le maréchal d'An-
1368. dreham, dans le mois de février 1368. Et après avoir bien servi le duc d'Anjou au siége de Tarascon contre la reine de Sicile, il conduisit en Espagne les troupes qu'il reçut de lui, avec lesquelles il vainquit diverses fois Pierre le Cruel, qui enfin, ayant été pris dans le combat donné à
1369. Montiel, le vingt-deuxiéme mars 1369, fut livré au roi Henri, qui lui fit trancher la tête.

Cet heureux succès, qui valut à du Guesclin l'épée de connétable de Castille, avec plusieurs autres graces, le mit en état d'avoir sa revenche contre les Anglois. Le prince de Galles, affoibli par les grandes levées de troupes

Livre neuviéme.

& de deniers qu'il avoit fait fur fes fujets de Guiéne, fe vit enlever la ville 1369. d'Uzés par du Guefclin, & le Roüergue & le Quercy (avec une partie de la Guiéne) par le duc d'Anjou.

Mais, tandis que la France prenoit l'afcendant fur les Anglois, Montpellier foufroit, plus qu'aucune ville du Languedoc, par les préparatifs qu'on y faifoit fans ceffe pour porter la guerre tantôt en Efpagne, tantôt dans la Guiéne, dans le Roüergue & fur les frontiéres de Provence. Nos annales, qui entrent fur cela dans un grand détail, nous marquent que les troupes, quoique foldoyées, pilloient également fur l'ami & fur l'énemi; que Rabaut, de Nice, ravagea Uchaut, & y fit prifonnier le garde du fcel de Montpellier; qu'une troupe fe jetta fur Grabels, Mudazon & Candillargues; & qu'une autre, ayant commencé fes pillages à Caftelnau, courut la riviére jufqu'à Perols, où elle obligea Jacques Riviére & Jean Colombiers, confuls de Montpellier, de marcher avec les gens de guerre de la ville pour les en chaffer. Une autre fois, les troupes bretonnes, qui alloient joindre du Guefclin, fe logérent dans le fauxbourg des Auguftins, d'où ils ne * fe reti- PAGE 156. rérent qu'au bout de cinq jours, & après avoir gâté les blez.

Cette perte fit fonger les habitans à la confervation de leur vendange, & pour la faire avec plus de fureté, quoique plus lentement, ils la partagérent en quatre quartiers pour y travailler fucceffivement l'un après l'autre, fçavoir : du chemin droit de Lates jufqu'au chemin de Salaifon; de Salaifon au chemin droit des Matelles; de là à celui de Fabregues, & de celui de Fabregues à Lates. Ils fuivirent cette métode pendant deux autonnes confecutives, mais toûjours foûtenus tantôt de vingt, tantôt de trente lances, qu'ils obtinrent des chefs des troupes qui avoient eu la permiffion d'entrer dans la ville. De cette forte, leur vendange dura depuis la Saint-Giles jufqu'à Saint-Denis, c'eft-à-dire depuis le premier de feptembre jufqu'au neuviéme d'octobre : par où l'on peut juger qu'on la commençoit alors beaucoup plûtôt que nous ne faifons.

Tous ces mouvemens de gens de guerre attirérent à Montpellier plufieurs princes, dont nos ancêtres prirent grand foin de marquer le paffage. Le duc d'Anjou y étoit venu quatre diférentes fois dans le cours de l'année 1365, & y féjourna plufieurs mois, logé dans la maifon de ville. Jacques de Bourbon, comte de la Marche, y arriva la veille de Noël, & s'y arrêta deux jours, en allant en Efpagne joindre le capitaine-major. Le 02 février 1367, Marie de Bretagne, époufe du duc d'Anjou, fit fon entrée publique à Montpellier, où tous les corps de la ville lui rendirent les honneurs ufitez en ce tems-là, tels que je les décrirai en une autre occafion. *En 1370, & le feiziéme* 1370. *du mois d'avril, Jacques de Mayorque* (difent nos annales), *fils de bonne mémoire,*

1370. *Jacques, roi de Mayorque, lequel venoit de la prison de Henri, roi de Castille, où il avoit demeuré certain tems, passa par Montpellier & y coucha une nuit, & le lendemain s'en alla coucher à Arles.*

III. Ce dernier article semble demander de moi que je raconte ici les avantures de ce prince, en qui finit la branche des rois de Mayorque, que nous avions eu pour seigneurs de Montpellier depuis la conquête de cette isle par Jacques le Grand. J'ai déja dit que ce prince ayant été pris dans la bataille où son pere perdit la vie, il fut envoyé au château de Xativa, & de là transferé au petit palais de Barcelonne, où Pierre le Ceremonieux, roi d'Aragon, le tint resserré, avec des précautions dignes de sa grande défiance; car Zurita raporte qu'on le laissoit, durant le jour, se promener dans le château, toûjours gardé à vûë; mais que, pendant la nuit, on l'enfermoit dans une cage de fer, au coin d'une grande sale toûjours remplie de soldats qu'on prenoit soin de changer toutes les semaines. Il avoit resté dans cet état environ douze ans, malgré toutes les instances qui avoient été faites pour sa délivrance par le pape Innocent VI, lorsque ce prince, bien convaincu qu'on n'obtiendroit jamais aucune grace pour lui, fit soliciter toutes les personnes qui lui restoient fidéles de chercher quelque expedient pour le tirer de prison. Jacques de St. Clement, capiscol de la catédrale de Barcelonne, conduisit toute l'intrigue. Comme son état le rendoit moins suspect, il eut souvent la permission de voir le prince; &, durant ce tems, il trouva le moyen d'avoir de fausses clefs; après quoi, ayant gagné la plûpart des soldats qui devoient relever la garde sous la conduite de Nicolas Rovira, il entra une nuit dans la prison, bien accompagné, fit égorger Rovira, &, ayant tiré le prince de sa cage, il le mit en liberté.

Tout le parti qu'il put prendre alors fut de se refugier à Naples chés la reine Jeanne, qui avoit autrefois secouru le roi son pere dans sa derniére expedition de Mayorque. Cette princesse, qui s'est renduë célébre par les avantures de ses quatre maris, perdit le second peu de tems après l'arrivée de l'infant. Elle ne tarda pas un an à le prendre pour son troisiéme mari, sous le titre de roi de Mayorque; & les affaires s'étant broüillées avec elle & le duc d'Anjou, qui dés-lors avoient des vûës sur la comté de Provence, la reine prit le parti opposé à la France dans la guerre de Castille, & consentit que son mari allât joindre l'armée de Pierre le Cruel & du prince de Galles, avec lesquels il défit & fit prisonnier du Guesclin. C'est ce que nos annales ont marqué en ces termes : *Le 3 avril 1367, Pierre, roi de Castille, le prince de Galles, & Jacques*, fils du roi de Mayorque, défirent le roi Henry, où Guesclin, & le maréchal d'Andreham, & le comte de Denia furent faits prisonniers.*

Après cet heureux succès, qui sembloit affermir Pierre le Cruel sur son trône, l'infant de Mayorque espera qu'avec son secours il pourroit faire valoir ses justes droits sur le Roussillon; &, dans cette vûë, il s'arrêta en Castille pour entretenir les anciens amis de sa maison; mais la seconde affaire dont j'ai déja parlé, entre le roi Henry & Pierre le Cruel, étant arrivée, l'infant de Mayorque fut du nombre des prisonniers. Alors le roi d'Aragon employa tous ses artifices ordinaires pour le tirer des mains du roi Henry, afin de s'assurer de sa personne. Mais ce prince, ayant rejetté toutes ses demandes, sous des prétextes honnêtes, se rendit enfin aux sollicitations de la reine Jeanne, qui lui fit offrir soixante mile florins pour la rançon de son mari. Ce fut alors que l'infant, ayant recouvré sa liberté, vint par la Navarre à Ortez, chès le comte de Foix, d'où étant parti pour la Provence, il passa par Montpellier, comme nous l'avons dit.

1370.

Zurita. Liv. 10, chap. 10.

J'ajoûterai, pour finir ses avantures, que la guerre s'étant allumée peu après, entre les rois de Castille & d'Aragon, l'occasion parut favorable à Jacques de Mayorque de faire une nouvelle tentative pour rentrer dans ses ètats. Pour cet effet, il forma, aux environs de Toulouse, une armée composée de François, d'Anglois & de Provençaux, qu'il introduisit dans le Roussillon par la valée d'Aran. Sa sœur Isabelle, comtesse de Montferrat, ne voulut jamais le quiter durant cette expedition; &, parmi les officiers de distinction qu'ils avoient avec eux, Zurita marque un frere du connétable du Guesclin. Leur armée eut une liberté entiére dans le Roussillon, d'où le roi d'Aragon, qui avoit fort peu de troupes, se retira, s'étant contenté d'en jetter une partie dans Perpignan; & avec le reste il alla sur les frontières de Catalogne pour en garder les passages. Alors l'infant tourna vers l'Aragon, où il entra par la Seu d'Urgel; ce qui donna une si grande allarme au roi le Ceremonieux, qu'il fit une convocation generale de tous ceux qui lui devoient service de guerre; & ayant ramassé tout ce qu'il put de troupes, il publia qu'il alloit donner une bataille décisive, lorsqu'on apprit brusquement que Jacques de Mayorque venoit de mourir dans son camp. Cet accident, qui décidoit du succès de la guerre, donna lieu à de violens soupçons, qui n'ont pas encore été éclaircis; plusieurs les faisant tomber sur le roi d'Aragon, qu'on sçavoit avoir des ressources extraordinaires dans les cas les plus pressans; & les Aragonois, de leur côté, laissant à entendre [1] que l'infant avoit été empoisonné par un breuvage que la reine, son épouse, dégoûtée de lui, lui avoit fait donner.

Ch. 2.

Ch. 18.

---

1 VAR. : *Donnérent à entendre.*

246   *Hiſtoire de la ville de Montpellier.*

1370.   Quoi qu'il en ſoit, cette mort aſſura aux rois d'Aragon les biens de la maiſon de Mayorque, qui leur étoient ſubſtituez à défaut d'enfans mâles, par le teſtament de Jacques le Conquérant. Et la princeſſe Iſabelle n'ayant plus rien à prétendre en ce païs-là, revint en Gaſcogne avec les troupes de ſon frere, par la faveur (dit Zurita) de dom Juan, fils du roi de Caſtille. Cet accident arriva en 1374.

IV.   Le paſſage par Montpellier de Jacques, infant de Mayorque, qui a donné occaſion à la digreſſion que je viens de faire, fut bientôt ſuivi en cette ville du paſſage de Jeanne de France, fille poſtume de Philipe de Valois, qui
1371.   arriva à Montpellier le vingt-troiſiéme du mois d'août 1371, pour aller épouſer, à Perpignan, l'infant Jean, duc de Gironne, fils aîné du roi d'Aragon. Ce mariage (comme nous l'apprenons de Zurita) donna occaſion au roi Pierre le Ceremonieux de demander le payement des ſommes qui reſtoient à payer du prix de la vente de Montpellier. Les commiſſaires des deux rois concertérent ſur cette affaire; mais la mort de cette princeſſe, arrivée à Beziers le ſeiziéme du mois de ſeptembre, rompit le mariage arrêté & ſuſpendit le payement.

PAGE 158.   CHAPITRE SECOND.

I. Montpellier eſt rendu au roi de Navarre. II. Traverſes qu'y met le duc d'Anjou. III. Arrivée du roi de Navarre à Montpellier. IV. Diferens ordres qu'il y donne pour le bon gouvernement de la ville.

CEPENDANT le roi de Navarre, voyant que le parti des Anglois s'affoibliſſoit tous les jours par les conquêtes du connétable du Gueſclin & du duc d'Anjou, chercha à ſe reconcilier avec le roi de France. Il vint le trouver à Vernon, où il lui jura une ferme amitié, le vingt-neuviéme du mois de mars. Il ſe départit entre ſes mains des villes de Mantes & de Meulan, avec la comté de Longueville, & lui fit hommage de toutes les terres qu'il tenoit dans le royaume de France.

I.   Par cet accord, le roi Charles V lui rendit Montpellier, mais avec plus d'extenſion que la premiére fois; car il eſt dit dans les lettres données à Vincénes, le dix-ſeptiéme de juin, « que le roi donne à perpétuel héritage au « roi de Navarre toute la ville & baronie de Montpellier, baillie, rectorie, « petit-ſcel, châteaux, forthereſſes, fiefs, arriére-fiefs, ſous foi & hommage-

« lige, collations de benefices, & tous les droits que nous aurions (dit le
« roi), & que nous devrions avoir ès fufdites chofes. De plus, les terres de
« Ceffenon & les autres que le roi de Caftille tenoit en France comme
« comte de Treftamare. »

Ferri, de Metz, doéteur en droit civil & canonique, & maître des requêtes du roi, fut chargé de cette commiffion. Il arriva à Montpellier la mi-novembre, & ayant affemblé, le 20 du mois, les confuls & autres notables, il leur fit part de l'accord fait entre le roi de France & celui de Navarre, ajoûtant que, comme bons & fidéles François, ils devoient, nonobftant l'acquifition de leur ville par le roi de Navarre, jurer entre fes mains d'être toûjours fidéles au roi de France, comme ils l'avoient été : *Maxime in caufa fuperioritatis & refforti.*

Ce droit de fupériorité & de reffort (comme nous le verrons) fut porté fi loin, qu'il méritoit toute l'attention de nos prud'hommes. Ils demandérent trois jours pour délibérer fur la propofition, &, au bout de ce terme, leur réponfe fut : « Qu'ils avoient beaucoup de joye de l'accord paffé entre les
« deux rois; & que, s'il avoit dépendu d'eux, ils auroient refté fous la
« domination immédiate du roi de France, comme auparavant. Qu'en
« confideration de la paix entre les deux rois, ils vouloient obéïr aux ordres
« du roi, comme fes fidéles fujets; mais qu'avec tout l'honneur & le refpeét
« qui étoient dûs au roi & à lui fon commiffaire, ils lui repréfentoient
« les dificultez qu'ils trouvoient à la preftation du ferment qu'il exigeoit
« d'eux.

« 1º Parce qu'il étoit inufité, & que jamais ils n'en avoient fait de femblable.

« 2º Que, ce droit de fupériorité pouvant donner lieu à plufieurs quef-
« tions de droit, les confuls & habitans, qui font laïques, ne fçachant
« point l'étenduë de ce droit, pourroient facilement manquer à quelque
« chofe, & s'expofer à la difgrace de l'un des deux rois.

« 3º Que le duc d'Anjou, lorfqu'il mit le captal de Bufch en la poffeffion
« de Montpellier pour le roi de Navarre, au mois de février 1365, voulut
« exiger un pareil ferment; mais, ayant oüy les raifons des confuls, il les
« en exemta.

« 4º Que, par les lettres de fa commiffion, il ne conftoit pas qu'il eût un
« pouvoir légitime d'exiger d'eux pareil ferment; mais que, fans le prêter,
« ils prétendoient être toûjours bons, fidéles & loyaux aux rois de France,
« & demeurer toûjours fous fa fupériorité & reffort; dequoi ils ne feroient
« jamais un ferment contraire, fous quelque couleur ou prétexte que ce
« pût être. »

1371.

1371.

Alors Ferri, de Metz, convint qu'il ne paroiſſoit, par aucuns actes, qu'ils euſſent ci-devant prêté ledit ferment; mais il demanda que pour ſa propre décharge, on couchât dans le verbal la réponſe des conſuls.

Pag. 159.

*Ce retardement de trois jours donna lieu aux deux officiers du roi de Navarre, & à Leger d'Orgey, ſon procureur, de s'en plaindre au commiſſaire, qui apporta pour raiſon que les conſuls avoient demandé du tems à déliberer ſur les propoſitions qu'il avoit à leur faire, & les conſuls répondirent, *per oraculum venerabilis viri Jacobi Meyſendis, legum profeſſoris* : Que veritablement ils avoient déliberé ſur l'exaction du ferment propoſé, & qu'ils perſiſtoient dans la réponſe ci-deſſus, qu'ils firent repeter mot à mot, ajoûtant qu'ils promettoient d'obéïr tant au roi de France qu'au roi de Navarre, ſauf leurs priviléges & libertez.

Le commiſſaire ayant verifié que dans la poſſeſſion précedente du roi de Navarre, faite par le duc d'Anjou, il n'étoit fait aucune mention du ferment de ſupériorité, il ſe contenta des promeſſes de fidelité au roi de France faites par les conſuls, & inveſtit le captal de Buſch de tous les droits ci-deſſus, par la tradition des lettres de ſa commiſſion, ſauf, ajoûta-t-il, la ſupériorité & reſſort du roi de France, & l'hommage porté par les lettres.

Le captal dit qu'il acceptoit la poſſeſſion, & qu'il conſerveroit les priviléges, libertez, us & coûtumes de la ville; ce qu'il promit pour le roi de Navarre. Fait dans la maiſon conſulaire, l'an que deſſus. Préſens : honorables hommes Hugues de Auſſac, moine, & Veſtiaire de St. Guillem du Deſert, docteur en decret, Guiraud Pons & Jacques Rebufi, excellens docteurs, Barthelemi Ricard, bailli, Armand Pons, ſous-bailli, Jean Trial, vicaire de la cour ordinaire.

Après toutes ces choſes, & le même jour, le commiſſaire Ferri, de Metz, à la requiſition du ſeigneur chevalier Leger d'Orgey, alla aux lieux particuliers de la rectorie, baillie & petit-ſcel, où il fit aſſeoir ledit Leger d'Orgey, qui offrit & promit aux habitans de leur rendre juſtice. Préſens : Pierre Baraglie, prieur de Nôtre-Dame du Château, & grand nombre d'habitans qui donnérent leur conſentement, ſauf toûjours (dit l'acte) leurs priviléges & libertez; Guillaume de Lodeve, Guillaume d'Aigrefeüille, Jean Claparede, Firmin Salomon, bourgeois & notables de la préſente ville, & pluſieurs autres.

Et étant venus à la rectorie, le même commiſſaire entra dans une maiſon appartenant au roi, & contiguë à ladite cour, où le recteur avoit coûtume de loger, dans la partie épiſcopale; & là il mit en poſſeſſion le ſuſdit chevalier & procureur du roi de Navarre.

II. Toute cette ceremonie ne pouvoit que donner du chagrin au duc d'Anjou, qui perdoit toutes ses esperances sur la seigneurie de Montpellier, qu'il avoit toûjours crû devoir lui appartenir; il fit sous main agir le sénéchal de Beaucaire, qui dépendoit absolument de lui, & il le porta à sûciter tant de traverses aux gens du roi de Navarre, qu'il falut enfin recourir à Avignon, où les papes, durant leur séjour, étoient en possession d'être les médiateurs de tous nos princes. Gregoire XI y occupoit alors la place qu'Urbin V avoit laissé vacante depuis deux ans. Le roi de Navarre s'y rendit avec le duc d'Anjou, qui fonda ses demandes sur des lettres qu'il produisit du roi de Navarre, où ce prince disoit que, pour faire plaisir au roi de France & au duc d'Anjou, *qui de ce nous a affectueusement prié & requis,* il promet qu'après qu'il aura pris loyaument & de fait possession de la ville, baronie, rectorie & petit-scel de Montpellier, *il rendra le tout dans quatre ans prochains ; au cas, & non autrement, que mondit sire le roi baille & délivre réellement & de fait, paisiblement & sans aucun empêchement, autres terres & châteaux aussi profitables que celles qu'il nous a baillées, au jugement de deux hommes pris de chaque côté, &, s'ils ne peuvent s'accorder, d'un tiers.* Donné à Paris, le 17 du mois de juin 1371.

1371.

Surquoi, le duc d'Anjou proposa en échange quantité d'autres terres sur les frontiéres de Navarre, qui furent acceptées, & on regla pour le présent :

« 1º Que la ville de Montpellier, tant la partie antique que la nouvelle, « la rectorie, baillie & petit-scel, seroient délivrez au roi de Navarre, ou « à son délegué, & tous empêchemens ôtez de la part du sénéchal de « Beaucaire.

« 2º Que quatre ans après ladite possession paisible, le roi de Navarre « sera tenu de recevoir pour échange les villes suivantes, qui seront unies « à perpetuité au royaume de Navarre, & exemtes de tout tout ressort de supé- « riorité, * juridiction & domination de tout autre, sçavoir : Alfaro, « Aquillar, la cité de Calaguera, avec toutes leurs dépendances ; toutes les « terres de Guipuscoa & de Alava, le château & ville de Areyno, la terre « appellée Yuda, le lieu de Sainte-Croix, la terre de Campeço, & toute celle « qui appartenoit anciénement, le long de l'Ebre, au royaume de Navarre, « le tout avec ses dépendances, forteresses, *mercaturis & ermendatis;* moye- « nant quoi le roi de Navarre renoncera à tous ses droits sur Montpellier. »

Page 160.

Il semble qu'après ce reglement, tout devoit être paisible durant quatre ans entre le duc d'Anjou & le roi de Navarre, au sujet de la seigneurie de Montpellier. Mais je ne sçai auquel des deux partis attribuer un nouvel incident qu'on fit naître à l'occasion du droit de supériorité & de ressort, qu'on voulut absolument établir à Montpellier. Je trouve qu'il donna occasion à une nouvelle prise de possession, & que le onziéme du mois de mars 1372, magnifique & puissant seigneur Philipe de Savoisi, chevalier,

1372.

1372. chambelan du roi, & son commissaire spécial, pour mettre en possession de toute la ville de Montpellier, rectorie et petit-scel, illustre & puissant prince Charles, roi de Navarre, se rendit *in bancha, seu consistorio ordinario curiæ ordinariæ, partis antiquæ Montispessulani*, & y mit en possession Leger d'Orgey, procureur du roi de Navarre, par la tradition, *unius birreti*, & en le faisant seoir dans le susdit consistoire, mais avec protestation expresse qu'il entendoit la conservation des priviléges & libertez de la ville, & les retentions par lui faites du droit de supériorité & ressort pour le roi de France.

A quoi Leger d'Orgey répondit qu'il recevoit ladite possession; qu'il promettoit la conservation des priviléges & libertez de la ville, comme il avoit fait ci-devant lorsque Ferri, de Metz, le mit dans cette même possession, mais qu'il ne consentoit pas à la retention du droit de supériorité & ressort, pour laquelle lui, Philipe de Savoisi, exigeoit le serment des habitans.

Nos consuls, Bernard Pelicier, Pierre Texier & autres, assistez de Jacques Meysende, Jacques Rebufi, docteurs ès loix, Arnaud Delar, secretaire du roi, & Jean Rebufi, *alias de Comaco*, se contentèrent d'être présens à toutes ces protestations de part & d'autre, dont néanmoins ils demandèrent acte. Et voyant les ordres si précis dont Philipe de Savoisi étoit porteur, ils convoquèrent une assemblée extraordinaire, où les consuls majeurs, anciens & nouveaux, les ouvriers, les consuls de mer, les sindics & autres particuliers de la ville, au nombre de cent soixante, prêtèrent serment entre ses mains pour la supériorité & ressort du roi de France.

III. Cependant, on apprit que le roi de Navarre venoit en personne à Montpellier, ce qui obligea Philipe de Savoisi de partir aussitôt pour aller audevant de ce prince, qui fit son entrée le vingtiéme du mois de mars, veille du dimanche des Rameaux. Nos consuls, tant anciens que nouveaux, tous à cheval, avec les officiers du roi & ceux de la ville, & grand nombre des plus considerables habitans, s'avancèrent jusqu'au-delà de Cadoule, menant avec eux les menestriers du consulat à cheval. Les processions des Quatre-Mendians & des autres églises, qui marchoient dans ces sortes d'occasions, s'arrêtèrent au-delà de Castelnau; & lorsque le roi fut arrivé à Saint-Lazare, c'est-à-dire à la Maladerie, les consuls lui présentèrent un riche dais, qu'ils avoient fait faire pour son entrée, mais qu'il ne voulut jamais accepter. Alors ils le suivirent à pied jusqu'à Nôtre-Dame des Tables, où il fut reçû, à la tête du clergé, par Pierre d'Afiran, abbé de Saint-Ybery, &, après y avoir entendu la messe, il alla décendre à la sale de l'evêque, qu'on lui avoit préparé pour son logement.

IV. Pendant le séjour de quatre mois que le roi de Navarre fit à Montpellier, il figna plufieurs actes importans pour la ville, qu'on n'a pas manqué d'inferer dans nôtre grand Talamus. Le premier eft la confirmation de nos priviléges, qu'il jura le trentiéme de mars, dans la place joignant le palais, où tout le peuple étoit affemblé par fon ordre. Après quoi, il reçut dans ce même lieu le ferment de fidelité que lui prêtérent les confuls majeurs, les ouvriers, les confuls de mer, les findics & autres bons habitans. *Acta funt hæc* (dit l'acte)* *in Montepeffulano, in plano palatii domini regis, ubi populus dictæ villæ ad mandatum domini regis ad publicum venerat parlamentum. Teftes :*

Dominus Raymundus de Baucio, princeps Araufacenfis,
Guillelmus de Rocafolio, dominus de Breizoles & de Gremiano,
Joannes de Rocafolio, frater fuus domicellus.

Le fecond acte, qui eft du dixiéme juin 1372, nous apprend que le roi de Navarre joüiffoit déja de la comté de Ceffenon, qui lui avoit été cedée, comme nous l'avons vû ci-devant, & que les terres de Cervian & de Thezan étoient comprifes dans la feigneurie de Ceffenon. La chofe paroît par une fubdélegation de Gauferand de Marfand, damoifeau, feigneur de Prat & fenéchal de la comté de Ceffenon, Cervian & Thezan, pour le roi de Navarre, qui, étant occupé pour les affaires du roi fon maître, nomme pour fon lieutenant, dans lefdites terres, André d'Albaygas; & ledit André, fon lieutenant, ayant affemblé la plus grande partie des habitans de Cervian dans la place publique, élut avec eux, pour confuls, Raymond Fredoli, damoifeau, Simon Jordan & Guillaume Giles, aufquels la communauté donne un pouvoir très-ample pour gerer les affaires publiques, & faire fur ce tous actes neceffaires, qu'on fpécifie dans un long détail, à commencer de la Pentecôte prochaine jufqu'à la fuivante.

Le troifiéme acte eft une confirmation (avec extenfion) des anciens droits des ouvriers de la ville, dont il explique les fonctions. Il y eft marqué : « Que les ouvriers de la clôture commune, dont l'office eft un membre du « confulat de Montpellier, ayant eu de tout tems la garde & la clef des « portes principales, tours & fortereffes de la ville, avec leurs murailles & « foffez, & ayant eu auffi la direction des douze-pans, tant de ceux qui « font par-dedans la ville que de ceux qui font contigus aux foffez par- « dehors, avec pouvoir d'ôter de leur propre autorité & arracher les édifices, « arbres, fumiers & autres empêchemens qui s'y pourroient trouver, ils « auroient repréfenté qu'on avoit fait une nouvelle clôture au-delà des « foffez, fur laquelle ils auroient befoin d'avoir la même jurifdiction. Surquoi « le roi de Navarre, qui prend le titre de comte d'Evreux & de feigneur de « Montpellier, dit qu'à la fuplication des confuls & des ouvriers, il donne « aufdits ouvriers même pouvoir que deffus pour la nouvelle clôture des

1372. « fauxbourgs & de toutes les fortifications qu'on pourra y faire; avec
« mandement au gouverneur ou fon lieutenant, à Montpellier, de faire
« joüir du préfent privilège les fufdits confuls & ouvriers. *Datum in dictâ*
« *noftra villa Montifpeffulani, menfe julii, anno 1372.* »

Il étoit bien dificile que, du caractère dont le duc d'Anjou s'étoit fait connoître jufqu'alors, il laiffât exercer en paix au roi de Navarre fon autorité dans Montpellier. Il crut, comme gouverneur de la province, pouvoir mander de fon chef les confuls de Montpellier, fans la participation du roi de Navarre, quoiqu'il fût actuellement dans la ville; ce qui donna lieu à des lettres que nous avons du prince, où il dit : « Qu'ayant appris que le duc
« d'Anjou avoit écrit aux confuls de Montpellier d'envoyer une ou deux
« perfonnes pour écouter ce qu'il avoit à leur dire, avec plein pouvoir de
« traiter & accorder avec lui, comme les autres communautez de la
« province, le roi de Navarre, comte d'Evreux & feigneur de la ville,
« rectorie, baronie & petit-fcel de Montpellier, faifant attention que fes
« vaffaux ne font nulement tenus à cela, & que la chofe pourroit être tirée
« à confequence pour l'avenir, il fait expreffe défenfe aux confuls de Mont-
« pellier d'envoyer qui que ce foit fans une permiffion expreffe de lui, parce
« qu'il ne peut bleffer les interêts de fa feigneurie, ni s'empêcher de punir
« les contrevenans à fa défenfe. Signifié aux confuls, & publié le 14 du
« mois de juillet 1372. »

Nous verrons bientôt que ce fut comme le premier acte d'hoftilité entre ces deux princes, & que le duc d'Anjou fit une guerre d'autant plus opiniâtrée qu'il n'avoit pour foldats qu'une troupe de gens d'affaires. Le roi de Navarre, de fon côté, partit pour Pampelune huit jours après, laiffant à Montpellier, pour gouverneur, le même Leger d'Orgey, dont nous avons déja parlé, [1] & que nos annales marquent avoir fait la ceremonie le jour de St. Thomas, d'être parrein * d'une nouvelle cloche des freres mineurs, appellée Claire.

Pour finir tous les articles que nous avons de l'année 1372, je crois devoir ajoûter qu'on reçut, dans le mois de décembre, des lettres patentes du roi de Navarre, portant réunion des deux principales juridictions qui avoient été de tout temps à Montpellier. On fera beaucoup plus en état d'en juger par le précis de ces mêmes lettres, où le roi dit : « Que fa ville
« de Montpellier ayant été depuis long-tems fous deux diferentes juri-
« dictions, fçavoir : celle du bailli pour Montpellier, & celle du recteur pour

PAGE 162.

Grand Talamus.
Fol. 142.

---

1 La fin du paragraphe, à partir des mots suivants, *et que nos annales marquent*, eft biffée dans le manufcrit.

« la Part-Antique, nous faisons sçavoir que, pour prévenir les disputes qui
« sont arrivées souvent à cette occasion, & pour condécendre à la prière
« de nos fidéles consuls & autres bourgeois, marchands & habitans de
« ladite ville, nous unissons ces deux jurîdictions en une seule ; de sorte
« que le bailli aura dorénavant sur la Part-Antique & ses fauxbourgs, la
« même jurîdiction qu'il avoit sur la Part-Nouvelle, lui accordant de
« connoître des causes civiles & criminelles de nos sujets de la Part-
« Antique avec ses fauxbourgs, & de prononcer, selon l'exigence des cas,
« de même qu'il faisoit pour nos sujets de l'autre partie de la ville ; &
« voulons que tous nos sujets lui obéiſſent comme à leur juge ordinaire. »
Datum in villa nostra Stellæ, mense decembri, anno 1372.

CHAPITRE TROISIÉME

I. Etenduë du droit de supériorité & de ressort établi à Montpellier pour le roi de France. II. Arrivée à Montpellier de la reine de Navarre. III. Elle obtient du roi son frere, Charles V, un sursis à ce droit. IV. Grande mortalité à Montpellier. V. Diverses dispositions du roi de Navarre pour cette ville. VI. Ses nouvelles trahisons font remettre Montpellier sous la main du roi de France.

LA guerre que j'ai déja annoncée entre le duc d'Anjou & le roi de Navarre, par l'entremise de gens d'affaires, ne peut être mieux connuë que par l'instruction qui fut donnée à Arnaud Delar, nommé dans les lettres gouverneur des souverainetez, exemptions & ressort de la ville, rectorie & baronie de Montpellier. Voici le précis de cette instruction, telle qu'on la fit coucher dans les regîtres de l'hôtel de ville,[1] où elle est encore :

« Le gouverneur & garde desdits droits sera châtelain & viguier de
« Sommiéres, pour être plus à portée de l'execution de tout ce qu'il aura à
« faire.

« Il tiendra son siége en ladite ville tous les quinze jours, & pourra, s'il
« est necessaire, le venir tenir à Montpellier dans la maison de l'evêque, ou
« autre maison exemte, comme celle de l'église de Maguelonne, de Saint-
« Jean-de-Jerusalem & autres, qui sont de la fondation du roi ou de ses
« prédecesseurs.

---

1 Var. : *De nostre hôtel de ville.*

« Il aura à Sommiéres un procureur & un avocat, & autant à Mont-
« pellier, où il aura auſſi un lieutenant pour y reſider continuellement, &
« un notaire pour dreſſer tous actes neceſſaires.

« Il aura à Sommiéres un ſcel royal, dont il fera garde, & en uſera de la
« maniére qu'on uſe des ſceaux royaux à Carcaſſonne, Beziers, Touloufe,
« & autres lieux.

« Il aura pouvoir de faire autant de ſergens royaux qu'il voudra, auſquels
« le roi donnera lettres de confirmation, quoique crééz par le gouverneur.

« Il prendra connoiſſance de toutes affaires civiles & criminelles con-
« cernant leſdits droits.

« Quand ledit gouverneur prendra poſſeſſion à Sommiéres & à Mont-
« pellier, il ſera fait cri public que tous ayent à lui obéïr pour le fait deſdits
« droits, & que tous conſuls & juſticiers ayent à lui donner aide.

« Sera fait commandement aux grefiers du parlement de renvoyer audit
« gouverneur toutes affaires qui toucheront ledit droit [1].

« *Le gouverneur établira des gardes au port de Lates & de Frontignan,
« pour empêcher qu'aucunes choſes [2] défenduës ne ſe portent hors du
« royaume, & pour lever les impoſitions dûës pour l'iſſuë du royaume,
« comme ſe faiſoit aux tems des rois de Mayorque, & ſe fait encore à
« Châlon, à Saint-Jean-de-Leon & ailleurs, ès terres des pairs, barons &
« autres ſeigneurs.

« Il aura commiſſion pour connoître de la mutation de bourgeoiſie,
« étude, monoye, & tous autres ayant priviléges royaux.

« Il aura pouvoir d'exploiter tout ce qui ſera dû au roi des arrerages
« du petit-ſcel ou de ladite bourgeoiſie, juſqu'à la poſſeſſion baillée par
« Philipe de Savoiſi; & de toutes oppoſitions le gouverneur connoîtra &
« déterminera.

« Les appellations iront au parlement pour tout ce qui regarde le droit
« de ſouveraineté & droits royaux, conſervation des priviléges & de la bour-
« geoiſie; mais, pour les choſes qui auront été ordonnées en la viguerie
« de Sommiéres, on appellera au ſenéchal de Beaucaire, comme il eſt
« accoûtumé. Les appeaux des officiers des ſeigneurs domaniaux ſe feront
« au gouverneur, & de lui au parlement. Ainſi reglé le huitiéme jour du
« mois de mai 1372, afin que Me Arnaud Delar, inſtitué gouverneur
« deſdits droits, ne ſoufre qu'autrement en ſoit uſé par le roi de Navarre ni
« par ſes gens. »

---
[1] Var. : *Qui regarderont ledit droit.*
[2] Var. : *Marchandiſes.*

Le vingt-huitième du mois suivant, le duc d'Anjou, à qui ces lettres avoient été apportées à Montauban, donna les siénes pour ordonner aux officiers de justice de donner toute aide & tout secours audit Delar, malgré les défenses & oppositions qui pourroient venir de la part du roi de Navarre; &, comme si les articles que je viens de raporter ne diminüoient pas assés son autorité dans Montpellier, on en ajoûta d'autres par lesquels on tiroit de sa jurîdiction la plus considerable partie des habitans & les principaux lieux de la ville.

1372.

« Ledit gouverneur aura connoiffance de l'églife catédrale de Mague-
« lonne, de l'ordre de Saint-Jean-de-Jerufalem, de l'églife & monaftére de
« Saint-Germain & autres qui font fous la garde du roi & de fondation
« royale, ensemble de leurs serviteurs, hommes, sujets en icelles églises; de
« sorte que leurs membres, terres & sujets seront exemts de toute
« connoiffance, jurîdiction & pouvoir du roi de Navarre.

« Il connoîtra de toutes infractions de sauvegarde, de la fausse monoye,
« portement d'armes, des contrats faits sous le sceau royal, & de tous cas de
« nouvelleté & prévention; ensemble de tous cas des personnes députées
« pour le droit de souveraineté & reffort, & officiers royaux ou officiers de
« monoye.

« Il fera payer les dettes royaux & aides.

« Au roi feul appartiendra de donner sauvegarde, lettres d'état, de
« nobilitation, légitimation, droit de bourgeoifie, foires, marchez, amortif-
« fement; de tous lefquels droits ledit gouverneur prendra connoiffance;
« ensemble de tous les membres de l'univerfité, qui a été fondée, créée &
« privilégiée par les rois de France.

« Et, comme le roi, notre fire, a octroyé au roi de Navarre la moitié des
« tailles qui feront & courront en ses terres, pour le fait de la guerre,
« jufqu'à certain tems, lefdites aides fe recouvreront par les gens du roi,
« & le roi de Navarre prendra fa portion de leurs mains, & non autrement.

« Ledit gouverneur connoîtra en feul des fufdites chofes, & recevra le
« ferment des confuls & gouverneur qui feront faits à Montpellier par le
« roi de Navarre, en la forme & maniére qui eft contenuë dans le premier
« traité fait avec le roi de Navarre.

« Pour l'execution des fufdits droits royaux, les officiers requerront ceux
« du roi de Navarre; & s'ils refufent ou délayent trop, lefdits officiers
« du roi le pourront faire fans les plus requérir. Par le roi en fon confeil,
« Yvo. »

Il y a grande apparence qu'on ne travailla à mettre ces lettres en execution qu'au commencement de l'année 1373, quoiqu'elles euffent été données

1373.

1373.

Page 164.

dans la précedente. La raison en est que nous ne trouvons aucune opposition de la part du roi de Navarre que dans le mois de mars 1373, où il écrivit à Jean de Ligneres Lamorax, qu'il avoit établi gouverneur à Montpellier, qu'étant venu * « à sa connoissance qu'Arnaud Delar, châtelain & viguier « de Sommiéres, s'efforçoit tous les jours de contraindre les consuls de « Montpellier & autres habitans de la ville, de comparoir devant lui audit « Sommiéres pour faire aucuns sermens préjudiciables à nos droits, fran- « chises & libertez. » *Si vous mandons* (dit le roi) *qu'aussitôt les présentes reçûës, vous fassiés commandement aux consuls & habitans de ne comparoir pardevant ledit Delar en aucune maniére, sous peine d'encourir nôtre indignation, quelque part qu'ils soient citez par lui; & gardés bien* (ajoûte-t-il) *qu'ils ne fassent le contraire.*

II. Mais ce qu'il fit de plus efficace en cette occasion, fut de faire partir pour Montpellier la reine son épouse, qui, par sa présence, pouvoit encourager les habitans, &, par son crédit, adoucir les choses auprès du roi Charles le Sage & le duc d'Anjou, ses freres. Elle y arriva, en effet, le dix-septiéme du mois de mars, & nôtre ceremonial porte que trois des consuls qui devoient sortir de charge, & trois de ceux qui devoient y entrer, allérent pour la saluer jusqu'à Beziers, où ils entrérent avec plus de soixante chevaux, menant avec eux les menestriers du consulat, vêtus de livrées rouges. Qu'étant revenus à Montpellier avant la reine, ils montérent tous à cheval, tant anciens que modernes, avec grand nombre des principaux habitans, & furent à sa rencontre jusqu'à Pignan, faisant porter devant eux la baniére de la ville, qui étoit suivie des menestriers du consulat. Le bailli & les curiaux du palais, de la rectorie & du petit-scel, venoient après eux, faisant porter aux gens de leur suite les livrées de la cour, avec les armes du roi de Navarre. Les processions des ordres religieux & des parroisses s'avancérent jusqu'à Saint-Jean-de-Vedas; & les métiers, rangez par échelles & vêtus de diferentes couleurs, attendirent à la croix de Pariaut.

La reine menoit avec elle Agnés, comtesse de Foix, sa belle-sœur, & elles étoient accompagnées de Raymond de Baux, prince d'Orange, & d'un grand nombre de seigneurs & dames qui étoient de leur suite. Lorsqu'ils furent arrivez devant l'hôpital Saint-Barthelemi, la reine décendit de son carrosse & entra dans cet hôpital, où, s'étant un peu accommodée, elle monta à cheval. Alors les consuls anciens. & nouveaux la suivirent à pied jusqu'à Nôtre-Dame-des-Tables, où ayant fait son oraison, elle entra dans l'hôtel de ville; après s'y être reposée, elle remonta à cheval, se fit voir par toute la ville, & alla décendre à la sale de l'evêque, qui étoit preparée pour son logement.

Nous ne trouvons point que durant le séjour de plus de trois mois qu'elle fit en cette ville, Arnaud Delar y eût rien entrepris pour le droit de souveraineté; au contraire, nous avons des lettres du roi Charles V, adreſſées au même Delar, qui y eſt qualifié ſenéchal de Beaucaire, châtelain & viguier de Sommiéres, & gouverneur de la reƈtorie de Montpellier, où le roi lui mande, à la priére de la reine de Navarre, ſa ſœur, de faire ſurſeoir juſqu'à Noël prochain toutes pourſuites entre les gens du roi de Navarre & du duc d'Anjou. Donné en nôtre châtel du Louvre-lez-Paris, le vingt-huitiéme d'août 1373.

1373.

III.

La reine prend la qualité de procuratrice generale du roi ſon époux, ſeigneur de Montpellier, dans des lettres qu'elle écrivit d'Evreux, le 14 de ſeptembre, au bailli de Montpellier, Bernard Ricardi[1], où elle dit qu'à ſon dernier paſſage par Montpellier elle leur avoit donné ordre de viſiter les marchandiſes qui entroient dans la ville, ſurtout celles des appoticaires; mais que les conſuls lui avoient repréſenté que cette viſite les regardoit. Sur quoi la reine ordonne que les altercations qu'il y avoit eu à ce ſujet entre les conſuls & les officiers royaux, qui avoient cauſé le déperiſſement des marchandiſes arrêtées, ſoient regardées comme non avenuës; & qu'à l'avenir chacun pourſuive ſon droit. Et par d'autres lettres du ſixiéme d'octobre 1373, écrites de la même ville, la reine, prenant toûjours la qualité de procuratrice generale du roi ſon époux, donne pouvoir aux conſuls de Montpellier de lever encore pendant deux ans l'impoſition appellée le ſouquet de vin, qui avoit été établie pour les fortifications & autres charges de la ville.

Nos annales marquent que cette bonne princeſſe mourut le quatriéme du mois de novembre ſuivant, & qu'on avoit reſſenti à Montpellier, dans le mois de mai* précédent, deux tremblemens de terre qui durérent chacun l'eſpace d'un *ave, Maria;* mais que l'épouvante fut bien plus grande le vingt-uniéme de ſeptembre, où il en ſurvint un autre & plus grand & plus long que les deux premiers. On regarda ces tremblemens comme des avant-coureurs de quelque plus grand malheur, & on ne tarda point d'en faire l'application à une mortalité qui deſola Montpellier, depuis le carnaval de 1374 juſqu'à la Saint-Jean de la même année.

Page 165.

IV.

Alors nos habitans, abatus de leurs maux, mirent toute leur eſperance en l'interceſſion de la ſainte Vierge; &, pour ſe dévoüer d'une maniére plus ſinguliére à ſa proteƈtion, ils firent meſurer la ville avec les fauxbourgs, qui étoient déja clos, & firent faire une bougie de pareille longueur, pour

1374.

---

[1] Le commencement de ce paragraphe, biffé dans le manuſcrit, n'a pas été remplacé par une autre rédaƈtion.

1374. brûler nuit & jour devant l'autel de Nôtre-Dame-des-Tables. Cette bougie étoit autour d'un cilindre que l'on prenoit foin de tourner à mefure qu'elle fe confumoit [1]; & nos archives marquent qu'elle avoit dix-neuf cent cannes de long; par où l'on peut juger de l'enceinte qu'avoit alors la ville avec fes fauxbourgs.

Cette mortalité fut fuivie de la famine, parce que les broüillards firent périr les raifins, & que les blez furent ravagez en plus grande partie par les troupes que le duc d'Anjou ramaffoit dans le païs pour fes expeditions de Guiéne. On fut obligé de recourir à la Bourgogne & à la Champagne, qui abondoient en grains, & on eut le plaifir d'avoir, à Montpellier, le fetier de blé pour cinq florins, tandis que les voifins en payoient jufqu'à huit. Une inondation extraordinaire du Lez, arrivée le troifiéme d'octobre, qui entraina moulins, hommes & beftiaux, eft encore marquée, dans nos regîtres, par la perte de plufieurs groffes piéces de bois de Quillan, qui, du port de Lates, où elles étoient, furent emportées dans la mer; ce qui marque le commerce que nos marchands entretenoient alors avec les Pirénées.

V. On avoit reçû dans cette même année des lettres du roi de Navarre, qui donnent lieu de croire que le droit de fouveraineté n'étoit pas pourfuivi à Montpellier avec la même vigueur qu'il avoit été entrepris, car le roi de Navarre y prononce fur le fait des tailles, & il mande que toutes perfonnes, de quelque état & condition qu'elles foient (quand même elles ferviroient actuellement dans fes troupes), qui poffédent des héritages fujets à la taille, doivent la payer, comme faifoient leurs devanciers dans ces mêmes héritages. Donné à Pampelune, le 20 de juillet 1374. Par où il paroît qu'alors les tailles étoient réelles à Montpellier, & qu'Arnaud Delar n'inquiétoit point, fur cet article, les officiers du roi de Navarre.

1376. Au commencement de 1376, & le feptiéme de mars, on reçut à Montpellier Pierre, comte de Mortaing, fecond fils du roi de Navarre, à la rencontre duquel nos confuls allérent jufqu'à Pouffan, avec la fuite & les ceremonies accoûtumées. Les proceffions fortirent hors la ville, & les métiers, avec leurs baniéres, fuivirent le prince, à travers les ruës tapiffées, jufqu'à Nôtre-Dame-des-Tables, où, ayant été reçû par Jacques de la Manhania, prieur de cette églife, il alla décendre à la fale de l'evêque, & partit de Montpellier le dix-neuviéme du mois d'avril.

1377. Le roi fon pere, dans l'année fuivante, 1377, envoya des lettres-patentes pour autorifer une nouvelle manufacture de laines, qui fut alors établie à Montpellier. Il ordonne que les étofes feront marquées du fceau des confuls:

---

[1] Var : *Que la bougie fe confumoit.*

ficut & in aliâ draperia antiquâ &, aliis officiis dictæ villæ videri & infpici eft fieri confuetum. Il leur accorde de choifir eux-mêmes une place pour les expofer en vente ; de prendre tel jour de marché qu'ils voudroient, des trois qui étoient déja établis, fçavoir : le mardi, le jeudi & le famedi ; enfin, de nommer un prud'homme pour vifiter & plomber ces étofes. Donné *in villâ noftrâ Oleti, die 21 maii 1377.* Par autres lettres du même jour, adreffées au gouverneur & au juge du palais, il nous apprend que les murailles de la ville contiguës au palais avoient été affaiffées par les arc-boutans qui portoient fur la muraille ; fur quoi il leur mande de lui envoyer leur avis, afin de répondre aux confuls, qui demandoient qu'on y laiffât un efpace de douze pans, comme dans le refte de la ville : *fpatium duodecim palmorum inter palatium & murum, ficut eft in aliis circonferentiis dicti muri.*

1377.

* Cependant la France venoit d'être délivrée d'un de fes plus grands énemis en la perfonne d'Edoüard, prince de Galles, qui l'avoit toûjours tenuë dans une agitation continuelle. Son pere Edoüard III en fut fi affligé, qu'il ne put furvivre au-delà de quinze jours à la perte de fon fils. Il laiffa fon royaume à Richard, fon petit-fils, fur lequel le duc d'Anjou prit d'abord Bergerac & plus de foixante châteaux en Guiéne.

PAGE 166.

Nos annales marquent, pour cette même année & au feptiéme d'octobre, en la ville de Touloufe, la naiffance de Loüis, fils du duc d'Anjou, pour lequel on fit de grandes fêtes à Montpellier. La joye y fut d'autant plus grande, que jamais, de mémoire d'homme, on n'y avoit vû une recolte fi abondante, jufque-là que les quatre fétiers de blé ne valoient qu'un florin. Mais cela même caufa parmi le peuple une fi grande moleffe, qu'on ne pouvoit trouver homme ni femme pour le travail des terres qu'avec des peines & des dépenfes exceffives : tant il eft vrai que l'abondance a fes inconveniens, comme la difette, & que l'homme veut être excité par fes propres befoins !

Le changement de regne qui venoit d'arriver en Angleterre reveilla l'inquiétude naturelle [1] du roi de Navarre. Il crut devoir profiter des intrigues qu'il avoit déja formé dans ce royaume, & de l'affliction où il voyoit le roi de France depuis la mort de Jeanne de Bourbon, fon époufe, princeffe d'une fi grande beauté, qu'il l'avoit préférée pour cette raifon à l'héritiére des états de Bourgogne & de Flandres. Les troupes du Navarrois s'affembloient déja dans la Normandie, lorfque Charles, fon fils aîné, vint précipitamment à Montpellier pour fe rendre auprès du roi fon pere. Nos regîtres, qui marquent fon paffage en cette ville au 18 février 1378, femblent le faire

VI.

1378.

---

1 VAR : *Toutes les anciennes agitations* (première rédaction).

1378

comme pour excufer les confuls du peu de reception qu'ils lui firent, pour n'avoir pas eu le tems de s'y preparer, & ne parlent point de fes deffeins. Mais on ne tarda point d'en être informé lorfqu'on vit arriver, le 20 du mois d'avril fuivant, Jean de Buëil, fenéchal de Touloufe & d'Alby, qui remit aux confuls Guillaume de Manhania, Pons Pelicier & autres, une lettre du duc d'Anjou portant qu'il avoit reçû ordre du roi de faire faifir au plûtôt la feigneurie de Montpellier, la comté de Ceffenon & toutes les autres terres que le roi de Navarre poffedoit en Languedoc.

Le fenéchal dit aux confuls qu'il ne vouloit donner aucune atteinte à leurs priviléges; & eux, de leur côté (continuë le verbal), voulant fe mettre à couvert du ferment qu'ils avoient prêté au roi de Navarre, demandérent copie de l'ordre du roi en préfence d'Arnaud Delar, gouverneur royal à Sommiéres, Jacques Rebufi & autres, ce qui leur fut promis. Et le lendemain, ayant appris que le fenéchal, après avoir deftitué les curiaux du roi de Navarre, en avoit établi d'autres par provifion, & fait mettre des panonceaux fur les murailles de la ville & des fauxbourgs, ils furent le trouver, & lui repréfentérent l'atteinte qu'il venoit de donner à leurs priviléges; ce qui ayant donné occafion au fenéchal de leur réïterer fes promeffes, il leur fit délivrer copie des lettres du roi & du duc d'Anjou, que les confuls voulurent être inferées dans le procès-verbal.

On trouve toutes les piéces de cette affaire, très-intereffante pour l'hiftoire de Charles V [1], dans les anecdotes du pere Marténe, où il raporte les dépofitions des témoins fur les attentats du roi de Navarre contre la vie de Charles V. Je me contente de raporter ici la lettre que nous trouvons encore dans nos archives, par laquelle le roi donnoit avis de toute cette affaire au duc d'Anjou, & lui marquoit fes ordres pour Montpellier.

Pag. 1551 & feq.

« Très-cher & très-amé frere, fçachiés que par vôtre bon avis, & par la
« merci de Nôtre-Seigneur, nous avons atteind la grande trahifon que le
« roi de Navarre avoit entreprife contre le roi de Caftille, nous & vous; &
« par la prife de Jacques Rüa, a été fçû toute la maniére, tant par un écrit
« qui a été trouvé fur fa femme (de quoi nous penfons que vous avés eu
« la copie, qui fut baillée à un de vos chambelans pour vous porter), que
« par ledit Jacques, qui a conteffé fans gêne tout ceci, & a déclaré comment
« nous devions être empoifonnez, quand, & par qui (comme par fadite
« confeffion pourrés voir plus amplement, laquelle nous vous envoyons).

PAGE 167.

« Si eft neceffité, très-amé frere, d'y mettre tôt remède; &, de *fait, quand
« il fçaura qu'il eft découvert, il fe efforcera de tôt faire le pis qu'il pourra;

---

1 VAR : *Pour l'hiftoire de Montpellier* (première rédaction).

« & par-deçà nous y ordenons y remedier, par la grace de Nôtre-Seigneur, 1378.
« à tout nôtre pouvoir. Si eft neceffaire que ainfi le faffiés de par-delà, de
« mettre Montpellier en nôtre main, & toutes les forterefles qu'il tient par-
« delà. » Donné copie aux confuls. Signé : DE BUEIL, fenéchal.

Ces nouvelles cauférent une fi grande indignation aux habitans de Montpellier, qu'ils confentirent à tout ce que le fenéchal exigea d'eux ; & ils arrêtérent, par fon ordre, Guy de Graville & Leger d'Orgey, chevaliers normands, qui commandoient dans la ville pour le roi de Navarre. Cette marque de zéle leur attira, de la part du duc d'Anjou, une permiffion, qui fut confirmée par lettres-patentes du roi du 28 d'août 1378, par laquelle il leur étoit permis de retenir un denier pour livre des douze qui fe levoient fur les aides dans Montpellier, & de les employer, pendant deux ans, à la conftruction d'une loge pour l'exercice du négoce ; mais cette permiffion ne parut, par les fuites, qu'une préparation à de nouveaux impôts, qui cauférent à Montpellier le trifte évenément que je vais raconter.

CHAPITRE QUATRIÉME

I. Grande fédition à Montpellier. II. Le cardinal Anglic y accourt, & difpofe les efprits à fatisfaire au duc d'Anjou. III. Entrée de ce duc dans Montpellier. IV. Sentence rigoureufe qu'il y fait publier. V. Obfervations fur cette fentence.

L'AUTORITÉ que le duc d'Anjou avoit reprife dans Montpellier, après la faifie faite fur le roi de Navarre, lui donna l'envie d'augmenter les fubfides dont il chargeoit depuis long-tems tous les lieux de fon gouvernement. On en donne pour raifon les vûës qu'il avoit fur le royaume de Naples, qui lui firent employer tous les moyens poffibles pour amaffer de quoi fe foûtenir un jour dans ce royaume.

Il fe propofa, dans le tems dont nous parlons, d'établir dans le Languedoc I. une impofition de douze livres par feu, qui devoit lui produire une fomme immenfe pour ce tems-là ; &, dans cette vûë, il crut devoir commencer par la ville de Montpellier, qui n'avoit pas été comprife dans toutes fes levées, durant le tems qu'elle avoit été joüie par le roi de Navarre. D'abord, il n'exigea d'elle que des contributions paffagéres ; mais, dans le mois d'octobre 1379, il envoya des commiffaires pour y établir une taxe perpe- 1379. tuelle de douze livres par feu. Les commiffaires y étant arrivez le vingtiéme du mois, assemblèrent les consuls dans le chapitre des freres mineurs, hors la ville, & ils leur exposérent le sujet de leur voyage. Les consuls (comme nous l'apprenons des actes mêmes du duc d'Anjou) demandérent quatre jours pour leur faire réponse; &, au bout de ce terme, il arriva ce qui est exprimé dans nôtre petit Talamus en ces termes :

« Le vingt-cinq octobre 1379, jour de mardi, sur le soir, & toute la nuit
« suivante, fut fait un grand insult en la ville de Montpellier par aucuns
« du peuple, auquel furent tuez aucuns grands officiers du roi & du duc
« d'Anjou, son frere & son lieutenant en Languedoc, parce qu'ils faisoient
« de grandes & insuportables demandes, particuliérement de douze livres
« pour feu par an. Cependant, le peuple étoit tout ruïné par les grandes
« impositions qui avoient été longuement faites dans le païs. »

Le duc d'Anjou raconte dans sa sentence que les consuls donnérent au bout de quatre jours, pour réponse, une défaite, & que le peuple, étant survenu, mit cruellement à mort tous les envoyez du roi, excepté un seul.

* Ce malheur ne put arriver sans être sçû dans tout le païs, & particuliérement à Avignon, qui n'est éloigné de Montpellier que de deux petites journées. Le pape Clement VII (Robert de Geneve), qui, après toutes ses avantures à Anagni & à Naples, s'étoit refugié à Avignon depuis trois mois, crut devoir entrer dans cette affaire, pour l'interêt de la cour de France, qu'il avoit fort à ménager, & pour celui de la ville de Montpellier, qui fut toûjours protegée des papes durant leur séjour à Avignon.

II. (*a*) Il fit partir aussitôt le cardinal Anglic Grimoard, evêque d'Albane, qui avoit de grandes habitudes & un grand credit à Montpellier, depuis le feu pape Urbain V, son frere, dont la mémoire étoit fort chere à cette ville.

(*b*) Il est à croire que le cardinal, pour éviter la rencontre des troupes qui pourroient être aux approches d'une ville toute en émotion, voulut prendre la route du Rône pour venir aborder (comme il fit) au port de Lates, d'où il se rendit, le samedi au soir vingt-neuvième d'octobre, dans le colége de Saint-Ruf, qu'il avoit fait bâtir à Montpellier (*c*). Il négocia dans cette ville

---

(*a*) Cette émotion venuë à la connoissance de nôtre saint pere le pape Clement VII, le jeudi suivant matin, il envoya le même jour, après-diné, le cardinal d'Albe, frere du pape Urbain V, de sainte mémoire, pour conseiller & appaiser ce peuple, & faire cesser toute rumeur, & mettre aussi le peuple en paix & repos. (*Petit Talamus, ad an. 2379.*)

(*b*) Le cardinal vint par eau à Lates, & arriva le samedi vingt-neuvième dudit mois, au soir, & décendit en la maison de son colége de Saint-Ruf, & mena quant-&-lui Bernard Alimany, évêque de Condom, & Guillaume Sauvaire, de Montpellier, créé nouvellement par nôtre saint pere le pape abbé de Saint-Giles. (*Petit Talamus.*)

(*c*) Le cardinal s'en retourna à Avignon le vingt-deuxiéme novembre, pour faire relation à sa sainteté de ce qu'il avoit trouvé & de ce qu'il avoit fait.

durant vingt-quatre jours, après lesquels (comme disent nos annales) il partit le vingt-deuxième de novembre, pour aller rendre compte au saint pere de l'état où il avoit trouvé les choses, & de tout ce qu'il avoit fait à Montpellier.

1379.

Son séjour à Avignon dura plus d'un mois, pendant lequel le pape donna avis à la cour de France, & au duc d'Anjou, de la disposition où le cardinal Anglic avoit laissé les habitans (*d*). On peut même ajoûter que ce ne fut qu'après avoir reçû leur réponse qu'il fit repartir le cardinal pour Montpellier, où il arriva le vingt-huitiéme de décembre, & proposa à la ville de se soumettre entiérement à la discretion du roi & du duc d'Anjou (*e*). La honte & le repentir qu'avoient les habitans de l'excès où ils s'étoient portez, leur fit signer cette soumission le premier du mois de janvier que nous comptons 1380; & le cardinal Anglic, s'en étant fait expedier un acte, partit le quatriéme pour aller le communiquer à Avignon (*f*), d'où étant encore revenu à Montpellier le septiéme de janvier, il travailla à disposer les esprits des habitans à entendre ce qui avoit été ordonné par le duc d'Anjou; ce qu'il fit, comme nos regîtres le marquent, dans une maison particuliére, le seize de janvier, & ensuite le lendemain en public, dans la place qui est devant l'hôtel de ville.

1380.

Tout étant disposé de la sorte, les habitans se mirent en état de donner au duc d'Anjou, lorsqu'il arriveroit dans leur ville, toutes les marques de repentir les plus capables de le fléchir; & ils n'eurent pas beaucoup à attendre, car ils apprirent, le vendredi vingtiéme du mois de janvier, que le duc d'Anjou venoit du côté de Nîmes avec mile lances & grand nombre d'arbalêtriers à cheval. Aussitôt on fit sortir de la ville les quatre ordres mendians, qui s'avancérent jusqu'à la croix des Areniers, suivis des autres ordres & des religieuses recluses. Les enfans venoient ensuite, l'université après; enfin les consuls terminoient la marche avec tout le peuple, criant à haute voix & avec larmes: *Misericorde!* Les veuves & les femmes mariées attendoient le duc d'Anjou à la porte du Pila Saint-Giles, pour tâcher de le fléchir. C'est ainsi que nôtre Talamus le raporte presque mot à mot.

III.

(*d*) Le vingt-huitiéme décembre, le cardinal vint à Montpellier pour traiter que toute la ville se soumît, du conseil de nôtre saint pere le pape & de lui, au mandement du roi & à l'ordonnance du duc d'Anjou, comme lieutenant du roi, sur le fait de ladite émotion. (*Petit Talamus*.)

(*e*) La soumission fut faite le premier du mois de janvier, de sorte que le cardinal s'en retourna à Avignon, & partit le quatre janvier. (*Petit Talamus*.)

(*f*) Le septiéme janvier, le cardinal revint pour la troisiéme fois à Montpellier, & Jean Artaud, evêque de Grasse, avec lui, pour annoncer au peuple l'ordonnance du duc d'Anjou, laquelle il fit sçavoir au peuple en la sale du logis qui fut de Guiraud Guyez, un jour de lundi seiziéme janvier; & puis à la place qui est devant l'hôtel de ville, le dix-sept janvier. (*Petit Talamus*.)

PAGE 169.
1380.
Fol. 121.

*Le duc d'Anjou, qui avoit prémedité tout ce qu'il vouloit faire, ne donna aucune marque, ni de pitié, ni de colère; mais, étant entré dans la ville avec ses troupes, il choisit son logement (selon la cronique d'Anjou) dans le monastére de St-Germain, qui valoit une forteresse : là, il donna ordre que tous les habitans eussent à remettre leurs armes dans l'hôtel de ville; & le mardi suivant, vingt-quatriéme du mois de janvier, il fit dresser un echafaut sur le pont-levis de l'avant-portail de la Saunerie, où on lut à haute voix une sentence soigneusement dressée par quelque grand jurisconsulte, mais épouvantable par le châtiment qu'elle ordonnoit.

Tom. 2, p. 101, dans les preuves.

On la trouve dans les annales de Toulouse, écrites par M. de la Faille. Je vais en donner ici le précis, où j'ai tâché de n'ometre aucune circonstance qui puisse servir à l'histoire, & à connoître le caractére des principaux acteurs de cette grande tragedie.

IV. « Louis, duc d'Anjou, qui y prend le titre de fils & frere de roi, duc de
« Touraine, comte du Maine & lieutenant pour le roi dans le Languedoc,
« avouë d'abord que la dure necessité de la guerre, ayant obligé de fouler
« depuis long-tems les peuples de cette province, *Sane cum dura guerrarum*
« *commotio in exactionem juvaminis occitanas provincias & ejus incolas diutiùs*
« *afflixisset*, il auroit souvent suplié le roi de les soulager ; pour quel effet
« il auroit obtenu du roi que des commissaires allassent dans les villes,
« bourgs & châteaux, afin d'y prendre les expediens les plus moderez,
« pour tirer des peuples les secours necessaires contre les énemis de l'état,
« pour pouvoir porter la guerre hors du Languedoc & preparer toutes
« choses, afin qu'à nôtre retour de Bretagne (dit-il en parlant de lui-
« même), où nous étions pour le service du roi, *super tractatu Britanniæ &*
« *ordinatione regis fungebamur*, nous n'eussions autre chose à faire que d'exe-
« cuter les projets formez.

« Lesdits commissaires, Guillaume Pointeau, nôtre chancelier, Guy de
« l'Esterie, senéchal de Rhodez, Beraldon de Faudoas, chevalier, Jacques de
« la Chayene, Jean Perdigner, conseillers du roi & de nous, avec Pierre
« de Bagnols, trésorier à Nîmes, & Arnaud Delar, gouverneur de Mont-
« pellier, & autres secretaires du roi & de nous, crurent agir fort pruden-
« ment de choisir un lieu considerable pour commencer la commission :
« *Si in loco sic insigni darent initium tantæ rei ;* & ils se déterminèrent à la
« ville de Montpellier, dans le dessein de communiquer leur ordre aux
« consuls, conseillers & autres que cette affaire regardoit.

« Pour cet effet, ils se rendirent en cette ville, le vingtiéme d'octobre, &
« le lendemain, dans le couvent des freres mineurs & dans le lieu appellé
« chapitre, *In justatione quæ vulgariter capitulum nuncupatur,* ils montrérent

« aux consuls leurs lettres de créance, & le chancelier leur expliqua avec 1380.
« douceur l'utilité qui reviendroit au public de l'ordre dont ils étoient
« chargez.

« Les consuls promirent de leur faire réponse, mais ils la remirent jus-
« qu'au quatriéme jour, qui fut le mardi vingt-cinquiéme dudit mois, à
« heure indûë, propre à la sédition & au scandale. Eux ou leurs assesseurs
« vinrent, avec une troupe de gens armez, à la maison où ledit chancelier
« & autres conseillers & secretaires logeoient, & feignant leur rendre ré-
« ponse, ils ne donnérent qu'une défaite : *Figmenter magis quam sapienter*
« *responsum fecerunt.* Sur quoi, une troupe séditieuse de peuple étant sur-
« venuë, elle fut bientôt augmentée de plusieurs autres habitans, qui, sans
« craindre Dieu, le roi, ni nous, se jettérent sur les officiers du roi & les
« tüérent tous, excepté le seigneur Beraldon de Faudoas; & en ajoutant
« l'inhumanité à la cruauté, ils jettérent leurs corps dans des puits, & en
« trainérent quelqu'autres avec des cordes par les ruës, comme s'ils avoient
« été condannez par sentence du juge : mais, ce qui est encore plus abo-
« minable & inoüy, ils ouvroient leurs corps avec le fer, & mangeoient,
« comme des bêtes féroces, des chairs bâtisées, ou les donnoient à manger
« aux bêtes.

« De plus, en ajoûtant crime sur crime, ils pillérent l'or et l'argent, les
« habits, chevaux & meubles de ceux qu'ils venoient de tüer; &, en per-
« sistant dans leur dannable obstination, ils ont recherché au-dedans &
« au dehors du * royaume des protections étrangéres ; &, à la maniére du   Page 170.
« demon, *more Luciferi,* ils ont voulu faire soulever tous les peuples du
« Languedoc, pour les entrainer dans leur exemple dannable : ils ont
« reparé leurs murailles & tours, pour soûtenir leur rebellion, rapellé dans
« leur ville les exilez, & mis en liberté les prisonniers, qui devoient être
« en sureté dans les prisons du roi.

« Sur quoi, voyant que tant de crimes ne devoient ni ne pouvoient
« rester impunis, il a été necessaire de conduire nôtre heureuse armée en
« grand nombre, pour les châtier de leur orgüeil & de leurs crimes, qui sont
« de toute notorieté.

« Car il n'est pas douteux qu'ils ne se soient rendus coupables du
« crime de leze-majesté, & qu'ils n'ayent délinqué contre le droit des gens,
« contre la loi Cornelia (*De sicariis*), contre la loi Julia (*De vi publica*), &
« qu'ils ne soient tombez dans le cas de la loi *De seditiosis,* pour la punition
« desquels crimes les loix doivent recourir au glaive, & décerner contr'eux
« les derniers suplices : du gibet, du feu, de la perte de leur tête, de l'escla-
« vage, de la confiscation des biens, de l'inhabileté de leurs enfans à toute

42

1380.

« fucceffion, avec infamie perpetuelle, afin que les crimes de leurs peres
« les fuivent toûjours, & que la vie leur foit un fuplice & la mort une
« grace. Quant à la ville & communauté, il eft évident qu'elle mérite
« d'être privée du confulat, confuls, confeillers, maifon publique, cloche,
« bourfe commune, armes, murailles, tours & garde, de telle forte que la
« charruë y foit paffée & qu'elle ferve à perpetuité d'exemple aux autres
« villes.

« Néanmoins, ayant égard à la clémence de Dieu, & voulant préferer
« la douceur à la féverité, par nôtre fentence définitive, qui fera affés con-
« nuë par ces préfentes, nous prononçons & nous jugeons que fix cens
« hommes des plus coupables qui fe pourront trouver (ce qui fans doute
« ne fait pas la quatriéme partie des criminels), périront du dernier fuplice,
« fçavoir : deux cent brûlez tous vifs, deux cent pendus & deux cent la tête
« coupée, leurs biens confifquez & leurs fils & filles fujets à la loi *Juliæ ma-*
« *jeftatis :* les biens des autres coupables feront confifquez ; & parce que la
« communauté, qui fera punie en fon corps, ne peut être punie en fon âme,
« puifqu'elle n'en a pas, nous la condannons, pour le bien de la paix, à fix
« cent mile francs d'or, applicables au roi & à nous, *In fexties centum mille*
« *francis auri, regi & nobis applicandis ;* & nous la privons du confulat, con-
« fuls, confeillers, cofre, fceau, maifon, cloche & de toute autre forte de
« biens communs ; & appliquons au fifc tout ce qui leur a appartenu.

« Nous deftinons la cloche dont ils fe font fervis dans leur fédition à
« l'ufage d'une chapelle qui fera fondée ; & parce qu'ils ont principalement
« délinqué fur les murailles, depuis la porte de la Saunerie jufqu'à celle
« du Pila Saint-Giles, nous voulons que ces deux portes de ville, avec les
« murailles & les fix tours qui font entre deux, foient entiérement dé-
« truites & les foffez comblez et rafez.

« Nous condannons la ville à faire bâtir dans fes murs une belle bafi-
« lique & notable chapelle, dans laquelle il y aura fix chapellenies, avec
« affignation à chacune de quarante livres petits tournois, pour l'entretien
« des prêtres qui y feront l'office à perpetuité pour le repos de ceux qui
« ont péri dans cette dannable fédition : de plus, on y écrira fur un marbre
« le fujet qui a donné lieu à cette fondation ; & le patronage des chapel-
« lenies fera refervé au roi & à nous.

« La ville & les particuliers feront condannez à reftituer le pillage qu'ils
« ont fait, & nous ordonnons de brûler toutes les armes qui ont été
« portées de nôtre ordre à l'hôtel de ville, voulant que les loix qui dé-
« fendent aux particuliers d'en avoir foient obfervées.

« Mais, attendu que nous avons été obligez de faire de grands fraix

« pour amasser des troupes, nous condannons la ville à nous les rem-
« bourser. »

Cette sentence donne lieu à beaucoup de reflexions, tant sur la manière dont en ont parlé les historiens étrangers, que sur ce que la sentence dit elle-même* dans l'expositif. La Faille, qui a copié Andoque presque mot à mot, fait partir de Toulouse le duc d'Anjou, & amasser promtement des troupes en Guiène pour châtier les séditieux. Il fait interceder pour eux le cardinal Pierre de Lune, & ne dit point l'espace considerable de trois mois qui s'écoulérent entre la faute & le châtiment. Cependant, toutes ces circonstances sont marquées autrement que la Faille ne les raporte dans l'exemplaire de la sentence qu'il nous en a donné lui-même, car le duc d'Anjou y dit qu'il étoit en Bretagne lorsque la sédition arriva; il y nomme plusieurs fois le cardinal Anglic, & jamais le cardinal Pierre de Lune. Il marque le jour du délit au vingt-cinquième du mois d'octobre, & le jour de la sentence au vingt-quatre janvier : ce qui fait trois mois moins un jour, durant lesquels on fit toutes les négociations que nous avons dites, & que la Faille pouvoit bien ignorer. Mais la conformité de nos regîtres avec la sentence, pour les faits que je viens de relever, ne laisse guere de doute sur la verité de ce que j'en ai tiré, outre que la naïveté avec laquelle ils sont écrits parle pour eux, & que l'autorité des regîtres publics est incomparablement plus grande que celle des écrits particuliers.

Il ne me reste qu'à expliquer certains faits qui sont dans le dispositif de la sentence, desquels il n'est fait aucune mention dans nos regîtres. Par exemple, le duc d'Anjou y dit que les habitans de Montpellier recherchérent des princes étrangers; qu'ils voulurent faire soulever toute la province de Languedoc ; qu'ils fortifiérent leurs murailles, particuliérement celles qu'il ordonna d'abatre. A quoi l'on pourroit répondre que si, dans le premier feu de l'émotion, on tint de semblables discours, comme il est assés ordinaire, on n'eut pas le temps d'en suivre le projet, puisque le cardinal Anglic fut à Montpellier le quatrième jour après la sédition, & qu'il n'en sortit point sans avoir de bonnes paroles à raporter au pape Clement VII. Il est vrai que le roi de Navarre, qui avoit eu la seigneurie de Montpellier, faisoit alors la guerre à la France, & qu'il auroit pû profiter du trouble qui étoit à Montpellier pour sûciter au Languedoc bien des affaires au duc d'Anjou, ce que le prince apprehendoit peut-être. Mais l'envie qu'auroit pû avoir le Navarrois n'étoit pas un crime pour les habitans de Montpellier, qui firent bientôt paroître au cardinal Anglic la honte & le repentir qu'ils avoient de l'excès où l'on s'étoit porté dans leur ville. Nos regîtres l'attribuent à *aucuns du peuple*, & il n'est pas croyable que les honnêtes gens, qui en voyoient trop

1379.

V.
Page 171.
Tom. 2, p. 127.

Tom. 2, p. 101.

1380.

1380.

bien les fuites, y euffent jamais trempé. Cependant, le jurifconfulte qui dreffa cette fentence les y comprend indiferenment; il fait tomber la faute fur les confuls, &, pour l'agraver, il leur attribuë les deffeins qu'on foupçonnoit peut-être de la part du Navarrois.

C'eft ainfi que toutes les plumes fe prêtent pour accabler des malheureux, & que les hiftoriens, fans examiner les actes, mettent enfuite par écrit tout ce que le bruit public a répandu, avec les augmentations qui les fuivent d'ordinaire. Par exemple, Andoque & la Faille ont dit que nos confuls allèrent, la corde au cou, à la rencontre du duc d'Anjou, & l'on ne fçauroit encore ôter de l'efprit à plufieurs perfonnes qu'ils furent tous pendus dans cette occafion; jufque-là qu'on a dit qu'ils étoient repréfentez, en cet etat, fur les murailles qui vont du Peirou à la porte des Carmes : ce que j'avouë n'avoir jamais pû découvrir, quelque foin que j'aye apporté pour m'en éclaircir. A quoi l'on peut répondre que la fentence du duc d'Anjou, qui ménage fi peu les habitans, n'en dit pas un feul mot, & que nôtre Talamus, dont je vais raporter les propres paroles, s'en explique avec tant de naïveté, qu'il n'y a pas apparence qu'il eût oublié des circonftances fi confiderables.

Petit Talamus.

Le vendredi 20 janvier, le duc d'Anjou vint à Montpellier, & mena quant-&-lui mile lances & beaucoup d'arbalétriers à cheval. Tous les ordres mendians de Montpellier fortirent de ladite ville, & allèrent à pied jufqu'à la croix des Areniers, comme firent auffi les autres ordres, & les religieufes reclufes & autres ; & grande quantité d'enfans mâles juvenets, & toute l'univerfité, & puis les confuls avec le peuple, criant à haute voix & avec larmes : Mifericorde! Puis les veuves & femmes mariées furent devant la porte Saint-Giles.

PAGE 172.

* Je ferai obferver, en paffant, que cette arrivée du duc d'Anjou par la croix des Areniers & par la porte Saint-Giles, qui font toutes deux fur le chemin de Nîmes, n'eft pas l'entrée d'un prince qui eft parti *promtement* de Touloufe pour venir châtier les féditieux de Montpellier.

Mais ce qui eft décifif fur la plûpart des circonftances que je viens de combatre, c'eft l'acte qui fe paffa le lendemain de la fentence, fur le même échafaut où elle avoit été prononcée. Le duc d'Anjou s'y rendit en perfonne, ayant avec lui le maréchal de Sancerre, Enguerrand de Heudin, fenéchal de Beaucaire, Jean de Bueil, fenéchal de Touloufe, Beraldon de Faudoas, chevalier, Jean de Saint-Sorin, docteur és loix, Guillaume Garaiffi, licentié és loix du palais de Montpellier, & Pierre Julien, licentié és loix de la cour du fenéchal de Nîmes, tous juges & confeillers du feigneur duc, lieutenant pour le roi, & plufieurs autres chevaliers, docteurs & licentiez.

L'affemblée étant formée, le duc d'Anjou donna ordre à *très-excellent &*

sçavant homme, professeur ès loix, Raymond Bernard Flamefi, conseiller du roi 1380. & le sien, de lire & publier l'acte dont on va voir le précis.

CHAPITRE CINQUIÉME

I. Mitigation de la sentence. II. Remarques sur cette mitigation. III. Preuves de ces remarques. IV. Le séjour du duc d'Anjou fort nuisible à la ville. V. Il fait plusieurs assignations de sommes. VI. Evenémens qui arrivent dans le païs après son départ de la province.

« A LA priére reïterée du pape Clément VII, à qui nous voulons I.
« complaire en toutes choses, qui nous a souvent fait rendre ses
« lettres par le cardinal d'Albane; à la priére du sacré colége des
« cardinaux, & particuliérement du même cardinal d'Albane, nôtre très-
« cher ami, qui n'a épargné ni ses travaux ni ses soins pour obtenir de nous
« quelque indulgence; nous, Loüis de France, fils & frere du roi, duc
« d'Anjou & de Touraine, comte du Maine, lieutenant du roi en Lan-
« guedoc, de l'autorité du roi & de la nôtre, nous remettons à la ville de
« Montpellier les punitions corporelles & la confiscation des biens auf-
« quelles nous l'avions condamnée.

« Nous rendons à ses habitants le consulat, le conseil, les conseillers, les
« archives, le sceau, la maison publique, & tous les autres biens qu'ils
« avoient en commun.

« Nous revoquons la sentence portant la démolition des portes,
« murailles, tours & fossez de la ville. Le tout pour la reverence dûë à
« la passion de JESUS-CHRIST, pour l'honneur de nôtre saint pere, qui
« nous en a si souvent prié qu'il ne nous est pas permis de lui refuser; par
« consideration pour le reverendissime pere en Christ seigneur Anglic,
« cardinal d'Albane, qui est venu souvent en cette ville, & devers nous,
« de la part de notre saint pere; pour l'amitié que nous portons à dame
« Isabelle de Mayorque, nôtre chere cousine; pour la dévotion que nous
« avons envers les religieuses moniales, surtout les recluses; pour l'affection
« singuliére que nous devons au sérénissime prince Rodolphe, duc d'Au-
« triche, qui nous a envoyé ses ambassadeurs sur cette affaire, & en contem-
« plation des études de Montpellier.

« Nous restitüons les habitans dans leur bonne renommée, dans le
« consulat, consuls, conseillers, archives, sceau, maison & autres biens

« qu'ils avoient. Les rapellons dans les bonnes graces du roi & la nôtre,
« fauf que nous nous refervons la punition des principaux auteurs de la
« fédition, & de ceux qui ont commis l'homicide de leurs propres mains ;
« & que les confuls ne pourront avoir ni cloche ni clocher ; au contraire,
« s'il en reftoit encore il fera détruit en moins de dix jours, & la cloche
« fervira à l'ufage de la chapelle dont * il a été parlé dans nôtre fentence,
« voulant qu'à jamais & à perpetuité, les confuls & le confeil de ville ne
« puiffent s'affembler au fon d'une cloche publique.

« Nous nous retenons l'inftitution du bailli & autres officiers de la ville,
« &, par ampliation de grace, nous reduifons les fix chapelains, men-
« tionnez dans nôtre fentence, au nombre de trois, qui auront le revenu
« marqué dans ladite fentence, & la grand'cloche de l'hôtel de ville pour
« fervir à leur chapelle. Bien entendu que reftitution fera faite des biens
« enlevez à ceux qui en ont fouffert, ou à leurs héritiers ; & qu'on payera
« les fraix que nous avons fait pour les gens de guerre, depuis le fix du
« mois de novembre jufqu'au vingtiéme de janvier, où nous fommes
« entrez en cette ville, & que les armes que nous avons fait enlever refte-
« ront en nôtre difpofition.

« Nous revoquons pour toûjours nôtre derniére fentence, & la reftrai-
« gnons à ce que nous venons de dire, en confideration des priéres du
« fouverain pontife, & pour les caufes ci-devant dites. Mais nous faifons
« cette grace à condition qu'on ne commettra plus de pareille faute, &, fi
« l'on y revenoit, les préfentes feront nules : *Acta funt hæc in Montepeffulano,
« extrà portale Salneriæ prædictum, in quo dñus dux exiftebat in præfentia magni-
« ficorum virorum, &c. Et me Joanne Alencha, notario regio, qui de mandato
« dñi mei ducis hæc fcripfi.* »

Toute la diference que je trouve entre nos regîtres & l'acte dont je viens
de donner le précis, c'eft que nos regîtres marquent cette mitigation au
vingt-cinquiéme de janvier, & l'acte au vingt-fept. Mais, fans entrer dans
la difcuffion de cette circonftance, qui n'eft pas fi intereffante & qui nous
meneroit trop loin, je me borne à faire ici quelques obfervations importantes pour le fonds de l'hiftoire. 1º Quelque grande que fût la faute de
ceux qui avoient commis le meurtre, il femble que le duc d'Anjou ne
pouvoit, en bon politique, agir autrement qu'il fit, dans les conjonctures
où étoient alors les affaires du royaume & les fiénes propres. 2º Le roi
étoit mourant, & il mourut en effet, huit mois après, du poifon lent que
tous nos hiftoriens difent lui avoir été donné à l'inftigation du roi de
Navarre, fon beau-frere. Ce prince occupoit alors les armes de la France
dans la Normandie, & il avoit en même tems des intelligences dans le

Languedoc, où le duc, qui n'y étoit pas aimé, avoit intérêt de finir tous les commencemens de trouble; & il en étoit d'autant plus preffé, que la regence du royaume le regardoit après la mort du roi, fon frere. 3º Il avoit befoin en même tems du pape Clement VII pour l'inveftiture du royaume de Naples, où il étoit appellé par la difpofition de la reine Jeanne. Toutes ces raifons devoient lui faire regarder comme un bonheur que le pape voulût bien entrer dans l'affaire des habitans de Montpellier. Auffi chercha-t-il à s'en faire un mérite auprès de lui, comme nous le voyons dans ces premiéres paroles de la mitigation : *Le faint pere, à qui nous voulons complaire en toutes chofes; le faint pere, qui nous a fi fouvent prié qu'il ne nous eft pas permis de lui refufer.*

1380.

Dans toutes ces conjonctures, il femble qu'il n'avoit qu'à ménager fa gloire, &, pour cet effet, il attend trois mois pour donner lieu à toutes les négociations du cardinal Anglic. Il s'affure de la difpofition des habitans ; il leur fait communiquer la fentence qu'il devoit prononcer, car c'eft ainfi que je crois qu'on doit entendre ces paroles de nos regîtres : *Le feptiême janvier, ledit cardinal fit fçavoir au peuple l'ordonnance du duc d'Anjou,* &c. Il n'eft pas fâché de toutes les démonftrations de crainte & de trifteffe que le peuple donne à fon entrée ; mais, pour répandre la terreur dans toutes les villes du Languedoc, il rend publique une fentence que fes jurifconfultes avoient pris foin de revêtir de tout ce que les loix ont de plus impofant, afin que, l'impreffion en étant une fois faite fur les efprits, il parût ne faire que fe rendre aux folicitations qu'il avoit reçûës, & qu'il fait fi bien valoir.

Pour moi, après tout ce que nous venons de voir, je ne puis m'empêcher de croire que tout étoit concerté entre le duc d'Anjou & le cardinal Anglic, puifque ce cardinal n'auroit jamais exigé la foumiffion des habitans, encore moins fe feroit-il chargé de leur annoncer la fentence s'il n'avoit été affuré de fa mitigation, & s'il ne leur en avoit donné parole. Je crois en avoir * une efpéce de démonftration, en fait d'hiftoire, par les copies qui nous reftent des lettres répondües au cardinal Anglic par le roi & par le duc d'Anjou..Je les donne ici en notes, pour fervir de preuve à ce que j'avance; & fi l'on y voit un grand zéle de la part du cardinal, on peut y reconnoître le caractére du roi Charles le Sage, & celui de fon frere le duc d'Anjou ¹.

III. Page 174.

---

1 HONORABILIBUS VIRIS CONSULIBUS MONTISPESSULANI, AMICIS NOSTRIS CARISSIMIS.

A. EPISCOPUS CARDINALIS ALBANENSIS.

HONORABILES ET AMICI CARISSIMI. Copias litterarum nobis miffarum per dños regem, delphinum & ducem vobis de verbo ad verbum mittimus præfentibus interclufas, ut de contentis in eis efficiamini certiores. Quæ quidem litteræ non videntur nobis nimis afperæ ; & ftetis confolati, quia fperamus quod, divina operante clementia, hujufmodi negotium finem profperum habebit plus quam ab initio credebatur; fuper ftatu veftro & loci, per focium noftrum præpofitum Mimatenfem,

Nôtre Talamus ne dit, fur cet article, que ce peu de mots : *Le mardi vingt-quatriéme de janvier, le duc d'Anjou, fur un échafaut qu'il fit faire fur le pont-*

quem breviter hic expectamus, fperamus clariùs ædificari. Valete. Scriptum Avinioni, die undecima decembris.

LETTRE DU ROY.
A NÔTRE TRÈS-CHIER ET FEAL AMI LE CARDINAL D'ALBANE.

CARDINAL D'ALBANE, TRÈS-CHIER ET FEAL AMY. Nous avons reçû vos lettres faifant mention de la commotion & efclandre n'aguieres advenus en noftre ville de Montpellier, dont avons eu & avons très-grand merveille & defplaifir : Et par avant la reception d'icelles lettres, noftre très-faint pere nous avoit écrit comment, fitôt que ledit fait vint à fa notice, il vous envoya par-delà, pour appaifer la fureur & tumulte du peuple, les admonefter & requerir que envers nous fuffent, ainfi que eftre devoient, vrais obéiffans & fujets, & que de ce vous aviés pris très-liberalement la charge: defquelles chofes fçavons très-bon gré à noftredit faint pere & à vous, & vous en mercions : car, parmi ce, appercevons clairement la grande affection & defir que noftredit faint pere & vous avez toujours eu & avez au bien & à la profperité de nous & de nôtre royaume : & parceque, au contenu defdites lettres, nous priez que envers les habitans de noftredite ville voulions eftre piteux & mifericords mefmement, car dudit fait ils font très-dolens & corrociez, & veulent eftre & demeurer jufqu'à la mort en noftre vraye obéiffance & fubjection, comme ont accoûtumé de faire, nous, voulans enfuivre la clemence & la débonnaireté de nos prédeceffeurs rois de France, felon la repentance que les habitans deffus dits auront en ce fait, & la bonne & vraye loyauté & obéiffance qu'ils montreront envers nous & nos gens & officiers, combien que . . . . . comme il eft à nature très-énorme & de moult mauvais exemple, nous eftendions envers eux nôtre mifericorde & grâce, par manière que noftredit faint pere & vous en devrez eftre contens; & afin que mieux foyez acertainez de noftre volonté & intention fur ce, nous avons écrit noftre nom en ces lettres. Donné à Montargis, le vingt-troifiéme jour de novembre.

CHARLES.

LETTRE DU DUC D'ANJOU.
AU TRÈS-REVEREND PERE EN DIEU,
MON TRÈS-CHIER ET SPECIAL AMY LE CARDINAL D'ALBANE.

TRÈS-REVEREND PERE EN DIEU ET SPECIAL AMY. J'ay reçû la lettre que par vôtre meffaiger porteur de

ceftes autres avez envoyé; contenant que, le vingt-cinquième jour d'octobre dernier paffé, noftre faint pere eut nouvelles de la commotion qui eftoit par deux jours durant arrivée à Montpellier, du commun de ladite ville, contre les officiers de monfeigneur & miens, qui fans aucune caufe raifonnable y furent morts; & incontinent, par le commandement de noftre faint pere, & par l'amour que vous avez à monfeigneur & à moy, priftes le chemin pour y aller, combien que vous fuffiez moult feble, très-chier & très-fpécial amy. Du bon vouloir que noftredit faint pere, & auffi que vous avez à monfeigneur & à moy, rends très-humbles graces audit faint pere, & vous en mercie tant que je puis; & auffi de ce que vous avez écrit à mes coufins d'Armagnac & de Foix, & aux communes du Languedoc, afin que ils fuffent leur devoir de garder à monfeigneur la loyauté & l'obédience qui lui font tenus; & de maintenant n'ay cure à fçavoir voftre bon vouloir envers monfeigneur & moy, car de pieça l'ay éprouvé. Et quant à ce que vous m'écrivez que vous avez trouvé les confuls & les plus notables de ladite ville couroffiez de cette diverfe avanture, je tiens bien qu'il y en a plufieurs qui n'y ont efté mie confentans. Mais, comme voyez, le cas eft advenu fi cruel & énorme, que l'on ne le pourroit mie raconter, parceque oncques ne fut vûë ni oüie fi grande revolte en peuple comme cefte-ci. Toutefois, monfeigneur & je, ne entendons exercer aucune rigueur avecque les juftes & ceux qui en font innocens, ni auffi proceder trop rigoureufement contre ceux qui en font coupables. Toutefois, comme vous fçavez, il eft très-expedient que il y foit fatisfait en aucune manière à juftice de fi cruel mesfait, pour éviter la confequence; & en ce fait & tous autres, me gouverneray felon le confeil de noftredit faint pere, & le voftre, très-chier & fpécial amy. Des offres que vous me faites par vos lettres, vous mercie tant que je puis; & auffi feray-je toûjours volontiers ce que vous voudriez, très-reverend pere en Dieu, & très-chier & fpécial amy. Le Saint-Efprit vous ayt en fa garde. Ecrit à Montargis, le vingt-troifiéme jour de novembre. Le duc d'Anjou & de Touraine.

LOYS.

Je ne raporte point la réponfe du dauphin au cardinal Anglic, parce qu'elle eft toute dans l'efprit de la lettre du roi fon pere.

levis de l'avant-portail de la Saunerie, donna sa sentence contre la ville & particuliers d'icelle, sur le sujet de ladite émotion; & le mécredi d'après, ledit duc, sur le même échafaut, adoucit ladite sentence en plusieurs chefs.

1380.

Les adouciffemens qu'il y apporta firent revenir à Montpellier les étudians & les marchands, qui s'en étoient éloignés durant le trouble. Mais il en coûta* la vie à un de nos consuls, nommé Jean Claparede, qui mourut, le dimanche vingt-neuviéme janvier, des fatigues qu'il avoit prises durant tous les mouvemens passez. Nos archives ajoûtent qu'il fût porté deux jours après à Maguelonne.

PAGE 175.

Cependant, le duc d'Anjou féjournoit dans la ville avec ses troupes, qui y vivoient à difcretion. Il mit fous la main du roi (en conformité de la fentence) la charge de bailli, dont il difpofa en faveur de noble Guiraud Mallepuë, châtelain d'Aiguemortes, & il donna celle de juge à Pierre Montolieu, licencié és loix. Enfin, il partit, le dix-septiéme de février, pour aller à Carcaffonne, avec ses gendarmes, « lesquels (dit nôtre Talamus) « ayant été logez dans les maisons du dehors & dedans de la ville, y « gâtérent & firent manger toutes les avoines, brûlérent le bois, prirent « grande quantité de blé & de vin, & emportérent toutes les meilleures « armes du commun & des particuliers, qui étoient dans l'hôtel de ville, « & firent d'autres dommages ineftimables. »

IV.

Pendant tout le féjour qu'ils y firent, le cardinal Anglic ne voulut pas quiter Montpellier, afin de confoler par fa préfence les habitans affligez; & ce ne fut que cinq ou fix jours après le départ du duc d'Anjou qu'il partit lui-même pour Avignon, comme nos annales le marquent.

Tandis que le duc d'Anjou refta à Carcaffonne, il y regla diverfes indemnitez qui étoient dûes à une partie de ceux qui avoient foufert dans la fédition de Montpellier. Nous avons une affignation qu'il donna à Carcaffonne, le 4 avril 1380, à Beraldon de Faudoas, fon chambelan, pour prendre fix cent francs d'or fur les confuls & communauté de Montpellier; une autre, du fixiéme du même mois, donnée à fon coufin le fire de Lebret, pour recevoir trois mile francs d'or. Mais, dans ce même tems, il fut rapellé du Languedoc pour des raifons qui intereffent plus l'hiftoire de France que la nôtre; de forte qu'il repaffa par Montpellier le quatorziéme d'avril, *pour s'en retourner tout-à-fait en France,* comme difent nos annales.

V.

Armoire F., caffette 4.

Il y regla, en paffant, les fraix qui lui étoient dûs pour fes gens de guerre (felon un des articles de fa mitigation) à la fomme de cent trente mile francs d'or; &, en ayant touché trois mile livres à Roquemaure, fur fon chemin, il en fit fa quitance, que nous avons encore. Dans ce même lieu, il relâcha à nos confuls onze mile livres fur le reftant de toute la fomme,

Tiroir 13 & les fuivans.

qui devint, dans la fuite, une fource intariffable de mandemens, dont nos regîtres font pleins.

Les autres indemnitez ne furent payées que dans les années fuivantes, aux héritiers de ceux qui avoient péri dans la fédition ; &, pour ne pas porter plus loin un article fi defagréable, je dirai qu'on affigna fix mile cinq cent francs d'or aux enfans de Guillaume Pointeau, chancelier du duc d'Anjou, dont la quitance eft fignée par Marguerite de Pierre Saumate, fa mere, & par Jeanne de Soucelle, fa veuve. Elle époufa, depuis, Jean Vachier, dit le Galois, comme il paroit par la ratification qu'il en donna.

Armoire F., caffette, 4.

Les héritiers de Jean de la Chayene s'accordérent à neuf cent francs d'or.

Ceux de Jean de Boiranicis, autrement Boirargues (comme Louvet l'a traduit) à quatre cent livres tournois.

Jeanne, fille & héritiére univerfelle de Me Arnaud Delar, qualifié gouverneur de Montpellier, fe contente, pour toutes fes pertes, qui font énoncées dans l'acte, de la fomme de neuf mile francs d'or.

Marguerite de Lefterie, fille du fenéchal de Roüergue, mariée depuis à noble Jean, feigneur de Noailles (dont on voit le contrat de mariage dans nos archives), ratifia, avec fon mari, l'accord fait par fes oncles Renaud de Lefterie, chevalier, Pierre de Lefterie, abbé de Pfalmodi, & Arnaud de Lefterie, docteur en théologie, de l'ordre des freres prêcheurs, de la fomme de huit mile francs d'or, pour tous fes dédommagemens.

Enfin, la veuve & les enfans de noble Pavine de Gontaut, de Carcaffonne, tué à Montpellier, s'accordérent avec nos confuls à la fomme de huit cent francs d'or.

C'eft ainfi que nos ancêtres, pour s'exemter d'une impofition bien modique par raport aux grandes fommes qu'ils furent obligez de payer, s'attirérent mile mortelles frayeurs & des pertes innombrables, tant il eft vrai qu'il ne faut point fe roidir * contre une force majeure, & que c'eft gagner, dans ces fortes d'occafions, que de s'executer foi-même.

PAGE 176.

VI. Peu après le départ du duc d'Anjou, on vit arriver à Montpellier la princeffe Yoland, fille du duc de Bar & d'une fœur du roi, que le comte de Portian conduifoit à Pèrpignan pour y époufer Jean, duc de Gironne, fils aîné du roi d'Aragon. Comme elle alloit occuper la place de Jeanne de France, morte à Beziers en 1371, elle donna occafion au roi, fon beau-pere, d'exiger les fommes qui reftoient à payer de la vente de Montpellier.

Le même départ du duc d'Anjou reveilla fur les frontières du Languedoc les mauvaifes compagnies, fi fouvent mentionnées dans nos annales. Elles prirent, dans le mois d'avril, Chalieres, près de Saint-Flour, & Montferrant avec Châteauneuf de Randon, dans le Gevaudan. Le roi fit auffitôt partir le duc de Berry, fon frere, avec le connétable du Guefclin, pour y remedier; 1380. & leurs expeditions ayant fini par celle de Châteauneuf de Randon, le connétable y mourut le troifiéme du mois de juillet, précifément dans le tems que la place capituloit. Nos annales n'ont pas oublié la circonftance raportée ailleurs en faveur de ce grand homme, qui eft que les François, venant de recevoir les clefs de la place, les mirent fur le cercüeil du connétable, comme un hommage qu'ils reconnoiffoient lui être dû.

Le roi Charles le Sage ne furvêcut guere plus de deux mois à la perte de ce vaillant & fidéle ferviteur, car il mourut à Vincéne le 16 du mois de feptembre 1380, & laiffa fon fils fous la tutelle du duc d'Anjou, en prenant la précaution de le faire déclarer majeur dès qu'il auroit atteint l'âge de quatorze ans. Mais les fuites firent bien voir que, quelques précautions que les rois mêmes puiffent prendre dans leur teftament, ils portent quelquefois inutilement leurs vûës fur l'avenir, qui ne dépend que de Dieu feul.

FIN DU LIVRE NEUVIÉME

HISTOIRE
DE LA VILLE
DE MONTPELLIER
Sous le roy Charles VI.

LIVRE DIXIÉME.   Page 177.

CHAPITRE PREMIER.

I. Lettres d'abolition pour les habitans de Montpellier. II. Montpellier rendu au prince de Navarre, faifi fur lui, & enfuite reftitué. III. Séditions que caufe le duc de Berry dans le Languedoc. IV. Grande mortalité à Montpellier. V. Mort & teftament du duc d'Anjou. VI. Paffage de plufieurs princes par Montpellier. VII. Arrivée du roi Charles VI en cette ville.

A MORT du roi Charles V n'ayant été fçûë à Montpellier,   I.   1380.
d'une maniére bien certaine, que le jeudi vingt-feptiéme de
feptembre, on s'y difpofa à lui rendre les derniers devoirs;
ce qui fut executé le premier d'octobre 1380, dans l'églife
des freres mineurs, *avec chapiteaux, luminaires & draps d'or*,
felon l'ufage de ce tems-là. Nos archives, qui en parlent dans un grand
détail, marquent que les principaux affiftans furent: l'evêque de Segovie
Hugues de la Manhania, natif de Montpellier, Bernard Aleiman, evêque
de Condom, Bertrand de Villemur, evêque de Frejus, Guillaume Sauvaire,

1380.

de Montpellier, abbé de St-Giles, Amanieu, sire d'Albret, toute l'univerfité & prefque tous les métiers de la ville.

On apprit, dans le mois fuivant, que le nouveau roi Charles VI avoit été couronné à Reims, le quatriéme de novembre, & qu'étant entré dans fon confeil le quinziéme du même mois, il avoit déchargé fes fujets de toutes les impofitions & fubfides, foüages, gabelles & autres aides qui avoient eu cours dans le royaume, depuis le temps du roi Philipe de Valois. Cette bonne nouvelle fut apportée à Montpellier par Raymond Gougi, conful de la ville, qui avoit été député à la cour pour y foliciter des graces particuliéres, & l'on apprit bientôt que le douziéme de décembre les lettres d'abolition avoient été fignées.

PAGE 178.

*Tant de bonnes nouvelles augmentérent la joye publique dans Montpellier, où l'on fit une proceffion generale pour la profperité du nouveau roi. L'evêque de Segovie conduifoit la proceffion; l'abbé de Saint-Giles y prêcha devant l'hôtel de ville, & la baniére de France, felon la coûtume, refta tout le jour fur la porte de l'hôtel de ville, avec celle de Montpellier au-deffous. Dans ces lettres d'abolition le roi dit : « que fur l'humble priére

Lafaille.Tom.1, p. 106 des Preuves.

« des habitans de Montpellier, & afin que les marchands de cette ville,
« *quibus à longis temporibus plurimùm extitit populata*, puiffent y revenir plus
« librement à fon joyeux avénement, il remet à tous & à chacun (comme
« fi leur nom & furnom étoient exprimez) les peines civiles & criminelles
« qu'ils auroient encouru, tant envers lui qu'envers le roi fon pere; les
« reftituant à leur patrie & à leur bonne renommée, & impofant fur ce un
« filence perpetuel à fon procureur general, fauf le droit d'autrui, qui
« pourra être pourfuivi civilement contre les parties; donnant mandement
« (ajoute le roi) à nôtre cour du parlement de Paris, au fénéchal de Beau-
« caire & de Nîmes, au bailli & recteur de la ville de Montpellier & autres
« jufticiers ou leurs lieutenans, de faire joüir pleinement tous & chacun
« de nôtre préfente grace; fans permettre qu'on les molefte à l'occafion
« du paffé & de tout ce qui en pourroit dépendre, voulant qu'on les réta-
« bliffe entiérement dans leurs biens, chofes & corps; car tel eft nôtre
« plaifir : & afin que ces lettres vaillent à perpetuité, nous y avons fait
« appofer nôtre fceau. Donné à Paris le douze décembre 1380, & de nôtre
« regne le premier. »

1381.

Malgré tous ces fujets de joye, la France, qui étoit deftinée fous ce regne aux plus grands troubles, en reffentit les premiers mouvemens dans le Languedoc, à l'occafion des difputes qui furvinrent pour le gouvernement de cette province, entre le duc de Berry, oncle du roi, & Gafton Phœbus, comte de Foix. Tandis que le duc étoit en armes dans le Roüergue & dans l'Albigeois, Charles de Navarre trouva le moyen de se faire rendre la seigneurie de Montpellier, ce qui fut fait (disent nos annales) le 30 de mai 1381. Et, à ce propos, il faut observer que ce roi de Navarre n'étoit point Charles le Mauvais, si fort décrié dans nôtre histoire, mais bien Charles le Noble, son fils, au nom duquel tout se fit alors dans Montpellier, quoique son pere vécût encore. La chose est démontrée par ces lettres, que nous conservons dans nos archives.

« Beroal (ou Beraldon) de Faudoas, chevalier, sieur du Cauffe & lieute-
« nant de très-puiffant seigneur monsieur Charles de Navarre, garde & gou-
« verneur, pour le roi de France, des terres que souloit tenir audit royaume
« le roi de Navarre, son pere; à tous les justiciers de la ville de Montpellier,
« salut. Comme pour la défense de ladite ville, les consuls auroient nommé
« quatre habitans pour veiller à la garde & défense d'icelle, avec pouvoir
« de contraindre à ce les particuliers par toutes voyes raisonnables, il est
« ordonné que lesdits quatre habitans élûs, procéderont contre les refusans
« par amendes applicables à la fortification de ladite ville. Donné à Mont-
« pellier, le trente-unième du mois de mai 1381.

Cette autorité fut exercée paisiblement par les gens du prince de Navarre jusqu'au 16 du mois d'août suivant, où le duc de Berry ayant eu l'ascendant sur le comte de Foix dans la province, il fit saisir la seigneurie de Montpellier; & peu de jours après (c'est-à-dire le 29 août), Jacques Rebufi, docteur és loix & député de la ville, y apporta de Paris une lettre du roi pour la restitution de la baillie, accordée le 19 juillet; & une autre lettre, du 4 août, pour le rétablissement de la grosse cloche de Nôtre-Dame des Tables, où le roi dit : « qu'ayant appris qu'elle servoit à l'office divin & à d'autres
« solennitez de sa chere fille l'université de Montpellier, comme est la
« création des docteurs, il leur redonne ladite cloche. Nos annales ajoûtent qu'on commença de la faire sonner le dernier jour du mois d'août, pour la fête des miracles de Nôtre-Dame des Tables, qu'on celebroit alors ce même jour, comme nous le faisons encore.

Cependant le prince de Navarre vint en Languedoc pour se faire rendre ce qui lui avoit été saisi; il arriva à Montpellier, venant de France, le 24 d'octobre; mais, comme il ne lui convenoit pas d'entrer dans la ville, qui étoit sous * la main du roi de France, il prit son logement aux freres mineurs, où il resta jusqu'au vingt-septième qu'il partit après-dîné, un jour de dimanche, pour aller joindre à Capestan le duc de Berry, son oncle, & traiter avec lui de son rétablissement dans Montpellier : le traité ayant été fait à son avantage[1], il revint sur ses pas à Montpellier, où il arriva le jour

---

1 Var. De la dernière rédaction : *Le traité ayant été conclu à son avantage.*

1381.

de Tous-les-Saints, & s'étant rendu à la falle de l'evêque, il communiqua au confuls la main-levée qu'il apportoit, & les confuls lui ayant prefenté les lettres du roi de France, qui leur reftituoit la baillie, le prince les confirma dans ce droit & fit proceder à l'election des curiaux, qui confiftoient au bailli, au juge, fubftitut du bailli, fubftitut du juge, au notaire ou gréfier, au viguier & à l'affeffeur.

Toutes ces variations pour la feigneurie de Montpellier, ne pouvoient defigner qu'un gouvernement variable & peut affuré dans la province; en effet, le duc de Berry, voulant pourvoir au payement des troupes qu'il avoit levées contre le comte de Foix, demanda un droit de foüage de vingts fols par maifon, ce qui étonna d'autant plus le peuple, qu'il jouiffoit à peine de la fuppreffion des impôts que le roi venoit de faire; on paffa de l'étonnement au murmure, & du murmure au mouvement, qui produifit enfin deux féditions remarquables à Beziers & à Carcaffonne.

III.

P. Talamus, ad. ann. 1381.

Celle de Beziers commença le huitiéme de décembre 1381, où le peuple ayant pris ombrage d'une affemblée qu'on tenoit dans leur hôtel de ville, y mit le feu, & fit perir par le fer ou par les flammes dix-neuf des principaux habitans. Ce premier attentat ayant demeuré impuni, la même populace, au nombre de quatre cens hommes, refolut de faire main-baffe fur tous les habitans aifez, & quarante de ces conjurez, pour fe préparer à l'execution, vouloient commencer par tuer leurs propres femmes, pour époufer enfuite les plus belles & les plus riches de ceux qu'ils auroient mis à mort. Cette confpiration fut heureufement découverte le 22 décembre, et les informations en ayant été faites par le capitaine du lieu, avec l'aide des principaux habitans, on fit pendre trente de ces conjurez à des potences neuves, qu'on fit dreffer à l'entrée de Beziers, devers Saint-Iberi; & le duc de Berry y étant accouru avec fes troupes, il fit continüer la recherche des coupables, & en fit pendre autres cinquante. De forte, comme difent nos annales, *il y en eut bien en tout quatre-vingts de pendus.*

La fédition de Carcaffonne ne réuffit pas fi bien au duc de Berry, parce que les habitans n'y étoient pas divifez comme à Beziers. On s'y borna au fimple refus de confentir à la nouvelle impofition; & les gendarmes du duc de Berry n'ayant pû rien attenter contre la ville, ils allérent prendre de force la Redorte, le Comtal, Azillan & autres lieux du diocéfe, qui étoient hors de défenfe; &, s'étant jetez dans les diocéfes d'Agde & de Beziers, ils pillérent Beffan, Valmagne [1], Santon & plufieurs autres lieux, où ils tuérent,

---

1 VAR. : De la dernière rédaction : *Valmale.*

Livre dixiéme.

rançonnérent, mirent en prifon, & firent tous les maux que font les gens de guerre, en plufieurs & diferentes maniéres, comme nos annales s'en expliquent.

1381.

Ces defordres furent fuivis de l'entreprife que deux partifans, nommez les deux Grimauds, firent en même tems fur Clarenfac, dans le diocéfe de Nîmes, & fur la tour de Boucairan, où ils rançonnérent les habitans & mirent en prifon ou tuérent ceux qui n'eurent pas de quoi fe racheter. Mais, pour comble de malheur pour quelques vilages, on défendit toute forte d'attroupemens, ce qui donna lieu à une cruelle execution que fit Enguerrand de Heudin, fénéchal de Beaucaire, qui, ayant rencontré, en allant de Lates à Beziers [1], vingt hommes de Pouffan, prés de St-Vincent-d'Ortouls, il les fit faifir, quoiqu'ils fuffent fans armes, & ordonna qu'on en pendît dix-neuf à des arbres, & qu'on paffât le vingtiéme au fil de l'épée. Cet accident eft marqué au 5 mars 1382.

1382.

Le roi, informé de tous ces troubles, fit partir Miles de Dormans, evêque de Beauvais & chancelier de France, pour remettre le calme dans le Languedoc ; il arriva à Montpellier le 20 de mars & partit le lendemain pour aller joindre à Beziers le duc de Berry, avec qui il eut des conferences fecrétes. Le chancelier prit le chemin de Carcaffonne, & le duc revint à Montpellier pour fe rendre à Avignon, où le duc d'Anjou fon frere, après avoir reçû l'inveftiture du royaume * de Naples par le pape Clement VII, fe difpofoit à l'aller conquerir fur Charles de Duras fon concurrent. Les deux freres féjournérent jufqu'à la fin du mois d'avril à Avignon, d'où le duc de Berry écrivit à Montpellier, & y donna avis du départ du roy fon frere, fur lequel on marque que Jacques Rebufi haranga le peuple à l'hôtel de ville & l'exhorta beaucoup à faire une bonne garde.

Pag. 180.

Le chancelier fe hâta de fe rendre à Avignon pour le départ du duc d'Anjou, car on marque fon fecond paffage par Montpellier au 25 d'avril, d'où étant arrivé à Avignon, il y difpofa toutes chofes pour purger le païs des compagnies bleuës qui le defoloient. Cette affaire fut enfin confommée le 18 de juin, en date duquel nous avons un accord paffé à Saint-André d'Avignon, en préfence du pape, entre les communautez du Languedoc & les capitaines des compagnies bleuës, qui s'obligent, moyenant quarante mile livres, de faire fortir du païs toutes leurs troupes ; ce qui fut autorifé par le duc de Berry, gouverneur de la province.

Cependant, le roy Charles VI étoit occupé en Flandres, où il défit à Rozebec, le vingt-feptiéme novembre, l'armée des revoltez, conduite par Philipe d'Artevelle. Cette expedition, glorieufe pour fon regne, attira fur

---

1 Var. : *Sur le chemin de Lates à Beziers.* (Première rédaction.)

1382. son royaume le rétabliffement de tous les impôts qui avoient été fuprimez à fon joyeux avénement, d'où le roi de Navarre Charles le Mauvais ayant pris occafion de broüiller à fon ordinaire, il fit prendre la refolution d'ôter à fon fils la joüiffance de Montpellier. Nous avons encore les lettres données à ce fujet par le roi Charles VI, où il dit : *Comme nous euffions n'a guieres baillé à nôtre très-cher coufin Charles de Navarre, le gouvernement de la ville & baronie de Montpellier, & euffions voulu qu'il eût & perçût les revenus des autres terres que le roi de Navarre fon pere avoit tenuës en France & en Normandie, le tout par manière de provifion, & par certaines conditions & manières qui leur furent déclarées fur ce... Nous, oüies les relations de gens de foi, & pour le profit de nôtre païs de Languedoc, avons repris la baillie & baronie de Montpellier, en laquelle nôtre main nous voulons qu'elles foient tenuës & gouvernées par notre fenéchal, aux gages de fix cent livres par an,* &c. *Donné à Compiegne le 28 d'octobre 1382, & l'an 3 de nôtre regne.*

1383. Ces lettres n'eurent leur effet que dans l'année fuivante, où Enguerrand de Heudin, fenéchal de Beaucaire, donna cette commiffion à Giles Vivian, fon lieutenant, qui venoit d'être nommé par le roi pour gouverneur à Montpellier ; il en fit la faifie le 28 de Mars 1383, comme nos archives le marquent, & il laiffa en charge les officiers qui avoient été élûs fous le prince de Navarre. Depuis ce temps-là, nous ne trouvons point que la feigneurie de Montpellier foit fortie de la domination immédiate des rois de France ; & nos confuls s'étant adreffez dans cette même année au roi Charles VI pour pouvoir reparer les murailles de la ville, proche du palais, qui menaçoient ruïne, il écrivit le 4 de feptembre au fenéchal de Beaucaire & à fon gouverneur de Montpellier, de faire (comme porte la lettre) ce qui feroit à faire pour la permiffion qu'on lui demandoit.

1384. IV. Tout le refte de cette année & une bonne partie de la fuivante 1384, eft marquée dans nos annales comme une des plus triftes pour la ville de Montpellier, à caufe d'une mortalité qui y commença à la fête de la Saint-Jean, & continua fans relâche durant quatorze mois. On marque qu'elle n'attaquoit que les perfonnes au-deffous de vingt ans, & qu'outre un grand nombre d'enfans qui en moururent, il y eut plufieurs perfonnes de marque & quantité de dames, particuliérement les plus jeunes ; l'univerfité fut obligée de fufpendre fes leçons, & pour implorer le fecours du ciel, on rencherit fur ce qu'on avoit autrefois fait en pareille occafion ; car on ne fe contenta point de faire mefurer les murailles de la ville & de la paliffade, mais on prit encore l'enceinte de l'eglife Notre-Dame, de fon autel & de fes deux ftatuës, & de toutes ces longueurs on fit une bougie pour brûler nuit & jour devant l'autel.

Au commencement de cette contagion, on apprit à Montpellier la mort 1384. de la reine Jeanne, qui laissoit au duc d'Anjou ses royaumes de Naples & de *Le 30 août 1383.* Sicile, avec la comté de Provence; & à peine la même contagion eut cessé, qu'on porta à Montpellier la nouvelle de la mort de ce prince, qui, après V. avoir épuisé les sommes immenses qu'il avoit emporté de France & du Languedoc, étoit mort misérablement dans la Poüille.

* Mais, ce qui toucha davantage, fut une clause remarquable du testament PAGE 181. de ce prince, où il dit : *Nous donnons aux païs des sénéchaussées de Beaucaire, de* Analect. Tom. 1, *Touloufe & de Carcassonne, cinquante mile livres en retour des pertes & dommages* pag. 1601. *que le peuple y a souffert, tant pour les gens de guerre que nous y avons tenu, que pour execution rigoureuse sur le fait des aides & subsides que nous y avons fait, pour le salut des âmes qui y ont été morts, ou rendus fugitifs de leur païs & propres maisons, & mis en pouvreté par tailles outrageuses & executions rigoureuses faites en leurs biens, dont nous pourrions être cause.* Tant il est vrai qu'à la mort on regarde les choses d'un œil bien diferent qu'on n'avoit fait pendant la vie, & que les passions les plus violentes s'évanoüissent à ce dernier moment!

On voulut attendre, à Montpellier, que la santé y fût bien rassurée avant que de s'assembler pour rendre à ce prince les derniers devoirs. Ce ne put être que le septiéme de décembre 1384 que les consuls, ayant convoqué aux freres mineurs tous les curiaux de la spiritualité & de la temporalité, l'université en corps, avec les officiers & les habitans les plus considerables de la ville, on y fit les obséques du prince avec la même solennité qu'on avoit fait pour le feu roi Charles le Sage, son frere, avec sermon (disent nos annales) fait par le bachelier regent, & la messe chantée par Hugues de Vaillac, prieur de Saint-Firmin, en présence de Hugues de Manhania, evêque de Segovie, qui ne quitoit guere Montpellier.

Il est hors de mon sujet de dire (quoique nos annales le marquent) que 1385. Marie de Bretagne, veuve du duc d'Anjou, amena à Avignon, dans le mois d'avril 1385, Loüis, nouveau roi de Naples, & Charles, duc d'Anjou, ses enfans, pour leur ménager les bonnes graces du pape Clément VII, & pour leur assurer, comme elle fit, la comté de Provence; cela regarde plus l'histoire de nos voisins que la nôtre. Mais je ne puis omettre le mariage du roi Charles VI, celebré à Arras le 17 de juillet, avec Elisabeth, fille du duc de Baviere. Après quoi le duc de Berry, qui pensoit dès-lors à celui qu'il fit lui-même quelque tems après, vint à Montpellier le 19 du mois d'août suivant, accompagné des comtes d'Estampes & de Sancerre, des cardinaux de Saint-Martial & de Malherais son chancelier, pour se rendre du côté de Toulouse, où il avoit à ménager auprès du comte de Foix, la jeune comtesse de Boulogne, qu'il vouloit épouser; il resta dans ce voyage jusqu'au commencement de 1386, qu'il revint à Montpellier, où ayant reçû un ordre du roi, il en partit le 26 de janvier pour se rendre en France.

Il eut l'honneur, cette même année, de tenir fur les fonts de batême le premier fils du roi Charles VI, qui nâquit à Vincénes le 25 de septembre, & qui mourut dans la même année. Nos consuls avoient appris la nouvelle de sa naissance par une lettre close de la reine, qui leur fut apportée par un envoyé exprès, à qui il est marqué qu'ils donnérent dix ecus d'or; d'où l'on pourroit inferer, après d'autres exemples que nous en avons, que l'usage étoit alors d'écrire aux communautez sur la naissance de nos princes, au nom de la reine leur mere.

VI. Dans le mois de juin de l'année suivante, on reçut à Montpellier, avec les ceremonies accoûtumées, le duc de Bourbon, comte de Forêt, que le roi son neveu envoyoit en Espagne au secours du roi de Castille. Ce prince, y ayant séjourné près de trois mois, revint à Montpellier le cinquième d'octobre, d'où il partit, peu de jours après, pour aller voir le comté de Forêt, qu'il avoit du chef de sa femme.

L'année 1388 fut remarquable, à Montpellier, par l'arrivée de Jeanne de Boulogne, que le comte de Foix avoit enfin accordée aux recherches du duc de Berry. Ce prince, qui avoit déja des enfans nubiles de sa première femme, voulut épouser, à l'âge de soixante ans, cette jeune princesse, qui n'en avoit que douze, ce qui lui attira, de la part du roi, les railleries qu'on peut voir dans Froissart. Elle arriva à Montpellier le 14 du mois de mai, ayant été reçûe à Saint-Jean-de-Vedas par les officiers de la ville & par tout le clergé, qui y alla en procession. Après s'être reposée deux jours à Montpellier chez le gouverneur, où elle eut son logement, elle partit pour Avignon, où le pape Clement VII, son parent, fit de grandes dépenses* pour elle; & après avoir pris congé du saint pere elle se rendit, par l'Auvergne, chez le duc son époux.

Enfin, l'année 1389 procura à la ville de Montpellier sa part d'un evénement très-remarquable pour le Languedoc, qui fut honoré de la visite du
VII. roi Charles VI. Froissart, qui nous a donné dans un grand détail les faits les plus remarquables de ce regne, nous apprend que ce voyage fut inspiré au roi pour prendre connoissance de cette province, que le duc de Berry son oncle venoit de quiter. Il partit de Vincénes environ la Saint-Michel; & ayant séjourné huit jours à Dijon, chez Philipe duc de Bourgogne son oncle, il se rendit à Villeneuve-lez-Avignon, d'où, en passant sur le pont du Rhône, il alla loger au palais du pape. Avant que de rentrer dans le Languedoc, il congedia les ducs de Bourgogne & de Berry ses oncles, qui en prirent grand ombrage; & étant venu dîner à Nîmes, il fut coucher à Lunel, pour

être le lendemain à Montpellier, où il commença à prendre connoissance des affaires de la province. Froissart s'en explique si naturellement, que je croi faire plus de plaisir au lecteur de raporter les propres termes de sa narration, que si je la donnois de moi-même.

1389.
Vol. 4, chap. 5.

« Or le roi, étant parti de Lunel, s'en vint dîner à Montpellier, car il n'y
« a que trois ou quatre petites lieuës. Si fut reçû des bourgeois, des dames
« & damoiselles de la ville moult joyeufement & grandement, car ils le
« desiroient à voir, & lui furent faits & donnez plusieurs beaux présens
« & riches ; car Montpellier est une puissante ville & riche, & garnie de
« grande marchandise, & moult la prisa le roi quand il eut vû & consideré
« leur fait & leur puissance : & bien fut dit au roi, que sans comparaison
« elle avoit été trop plus riche que pour le présent on la trouvoit ; car le
« duc d'Anjou, le duc de Berry, chacun à son tour, l'avoient malement
« pillée & robée, dont le roi plaignoit bien les bonnes gens qui avoient eu
« si grand dommage, & disoit & leur promettoit qu'il y pourvoyeroit &
« reformeroit tout le païs en bon état.

« Encore fut dit au roi, lui étant & séjournant à Montpellier : Sire, ce
« n'est riens de la povreté de cette ville, envers ce que vous trouverés plus
« irés avant ; car cette ville-ci est de soi-même de grande recouvrance
« pour le fait de la marchandise, dont ceux de la ville s'ensoignent par mer
« & par terre ; mais en la senéchauffée de Carcassonne & de Toulouse
« & marches d'environ, où ces deux ducs ont eu puissance de mettre la
« main, ils n'y ont rien laissé, mais tout levé & emporté ; & trouverés les
« gens si povres, que ceux qui souloient être riches & puissans, à peine ont-
« ils de quoi faire ouvrer & labourer leurs vignes ne leurs terres. C'est
« grande pitié de voir eux, leurs femmes & leurs enfans, car ils avoient
« tous les ans cinq ou six tailles sur leurs bras, & étoient rançonnez au
« tiers, au quart & au douzième du leur, & parfois du tout, & ne pouvoit
« être une taille payée, qu'une autre leur sourdoit sur les bras ; & ont (si
« comme on le peut bien sçavoir) ces deux seigneurs vos oncles, depuis
« qu'ils ont le gouvernement du Languedoc, levé du païs mouvant de
« Villeneuve-lez-Avignon, jusqu'au Toulousain, allant environ jusqu'à la
« rivière de Garonne, & retournant jusqu'à la rivière de Dordogne, la
« fomme de trente cent mile francs ; & par spécial, depuis que le duc d'An-
« jou s'en fut parti du gouvernement, & qu'on le rendit au duc de Berry,
« il l'a trop fort endommagé & appovri ; car encore le trouva-t-il gras,
« dru & plein ; car le duc d'Anjou prenoit sur les riches hommes, qui bien
« avoient puissance de payer ; mais, le duc de Berry n'a nully épargné ne
« povre ne riche, & a tout moissonné & cüeilli devant lui, par le fait d'un

1389.

« fien confeiller & tréforier, qu'on appelle Betizach, qui eft de la nation de
« Beziers, fi comme vous verrés & orrés les complaintes des bonnes gens,
« qui vous en crieront à avoir la vengeance.

A ces paroles répondit le roi, & dit : « Si Dieu m'aift à l'ame, j'y enten-
« drai volontiers, & y pourvoyerai avant mon retour, & punirai les mau-
« vais ; car je ferai faire inquifition fur les ferviteurs & officiers de mes
« oncles, qui ont au tems paffé gouverné les parties du Languedoc, &
« feront corrigez ceux qui l'auront deffervi. »

Nous allons voir, dans le chapitre fuivant, quel fut l'effet de tous ces bons projets.

Page 183.

CHAPITRE SECOND.

I. Entrée du roi dans Montpellier. II. Séjour qu'il y fit. III. Il vifite le Languedoc jufqu'à Touloufe. IV. Son départ en pofte de Montpellier jufqu'à Paris. V. Generaux reformateurs en Languedoc. VI. Maladie du roi. VII. Commencement de trouble dans le royaume. VIII. Mortalité & grande intemperie à Montpellier.

I. CE que je viens de raporter de Froiffart, touchant les affaires generales du Languedoc, m'a empêché de dire ce que nos archives marquent de la reception qu'on fit, à Montpellier, au roi Charles VI. A peine eut-on fçû qu'il approchoit de la province, que nos confuls, avec un docteur & grand nombre des principaux habitans, allérent jufqu'à Roquemaure offrir leur ville à fa majefté, qui les reçut gracieufement ; &, après avoir fait leur reverence, ils vinrent à la hâte préparer toutes chofes pour fon entrée. Le grand matin de fon arrivée, qui fut le huitiéme de novembre, les officiers royaux s'avancérent jufqu'au-delà de Cadoule. Les confuls, à cheval, avec la baniére & les meneftriers du confulat, jufqu'à St-Antoine de Cadoule ; & les métiers, en deux corps, l'un de trois cens hommes à cheval, & l'autre de trois cens hommes à pied, vêtus de draps mi-partis, allérent jufqu'à la croix de Salaifon ; le clergé & les ordres religieux ayant refté à la croix des Areniers.

Dès que le roi fut arrivé devant le couvent de la Trinité, qui étoit alors fur ce chemin, les confuls mirent pied à terre, & lui préfentérent un riche dais à huit bâtons, femé de fleurs de lis d'or, fous lequel il entra dans la ville jufqu'à Nôtre-Dame des Tables, où, après avoir fait fa priére, il monta

à cheval, & alla jufqu'à la pointe de la Saunerie, d'où il tourna vers la fale
de l'evêque. Les feigneurs de fa fuite, tels que nos regîtres les marquent,
étoient Loüis, fon frère, duc de Touraine & comte de Valois; Pierre, duc
de Bourbon, comte de Forêt, fon oncle maternel; P. de Navarre; Henri &
Charles de Bar, Charles d'Albret, fes coufins germains; Amanieu, fire
d'Albret; le comte d'Eu, fon coufin; Olivier de Cliffon, connétable de
France, & plufieurs autres feigneurs, tant de fon lignage qu'autres.

1389.

Quant au féjour que le roi fit à Montpellier, je ne puis le mieux décrire
qu'en raportant les propres paroles de Froiffart. « Le roi de France, dit-il,
« fe tint en la ville de Montpellier plus de douze jours; car l'ordonnance
« de la ville, des dames & des damoifelles, & leurs états & les ébatemens
« qu'il trouvoit, & fes gens auffi lui plaifoient grandement. Bien le roi, au
« vrai dire, étoit là à fa nourriffon; car, pour ce tems-là, il étoit jeune &
« de léger efprit; fi danfoit & caroloit avec ces frifques dames de Mont-
« pellier toute la nuit, & leur donnoit & faifoit banquets & foupez grands
« et beaux, & bien étofez; & leur donnoit anneaux d'or & fermaillets à
« chacune, felon qu'il voyoit & confideroit qu'elle valoit. Tant fit le roi,
« qu'il acquit des dames de Montpellier & des damoifelles grande grâce;
« & voüiffent bien les aucunes que fût là demeuré plus longuement qu'il
« ne fit, car c'étoit tous ranceaux, danfes & foulas tous les jours, & toûjours
« à recommencer. »

Troifiéme vol., chap. 6.

II.

Le même Froiffart raporte tout au long un cartel de défi, figné du
confentement du roi, à Montpellier, le vingtiéme de novembre, par lequel
trois jeunes feigneurs de fa fuite, fçavoir: Boucicaut le jeune, Renaud de
Roye, & le fire de St-Py, défioient tous venans à faire armes contr'eux
dans l'été fuivant, fur les marches de Calais. Mais, comme le fond de cette
affaire eft étranger à mon fujet, je me contente de l'avoir indiqué comme
ayant pris fon origine à Montpellier.

Le roi, s'étant rendu par Loupian & par Saint-Yberi à la ville de Beziers,
y fit * faire l'execution mémorable du tréforier du duc de Berry, nommé
Betizach, qui, pendant le gouvernement de fon maître, ne s'étoit appliqué
qu'à ruïner le peuple. Après cette execution, qui fut applaudie dans le païs,
le roi prit fa route pour Capeftan, Narbonne, Limoux, Montreal, Fangeaux
& Carcaffonne, d'où, en paffant par Villefranche, Avignonet & Mongifcard,
il vint à Touloufe, où il réduifit au nombre de quatre tous capitouls &
confuls des communautez, & fuprima entiérement toutes les aides que les
communautez s'impofoient elles-mêmes. Il en fit publier l'édit à Touloufe
le dernier de décembre 1389; & le vingt-deuxiéme du mois de janvier
fuivant, on en fit la proclamation à Montpellier, par ordre du roi, qui y fit,

III.

PAGE 184.

1390.

le même foir, fon entrée aux flambeaux. Les habitans lui repréfentèrent qu'il leur étoit impoffible de fatisfaire les créanciers de la ville, s'il ne leur étoit permis de faire quelque impofition; fur quoi le roi leur rendit le fouquet de vin pour payer leurs dettes.

Il refta trois jours à Montpellier pour foi rafraichir, dit Froiffart. Après quoi il prit brufquement la pofte pour Paris, par une gageure qu'il fit contre le duc de Touraine fon frere. Je raporterai encore fur cela les paroles de Froiffart, afin qu'on ait le plaifir d'admirer le tems où nos rois ne craignoient point de traverfer tout leur royaume avec un feul homme à leur fuite.

IV. « Or, advint un jour, lui étant à Montpellier, en janglant à fon frere de « Touraine, il lui dit: Beau-frere, je voudroye que vous & moi fuffions à « Paris, car j'ai grand defir que je voye la reine, & vous belle-fœur de « Touraine. Monfeigneur (répondit le duc) nous n'y ferons pas pour nous « y fouhaiter, il y a un trop long chemin d'ici. Vous dites verité (dit le roi); « fi m'eft-il avis que j'y ferois bientôt fi je vouloye, à force & exploit de « cheval. Pareillement auffi ferois-je, répondit le duc de Touraine, & « cheval m'y porteroit. Avant (dit le roi) lequel y fera plûtôt, de vous ou « de moi, faifons-y gageure. Je le veux, dit le duc, qui volontiers fe mettoit « en peine de gagner l'argeant du roi.

« Si fut l'entreprife telle entre le duc & le roi, pour cinq mile francs à « gagner fur celui qui dernier feroit venu à Paris; & à partir le lendemain, « & tous d'une heure, & ne pouvoient mener qu'un valet chacun avec lui, « ou un chevalier pour un valet. Nul ne brifa ne contredit à la gageure; « ils fe mirent en chemin, ainfi qu'ordonné fut. Le fire de Garancieres étoit « de lez le roi, & le feigneur de la Vieufville étoit avecques le duc de « Touraine

« Or, chevauchérent ces quatre, qui étoient jeunes & de grande volonté, « nuit & jour, ou ils fe faifoient charrier s'il leur plaifoit, & devés fçavoir « qu'ils remuèrent plufieurs chevaux. Or, cheminèrent le roi de France, & « le duc de Touraine, fon frere, à grand exploit, & fe mirent chacun en « grand peine pour gagner l'argeant & les florins l'un de l'autre. Le roi « mit quatre jours & demi à venir jufqu'en la cité de Paris, partant qu'il fe « repofa environ huit heures de nuit à Troyes en Champagne; & le duc fe « mit en un batel en Seine jufqu'à Melun, & là monta à cheval, & chevaucha « tant qu'il vint à Paris; & s'en alla à Saint-Pol devers la reine & devers « fa femme, & demanda nouvelles du roi. Et quand il fçut qu'il n'étoit « point venu, fut tout réjoüi, & dit à la reine de France: Madame, vous en « orrés tantôt nouvelles. Il dit verité, car le roi, depuis la venuë de fon frere « de Touraine, ne féjourna point longuement; & quand fon frere vit le roi,

« fi alla contre lui & dit : Monfeigneur, j'ai gagné la gageure; faites-moi
« payer. C'eft raifon, dit le roi, & vous le ferés. Là recordérent-ils devant
« les dames tout leur chemin, & par où ils étoient venus, & comment, fur
« quatre jours & demi, ils étoient là arrivez de Montpellier, où bien a de
« Paris cent cinquante lieuës. Les dames tournérent tout en ris & ébate-
« ment; mais bien jugérent qu'ils avoient eu grand peine, fors tant que
« jeuneffe de corps & de cœur leur avoit ce fait faire; & bien fachés que le
« duc de Touraine fe fit payer en deniers contens.... »

1390.

Peu de tems après l'arrivée du roi à Paris, c'eft-à-dire le dix-neuviéme
de février 1390, on s'affembla à Montpellier, en confequence de la reduction que le roi avoit faite des douze confuls au nombre de quatre ; & il fut
reglé entre les generaux reformateurs que le roi avoit laiffez dans la province, & les * bons habitans de la ville, qu'à l'avenir on éliroit les quatre
confuls des métiers fuivans : un pour les changeurs & marchands, un pour
les bourgeois drapiers, un pour les marchands de foye, peletiers, cana-
baffiers, épiciers & merciers de St-Nicolas, c'eft-à-dire de l'Eguillerie; un
autre pour les bouchers, poiffonniers, cuiratiers, maréchaux, cordonniers,
blanchers, menuifiers, maçons & laboureurs.

V.

PAGE 185.

C'eft pour la première fois que je trouve dans nos annales qu'on y faffe
mention des generaux reformateurs, qui avoient été établis à Paris en 1382
par le roi Charles VI, pour connoître du fait des aides. Ceux que le roi
avoit amené avec lui dans fon voyage du Languedoc, & avec qui nôtre
confeil de ville regla l'élection des quatre confuls nouveaux, font nommez
ainfi dans nôtre Talamus : Ferri Caffinel, archevêque de Reims; Pierre,
feigneur de Chammeiffa, chevalier, & Jean d'Eftouteville.

Il eft encore parlé d'eux au commencement de 1391, où l'on apprit la
naiffance de Charles, fils du roi, né à Paris le feptiéme du mois de février.
Les réjoüiffances qu'on fit, à cette occafion, furent les plus recherchées
qu'on eût encore fait à Montpellier; car, outre la proceffion generale & les
particuliéres, où il eft dit que les enfans, après avoir répondu aux litanies,
crioient de toute leur force : *Vive le roi & monfeigneur le dauphin!* on prit
toute la femaine pour donner diferentes démonftrations de joye. Toutes les
cours feriérent durant ce tems, & les artifans, divifez par bandes, & parez
le mieux qu'ils pouvoient, couroient avec meneftriers, danfans par les ruës,
& venoient fe rendre devant l'hôtel-de-ville, où ils étoient accüeillis cour-
toifement par les confuls, qui leur faifoient faire place pour y danfer chacun
à fon plaifir. Les nobles bourgeois & les marchands firent des joûtes à
cheval dans la ruë des Trefpaffens (c'eft aujourd'hui la Grand'Ruë); & les
officiers, tant de la Part-Antique que de la nouvelle, après avoir fait faire un

1391.

1391

service complet dans la chapelle du château, vinrent se ranger dans la place de l'hôtel de ville, autour de deux pavillons tapissez de drap d'or de Luques, dans l'un desquels étoit le roi avec ses ducs & conseillers, & dans l'autre la reine avec ses dames bien parées, & monseigneur le dauphin avec sa nourrice qui l'alaitoit.

« Et là (continuë nôtre Talamus) furent les seigneurs generaux Jacques « Regnat, Geraut Malepuë & autres officiers royaux de Languedoc, & la « femme du gouverneur. Adonc tous les artisans, qui avoient fait leur fête, « venoient faire leur reverence au roi, à la reine & au dauphin, tenans « leurs états fort honorablement; & le soir, grand soupé à l'hôtel de ville, « où le roi & la reine tenoient semblablement leurs états à table. Après le « soupé, chacun s'en alla au palais, avec flambeaux & menestriers. La mere « nourrice fut accompagnée de trois officiers du roi, avec flambeaux, jusqu'à « son logis, près la cour du Petit-Scel. Elle portoit son enfant, & quand « les habitans le voyoient, ils se mettoient à genoux & lui faisoient la reve- « rence, disant : Vive monseigneur le dauphin! Les écoliers, de leur côté, « alloient dansans, avec menestriers, & avec grands paremens, chantans « chansons & rithmes par la ville, & faisant roi & ducs à l'honneur du « prince nouveau-né. »

Telles furent les réjoüissances de ce tems-là, qui n'étoient point particu- lières à la ville de Montpellier, mais dans le goût general de la nation, comme on peut le voir dans Froissart, lorsqu'il raconte le détail de tout ce qui avoit été fait à Paris, à l'entrée de la reine Elisabeth de Baviére, mere du jeune prince.

1392.

Cette fête eut le sort des joyes les plus ordinaires de ce monde, qui finissent par la tristesse; car on ne tarda pas d'apprendre que le roi, marchant contre le duc de Bretagne, par un jour fort chaud, étoit tombé en frenesie; de sorte qu'il avoit poursuivi, l'épée à la main, son propre frere, & tous ceux qu'il rencontroit.

VI. Cette première attaque de maladie eut des intervales pendant lesquels le roi fit deux dispositions remarquables pour Montpellier. La première fut en faveur de Guillaume Saccheti, recteur de la Part-Antique, auquel il permit de substituer à sa place un lieutenant pour exercer sa charge de recteur, attendu que ledit Saccheti, écuyer & chambelan du duc de Berry, oncle du roi, devoit partir pour la Bourgogne avec le duc de Berry, qui alloit y traiter de la paix entre la France & l'Angleterre. * Les lettres que le roi en donna sont du 14 janvier 1392. La seconde disposition fut en faveur de nos consuls car, sur les représentations qui furent faites au roi Charles VI que les consuls de Montpellier, reduits à quatre, ne pouvoient sufire à toutes les

Archiv. du Do- maine.

PAGE 186.

affaires de la ville, il augmenta leur nombre de deux en 1393, & fixa le consulat à fix consuls, qui depuis ont toûjours resté en ce nombre ¹.

 La maladie du roi augmenta par cet accident si celébre dans l'histoire de France, qui nous apprend que Charles VI, dansant dans un balet, se trouva environné de flammes, & en fut garanti par la duchesse de Berry, qui l'envelopa dans ses robes, & étoufa le feu; mais l'impression que cet accident causa sur son esprit fut si grande, qu'elle dura toute sa vie. Dans cette calamité publique, Montpellier donna de grandes marques d'affliction, & fit faire quantité de priéres pour la santé du roi. Nos archives marquent plusieurs processions generales qui furent faites à cette intention, particuliérement celle du 17 août, qui fut la plus grande (dit nôtre Talamus) qui y eût été faite de mémoire d'homme. Nous trouvons dans le même livre que la plus grande partie des enfans de Montpellier, depuis douze jusqu'à quatorze ans, partirent, comme de concert, avec plusieurs autres du royaume, & allérent en pelerinage au mont Sᵗ-Michel pour la santé du roi; mais ils eurent, dans ce voyage, les avantures funestes ² à des enfans, que l'histoire generale n'a pas crû devoir oublier.

 Cependant, les états du royaume pourvurent au gouvernement de la France pendant la maladie du roi, & donnérent l'intendance du souverain commandement aux oncles du roi, Jean, duc de Berry, & Philipe le Hardi, duc de Bourgogne, préférablement au duc d'Orléans son frere, qu'on crut être trop jeune pour un si pesant fardeau. L'évenement fit voir qu'on avoit preparé au royaume une source intarissable de haines, qui rendirent le regne de Charles VI, après d'assés beaux commencemens, l'un des plus tristes & des plus funestes que la France ait jamais eû.

 Je n'en toucherai qu'autant que mon sujet pourra le demander, & j'observerai, pour suivre l'ordre du tems, qu'on commença dès-lors à s'en ressentir à Montpellier, par l'entremise de Philipe de Bruyeres, gouverneur de la ville, qui voulut, de sa propre autorité, établir le bailli, qu'on élisoit tous les ans à la fête de Sᵗ-Jean-Baptiste. Les consuls s'y opposérent, comme ayant droit de concourir à cette élection; &, sur les nouvelles instances que fit le gouverneur, ils protestérent de l'incapacité du sujet, qui, ayant été clavaire de la ville, ne pouvoit être promû à une nouvelle charge avant que d'avoir rendu compte de sa première administration. Le gouverneur,

---

1 Var. de la première rédaction: *Cette première attaque de maladie eust des intervalles pendant lesquels le roy, sur les représentations qui luy furent faites que les consuls de Montpellier, reduits à quatre, ne pouvoient suffire à toutes les affaires de la ville, il augmenta leur nombre de deux en 1393, & fixa le consulat à six consuls, qui depuis ont toujours resté en ce nombre.*

2 Var. de la première rédaction: *Inévitables.*

1394.

craignant que leurs raisons ne fussent goûtées à la cour, consentit à une nouvelle élection, qui fut faite par lui & par les consuls, dans la chapelle du château, selon la coûtume; &, au lieu de Pierre Peynier, qu'il vouloit faire élire, on nomma Deodat Ambroise pour bailli, Pierre Bourdon pour son notaire, Gairaud du Roux pour son substitut, & Jean Guillot pour viguier. L'affaire paroissoit terminée, lorsque Philipe de Bruyeres, songeant à parvenir à ses fins par une autre voye, recourut secrétement aux princes qui gouvernoient l'état; &, sur un exposé fort injurieux à la ville, puisqu'il y rapelloit la sédition de 1379, il obtint un ordre en vertu duquel Pierre de Ogero, licentié, vint mettre sous la main du roi la baillie, & institua pour regent Jean Lafay, trésorier du palais & de la jugerie; Pierre Calvet, avocat du roi, & Tibaut George pour notaire.

Ces changemens particuliers pouvoient être regardez comme une suite de ceux qui se faisoient à la cour, où le connétable de Clisson fut poursuivi comme criminel d'état, & déposé de sa charge. Tous les autres qui avoient eu part dans les bonnes graces du roi furent obligez de sortir du royaume. Le duc de Berry, avancé en âge, & dégoûté de toutes ces entreprises, se retira des affaires; & alors, Philipe le Hardi, son frere, disposa en seul du royaume [1].

Les agitations où ce prince se trouva dés-lors ne l'empêchérent point de finir la plus grande affaire qui restât à vuider pour la seigneurie de Montpellier. Il s'agissoit de contenter Elisabeth ou Isabelle de Mayorque, marquise de Montferrat, qui, après la mort de Jacques IV, son frere, & d'Yoland, sa marâtre, réunissoit * en sa personne tous les droits de sa maison. Elle commença ses demandes en 1382, tandis que le roi Charles VI étoit encore mineur; mais, cette raison ne subsistant plus dans le tems dont je parle, le duc de Bourgogne transigea avec elle au nom du roi, & la fit contenter d'une somme d'argent & d'une rente à prendre tous les ans sur le château de Gallargues. L'acte qui en fut passé raporte si bien toutes les circonstances de cette affaire, que je ne croi pas pouvoir me dispenser d'en donner ici le précis.

PAGE 187.

Charles VI, dans ses lettres données à ce sujet le 8 septembre, rapelle « la vente qui fut faite par Jacques III, au roi Philipe de Valois, de la ville « & baillie de Montpellier, sans comprendre dans cette vente la baronie de « Montpellier, qui appartenoit aussi au roi Jacques. Il dit ensuite que dans « le tems où ses enfans furent détenus en prison, Philipe de Valois prit en

Archives du Domaine, armoire S, n° 8.

---

[1] VAR. de la première rédaction : *Philippe le Hardi, son frere, disposant en seul du royaume, fit exiler Valentine de Milan, duchesse d'Orleans.* Les sept paragraphes suivants n'existaient pas dans la première rédaction.

Livre dixiéme.

« fa main ladite baronie, pour la leur reftituer après leur délivrance; mais
« que, la reine Yoland, leur marâtre, ayant demandé le doüaire qui lui avoit
« été délaiffé par ledit feu roi de Mayorque, ladite baronie lui fut délivrée
« pour en joüir jufqu'à fon décès, après lequel Jacques, frere de la marquife
« de Montferrat, en prit poffeffion; mais que, durant l'abfence de ce prince,
« qui fe trouvoit fort éloigné de Montpellier, les officiers du roi mirent
« fous fa main ladite baronie, qu'ils gardérent depuis, quoique, par la mort
« de Jacques fans enfans, tous fes droits duffent revenir à la marquife de
« Montferrat, fa fœur, comme fon héritiére univerfelle.

1394.

Après cet expofé, le roi Charles VI ajoûte « que, pour le bien de la paix,
« il baille & tranfporte à fa coufine Ifabelle de Mayorque, durant fa vie
« feulement, le châtel & châtelenie de Gallargues avec toute leur apparte-
« nance, & douze cent livres de rente, à prendre fur les revenus defdits
« châtel & châtelenie; en forte que s'ils n'étoient pas fufifans, on affigneroit
« le furplus en la fenéchauffée de Beaucaire, le plus près qu'il fe pourroit
« dudit Gallargues.

« Et cependant, cent francs d'or par mois, à commencer du mois de
« mai paffé, par chacun mois, jufqu'à ce que ladite affiette lui foit faite fur
« le château de Gallargues.

« Plus, cinq mile francs d'or, à prendre fur les deniers des aides, pour
« s'acquiter envers fes créanciers; moyenant quoi, fa dite coufine cédera
« & tranfportera au roi de France tous fes droits & actions, tels qu'ils
« puiffent être, en la baronie de Montpellier, & dans toute la fenéchauffée
« de Beaucaire & païs de Languedoc; enfemble, tout ce qui pourroit refter
« du payement de l'achat de Montpellier, fi aucune chofe en étoit dûë.
« Donné à Paris, le huitième jour de feptembre, l'an de grâce 1395, & le
« quinziéme de nôtre regne. Ainfi figné par le roi, monfieur le duc de
« Bourgogne, vous, M^r l'archevêque de Befançon, les evêques de Bayeux
« & de Noyon, le maître des arbalêtriers, le fire de Bordes, &c. »

On voit au bas de ces lettres la quitance d'Ifabelle, prenant la qualité de
reine de Mayorque, « qui dit avoir reçû du roi, nôtre fire, la fomme de cinq
« mile francs d'or, que payez lui ont été, en préfence defdits notaires, en
« quatre mile quatre cent quarante-quatre écus d'or à la couronne, de
« vingt-deux fols fix deniers tournois piéce, par les mains de Michel du
« Sablon, receveur general des aides. »

Et enfuite, elle quite le roi & fes fucceffeurs de tous les reftes dont elle
pourroit lui faire demande, action ou pourfuite, à caufe des achats faits des
ville, baillie, baronie, terre & feigneurie, dont mention a été faite és lettres
ci-deffus.

1396.

Le pouvoir dont le duc de Bourgogne se servit utilement dans cette occasion tourna bientôt au préjudice de la France, par l'entreprise qu'il fit d'exiler de la cour Valentine de Milan, duchesse d'Orleans. Ce coup violent reveilla tous les chagrins du duc d'Orleans, son époux. Il obtint du roi son frere, dans un de ses bons intervales, qu'il auroit part au gouvernement du royaume; mais il donna trop d'avantage sur lui au duc de Bourgogne, par les impositions dont il voulut aussitôt charger le peuple.

1399. VIII.
Mezeray.Tom.2, pag. 632.
PAGE 188.

La France, cependant, étoit affligée de maladies contagieuses ou épidemiques, qui causérent une si grande mortalité à Paris, qu'on fut obligé, en 1399, de défendre * les convois funeraires. Nos annales nous aprénent l'origine de ce mal, qui s'étoit fait sentir à Montpellier dès l'année precedente. « Il avoit commencé (dit nôtre Talamus) en ce païs au mois de mai, « & venoit de la terre des Mores, passant par l'isle de Rhodes, Chypre, « Génes, Mayorque & Catalogne. » Il dura à Montpellier tout le mois de décembre, ce qui obligea de faire, dans cet intervale, plusieurs processions solennelles, où l'evêque de Maguelonne porta le prétieux corps de Jesus-Christ pour faire cesser le mal; & on n'oublia point les sermons usitez dans la place de l'hôtel de ville, ni la bougie qu'on avoit coûtume d'allumer à Nôtre-Dame, qui fut, cette année, de dix-neuf cent canes.

1400.

Le froid excessif qui survint au mois de janvier suivant fit cesser la maladie à Montpellier; mais on y perdit la plus grande partie des vignes, qui furent gelées aux environs. Et quelque tems après, c'est-à-dire le 12 novembre 1400, on y vit arriver Charles, prince de Tarente, second fils du duc d'Anjou, qui venoit recevoir à Montpellier, pour le roi de Sicile, son frere, l'infante Yoland d'Aragon, fille puînée du roi Jean, premier de ce nom. Cette princesse arriva à Montpellier le 25 novembre, suivie (dit nôtre Talamus) de plusieurs dames & demoiselles richement parées, & de vingt-cinq cavaliers ou écuyers, qui portoient une livrée de rouge, blanc & noir par tiers. L'evêque de Maguelonne, le gouverneur de Montpellier, & tous les curiaux, au nombre de vingt-sept ou vingt-huit, à cheval, sortirent jusqu'au-delà de l'hôpital de Bizargues; & les consuls (ce que je trouve pour la première fois dans nos annales) firent un présent, au prince de Tarente, de cire & d'épices, qui revenoit à une somme considerable.

1403.

Les années 1401 & 1402 ne sont remarquables, dans nos annales, par aucun événement digne d'être raporté ici. Mais je ne puis oublier, en 1403, la perte de tous les blez, causée par des pluyes si extraordinaires, qu'elles grossirent la mer à un tel point que toute la ville de Mayorque en fut inondée, & qu'on y compta quinze cent maisons renversées, & quatre mile personnes de noyées. Nos ancêtres, par l'anciéne liaison qu'ils avoient avec

Mayorque, crurent fans doute devoir marquer dans leurs archives un évenément fi touchant.

1403.

La mort du duc de Bourgogne, arrivée le 27 avril 1404, changea la fituation des affaires, car le duc d'Orléans, lié avec la reine Ifabelle, fe rendit maître du gouvernement, dont il difpofa avec tant de hauteur, que tous les princes fe retirérent de la cour. Le roi, dans un intervale lucide, s'en étant apperçû, les rapella tous auprès de fa perfonne. Mais le nouveau duc de Bourgogne, Jean (dit auparavant duc de Nevers), ne voulut revenir qu'à main armée. Son approche fit prendre la fuite au duc d'Orleans & à la reine, qui devoient être fuivis de Loüis, dauphin de France; mais le bourguignon fit une telle diligence, qu'il atteignit le dauphin & le ramena de fon confentement à Paris.

1404.

Cet éclat, qui donna lieu à de grandes juftifications de part & d'autre, finit par une reconciliation apparente entre le duc d'Orleans & le duc de Bourgogne, qui fut ménagée par Charles le Noble, roi de Navarre, & par le duc de Bourbon; mais nous verrons par les fuites que prefque toûjours la paffion l'emporta, fous ce regne, fur la bonne foi des promeffes.

1405.

Au commencement de cette même année, c'eft-à-dire le 7 janvier 1405, Jean, comte de Clairmont, gendre du duc de Berry, & fils du duc de Bourbon, étoit venu à Montpellier au retour de fes expeditions en Gafcogne, où nos annales difent qu'il avoit pris plufieurs fortereffes. Le gouverneur, le recteur, le bailli, les confuls & ouvriers fortirent à fa rencontre; & les confuls, felon la coutûme qui s'en étoit introduite, lui firent un préfent de flambeaux & de confitures, qu'il reçut gracieufement, & partit le troifiéme jour après-dîné pour Lunel.

Le 19 du même mois eft marqué, en cette ville, par un grand orage de vens & d'éclairs, fuivis d'une fi grande quantité de nége, qu'il en refta plus de fix piez fur les toits. Le tonnerre (dit nôtre Talamus) abatit au feigneur de Murles la plus belle tour de fa maifon. Mais le ravage qu'il fit à St-Juft-de-Narbonne fut bien plus effroyable, car, ayant calciné les pierres du grand clocher, il en fondit les cloches & tout le plomb dont le chœur étoit couvert; &, étant entré * dans l'églife, il y caufa du dommage pour plus de foixante mile livres.

Page 189.

Sur la fin de cette année, le duc de Berry accorda pour quatre ans le fouquet de vin à nos confuls, par fes lettres données à Paris le 19 décembre 1405.

L'année fuivante fut remarquable à Montpellier par l'arrivée de Loüis II, roi de Sicile, qui, n'ayant pas été plus heureux que le duc d'Anjou, fon pere, dans fes expeditions, fe tenoit dans fes états de Provence, d'où il partit

1406.

1406.

avec la reine Yoland, fon époufe, après la mort de fon beau-pere Jean I, roi d'Aragon. Le motif de leur voyage eft marqué de la forte dans nôtre Talamus : « Le quatriéme jour de feptembre 1406, le roi Loüis, avec la « reine fa femme, entra à Montpellier, allant voir la reine d'Aragon, veuve « du roi dernier mort, qui vouloit voir fa fille. Ils logérent au palais, ayant « été reçûs felon l'ufage; ils reçûrent les préfens de flambeaux & confitures, « entendirent la meffe dans l'églife du château ; &, après la harangue, faite « au nom des confuls par Jean Aiguillon, docteur ès loix, le roi monta à « cheval, & la reine en litiére, fuivie des confuls à cheval.

CHAPITRE TROISIÈME.

I. L'affaffinat du duc d'Orléans fait retirer tous les princes. II. Le roi de Navarre vient à Montpellier. III. Reconciliation apparente des princes. IV. Troubles nouveaux qui attirent les Anglois. V. Cenfure papale à Montpellier. VI. Gouvernement du Languedoc rendu au duc de Berry. VII. Paix entre les princes, publiée à Montpellier.

1407.

I. L'ANNÉE 1407 eft une époque fameufe des malheurs de la France, qui fuivirent de près la mort funefte du duc d'Orleans, affaffiné à Paris le 22 novembre, dans la ruë Barbete. La trifte circonftance de la maladie du roi empêcha de pourfuivre un crime fi noir; on fut même obligé de députer au duc de Bourgogne, qui vint à Paris avec huit cent gentilshommes armez, & qui ne craignit point de s'avoüer, en préfence du roi & de tous les princes, pour l'auteur de ce meurtre.

Cet aveû fit retirer de la cour la plûpart des princes ; & la reine même, avec le dauphin, fortirent fecrétement de Paris & allérent fe renfermer à Melun. Le roi, qui refta entre les mains du duc de Bourgogne, reçut fon excufe fur l'affaffinat de fon frere, & lui en donna des lettres d'abolition. Après quoi, le Bourguignon s'étant retiré dans fes états, la reine revint à Paris, & y prit le gouvernement du royaume avec le dauphin, duc de Guiéne.

1408.

On commença dès-lors à voir des alternatives continuelles de gouvernement, à mefure que les partis oppofez fe rendoient maîtres de l'efprit du roi. Il fut procédé contre le duc de Bourgogne, & conclu à des peines afflictives contre lui, & à des grandes reparations de fa part, pour l'honneur du défunt; ce qui fit revenir tous les princes à la cour.

Charles le Noble, roi de Navarre, s'y rendit comme les autres, & ce fut II. 1408. dans ces conjonctures qu'il paſſa à Montpellier, comme nos regîtres le marquent en ces termes : « Le troiſiéme ſeptembre 1408, le roi de Navarre, « allant en France, paſſa par Montpellier, & il s'arrêta aux freres prêcheurs, « ne voulant point entrer dans la ville. Le lendemain, les conſuls, qui « avoient été à ſa rencontre, furent lui faire la reverence aux freres « prêcheurs, où la harangue lui fut faite en leur nom par Jacques Arquier, « docteur ès loix, *bonne, briéve & honorable;* &, étant revenus à l'hôtel de « ville, ils envoyérent audit roi un honorable préſent. Et, le comte de la « Marche étant venu ſouper avec lui aux freres prêcheurs, ils partirent « enſemble pour Lunel, le cinquiéme dudit mois, les conſuls ayant été « renvoyez par le roi au Col-de-Fy (au-deſſus de Subſtantion), juſqu'où ils « l'avoient accompagné.

*Malgré toutes les procédures qu'on avoit faites contre le duc de PAGE 190. Bourgogne, il revint à Paris avec d'autant plus de fierté qu'il venoit de gagner une bataille ſignalée contre les Liegeois. Son approche obligea la reine de s'enfuir à Tours & d'y amener le roi, de ſorte que le Bourguignon, trouvant l'entrée libre de Paris, y entra dans un grand appareil de guerre & y conſerva ſes troupes, malgré les défenſes du roi, juſqu'à la concluſion d'un traité qu'il fit propoſer.

Ce traité fut enfin juré, le neuviéme de mars 1409, dans l'égliſe de Nôtre- III. 1409. Dame de Chartres, en préſence du roi & de tous les princes du ſang. Les parties s'y donnérent une ſureté reciproque, & on y arrêta le mariage du comte des Vertus, frere du jeune duc d'Orleans, avec la fille du duc de Bourgogne.

Ces nouvelles, apportées dans les provinces, y cauſérent une grande joye, & notament à Montpellier, « où l'on fit une proceſſion generale, le « huitiéme d'avril, en action de graces de la reconciliation des princes. « Il eſt marqué que la proceſſion ſortit de Saint-Barthelemi, à cauſe que la « proceſſion de Saint-Cleophas arrivoit le même jour. La meſſe fut chantée « dans le cimetiére, l'office fait par le docteur de Saint-Ruf, & le ſermon « par Pierre Robin, provincial des Auguſtins. »

Cependant la reconciliation jurée à Chartres n'éteignit point le fonds de 1410. haine & de reſſentiment qui étoit entre les princes. Les ducs de Berry, de Bretagne & d'Orleans, avec les comtes d'Alençon & d'Armagnac, allérent tenir une conference à Gien, après laquelle ils firent de grandes levées de troupes, ſous prétexte de la reformation de l'état. On crut pouvoir leur oppoſer les païſans, à qui l'on permit de prendre les armes pour leur défenſe, & même de tuer les princes, s'ils attentoient à leurs biens ou à leur vie. Mais cet expedient outré n'empêcha point le duc de Berry de faire avancer fon armée jufqu'à Chartres ; & le duc de Bourgogne, de fon côté, fit entrer huit mile hommes dans Paris, & fix autres mile dans Saint-Denis ; en forte qu'on fe vit engagé, aux environs, dans les malheurs d'une guerre civile pire que n'avoit été encore celle des Anglois.

Heureufement l'hiver & la famine firent plus pour la paix que toutes les perfonnes qui s'y étoient employées. On fut obligé, par l'impuiffance d'entretenir les gens de guerre, de conclurre un traité par lequel tous les princes devoient fe retirer avec leurs troupes, & le roi promettoit de former un nouveau confeil de perfonnes non fufpectes. En confequence, les deux armées partirent avec leurs chefs ; & ce fut dans ces conjonctures que le roi de Navarre revint à Montpellier, bien accompagné.

« Le 15 de décembre (dit nôtre Talamus) le roi de Navarre, qui venoit
« de France, paffa par Montpellier. Il logea une autre fois aux freres
« prêcheurs ; & les confuls, qui avoient été à fa rencontre, lui envoyèrent
« aux freres prêcheurs un préfent honorable ; enfuite ils s'y rendirent pour
« lui faire la reverence, Barthelemi Barriere, licentié en décret, faifant la
« harangue. Le roi de Navarre, accompagné d'environ cent cinquante
« hommes d'armes, bien couverts & bien leftes, monta à cheval, & prit le
« grand chemin vers la fontaine de Saint-Barthelemi. »

IV. Dès le commencement de 1411, le duc d'Orleans demanda, les armes à la main, juftice de la mort de fon pere ; ce qui fit ôter au duc de Berry, lié avec lui, fon gouvernement de Paris & celui du Languedoc. Nous avons encore les lettres « par lefquelles le roi Charles VI reprend (comme il s'en « explique lui-même) & remet fous fa main le gouvernement, païs, villes « & châteaux de Languedoc, que auparavant avoit tenu par noftre volonté « & oltroy, noftre oncle de Berry. » Il nomme à fa place dans cette province, pour fes confeillers, generaux & chambelans, Guillaume de Viéne, feigneur de Saint-George-Renier ; Pot, feigneur de la Preigne, gouverneur de Dauphiné, & Pierre de Marigny, fon confeiller, aufquels il donne pouvoir de recevoir le ferment des confuls & autres habitans des villes ; d'établir, par provifion, des fenéchaux, baillis, capitaines, tréforiers, viguiers, clavaires, receveurs, grenetiers, contrôleurs, maîtres & gardes des ports, paffages & autres quelconques, tant fur le fait de la juftice que du domaine & des aides, en déchargeant (fi bon leur femble) ceux qui exercent lefdits offices, ou en établiffant d'autres nouveaux.

« Et pour la recette generale des finances du Languedoc, Charles VI
« nomma * Aubert Le Fevre, jufqu'à ce (dit-il) que par nous il en foit
« autrement ordonné, nonobftant la lieutenance autrefois ordonnée à

« nôtre dit oncle de Berry, laquelle nous avons revoqué. Donné à Paris, 1411.
« le 8 novembre 1411. »

Nous avons des lettres de grace que ces generaux reformateurs accor- *Reg. 29, fol. 160.*
doient à ceux qui, ayant fuivi le parti des ducs de Berry & d'Orleans, fe
remettoient fous l'obëïffance du roi. Mais le duc de Berry ayant été rétabli
dans fon gouvernement en 1413, il fit lui-même la nomination des *Reg. 68, fol. 191.*
generaux reformateurs, comme il confte par les lettres qu'il donna à Paris,
en fon hôtel de Nefle, le 23 janvier 1413, c'eft-à-dire 1414 à nôtre manière
de compter, par lefquelles il nomme l'evêque de Gap, Nicolas Potin, avec
Jacques Carrau, pour generaux fur le fait de la juftice dans le Languedoc.

Nous verrons par la fuite de cette hiftoire qu'ils fubfiftoient en 1417.
Et nous trouvons dans les archives du domaine des lettres patentes du roi
Charles VII, données à Vincénes le 26 avril 1424, par lefquelles il établit *Reg. 39, fol. 48.*
en Languedoc cinq generaux reformateurs, sçavoir : Adam de Cambray,
préfident en la cour du parlement à Poitiers, Arnaud de Marle, Jean
Bernard & Jean Baubignon, maîtres des requêtes, avec Simon.... chevalier,
maître des comptes, pour reformer les abus de la juftice & de la finance,
avec pouvoir de connoître de tous les cas pour le civil & pour le criminel ;
faire rendre compte aux receveurs, mettre en leur place des perfonnes
folvables, & débouter de leurs offices les officiers indignes, &c.

Aprés cette petite digreffion, qui m'a paru neceffaire pour éclaircir la fuite
de nos generaux reformateurs, je reviens au duc de Berry, lorfqu'il fut
privé, en 1411, de fon gouvernement de Languedoc. Alors le trouble
devint general dans le royaume. On établit à Paris la compagnie des
bouchers, qui fe rendit redoutable par la recherche & le maffacre qu'elle fit
des Armagnacs. Mais, dans le Languedoc, on fe contenta d'y gemir fur les
malheurs de l'état. Mais les mieux intentionnez y augurérent mal d'un
ordre qui vint de la part du roi, de faire publier une bulle, jadis donnée
par le pape Urbain V contre les perturbateurs du repos de la France; on
craignit, & avec raifon, qu'elle ne fervît à remuer ceux qui n'avoient encore
pris aucun parti. Auffi vit-on dès-lors beaucoup de gens fans aveu aller
joindre le comte d'Armagnac. « Et l'on regarda à Montpellier, comme un
« préfage funefte, plufieurs coups de tonnerre épouvantables qui fe firent
« ouïr en cette ville, dont l'un étant tombé le 18 février fur le clocher de
« Nôtre-Dame des Tables, rompit la moitié de la galerie de pierre qui étoit
« au plus haut du clocher, & fendit toute la flêche de haut en bas. Cet
« accident donna lieu à plufieurs proceffions generales, qu'on y fit pour
« détourner la colère de Dieu. L'evêque de Maguelonne, le lieutenant du
« gouverneur, & le recteur de l'univerfité y affiftérent, avec les officiers des

1411.   « parts deça & delà (c'eſt-à-dire la baillie & la Part-Antique ¹) avec les
« conſuls & les ouvriers ; en laquelle année (ajoûtent nos annales) Jean
« Roch étoit bailli de la ville. »

Les ſuites firent voir qu'on n'avoit pas eu tort, à Montpellier, de craindre l'augmentation des maux dont la France étoit deſolée ; car les Orléanois (comme avoit déja fait le Bourguignon) s'alliérent avec les Anglois, ce qui irrita ſi fort le roi, qu'il alla prendre l'oriflame à Saint-Denis, & marcha en perſonne pour aſſiéger le duc de Berry dans ſa ville de Bourges. Ce ſiége, qui fut remarquable par les machines extraordinaires de guerre qu'on y employa, finit par une grande mortalité qui ſe mit dans l'armée du roi, & qui donna lieu à un nouveau traité avec les princes, confirmé depuis à Auxerre.

1412.   V.   Les lettres que nous avons du roi Charles VI, données à Paris le 14 février 1412, peuvent ſervir à nous faire connoître l'état où étoit alors Montpellier. *Quamvis* (dit le roi) *temporibus retroactis, populi copioſitate mercantiæ & divitiarum affluentia, ac aliis bonis abundans, famoſitate laudabili ubique fulgerat villa Montiſpeſſulani.* « Néanmoins, à l'occaſion des morta-
« litez, du paſſage des gens de guerre, des naufrages ſouferts, & par l'in-
« vaſion des pirates & voleurs de mer, elle auroit ſi fort ſouſert, « long tems, des tailles, aides, foüages & autres charges, qu'elle en eſt

PAGE 192.   « diminuée conſiderablement ; de ſorte que * les habitans peuvent à peine
« ſufire à leurs beſoins & aux nôtres, ce qui mérite qu'ils ſoient délivrez
« de toute charge extraordinaire & ſervitude étrangere. Et, quoique ladite
« ville ſoit exemte de tribut ou redevance à la chambre apoſtolique, & que
« les collecteurs ou ſous-collecteurs du pape, qui diſent qu'ils ſont en
« poſſeſſion d'exiger de ladite ville ſoixante marabotins, ne puiſſent proceder
« contre les conſuls par monition, cenſures ou excommunication ; néan-
« moins, depuis peu ils ont oſé l'entreprendre, & ont mis la ville en interdit,
« quoique par les privileges apoſtoliques on ne puiſſe proceder de la ſorte
« contre les villes qui ſont à nous.

« A ces cauſes, nous vous mandons (il parle au juge du palais) d'écouter
« tous les plaignans, *ante fores domûs conſulatûs*, & d'arrêter ces entrepriſes
« par la ſaiſie du temporel des collecteurs qui voudront proceder par
« excommunication ; & cela d'autorité de nôtre gouverneur de Montpellier,
« qui en jugera ſouverainement. » Nous verrons, ſous le regne ſuivant, la concluſion de cette affaire.

1413.   En 1413, le roi retourna à Paris, ſuivi du duc de Berry, qui ne s'éloigna

---

: VAR. : C'eſt-à-dire de la baillie & de la rectorie avec.

plus de fa perfonne. Mais les troubles ne tardérent point à augmenter dans 1413.
cette grande ville, où le peuple, fous la conduite des bouchers, s'étant
attroupé au nombre de dix mile hommes, alla inveftir la Baftille, & força le
duc de Guiéne dans fon hôtel, où on lui enleva fes principaux officiers.
Ils pousférent leur infolence jufqu'à entreprendre une confederation avec
plufieurs villes du royaume, dont la marque étoit un chaperon blanc. Le roi
lui-même, allant un jour à Nôtre-Dame, fut obligé de le prendre; & on le
contraignit enfuite d'aller au parlement, coifé de ce même chaperon, pour
faire le procès aux officiers du duc de Guiéne, qu'on détenoit en prifon, &
qu'on. vouloit abfolument perdre : « Tant il eft vrai, comme a dit un de   *Eft. Ranchin.*
« nos auteurs à l'occafion des troubles qui arrivérent à Montpellier dans
« le fiécle fuivant, que fi le peuple, dans fon état ordinaire, fert patienment,
« il commande avec un empire infuportable lorfqu'il eft le maître. »

Un gouvernement fi outré obligea les princes à fe réunir; ils allérent
concerter à Pontoife, & leur bonne intelligence fit reprendre au duc de
Guiéne toute fon autorité dans Paris. Les exilez y furent rapellez; les
féditieux recherchez, fupliciez & profcrits; toutes les créatures du Bourguignon deftituées, & plufieurs gentilshommes & bourgeois, qui tenoient
fon parti, jetez dans une prifon.

On alla bien plus avant en faveur des princes, car on revoqua toutes les
déclarations qui avoient été données contr'eux, & on les rétablit dans
leurs charges. Ce fut alors que le duc de Berry rentra dans fon gouver- VI.
nement du Languedoc. Il envoya fe faire reconnoître en cette qualité dans
les principales villes de la province, & nous devons à nos annales le détail
de ce qui fut fait à Montpellier dans cette occafion.

« Le dimanche 28 de janvier 1414, le maréchal de Boucicaut, l'evêque 1414.
« de Carcaffonne Gerard Dupuy, Arnaud, feigneur de Barbara, le feigneur
« de Laviac, fenéchal d'Auvergne, Jean André & Guillaume Gavi, tous deux *Petit Talamus.*
« officièrs du parlement, envoyez par le duc de Berry, prirent poffeffion
« pour lui de la lieutenance du roi de Languedoc & du duché de Guiéne,
« que le roi lui avoit rendu par fes lettres patentes données à Paris le
« 28 novembre, & qu'il lui avoit ôté en 1411, à caufe de la divifion qui
« étoit entre les princes du fang.

« L'evêque de Maguelonne, Pierre Ademar, accompagné des gens de
« condition de la ville, fortit à leur rencontre avec le gouverneur, le bailli
« & autres officiers, les confuls, les ouvriers, & grand nombre d'habitans.

« Sitôt qu'ils furent entrés dans la ville & décendus de cheval, & logez
« chacun à part, les confuls leur envoyérent du vin clairet & mufcat,
« confitures, flambeaux & tortillez blancs.

1414.

« Le lendemain, ils envoyérent par le gouverneur aux confuls qu'ils
« vinffent le mardi fuivant, avec les meilleurs habitans, au palais, pour voir
« la publicacion des lettres.

« Les commiffaires étoient affis en haut en grande magnificence.

Page 193.

« * L'evêque de Maguelonne, à côté de l'evêque de Carcaffonne, com-
« mença à faire une harangue en forme de fermon, narrant tout le fait.
« Son texte fut : *Imperavit, & fuit facta magna tranquillitas.* Math. 8º.

« Cela fait, le vicaire de l'evêque de Maguelonne, Barthelemi Guichard,
« docteur en décret, fit fa harangue pour tout le clergé, obéïffant au man-
« dement du roi & du duc de Berry fon lieutenant.

« Jacques Rebufi, docteur ès loix & juge du palais, parla pour les officiers
« & pour les nobles.

« Pierre Pataria, docteur ès loix, pour l'univerfité & pour le recteur.

« Jean Aguillon, docteur ès loix, pour les confuls & pour toute la ville.

« Ces harangues faites, l'evêque de Carcaffonne parla pour foi & pour
« les autres fes compagnons, remerciant tous ceux qui leur avoient fait de
« fi bonnes & fi gracieufes réponfes.

« Ce fait, chacun s'en alla, & accompagnérent le maréchal de Boucicaut
« au logis du châtelain d'Aiguemortes, d'où ils s'en retournérent, & parti-
« rent le mécredi vers Beziers pour continüer leur commiffion. »

Cependant le duc de Bourgogne, chagrin de fe voir exclus du gouvernement, chercha de fe racrocher par le moyen du duc de Guiéne fon gendre. Il leva une grande armée; & s'étant rendu maître de Saint-Denis, il fe
préfenta aux portes de Paris, où la reine & le connétable d'Albret mirent fi
bon ordre, que rien n'y branla en fa faveur.

1415.

Le roi, revenu de fa maladie, fit une déclaration fulminante contre lui ;
il leva l'oriflame à Saint-Denis, & marchant avec fon armée, il lui prit
Compiegne, Soiffons & Bapaumes; après quoi, fa maladie l'ayant repris au
fiége d'Arras, la divifion fe mit dans fon armée, & donna le moyen au
Bourguignon de fe ménager un accommodement par la faveur du duc de
Guiéne fon gendre. On lui donna des lettres d'abolition pour fa perfonne,
avec exclufion pour cinq cent de fes gens; & on ajoûta qu'il ne pourroit
approcher de la cour fans lettres expreffes du roi. Toutes ces conditions,

VII. avec les autres articles du traité, furent envoyées aux principales villes du
royaume & publiées à Montpellier dans le mois d'avril 1415, de la maniére

Petit Talamus. que nôtre Talamus le marque.

« L'an 1415 & le 19 avril, le gouverneur ayant convoqué au palais les
« confuls & autres, leur communiqua les lettres du roi du grand fceau de
« cire verte, contenant la paix faite entre les princes de fon fang, datées du

Livre dixiéme.

« mois de février dernier; lefquelles lettres lûës, il fut pris une déliberation
« entr'eux pour une proceffion generale.

« Le 21 dudit mois d'avril, le juge du palais, le lieutenant du gouver-
« neur, qui n'étoit pas en ville, le recteur de l'univerfité, le bailli, les
« curiaux, le vicaire de l'evêque, les confuls, les ouvriers, les religieux
« mendians & le clergé des églifes particuliéres, affiftérent à la meffe du
« faint Efprit, chantée par le vicaire, fous la voûte, proche la porte de
« l'hôtel de ville, préfent l'evêque de Maguelonne, l'abbé de St-Chinian
« & autres perfonnes de marque, fermon par Me Jean Artaud, cordelier,
« en action de grâces de la paix entre les princes & ceffation de l'épidémie ;
« le fermon fini, ledit grand vicaire, Vincent Cabaffe, monta en chaire, &
« publia les lettres du roi. Après quoi, le lieutenant du gouverneur, juge
« du palais, prit le ferment de l'evêque, de l'abbé de St-Chinian, du recteur
« de l'univerfité, confuls, &c., afin qu'il ne fût contrevenu aufdites lettres.
« Tous jurèrent, & le peuple leva la main en haut; après quoi partit la
« proceffion, & n'y eut que l'evêque de Maguelonne [1], qui, à caufe de fa
« maladie, ne la put fuivre. »

On peut obferver un nouveau ceremonial dans ce que je viens de raporter :

La publication des lettres du roi, faite en chaire par le grand vicaire; le ferment exigé de tous les affiftans & par le peuple, en lui faifant lever la main, font marquez pour la premiére fois dans nos annales. Je ne parle point de la meffe fous la voûte, proche la porte de l'hôtel de ville, & autres circonftances dont on a vû des veftiges ci-devant; mais je ne dois pas oublier que l'épidémie * dont il eft fait mention étoit la maladie, dite *coqueluche*, caufée par un vent de bife qui regna dans le mois de février & de mars. Elle commença, difent nos hiftoriens, par une toux & un gros rûme, qui furent fuivis d'un enrouëment de gorge & d'eftomac, d'une douleur de tête véhémente, d'une débilité de membres qui rendoit le corps fans action, & d'une alteration d'appétit. Tous les mêmes accidens fe rencontroient indiferemment fur le pauvre & fur le riche, fur le vieillard & fur le jeune homme; & elle fe rendit fi generale, qu'elle fit ceffer la juftice & quitter le fiége aux juges, parce qu'elle ôta la voix & l'éloquence aux plus fameux avocats.

PAGE 194.

M. *le Laboureur.*

---

1 Pierre Ademar étoit evêque de Maguelonne en 1415.

CHAPITRE QUATRIÉME.

I. Progrès des Anglois dans le royaume. II. Le duc de Bourgogne augmente les troubles. III. La reine s'attribuë la regence, & envoye à Montpellier. IV. Y fait tenir les états de la province V. Paix fimulée avec le duc de Bourgogne, qui finit par fa mort. VI. Le dauphin fe retire en Languedoc, où il établit un parlement. VII. Il fait fon entrée à Montpellier, & purge le païs des Bourguignons. VIII. Il eft déclaré déchû de la couronne. IX. Remporte quelque avantage fur les Anglois. X. Grande fédition à Beziers. XI. Mort de Charles VI.

1415.   I. LE refte de l'année 1415 fit paroître fur la féne de nouveaux acteurs, qui faillirent à caufer un entier renverfement dans le royaume. J'entens parler des Anglois, que les deux partis oppofez attirérent en France.

Leur entreprife commença par le fiége de Harfleur, où l'on fit marcher contr'eux le roi Charles VI. Mais, au lieu de les laiffer perir dans leur camp, comme on le pouvoit, on fe hâta de leur donner bataille, que l'on perdit à Azincourt, de même qu'on avoit jadis perdu celles de Crecy & de Poitiers, par la neceffité où l'on mit les Anglois de vaincre ou de mourir.

Nôtre perte ne pouvoit être guere plus grande qu'elle le fut par le nombre de princes, de feigneurs & de gentilshommes qui y périrent. Mais les deux diferens partis de la cour y cauférent de plus grands troubles ; car le duc de Bourgogne, profitant des malheurs du tems, vint fe préfenter à Paris avec dix mile chevaux ; & le comte d'Armagnac, qu'on fit connétable pour le lui

1416.   oppofer, ayant obligé les Bourguignons à fe retirer, alla fe faire batre lui-même à Harfleur contre les Anglois, qui firent une feconde décente, & prirent plufieurs places dans la Normandie.

Ce mauvais fuccés, qui annonçoit de plus grands malheurs à la France, fit redoubler, à Montpellier, les priéres publiques qu'on y faifoit depuis long tems, & que nos archives marquent dans un long détail. Je me contente de dire, pour cette occafion, que la foule du monde & des religieux qui fe rendoient à la place de l'hôtel de ville, empêchant qu'on ne pût entendre avec bienféance la meffe folennelle qu'on y chantoit fous la voûte, porta l'evêque de Maguelonne à ordonner qu'on ne fît plus de proceffion par la ville, mais que chaque couvent la fît dans fon cloître, & les chapelains autour de leurs églifes, afin que chacun affiftât avec plus de décence aux priéres qui s'y feroient.

Le connétable d'Armagnac, pour fe refaire de fes pertes, profita de la fouveraine adminiftration des finances, qu'il s'étoit fait donner pour accabler d'exactions les Parifiens, qui refolurent d'ouvrir leurs portes au duc de Bourgogne le propre jour de Pâques, tandis que tout le monde feroit dans les églifes. Cette confpiration, ayant été découverte, ne fervit, pour cette fois, qu'à remplir la ville de meurtre & de carnage.

1416.

La mort du duc de Berry, qui feul pouvoit apporter quelque temperament à ces defordres, étant arrivée dans ce même tems, le duc de Bourgogne alla * s'aboucher avec le roi d'Angleterre à Calais, où il renouvella avec lui les tréves pour fes états feulement; ce qui fut regardé comme un engagement qu'il prenoit à ne point fecourir le roi de France. Cette démarche attira contre lui des déclarations fulminantes; & je ne fçai fi ce ne fut pas à cette occafion qu'on renouvella dans ce même tems, à Montpellier, la publication de la bule, dont j'ai déja parlé, du pape Urbain V, contre les perturbateurs du repos de la France.

II.

PAGE 195.

« Le dernier janvier 1417 (dit nôtre Talamus), après la meffe parroiffiale
« dite à Nôtre-Dame des Tables, Me Privat, cordelier, prêcha devant
« l'hôtel de ville, en préfence de l'evêque de Maguelonne, du lieutenant
« du gouverneur, du recteur, du bailli & de tout le peuple, appellé à fon
« de trompe le foir auparavant, au fujet de la bule du pape Urbain V, de
« fainte mémoire, contre ceux qui détruifoient par armes le royaume de
« France; laquelle bule fut lûë en latin & en françois, de l'ordre de l'evêque
« de Maguelonne & mandement des feigneurs generaux, qui étoient alors
« dans le païs. »

1417.

Le duc de Bourgogne oppofa à toutes les déclarations qui avoient été données contre lui un grand manifefte par lequel il invitoit toutes les villes du royaume à l'aider, pour mettre le roi en liberté, qu'il fupofoit être fous la puiffance du connétable, de la reine & du nouveau dauphin, unis enfemble. Ce nouveau dauphin étoit Charles, comte de Ponthieu, qui fucceda à la couronne fous le nom de Charles VII. Le roi fon pere lui donna, cette même année, des lettres (que nous avons) du fixiéme de novembre, par lefquelles il le nommoit à la lieutenance generale du royaume; mais on travailla bientôt à le defunir de la reine fa mere, en donnant au roi de la jaloufie contre un nommé Bouredon, qui fut jeté à l'eau, & la reine envoyée comme prifonniére à Tours. Alors le duc de Bourgogne s'approcha de Paris avec fes troupes, &, partant brufquement pour la ville de Tours, il enleva la reine, & l'amena à Troyes en Champagne, où elle s'attribua la regence.

Archives du Domaine.

En cette qualité, elle envoya des commiffaires dans le Languedoc, pour III. 1418.

1418. tâcher de débaucher cette province, fous l'appas de la fupreffion des impôts, qui étoit l'artifice ordinaire du duc de Bourgogne. Nous apprenons cette particularité de nos annales, qui nous marquent le nom de ceux qui furent envoyez, & les prétextes dont ils fe fervirent.

« Le 11 d'avril 1418, entrérent à Montpellier le feigneur d'Orgüeil, fils
« du prince d'Orange, le vicomte de Murat & Jean Tornier, envoyez par
« la reine comme ayant la lieutenance du roi pour le païs du Languedoc;
« & ayant fait appeller à fon de trompe le peuple à l'hôtel de ville, ils
« abolirent toutes impofitions, quart de vin, & tous autres quarts qui
« étoient impofez par le roi, excepté la gabelle du fel. »

Cependant le pape Martin V, nouvellement élû par le concile de Conftance, envoya fes légats pour effayer de pacifier le royaume; ils propoférent d'en donner le gouvernement au dauphin & au duc de Bourgogne; à quoi le chancelier & le connétable ne voulurent jamais confentir. Mais les Bourguignons, fous la conduite de Philipe Villers l'Ifle-Adam, furent conduits dans Paris, où, s'étant rendus maître de la perfonne du roi, ils firent voir à cette ville tout ce que le fac & le pillage d'une place prife d'affaut ont de plus affreux. On y laiffa plus de deux mile cadavres fans fépulture; ce qui caufa une fi grande pefte, qu'elle emporta, depuis le mois de juin jufqu'à la fin d'octobre, plus de quarante mile perfonnes. Malgré tous ces objets funébres, le duc de Bourgogne y amena la reine, tandis que le roi d'Angleterre acheva la conquête de la Normandie par la prife de Roüen, où il entra au commencement de 1419.

1419. IV. Environ ce même tems, Loüis de Châlon, devenu prince d'Orange par la mort de Jean fon pere, affembla à Montpellier les états de la province pour en tirer les fecours neceffaires à la reine & au duc de Bourgogne, qui l'avoient envoyé dans le Languedoc. Nos annales ont confervé le ceremonial qui fut obfervé alors, par où l'on peut reconnoître ce qui fe pratique encore dans cette illuftre affemblée.

Petit Talamus.
PAGE 196.

« Le prince d'Orange (dit nôtre Talamus), qui étoit commis au gouver-
« nement de ce païs, ayant ordonné que pour tenir les états de cette
« province, * le confeil s'affembleroit en cette ville le 26 de mars 1419,
« on commença le lendemain en la fale de l'evêque, en un quartier
« noblement paré. Là, il y eut deux capitouls de Touloufe, avec leurs
« clercs; deux confuls de Carcaffonne, deux de Narbonne & deux de
« Beziers; aucuns nobles & gens d'églife des fenéchauffées de Touloufe
« & de Carcaffonne; & jaçoit que les confuls de Nimes & d'Uzés, & autres
« de cette fenéchauffée ne fuffent encore venus, fe fit une proceffion
« generale en cette ville, & la meffe fut chantée devant l'hôtel de ville par

« le vicaire de l'evêque de Maguelonne, Raymond Cabaffe, dominicain, 1419.
« docteur en théologie, prêcha fur la matière. Préfens à la meffe & au
« fermon : le prince d'Orange & autres commiffaires du roi, & les
« fufnommez des trois états, le gouverneur & autres officiers de la ville,
« fuivirent tous ladite proceffion, excepté le prince d'Orange, qui fe retira
« avec fes gens après le fermon. »

Tous ces mouvemens qu'on fe donnoit dans la province, pour la conferver au parti des Bourguignons, obligérent le dauphin à y envoyer Jean, comte de Foix, pour l'oppofer au prince d'Orange. Ce comte y entra le vingtiéme du mois de mai, felon nos regîtres, & il employa fi heureufement les troupes qu'il avoit amenées avec lui, qu'il chaffa entiérement les Bourguignons, depuis Touloufe jufqu'à Nîmes ; cela fait, il affembla les états à Carcaffonne, de la même manière que le prince d'Orange les avoit affemblez à Montpellier ; on lui accorda cinquante-fix mile quatre cent livres pour le payement de fes troupes, fuivant l'acte que nous en avons du 2 octobre 1419. Et, par une nouvelle délibération, on y ajoûta douze mile livres, ce *Armoire H., caf-* qui monta à la fomme de 68400 livres, pour lefquelles on fit une nouvelle *fette, 2.* impofition fur le fel. Mais le comte de Foix, comme nous l'apprenons de Juvenal des Urfins, ayant détourné à fon profit cette grande levée d'argent, fans en faire part au dauphin, qui en avoit un extrême befoin, il fut revoqué de fon gouvernement en 1421, & le comte de Clairmont, Charles de Bourbon, mis à fa place.

Tandis qu'on travailloit de la forte dans le Languedoc, le dauphin & le V. duc de Bourgogne eurent une entrevûë à Pouilly-le-Fort, où ils jurérent de s'entraimer & affifter comme freres, fe foumettant, en cas de contravention, au fouverain jugement du faint fiége. « Cette bonne nouvelle fut
« portée à Montpellier le onziéme août, par un courrier du roi adreffé au
« gouverneur, qui, ayant convoqué au palais toutes les compagnies de la
« ville, leur fit part des lettres du roi, & refolut avec eux qu'on feroit
« chanter une meffe du faint efprit devant l'hôtel de ville, avec fermon &
« proceffion, felon l'ufage, & qu'on publieroit lefdites lettres à fon de
« trompe & avec meneftriers, par tous les coins & carrefours de la ville. »

Mais il en fut encore pis de ce traité qu'il n'en avoit été de tous les autres, que nous avons vû fi mal obfervez fous ce regne. Le duc de Bourgogne, attiré à Montereau-Faut-Yonne pour une nouvelle conference, y fut poignardé dans le tems qu'il s'agenoüilloit devant le dauphin. Ce meurtre porta des coups mortels au royaume & au dauphin, dont la vie fut depuis toute remplie d'avantures. Philipe, fils unique du défunt, quoique très-bon prince, entreprit hautement de venger la mort de fon pere. Tous

1419.	les amis de sa maison & les mécontens de la cour s'unirent à lui; les Parisiens envoyérent l'assurer de leurs services; & lui, pour s'assurer l'affection du peuple, obtint une tréve avec l'Anglois, à l'exclusion des gens du dauphin.

1420.	VI.	Alors ce prince, voyant les François, les Anglois & les Bourguignons réunis ensemble contre lui, se retira vers nos provinces pour y recüeillir tous les amis qu'il y avoit. Il vint à Toulouse au commencement de 1420, à compter du mois de janvier, & de là à Carcassonne, où il donna des lettres pour l'établissement du parlement de cette province. Je croi, sur cela, devoir raporter ici les propres paroles de nos regîtres : *En cette année, & à l'avenuë de monseigneur le dauphin, une cour de parlement fut ordonnée en ce païs, & fut premiérement à Toulouse, à cause des grands périls qui étoient alors en France. Cette cour demeura à Toulouse jusqu'en mil quatre cent vingt-cinq, qu'elle fut changée en la ville de Beziers.*

Page 197.	Pour l'intelligence de cet article, je crois devoir ajoûter que, selon la remarque * des historiens de France, le dauphin avoit transferé depuis peu le parlement & l'université de Paris en la ville de Poitiers, où la plus considerable partie de ces deux compagnies s'étoient renduës. Mais, sur les representations qu'on lui fit en Languedoc qu'il étoit impossible, dans les conjonctures du tems, de recourir à Poitiers, ce prince prit la resolution d'établir un parlement dans cette province; ce qu'il fit par les lettres données à Carcassonne, dont nous venons de parler, en date du 20 mars 1419, c'est-à-dire 1420, à compter l'année, comme nous faisons, du premier de janvier. J'aurois garde de parler si affirmativement, si je n'avois pour

Liv. 2, pag. 247.	garant M. de Catel, dans ses mémoires du Languedoc, où il raporte tout au long les lettres du dauphin, pour l'établissement de cette auguste compagnie.

VII.	De Carcassonne, le dauphin vint à Montpellier, où nos archives marquent son arrivée au 29 de mars. « Ledit jour (dit nôtre Talamus), entra à Mont-
« pellier monseigneur le dauphin de Viennois, regent du royaume, appellé
« Charles, fils aîné du roi. En sa compagnie étoit Charles, fils du duc de
« Bourbon, & beaucoup d'autres grands seigneurs, barons, chevaliers,
« archevêques & evêques, avec une grande compagnie de gendarmes & de
« trait; il arriva par le chemin de Toulouse, car c'est là où il étoit premié-
« rement allé. Les consuls, avec les plus apparens de la ville, furent à sa
« rencontre; & puis vinrent les processions, toutes les cloches sonantes; &
« quand les consuls furent devant Saint-Barthelemy, ils presentérent un
« pavillon de drap d'or à monseigneur le dauphin, où étoient les armes du
« roi & dudit dauphin, qui se mit sous le pavillon ou dais; & les consuls,

« en portant ledit dais, le firent paſſer à Nôtre-Dame des Tables, d'où, 1420.
« ſortant par l'Aiguillerie, il fut loger à la ſale de l'evêque ; & partout où il
« paſſa, les rues étoient bien parées & couvertes de toiles blanches par
« deſſus. Les conſuls, après lui avoir fait une belle harangue, lui firent un
« grand préſent de cire, de vin & d'épices. »

Pendant les cinq jours qu'il ſéjourna dans cette ville, il diſpoſa toutes choſes pour la réduction d'Aiguemortes[1], de Nîmes & du Pont-Saint-Eſprit, qui étoient occupez par les Bourguignons. A Aiguemortes, on égorgea la garniſon, & on en jeta les corps dans une foſſe, avec quantité de ſel pour éviter le mauvais effet de la corruption ; ce qui donna, dit-on, occaſion au proverbe de *Bourguignon ſalé*. A Nîmes & au Saint-Eſprit, on fit quelque réſiſtance ; mais le dauphin s'en rendit le maître, & il fut bientôt en état de tirer un grand ſecours d'hommes & d'argent du Languedoc.

Tandis qu'il y travailloit ſi bien à ſes affaires, on traitoit en France d'un VIII. mariage bien contraire à ſes intérêts : c'étoit celui de Catherine, ſa ſœur, avec Henry, roi d'Angleterre, qui fut accompli le deuxiéme du mois de juin. Et par un des articles, le roi Charles VI déclara Henry pour ſon héritier à la couronne de France, à l'excluſion du dauphin. En conſequence de ce traité, les deux rois s'emparérent de Sens & de Montereau, qui tenoient pour lui ; &, après avoir réduit par famine la ville de Melun, ils firent enſemble leur entrée dans Paris, où, le duc de Bourgogne ayant porté ſa plainte devant les deux rois, on cita le dauphin avec les formalitez ordinaires ; & enſuite, *comme atteint & convaincu de meurtre*, on le déclara *indigne de toute ſucceſſion, nommément de celle de la couronne de France, & banni du royaume à perpetuité*.

Dans cette ſituation, le dauphin ne put recourir qu'à Dieu, à ſon épée 1421. & à ſes bons ſerviteurs de deçà la Loire. Les états du Languedoc lui accordérent, au commencement de 1421, ſoixante-huit mile livres, comme il paroît par une procuration faite à noble Hugues de Lordat, ſeigneur de

---

1 On ſignalera dès à préſent, à propos d'Aigues-Mortes, quelques lignes ſur l'hiſtoire de cette ville ajoutées par d'Aigrefeuille & qui ſe rapportent au chapitre troiſième du livre précédent, *page 257*. Cette addition, qui ne ſe trouve pas dans le manuſcrit, comme le rappelle une note, fut compoſée pendant l'impreſſion & modifie comme il ſuit les trois premières lignes du ſecond paragraphe de cette page :

« Je ne ſçai ſi cette ſuſpenſion eut lieu pour l'exécution d'autres lettres que le même roi avoit données à Vincennes, le 19 juillet 1373, par leſquelles il transferoit à Aiguemortes le droit de bourgeoiſie que les rois ſes prédeceſſeurs avoient accordé aux habitans de Montpellieret. Les motifs alleguez dans ſes lettres ſont la néceſſité de faire valoir Aiguemortes, qui étoit alors le principal port de mer que nos rois euſſent ſur la Mediterranée ; mais je doute fort que le motif ſecret ne fût de mortifier davantage le roi de Navarre.

» Il eſt à obſerver que, durant le ſéjour que la reine fit à Montpellier, elle agit comme procuratrice générale du roi de Navarre ſon époux. C'eſt en cette qualité qu'elle écrivit d'Evreux, le 14 ſeptembre, au bailli de Montpellier, Bernard Ricardy, pour lui marquer qu'à ſon dernier voyage, &c. »

1421.

Cazeneuve, dans le diocése de Pamiers, pour retirer cette fomme des états de la province, qui l'avoient accordée.

IX. Dans ce même tems, les Anglois affiégérent & prirent la ville de Meaux, qui feule reftoit au dauphin fur les riviéres de Seine & de Marne. D'un autre côté, le duc de Clarence, frere du roi Henry, ayant affemblé huit à dix mile hommes, alla affiéger Beaugé en Anjou, pour achever de dépoüiller le dauphin. Mais ce fut là précifément où les affaires de ce prince commencérent à fe rétablir; car le comte de Bouchain, écoffois, lui ayant amené, fort à propos, trois à quatre mile hommes de fa nation, marcha au fecours de la place, avec le * maréchal de la Fayette, & ils défirent enfemble le duc de Clarence, lui tuérent deux mile hommes, du nombre defquels il fut lui-même, firent beaucoup de prifonniers, & mirent tout le refte en fuite.

Page 198.

Fol. 93.

Les croniques de France, en parlant de cette journée, font mention de quelques feigneurs du Languedoc, entr'autres du vicomte de Narbonne, & d'un chevalier dit meffire Jean de Lacroix, lequel, avec fes gens, monta fur le clocher du Petit-Beaugé, fit enfermer les chevaux dans l'églife, & fe retrancha fi bien, que le duc de Clarence, ne pouvant le forcer, prit le parti de fe retirer, & alla fe faire tuer en voulant combatre le fecours qui venoit aux affiégez.

Cet heureux évenément fit tant de joye à nos ancêtres, qu'ils n'oubliérent pas de le marquer dans leurs regîtres, où nous le voyons encore avec les circonftances que je viens de dire; par où l'on peut juger de l'attachement qu'on avoit, à Montpellier, pour les interêts du dauphin.

X. Mais il n'en étoit pas de même à Beziers, où les habitans s'étoient laiffez gagner par ceux qui tenoient encore pour le parti du duc de Bourgogne. Ils les reçurent dans leur ville, & firent avec eux plufieurs hoftilitez, qui leur attirérent enfin les armes du duc de Bourbon, pourvû nouvellement par le dauphin du gouvernement du Languedoc. Ce fiége fut remarquable par le grand nombre de feigneurs qui s'y trouvérent, & par la groffe artillerie qu'on y employa; car nous lifons dans nôtre petit Talamus : « Que le « huitiéme juin 1421, le fiége fut mis devant Beziers par Charles de « Bourbon, capitaine general au païs de Languedoc & de Guiéne; il avoit « avec lui tous les fenéchaux de Touloufe, Carcaffonne, Beaucaire, « Auvergne & Roüergue, avec grand nombre de barons, chevaliers & « gentilshommes du païs, beaucoup de gendarmes & gens de trait, avec « groffes bombardes & inftruments volans, lefquels tirérent tous les jours « contre la ville. La groffe bombarde d'Aix en Provence y avoit été « conduite; &, au bout de quelque tems, le fiége fut ôté par compofition,

« les gens dudit Charles y étant entrez avec les baniéres du roi déployées ; 1422.
« après quoi, ledit Charles partit pour Carcaſſonne. »

La défaite des Anglois à la journée de Beaugé valut au comte de Bouchain l'épée de connétable, que le dauphin lui donna ; &, l'ayant pris avec lui, il regagna quelques places dans le Perche & dans le païs Chartrain. Cependant, le roi d'Angleterre, furieux de la mort de ſon frere, vint pour attaquer le dauphin avec de nouvelles troupes. Mais la maladie de ſaint Fiacre, dont il étoit atteint, l'empêcha de rien executer de conſiderable ; il alla ſe faire voir à Paris, où il fit ſon entrée en grande pompe avec la reine ſon époufe ; & ſon mal ayant augmenté, il ſe fit porter à Vincénes, où il mourut le huitiéme d'août 1422. *C'eſt cetui-cy* (diſent nos annales) *qui fit de ſi grands dommages dans le royaume, leſquels il auroit continué, s'il eût vécu, dont fut grande fête pour ſa mort dans tout ce païs.*

Peu auparavant, les états de la province avoient été aſſemblez à Carcaſſonne, par ordre du dauphin, à qui ils accordérent les ſecours accoûtumez. Noble Jean de Conches, damoiſeau, actuellement conſul de Montpellier, & Jean de Patavia, docteur ès loix, y ſont nommez comme députez de la ville. Dans ce même tems, le duc de Bourbon fit une execution remarquable à Beziers, qui eſt exprimée en ces termes dans nôtre Talamus : *En ladite année 1422, Charles de Bourbon, nonobſtant la compoſition, entra à Beziers & alla loger à Saint-Nazaire. Il avoit fait entrer ſecrétement nombre de gendarmes & gens de trait dans la ville ; &, peu de jours après, fit prendre aucuns de la ville, & leur fit trancher la tête. Il ôta les chaines de la ville & fit abatre une partie des murailles, depuis la porte Saint-André, devant les Carmes, allant à la porte des ſœurs minorettes ; il leur ôta auſſi le conſulat & tous leurs honneurs.* Nous verrons que peu d'années après, le roi Charles VII, pour aider les habitans de Beziers à ſe refaire de cette perte, fit venir dans leur ville le parlement qui étoit à Touloufe.

La mort du roi d'Angleterre fut ſuivie, deux mois après, de celle du roi XI. Charles VI, qui finit, le vingtiéme d'octobre, le regne le plus agité que nous ayons jamais eu en France. Nous allons voir tout ce que ſon fils eut à faire pour débroüiller le cahos affreux où il laiſſa les affaires de ſon royaume.

FIN DU LIVRE DIXIÉME.

HISTOIRE
DE LA VILLE
DE MONTPELLIER
Sous les rois Charles VII & Louis XI.

LIVRE ONZIÉME.   Page 199.

CHAPITRE PREMIER.

I. Petits commencemens de Charles VII. II. Parlement à Beziers. III. Comte de Foix, gouverneur du Languedoc. IV. Mort de Jacques Rebufi. V. Les affaires du roi font rétablies par la pucelle d'Orleans. VI. Il fait sa paix avec le duc de Bourgogne, & entre dans Paris. VII. Il vient à Montpellier, où il donne deux édits remarquables pour le parlement & pour la cour des aides. VIII. Lettres du concile de Conftance pour la ville de Montpellier. IX. Horloge de la ville.

CHARLES VII étoit encore dans le Languedoc lorfqu'il reçut la nouvelle de la mort du roi fon pere, dont il prit auffitôt le deüil; mais le lendemain, s'étant habillé d'écarlate, & après avoir entendu la meffe dans le château d'Efpailly, près de la ville du Puy, il fit lever une baniere de France, à la vûë de laquelle tous les feigneurs qui étoient là préfens criérent : *Vive le roi!*

1422.

Il s'agiffoit cependant de conquerir prefque toutes les villes de fon royaume, depuis la Loire jufqu'au fond de la Normandie, & de rentrer dans

I.

Paris, dont les Anglois étoient les maîtres. Tout ce qu'il put faire de mieux, dans ces conjonctures, fut d'attirer à soi tous les princes du sang (excepté le Bourguignon) & de gagner les meilleurs capitaines de son tems, en leur engageant ses châteaux & la meilleure partie de son domaine. De là vient ce grand nombre de concessions que l'on voit dans les archives du domaine de cette province, faites par le roi Charles VII.

Page 200.
1423.

* Il alla se faire couronner à Poitiers, au commencement de novembre ; mais dans les premiers mois de l'année suivante, il reçut un grand échet devant la ville de Crevant, près d'Auxerre, où toutes ses troupes furent défaites, & le connétable de Bouchain, avec le comte de Ventadour, faits prisonniers.

1424.

L'année 1424 ne lui fut pas plus heureuse, car ses gens perdirent la bataille de Verneüil, où le duc de Betfort lui tua quatre mile hommes, du nombre desquels furent le connétable & le vicomte de Narbonne.

1425.

Toutes ces disgraces l'obligèrent de rechercher le duc de Bretagne, en donnant à son frere Artur l'épée de connétable ; & il s'attacha plus fortement le comte de Foix, en le nommant de rechef son lieutenant dans le Languedoc & dans le duché de Guiène. Ce comte en fit publier les lettres à Montpellier dans le mois d'avril, d'où étant parti au mois d'août suivant, il conduisit un grand nombre de gendarmes & de trait à Bourges, où étoit le roi, qui lui donna la comté de Bigorre.

Petit Talamus.

II. Dans cette même année, la cour du parlement, qui étoit à Toulouse, fut changée à la ville de Beziers. C'est ainsi que nos annales s'en expliquent, sans en dire davantage ; mais nous pouvons supléer au reste par les lettres du roi Charles VII, qui, non content d'avoir fait cette grace aux habitans de Beziers, pour les aider à repeupler leur ville, leur permit encore de rétablir leurs murailles, que le duc de Bourbon avoit fait abatre. La chose conste par les lettres raportées dans Catel, où le roi dit : « Afin que nôtre dite « ville de Beziers, en laquelle avons de nouveau ordonné seoir nôtre « parlement, par nous institué & établi en nôtre dit païs de Languedoc, se « puisse repeupler, & que nos conseillers au parlement puissent plus sure- « ment être & demeurer en ladite ville.... Avons donné & donnons, par « ces présentes, congé & licence de faire redresser, remparer, rebâtir & « mettre en état la muraille, fossez & fortifications de nôtre dite ville, « ainsi qu'étoit par avant ladite démolition. Donné à Poitiers le vingt- « troisième jour de septembre, l'an de grace 1425, & de nôtre regne le « tiers. »

Mémoires, liv. 2, pag. 252.

1426.

III. Dans l'année suivante, le comte de Foix, étant parti de la cour pour revenir dans son gouvernement, arriva le vingt-quatrième de mai à Montpellier, où il féjourna jufqu'au vingtiéme de juin, avec la comteffe Jeanne d'Albret, fon époufe. Nos annales ont voulu rendre ce jour mémorable à la poftérité, en ne raportant pas fimplement le fait, mais en ajoûtant, par voye de recommendation : « *Soit mémoire à tous* que l'an 1426, & le 20ᵉ de juin, « le comte de Foix, partant de cette ville, lui remit fa portion des foixante- « huit mile livres dont la province lui étoit obligée pour le payement des « troupes qui y étoient dans le tems de fa premiére lieutenance, en 1419. »

1426.

Petit Talamus.

Ces mêmes annales difent hiftoriquement qu'il y eut dans ce même tems, à Montpellier, divers tremblemens de terre qui fuivirent toute la côte de la mer jufqu'à Perpignan, Gironne & Barcelonne, où ils fe faifoient fentir trois & quatre fois par jour ; de forte qu'on étoit obligé de coucher hors des villes, de peur d'être enfeveli fous la chûte des maifons. Il y eut même, à trois lieuës de Gironne, un village appellé Mex, compofé de cinq cent maifons, qui furent toutes renverfées, avec un monaftére de filles.

Le peu d'intelligence qui étoit déja entre les miniftres & les premiers capitaines du roi Charles VII ne lui permit pas d'entretenir un corps confiderable de troupes; mais chaque bourg & chaque ville avoit fes garnifons, & partout on bâtiffoit des forts & des châteaux pour fe garantir des diferens partis qui couroient le royaume. Cela donna lieu aux habitans de Montpellier de fonger à reparer les fortifications de leur ville ; &, pour en avoir les moyens, ils obtinrent des lettres, que nous avons, du quatriéme décembre 1427, par lefquelles le roi leur accorde, pour quatre ans, cinq deniers à prendre fur chaque quintal de fel qui fe vendroit dans tout le diocéfe de Maguelonne, pour être employez à reparer les murailles & les tours de leur ville. On prit foin de faire renouveller ces fortes de permiffions, qui, fe trouvant une fois établies, donnérent lieu, dans la fuite du tems, à des augmentations trés-confiderables.

1427.

Mezeray, pag. 683.

Jacques Rebufi, que nous avons vû employé pour le fervice de fa patrie dans * toutes les affaires importantes de fon tems, donna fes foins pour le bon emploi des fommes qu'on venoit d'obtenir. Mais il ne put pas continüer long tems ce bon office, car il finit fes jours à Montpellier, le 21 de mars 1428, regreté de fes concitoyens & honoré de fes princes. Nous voyons dans les lettres de nobleffe que le roi Charles VI lui avoit déja donné dés l'année 1395, pour lui & pour fa poftérité directe, qu'il avoit dés-lors profeffé le droit à Montpellier depuis plus de vingt ans ; qu'il avoit exercé la charge d'avocat du roi dans la fenéchauffée de Beaucaire & de Nîmes, & celle de juge du palais de Montpellier.

IV.
Page 201.

1428.

Je ne fçai fi l'on ne doit pas attribüer à fa perte l'interruption que nous trouvons dans nos annales, depuis l'année de fa mort jufqu'en 1502, où

1428. l'on reprit le foin de marquer les évenémens les plus intereffans pour nôtre ville. Ainfi, je ne pourrai plus citer nôtre petit Talamus pour le refte de ce fiécle, & je tirerai des actes particuliers qui nous reftent tout ce que j'en aurai à dire.

Nous trouvons, pour cette année, des conventions paffées entre le fenéchal de Beaucaire & les officiers du petit-fcel, qui nous font connoître les officiers qui compofoient alors cette cour. Antoine Retronchin y eft nommé comme juge; Jean de Latillaye, garde du fceau; Bernard Violette, docteur en décret; Raymond Buxie, licencié és loix & avocat; Me Jean Fabry, notaire; lefquels agiffent tous en leur propre nom : *Ac cæterorum*, ajoûtent-ils, *officiariorum curiæ parvi figilli regii Montifpeffulani in eadem curia practicantium. Die decima martii, anno 1428.*

1429. V. L'année 1429 fit changer entiérement de face aux affaires du roi Charles VII, par cet évenément, fi celébre dans nôtre hiftoire, qui marque qu'une jeune bergére, dite la pucelle d'Orleans, fit lever le fiége de cette ville aux Anglois, & mena le roi à Reims, où il fut facré le feptiéme jour de juillet. Cette nouvelle, fi defirée des bons François, fut apportée à Montpellier par un homme qui (ne pouvant entrer de nuit dans la ville, à caufe des grandes précautions que l'on y prenoit dans ces tems de trouble) s'arrêta dans le fauxbourg de Saint-Denis, aujourd'hui l'Efplanade [1], en attendant qu'on ouvrît les portes de la ville. Le lendemain matin, nos habitans, ayant vû fes lettres, en eurent une fi grande joye, qu'ils prirent la refolution de bâtir une chapelle, fous le nom de Nôtre-Dame-de-Bonnes-Nouvelles, dans le lieu où le courier s'étoit arrêté, c'eft-à-dire à peu près dans le même endroit où eft à préfent la croix de l'Efplanade [2]. Les archives de l'evêché marquent que Leger Saporis, evêque de Maguelonne, en fit la confécration, & elle fubfifta jufqu'au commencement des troubles de la religion, où cette chapelle eut le même fort que l'églife de Saint-Denis, qui fut renverfée en 1562.

Le roi, après fon facre, reçut la foumiffion des villes de Laon, Soiffons, Beauvais, Compiegne, Crefpy, & de toutes les autres villes qui étoient fur fon chemin jufqu'à Paris, dont il voulut tenter le fiége. Mais il y fut repouffé avec perte, & la pucelle d'Orleans, qui avoit outrepaffé fa miffion, y fut bleffée, au pied de la muraille.

1430. Cette bonne fille, s'étant laiffée gagner, à la priére des gens de guerre, pour aller défendre Compiegne, fut prife dans une fortie en 1430, & venduë

---

1 Var. : *La citadelle.* (Première rédaction.)
2 Var. : *La chapelle de la citadelle.* (Première rédaction.)

aux Anglois, qui la firent brûler à Roüen en 1431. Dès-lors, les affaires du roi allérent fort lentement; on ne fit la guerre, durant trois ou quatre années, qu'avec diferens fuccès & fort foiblement, tant à caufe du défaut d'argent que de la minorité du roi d'Angleterre, & de la facilité de Charles VII à fe laiffer gouverner par fes favoris ou par fes maîtreffes.

1431.

Nous avons des lettres de lui, données à Poitiers le vingtiéme du mois de mai 1431, par lefquelles il mande en la ville de Montpellier les états de la province, qu'il avoit dèja convoqué à Viéne en Dauphiné. Sur quoi je dois obferver qu'il eft particulier à ce regne d'avoir attiré l'affemblée de nos états hors de la province, comme en 1427 dans la ville de Chinon en Touraine, où ils furent tenus dans le mois de novembre de cette année; dans la ville de Tours en 1428, où ils furent convoquez au dixiéme de feptembre par les lettres que nous * avons du roi Charles VII, en date du 22 juillet de la même année; enfin à Viéne en Dauphiné, d'où ils furent contremandez à Montpellier, pour les raifons exprimées en ces termes dans la lettre du roi adreffée au fenéchal de Touloufe :

PAGE 202.

« Comme, par nos lettres patentes données au mois d'avril paffé, & pour
« les caufes en icelles contenuës, nous vous euffions mandé que vous
« fiffiés affavoir & mandaffiés aux gens des trois eftats de voftre fenéchauffée,
« que ils fuffent à Vienne le vingtiéme jour de ce préfent mois, auquel lieu
« & jour nous mandions eftre les trois eftats de noftre païs de Languedoc,
« & que eftions difpofez d'y eftre en perfonne. Et ainfi que obftant la pro-
« chaine & briéve venuë de noftre très-chier & amé coufin & allié le duc
« d'Autriche, à bien grande armée & puiffance en noftre royaume, & pour
« autres grandes occupations que avons en nos affaires, lefquelles nous
« font furvenuës, nous ne pouvons eftre en ladite journée de Vienne,
« ainfi que avions difpofé; & pour ce, & afin d'efchever le travail des gens
« defdits trois eftats, & la charge de noftre peuple de noftre dit païs, en
« fraix & dépenfes, avons ordonné & voulons que ladite journée de noftre
« dit mandement audit lieu de Vienne foit prolongé, & l'affemblée d'iceux
« trois eftats foit en noftre ville de Montpellier le vingtiéme jour du mois
« prochain venant. Si voulons & vous mandons, &c. »

Enfin, par la médiation du concile de Conftance & du pape Eugene IV, il fe fit une affemblée à Arras, où tous les princes de la chrétienté envoyé-rent leurs ambaffadeurs pour regler les demandes que le duc de Bourgogne faifoit au roi Charles VII. Il en fut dreffé des articles fort étendus, qui ne font pas de mon fujet; mais je ne puis oublier que, pour mettre le fceau à la reconciliation de ces deux princes, on convint du mariage de Catherine, fille du roi, avec Charles, comte de Charolois, fils du duc de Bourgogne.

VI. 1435.

1436. Ce traité, où les Anglois avoient refufé d'entrer, acheva de les perdre dans le royaume. Ils furent batus à Saint-Denis par le connétable; & les Parifiens, profitant de cette occafion, firent leur traité particulier, chafférent les Anglois de leur ville, & en ouvrirent les portes à Charles VII, qui y fit fon entrée le vendredi d'après Pâques 1436.

1437. VII. Le roi ne fut pas plûtôt maître de fa capitale, qu'il alla vifiter fes provinces pour y faire de l'argent. Il paffa le refte de cette année dans le Lyonnois & le Dauphiné; & dans la fuivante 1437, il vint à Montpellier, où il fit fes Pâques, comme le marque Alain Chartier; & il donna des lettres fort remarquables pour le parlement & pour l'établiffement de la cour des aides de cette province.

Dans les premiéres, le roi dit en fubftance : « Qu'oüie la requête de fes
« bien amez les gens des trois états de fon païs de Languedoc, il y avoit
« mis autrefois un parlement, à caufe des dangers & périls qui étoient fur
« les chemins pour aller du Languedoc au parlement de Paris; & que de
« nouveau il accorde & ordonne qu'en fon dit païs de Languedoc il y ait
« un parlement & un fcel, dont on fcellera les lettres expediées pour fes
« fujets dudit païs, à commencer du premier jour d'après la St-Martin
« d'hiver de cette même année. Donné à Montpellier, le dix-huitiéme du
« mois d'avril 1437, & le quinziéme de fon regne. »

Pag. 254. Ces lettres, qui font raportées toutes au long dans les mémoires de Catel, paroiffent une confirmation du parlement de nôtre province, & non autre chofe. Cependant M. de Catel les raporte comme une preuve que le parlement fut alors transferé de Beziers à Touloufe, quoique dans ces mêmes lettres il ne foit fait aucune mention de cette tranflation. Sur quoi M. de
Annal. Tom. 1, Lafaille a prétendu que le parlement du Languedoc avoit été réuni, en
pag. 188. 1427, à celui de Paris, & qu'il fut alors rétabli à Touloufe; mais il ne m'appartient pas de prendre parti entre ces deux illuftres Touloufains.

Par les fecondes lettres, données dans la même ville deux jours après les
Philippy. Cour précédentes, le roi dit : « Que, comme par le confentement des gens des
des aides, pag. 1. « trois états de fon païs de Languedoc, pour la défenfe de fa couronne
« contre les Anglois, il auroit rétabli les aides qui avoient eu cours dans le
PAGE 203. « royaume, pour * la conduite defquelles il avoit ordonné des élûs, rece-
« veurs, notaires, & autres officiers neceffaires; toutefois, comme on pou-
« voit relever appel defdits élûs & officiers, il feroit befoin de commettre
« aucunes notables perfonnes pour juger defdites appellations, ainfi que
« font les generaux établis en la ville de Paris, qui prononcent en fouve-
« rains fur lefdites aides.

« A ces caufes, il faut fçavoir que, pour exempter fes fujets du païs de

« Languedoc & duché de Guiéne des grands périls où ils feroient expofez 1437.
« en ayant recours à Paris, il inftituë & établit dans ledit païs de Languedoc
« & de Guiéne des generaux confeillers & juges fouverains fur le fait de la
« juftice defd. aides, pour juger, définir & prononcer, ainfi que font &
« peuvent faire les generaux qui tiénent leur fiége dans fon palais royal à
« Paris; fans que de leur appointement ou fentence on puiffe appeller en
« aucune maniére; voulant qu'ils puiffent tenir leur fiége & auditoire là où
« bon leur femblera audit païs. Donné à Montpellier, le vingtiéme jour du
« mois d'avril, l'an de grace 1437, & de nôtre regne le quinziéme. »

Les habitans de Montpellier fe reffentirent du féjour du roi Charles VII par la confirmation qu'ils obtinrent de tous leurs priviléges. Et par d'autres lettres, le roi prit fous fa protection royale les profeffeurs & écoliers de l'univerfité de Montpellier; ordonnant au fenéchal de Beaucaire, au gouverneur de la ville, & au recteur de la Part-Antique de tenir la main à la confervation de leurs priviléges.

Je ne fçai fi les docteurs de cette univerfité, qui étoient alors au concile VIII. 1438. de Bâle, ne folicitérent point les lettres confirmatives que nous avons de toutes les immunitez & priviléges accordez ci-devant par les pontifes romains à la ville de Montpellier. Ces lettres font données au nom du concile, en ces termes : *Sacrofancta generalis fynodus Bafilcenfis in Spiritu fancto legitime congregata, univerfam ecclefiam reprefentans.* Elles font adreffées aux confuls & communauté de Montpellier, dans le diocéfe de Maguelonne, où, après avoir dit qu'il eft raifonnable de conduire à bon effet les demandes qui font juftes & honnêtes; pour cette raifon, le concile confirme, au nom de l'églife univerfelle, toutes les graces qui leur ont été accordées par les fouverains pontifes romains, de la maniére qu'on en joüit paifiblement dans la ville de Montpellier : *Nec non* (ajoûte-t-il) *libertates & exemptiones fæcularium exactionum à regibus & principibus ac aliis Chrifti fidelibus rationabiliter vobis indultas, ficut eas jufte & pacifice poffidetis.* Donné à Bâle, le 3 des cal. de feptembre, l'an de la nativité du Seigneur 1438.

On prit foin, dans l'année fuivante 1439, de faire renouveller les conceffions déja ufitées d'un blanc de cinq deniers fur chaque quintal de fel des greniers de Montpellier, Maffillargues & Sommiéres. Nos confuls crurent n'en pouvoir faire un meilleur ufage que d'en employer le produit à la grande horloge de la ville, qui eft fur la façade de l'églife de Nôtre-Dame des Tables. Pour cet effet, ils firent fondre une cloche de quatre-vingt-dix quintaux; mais, avant que de la monter fur le haut du clocher, ils voulurent le fortifier par les arcs-boutans qu'on y voit encore d'un côté & d'autre; ils partent d'un maffif de maçonnerie enclavé dans les maifons voifines; & en

IX. 1439.
Armoire H., caffette 2.

1439.

traverfant la ruë, ils vont ferrer par les flancs la façade de l'églife. Cet ouvrage fut confervé par les prétendus reformez lorfqu'ils abatirent l'églife Nôtre-Dame, en confideration du befoin qu'on avoit de cette horloge.

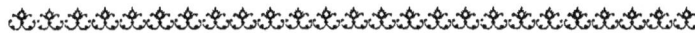

PAGE 204.

CHAPITRE SECOND.

I. Premiers troubles caufez par le dauphin. II. Hiftoire de la cenfive papale qu'on payoit à Montpellier. III. Tréve avec l'Angleterre. IV. Le dauphin quite la cour. V. Arbalêtriers à Montpellier. VI. Droit d'équivalent.

1440.

I. L'ANNÉE 1440 prepara de nouveaux troubles au royaume par l'evafion du dauphin, âgé feulement de feize ans, qui, s'étant laiffé débaucher par le duc d'Alençon, fe retira à Niort, avec un parti de mécontens qui s'étoit formé fous le nom de *Praguerie*. Le roi courut promptement au feu qui s'allumoit; &, après avoir bien garni fes frontiéres contre les Anglois, il pourfuivit les liguez fi vertement en Poitou & en Bourbonnois, qu'ils furent contrains de lui rendre fon fils, & de venir demander pardon à genoux.

1441.

L'année fuivante, il vint nettoyer tout le païs du Poitou & de l'Angoumois des coureurs qui le ravageoient, d'où il alla tenir fa cour à Limoges pendant les fêtes de la Pentecôte; &, étant paffé dans le Languedoc, il y difpofa toutes chofes pour le fecours de Tartas & autres expeditions qu'il projetoit dans la Gafcogne. Pendant fon féjour à Montauban, vers la fin de novembre, il donna des lettres fort remarquables au fujet d'un ancien droit que la cour de Rome prenoit fur la ville de Montpellier.

II. Ce droit avoit pris fon origine fous le pape Innocent III, à qui les habitans de Montpellier offrirent volontairement, dans le tems des Albigeois, une redevance annuelle de deux marcs d'or pour avoir fa protection. La chofe confte par la lettre que ce pape leur répondit en 1216, dans la dix-huitiéme année de fon pontificat. *Duas marchas auri centum mazamutinis computandis quas fedi apoftolicæ liberaliter obtuliftis, nobis & fucceſſoribus noſtris fingulis annis in feſto refurectionis dominicæ perfolvetis.*

Gregoire IX, par les lettres données à Perufe le onziéme des cal. de mars, prit (à l'exemple d'Innocent) fous fa protection les habitans de Montpellier, & accepta les deux marcs d'or déja offerts : *Centum mazamutinis computandis pro moneta; quas fedi apoftolicæ obtuliftis.*

Cette cenfive papale (car c'eft le nom que nos archives lui donnent) fut exactement payée dans le premier fiécle de fon établiffement. Nous en avons encore les quitances, faites à nos confuls par les collecteurs apoftoliques, pour les années 1251 & 1273.

1441.

Dans la premiére, qui eft du vingt-neuviéme feptembre, il eft dit que Pierre Ebrard, Jean de Bordeille, Firmin Dieulofec, Bernard de Pierre, Guillaume de Marfillan & Bernard de Ribaute, confuls de Montpellier, payérent au chapelain du pape, dans la maifon de la milice du temple, fife tout proche de Montpellier, *penes domum militiæ templi, juxta Montempeſſulanum fitam*, cent quarante livres melgoriénes, que ledit chapelain remit en deux facs, entre les mains de frere Pierre de Fertalleriis, commandeur de la maifon des Templiers.

Dans la feconde, faite un jour de jeudi quatorziéme de juin, dans l'hofpice du prévôt de Maguelonne, attenant l'églife Saint-Thomas, il eft dit que Pierre Alco, Raymond Peyriere, Mathieu Sartre, Jean Fabre, Jean Suau & Raymond Seguin, confuls, en préfence de notaires, payérent à Adalguier de Parme, chanoine dudit Parme & envoyé pour exiger les cenfives dûes au faint fiége, quatorze marcs d'or, qui furent comptez en deniers de Melgüeil, pour fept années, à raifon de deux marcs dûs tous les ans au fouverain pontife : *pro protectione in qua romana ecclefia dictam univerfitatem recepit atque habet.*

Dans le fiécle fuivant, on laiſſa accumuler ces fommes, de forte qu'en 1319 il étoit dû trois mile fix cent mazumetins d'or pour dix-huit années, qui furent portez * à Avignon le 17 de décembre, & payez en deux cent vingt-trois florins d'or de Florence, entre les mains de Gaubert du Val, evêque de Marfeille & camerier du pape Jean XXII. Il en fit fa quitance à Pierre Chauvel, Guillaume Catalan, Guillaume d'Aigrefeüille, confuls, accompagnez de Bertrand Caftel, docteur ès loix, & Jean Garnier, citoyen de Montpellier.

Page 205.

En 1340, les confuls portérent leur payement à Nîmes, où ils reçurent leur quitance, le dixiéme d'avril, d'un nommé Morery, collecteur du pape & recteur de Triffemil, diocéfe de Touloufe.

Sous le pape Urbain V, tout affectionné qu'il étoit pour la ville de Montpellier, les collecteurs apoftoliques procédérent par monitoire du vingt-neuviéme juin 1363, contre les confuls de Montpellier, qui étoient alors : Imbert Roch, Jean de La Croix, Bernard Pelicier, Pierre Texier, Jean Gavanon, Guillaume d'Aigrefeüille, Jean Claparede, Etiéne de Montendieu, Pierre Serre, Jacques Yves, Pierre Bayle & Pierre Defchamps. Mais le pape, en ayant été informé, laiffa toutes les fommes dûes entre les mains des

1441.

consuls, pour être employées par eux à la construction du monastère de Saint-Germain, qu'il projetoit dès lors, & qu'il commença de faire bâtir l'année suivante.

Son successeur Gregoire XI fit faire, en 1376, une liquidation des sommes arreragées. Mais, sur la représentation que fit Simon de Villeneuve, alors consul, que la ville de Montpellier étoit hors d'état de payer tous les arrerages, à cause des charges dont elle étoit accablée, il en fut quite pour cent dix-neuf francs d'or vingt-deux sols quatre deniers, à condition qu'ils payeroient exactement, dans la suite, les deux marcs d'or à chaque fête de Pâques.

Les troubles qui survinrent dans l'église, à l'occasion du grand schisme, furent une grande raison aux habitans de Montpellier pour suspendre le payement de cette censive; de sorte qu'en 1412 il étoit dû, pour trente-huit années, soixante-dix mile six cent marabotins, au sujet desquels le roi Charles VI donna les lettres que j'ai raportées ci-devant.

Il est vrai que dans cet entre-deux, Pierre de Lune (dit Benoît XIII) avoit donné une remise du passé, en considération de ce qu'il avoit fait ses études à Montpellier, comme portent les lettres que nous en avons, expediées par François de Conzié, archevêque de Narbonne. Mais, après la mort de Pierre de Lune, les collecteurs apostoliques, qui le regardoient comme antipape, ne firent aucun compte de sa décharge, & ils formérent leur demande en entier; ce qui fut arrêté, comme nous l'avons vû, par le roi Charles VI.

1441.

Enfin, en 1441 ils reprirent leur instance, avec menaces de censures ecclesiastiques; ce qui obligea les consuls de recourir au roi Charles VII, qui depuis peu avoit fait dresser la fameuse pragmatique-sanction. On ne peut mieux juger de leurs raisons que par l'expositif des lettres du roi, données le vingt-septiéme novembre de cette même année. Elles sont adressées au senéchal de Beaucaire & au gouverneur de Montpellier ou à ses lieutenans, ausquels le roi dit : « Que sur la représentation des consuls
« de Montpellier, disant qu'étant sujets du roi, ils ne doivent être traduits
« hors de la jurisdiction ordinaire; & qu'au regard de la temporalité, ils ne
« doivent aucun cens, rente, devoir ou revenu qu'au roi seul : néanmoins,
« Me Robert Rogier, soi-disant prévôt d'Aix en Provence, & clerc de la
« chambre apostolique, prétendant, contre verité, que les consuls de la ville
« de Montpellier devoient les arrerages de cinquante & un ans de la rede-
« vance annuelle de deux marcs d'or dûë à la chambre apostolique, auroit
« admonesté lesdits consuls par acte du dix-neuviéme octobre dernier, sous
« peine d'excommunication; & il les auroit assignés en la chapelle de

« Saint-Nicolas, fur le pont d'Avignon, au vingtiéme de novembre, & « depuis en la ville de Montpellier, en muant le lieu d'affignation. »

1441.

Sur quoi, attendu (dit le roi) *que nous fommes empereur, non-reconnoiffant fouverain en nôtre dit royaume, ne en la temporalité & droits d'icelui, & qu'il eft queftion de rente fur nôtre dite ville, qui font chofes réelles, dont la connoiffance appartient à nôtre jurifdiction laïque, & non à autre; vous mandons d'affigner les parties en nôtre cour de parlement, pour faire revoquer & caffer lefdites citations en cour d'églife, tant* * *par la prife de leurs biens que de leur perfonne; & de ce donnons pouvoir, &c.*

PAGE 206.

Je ne trouve plus dans nos regîtres qu'il y foit fait mention de cette cenfive papale, foit que les collecteurs *apoftoliques ne vouluffent pas recourir au parlement, ou qu'ils appréhendaffent les exceptions qu'on auroit pû leur objecter de la prefcription & de la nature de la dette, qui, dès fon origine, n'étoit qu'une offrande volontaire.

Le roi, ayant fini heureufement fes expeditions dans la Gafcogne en 1442, paffa l'hiver à Montauban, d'où le dauphin, qui avoit été du voyage, partit en qualité de lieutenant general du roi fon pere, pour aller faire lever aux Anglois le fiége de Dieppe; ce qu'il fit avec fuccès.

Mezeray, ad an 1442.

Il faut que le roi fon pere, en retournant de Montauban à Paris, eût pris fa route par le bas Languedoc, puifque nous avons des lettres de lui, données à Montpellier le quinziéme mai 1442, par lefquelles il maintient nos confuls non-feulement à faire des reglemens de police, comme de fixer le prix des grains & des marchandifes, vifiter les poids & les mefures, mais encore il leur attribuë les prérogatives que nous avons vû affectées aux ouvriers de la commune clôture, fous le roi de Navarre, telles qu'étoient le foin des ruës, des chemins & des bâtimens, auprès des murailles de la ville & des douze pans.

1442.

Armoire B, liaffe 16, pag. 161.

« Peu de tems après (dit la Cronique de France), fut faite par les « François une entreprife fur la ville du Mans, par le moyen d'aucuns « habitans d'icelle; & à executer ladite entreprife étoient le fire d'Orval, « frere du fire d'Albret; le fire de Bueil; le fire de Tuce; le fire de Vignoles, « dit La Hire; Robert de La Croix, & plufieurs autres capitaines, lefquels « entrérent & prirent la ville. »

1443.
Folio 100, v°.

Enfin, les Anglois & les François, étant las de cette guerre, convinrent d'une tréve de dix-huit mois, durant laquelle ils envoyérent les troupes des deux nations dans le païs de l'empire, fous la conduite du dauphin, qui, après avoir défait quatre mile Suiffes à Bâle, vint joindre le roi fon pere au fiége de Metz, qu'ils obligérent de fe foumettre à René de Lorraine, fon fouverain, & fe firent payer une groffe fomme pour congedier les troupes

III.

1443. de France, qui furent reduites à quinze cens hommes d'armes & autant de couftillers (ou gens de pied accompagnant les cavaliers), & trois mile archers, qu'on appella depuis compagnie d'ordonnance.

1444. IV. Ce bon ordre procura la paix dans la cour de France. Mais cette même paix y caufa bientôt des troubles domeftiques; car le dauphin ayant donné un fouflet à la belle Agnés, & porté enfuite une accufation très-injurieufe contre Antoine de Chabanes, le roi commanda à fon fils de ne le voir de quatre mois & de s'en aller en Dauphiné. Il obéït avec menaces, & ne revint qu'après la mort de fon pere, c'eft-à-dire quinze ou feize ans après.

1446. Nos ancêtres augurérent mal de cette retraite, & ils regardérent comme un pronoftic des maux qu'elle alloit caufer, certaine comette chevelue qui fe fit voir à Montpellier en 1446, & qui, en fe diffipant, fit naître une quantité prodigieufe de chenilles qui dévorérent les fruits de la terre. Ce phénoméne produifit auffi un orage de grêle fi effroyable, qu'elle tua plufieurs perfonnes en plate campagne pour n'avoir pû s'en mettre à couvert. Nous apprenons toutes ces circonftances du livre des miracles de Nôtre-Dame des Tables, avec l'heureux fuccés des priéres des habitans, qui eurent recours à la fainte vierge, & qui obtinrent, par fon interceffion, la fin de tous ces infectes.

1448. En 1448, le roi, pour avoir une bonne infanterie & bien entretenuë, ordonna que chaque vilage lui fourniroit un archer à pied, qui feroit franc de toutes tailles & fubfides; ce qui produifit un corps de 22 ou 23 mile

V. hommes, qui furent appellez les francs archers. Je ne fçai fi cette nouvelle création n'occafionna point, à Montpellier, le renouvellement de la com-

1449. pagnie des arbalêtriers; car nous avons de l'année 1449 une publication qui y fut faite des reglemens qu'ils devoient obferver dans leurs exercices. Et quoiqu'il y foit dit que cet établiffement étoit déja ancien à Montpellier, il paroît que les arbalêtriers prirent alors une nouvelle vigueur. Je raporterai ces reglemens dans l'article où je parlerai plus au long des jeux d'exercice qui font particuliers à la ville de Montpellier.

PAGE 207. VI. * Pour l'entretenement des nouvelles milices que le roi venoit d'établir fous le nom de compagnies d'ordonnance ou de francs archers, les communautez, qui étoient chargées de leur logement, confentirent alors, pour s'en liberer, à un fuplément de l'aide qu'ils payoient déja; ce qui fut dés lors appellé équivalent. La chofe paroît par les lettres que nous avons du roi Charles VII, du vingt-huitiéme mars 1449, adreffées à Jean d'Eftampes, evêque de Carcaffonne & general des finances, à Etiéne de Cambray, evêque d'Agde, & à Jacques Coëur, fon argentier, par lefquelles il leur mande de faire décharger de la taille Pierre Teinturier, bourgeois de Montpellier, & l'un des conservateurs du droit de l'équivalent, attendu que les gens du grand conseil avoient ordonné qu'on ne mettroit point à la taille aucun officier du roi.

1449.

Cependant, le grand desordre que cette longue guerre contre les Anglois avoit causé dans tout le royaume, porta les états de la province, assemblez cette année en la ville de Montpellier dans le mois d'avril, à demander au roi Charles VII une amnistie & pardon general, pour les habitans du Languedoc, de tous les crimes & excès commis pendant le cours de cette guerre.

Ces crimes & excès, tels qu'ils sont énoncez dans les lettres de grace, étoient le grand abus que l'on avoit fait dans l'exercice de la justice, les entreprises sur les droits du roi : comme d'avoir donné cours aux monoyes prohibées; d'avoir enfreint les ordonnances dans l'élection des officiers municipaux; d'avoir levé des tailles pour la fortification des villes & construction de forts à la campagne; d'avoir mis des impôts sur le vin, sur le blé, sur la viande, sur les marchandises, & la blanque sur chaque quintal de sel; d'avoir fait des contrats usuraires, porté des harnois indûs, chassé & pêché sans congé, enfreint les sauvegardes, & couru le païs en armes, où l'on avoit fait de maux innombrables : les nobles ayant refusé au roi le service qu'ils lui devoient, quoiqu'ils fussent mandez; & les receveurs ayant plus pris qu'ils ne devoient, & fait si grandes voleries, que plusieurs dudit païs seroient partis pour aller demeurer ès seigneuries étrangères, &c.

Arch. du Domaine, reg. 49, fol. 20.

« Sur quoi (dit le roi) nous, considerans la grande loyauté & très-
« grande obéïssance que avons toûjours trouvé en nôtre païs de Languedoc
« & ès habitans d'icelui; les grands secours qu'ils nous ont fait liberale-
« ment en tous nos affaires, & toutes les fois que les en avons fait requerir;
« & mêmement en cette dernière assemblée par nous mandée en la ville
« de Montpellier, en laquelle, par-dessus l'aide de cent cinquante mile livres
« qu'ils nous ont oltroyé, nonobstant leur très-grande pauvreté & charges,
« nous ont offert liberalement la somme de vingt mile livres; nous quit-
« tons, remettons & pardonnons ausdits habitans, pour chacun d'eux
« dudit païs, tous crimes & autres excès, excepté les crimes de léze-majesté,
« hérésie, fausse monoye, meurtre, aggresseurs de chemin public & raviffe-
« ment de femmes; voulant que le nom des coupables soit comme pour
« exprimé & déclaré en cette présente grace; & imposons, sur ce, silence
« perpetuel à nos procureurs generaux.

« Si donnons en mandement à nos gens du parlement, aux generaux de
« nos aides, aux senéchaux de Touloufe, Carcassonne, Beaucaire, gouver-
« neur de Montpellier, & tous autres, qu'ils ne les laissent molester; & si

1449.

« pris ou arrêtez étoient, qu'ils les faffent mettre fans délai en pleine
« délivrance. Donné à Louviers, au mois d'octobre, l'an de grace 1449, &
« de nôtre regne le vingt-huitiéme. »

PAGE 208.

CHAPITRE TROISIÉME.

*I. Progrès du roi Charles VII contre les Anglois. II. Nouveaux troubles caufez par le dauphin.
III. Procès contre Jacques Coëur. IV. Le roi donne aux confuls de mer la loge qu'il avoit fait
bâtir à Montpellier. V. Autres bâtimens de Jacques Coëur. VI. Le dauphin fe retire en
Brabant. VII. Dernière forme donnée au droit de l'équivalent. VIII. Mort du roi.*

I. LES armes de la France continüoient de profperer contre les Anglois, qui furent enfin reduits par le comte de Foix, vers les Pirénées, à la feule ville de Bayonne, & par le comte de Dunois, dans la Normandie, aux feules villes de Caën & de Cherbourg. La joye que le roi eut fut troublée par la mort de la belle Agnés, qu'on difoit avoir été empoifonnée par les amis du dauphin, entre lefquels on nommoit Jacques Coëur, argentier du roi.

1450. Malgré le grand déplaifir qu'en eut Charles VII, il partit pour la Normandie, qui étoit prête à rentrer fous la domination de la France; &, par la réduction de Caën & de Cherbourg, il acheva, en 1450, de fe rendre maître de toute la Normandie.

1451. D'un autre côté, les generaux françois firent leur entrée triomphante dans Bordeaux le dix-neuviéme juin 1451, & Bayonne fe rendit bientôt après; de forte qu'il ne refta plus rien dans la France, aux Anglois, que la ville de Calais & la comté de Guifnes.

1452. II. Au milieu de toutes ces profperitez, le dauphin excita de nouveaux troubles, en traitant de fon mariage avec Charlote, fille du duc de Savoye, fans le confentement du roi fon pere. Charles, irrité contre le dauphin & contre le duc, s'avança en armes jufqu'en Forez, où, ayant appris que les Anglois avoient fait une décente à Bordeaux, il fe laiffa fléchir aux foumiffions que

III. le duc de Savoye vint lui faire, & lui accorda la paix. Mais, pour punir en quelque manière le dauphin, on refolut de faire le procès à Jacques Coëur, qui lui fourniffoit de l'argent; & l'on prit occafion de toutes les charges qu'il avoit exercées pour l'accufer de diferentes malverfations : comme tréforier de l'épargne, on dit qu'il avoit fait plufieurs concuffions en Lan-

Livre onziéme.

guedoc; comme general de la monoye, on prétendit qu'il étoit coupable d'avoir fait batre des piéces d'argent, dites les gros de Jacques Coëur, fur lefquelles il avoit fait des profits exorbitans; & parce qu'il entretenoit un grand commerce dans le Levant, on l'accufa d'avoir fait des tranfports d'or & d'argent hors du royaume, & d'avoir fourni des armes aux Turcs à Alexandrie, « où l'une de fes galéres, dite le Saint-Denis, ayant reçû un « enfant farrazin qui vouloit être chrétien, & le patron Michalet Teinturier « l'ayant mené à Montpellier, Jacques Coëur (comme dit fa fentence), de « peur que fes galéres n'en foufriffent, le fit ramener en Turquie & rendre « à fon maître, où il renia la foi de nouveau. »

1452.

Sur ces accufations, il fut arrêté à Taillebourg, transferé de là à Luzignan, & enfuite à Montils-lez-Tours, où il fut condamné à cent mile écus d'amende envers les peuples qu'il avoit foulez, & à trois cent mile envers le roi, la peine de mort lui ayant été commuée en celle d'une amende honorable, & en la prifon jufqu'à l'entier payement des fufdites fommes; après quoi, il devoit être bani du royaume, déclaré inhabile à toute charge publique, & tous fes biens confifquez.

1453.

L'hiftoire de Berry par Chaumeau nous apprend qu'après avoir payé tout cet argent, il trouva le moyen de fortir de prifon; & qu'ayant fait ferrer fes chevaux à l'envers, il fe rendit à Montpellier, d'où il paffa dans le Levant.

Cependant le roi, ne voulant point laiffer Bordeaux entre les mains des Anglois, * fit avancer fon armée vers ce coté-là, où le fameux Talbot ayant été défait & tué avec fon fils, la ville fut obligée de fe rendre; & le roi, pour la mieux retenir, en banit quarante feigneurs & bourgeois des plus fufpeds, & la brida par deux châteaux qu'il y fit bâtir.

PAGE 209.

Les années 1454 et 1455 n'ont rien d'intereffant pour nôtre ville de Montpellier; mais dans la fuivante 1456, le roi Charles VII fit un préfent remarquable aux marchands de cette ville, en leur donnant la loge que Jacques Coëur y avoit fait bâtir, avec les dix-huit cent foixante-neuf livres treize fols quatre deniers qu'il avoit employé à la conftruire. Cet ouvrage eft encore dans fon entier, comme s'il fortoit de la main de l'ouvrier, fans qu'aucune pierre fe foit démentie; les ornemens n'y font pas épargnez, & les chimiftes, qui ont écrit tant de merveilles de fa pierre philofophale, ont pris occafion des figures énigmatiques qu'on y voit, pour nous perfuader que Jacques Coëur avoit eu le fecret de faire de l'or.

VI. 1456.

Je croi faire plaifir au lecteur de raporter ici ce que nous trouvons dans le Tréfor des recherches & antiquitez gauloifes & françoifes de P. Borel, confeiller & medecin ordinaire du roi, imprimé à Paris, chez Courbé, en 1655.

Pag. 272.

« Quant à ce qui eft de la loge de Montpellier, que Jacques Coëur a

1456.

« bâtie, on y voit trois portaux faits en forme de fourneaux comme ceux
« de Nicolas Flammel (fameux alchimifte). A l'un, il y a, d'un côté, un
« foleil tout plein de fleurs de lis; &, de l'autre, une lune pleine auffi de
« fleurs de lis, & entourée d'une couronne d'épines, qui femblent dénoter
« la pierre folaire & lunaire venuës à leur perfection.

« A l'autre portal, on voit, d'un côté, un arbre fruitier, ayant au pied
« des branches de rofes, & dudit arbre pendent les armes de Jacques Coëur
« dans un écuffon; de l'autre côté, il y a le caractére chimique du foleil.
« Au troifiéme portal, qui eft celui du milieu, il y a, d'un côté, un cerf qui
« porte une baniére, ayant un colier fleurdelifé, environné d'une branche
« d'arbre ou matiére des philofophes, qui, au commencement, eft volatile &
« legére comme le cerf; &, de l'autre, il y a un écu de France foûtenu par
« deux grifons.

« Vis-à-vis de la loge (ruë Entre-Deux) on voit une maifon, qui a appar-
« tenu auffi à Jacques Coëur, où il y a, fur le dehors d'une muraille, une
« figure ailée, fans tête, qui, à caufe de la largeur de fon col, femble avoir
« eu deux têtes, & par ainfi pourroit avoir repréfenté l'androgine des
« philofophes. Elle tient des hermines à fa gauche pour marque de fa
« dignité. »

Voilà bien de chofes que nous avions devant les yeux, fans en fçavoir les
fignifications miftérieufes; mais ce que Borel ajoûte eft beaucoup plus
intereffant pour nôtre hiftoire :

« J'ai oüy raconter (dit-il) à un vieillard de Montpellier l'hiftoire de
« Jacques Coëur d'une autre maniére que n'ont fait quelques hiftoriens,
« fçavoir : qu'il étoit natif de Pouffan, près de Montpellier, fils d'un orfévre
« fi pauvre, qu'il n'avoit pas de quoi lever boutique. Mais, ayant été ren-
« contré par Raymond Lulle, majoricain, qui paffa à Montpellier, & ayant
« fait connoiffance avec lui, Lulle le trouva digne de fon affection, & lui
« communiqua fon fecret de faire l'or, dont il enrichit fon fils, qui, feignant
« avoir beaucoup gagné dans le commerce, couvroit par ce moyen l'origine
« de fa richeffe. »

J'obferverai en paffant qu'on met la mort de Raymond Lulle en 1315,
& qu'il faudroit, à ce compte, que Jacques Coëur & fon pere lui euffent
furvêcu chacun d'environ foixante-dix ans, ce qui n'eft pas naturel de
croire, quoiqu'abfolument poffible. Il vient encore une autre dificulté de
ce que Chameau, dans fon Hiftoire de Berry, appelle Jacques Coëur citoyen
de Bourges; & Lacroix du Maine, avec d'autres après lui, le font natif de cette
ville. Je ne fçai fi ce ne feroit point à caufe du féjour qu'il y fit depuis que
Charles VII fe fut retiré à Bourges, & à caufe du grand hôtel qu'il y fit

bâtir, possedé par MM. de l'Aubespine dans le tems que Chameau fit son histoire. Mais, sur le même fondement, nôtre bon vieillard (cité par Borel) pouvoit bien faire naître Jacques Coëur aux environs de Montpellier, puisqu'il y a laissé des bâtimens à éternifer * fa mémoire, & qu'il y possedoit un plus grand fonds de richesses qu'il n'en avoit dans le Berry.

1456.

PAGE 210.

Le plus considerable des bâtimens qui restent de lui est la loge des V. marchands, dont je viens de décrire les dehors. Tout le rez de chauffée est occupé par une grande sale, où les marchands peuvent se promener bien au large. Le premier étage¹ est divifé en deux grandes chambres, qui servent aux assemblées; on y monte par un grand escalier en limaçon, des plus beaux qu'on fit en ce tems-là; il est continué dans toute sa largeur jusqu'au dessus du bâtiment, où il finit par une grande plateforme d'où l'on découvre la mer. Ce qui pouvoit donner le plaisir à Jacques Coëur de voir ses vaisseaux, lorsqu'ils revenoient du Levant au port de Lates.

Le second bâtiment de Jacques Coëur est la façade du bureau des tréforiers de France, qui, à la seule inspection, est du même goût & de la même pierre que la loge. Je soupçonne néanmoins qu'on y conserva, dans l'intérieur de la cour, quelques vieilles murailles dont les portes font encore à la gotique; mais du côté qui répond aux Penitens, l'ouvrage est du même goût & de la même pierre que la façade; & le bel arceau qui part de là pour aller s'appuyer sur l'église des Penitens, est tout semblable aux butes de la grande horloge dont j'ai parlé ci-devant, & qui, sans contredit, furent faites du tems de Jacques Coëur.

Mais ce qui marque plus particuliérement son affection pour la ville de Montpellier, est le soin qu'il prit de la fournir de bonne eau. Pour cet effet, il fit chercher sur les colines voisines toutes les veines d'eau qu'il put découvrir, & il les ramassa dans un solide réservoir qui subsiste encore, d'où les eaux partent dans un large canal, pour se rendre à la Font-Putanelle. On y voit encore (comme fur la loge) les armoiries de Jacques Coëur, qui font parlantes, sçavoir : trois cœurs, deux & un, à la face chargée de trois coquilles, pour designer son nom de batême de Jacques. Cette eau est si abondante & si faine qu'elle ne tarit jamais, & qu'on y va le matin, dans les grandes chaleurs, la prendre comme par reméde.

Il me reste à dire quelles richesses il avoit à Montpellier, puisque je leur ai donné la préference sur celles qu'il avoit à Bourges. Je ne parle point du bienfonds qu'il avoit dans le Languedoc, & que je ne compare point aux terres de St-Fargeau, de Menestou & autres qu'il avoit dans le Berry; mais

---

¹ VAR. de la premiére rédaction : *Le second étage.*

1456.

je donne la préference au grand nombre de vaisseaux marchands qu'il entretenoit au port de Lates, d'où il faisoit, dans le Levant, tout le commerce de la France ; car la Provence étoit alors sous ses comtes, & nos rois n'avoient que le seul Languedoc sur les côtes de la Méditerranée. Jacques Coëur y entretint plusieurs galéres à soi, comme il paroît par la fameuse ambassade où il fut envoyé quatre ans avant sa disgrâce, avec Tanneguy du Châtel et autres, pour finir le schifme d'Amedée VIII, duc de Savoye, dit Félix V, contre le pape Nicolas V. Il est dit, dans Alain Chartier, que les députez allérent à Rome en 1446, vers le pape Nicolas, sur les galéres de Jacques Coëur, & qu'en passant il revitailla le château de Final, qui tenoit pour la France contre les Génois.

On met sa mort en 1456, précisément dans la même année où le roi Charles VII fit le don que nous venons de dire aux marchands de Montpellier, afin de les mettre à couvert des recherches que le fisc auroit pû faire sur eux. Il ne tarda pas même de rétablir la mémoire de cet ancien serviteur, qui lui avoit été si utile pendant sa prospérité, & qui le fut encore dans sa disgrâce, par les grandes sommes qu'il en tira. Pierre l'Hermite nous apprend (dans ses Eloges des premiers présidens de Paris) que le parlement donna un arrêt favorable à la mémoire de Jacques Coëur & à sa famille, qui fut rétablie dans sa succession, & qui, après avoir donné un evêque à Luçon, un archevêque à Bourges, & un echanson au roi Louis XI, fondit enfin dans la maison de Harlay.

Pag. 234.

Il est encore à remarquer que le roi Charles VII ayant donné pouvoir aux consuls & marchands de Montpellier d'effacer les armes de Jacques Coëur de la loge & de la Font-Putanelle (comme portent expressément les lettres * que j'ai vûës en original), pour mettre en leur place celles du roi & de la ville, nos ancêtres se contentérent d'un écusson à trois fleurs de lis, & d'un autre au torteau, qui estoient les armes de Montpellier ; mais ils ne touchérent point à celles de Jacques Coëur, qui sont toûjours dans les diferens endroits que j'ai déjà dit, & au bout de chaque pendant de la couverture des fenêtres.

PAGE 211.

VI. Cependant, le dauphin donnoit bien de l'exercice au roi son pere dans le Dauphiné, où il faisoit des exactions insuportables. Le roi fut obligé de donner charge à Antoine de Chabanes, comte de Dammartin, de l'aller arrêter ; mais le dauphin, en ayant été averti, se sauva à toute bride dans la principauté d'Orange, & de là en Franche-Comté, d'où il fut conduit en Brabant, où le duc de Bourgogne l'accüeillit comme le fils de son souverain.

Tout le bon accüeil & les grands secours qu'il reçut du duc de Bourgogne ne changérent point son naturel. Il sema bientôt la division entre le

pere & le fils, qui commença d'éclater en 1457, & les intrigues secrètes 1457.
qu'il entretint avec le duc d'Alençon attirérent fur ce prince un arrêt qui
le condamna, en 1458, à perdre la tête; mais le roi, lui ayant fait grâce de 1458.
la vie, fe contenta de lui faifir fes plus belles terres, & de le retenir en
prifon.

A Montpellier, on fut dans le trouble en 1459, à l'occafion d'une difpu- 1459.
te qui s'émut entre le gouverneur & les confuls, au fujet de la juridiction. Nous
en apprenons toute la fuite du verbal des confuls, qui expofent au roi que
les nommez Guillaume Maurenti et Giraud Fort ayant fait, dans l'hôtel de
ville, plufieurs injures & affrons la veille de la St-Jean, furent mis au
carcan, de l'ordre defdits confuls. Sur quoi Guillaume de Cadris, gouverneur de Montpellier, s'étant recrié comme d'un attentat, les confuls lui
repréfentérent « que de tout tems ils avoient eu le privilége d'avoir des
« prifons dans la maifon de ville, & des fers, tant dedans que dehors, pour
« fervir d'une courte & paffagére correction aux malvivans, fans en ce
« (ajoûtent-ils) exercer jurifdiction. » Mais le gouverneur, peu content de *Armoire G, caf-*
leurs raifons, fit enmener prifonniers au palais quatre confuls, où il leur *fette C.*
donna des gardes, & les tint dans une chambre, leur difant : *Intrats layros
de par lo diable, yeu vos gardaray de volar, car l'on deu faire bon mercat de vilans* [1].
Après quinze jours, les confuls voyant qu'ils ne pouvoient avoir aucune
raifon du gouverneur, en appellérent au roi, & lui firent fignifier l'appel.

En 1460, on donna une forme generale à la manière de lever l'équi- VII. 1460.
valent, en l'établiffant fur le poiffon frais, fur la viande des boucheries, &
fur le vin qu'on achetoit pour revendre. Ce nouveau reglement a fixé, en
quelque manière, l'époque de l'équivalent en 1460, comme le préfident
Philippy l'a marqué dans fa differtation latine fur les impôts anciens &
modernes. Mais par les lettres du roi Charles VII, que j'ai ci-devant raportées en l'année 1449, il eft aifé de fe convaincre que le droit de l'équivalent
avoit déja commencé, quoiqu'il n'eût pas pris encore fa dernière forme,
comme il arrive à tous les nouveaux établiffemens.

Dans cette même année, le roi fentit plus vivement que jamais le refus
que faifoit fon fils de revenir auprès de lui. Il l'avoit mandé fouvent, fans
qu'il fe fouciât d'obéïr; il interpella fouvent le duc de Bourgogne de le lui
rendre, mais toûjours inutilement. Enfin, en 1460, preffé par fon reffentiment & par fon confeil, il étoit fur le point de l'aller chercher avec une
armée, lorfqu'il changea d'avis, & fongea qu'il valoit mieux le punir en
fubftituant Charles, fon fecond fils, au droit d'aîneffe. Tandis qu'il difpofoit VIII.

---

[1] Cette dernière phrafe en patois eft biffée fur le manufcrit.

1461.

les François à cette nouveauté, on lui infpira des foupçons contre fes domeftiques; & fon appréhenfion fut fi grande, qu'il ne fçut plus de quelle main prendre fes alimens avec fureté. Il s'abftint de manger quelques jours, au bout defquels il ne fut plus en fon pouvoir de rien avaler. Ainfi, il mourut de faim le 22ᵉ de juillet 1461, à Meun fur Yeurre en Berry, vers le milieu de fa foixantiéme année, & fur la fin de la 39ᵉ de fon regne.

Page 212.

CHAPITRE QUATRIÉME

I. Changemens faits dans le royaume par Loüis XI. II. Ligue du bien public. III. Bataille de Montlhery. IV. Divifion dans l'affemblée de nos états au fujet du parlement de la province. V. On obtient qu'il foit transferé à Montpellier. VI. Lettres du roi Loüis XI à ce fujet. VII. Obfervations à ce propos.

I. LOUIS XI, qui n'ignoroit point les derniers deffeins du roi fon pere, fe hâta, dès qu'il eut la nouvelle de fa mort, de revenir en diligence; il partit accompagné du duc de Bourgogne et du comte de Charolois fon fils, avec lefquels il alla droit à Reims, où il fut facré, le quinziéme d'août, par Jean Juvenal des Urfins. Il fit fon entrée à Paris le dernier jour du même mois, fuivi de treize à quatorze mile chevaux; & à peine fe vit-il le maître, qu'il deftitua tous les officiers de la maifon royale, de la guerre, de la juftice & des finances, ne laiffant en place aucune des créatures du roi fon pere, & prenant plaifir de caffer tout ce qu'il avoit fait.

Il abolit, dès le mois de novembre de la même année, la fameufe pragmatique fanction, qui avoit coûté tant de foins & de peines au roi Charles VII; il entretint foigneufement la divifion dans la maifon de Bourgogne, quoi qu'il en eût reçû des fecours fi effentiels; de forte qu'il fe forma entre lui & le comte de Charolois un fonds de haine & d'inimitié qui ne finit qu'avec leur vie.

Le Languedoc fe reffentit avantageufement des changemens de ce nouveau regne, car Loüis XI, jugeant à propos de fe liberer du foin de faire lever le droit de l'équivalent, « en fit un tranfport, par édit du mois d'avril

1462.
« 1462, aux habitans de la province, pour être par eux levé & exigé à
« l'inftar des deniers royaux, & en faire & ufer comme bon leur femblera,
« à leur profit & avantage, à la charge par eux de lui payer, & à fes fuccef-

« feurs, à perpetuité, la fomme de foixante-dix mile livres, en confideration 1462.
« de ce don & tranfport. »

La ville de Montpellier prit part aussi aux nouveaux changemens, par l'exclufion qui fut donnée aux avocats & aux notaires pour la charge du confulat. Les lettres du roi, qui furent données à ce fujet dans cette même année, portent que les quatre premiers confuls feroient dorénavant bourgeois & marchands, & les deux autres gens de métier. Nous verrons dans la fuite les nouveaux changemens qui y furent faits.

Dans l'année fuivante 1463, par fes lettres du 12 feptembre, le roi 1463. Loüis XI donna pouvoir aux confuls de mer « de connoître & de décider, « dans leur loge, de tous les débats & queftions qui pourroient naître à « l'occafion des marchandifes de Montpellier, és ports d'Aiguemortes & « Agde, en la forme & manière (dit le roi) qu'on fait & qu'on a coûtume « de faire au confulat de mer de la ville de Perpignan.

Il paroîtra extraordinaire que le roi donnât pour modéle à la ville de Montpellier les coûtumes de Perpignan, qui avoit toûjours appartenu à une couronne étrangére, & qui, pour cette raifon, fembloit ne pouvoir être prife pour régle par les marchands de Montpellier. Mais il eft neceffaire, pour l'intelligence de ce fait, de marquer un évenément intereffant pour nôtre province, qui arriva dans ce même tems. Jean II, roi d'Aragon, ayant époufé en premiéres noces l'unique fille de Charles le Noble, roi de Navarre, il en eut un fils qui fut empoifonné par une feconde femme qu'il avoit pris après le décés de la première. Cette mauvaife action caufa de grands troubles dans fes états, & particuliérement dans la Catalogne, qui fe revolta ouvertement. Alors le roi d'Aragon, qui manquoit d'argent & de troupes, engagea les comtez de Rouffillon & de Cerdagne au roi Loüis XI, moyenant trois cent mile écus, & un fecours de deux * mile cinq cent chevaux, PAGE 213. que Gafton de Foix ramaffa en partie dans le Languedoc pour le roi d'Aragon, fon beau-pere. Le fuccès de cette guerre eft étranger à mon fujet; mais je n'ai pû omettre l'acquifition de Perpignan, que le roi venoit de faire, & qui donna lieu à cette uniformité qu'il établit entre les confuls de mer de la ville de Montpellier & ceux de la ville de Perpignan.

Cependant, les affaires fe broüilloient encore plus par les mécontente- III. mens que Loüis XI ne ceffoit de donner aux principaux feudataires de France & aux vieux capitaines du roi fon pere. Le Bourguignon fe plaignoit qu'on avoit attenté à fa vie & à celle de fon fils par l'enlévement & par le poifon. Le duc d'Orleans mourut de douleur de voir que le roi eût reconnu, à fon préjudice, François Sforce pour duc de Milan; & le duc de Bretagne 1464. fut outré des hauteurs avec lefquelles le chancelier de Morvillers vint lui

1464.	parler. Ces trois grandes maifons, unies enfemble, entrainérent prefque tous les princes du fang, & les vieux capitaines du défunt roi, dans une ligue à laquelle ils donnérent le fpécieux prétexte du bien public. Elle fut beaucoup fortifiée par Charles, frere unique du roi (dit alors le duc de Berry) qui, s'étant laiffé perfuader par Lefcun, bâtard d'Armagnac, fe retira en Bretagne, d'où il écrivit un manifefte à tous les princes de France, les conviant de s'unir à lui pour le foulagement des peuples, & pour la reformation de l'état.

Loüis XI n'oublia rien pour diffiper cet orage; mais toutes fes tentatives ayant été inutiles, il marcha lui-même vers le Berry & le Bourbonnois, tandis que d'un autre côté le comte de Charolois s'avança vers Paris, où il attendit affés long tems le duc de Bretagne & le duc de Berry, qui devoient l'y venir joindre.

1465	Dans ces entrefaites, on reçut à Montpellier un ordre d'accélerer le payement des fommes aufquelles la ville étoit taxée. Cet ordre, que nous avons en date du 28ᵉ juin 1465, peut fervir à nous faire connoître les officiers qu'avoit alors le roi dans nôtre province; il eft expedié au nom de Pons Guillem, feigneur de Clermont en Lodéve, chevalier, chambelan du roi & lieutenant general de M. le comte du Mayne, gouverneur de Languedoc; de Guillaume Varie, general des finances; de Remy de Miramont, gouverneur de Montpellier, & de Henry de Daunes, auditeur des comptes de Paris, commiffaires du roi, qui mandent aux confuls d'impofer fans retardement la fomme de fept mile trois cent livres tournois, qui avoit été ordonnée par les états pour leur portion.

III.	Lorfque le roi eut appris que le comte de Charolois étoit aux portes de Paris, il quita tout pour fauver la capitale de fon royaume. Il fit paffer la Loire à fon armée; & le comte de Charolois, impatient de fe joindre au duc de Bretagne, ayant paffé la Seine dans le même fens, les deux armées fe rencontrérent près de Montlhery, où l'on en vint à une bataille (le 16 de juillet) qui fut également funefte aux deux partis. Le roi, après la déroute, décendit droit à Paris le long de la Seine; & le duc de Bretagne étant arrivé peu de jours après à Eftampes, recüeillit le débris de l'armée du comte de Charolois, &, s'étant fortifié du fecours que tous les confederez lui amenérent, il vint avec eux inveftir Paris, avec plus de cent mile chevaux; mais la multiplicité des chefs fauva la partie à Loüis XI, qui, par fes intrigues, les amufa pendant trois femaines, & les divifa enfin, en leur promettant à chacun tout ce qu'ils demandoient.

Toutes ces agitations, qui cauférent bien du ravage dans les provinces voifines de Paris, ne s'étendirent point jufqu'au Languedoc, où l'on fut à l'abri des gens de guerre. Mais on s'y reffentit beaucoup du mouvement que les affaires du tems caufoient dans tous les efprits; car on y fut bien divifé pendant la tenuë des états, affemblez à Montpellier en 1466. Les députez des deux fenéchauffées de Beaucaire & de Carcaffonne prirent parti contre celle de Touloufe, au fujet du parlement de la province; ils prétendirent que par les lettres de l'établiffement de cette cour, elle devoit tenir fon fiége tour à tour dans chacune des trois fenéchauffées; ils difoient pour raifon qu'elles contribüoient toutes au payement des gages établis pour les officiers du parlement; & qu'ainfi elles devoient joüir, à leur tour, des avantages que la féance de cette cour portoit * avec foi, ou bien être déchargez de la contribution qu'ils payoient pour les gages des officiers. Toutes ces raifons, & la pluralité des voix, l'emportérent contre la fenéchauffée de Touloufe; & il fut déliberé qu'on pourfuivroit auprés du roi Loüis XI la tranflation du parlement dans l'une des deux autres fenéchauffées. Tous les députez qui avoient été de cet avis convinrent affés qu'il faloit la demander pour la fenéchauffée de Beaucaire, attendu que le parlement avoit été déja à Beziers, qui eft de celle de Carcaffonne; & parmi les villes du reffort de Beaucaire, on s'arrêta à celle de Montpellier, comme la plus confiderable. Ainfi, toute l'execution de ce projet fut commife aux foins des confuls de Montpellier.

Pour y parvenir, ils convoquérent un confeil general, qui nomma Michel Razis, premier conful, Pierre Granier, bourgeois, & Thierry Polhant, changeur de la même ville, pour aller foliciter auprés du roi la grâce qu'ils avoient à demander au nom des états de la province. On leur fit expedier des lettres, fcellées du grand fceau de la ville, en cire rouge, du 10ᵉ juillet de cette année, par lefquelles on leur donna pouvoir d'accorder une fomme, confiderable, telle qu'ils aviferoient, à tel ou tels des feigneurs à qui ils s'adrefferoient, pour les recompenfer des peines & des foins qu'ils auroient pris dans leur affaire.

Ils fe rendirent en 1467 en la ville du Puy, où les états de la province furent tenus pour cette année; & ayant fait confirmer par une nouvelle déliberation celle qui avoit été prife à Montpellier l'année d'auparavant, ils partirent avec des lettres de recommandation de Jean de Bourbon, évêque du Puy & lieutenant general de la province, fous le prince Jean, duc de Bourbon & d'Auvergne, qui en étoit gouverneur. Ce prélat, à qui l'hiftoire donne de grands éloges, entra d'autant plus volontiers dans cette affaire, qu'il la trouvoit pleine de juftice, & qu'il procuroit à fon diocéfe un avantage confiderable, en faifant que le parlement s'en approchât. Il appuya de tout fon credit les demandes de nos députez, qui font qualifiez d'ambaffa-

IV. 1411.

* PAGE 214.

1467.

1467.

deurs; & ils furent si bien reçûs du duc de Bourbon, qu'ils crurent devoir user, à son égard, du pouvoir qui leur avoit été donné, en faisant à ce seigneur un présent de cinq cens écus d'or. Mais ce qui est remarquable dans les manières de ce tems-là, c'est qu'ils demandèrent, pour leur sureté, un reçu de cette somme; ce seigneur leur fit expedier des lettres, que nous avons, où il est dit que Jean, duc de Bourbonnois & d'Auvergne, & gou-

V. verneur du Languedoc, reconnoît avoir reçû (le 15ᵉ de mai 1467) cinq cens écus d'or, à lui donnez liberalement par les consuls de Montpellier, pour s'être employé à leur faire avoir la cour du parlement, qui, auparavant, étoit à Toulouse.

Il fit bien plus en faveur de nos consuls, car il voulut que tout le diocèse entrât dans les fraix que la ville avoit faits pour cette affaire; & il obtint du roi Loüis XI un ordre que nous avons, du douziéme septembre 1467, par lequel il mande au gouverneur de Montpellier, & au recteur de la Part-Antique, d'asseoir sur le diocèse jusqu'à six mile livres, pour dédommager la ville des fraix que les consuls de Montpellier avoient faits pour la translation du parlement de Toulouse à Montpellier.

Mais, comme en attendant la levée de cette somme sur le diocèse, il faloit de l'argent à nos députez, ils en empruntèrent de l'evêque du Puy, qui leur prêta cinq cens écus d'or, dont ils consentirent (le 12 septembre) une obligation, en faveur (dit l'acte) de reverend pere en Dieu Jean de Bourbon, evêque du Puy, comte du Velai & abbé de Cluny, engageant & obligeant, pour cet effet, tous les biens de la communauté.

Enfin, les lettres de translation, qui avoient été promises plusieurs mois auparavant, furent expediées le 21ᵉ septembre, dans lesquelles on trouvera la preuve de tout ce que je viens de raconter sur cette affaire. L'original de ces lettres est dans nos archives de l'hôtel de ville, & les curieux peuvent en voir une copie toute au long dans Gariel. Je n'en donnerai ici que le précis, où, en conservant les propres paroles, je tâcherai de n'omettre rien d'essentiel.

Sariez, Præsul., *pag. 488.*

PAGE 215. VI. * « Comme (dit le roi Loüis XI) en plusieurs assemblées des gens des
« trois états de nôtre païs de Languedoc, mêmement ès deux dernières
« assemblées faites dans nôtre ville de Montpellier, au mois d'août 1466, &
« l'autre en nôtre ville du Puy, au mois de mars dernier passé, eût été
« remontré à nos conseillers & commissaires par nous envoyez ausdites
« assemblées:

« Que du tems de feu nôtre très-cher seigneur & pere, une cour de par-
« lement fut instituée & ordonnée en nôtre païs de Languedoc;

« Et fut ottroyé & accordé aux gens des trois états dudit païs, que ledit

« parlement feroit déambulatoire, & feroit par aucun tems en l'une des
« trois fenéchaufsées dudit païs, & par autre tems en l'une des autres deux
« fenéchaufsées, afin que tout le païs fe puiffe fentir des biens & profits de
« ladite cour.

1467.

« Et fous cette efperance, confentirent iceux defdits trois états dudit
« païs payer les gages des préfidens, confeillers & autres officiers de
« ladite cour de parlement, qui, pour la première inftitution & affiette, fut
« mife & ordonnée affeoir en nôtre ville de Toulouse.

« Et jaçoit que fur cette ordonnance, les gens des trois états de Langue-
« doc, ayant fouventefois requis que ledit parlement fût müë à aucune
« defdites deux fenéchaufsées, par tel & femblable tems qu'il auroit fis &
« refidé en nôtre ville de Toulouse, qui a eu tout le profit dudit parlement
« depuis fon inftitution, qui fut faite vingt-quatre ans ou environ jufqu'à
« préfent, fans que ces deux autres fenéchaufsées en ayent aucunement
« émandé, nonobftant qu'elles ayent toûjours contribué au payement
« defdits gages, qui montent par an fix mile livres, ou toutefois que les vou-
« luffions relever defdits gages, ainfi que faire fe devoit par raifon.

« Et foit ainfi, que depuis n'a gueres, par aucunes fautes que faites
« avoient été par certains particuliers d'icelle cour, & pour autres grandes
« caufes, nous euffions ordonné faire ceffer & mettre en vacation nôtre-
« dite cour de parlement, & euffions envoyé trois commiffaires, par lef-
« quels ladite vacation a été fignifiée à ladite cour, jufqu'à ce que fuffions
« informez defdites fautes.

« Et après que ladite matiére a été bien au long débatuë en nôtre grand
« confeil, avons ordonné ladite cour de parlement être mife & reftituée
« en nôtre païs de Languedoc.

« Et pour les autres caufes deffus dites, appointons par ces préfentes
« que nôtre cour refidera en la fenéchaufsée de Beaucaire, & en la ville de
« Montpellier, qui eft la plus grande et notable ville de ladite fenéchaufsée,
« pour tel & femblable tems qu'il nous plaira.

« Et en cas qu'aucun accident d'épidemie, ou autre obftacle furviendroit
« en ladite ville de Montpellier (que Dieu ne veüille), voulons & nous
« plaît, qu'elle foit mife à une des autres bonnes villes de ladite fené-
« chauffée de Beaucaire, fans qu'elle puiffe être autre part hors de ladite
« fenéchauffée, durant le tems fufdit, ou autre tel qu'il nous plaira.

« Si donnons en mandement à nôtre très-cher & très-amé frere &
« coufin le duc de Bourbon & d'Auvergne, nôtre lieutenant general & gou-
« verneur de nôtredit païs de Languedoc. A nos amez & feaux commiffaires
« & confeillers, l'evêque du Puy, lieutenant de nôtredit frere & coufin audit

1467.

« païs; Guillaume de Varie, general de nos finances; Remy de Miremont, « chevalier & gouverneur de nôtre ville de Montpellier; & Jean de « Gaudette, nôtre maître d'hôtel. A trois ou deux d'iceux, dont l'evêque « du Puy soit l'un : qu'ils se transportent incontinent en nôtre païs de « Languedoc, & y mettent en execution nôtre presente volonté & ordon- « nance, ils mettent & instituënt, & établissent icelle nôtredite cour de par- « lement en nôtredite ville de Montpellier, & pour icelle asseoir, mandent « & fassent venir en icelle nôtredite ville de Montpellier, nos amez & feaux « conseillers, présidens & autres gens ordonnez & députez à icelle venir. « Ausquels mandons & enjoignons, qu'ils tiennent nôtredite cour en « icelle nôtredite ville de Montpellier, durant le tems dessus dit.

« Et en cas d'épidemie, ou autre obstacle ou éminent peril, à une des « autres bonnes villes de ladite senéchausseé de Beaucaire, qui sera par eux « pour le mieux advisé, & non ailleurs.

Page 216.

* « Et pour ce faire & souffrir, feront contraints tous ceux qu'il appar- « tiendra, par toutes voyes dûës & raisonnables, nonobstant oppositions « quelconques.

« Et à ce qu'aucun ne puisse prendre cause d'ignorance, voulons que ces « présentes soient enregistrées ès cours des sièges présidiaux de nôtre païs « de Languedoc. »

Donné à Paris, le vingt unième jour de septembre, l'an de grace 1467, & de nôtre regne le septiéme.

VII.

Il y auroit beaucoup de reflexions à faire sur l'époque de l'institution du parlement, telle qu'elle est marquée dans ces lettres; car il faudroit la mettre en 1443 ou 1444, s'il devoit n'y avoir eu que vingt-quatre ans lorsque Loüis XI le transfera à Montpellier. Il paroît néanmoins, par tout ce que nous avons dit ci-devant, que son établissement est plus ancien; & il est à croire que Loüis XI ne comptoit que depuis les lettres du roi son pere,

Memoir., pag. 255. Liv. 2.

du onziéme octobre 1444, dont il est parlé dans Catel, où le roi Charles VII dit « que, desirant le bien & utilité de son païs de Languedoc & duché « d'Aquitaine, jusqu'au fleuve de Dordogne, il établit sa cour de parlement « en la cité de Touloufe, comme étant la plus noble par tout ledit païs de « Languedoc & duché qu'Aquitaine, jusqu'à ladite riviére de Dordogne. » La chose convenoit d'autant plus qu'il n'y avoit point de parlement à Bor- deaux sous le regne de Charles VII, & que la ville de Toulouse se trouvoit alors dans le centre des deux provinces; mais le roi Loüis XI ayant créé le parlement de Bordeaux en 1462, la plus grande partie de l'Aquitaine lui fut attribuée; & ainsi, par la translation du parlement de Toulouse à Mont- pellier, cette cour se trouvoit au milieu de la province de Languedoc.

Livre onziéme.

Nous apprenons de la Faille que la fufpenfion dont il eft parlé dans les lettres de Loüis XI avoit été fignifiée aux officiers de cette compagnie dans le mois de mai de cette même année, & qu'ils eurent ordre, dans le mois d'octobre fuivant, de fe rendre à Montpellier. L'ouverture du parlement y fut faite le 12e novembre, dans la fale du palais de cette ville, où les commiffaires du roi, Jean de Bourbon, evêque du Puy & abbé de Cluny; Remi de Miremont, gouverneur de Montpellier, & Jean de Gaudette, maître d'hôtel de chez le roi, s'étoient rendus avec les officiers du parlement. Les commiffaires, en vertu des lettres patentes dont il fut fait lecture, enjoignirent aux officiers qu'ils euffent deformais à tenir leur féance dans Montpellier, à quoi ils offrirent de fatisfaire.

Lecta & publicata fuit de mandato dominorum commiffariorum nominatorum in auditorio curiæ parlamenti, apud Montempeffulanum duodecima die novembris anni 1467. Après quoi, ces officiers étant montez aux hauts fiéges, & les huis ayant été ouverts, le préfident prononça que le lendemain la cour feroit faire la lecture accoûtumée des ordonnances royaux, & recevroit le ferment des huiffiers, des procureurs & des avocats, en la manière ordinaire.

A cette première féance fe trouvérent Jean du Vergier, préfident; Jean de Mareüil, evêque d'Uzés; Maur de Valleville, evêque de Maguelonne; Me Pierre de la Treille, Pierre de Benquet, Jean Longroy, confeillers-clercs, & Pierre Damian, Jean de Hericon, Jean de Roffignol, Bremond de Saint-Felix, Bernard Olive, confeillers-lais.

L'evêque du Puy fut fi content de l'établiffement qu'il venoit de faire, qu'il écrivit, deux jours après, la lettre fuivante, que j'ai tirée des regîtres de la fenéchauffée de Touloufe :

A M. le juge d'appaux, à Toulouse. Mon très-cher & fpécial ami.

« Monfieur le juge, je me recommande à vous de très-bon cœur. Graces
« à Nôtre-Seigneur, la cour de parlement a été établie en cette ville, au
« grand honneur du roi & contentement des meffieurs d'icelle. Il ne faut
« que vous demeuriés des derniers, &, pour ce, je vous prie tant que puis
« que vous enveniés, & ne laiffiés de venir pour vôtre office; car je vous
« fais fûr de vous * faire obtenir une non-refidence envers le roi. Pourquoy
« je vous prie que veniés, & le pluftôft qu'il vous fera poffible, car j'aurois
« bien defir de parler à vous avant mon partement du païs; & ne vous
« fouciés de loger, car je feray donner ordre que foyés bien & aifément
« logé, & à vôtre gré. Et, monfieur le juge, fi aucune chofe voulés que je
« puiffe, en me le faifant fçavoir, le feray de bon cœur. Noftre-Seigneur

1467.

Arch. du Domaine, reg. 69, fol. 343.

Reg. 69, fol. 343.

« vous doint ce que vous défirés. Ecrit à Montpellier, le 14 de novembre
« 1467. L'evefque du Puy, abbé de Cluny, DE BOURBON, tout voftre. »

Les officiers de ce nouveau parlement continüerent leurs féances, à Montpellier, jufqu'à la fin de 1469, & durant tout ce tems ils furent appellez *le parlement de Languedoc féant à Montpellier.*

Pour ne pas interrompre la fuite de cette affaire, j'ai remis à faire mention de la réponfe que Loüis XI avoit faite, quelques mois auparavant, à une requête qui lui fut préfentée fur le droit de coupe. Loüis, feigneur de Cruffol & de Florenfac lui expofe qu'il a, du chef de fa femme, Jeanne de Levis, un droit de coupe à Montpellier, qui confifte en la feiziéme partie des blez, farines, legumes & autres grains qui font portez par les étrangers à Montpellier, & qui y font vendus. Que ce droit eft fi ancien, pour lui & pour fes prédeceffeurs, qu'il n'y a aucune mémoire du contraire; mais qu'étant obligé de faire une penfion de foixante fétiers de froment aux perfonnes qui lèvent pour lui ledit droit, il arrive que ceux qui portent lefdits grains à Montpellier difent, pour fruftrer ledit droit, que les grains ont été vendus hors la ville ou faifis par les créanciers; & d'autres difent qu'ils ne font pas fujets à ce droit; ce qui fait qu'il diminuë fi fort, qu'il n'y a pas de quoi payer les foixante fétiers de penfion. Sur quoi le roi mande à fon gouverneur de Montpellier, par fes lettres données à Roüen le 13 du mois de juin, que fi l'expofé du Sr de Cruffol eft tel, en tous chefs, qu'il le dit, on lui faffe rendre juftice; & qu'en cas de débat & d'oppofition, les parties foient ajournées aux requêtes du palais, à Paris.

CHAPITRE CINQUIÉME.

I. La cour des generaux des aides fixée à Montpellier. II. Lettres du roi Loüis XI à ce fujet. III. Le parlement de la province rétabli à Touloufe. IV. Liberalité du roi envers l'églife Nôtre-Dame des Tables. V. Grandes mortalitez à Montpellier. VI. Réunion de la Provence à la couronne.

I. LES graces du roi Loüis XI en faveur de la ville de Montpellier ne fe bornèrent point à la feule tranflation du parlement: il voulut encore y fixer les generaux des aides, que le roi fon pere avoit établi dans le Languedoc trente ans auparavant, c'eft-à-dire (comme nous l'avons vû) en 1437.

Livre onziéme.

Cette seconde grace avoit été accordée quelques jours avant la premiére; mais elle n'eut son effet qu'après l'instalation des officiers du parlement dans Montpellier, car les lettres de la fixation des generaux des aides en cette ville sont du 12ᵉ de septembre, & ils ne furent instalez que le 8ᵉ de décembre suivant.

1467.

Nous apprenons, des lettres que le roi Loüis XI donna à ce sujet, quelques changemens remarquables arrivez à cette compagnie, depuis son établissement dans la province.

En 1444, ses officiers eurent le nom de conservateurs de l'équivalent, & furent pris des trois corps qui composent les états de la province, sçavoir: trois personnes d'église, trois du corps de la noblesse, & trois du tiers-état; de telle sorte qu'en chacune des trois sénéchaussées du Languedoc il y avoit trois conservateurs pour juger, en dernier ressort, sur le fait de l'équivalent.

* Leur autorité ayant diminué par la supression des aydes, ils furent reduits à ne juger que des appellations sur le fait des tailles & des gabelles, qui étoit bien peu de chose (dit le roi Loüis XI), ce qui occasionna la commission qui fut donnée à quelques officiers du parlement de connoître de l'état des generaux.

Page 218.

Alors, on établit quinze conservateurs de l'équivalent, gens de basse condition & peu versez en ces matiéres, sur lesquels le parlement se reserva de juger en dernier ressort. Ils furent établis en cinq diferentes villes de la province, sçavoir: Toulouse, Carcassonne, Beziers, Montpellier & le Puy.

Leurs sentences étoient portées au parlement, qui, jugeant des affaires de finances avec les mêmes formalitez & longueurs que des affaires civiles, causoit de grands retardemens à la levée des deniers du roi. Ces motifs portérent Loüis XI à rétablir la cour des generaux dans toute sa souveraineté, & de la fixer à Montpellier, comme on le verra plus amplement dans les lettres patentes dont je vais donner le précis.

« Comme (dit le roy) dez le tems que les aydes furent mises sus en
« nostre païs de Languedoc, qui fut trente ans a, ou environ, feu nostre
« très-cher seigneur & pere, eut fait & ordonné les generaux, sur le fait de
« la justice des aydes audit païs, de certains prélats & autres grands &
« notables personnages, lesquels exercérent la jurisdiction & justice desdites
« aydes, & autres deniers extraordinaires, par aucun tems.

Philippy. Cour des aides, pag. 2.

II.

« Et six ou sept ans après, à la requête des gens des trois états dudit
« païs de Languedoc, fut mise sus, & établie audit païs, une cour de parle-
« ment, & aussi furent abbatues lesdites aydes; & au lieu d'icelles furent
« mises sus certain droit appellé équivalent. Et pour regir & gouverner la

« juftice audit equivalent, furent commis & ordonnez, à la requête defdits
« trois états, neuf confervateurs; c'eft à fçavoir : trois hommes d'églife,
« trois nobles & trois de l'état commun, lefquels furent établis ez trois
« fenéchauffées dudit païs de Languedoc, auquel ils avoient pleiniére
« puiffance en cas de fouveraineté & dernier reffort fur le fait dudit équi-
« valent; & à cette caufe étoient appellez juges fouverains.

« Et pour ce, que l'authorité defdits generaux fut, au moyen de l'abate-
« ment defdites aydes, grandement diminuée, & n'avoient puiffance ne
« jurifdiction que des caufes d'appellations interjettées à caufe des tailles
« & gabelles à fel, qui étoit bien peu de chofe, la charge & l'état defdits
« generaux fut commife à certains confeillers de ladite cour de parlement,
« qui depuis l'ont exercée, & tenu leur cour & jurifdiction en nôtre ville
« de Touloufe, au palais où fe tenoit ladite cour de parlement.

« Et cependant, le train defdits confervateurs de l'équivalent a été gran-
« dement mûé, & eft venu entre mains de baffe condition, & la plûpart
« gens laïs, non connoiffans en fait de juftice & de finances; & a été
« multiplié le nombre defdits confervateurs, de neuf à quinze; & ce
« néantmoins, ladite cour de parlement de Languedoc a voulu entreprendre,
« & de fait a entrepris, fur lefdits confervateurs, la connoiffance de fouve-
« raineté & dernier reffort.

« Et tant à cette caufe que par les grandes occupations que lefdits gene-
« raux avoient en icelle cour de parlement, & auffi qu'ils ont voulu tenir
« termes dilatoires, comme l'on faifoit en ladite cour de parlement, les
« caufes & procés dépendans defdites aydes, équivalent, & autres deniers
« extraordinaires d'icelui païs de Languedoc ont été immortelles, & s'en
« font enfuivis de grands dommages à nous & à nos fujets dudit païs de
« Languedoc; & mefmement le payement de nos deniers d'icelui païs en
« a été grandement dilayé & retardé, ainfi qu'il nous a été bien amplement
« dit & remontré.

« Sçavoir faifons que, en confideration des chofes fufdites, ordonnons
« par ces préfentes que l'auditoire & jurifdiction defdites aydes & équi-
« valent, en cas de reffort & fouveraineté de noftredit païs de Languedoc,
« fera & refidera dorefnavant en noftre ville de Montpellier, par tel &
« femblable tems que noftre cour de parlement d'icelui païs, qu'y avons
« de nouveau eftablie, y fera refidence, ou par tel autre tems qu'il nous
« plaira, laquelle jurifdiction fera *tenuë & exercée par les perfonnes ci-
« après nommées; deftituons tous autres quelconques qui auroient eu par
« ci-devant dons defdits offices; & voulons qu'ils foient exercez par
« maiftre Loüis l'Hullier, confeiller en noftre cour de parlement; du Ver-

« gier, Loys Corbiere, Pierre Doyn & Pierre Granier, pour generaux sur le
« fait desdites aydes; Jean Sarrat pour avocat; Jean Fournier pour procu-
« reur; Jean Murichon pour greffier, & Jean Bellor pour huissier.

« Voulons que lesdits generaux, qui sont au nombre de cinq, ayent &
« prénent les gages qu'ont accoûtumé d'avoir & prendre par ci-devant les
« quinze confervateurs qui étoient établis en cinq lieux dudit païs de Lan-
« guedoc, c'est à sçavoir à Touloufe, Carcaffonne, Beziers, Montpellier &
« le Puy, en chacun defquels lieux où fouloit avoir trois confervateurs,
« n'en aura dorefnavant que deux.

« Si donnons en mandement, à noftre très-cher & très-amé frere &
« coufin le duc de Bourbonnois & d'Auvergne, noftre lieutenant general
« & gouverneur de noftredit païs de Languedoc. A nos amez, feaux cou-
« fins & confeillers l'evêque du Puy, lieutenant de noftredit frere & coufin
« audit païs; Mes Pierre Poignant, maiftre des requêtes de noftre hoftel, &
« Guillaume Varie, general de nos finances, & aux deux d'eux, dont ledit
« evêque du Puy fera l'un; qu'ils fe tranfportent incontinent en noftredit
« païs de Languedoc, & mettent en execution noftre préfente volonté &
« ordonnance. Donné à Paris le 12e jour de feptembre, l'an de grace 1467,
« & de nôtre regne le feptiéme. Ainfi figné, par le roy, l'evêque du Puy,
« Guillaume de Varie & autres préfens. BOURRE. »

En confequence de ces lettres, les commiffaires du roi, fçavoir: l'evêque
du Puy, lieutenant du duc de Bourbon, gouverneur du Languedoc, & Jean
de la Gardette, feigneur de Fontanilhes, maître d'hôtel de chez le roi,
fubrogé par Guillaume de Varie, general des finances, fe rendirent, le huitiéme décembre 1467, dans l'auditoire de la cour des generaux fur le fait
des aides & equivalent du Languedoc, où, ayant reçu le ferment en tel cas
requis, d'honorables hommes, Me Pierre Doïn, Loüis Corbiere & Pierre
Granier, generaux-confeillers nouvellement établis fur le fait des aides &
equivalent; Me Jean Sarrat, avocat; Jean Fournier, procureur; Jean Murichon, greffier, & Jean Bellor, huiffier defdits generaux; ils mirent chacun
d'eux en poffeffion de leur office, felon la forme & teneur des lettres du
roi. Ainfi figné: HUGUET, notaire.

Cependant, l'inimitié entre Loüis XI & le comte de Charolois avoit
augmenté depuis la fucceffion de ce dernier aux états de Philipe le Bon,
duc de Bourgogne, fon pere, qui étoit mort le 15 de juin 1467. Le roi,
pour le traverfer, fûcita contre lui les Liegeois, qui fe revoltèrent; & dans
les fuites de cette guerre, Loüis XI, fe fiant trop à fes artifices, alla s'enfermer dans Perone, où il rifqua fa liberté, & peut-être même fa vie, fi les
domeftiques du duc de Bourgogne (entr'autres Philipe de Comines)

1467.

Philippy, pag. 5.

1468. n'eussent adouci l'esprit de leur maître. Il en sortit aux conditions qu'on voulut lui prescrire; & dans le tems qu'il étoit occupé à éluder l'execution de ses promesses, il écouta les instances que les habitans de Toulouse lui firent pour le rétablissement du parlement dans leur ville. Le roi leur accorda ce qu'ils demandoient, en sorte que le parlement, après avoir demeuré deux ans à Montpellier (comme M. de la Faille le dit lui-même), fut rétabli à Toulouse. Mais la chose ne peut être arrivée qu'en 1469, car les lettres patentes pour sa traslation à Montpellier étant, comme nous l'avons vû, du 21e septembre 1467, son rétablissement après deux ans ne pouvoit être qu'en 1469.

III.
Tom.1,pag.236.

1469.

Je ne m'arrête point à ce que M. de la Faille voudroit encore nous faire entendre, que la cour des generaux suivit alors le parlement à Toulouse; car, dans ces sortes de faits, il ne sufit point de hazarder une chose, mais il en faut raporter des preuves, ce que la Faille ne fait point. Nous verrons au contraire, par les lettres que je raporterai du roi Charles VIII, que le parlement ne prit plus connoissance du fait des aydes depuis l'etablissement de la cour des generaux à Montpellier. Mais la question est décidée, dès ce tems-là même, par la lettre du roi Loüis XI au baron de Chaudes-Aigues & de Malause, senéchal de Toulouse, que je viens de trouver dans les archives de sa senéchaussée, regître n° 33, fol. 124.

Page 220.

* *A nôtre amé & feal cousin Charles, bâtard de Bourbon, senéchal de Toulouse, ou à son lieutenant.*

« Nôtre amé & feal, vous êtes assés averti que nous avons institué la
« cour des generaux de la justice des aydes en nôtre païs de Languedoc.
« Et combien que par plusieurs fois nous ayons écrit à nos amez & feaux
« les gens tenans nôtre parlement à Toulouse, & pareillement à tous nos
« senéchaux & juges subalternes dudit païs, faire & souffrir ladite cour être
« exercée en nôtre ville de Montpellier, où l'avons établie en nos lettres
« d'institution & de création d'icelle, publiées & enregistrées ainsi qu'il
« appartient. Toutefois, dernièrement, quand nos conseillers de ladite cour
« des generaux ont envoyé certaines nos lettres déclaratives de nôtre
« intention touchant la continuation & entretenement d'icelle cour en
« vôtre senéchaussée, vôtre lieutenant, au lieu de les faire publier, ainsi que
« par nous lui étoit mandé, les a violemment retenuës, dont n'avons cause
« d'être contens de lui, ni de ceux qui en ce le favorisent; & ne sommes
« pas deliberez de le tolerer, ne souffrir nôtre authorité être ainsi foulée.
« A cette cause, nous vous mandons & enjoignons, sur tant que désirés,

« nous fervir & complaire, que vous mandiés incontinent, de par nous, à
« vôtre juge-mage, qu'il rende lefdites lettres entre les mains de nôtre
« procureur de ladite cour des generaux, ou autre par lui commis, bien &
« dûëment expediées; & qu'il aye, lui & tous autres officiers de ladite
« fenéchauffée de Touloufe, à obéïr & entendre en lad. cour des generaux
« fans plus y differer, car tel eft nôtre vouloir. Donné à Compaigne, le
« douziéme jour d'avril. CHARLES DUBOIS. »

1469.

Par un des articles du traité qui diffipa la ligue du bien public, le roi Loüis XI devoit donner la Normandie en appanage au duc de Berry fon frere; mais il fçut fi bien embaraffer les chofes, que cette donation n'eut aucun effet. Par un autre article du traité de Perone, il fut obligé de lui accorder les comtez de Champagne & de Brie; mais, venant à apprehender le voifinage où fon frere feroit du duché de Bourgogne, il trouva moyen de le faire contenter de la Guiéne, qu'il lui donna; & il l'amufa de diferens mariages, tantôt avec Jeanne de Caftille, tantôt avec Marie, fille unique du duc de Bourgogne. Mais enfin, en 1471, il fut délivré de toutes les craintes qu'il s'étoit faites à fon fujet, car ce prince fut empoifonné par fon propre confeffeur, de la maniére que nos hiftoriens de France le racontent.

1470.

1471.

Dans ce même tems, le roi Loüis XI, voulant donner des preuves de la grande dévotion qu'il faifoit profeffion d'avoir pour la fainte Vierge, fit une liberalité confiderable à la ville de Montpellier, en lui accordant, par des lettres que nous avons du 9ᵉ octobre, deux deniers tournois par quintal de fel, pendant dix ans, pour reparer le clocher de Nôtre-Dame des Tables, qu'on difoit menacer rüine. Et, pour en faciliter la levée, il donna aux confuls le fourniffement des greniers à fel de Montpellier, pendant le même efpace de tems; ce qui fut encore continué tout le refte de ce fiécle.

La mort funefte du duc de Guiéne avoit fi fort animé le duc de Bourgogne, qu'il entra dans la Picardie pour y mettre tout à feu & à fang; mais ayant enfin reçû divers échecs, il fit une tréve avec Loüis XI, qui envoya fes troupes contre Jean V, comte d'Armagnac, qu'il fit furprendre & tüer à Leytoure. Après quoi Perpignan s'étant revolté, il fit marcher vers cette place tout ce qu'il avoit de gens de guerre dans la Guiéne & dans le Languedoc. Mais la refiftance des habitans fut fi grande, qu'ils foûtinrent en même tems les attaques de l'armée françoife & les forties de la garnifon, qui tenoit encore dans le château. Le roi ne put s'en rendre maître qu'en 1475, après un fiége foûtenu jufqu'à l'extrémité. Ainfi, toute la comté de Rouffillon fut encore confervée à la France.

1472.

1473.

1475.

L'impetuofité du duc de Bourgogne l'ayant occupé durant toute l'année 1476 contre les Suiffes, qui le batirent à Granfon & enfuite devant Morat,

1476.

1476.

PAGE 221.

1477.

1478.

1479.

Mezeray, Loüis XI, pag. 750.

il porta fes armes contre le bon roi René, duc de Lorraine, qu'il voulut attaquer dans Nancy. Mais, par la trahifon de ceux à qui il fe fioit le plus, & par fa propre obftination, * il fut défait & tué devant cette place le 5e de janvier 1477, ne laiffant qu'une fille unique héritiére de fes grands états.

Ce fut alors que Loüis XI fit la faute, qui lui eft fi fort reprochée, de n'avoir jamais voulu entendre à marier cette princeffe avec le dauphin fon fils, quoiqu'elle le lui eût fait demander par une ambaffade folennelle. Sa haine pour la maifon de Bourgogne l'emporta fur fes propres interêts & fur ceux de fon royaume, qui, depuis ce tems, a été toûjours en guerre pour les Païs-Bas, qu'il pouvoit réunir alors avec les duché & comté de Bourgogne. Il laiffa époufer cette princeffe à Maximilien d'Autriche, fils de l'empereur Federic ; & il ne fut occupé, le refte de fon regne, qu'à lui enlever quelque portion de cette riche héredité, qu'il n'avoit pas voulu toute entiére. On marque que les diferentes intrigues qu'il eut à ménager alors lui firent établir les poftes, qui, durant un long tems, ne fervirent que pour les feules affaires de nos rois.

Cependant, la mort du bon roi René, comte de Provence, arrivée le 10 de juillet 1479, donna un nouvel exercice à Loüis XI. Il confentit que Charles d'Anjou, comte du Mayne, prît poffeffion de la Provence, où il étoit appellé par le teftament de fon oncle ; mais il difpofa les chofes pour ne pas laiffer échaper cette province, qui ne tarda point d'être unie à fa couronne, comme nous le verrons bientôt.

V. Au défaut de nos annales, qui font interrompuës, comme je l'ai déja dit, depuis 1428, nous apprenons, par des lettres que nous avons du roi Loüis XI, qu'il y eut cette année une grande mortalité à Montpellier. Elle pouvoit bien avoir été le commencement de cette maladie épidémique qui eft marquée dans l'hiftoire de France, « & qui, en attaquant auffi bien « les grands que les petits, leur caufoit une fiévre continuelle & violente, « qui portoit le feu à la tête, dont la plûpart tomboient en frénefie, & en « mouroient comme enragez. » Ma conjecture eft fondée fur les propres paroles du roi Loüis XI, qui, en accordant une grace finguliére à la ville de Montpellier, par fes lettres du 9e mars 1481, données au Pleffis-les-Tours, dit : « Qu'à l'occafion des peftes & mortalitez qui ont couru autour de « Montpellier, depuis deux ans en ça, & auffi des grandes ravines & inon- « dations des eaux, qui avoient gâté plufieurs maifons, moulins, ponts, « prez & terres, & abatu grande partie des murailles de la ville, & emmené « grande quantité de fels, appartenans à plufieurs defdits habitans, il leur « remet & rabat la fomme de deux mile cinq cent livres tournois ; man- « dant aux generaux de fes finances, tant en Languedoil qu'en Languedoc,

« les affeoir & impofer fur les païs & diocéfes qu'ils verront plus propres
« à les fuporter. »

Le roi lui-même fe reffentit des calamitez qui affligeoient fon royaume, car étant prés de Chinon, durant le mois de mars 1480, il vint tout d'un coup à perdre la parole & toute connoiffance, dont il ne revint qu'après deux jours, mais avec une fanté fi foible, qu'il ne put jamais bien fe remettre.

Le même accident lui arriva encore à Tours l'année d'aprés; &, comme s'il eût dû guerir en fe donnant beaucoup de mouvement de corps & d'efprit, il entreprit divers pélerinages, & s'engagea dans beaucoup d'affaires étrangéres.

La plus remarquable pour nôtre hiftoire eft l'acquifition de la Provence, qu'il avoit fait ménager par Palamedes de Fourbin, fieur de Souliers, qui s'étoit rendu maître de l'efprit du comte Charles. Il lui repréfenta que tous les comtes de Provence, fes prédeceffeurs, ayant toûjours appellé à leur fucceffion les mâles, au préjudice des filles, il devoit affurer fes états au roi Loüis XI, comme le plus proche de fes parens mâles. En confequence, le comte fit fon teftament, &, étant tombé malade à Marfeille, le 10ᵉ décembre 1481, il y mourut le lendemain. Par cette mort, Loüis XI fut reconnu comte de Provence; Palamedes en eut tout l'ufufruit fa vie durant, & le Languedoc perdit le commerce du Levant, qu'il avoit fait en feul pour la France, jufqu'à cette réunion de la Provence à la couronne.

Les frequentes infirmitez du roi le rendirent plus fenfible aux malheurs dont Montpellier continüoit d'être affligé; car nous avons des lettres de ce prince, du 2ᵉ de mars 1482, par lefquelles il décharge cette ville, pour les mêmes raifons que ci-deffus, de la fomme de trois mile cinq cent livres.

* Enfin, malgré toutes fes précautions extraordinaires, Loüis XI paya le tribut à la nature le 29ᵉ d'août 1483, laiffant Charles VIII, fon fils unique, dans fa quatorziéme année.

FIN DU LIVRE ONZIÉME.

HISTOIRE
DE LA VILLE
DE MONTPELLIER.

Sous les rois Charles VIII & Loüis XII.

LIVRE DOUZIÉME.

CHAPITRE PREMIER.

I. Difpofitions du roi Charles VIII en faveur de Montpellier. II. On obtient de lui, par furprife, la fupreffion de la cour des generaux. III. Lettres patentes de ce prince pour le rétabliffement de cette cour. IV. Affaires de Bretagne, dont le roi époufe l'héritiére.

IL faut que les maladies qui avoient couru dans Montpellier ou aux environs y euffent fait bien du ravage, puifqu'on n'attendit pas le facre du roi Charles VIII pour le prier d'y remedier, en accordant, comme il fit, plufieurs priviléges en faveur des étrangers qui voudroient y venir pour repeupler la ville. Nous avons les lettres de ce prince, données à Montils-lez-Tours dès l'an 1483, par lefquelles il prend fous fa protection royale tous les marchands étrangers qui voudront s'y aller établir ; il les déclare, eux, leurs femmes, enfans & biens, francs de toutes impofitions ; les exemte de guet & de la garde des portes, & veut qu'ils ne payent aucune taille ni induftrie pour leurs perfonnes, à moins qu'ils n'acquiérent du bien-fonds, auquel cas ils payeront la taille au *prorata* des acquifitions qu'ils auront faites.

Par autres lettres données à Amboife le 4ᵉ d'avril & de la même année, le roi, voulant pourvoir au confeil de ville, qui avoit été abandonné durant les mortalitez paffées, ordonna qu'on choifiroit dorénavant vingt-quatre habitans pour aider les confuls dans les déliberations qu'ils auroient à prendre fur les affaires de la communauté. C'eft ce que nous appellons encore le confeil des vingt-quatre, compofé de deux députez de chaque compagnie, & le refte pris du corps des marchands métiers ; au lieu qu'auparavant, tous les habitans, fans diftinction, y étoient appellez au fon de la cloche dite le *Gros-Sent;* & ils s'affembloient * dans la cour de l'hôtel de ville, où ils prenoient leurs déliberations.

Les conteftations qui furvinrent à la cour fur le gouvernement du royaume ne purent être terminées que dans les états generaux tenus à Tours en 1484. Il y fut ordonné que le roi, puifqu'il avoit atteint l'âge de quatorze ans, feroit reputé majeur ; qu'il préfideroit dans le confeil, le duc d'Orleans en fon abfence, & au défaut de celui-ci, Jean II, duc de Bourbon & gouverneur du Languedoc. On donna le gouvernement du jeune roi à la dame de Beaujeu, fa fœur aînée ; l'épée de connétable au duc de Bourbon, & l'on mena le roi à Reims, où il fut facré le 5ᵉ du mois de juin.

Toutes ces fages difpofitions n'arrêtérent point la jaloufie qui étoit entre les princes du fang & la dame de Beaujeu ; ils prirent, les uns & les autres, diferens partis fur les affaires de la Bretagne, gouvernée alors par un fameux félerat nommé Landais, miniftre & favori du duc François II. Ces divifions de la cour fe communiquérent dans les provinces, & particuliérement dans la nôtre, où les habitans de Touloufe, voulant rendre (difoit-on) la pareille à ceux de Montpellier de ce qu'ils leur avoient fait quelques années auparavant, ils formérent un parti dans les états de la province, pour y faire refoudre la fupreffion de la cour des generaux, fous prétexte de fon inutilité & de l'avantage qui en reviendroit au roi par l'épargne qu'il feroit des gages des officiers.

La dame de Beaujeu reçut favorablement leur demande, &, par lettres patentes du 8ᵉ de mars 1485, la cour des generaux, qui étoit à Montpellier, fut fuprimée.

Cet événement ne tarda point de caufer du dérangement dans les affaires du roi, qui l'obligérent bientôt, fur les repréfentations du duc de Bourbon, gouverneur de la province, de revoquer tout ce qui avoit été fait, & de rétablir cette cour en l'état qu'elle avoit été auparavant. Ces fecondes lettres font du 5ᵉ d'octobre 1486, par lefquelles on peut découvrir tout le fecret de l'intrigue, & fe convaincre que la cour des generaux de la juftice des aides n'avoit pas fuivi le parlement lors de fon rétabliffement à Touloufe (comme M. de la Faille l'a avancé).

1486.

Je vais donner un précis de ces lettres, qui font dans les archives de nôtre cour des aydes, & que je reduis, à caufe de leur longueur, à ce qui eft effentiel pour nôtre hiftoire.

« Le roy dit qu'ayant été à plein averti par fon oncle le duc de Bour-
« bonnois & d'Auvergne, connétable de France & gouverneur de Lan-
« guedoc, des raifons qui avoient mû le roy fon pere à établir en la ville
« de Montpellier une cour fouveraine de generaux, qui ont (ajoûte le roy)
« bien & dûëment exercé leur jurifdiction du vivant du roy noftre pere, &
« depuis noftre avénement à la couronne, fans que noftre cour de parle-
« ment de Touloufe, ni autres juges & officiers dudit païs, fe foient ingerez
« d'entreprendre fur ladite cour.

III.

« Toutefois, à l'inftigation & pourchas d'aucuns de noftre dite cour du
« parlement, & auffi de certains particuliers qui avoient conçu haine &
« malveillance contre les officiers de lad. cour, parce qu'ils reformoient &
« corrigeoient les mangeries du pauvre peuple, & les abus qu'on faifoit ez
« confulats, où l'on mefloit les deniers communs avec les noftres, pour
« s'en ayder dans leurs propres affaires, au préjudice de nos deniers & de
« la chofe publique.

« Iceux malveillans trouvérent moyen d'avoir charge & commiffion des
« états dudit païs, de nous requerir que lad. cour des generaux fût fuf-
« pendue & abolie, dont fe feroit enfuivi dans ledit païs, pour le recou-
« vrement de nos deniers, plufieurs contradictions, rebellions, procez &
« queftions ; tellement, que en plufieurs diocéfes d'icelui païs, comme Tou-
« loufe, Montauban, Uzés, & femblablement en aucuns de nos greniers,
« nos deniers font employez en procez & playdoyeries ; de forte que nos
« receveurs, leurs cautions, & autres qui nous font tenus fe tiennent en
« franchife, & s'abfentent de noftredit royaume avec leurs biens & les
« deniers par eux à nous dûs.

« Pour laquelle caufe ayant été avertis par nôtre dit oncle & coufin du
« grand dommage que recevons au moyen de la deftitution de ladite cour
« des generaux; avons, par l'advis & confeil de lui, & de plufieurs autres
« princes & feigneurs * de nôtre fang, gens de nôtre confeil & de nos
« finances, ordonné reftablir & reftituer icelle cour en tel eftat, authorité,
« pouvoir, preéminence & jurifdiction qu'elle étoit auparavant ladite
« deftitution. Voulons & déclarons que nos amez & feaux Mᵉ Jean Tripet,
« Pierre Granier, Gabriël Vives, qui, au tems de ladite deftitution,

PAGE 225.

1486.
« tenoient les offices de generaux en ladite cour, & femblablement Me
« François Bofc, & Raoul Boucaud, & Jacques Merven, qui tenoient les
« offices de nos avocats, procureur & receveur d'icelle cour, & Jean Belor
« & Jean Gabard pour huiffiers, demeurent chacun d'eux en leur eftat &
« offices.

« Et au lieu de noftre amé & feal notaire & fecrétaire Me Pierre Taupifié,
« qui eftoit lors greffier de ladite cour, nous avons commis noftre bien
« amé fecrétaire, Me Jean Prunier, parce que voulons employer ledit
« Me Pierre Taupifié en autres nos affaires par-deça. Lefquels tous offices,
« en tant que meftier feroit, nous leur avons donné & donnons de nouvel
« & d'abondant par ces préfentes ; & auffi donnons à noftre amé & feal
« Me Guillaume Bruni, docteur en chacun droit, l'office de noftre confeiller
« & general en icelle cour, au lieu de Me François Mefnier, qui tenoit
« ledit office au tems de ladite deftitution, & qui depuis l'a refigné audit
« Me Guillaume Bruni ; & ce pour faire & accomplir le nombre de quatre
« confeillers, ainfi qu'ils eftoient auparavant.

« Aufquels, en enfuivant la première inftitution faite d'icelle cour par
« noftre dit feigneur & pere, donnons pouvoir, authorité & commiffion
« de connoiftre, décider & déterminer, en noftre dite ville de Montpellier,
« & ailleurs où meftier fera, de toutes matiéres, queftions & procez mûs
« & à mouvoir, & qui ja font commencez, foit en noftre cour de parlement
« de Touloufe, foit devant nos fenéchaux & autres juges, quelque part
« qu'ils foient, concernant le fait de la juftice de nos finances dudit païs
« de Languedoc, & leurs dépendances ; tout ainfi qu'ils faifoient aupa-
« ravant ladite deftitution, & que ont accoûtumé de faire nos autres cours
« des generaux féantes ez lieux de Paris & de Roüen ; interdifant & défen-
« dant à noftre cour de parlement de Touloufe, aux fenéchaux & autres
« juges ordinaires, toute jurifdiction & connoiffance defdites matiéres de
« nos finances. Et, avec ce, leur mandons que tous les procez & proce-
« dures qu'ils auront par devers eux, touchant le fait defdites nos finances
« & aydes, ils renvoyent par-devant nofdits confeillers generaux, en quel-
« que eftat qu'ils foient, pour illec eftre finies en dernier reffort & fouve-
« raineté.

« Si donnons en mandement à noftredit oncle & coufin le duc de Bour-
« bonnois & d'Auvergne, gouverneur de noftredit païs de Languedoc, ou
« à fon lieutenant, que noftre préfente ordonnance ils obfervent de point
« en point, fans faire ni fouffrir aucun détourbier ou empêchement. Au
« contraire, que pris & reçû defdits Tripet, Granier, Vives, Bruni, Bofc,
« Boucaud, Prunier & Merven, Belor & Gabard, le ferment en tel cas

« accoûtumé, ils les mettent en poffeffion & faifine defdits offices, & les en
« faffent joüir, nonobftant oppofitions quelconques, & leur faffent payer
« par chacun an, par le tréforier general de nos finances, leurs gages, aux
« termes & en la manière accoûtumée.

« Et afin que de ce aucun ne puiffe prendre caufe d'ignorance, nous
« voulons que cefdites préfentes foient publiées & enregiftrées en noftre
« cour de parlement de Touloufe, & par tous les autres lieux & auditoires
« de noftredit païs de Languedoc où meftier fera. Et que, au vidimus
« d'icelles, fait fous fcel royal, foy foit ajoûtée comme à ce préfent original.
« Donné à Compiegne le 5ᵉ jour d'octobre, l'an de grace 1486, & de
« noftre regne le quatrième. Ainfi figné par le roy, MM. les ducs d'Orleans
« & de Bourbon, les comtes de Clairmont, de Montpenfier & de Ven-
« dofme, de la Trimoüille, de Granville, de Piennes & de Grimaut, &
« autres préfens. ROBINEAU. »

1486.

Pour l'execution de ces lettres, il fut expedié, le 17ᵉ du mois d'octobre, une commiffion, au nom de Loüis de la Voulte, feigneur de Mirabel & lieutenant du duc de Bourbon en Languedoc, & au nom de Guillaume Briçonnet, general des finances du roi, par laquelle ils mandent à François de Marfac, feigneur de Hauterive & gouverneur des villes & baronie de Montpellier & d'Omelas, & * à Antoine Bayart, tréforier general des finances audit païs, de recevoir le ferment defdits officiers, de les mettre en poffef- fion, & de faire obferver tout le contenu dans les lettres du roi.

PAG. 226.

Cependant la divifion continüoit à la cour au fujet des états de Bretagne, dont l'héritiére étoit recherchée par Maximilien, roi des Romains, par le duc d'Orleans & par le feigneur d'Albret, qui comptoit fur une promeffe qu'il avoit par écrit du duc de Bretagne, pere de la princeffe. Dans cette concurrence, le parti du duc d'Orleans complota d'enlever le roi, qui n'étoit pas fâché de fe tirer du gouvernement impérieux de fa fœur. Mais le com- plot ayant été découvert, les principaux auteurs furent arrêtez & jetez dans une prifon, où Philipe de Comines, entr'autres, qui étoit du nombre, refta plufieurs années.

IV.

1487.

Ces diférentes brigues cauférent la guerre dans les Païs-Bas, dans la Guiéne & dans la Bretagne. Le roi ayant été dans la Guiéne, y pacifia tout par fa préfence. Le maréchal d'Efquerdes pouffa à bout Maximilien en Flandres; & les troupes du roi, ayant mis le fiége devant Nantes, allar- mérent tous les Bretons. Alors la dame de Beaujeu, voulant les pouffer à fon tour, envoya contre eux une armée commandée par la Trimoüille, qui les défit entre Rennes & Sᵗ-Aubin, le 28ᵉ de juillet 1488, et fit prifonniers le duc d'Orleans & le prince d'Orange. Le duc de Bretagne étant mort dans

1488.

1488.

1489.

1490.

ces entrefaites, on parla de conquerir tous fes états, & l'on s'empara d'un grand nombre de places. Mais la furprife fut bien grande lorfqu'on apprit que Maximilien avoit déja époufé, par procureur, l'héritiére de cette riche province, ce qui arriva en 1489.

Le roi Charles fit alors marcher fes troupes pour affiéger cette princeffe dans Rennes, & pour lui enlever la Bretagne. Mais, ayant changé d'avis, il contremanda fes troupes, & il la fit rechercher par les voyes de la douceur. Tous les rivaux que Maximilien avoit eu, & les feigneurs bretons, entrérent dans les interêts du roi, & n'oubliérent rien pour perfuader la princeffe en fa faveur. Après une affés longue refiftance, elle fe rendit enfin aux raifons d'état qu'on lui fit valoir; & elle époufa le roi Charles VIII à Langeais en Touraine, le 16ᵉ de décembre de l'année fuivante.

Armoire H., caffette 2.

Toutes ces grandes affaires n'empêchérent pas le roi d'étendre fes foins fur Montpellier & fur les écoles de cette ville, car nous avons des lettres, du 5ᵉ juillet 1490, par lefquelles le roi Charles VIII continuë à la ville de Montpellier cinq deniers fur chaque quintal de fel, pour les reparations de la ville, du pont Juvenal & de Nôtre-Dame des Tables, qui menaçoient rüine. De plus, l'hiftoire de nôtre univerfité nous apprend que le roi, à la folicitation d'Honoré Piquet, fon médecin, & docteur de la faculté de Montpellier, augmenta dans cette année le nombre des profeffeurs, leur permit de porter la robe rouge, de fe faire précéder par une maffe d'argent,

F. Ranchim, Sacrum Apollin.

&, parce qu'ils n'avoient eu jufqu'alors d'autres émolumens que ce qu'ils prenoient des écoliers, il leur affigna cinq cent francs de gages à fe partager entre eux.

1491.

Il ne reftoit au roi, pour pacifier les affaires de fon royaume, que de faire confentir Maximilien à reprendre fa fille Marguerite, qui étoit déja venuë en France pour être un jour fon époufe. Maximilien, doublement fâché & du renvoi de fa fille, & du mariage du roi avec Anne de Bretagne, recourut à la vengeance d'Henry VII, roi d'Angleterre, qui vint faire une décente à Calais, & mettre le fiége devant Boulogne. Mais la maifon d'Autriche ayant mal fecouru le roi Henry, il fe retira avec une groffe fomme d'argent qu'on lui donna pour les fraix de fon armée; & l'année fuivante, les princes d'Allemagne & les Suiffes s'étant entremis de tous ces diferends, on fit un traité à Senlis, par lequel le roi rendit, avec Marguerite d'Autriche, l'Artois & la comté de Bourgogne, qui lui avoient été donnez en dot.

CHAPITRE SECOND

PAGE 227.

I. Progrès surprenans du roi Charles VIII en Italie. II. Il donne, à Naples, des lettres remarquables pour Montpellier. III. Il reprend le chemin de France, & défait ses ennemis à Fornoüe. IV. Ferdinand d'Aragon fait une diversion en Languedoc. V. Assemblée à Montpellier, pour la paix entre ces deux princes, sans aucun effet. VI. Maladie & mort du roi.

L'INTERIEUR du royaume ayant été pacifié de la maniére que nous venons de voir, le roi Charles VIII entreprit le voyage de Naples, qui est l'époque la plus célébre de son regne. Il y fut engagé par Ludovic Sforce, usurpateur des états de Milan, qui trouva le moyen de gagner les deux personnes qui gouvernoient alors l'esprit du roi, Etiéne de Vers, son chambelan & senéchal de Beaucaire, & Gūillaume Briçonnet, son treforier general & evêque de St-Malo.

I. 1491.

Dans le premier projet de cette entreprise, Ferdinand, roi d'Aragon, époux d'Isabelle de Castille, obtint la restitution des comtez de Roussillon & de Cerdagne, sans même lui payer les trois cent mile écus pour lesquels elles avoient été engagées. Cette affaire, qui porta un grand contre-coup au Languedoc, passa pour être l'ouvrage du confesseur du roi, & de celui de la dame de Beaujeu (devenuë alors duchesse de Bourbon), qui, de concert, persuadérent au roi qu'on ne pouvoit, en conscience, retenir ces deux comtez. Ferdinand, qui les faisoit agir, promit à cette occasion tout ce qu'on voulut, pour faciliter l'expedition de Naples; mais tout l'effet de ses promesses aboutit à rendre notre province l'un des téatres de la guerre entre ces deux couronnes.

1492.

Nous trouvons dans l'année 1493 une transaction entre nos consuls, faisant pour la communauté d'une part, & Secondin de Serrat, protonotaire & prieur de St-Firmin, de l'autre, par laquelle ils réglent la dîme des olives qui se recüeilliront dans l'étenduë dudit prieuré, à la quinziéme partie des fruits, payable sur le lieu. Cette régle subsiste encore dans le prieuré de St-Firmin, quoiqu'elle soit diferente dans les autres paroisses voisines [1].

1493.

Grand Talamus, fol. 203.

Le voyaye de Naples fut suspendu pendant toute cette année 1493, tant par le défaut d'argent, que par la contrarieté qui se mit dans le conseil du

---

1 Ce paragraphe est biffé sur le manuscrit.

1494.

roi, où le sénéchal de Beaucaire soûtenoit toûjours l'entreprise, & Briçonnet, y ayant plus mûrement pensé, s'y opposa de toutes ses forces.

Enfin, par un de ces coups qui sont au-dessus de toute la prudence humaine, le roi partit de Paris au mois de juillet 1494, ayant laissé la regence du royaume à Pierre, duc de Bourbon, son beau-frere[1]. Il demeura quelque tems à Lyon, puis à Vienne, & ensuite il passa dans la ville d'Ast, où il séjourna jusqu'au 6e d'octobre, pour donner le tems de faire passer son artillerie par les montagnes.

Il arriva à Pavie le 13e d'octobre, dans le tems que Ludovic Sforce donna au duc Galéas le morceau fatal qui lui fit perdre la vie & le duché de Milan. Ludovic s'en empara aussitôt, & laissa le roi continüer sa marche jusqu'à Florence, où il entra le 17 novembre. Le pape Alexandre VI, craignant d'être pris par force & déposé de la papauté, comme il le méritoit, se retira dans le château St-Ange, & abandonna la ville de Rome au roi, qui y fit son entrée en armes, le 28e de décembre. Il y séjourna un mois entier, durant lequel Alexandre demanda à capituler avec lui, & lui accorda sans peine tout ce qu'il desiroit.

1495.

PAGE 228.

Le roi étant sorti de Rome le 28e janvier, pour continüer sa marche vers le royaume de Naples, fit un si grand progrès, qu'il entra le 22 de février, * dans la ville de Naples, où il fut reçu comme s'il en eût été le fondateur & le liberateur. Ainsi, en quatre mois & demi[2], il traversa toute l'Italie, fut reçu partout comme souverain, & conquit tout le royaume de Naples en quinze jours, à la réserve de Brindes.

Armoire H., cassette, 2.

II. Ce fut environ ce tems, & pendant le séjour qu'il fit en la ville de Naples, qu'il y donna des lettres fort remarquables pour la ville de Montpellier, à l'occasion que je vais dire. Le feu roi Loüis XI, ayant accordé (comme nous l'avons vû) aux consuls de cette ville cinq deniers à prendre, durant neuf ans, sur chaque quintal de sel qui se vendroit dans les greniers du Languedoc, les habitans de la province obtinrent du roi Charles VIII des lettres subreptices, en revocation de ce don. Mais, le roi en ayant été informé, il leur continüa la même grace pour trois ans, dont ils avoient joüi paisiblement pendant deux ans & demi, lorsque les habitans de Toulouse & les états du Languedoc intenterent procès à ceux de Montpellier, qui, pour décliner la juridiction du parlement, où ils étoient assignez, demanderent leur renvoi à la cour des generaux.

---

1 La fin du paragraphe est biffée sur le manuscrit.
2 Le paragraphe qui précède & le commencement de celui-ci sont biffés sur le manuscrit. A la place on trouve ces mots: *En moins de six mois il traversa toute l'Italie, etc.*

Le roi Charles VIII, par ſes lettres données à Naples le dernier du mois de mars 1495, leur accorda le renvoi qu'ils demandoient; & il ajoûte, dans ces mêmes lettres, quelques faits intereſſans pour l'hiſtoire de Montpellier: car il marque le nombre des feux qu'il y avoit dans cette ville avant les mortalitez qui l'avoient deſolée, & avant les guerres que Loüis XI avoit eu dans le Rouſſillon; il y fait mention du commerce ſur mer qu'on exerçoit à Montpellier, tandis que la France n'avoit d'autres ports que ceux du Languedoc; mais on en jugera mieux par le précis de ces mêmes lettres, où le roi dit :

1495.

« Que la ville de Montpellier ayant été autrefois peuplée de trente-cinq
« à quarante mille feux, à cauſe de la grande marchandiſe et port de mer
« qui alors avoit cours au pays de Languedoc; néantmoins, au moyen de
« la mortalité & des guerres qui avoient eu cours entre la France & le roy
« de Caſtille, pour le differend de la comté de Rouſſillon & de Cerdagne,
« la ville de Montpellier fut fort dépeuplée : à raiſon de quoi le roy ſon pere
« auroit accordé à la ville de Montpellier cinq deniers à prendre ſur cha-
« que quintal de ſel qui ſe vendroit ez greniers de Languedoc, pour être
« employez aux fortifications de la ville & entretien de l'égliſe de Noſtre-
« Dame des Tables, pour en joüir durant neuf ans; de laquelle grace les
« habitans dudit pays obtinrent des lettres ſubreptices en révocation dudit
« don. Ce qui étant venu à ſa connoiſſance, il leur continüa ledit don, ſur
« tous les greniers dudit pays, duquel ayant joüi pendant deux ans et
« demi, les habitans de Touloufe & les états de la province troublérent
« les conſuls de Montpellier, & les envelopérent en procez pardevant le
« parlement de Touloufe : pour raiſon de quoi le roy veut qu'aucune cour
« n'en connoiſſe que celle des generaux de Montpellier. »

Nos conſuls trouvérent plus de protection dans leur propre ville qu'ils n'en auroient eu à Toulouſe, & ils furent maintenus dans un privilége qui dépendoit de la ſeule liberalité du roi. Nous verrons qu'ils en joüirent juſqu'en 1503, où les autres villes de la province firent encore un nouvel effort auprès du roi Louis XII pour en obtenir l'abolition; mais nos conſuls, voulant alors employer le profit de ces deniers, non-ſeulement à l'entretien, mais encore à la décoration de l'égliſe de Nôtre-Dame des Tables, firent faire une croix dorée, du poids de deux quintaux, & une groſſe boule pour lui ſervir de baſe, qu'ils poſérent ſur l'éguille d'un clocher qu'il y avoit alors ſur la porte de l'égliſe, du côté de l'hôtel de ville. Nos annales marquent qu'on mit dans la boule diferentes reliques, & que Jean Izarn de Barriére, alors évêque de Maguelonne, fit la benediction de cette croix qui ſubſiſta juſqu'aux premiers troubles de religion.

1495.   III.   Cependant le roi reſtoit à Naples, d'où il ne partit que le vingtiéme de mai pour s'en revenir en France. Les délices du païs avoient ſi fort amuſé les François, qu'ils n'avoient pas ſongé à s'aſſurer de leurs conquêtes, en y établiſſant le bon ordre & la juſtice. Toute l'affection qu'on avoit eue pour eux ſe changea* bientôt en haine; de ſorte que les Napolitains ſongérent à rapeller leurs anciens tirans, & tous les princes d'Italie ſe liguérent enſemble, pour exterminer les François dans leur paſſage. Les Venitiens, le pape, l'empereur, l'archiduc ſon fils, le roi d'Aragon & Ludovic Sforce, formérent une ligue, & mirent ſur pié quarante mile hommes, commandez par François, marquis de Mantoüe.

PAGE 229.

Rien ne leur auroit été plus aiſé que de faire perir nôtre armée, qui n'étoit que de neuf mile hommes; mais la même main qui avoit conduit avec tant de bonheur Charles VIII le tira glorieuſement de ce piege. Ses énemis n'oſérent l'attaquer dans les montagnes, où ils auroient pû le défaire, & ils ſe contentérent de le venir attendre à la décente des montagnes, près d'un vilage au-delà de Plaiſance, appellé Fornoüe, qui depuis ce tems-là eſt devenu celébre.

Le roi, s'y étant logé, la petite riviére du Tar entre les deux armées, envoya demander paſſage aux confederez, qui ne lui firent aucune réponſe. Alors il reſolut de ſe l'ouvrir par force. On en vint aux mains le ſixiéme de juillet, & en moins d'un quart d'heure les confederez furent enfoncez juſque dans leur camp, avec perte de trois mile hommes. Le roi demeura maître du champ de bataille, & cette importante victoire, qui ne lui coûta que quatre-vingts hommes & une partie de ſon bagage, lui aſſura le chemin juſqu'à Aſt, où il arriva le 15ᵉ du même mois. C'eſt ainſi, comme nous le voyons dans l'hiſtoire ſainte, que Dieu protége les princes qu'il a appellé de loin pour l'exercice de ſes vengeances. Mais ces mêmes princes ſont punis à leur tour après qu'ils ſe ſont abandonnés à leurs paſſions. L'événement juſtifia, dans tous ces chefs, la conduite ordinaire de Dieu. Le voyage & les ſuccès du roi Charles VIII furent prédits & annoncez à l'Italie par le fameux Savonarolle; Dieu punit par ſes armes les mauvais princes qui y regnoient alors; mais la licence des François reçut à ſon tour le châtiment qu'elle méritoit, par cette prodigieuſe quantité d'argent, de ſang & de peines qu'il leur en coûta, & par la maladie honteuſe qu'ils apportérent de Naples.

1496.   IV.   Quelque bonne envie qu'eût le roi Charles VIII de retourner en Italie, il fut arrêté, dès ſon arrivée, par la diverſion du roi Ferdinand, qui porta ſes armes dans le Languedoc. Ce prince, qui étoit bien aiſe de joüir de tout le Rouſſillon ſans garder la neutralité qu'il avoit promiſe, chercha querelle au roi de France fur ce qu'il avoit pris, pendant fon expedition en Italie, quelques places des Florentins & du faint fiége, qui lui étoient neceffaires pour la fureté de fes armes. Il lui fit dire, lors de fa fortie de Rome, par Antoine de Fonfeca, fon ambaffadeur, qu'en promettant de ne pas s'oppofer à fes progrès, il n'avoit entendu parler que du royaume de Naples. Sur quoi, après quelques difputes fort vives, l'ambaffadeur déchira le traité en préfence du roi. En confequence, le roi Ferdinand fit entrer dans le Languedoc grand nombre de gens de cheval, qui vinrent piller & facager tout ce qu'ils purent aux environs de Narbonne. Mais le roi Charles lui rendit bientôt la pareille, en envoyant des troupes pour faire le fiége de Salfes.

1496.

Comines, ch. 48.

Paul Jove, qui parle de ce fiége dans un grand détail, donne la conduite de nos troupes à Jean, duc de Foix, vicomte de Narbonne; mais Philipe de Comines & nos auteurs françois la donnent à Charles d'Albon de Saint-André, lieutenant de Pierre, duc de Bourbon, dans le gouvernement du Languedoc. Quoi qu'il en foit, nôtre general évita toutes les fineffes des Efpagnols; & malgré la fupériorité de leur armée, il mit le fiége devant cette place, la batit avec une fi forte artillerie qu'on fut bientôt en état de monter à la bréche & d'emporter la place d'affaut.

Liv. 4.

Cet échec rendit Ferdinand plus traitable; il rechercha une tréve, qu'on lui accorda pour fix mois, & l'on convint que dans l'année fuivante il envoyeroit fes députez à Montpellier pour y traiter, avec ceux de France, d'une bonne paix entre les deux couronnes. Mais le roi Charles ne voulant point renoncer à la conquête de Naples, ni Ferdinand s'engager à ne pas le traverfer dans cette entreprife, le réfultat de cette affemblée fut fans effet.

V.

Deferres, Inventaire.

1497.

* Dans ce même tems, nos confuls obtinrent du roi Charles VIII une charte, en confirmation des pouvoirs qu'il leur avoit déja donné d'établir une draperie ou manufacture de toute forte de laines & de foye, qui contribüa beaucoup à occuper le menu peuple, & à rapeller à Montpellier les ouvriers & les marchands, que les calamitez paffées en avoient fait fortir.

PAGE 230.

Tout le refte de cette année fut employé en diferens projets pour le recouvrement du royaume de Naples. Tantôt on propofa que le roi voulût fe contenter d'un hommage & d'un tribut fur ce royaume, tantôt qu'il s'accordât avec le pape, qui en étoit le feigneur de fief; ou bien qu'on commençât par s'affurer du Milanois & de la ville de Génes, d'où l'on pourroit plus aifément faire la guerre dans le royaume de Naples. Ce dernier moyen parut le plus convenable de tous; on fit pour cela des levées de Suiffes, & on donna ordre de faire avancer la cavalerie jufqu'à Aft. Mais la mauvaife

1497. santé du roi arrêta toutes ces resolutions, & les princes d'Italie, qui ne pouvoient s'accorder entr'eux, offrirent inutilement aux François un passage par leurs états.

1498. Le roi, dont la complexion étoit naturellement flouëtte, se ressentit plus que jamais des fatigues de sa jeunesse. Il perdit le goût de toutes ses conquêtes, & ne songeoit qu'à reformer son état & à mener une vie tranquile & chrétiéne, lorsqu'il fut enlevé subitement dans le château d'Amboise, où il residoit depuis quelque tems. On voulut attribuer sa mort à un poison lent qu'il avoit pris en Italie; mais le fait constant est qu'un jour, sixiéme d'avril, sur les deux heures après midi, comme il étoit dans une galerie, regardant jouër à la paume dans les fossez, il fut atteint d'une apoplexie dont il tomba à la renverse. Tous les courtisans & tous ses officiers le laissérent expirer sur une méchante paillasse, où ils le couchérent au même endroit, & ils furent, à toute bride, trouver à Blois le duc d'Orleans, qui devoit être son successeur.

En lui finit la ligne aînée du roi Philipe de Valois, qui, de pere en fils, avoit donné sept rois à la France. Le duc d'Orleans, qui lui succeda comme premier prince du sang, étoit d'une ligne collaterale. Il étoit petit-fils de ce Loüis, duc d'Orleans, frere du roi Charles VI, qui fut assassiné dans la ruë Barbette en 1407, par les émissaires de Jean, duc de Bourgogne.

CHAPITRE TROISIÉME.

I. Graces accordées à la ville de Montpellier par le roi Loüis XII. II. Il se prépare à la guerre d'Italie, où il se rend maître du duché de Milan. III. La naissance de Charles-Quint change tous les interêts des princes. IV. Arrivée de l'archiduc son pere à Montpellier. V. Reception qui lui fut faite.

I. LOUIS XII, surnommé le pere du peuple, fit paroître sa justice & sa bonté, dès le commencement de son regne, par cette parole remarquable : *Que les rois de France n'épousoient point les querelles des ducs d'Orleans,* voulant dire qu'il oublioit tous les mauvais offices qu'on lui avoit rendus avant que de parvenir au trône.

Parmi les faveurs qu'il fit à plusieurs villes de son royaume, celle de Montpellier en compte trois considerables. La premiére est la confirmation

de la cour des generaux, par lettres patentes données à Senlis le 20ᵉ de juin 1498, dans lesquelles on voit que, selon l'usage de ce tems-là, toutes les charges de justice devenoient vacantes du jour de la mort du roi, & qu'il étoit necessaire que son successeur en confirmât tous les officiers, & validât tout ce qu'ils auroient fait depuis la vacance. « Avons confirmé
« & confirmons (dit le roi) ladite cour des generaux séante en nostre ville
« de Montpellier; &, en ce faisant, avons continuë & continüons les offi-
« ciers & supôts d'icelle, c'est à sçavoir : nos amez & féaux conseillers,
« Mᵉ Loüis de la Croix, président; Jean Salmon, Philipe de Laufelergues,
« * docteur, Jean Teixier, licentié ez loix, & Jean Prunier, conseillers en
« ladite cour; Mᵉ François Bosc, advocat; Raulin Boucaud, procureur;
« Mᵉ Jean Le Clerc, greffier; Jean Merven, receveur; Jean Boucaud & Jean
« Gabard, huissiers en ladite cour. Et ausdits officiers ja declarez vaquans
« par nouvel avénement à la couronne, nous leur donnons & ottroyons,
« par ces présentes, qu'ils puissent tenir & dorefnavant exercer lesdits
« offices.

1498.

Page 231.

« Et en tant que mestier est ou seroit, avons, de nostre certaine science,
« pleine puissance & authorité royale, validé & authorisé tout ce que par
« lesdites gens de nostredite cour des generaux & chambre, en general &
« en particulier, a esté ou sera fait, depuis le trespas de nostredit feu sieur
« & frere, jusqu'à la publication de cesdites présentes. »

Par autres lettres du 2ᵉ de juillet données à Paris, le roi accorda aux consuls de prendre un denier sur chaque livre de viande qui se vendroit dans Montpellier, pour subvenir aux besoins de la ville. Et dans ces mêmes lettres, le roi y fait mention de pareille grace, qui avoit été accordée par Loüis XI en 1475, & par Charles VIII en 1496, d'où nous pouvons connoître qu'il a falu de tout tems prendre sur le public de quoi fournir aux necessitez publiques.

Nos consuls de mer & marchands se ressentirent en particulier des bontez du nouveau roi, par les lettres de confirmation qu'ils obtinrent dans ce même mois de la draperie ou manufacture déja établie à Montpellier sous Charles VIII. Nous y voyons les principaux ouvrages qu'on y faisoit, par ces paroles : « Donnons la faculté & privilége de pouvoir ériger & mettre
« sus l'art, travail & ouvrage de draperie de laine & de soye, de flassades,
« eschalons, barragans, chapelleries, bonneteries, & autres arts fins de laine
« & de soye. »

Ces graces furent accordées dans les premiers mois du regne de Loüis XII, II. qui ne tarda point d'être recherché par les princes d'Italie, qui vouloient tous, à l'envi, se fortifier de ses armes. Les principaux étoient le pape

1499.

1499.

Alexandre VI, les Venitiens & les Florentins, contre Ludovic Sforce, ufurpateur de Milan, & Federic, roi de Naples, à qui Loüis XII en vouloit le plus [1].

Dans les premiéres négociations qui furent entamées avec le pape, le roi fit demander des commiffaires pour la diffolution de fon mariage avec Jeanne de France, fille de Loüis XI. Alexandre lui nomma Philipe de Luxembourg, cardinal, evêque du Mans; Loüis d'Amboife, evêque d'Alby, & Pierre, evêque de Ceute, fon nonce en France, qui tous ayant reconnu que Loüis XI l'avoit forcé à ce mariage, & que, felon le raport des medécins, la reine étoit inhabile à avoir des enfans, déclarérent le mariage nul. Ainfi, le roi époufa Anne de Bretagne, veuve du feu roi, qui avoit été fes premiéres inclinations; & la reine Jeanne, prenant le tout avec patience, fe retira dans le couvent des filles de l'Annonciation, à Bourges, où elle prit le voile [2].

Avant que de rien remüer en Italie, le roi fongea à s'affurer l'amitié de fes voifins. Il traita avec l'Anglois, puis avec Ferdinand & Ifabelle; &, après, avec l'archiduc Philipe, leur gendre, à qui il remit plufieurs places dans l'Artois, à la charge qu'il luy rendroit hommage pour cette comté, ce que l'archiduc executa dès-lors.

Les Venitiens, alliez avec la France, commencérent, de leur côté, les hoftilitez dans le Milanois, où ils prirent tout ce qui eft au-delà de la riviére d'Adde; & les François, qui entrérent d'un autre côté, fe rendirent maîtres de Mortare, de Pavie & de Gênes. Le roi, qui étoit à Lyon, en partit auffitôt pour Milan, où il fit fon entrée en habit ducal, & féjourna près de trois mois dans le païs. Mais, par les viciffitudes fi ordinaires en Italie, à peine

1500.

le roi eut repaffé les montagnes, que les peuples reçurent à bras ouverts Ludovic Sforce. Le roi envoya Loüis de la Trimoüille avec une puiffante armée, qui rencontra Ludovic près de Novarre, où ce miférable ayant été livré aux François, fut envoyé en France, & confiné jufqu'à fa mort dans le château de Lôches.

PAGE 232. III. *La naiffance d'un jeune prince, qui arriva dans cette même année, changea entiérement tous les projets qui avoient été faits jufqu'alors: j'entens parler de Charles, fils de l'archiduc Philipe, qui, étant né à Gand

---

1 La fin de ce paragraphe eft de la derniére rédaction. L'imprimé portait: Les principaux étoient le pape Alexandre VI, les Venitiens & les Florentins; car Ludovic Sforce, ufurpateur de Milan, & Federic, roi de Naples, ne pouvoient compter fur la protection de la France, puifque c'étoit à eux que Loüis XII en vouloit le plus.

2 Ce paragraphe eft biffé fur le manufcrit.

le jour de St-Mathias, 25e février 1500, acquit d'abord le droit de fucceffion à la couronne d'Efpagne. Son aïeul Maximilien ne fongea, dés-lors, qu'à l'agrandiffement de fon petit-fils, qui devint fi illuftre fous le nom de l'empereur Charles-Quint [1].

Quoique le roi, après cet avantage, fût affés fort pour conquerir tout feul le royaume de Naples, il prit néanmoins le mauvais confeil de le partager avec Ferdinand, roi d'Aragon [2], à qui il ceda la Poüille & la Calabre, retenant pour lui la terre de Labour & l'Abruzze.

Je croi ne devoir pas omettre, à ce propos, une remarque du celèbre M. Dupuy, dans fon livre des *Droits du roi très-chrétien fur divers états de l'Europe*; c'eft que, par un article de ce traité, Loüis XII renonça à toutes fes prétentions fur le Rouffillon & la Cerdagne en faveur de Ferdinand, qui, de fon côté, renonça aux anciens droits qu'il prétendoit avoir fur la comté de Montpellier. C'eft ainfi que les rois d'Aragon ne ceffèrent de faire revivre le droit que Pierre le Ceremonieux avoit voulu s'établir fur Montpellier, quoique cette ville eût été venduë, avec fon domaine, à Philipe de Valois, & que le prix de la vente eût été payé en partie à Jacques III, roi de Mayorque, & le refte à fes enfans, comme nous l'avons vû fous Charles VI.

Federic, roi de Naples, fils d'un bâtard de la maifon d'Aragon, ne pouvant tenir tête aux deux puiffances qui venoient de fe partager fes états, fe livra à Ferdinand, qui, fous prétexte de l'affifter, lui envoya Gonçale (dit le grand capitaine), qui fe rendit bientôt maître de fes meilleures places. Alors ce prince, voyant qu'il étoit trahi par fon parent, n'eut d'autre reffource que de fe remettre à la bonté du roi Loüis XII. On lui donna un fauf-conduit pour paffer en France, où il fut reçû fort humainement; & il obtint du roi trente mile écus de penfion, qui lui fut continuée même après que les François furent chaffez de Naples.

Loüis XII, cependant, qui defiroit l'alliance de Maximilien, pour avoir de lui l'inveftiture du duché de Milan, lui envoya le cardinal George d'Amboife, fon premier miniftre, pour traiter d'une prolongation de trêve & de l'inveftiture. Elle lui fut promife, mais à la charge que le duché de Milan feroit pour les filles feulement, & non pour les mâles; car Maximilien defiroit ardemment avoir la fille aînée du roi pour Charles fon petit-fils, quoiqu'ils n'euffent, l'un & l'autre, pas plus de quinze mois.

---

1 Ce paragraphe eft biffé fur le manufcrit. Avant de l'enlever, l'auteur y avait apporté quelques changements, dont nous avons admis les variantes.
2 La fin de ce paragraphe & le fuivant font biffés fur le manufcrit.

1501.

Dans cette vûë, l'archiduc envoya auſſi ſes ambaſſadeurs au roi, à Lyon, où ce mariage fut accordé le 10 d'août; & lui-même le confirma dans le mois de novembre ſuivant, avec l'archiducheſſe ſon épouſe, lorſqu'ils paſſèrent par la France pour s'aller faire reconnoître en Eſpagne comme les premiers héritiers de cette couronne.

1502.

Les affaires, cependant, ſe broüilloient à Naples, à l'occaſion du partage qui devoit être fait entre les Eſpagnols & les François. Gonçale manqua ſouvent de parole au duc de Nemours, qui y commandoit nos troupes; de ſorte que le roi lui écrivit de la ville d'Aſt, où il étoit alors, de faire une rude guerre aux Eſpagnols. Ils furent chaſſez preſque de toutes les places du Capitanat, de la Poüille & de la Calabre; & Gonçale ſe vit inveſti dans Barlette ſans vivres & ſans poudres, où il auroit été pris infailliblement ſi, contre l'avis de d'Aubigny, le duc de Nemours n'eût diviſé ſes troupes, & ſi le roi n'eût quité l'Italie pour venir à Lyon, où il devoit s'aboucher avec l'archiduc Philipe, qui revenoit d'Eſpagne pour retourner dans ſes états de Flandres.

IV.

Page 233.

Loüis XII, qui, dans le premier paſſage de l'archiduc, lui avoit fait les honneurs * extraordinaires dont toutes nos hiſtoires parlent, n'oublia rien, dans cette occaſion, pour le faire bien accüeillir dans toutes les villes de ſon royaume. Il envoya juſqu'à Montpellier le comte de Ligny, le ſeigneur Philipe de Cleves Reveſtein, & le comte de Rothelin pour le recevoir; & il fit donner ordre à nos conſuls de rendre à l'archiduc les mêmes honneurs qu'on auroit fait à ſa propre perſonne.

1503.

Nos annales, qui recommencent dans cette année le détail de ce qui arriva dans leur ville, nous ont conſervé une relation exacte de tout ce qu'on fit à Montpellier le 30 de janvier 1503, qui fut le jour où l'archiduc y fit ſon entrée. Les conſuls, qui étoient en charge depuis le mois de mars de l'année précédente, eurent l'honneur de le recevoir au nom de la ville; & je croi faire plaiſir au lecteur de lui donner la relation qu'ils prirent ſoin de faire écrire dans nôtre Talamus, où on la voit, en ces termes¹ :

V.

Grand Talamus.
Fol. 458.

« En l'an mille cinq cens & deux, furent conſuls de la préſente ville de Montpelier les nobles & honorables hommes ſire Eſtiéne Magni, ſire Henric du Mouſſel, ſire Jehan Griffi, ſire Jehan Rigaudon, ſire Bertrand

---

1 Il y a dans le manuſcrit une autre rédaction de ce paragraphe : Nos annales, qui recommencent dans cette année le détail de ce qui arriva à Montpellier, nous ont conſervé une relation exacte de tout ce qu'on fit en cette ville au paſſage de l'archiduc. Je crois faire plaiſir au lecteur de la lui donner telle que nos anceſtres prirent ſoin de la faire dreſſer, par où l'on pourra juger de l'œconomie & de la ſimplicité qu regnoit alors.

« Roftaing, & fire Jehan Alaire. Aufquels, pource que monfeigneur l'arche-
« duc de Flandres, fils du roy des Romains, en venant du pays d'Efpagne,
« devoit paffer par la ville de Montpelier, le roy noftre fire manda &
« commenda auxdits feigneurs confuls que, à l'entrée de mondit feigneur
« l'archeduc, lui fuffe faite telle & femblable honneur que l'on feroit à fa
« perfonne & à fon entrée. A caufe de quoy, par déliberation du confeil
« general, fut ordonné eftre faits tous les miftéres que l'on pourroit faire
« au roy noftre fire; & fut procedé ainfi qu'aprez fera dit & déclaré.

« Pour recüeillir ledit feigneur archeduc, ledit feigneur roi envoya en
« ladite ville du pays de France Monsr le comte de Ligni, Monsr de Ravaf-
« tains, & Monsr le comte de Rotelyn. Et entra ledit feigneur archeduc le
« trentiéme jour de janvier, & vint par devers la croix de St-Berthomieu;
« & allérent au-devant, jufqu'à ladite croix, les églifes en proceffion, avec
« les reliquaires & meilleures chapes defdites églifes en ung ordre.

« Aprez, alairent au-devant MM. les generaux de la juftice, avecque
« toute leur court.

« Et aprez eux, alla Monsr le lieutenant du gouverneur, & toute fa
« court; enfemble, Monsr le baïle & tous fes officiers, abilhez des abilhe-
« mens de leur année, & tous bien aornez & parez de bons & fins abi-
« lhemens.

« Vint aprez l'univerfité, tant en droit civil que canon, avecque leurs
« verges d'argeant. Aprez vint l'univerfité de medécine, en leur verge auffi
« d'argeant.

« Et aprez, vinrent lefdits feigneurs confuls, ouvriers & confuls de mer,
« accompagnez des plus principaux & apparans bourgeois & marchands
« de la ville; & tous fe affemblérent au-devant du confulat, à la groffe
« cloche fonnant; & d'illec s'en allérent au-devant, & le rencontrérent en
« ladite croix, & y fut tenu l'ordre deffus dit, & entra par les barris de la
« Sannerie. Et deffus le portail, prez St-Salvaire, y avoit gens avecque
« bombardes & colobrines; & deffus le portail de la Sannerie, y fut
« faite (a) une finette très-belle & très-honête. On avoit un échafaut bien
« paré, où eftoint les armes du roi, de la reyne & du feigneur archeduc, &
« y fut toute la mufique & chantrerie; & defcendit d'une nuë ung angel
« bien & richement abilhé, que fut le fils de Jehan Maurin, lequel defcendit
« de deffus le portail, & vint au-devant dudit feigneur archeduc; & fut
« dite par ledit angel une très-belle harangue, en bonne façon, par ledit
« Maurin, à laquelle ledit feigneur archeduc prit grant plaifir.

(a) *Finette* veut dire gentilleffe ou jolie invention.

1503.   « A l'entrée de ladite porte de la Sannerie eſtoint les quatre vertus ; c'eſt
« à ſçavoir : Force, Prudence, Temperance & Juſtice, que eſtoint abilhées
« bien richement, en la façon que s'enſuit. Et faiſoit (b) Force la fille de
« Done Damzete, que portoit une (c) gonelle verde de tafetat, & les

PAGE 234.   « manches à la ſorte ; & *deſſus ladite gonelle, avoit une eſcheremiſſe (ou
« couvre-chef) d'une tête de lion, & avoit la poitrine bien gorgiaſſe ; & à
« la teſte portoit une garlande de bagues, deſcoieffée de ſa teſte (d) en ſa
« diadéme.

« Prudence fut la fille de maiſtre Jean Vidal, notaire, que portoit une
« gonelle de damas gris, & deſſus ladite gonelle de (e) tafetas pers, brodat
« de tafetas blanc, & les manches à la ſorte ; & bien accoutrée de poitrine,
« & la teſte deſcoyfée, en ſa garlande de bagues & diadéme, & portoit un
« compas en ſa main. Et la abilhérent les femmes de Nicholas & (f) Jehan
« Mazis.

« Temperance fut la niepce de ſire Guichard Baſtier, qui fut abilhée
« d'une gonelle de velours noir, & avoit un bas de tafetas blanc, brodat
« de tafetas jaune, & eſtoit deſſus ladite gonelle, & avoit unes manches de
« la ſorte de ladite gonelle, & avoit la poitrine bien acoutrée ; auſſi avoit
« une garlande de bagues en ſa diadéme, & pourtoit en ſes mains deux
« pots d'argeant. Et fut abilhée par (g) Margaride de Neves & la femme
« de (h) Aimon de Combes.

« Juſtice fut la filhe de Jehan Dumas, que pourtoit une gonelle de ſatin
« cramoiſyn deſſus ladite gonelle, & eſtoit en cheveux deſcoiffée, en une
« garlande de bagues en ſa diadéme ; & pourtoit en la main dextre une
« épée, & en l'autre unes balances. Et fut abilhée par madame (i) la
« préſidente de la Croix, & par (k) Catherine Bouques.

(b) *Faiſoit Force*, repréſentoit la Force.

(c) *Gonelle* : Nom d'un habillement du tems, compoſé d'une caſaque d'homme & d'un cotillon de femme ; de là vint le ſurnom de Geoffroy, *Griſe-Gonelle*.

(d) *En ſa diadéme* : Terme du païs, qui veut dire *avec*.

(e) *Tafetas pers* : Tafetas vert-brun, bordé de blanc.

(f) *Jehan Mazis* : Bonne famille de ce tems-là.

(g) *Marguerite de Neves* étoit d'une famille conſiderable à Montpellier, comme on voit par ces mots de Philipe de Comines dans la *Vie de Charles VIII*, chap. 27 : Nous avions une petite armée de mer, qui venoit de Naples ; & y étoit monſeigneur de Miolens, & un Etiéne de Neves de Montpellier, & étoient en tout environ huit galéres.

Il paroît, par nos vieux compoix, que la petite maiſon du ſieur Ramond, conſeiller en la cour des aides, étoit alors la maiſon de Neves.

(h) *Aimon de Combes* : Autre bonne maiſon, dont il ſera parlé dans le cours de cette hiſtoire.

(i) *La préſidente de la Croix* : Jeanne de Montfaucon, épouſe de Loüis de la Croix, nommé dans les lettres de confirmation de la cour des generaux, données par le roi Loüis XII.

(k) *Catherine de Bouques* : Nous parlerons plus bas de cette famille.

« Aufquelles finettes ledit feigneur prit grant plaifir, &, oüye ladite
« arangue, s'en entra & paffa par la ruë de la Sannerie, tirant au quartier
« de la Pierre, jufqu'à Noftre-Dame des Tables. Depuis ledit portail jufqu'à
« l'églife de Noftre-Dame, les rues eftoint couvertes de toëles & (*l*) demi-
« quartier, & d'autres parées & tenduës de draps de Languedoc, que le
« faifoit beau voir.

« *Item.* A la porte de Noftre-Dame des Tables, devers le quartier tirant
« à la place, y avoit un grand efchaffaut (*m*) en fiéges, où eftoint les
« reliques, de St Germain, & auffi y eftoint les autres reliques, tant
« de St Firmin que autres églifes, ordre par ordre, deffus toiles bien
« arranchées. Et en montant les degrez de ladite églife, eftoit Monsr
« de Maguelonne, nommé Guillaume Pelicier, abilhé en pontifical,
« & lui affiftoint les chanoines de l'églife de Maguelonne, qui accüeilha
« ledit feigneur en lui donnant baifer un reliquaire qu'il tenoit en fes
« mains; & le prit par la main & le mena au-devant (*n*) l'autier de Noftre-
« Dame. Et faite fon oraifon, mondit feigneur de Maguelonne s'en alla;
« & ledit feigneur s'en fortit de ladite églife, & monta à cheval devant la
« porte de ladite églife (*o*). Du quartier de fire Eftienne Magni, & en
« l'ordre deffus dit, paffant par-devant (*p*) la petite loge, alla, le long de
« l'Aiguillerie, jufqu'au (*q*) canton de fire Jehan Bouques; & s'en alla loger
« à la (*r*) maifon de Monsr le recteur de la Part-Antique, laquelle lui avoit
« efté apprêtée & fut grandement parée de toutes parts, autant que fi le
« roy y fût logé.

« *Et pource que le pavé, depuis la pierre jufqu'au confulat, eft mauvais
« pour chevaucher, y fut mis bonne quantité d'arene, afin que perfonne
« n'y print domaige, & de faire ladite entrée plus triomphante.

« Toutes les lampes de ladite églife eftoint allumées, & les orgues
« fonnoint.

1503.

Page 235.

(*l*) *Demi-quartier*...

(*m*) *En fiéges* : Rangées par degrez.

(*n*) *L'autier de N.-Dame des Tables*, c'eft-à-dire l'autel.

(*o*) *Du quartier de fire Magni* : Cette maifon a une porte des plus anciènes de Montpellier, avec une tête d'homme gigantefque au-deffus. Elle eft fortie, de nos jours, de la famille de Magni, pour entrer dans celle de Sarret St Laurent.

(*p*) *La petite loge* fait coin, à main droite, en entrant dans l'Eguillerie. Elle marquoit beaucoup, dans ce tems-là, par fes creneaux & autres figures fimboliques, dont j'ai parlé fous Charles VII, à l'occafion de Jacques Coëur. Maintenant on l'a reduite fur le pié des autres maifons bourgeoifes.

(*q*) *Canton*, ou coin de fire Jehan Bouques, étoit la maifon de Beuves, qu'on a démoli de nos jours pour faire la place Brandille.

(*r*) *Maifon de M. le recteur de la Part-Antique* : Jean Boffavin, feigneur de Pignan & de Fabregues, étoit alors recteur ; il logeoit dans la maifon qui eft aujourd'hui du préfident d'Aigrefeüille.

1503.
« Auffi, toutes les torches de la chapelle de Noftre-Dame des Tables
« eftoint allumées.

« *Item*. Les cloches de toutes les églifes de Montpelier fonnèrent tant
« que ledit feigneur demeura à faire fon entrée, &, par exprez, la grant-
« cloche de ladite églife de Noftre-Dame des Tables.

« A ladite entrée, furent portées toutes les bandiéres (*a*) des meftiers de
« ladite ville, allants toutes premiéres, ainfi que font le jour des rougaifons.

« Toutes les trompetes de la ville y furent, fonnant au-devant dudit
« feigneur, abilhez de livrée & abilhemens neufs, qui eftoint en nombre
« huit.

« Aprez que ledit feigneur fut arrivé en fon logis, lefdits feigneurs
« confuls, ouvriers, confuls de mer, & les principaux bourgeois de la ville,
« avec mefire François Bofc, licentié, qui avoit la charge de faire la arengue
« pour la ville, lui allérent faire la reverence, & lui fut faite une arengue
« bien petite, en beaucoup de fubftance; & aprez vinrent toutes les princi-
« pales dames bourgeoifes de ladite ville.

« Lefdits feigneurs confuls, pour feftoyer ledit feigneur, de toutes
« fortes, firent danfes & bail de la treille, qui fut très-bien danfé &
« triomphantment.

« Aprez, lendemain de ladite entrée, lefdits feigneurs confuls firent
« apprêter une belle & grande collacion à la maifon du confulat, où eftoit
« ledit feigneur; & s'y trouvérent toutes les plus apparantes dames &
« bourgeoifes de ladite ville, ornées & parées des meilleurs ornements,
« robes & joyaux que euffent. Et illecques dans ledit confulat fut grande-
« ment feftoyé, tant de confitures, mez, que trompetes & autres meneftriers.

« Ce foir fut faite une très-belle morifque par la ville, que eftoint, tant
« les hommes que les filhes, en trompetes; & eftoint tous les danfeurs bien
« abilhez, ce que fe pouvoit faire en abits nouvelement denifez.

« Et l'autre foir aprèz, fut faite une autre belle morifque, en forme de
« paftoureaux & paftourelles, que les faifoit beau voir; parceque ezdites
« deux morifques, l'on avoit choifi les plus belles filhes, & les mieux dan-
« fants & danfantes : efquelles morifques, ledit feigneur prit grant plaifir;
« & danférent avec les tambouris.

« Auffi devant lui furent jouées plufieurs farces, tant par medécins que
« autres enfants de la ville, & autres joyeufetez bien plaifantes; le tout
« à l'honneur du roy noftre fire. »

(*a*) Bandieres ou banieres.

CHAPITRE QUATRIÉME

I. L'archiduc traite à Lyon avec le roi. II. Ferdinand son beau-pere élude le traité. III. Affaires particuliéres de Montpellier. IV. Siége de Salses. V. Peste à Montpellier. VI. Les députez de cette ville assistent aux etats generaux tenus à Tours.

L'ARCHIDUC Philipe, après s'être reposé trois jours à Montpellier, partit pour Lyon, où il fit avec le roi un accommodement pour les affaires de Naples, qui portoit : Que le jeune Charles, fils de Philipe, âgé seulement de deux ans, épouseroit Claude, fille aînée du roi ; qu'elle auroit en dot le royaume de Naples ; que, cependant, les rois de France & d'Aragon joüiroient de leurs partages, & que les terres qui étoient en débat seroient séquestrées entre les mains de l'archiduc. Les ambassadeurs de Ferdinand son beau-pere, qu'il menoit avec lui, signérent ce traité, & ils l'envoyérent de concert à leurs* generaux, auquel le duc de Nemours obéït à l'instant ; mais, Gonçale voulut un ordre exprès de Ferdinand.

I. 1503.

PAGE 236.

La confiance que les François avoient sur la bonne foi de ce traité leur fit négliger toutes les précautions qu'ils auroient dû prendre. Gonçale, sur le prétexte qu'il n'avoit aucun ordre de son maître, continua les hostilitez, & nos generaux, voulant trop se hâter de le combatre, se perdirent eux-mêmes. D'Aubigni fut défait à Seminare le 21ᵉ d'avril, & le duc de Nemours à Cerignoles le 28ᵉ du même mois, & il y perdit la vie. Ces deux défaites causérent une revolution generale dans le royaume. Gonçale entra dans la ville de Naples le 13 du mois de mai ; & Ferdinand, ayant appris cet heureux succés, desavoüa hautement le traité que Philipe son gendre avoit signé à Lyon.

II.

Le roi, pour se venger de Ferdinand, mit quatre armées sur pié, trois de terre & une de mer. La plus forte, commandée par la Trimoüille, entra dans l'Italie, où la maladie de ce chef obligea de déferer le commandement à Charles de Gonzague, marquis de Mantoüe ; mais les soupçons qu'on prit de lui, lui firent feindre une maladie pour se retirer avec ses troupes ; après quoi le marquis de Salusses, ayant pris le commandement, se laissa enfermer par Gonçale dans un mauvais poste, où son armée fut ruïnée par les incommoditez de la saison & par le défaut de vivres où nos commissaires le laissérent avec ses troupes.

Environ ce tems, la plûpart des villes du Languedoc, fâchées que celle III.

1503.

Grand Talam., fol. 216.

Fol. 219.

IV.

1504.

Du Haillant, Loüis XII.

de Montpellier joüit en feul des deniers fur chaque quintal de fel (dont nous avons parlé), demandérent au roi, en corps de province, qu'il voulût bien abolir ce privilége. La chofe leur fut accordée; mais, quelques années après, on trouva le moyen d'indemnifer Montpellier, fans être à charge aux autres villes. En attendant, on y fit une impofition fur tous les habitans, ce qui donna lieu aux Catalans qui étoient venus s'y établir, de reclamer les priviléges que le roi Charles VIII avoit accordé en faveur des étrangers. L'affaire fut portée à la cour des generaux des aides, qui prononcérent que les Catalans payeroient par provifion, fauf leur recours au roi; ils prirent ce dernier parti, & le roi Loüis XII donna des lettres en confirmation du jugement de la cour des aides.

Nous trouvons que dans ce même tems [1], on travailloit à Montpellier au rafinement du falpêtre (peut-être vouloit-on dire les poudres), car nous avons une quitance des falpêtres qui furent délivrez cette même année, par ordre du roi, fur une lettre du maréchal de Rieux. Ce maréchal alloit commander l'armée que le roi envoyoit en Rouffillon contre Ferdinand; il y entra dans les premiers mois de 1504, & s'attacha au fiége de Salfes, que les Efpagnols avoient rétablie depuis que les François l'eurent rafée fous Charles VIII. Un de nos hiftoriens en rejette toute la faute fur la garnifon de Leucate, qui n'y mit aucun obftacle, comme elle auroit pû faire, & qui même n'en donna point avis à la cour de France. La place fut attaquée fort vivement, & nôtre artillerie renverfa bientôt un baftion, qui fut efcaladé par nos gens; mais l'invention des mines, nouvellement découverte par Pierre de Navarre, les fit retirer en defordre. La garnifon, croyant en avoir bon quartier, fit une fortie fur nos troupes qui, étant revenues à elles, feignirent de fuir pour attirer les enemis dans une embufcade; l'artifice n'ayant pas réuffi, nos gens furent bornez à ferrer de plus près les affiégez & à leur couper les vivres. Dans ces diferentes occafions, nous perdîmes Mr de la Rochepot, fort aimé du roi; & le S[r] d'Apremont, dit le vicomte d'Ortez, avec la Terride, y furent dangereufement bleffez [2]. Enfin, fur les avis que Ferdinand s'approchoit lui-même avec une puiffante armée, le maréchal de Rieux prit le parti de fe retirer, après quarante jours de fiége, & il difperfa fes troupes dans les villes de la frontiére.

V. Celles qui vinrent à Montpellier, foit pour y faire leur féjour, ou pour continuer leur route, y apportérent la maladie du camp, comme il eft arrivé plufieurs fois à cette ville. Le mal s'y fit fentir fur la fin de 1504, & s'étant

---

1 VAR. : *Nous trouvons que dans cette même année.*
2 Ces derniers noms font biffés dans le manufcrit.

renouvellé au printemps de l'année suivante, le conseil de ville prit la resolution de recourir à Dieu, par trois diferentes processions, dont on voit le
détail dans nôtre petit Talamus. Je croi délasser le lecteur en lui donnant
ici la relation de la premiére de ces processions.

« *Audit an 1505 & au mois de mars, à cause que en ladite ville de
« Montpelier, avoit doute de pestilence, & y avoit eu paravant cours;
« & afin que Dieu, nostre benoit créateur, nous voulsit préserver & garder
« de ladite pestilence, & de toute autre maladie & inconvenient; par avis
« de conseil, tenu par lesdits seigneurs consuls, & les vingt-quatre conseil-
« lers, tenans lieu de conseil, & autres gens de bien de ladite ville, furent
« ordonnées trois belles & solemnelles processions. Et pour icelles faire,
« fut promoteur & intercesseur frere Cristophle de Filia, gardien des freres
« de l'Observance de ladite ville, qui avoit prêché le long du carême à
« St Firmin, qui avoit induit le peuple grandement en dévotion. Et furent
« faites & ordonnées ainsi que s'ensuit :

« La premiere procession fut commencée le mardi 24 dudit mois de
« mars, vigile de Nostre-Dame, qui partit de l'église de Montpelier St Fir-
« min, en laquelle fut tenu l'ordre & police cy-aprez déclarez.

« Et premiérement, au-devant de ladite procession, aloint les petits
« enfants de ladite ville, deux à deux, criants & disants les (*a*) letaignes;
« & le magister de l'école avoit la charge de les arrancher & mettre en
« ordre, où avoit de trois à quatre cent petits enfants.

« Aprez lesquels petits enfants, venoient les prestres des chapelles,
« comme sont (*b*), St Paul, St Guilhem, St Mathieu, Ste Croix, Ste Anne
« & St Denis; aussi les prêtres de Nostre-Dame des Tables; & y avoit
« trois (*c*) pavilhons : l'un, de Nostre-Dame des Tables, des seigneurs
« ouvriers & des seigneurs consuls.

« Lesdits seigneurs ouvriers, avecque leur pavilhons & leur torches,
« portoit l'image de Nostre-Dame des Tables; lesdits seigneurs consuls,
« en leur pavilhon, portoit le chef de Monsr St Cleophas, & fit l'office de
« la messe & procession, Messire Jehan Urs, vicaire & official de Monsr de
« Maguelone, & aprez ledit pavilhon, venoit Mr le lieutenant du gouver-
« neur, Messeigneurs les generaux de la justice, Mr le Baile & ses officiers;
« & aprez, les principaux bourgeois de ladite ville, chacun selon son degré.

« Et aprez iceux, venoint tous les hommes, de toutes qualitez & condi-

---

(*a*) *Letaignes*, ou litanies.
(*b*) St Paul, St Guillem, St Mathieu, annexes de St Firmin.
(*c*) *Pavillons*, pareils à ceux qu'on porte à Toulouse, à la procession du 17 de mai.

1505.
« tions, & de tous meftiers & offices que fuffent, lefquels alloint de deux
« en deux, bien & dévotement arranchez : pour faire lequel arranchement
« & mettre en ordre, tant les hommes que les femmes, furent commis
« & députez quatre hommes de bien de ladite ville.

« Aprez lefdits hommes, venoint les filhes de ladite ville, de quelque
« qualité & condition que fuffent, dont la plufpart d'icelles aloint à nû pied
« & déchauffées ; & toutes avoint les cheveux avalez & décoiffées, & par-
« deffus la tefte, portoit chacune un (d) couvrechief, à la maniére des
« nonains ; & aloint de deux en deux, bien dévotement & honêtement, où
« il y en avoit de trois à quatre cent : & pour arrancher lefdites filhes,
« gouverner & mettre en ordre, eftoint commifes les nobles & honorables
« dames Charlote, femme de fire Falcon des Faulcons, premier conful de
« ladite ville, nouvellement eflû ; Agnette, femme de meffire Pierre de
« Maleripe, l'un des generaux de la juftice des aydes ; Alienor (e), relaiffée
« (ou veuve) de fire Pierre Gaudette ; Fraïdette, relaiffée de fire Jehan
« Morgue ; Marquife, femme de fire Albert Barriere ; Françoife, relaiffée
« de maître André Baronis : devant lefquelles filhes, pour les tenir en bon
« ordre, avoit deux defdites dames bourgeoifes, & au milieu autre deux,
« qui alloint & venoint, pour tenir en ordre lefdites filhes. Et à la fin def-
« dites filhes, eftoint les autres dames bourgeoifes ; au-devant defquelles
« dames bourgeoifes, aloint les filhes des plus apparents bourgeois & mar-
« chands de ladite ville, de deux en deux, comme les autres premiéres,
« avecque leurs couvrechiefs deffus leurs teftes : & aprez lefdites filhes,
« venoint les femmes vefves ; & aprez lefdites femmes vefves, toutes les
« autres femmes, de deux en deux, bien dévotement.

PAGE 238.
« * Et paffa ladite proceffion au-devant l'églife Ste Croix, à l'honneur
« de Mr St Jofef, duquel l'autel eft fondé dans ladite églife ; & d'illec alla
« paffer à l'églife du palais, à l'honneur & reverence de M^r (f) St Sebaftien,
« duquel l'autel eft dans ladite églife ; & aprez, s'en defcendit au couvent
« des freres prefcheurs, à l'honneur de Monsr (g) St Roc, duquel & en
« icelui lieu, eft fondée la chapelle.

« Et s'en retournant, paffa par le courrau (h) & la rüe St Guilhem,

---

(d) Couvrechief ou voile.

(e) Relaiffée. Nos actes en latin donnent aux veuves le nom de derelicta.

(f) A l'honneur de Mr St Sebaftien. La chapelle du palais eft appellée dans plufieurs actes, Nôtre-Dame du Palais & de St Sebaftien.

(g) De Mr St Roch. Il confte par là que le culte de St Roch étoit déja établi à Montpellier ; & il eft plus que vraifemblable que l'établiffement de cette chapelle étoit au moins du fiécle précedent.

(h) Correau, courrau, le cours.

« & s'en retourna à ladite églife de St Firmin ; efquelles églifes & chapelles, 1505.
« par lefdits petits enfants, & à chacune d'icelles fut crié : *Sire Dieu, miféri-*
« *corde*, bien dévotement ; & furent mis & pofez à chacune d'icelles, deux
« gros cierges de cire blanche avecque les armes de la ville, en laquelle
« proceffion y avoit fi grande multitude de peuple, que les premiers *(1)* qui
« avoint fait le tour deffus dit, étoint arrivez et retournez audit St Firmin,
« avant que les femmes d'arriére fuffent encores en l'églife de Ste Croix,
« voulant faire ledit tour.

« Dieu, noftre benoift créateur, par le mérite de fa glorieufe et amére
« paffion, nous veüille preferver & garder de peftilence, de toute autre
« maladie & inconvenient, & donner paix & tranquilité au royaume de
« France. *Amen.* »

La maladie dont nous venons de parler n'avoit point refpecté la per- VI.
fonne du roi Loüis XII, qui, voyant le mauvais fuccés de fes armes en Italie,
dans le Rouffillon, & à Fontarabie, où fes generaux ne firent que faluer les
murailles, prit une fiévre maligne qui le reduifit à une fi grande extrémité,
que la reine, le croyant mort, fongea à fe retirer en Bretagne. Dieu, enfin,
exauça les priéres de toute la France ; & à peine le roi fut-il gueri, qu'il
changea tous fes projets, à l'occafion de la mort de Federic, roi de Naples,
& de celle de la reine Ifabelle, femme de Ferdinand, qui arrivérent à
peu de diftance l'une de l'autre.

Par cette derniére mort, l'archiduc devenoit maître de la Caftille, & fon
alliance avec Henri VII, roi d'Angleterre, dont le fils aîné Artur avoit
époufé Catherine, fœur de l'archiducheffe, commença de donner de la
crainte à Loüis. Il fit la paix avec Ferdinand ; lui donna Germaine de Foix
fa niéce, avec fa portion du royaume de Naples en dot : & les François, craignant que la Bretagne ne tombât un jour à la maifon d'Autriche, par le
mariage du jeune Charles avec la fille aînée du roi, lui firent de grandes 1506.
inftances pour le porter à donner cette princeffe à François de Valois,
premier prince du fang, & fon héritier préfomptif. La chofe étoit apparemment concertée entre le roi & fes fujets, puifqu'il affifta aux états de Tours,
où les François publiérent qu'ils s'étoient affemblez de leur propre mouvement. On avoit écrit à toutes les bonnes villes du royaume d'y envoyer
leurs députez ; & ceux de Montpellier furent : Philipe de Laufelergues,
general de la juftice des aides, & Guillaume Teinturier, écuyer, feigneur de
Montmel. Nous avons encore les inftructions & les pouvoirs qui leur

---

(1) *Les premiers avoint fait le tour, &c.* Ceux qui voudront fuivre la marche de cette proceffion, telle qu'elle eft ici marquée, pourront juger du grand nombre des habitans qui y affiftérent.

1506.

Grand Talamus, fol. 221.

PAGE 239.

furent donnez; & l'on peut juger de l'ufage qu'ils en firent, par cette preface qu'on a mis à la tête de tous les actes concernant cette affaire, qui font raportez au long dans nos regîtres.

« Icy aprez s'enfuit le traité du mariage fait & paffé entre la très-
« excellente & puiffante princeffe madame Claude de France, avec le très-
« haut & puiffant prince monfeigneur le duc de Valois, au mois de may
« mille cinq cens & fix : auquel traité ont été préfens & appellez les fages
« & honorables hommes, maiftre Philippe de Laufelergues, general de la
« juftice des aydes, & Guillaume Teinturier, écuyer, feigneur de Montmel,
« embaffadeurs & députez par la ville de Montpelier; lefquels auroint pro-
« mis & juré audit traité, au nom des nobles & honorables hommes
« Mrs les confuls de ladite ville de Montpelier, ne venir à l'encontre
« horefcy, ne pour le temps avenir, & faire ratifier, émologuer & confirmer
« * le confentement par eux audit traité fait & promis, par lefdits fieurs
« confuls de ladite ville de Montpelier. »

En confequence de cette promeffe de nos députez, le roi écrivit, de Montil-lez-Tours, à nos confuls, du 25e mai 1506 : qu'il leur fait fçavoir les fiançailles, par lui faites, de fa fille Claude avec fon coufin François de Valois, pour être confommé leur mariage lorfqu'ils feront venus en âge; il leur marque la fatisfaction qu'il a de leurs députez, qui ont promis de leur faire ratifier ce mariage, dans la fête de la Madelaine prochaine ; et, en entrant dans les articles fignez, le roi dit qu'il établit à fa fille vingt mile livres de rente, fur belles terres dans fon royaume, avec titre de duché ; qu'il donnera cent mile écus d'or, payables moitié à la confommation des nôces, moitié un an après; et que la reine, en cas de prédecès du roi, pourra donner à fondit fils (ou gendre) le duché de Bretagne. Surquoi les députez Philipe de Laufelergues & Guillaume Teinturier, ont juré au nom de la Ville, en ces termes : *Si le roi (que Dieu ne veüille) alloit de vie à trépas , nous tiendrons ledit feigneur de Valois pour nôtre roi fouverain feigneur.*

Nos confuls ne portérent point jufqu'au terme qu'ils en avoient la ratification que le roi leur avoit demandée, car ils la firent dès le 3e du mois de juin, en ces termes : « Nous Falcon des Falcons, Guillaume Morgue,
« Roquet Rudant, Jean Romieu, Antoine Foüillade & Bernard de Mezer,
« confuls de Montpelier, ratifions & confirmons ce que nos députez &
« ambaffadeurs ont promis. A Montpelier, le tiers jour du mois de juin
« 1506, en préfence de noble Pierre Sezelli, baïle; Jean Duclau, bour-
« geois, &c. »

CHAPITRE CINQUIÉME.

I. Démêlez du roi Loüis XII avec Jules II. II. Mortalité des oliviers à Montpellier. III. Diférentes ligues en Italie. IV. Lettre du roi aux habitans de Montpellier, sur sa victoire contre les Venitiens. V. Variations du pape Jules. VI. Gaston de Foix en Italie. VII. Resolutions extrêmes du pape. VIII. Mort du roi.

L'ANNÉE 1507 donna commencement au fameux démêlez de Loüis XII avec Jules II. Ce pape, qui sous le pontificat d'Alexandre VI, son enemi capital, avoit trouvé son refuge en France, & durant six ans reçû du roi beaucoup de marques d'affection, fut à peine monté sur la premiére place de l'église, qu'il oublia [1] tous les sentimens qu'il avoit fait paroître jusqu'alors. Il crut devoir profiter des grandes divisions qui étoient en Italie, pour s'en rendre le maître; il y entretint la guerre durant tout son pontificat, & il ne cessa de se liguer tantôt avec un parti, & tantôt avec l'autre.

I. 1507.

Le premier éclat arriva à Gênes, où les emissaires de Jules firent revolter le peuple contre les François. Mais toutes leurs menées n'aboutirent qu'à rendre cette ville malheureuse, parceque le roi, y étant venu dans le mois d'avril, avec vingt mile hommes, fit punir les chefs de la revolte, & condamna la ville à trois cent mile ducats, qu'on employa à bâtir des châteaux pour la brider.

Dans cette même année, nos ancêtres avoient éprouvé tout ce qui arriva de nos jours en 1709. Je raporte les propres paroles de nos annales: « L'an 1507, au mois de janvier, il tomba tant de neige, & en si grande « quantité, qu'en tombant elle se geloit; & dura un mois par-dessus les « maisons, tellement, que par tout le diocése de Maguelone, tous les oli- « viers & les vignes se gelérent, dont il falut couper les branches & racines « à la pluspart, ce qui fut un des grands domages qui fusse advenu audit « dioceze, depuis le commencement du monde; & à grand peine jamais « les oliviers ne se verront à tel port qu'ils estoint avant cette tempeste « & gelée. » Nous entrâmes en 1709, comme nos ancêtres, dans les

II.

---

[1] VAR.: *Ce pape, qui avoit trouvé son refuge en France & beaucoup d'affection durant six ans auprès du roy, fut à peine elevé sur la chaire de S.t Pierre, qu'il oublia tous les sentimens, &c.*

376   *Hiſtoire de la ville de Montpellier.*

1507.
PAGE 240.

mêmes ſentimens de crainte pour l'avenir; & ils eurent lieu d'éprouver ¹, comme nous l'avons fait, que ſi Dieu * exerce ſa juſtice, il n'oublie point ſa miſéricorde.

1508.   III.   La punition de Gênes épouvanta ſi fort le pape Jules, qu'il ſe ligua avec l'empereur Maximilien, pour chaſſer les François de l'Italie; mais, le roi ayant congédié ſon armée, le pape s'unit avec lui & avec les Suiſſes, contre Maximilien, qui vint tenter le paſſage par la valée de Trente. Les Venitiens, ſous la conduite de Barthelemi d'Alviane, fermérent le paſſage à l'empereur; & auſſitôt le pape, prenant jalouſie des Venitiens, forma une ligue contr'eux: elle fut concluë à Cambray, entre le pape, l'empereur, le roi de France & Ferdinand. Le pape devoit employer les foudres de l'égliſe contre les Venitiens, pour leur faire rendre quelques places qu'il leur demandoit. L'empereur devoit donner l'inveſtiture pure et ſimple du duché de Milan au roi, pour François de Valois, & pour tous leurs décendans; Ferdinand promettoit vaguement du ſecours, à ſon ordinaire ; & le roi devoit entrer (comme il fit) avec quarante mile hommes en Italie. Il pourſuivit de ſi près l'armée des Venitiens, qu'il la combatit le 14ᵉ jour de mai, & gagna la mémorable journée de Giradadda, près du vilage d'Agnadel, à quatre milles de Caravas. Je ne puis en décrire mieux les particularitez, qu'en raportant la lettre que le roi fit l'honneur d'en écrire à nos ancêtres.

1509.

A NOS TRÈS-CHERS ET BIEN-AMEZ, LES GENS D'EGLISE,
Bourgeois, manans & habitans de noſtre ville de Montpellier.

IV.   « Très-chers & bien-amez, nous vous ſignifions qu'entre les grandes
« graces qu'il a plû à Dieu, noſtre créateur, nous faire, il nous en a
« cejourd'hui fait une que nous tenons & reputons la plus grande : c'eſt
« qu'en deſlogeant avec toute noſtre armée du camp où nous eſtions prez
« Veilles, nous avons tellement pourſuivi l'armée de la ſeigneurie de
« Veniſe, laquelle eſtoit compoſée, tant de gens de cheval que de gens de
« pied, de plus de quarante à cinquante mille hommes, qu'en leur fort
« nous leur avons livré la bataille; &, après avoir combatu l'eſpace de
« trois heures et plus, ſon plaiſir a été nous en donner l'honneur et la
« victoire; tellement que toute leur armée eſt rompuë & desfaite; & par le
« rapport qui nous en a eſté fait, il en eſt demeuré ſur le champ plus de

---

1 VAR. : *Nous euſmes, en 1709, la meſme crainte pour l'avenir qu'eurent alors nos anceſtres. Mais ils eprouverent, &c.*

Livre douzième.

« quatorze mille, & toute leur munition et artillerie, qui étoit trente grosses
« piéces, plus grosses et plus longues que les nostres, & un grand nombre
« d'autre menuë artillerie, & toute leur munition prise. Et, d'autre part,
« le seigneur Barthelemy d'Alviano, qui estoit leur principal chef &
« conducteur en cette entreprise, a esté prins prisonier, & est en nos mains,
« qui sont choses procedans de la grace & bonté de nostre créateur. Par
« quoi nous vous prions et requerons très-instamment, & néantmoins
« vous mandons que, en lui rendant la gloire & recognoissance, telle que
« en tel cas appartient, vous veüillez, par priéres, oraisons & processions
« generales, & feux de joye, faire telle démonstration de la grace qu'il a
« faite non-seulement à nous, mais à tout nostre royaume; que son plaisir
« soit de nous aider au parachevement de nostredite entreprise, & nous
« conserver, préserver & garder en bonne santé, en manière que nous
« puissions employer le reste de nos jours à son service, ainsi que toûjours
« l'avons desiré & desirons, & entendre au repos et soulagement de nostre
« royaume & de nos sujets. Donné en nostre camp, près Veilles, le
« 14ᵉ jour de may 1509. LOUIS. ROBERTET, de par le roy, ainsi signé. »

L'honneur que le roi venoit de faire aux habitans de Montpellier fut bientôt suivi du privilége qu'il leur accorda de fournir, comme marchands, le grenier à sel de leur ville, afin de les indemniser des deniers sur chaque minot, qu'il leur avoit ôté six ans auparavant, à la solicitation des états de la province. Le roi, par ses lettres, veut que les profits qu'ils y feront soient employez à l'entretien des fortifications de la ville & de l'église de Nostre-Dame des Tables. Comme cette faveur ne nuisoit point aux autres communautez, elle fut renouvellée plusieurs fois sous le regne suivant.

Quelque avantageuse qu'eût été au pape la victoire que le roi venoit de remporter sur les Venitiens, puisqu'elle lui valut les places qu'il leur demandoit, il ne put retenir la jalousie & la haine qu'il conçut contre Loüis XII. Il sûcita * les Suisses, il anima le nouveau roi d'Angleterre, Henry VIII, qui venoit de succeder à son pere, & il leva l'excommunication contre les Venitiens, afin de les attirer à soi. Le seigneur de Chaumont, gouverneur du Milanés, sçut bien les reduire par la prise de plusieurs de leurs places. Mais le pape, augmentant ses esperances depuis la mort du cardinal Georges d'Amboise, arrivée à Lyon le 25ᵉ de mai, il crut que, le roi étant privé de ce premier ministre, l'un des plus estimables que la France ait jamais eu, il pouvoit se déclarer ouvertement et lever lui-même une armée.

Le roi, qui l'avoit toûjours menagé, voyant que mal gré qu'il en eût, il seroit obligé d'avoir la guerre contre lui, voulut, pour calmer les scrupules

V.

1510.

PAGE 241.

de la reine fon époufe, & pour affurer fa propre confcience, faire une affemblée de l'églife gallicane, pour fçavoir ce qui lui étoit permis de faire dans cette rencontre. Les actes de cette affemblée, qui commença à Tours le 16ᵉ de feptembre, furent envoyez à toutes les bonnes villes de France; & nos ancêtres prirent grand foin de les inferer dans leurs regîtres, où on les trouve encore dans leur entier. Il y fut décidé en fubftance : « Que les « armes du roi étoient juftes, que celles du pape ne l'étoient pas, & que le « roi pouvoit aller jufqu'à l'offenfive pour fe défendre. »

<small>Grand Talamus, fol. 241.</small>

Le feul allié confiderable qui reftât au roi étoit l'empereur Maximilien, qui s'opiniâtroit à vouloir reduire les Venitiens. Mais fes forces ne répondoient pas à fon envie; de forte que le roi eut à fuporter tous les fraix de cette guerre. Il lui fut aifé, durant plus de douze ans, de pouffer à bout le pape Jules II; mais le grand foible qu'il eut toûjours à l'épargner lui fit donner ordre à Chaumont de n'attaquer point les terres de l'églife, ce qui l'empêcha de fe rendre maître de la perfonne du pape, qu'il eut occafion de prendre dans Boulogne; &, au lieu de fe fervir des armes qu'on avoit en main, l'empereur et le roi recoururent à celles de l'églife contre le pape lui-même, en faifant convoquer le concile de Pife, qu'il falut transferer à Milan, puis à Lyon, & qui enfin fut renverfé par celui de Latran, que Jules lui oppofa.

Le fecours des Venitiens & des Efpagnols, qui avoit retiré le pape du danger où il s'étoit trouvé à Boulogne, lui parut favorable pour fe rendre maître de la petite ville de la Mirandole, qu'il attaqua par la feule raifon qu'elle étoit à fa bienféance. Ce fut alors qu'on vit un pape, à l'âge de foixante-dix ans, hâter les travaux du fiége, ordonner les bateries, pouffer les foldats tantôt par careffes, tantôt par ménaces; & la ville ayant été prife par compofition le 19ᵉ de mars, il fe fit porter dedans par la bréche.

Cet heureux fuccès lui fit tout efperer d'une ligue qu'il tramoit déjà avec Ferdinand & avec les Venitiens. Elle fut enfin concluë le 20ᵉ d'octobre, & ils la nommérent la Sainte-Ligue.

Dès le mois de janvier 1512, l'armée de cette Sainte-Ligue, commandée par Raymond de Cardonne, vice-roi de Naples, vint affiéger Boulogne, & les Venitiens trouvérent le moyen d'introduire dans la ville de Breffe dix mile hommes pour faire le fiége du château. Alors, on vit paroître tout-à-coup le jeune Gafton de Foix, general des armées du roi, qui, profitant de l'obfcurité que caufoit une nége fort épaiffe, entra dans Boulogne, & fit lever le fiége aux vieux capitaines qui le faifoient. De là, marchant vers Breffe avec fix mile hommes choifis, il défit une partie de l'armée des Venitiens, &, entrant dans la ville par le château, il força les retranchemens, laiffa fur la place huit mile hommes des énemis, & en chaffa toutes les troupes venitiénes. 1512.

Le roi ayant appris ces beaux commencemens, écrivit à fon neveu que, pour éviter la jonction des nouveaux énemis que le pape lui fûcitoit, il faloit donner bataille à l'armée de la Ligue. Les énemis la lui préfentérent en venant à Ravenne, pour lui faire lever le fiége qu'il y avoit mis exprès; elle fe donna le jour de Pâques, onziéme d'avril; les forces étoient égales, & le choc fut très-fanglant. A la fin, les chefs de la Ligue ayant été mis en fuite ou faits prifonniers, la victoire tourna du côté de Gafton, qui, voulant encore pourfuivre un corps d'Efpagnols qui fe retiroient en bon ordre, fut tué à coups de pique, & fon coufin, Odet de Foix Lautrec, dangereufement bleffé. Les foldats, au defefpoir de fa perte, * taillérent tout en piéces, PAG. 242. facagérent Ravenne, & à peine put-on fauver de leurs mains le marquis de Pefcaire & Pierre de Navarre, qu'on avoit pris dans cette bataille.

L'épouvante fut fi grande à Rome, que les cardinaux en corps vinrent fuplier le pape de faire la paix avec le roi. Mais Ferdinand & les Venitiens lui ayant un peu remis le cœur, il employa fes artifices ordinaires pour amufer le roi par des propofitions d'accommodement, & fit agir auprès de la reine, qui, par fes careffes & fes importunitez, radoucit l'efprit du roi. La méfintelligence qui furvint en Italie parmi fes troupes, & la defertion des lanfquenets, qui abandonnérent La Palice, obligea les François de fortir du Milanés. Maximilien Sforce y fut rétabli; Génes fe revolta; le roi d'Angleterre déclara la guerre à la France, & l'empereur, qui avoit fi fouvent proteflé le contraire, fit alliance avec Jules.

Le pape, ayant fi beau jeu, mit le royaume en interdit, & ajourna le roi, VII. les prélats, chapitres & parlemens à comparoître devant lui dans foixante jours. A la faveur de ces foudres, Ferdinand envahit le royaume de Navarre, qui n'étoit point de la querelle. Le duc de Longueville, gouverneur de Guiéne, & Charles, duc de Bourbon, y accoururent au fecours de Jean d'Albret, qui venoit d'en être dépoüillé. Mais leur divifion arrêta tout; & le roi y ayant envoyé François, duc de Valois, fon autorité étoufa leur difcorde. Il entra dans la Navarre malgré le duc d'Albe, qui étoit campé à St-Jean de Pié-de-Port, & mit le fiége devant Pampelune; mais le défaut de vivres & les incommoditez de la faifon le contraignirent de décamper au bout de fix femaines. Après quoi Ferdinand, ayant ce qu'il vouloit, fit tréve avec le roi.

Cependant, le pape Jules, ne mettant aucune borne à fa colére, prepara un décret, au nom du concile de Latran, pour transferer le royaume de France et le nom de roi très-chrétien au roi d'Angleterre. Comme il étoit

1513.   sur le point de le faire publier, le ciel, prenant pitié de lui & de la chrétienté, l'appella de ce monde le 23ᵉ de février [1]; & auffitôt les jeunes cardinaux élurent Jean de Medicis, âgé feulement de 36 ans, qui prit le nom de Leon X.

Les affaires changèrent alors de face. Le roi fe ligua avec les Venitiens; La Trimoüille, qu'il envoya dans le Milanés, s'en rendit le maître, & Génes fe remit en l'obéïffance du roi. Mais la conquête dura moins de tems qu'on n'en avoit employé à la faire, car les François furent batus à Novarre par les Suiffes; & l'empereur Maximilien, s'étant déclaré contre nous, donna une entrée aux Suiffes par la Franche-Comté pour venir affiéger Dijon, tandis que le roi d'Angleterre entreroit dans la Picardie. Maximilien & Henry, ayant joint leurs troupes, formèrent enfemble le fiége de Teroüanne, & ils défirent à Guinegafte les François, qui, s'étant mieux fervi de leurs éperons que de leurs épées, firent appeller ce combat *la journée des éperons,* quoique les plus braves y euffent fait leur devoir, comme le duc de Longueville & le chevalier Bayard, qui y furent envelopez & faits prifonniers par les Anglois.

Toutes ces adverfitez, & plus encore les fcrupules de la reine, obligèrent Loüis XII à renoncer au concile de Pife pour adherer à celui de Latran; ce qui fut fait par fes procureurs le 14ᵉ décembre 1513. Le pape, qui en parut très-fatisfait, ne laiffa pas d'inciter fous main l'empereur à lui faire la guerre, afin de l'éloigner de l'Italie. Mais dans ces conjonctures, la reine Anne de Bretagne mourut à Blois le 9ᵉ janvier 1514, ce qui jeta le roi dans

1514.   une fi grande affliction, qu'il n'y furvêcut pas une année entière. Après en être un peu revenu, il voulut que le mariage de fa fille Claude avec François de Valois s'accomplît le 18ᵉ mai à Saint-Germain-en-Laye, tandis que le duc de Longueville, prifonnier en Angleterre, traitoit de la paix avec Henry VIII. Elle fut concluë à Londres le 2ᵉ d'août, &, par un des articles

VIII.   du traité, Loüis XII devoit époufer la princeffe Marie, fœur du roi d'Angleterre; à quoi le bon roi confentit pour procurer la paix à fes peuples. Il celebra fes nôces à Abbeville le 10ᵉ d'octobre; mais fon tombeau n'étoit pas loin de fon lit nuptial, car le nouveau genre de vie qu'il fut obligé de prendre affoiblit fi fort fa fanté, qu'il mourut à Paris, dans l'hôtel des Tournelles, le premier du mois de janvier 1515, laiffant à la pofterité ce beau

1515.   témoignage que l'hiftoire lui donne d'avoir été le prince qui aima le plus fes fujets, & qui en fut le plus aimé.

FIN DU LIVRE DOUZIÉME

---

1 VAR. : *Comme il étoit fur le point de le faire publier, il mourut le 23ᵉ de février, etc.*

HISTOIRE
DE LA VILLE
DE MONTPELLIER
Sous le roy François premier.

LIVRE TREIZIÉME.   Page 243.

CHAPITRE PREMIER.

I. Confirmation de la cour des generaux par François premier. II. Ses premières expeditions en Italie. III. Le traité de Noyon donne occasion à une assemblée remarquable tenüe à Montpellier. IV. Division ouverte entre le roi & l'empereur Charles-Quint. V. Etablissement de la chambre des comptes de Montpellier.

RANÇOIS premier, de même que Loüis XII, décendoit de I. 1515.
Loüis duc d'Orleans, qui fut tué dans la ruë Barbette, sous le
regne du roi Charles VI. Mais, il y a cette diference, que
Loüis XII venoit de l'aîné des enfans du duc d'Orleans, &
François premier du second, appelé Jean, comte d'Angoulême, qui fut pere de Charles, & ce Charles pere de François premier.

Il commença son regne avec l'année 1515, puisque Loüis XII étoit mort précisément le premier janvier de cette même année. Les belles qualitez du corps & de l'âme qu'il porta sur le trône, firent d'abord esperer un regne des plus heureux & des plus brillans; mais les conjonctures du tems, & peut-être la précipitation de ses conseils, l'entrainérent, lui & son royaume, dans des mouvemens qui ne finirent pas même avec sa vie.

Dès le septiéme jour qu'il fut parvenu à la couronne, il donna, comme son prédecesseur avoit fait, des lettres en confirmation de la cour des generaux de Montpellier. « Confirmons (dit le roi), le corps de ladite cour des « generaux à Montpellier, en ce faisant coûtume; & continüons les offi-« ciers d'icelle : c'est à sçavoir, nos amez & feaux conseillers, Me Loüis de « la Croix, président; Jean Salomon, Philippe de Lauselergues, Pierre de « Petra, Loüis Gombaud, Pierre Barbier, & Fredol de Montvaillant, doc-« teurs, conseillers en ladite cour; Me Jean Boyer, licentié * ez loix, avocat; « Loüis Gentil, procureur; Me Jean le Clerc, greffier; Antoine Perier, « receveur; Bertrand Mori & Nicolas Deschamps, huissiers à ladite cour. « Donné à Paris le 7 janvier 1514, & le premier de nostre regne. » Ce qu'il faut entendre de 1515, parceque l'année ne commençoit alors qu'aux fêtes de Pâques.

II. A peine le roi eut été sacré à Reims le 25 de janvier, qu'il voulut poursuivre les droits qu'il avoit sur le duché de Milan, du chef de Valentine sa bisayeule, femme de Loüis duc d'Orleans, & légitime héritiére de cet état. Il renouvella la paix avec Henry VIII, roi d'Angleterre, aux mêmes conditions qu'elle avoit été faite sous son prédecesseur; il fit un traité d'alliance avec l'archiduc Charles, qui fut juré sous les plus terribles sermens; il confirma la ligue faite par Loüis XII avec les Venitiens; mais Ferdinand ne voulut point continüer la tréve avec lui, à moins qu'il ne renonçât au duché de Milan, & pour se mettre en état de l'obliger à cette renonciation, il fit une ligue avec l'empereur Maximilien, avec les Suisses & avec Sforce, duc de Milan, auxquels le pape Leon X joignit ses troupes, conduites par Prosper Colomne.

Malgré les oppositions de cette ligue, les François passérent les Alpes : Jacques de Chabanes, dit la Palice, enleva Prosper Colomne, comme il se mettoit à table, & le fit prisonnier avec tous ses gens; Aimard de Prie, disposa la rédition de Génes; & le roi, sur ces bonnes nouvelles, étant parti de Lyon le 15e du mois d'août, assembla ses troupes à Turin, & s'avança vers Milan. Alors les énemis, peu d'accord entr'eux, traitérent séparément avec le roi : mais, lorsqu'ils étoient sur le point de conclurre, le cardinal de Sion les harangua si fortement, qu'il leur fit prendre les armes pour venir attaquer les François, qui étoient à Marignan à une lieuë de Milan.

La bataille commença sur les quatre heures du soir le 13e d'octobre, & dura quatre heures dans la nuit, de sorte qu'ils couchérent pêle-mêle; & le

roi, tout armé, repofa fur l'affût d'un canon: le jour venu, les Suiffes retour- 1515.
nérent à la charge; mais à la longue, ils furent taillez en piéces, au nombre
de dix mile: le champ de bataille refta aux François: la ville de Milan, fe
rendit dès le lendemain; & peu de temps après, le malheureux Sforce remit
le château par compofition.

Leon X, effrayé de ce fuccès, fe hâta de traiter avec le roi, fans vouloir
attendre la refolution des Suiffes, ni celle de l'empereur, qui l'en conjuroit
inftament: il rendit au roi Parme & Plaifance, & au duc de Ferrare
Modéne & Reggio. Mais il fut bientôt confolé du chagrin que toutes ces
reftitutions lui faifoient, par la célébre conference qu'il eut à Boulogne, le
19ᵉ de décembre, où François premier, par le confeil d'Antoine Duprat, fon
chancelier, abolit la pragmatique fanction, & figna fon fameux concordat
avec Leon X, dès la premiére année de fon regne.

L'alliance avec les Suiffes ayant été renouvellée dans ce même tems,
le roi laiffa la garde du Milanés à Charles duc de Bourbon, qu'il avoit
fait connétable de France depuis fon avénement à la couronne; & marchant à grandes journées, il vint trouver fa mere & fa femme, qui
l'attendoient à Lyon.

Il ne tarda point d'apprendre que l'empereur, le roi Ferdinand, & le roi 1516.
d'Angleterre, jaloux de fes progrès & de fes nouvelles alliances, avoient
refolu, d'un commun accord, de lui faire la guerre en Italie & en France;
mais la mort de Ferdinand, arrivée le 22ᵉ de février, arrêta l'effet de cette
ligue; & le roi, croyant devoir profiter du befoin de l'archiduc Charles, qui
demandoit un paffage par la France, pour aller prendre poffeffion des
Efpagnes, refolut d'entreprendre la conquête du royaume de Naples. Cette
refolution lui fûcita toutes les puiffances de l'Italie, & particuliérement
Leon X, qui fous main remua les Anglois, les Suiffes & les Medicis, pour
rompre ce coup: l'empereur entra dans le Milanés avec une puiffante
armée, où il réduifit les François à la feule ville de Milan; de forte que
le connétable n'eut d'autre reffource que de temporifer, & d'attendre
le bon effet du mécontentement des Suiffes, qui, faute de paye, quitérent
l'empereur.

* Cependant le confeil de l'archiduc trouva qu'il étoit neceffaire pour fes III. Page 245.
interêts, qu'il renouvellât l'alliance avec le roi François, afin d'avoir le
paffage libre en Efpagne; cela fut fait par le traité de Noyon, du 16ᵉ d'août,
entre les feigneurs Artur de Gouffier Boiffi, & Guillaume de Croüy Chic-
vres, qui avoient été gouverneurs des deux princes, dans leur jeuneffe.

Les principaux articles de ce traité furent que: Charles épouferoit Loüife,
fille aînée du roi, ou, à fon défaut, Renée, fœur de la reine; qu'elles

1516.

auroient pour dot la part que le roi prétendoit au royaume de Naples, & que Charles rendroit la Navarre dans six mois à Henry d'Albret; sinon, qu'après ce tems, il seroit permis au roi de l'assister.

1517.

En consequence, Charles d'Autriche passa en Espagne; &, à la faveur du traité qui venoit d'être fait, le roi convoqua à Paris les députez des bonnes villes de son royaume, afin de prendre leur avis, pour le profit & utilité de la chose publique. Le chancelier y fit lire plusieurs articles sur le commerce, sur les monoyes, sur la somptuosité des habits et des meubles, & sur le bon ordre des hôteleries publiques. On fit pour cela divers reglemens, signez par tous les députez, le 28ᵉ de mars 1516 avant Pâques, c'est-à-dire 1517, à compter, comme nous faisons, du premier de janvier; il y eut des députez de dix-neuf bonnes villes du royaume, marquées en cet ordre : Paris, Roüen, Bordeaux, Toulouse, Grenoble, Provence, Dijon, Lyon, Montpellier, Tours, la Rochelle, Limoges, Orleans, Bourges, Troyes, Bayonne, Amiens, Boulogne & Bretagne. Le nom de chacun des députez est marqué au bas; & ceux de la ville de Montpellier sont : messire Loüis de la Croix, baron de Castries, & Guillaume le Teinteurier, seigneur de Boutonnet. On voit ces reglemens à la suite du traité de la grand monarchie de France, de messire Claude de Seissel, evêque de Marseille, & puis archevêque de Turin.

1518.

Quelque précis que fussent les articles du traité de Noyon, il ne laissa pas de naître des doutes sur son execution, qui parurent à Gouffier & à Chievres. capables d'alterer la bonne intelligence qu'ils vouloient entretenir entre leurs maîtres : ces deux ministres, à qui l'histoire donne de grandes loüanges, se rendirent à Montpellier pour y terminer les diferends déjà survenus, & pour prévenir ceux qui pourroient arriver. Tous nos Historiens ont fait mention de cette conference, dont on ne peut mieux apprendre l'événement que par ces paroles de Martin du Bellay, que je transcris mot à mot :

Mémoires, liv. 1, pag. 25.

« Dans cette même année 1518, messire Artus Gouffier, seigneur de
« Boissi, grand maître de France, & monsieur de Chievres, s'assemblérent
« à Montpellier; l'un pour la part du roi catolique, et l'autre pour la part
« du roi; pour, par ensemble, adviser à une paix finale entre leurs deux majes-
« tez & vuider tous leurs differens d'entre eux & leurs alliez. Mais, après
« avoir convenu ensemble quelques jours, & avoir si bien acheminé les
« affaires que l'on en esperoit avoir bonne issuë, ledit grand maître de Boissi
« tomba en une fiévre continuë, de laquelle il mourut, qui fut cause que
« les choses encommencées ne prirent point de fin; & s'en retourna le
« seigneur de Chievres en Espagne. Ladite mort fut cause de grandes
« guerres, ainsi qu'entendrez cy-aprez; car, s'ils eussent achevé leur parle-

« ment, il est tout certain que la chrétienté fût demourée en repos pour
« l'heure; mais, ceux qui par aprez maniérent les affaires, n'aimérent pas
« le repos de la chrétienté, comme faifoint lefdits de Chievres, & le grand
« maître. »

Le premier fujet de difcorde vint à la mort de l'empereur Maximilien, qui arriva le 22e jour de janvier 1519. On fit alors entendre au roi de France qu'il devoit fonger à l'empire; & il envoya pour cet effet foliciter les princes electeurs, avec de grandes fommes d'argent; mais, celui que Charles fit diftribüer plus à propos le fit élire à Francfort le 20e de juin, dans le tems qu'il étoit encore en Efpagne. Le roi François, piqué de cette préference, ne fongea qu'à fe faire des alliez, pour être prêt à tout événement; il recherca l'amitié du pape & celle du roi d'Angleterre; mais Leon X fuivit la fortune, & inveftit Charles du royaume de Naples. Henry VIII parut mieux répondre à fes recherches; car il paffa la mer avec toute fa cour, pour une entrevûë qu'ils eurent au mois * de juin 1520, entre Ardres & Guines. Les deux rois y pafférent enfemble dix ou douze jours, durant lefquels ils firent paroître leur magnificence dans la derniere profufion; & avant de fe féparer, ils confirmérent leur traité par un ferment folennel fur la fainte communion, qu'ils reçurent enfemble.

Tandis que François premier comptoit fur les engagemens pris par le roi d'Angleterre, Charles V, venant d'Efpagne par mer, s'aboucha avec Henry, qui lui promit de ne prendre aucun parti entre lui & le roi de France, mais de fe referver pour être leur médiateur : c'eft ainfi que dans la plûpart de ces guerres, on n'obferva les traitez que jufqu'à la premiére occafion de les violer avec avantage. Charles fe fit couronner empereur à Aix la Chapelle le 22e d'octobre; & François envoya, dès le printems de l'année fuivante, André de Foix, feigneur de l'Efparre, frère de Lautrec, pour reconquerir la Navarre: il n'y trouva de la refiftance qu'au château de Pampelune, où l'hiftoire marque la bleffure d'un jeune gentilhomme, qui, s'étant depuis donné à Dieu, fut l'infituteur des jefuites. Nous reperdîmes bientôt la Navarre, par la temerité de Lautrec; &, la divifion continüant toûjours entre l'empereur & le roi de France, ils firent la guerre, fur diferens prétextes, dans la Champagne et dans la Picardie.

Leon X attira leurs armes en Italie, par un traité fecret qu'il fit avec le roi, pour la conquête du royaume de Naples; mais, changeant d'avis trois mois après, il fe tourna du côté de l'empereur. Les chofes y furent alors dans une grande confufion, parceque, la difgrace du connétable de Bourbon étant arrivée en ce tems-là, le roi fut obligé de fe fervir de generaux qui y firent fort mal fes affaires. Leon X en eut tant de joye, qu'il en mourut le

1522.   premier de décembre; & Lautrec ayant perdu la bataille de la Biquoque, près de Milan, son frere Lescun fut obligé de rendre Cremone à Prosper Colomne, qui surprit la ville de Génes, & se rendit maître de la plûpart des places qui nous restoient.

Il est aisé de comprendre que, dans ces conjonctures, le roi, qui faisoit d'ailleurs dé très-grandes dépenses, eut encore un plus grand besoin d'argent pour soûtenir le poids de cette guerre: parmi les moyens qu'on lui fournit pour en avoir, le chancelier Duprat lui proposa d'augmenter le nombre des officiers dans les cours de justice qui étoient déjà établies, & d'ériger de nouvelles compagnies dans les diferentes provinces du royaume, où les comptables étoient obligez de recourir à la chambre des comptes de Paris, pour les comptes des deniers royaux. Ce fut à cette occasion, & dans
V. ce tems, que la chambre des comptes de Montpellier fut établie: le roi en donna ses lettres à St-Germain-en-Laye, au mois de mars, l'an de grace 1522 & le neuviéme de son regne.

1523.   François premier, dans ses lettres patentes, dit: » Que pour le soulage-
« ment des receveurs de ses aydes & octrois, de la cruë, de l'equivalent, de
« la blanque, & autres deniers extraordinaires, les roys ses prédecesseurs,
« & lui-même, depuis son avénement à la couronne, auroint accoûtumé
« d'envoyer, de dix en dix ans, ou plus souvant, au pays du Languedoc,
« des auditeurs de la chambre des comptes de Paris, pour ouïr, examiner
« & clorre les comptes des greneriers, receveurs & autres préposez ausdits
« droits; ce qui exposoit les comptables à de grands périls, & engageoit à
« de grands frais pour le voyage, séjour & vacations desdits auditeurs.
« Pour à quoi remedier, le roi ajoûte qu'il conviendroit établir, dans le
« pays, une chambre de comptes qui fût stable, pour la commodité des
« comptables & pour la sureté de ses deniers. Auquel effet, il crée, érige,
« & ordonne une chambre des comptes au pays de Languedoc, composée
« d'un président, à huit cens livres de gages; de deux maîtres de comptes,
« à quatre cens livres chacun; de trois auditeurs, à deux cens livres; d'un
« greffier, à quatre-vingts livres; d'un huissier, à cinquante; d'un procureur,
« à cent livres tournois, & d'un receveur & payeur de ladite chambre, à
« sept-vingts livres par chacun an. Ausquels officiers il donne toute l'au-
« thorité, prérogatives, preéminences, franchises & libertez qu'ont les
« officiers de la chambre des comptes de Paris; voulant que icelle cour
« soit dorénavant & à toûjours en nostre ville de Montpellier. Si donnons
« en mandement, à nos amez & feaux les gens de nos comptes à Paris, & à
PAGE 247. « * nos generaux sur le fait de nos finances, que cette présente création ils
« fassent lire, publier & enregistrer, & qu'ils l'observent de point en point.

« Donné à St-Germain-en-Laye, au mois de mars, l'an de grace 1522, &
« de noftre regne le neuviéme. FRANÇOIS. »

En confequence des ordres du roi, la chambre des comptes de Paris enregitra ces lettres le 27e de juin, que l'on comptoit 1523, parce que les fêtes de Pâques étoient paffées; & précifément deux mois après, elles furent mifes en execution à Montpellier, où les nouveaux officiers s'étant affemblez le 27e d'août, firent faire la lecture, la publication & l'enregîtrement des lettres patentes de leur création. On marque pour préfident Pierre d'Albiac, ci-devant auditeur en la chambre des comptes de Paris, & pour confeiller Antoine Bucelly.

Lecta, publicata & regiſtrata in camera computorum domini noſtri regis patriæ linguæ occitaniæ, in villa Montiſpeſſulani, electa ordinata die vigeſima-ſeptima auguſti, anno Domini 1523. ALEXANDRE DE FAUCON, greffier, figné.

<small>Premier regiſtre de la chambre des comptes, au commencement.</small>

Præſentibus nobilibus viris conſulibus Guillelmo Teinturier, domino de Boutonnet; honorato Pluvier, & pluribus aliis.

CHAPITRE SECOND

<small>I. *Défection du connétable.* II. *Priſe du roi à Pavie.* III. *Sa délivrance.* IV. *Paix entre les princes, publiée à Montpellier.* V. *Le roi vient en cette ville.* VI. *Il établit un corps de légionnaires en Languedoc.*</small>

EN l'état où nous avons vû qu'étoient les affaires de François Ier, il eut à refifter aux Anglois dans la Picardie, & aux Efpagnols à Bayonne. Mais la défection du connétable lui preparoit de plus grandes affaires en Italie. Ce feigneur, pouffé à l'extrême par Madame, mere du roi, crut avoir des raifons (fi l'on peut en avoir contre fon prince & contre fa patrie) de fe jeter entre les bras de l'empereur pour faire la guerre à la France. Il eut le commandement de l'armée que Charles-Quint envoya pour refifter à Bonnivet, qui, ayant pû fe rendre maître de Milan, fe laiffa batre à Biagras, où le chevalier Bayard, bleffé à mort, fit au connétable le reproche plein de fentimens d'honneur que fon hiftoire nous marque.

I.

1524.
Pag. 475.

Après cet avantage, Charles de Bourbon entra dans la Provence, où il fit le fiége de Marfeille. Mais le roi, étant venu jufqu'à Avignon, l'obligea de fe retirer en diligence, ce qui fit prendre au roi la refolution de le pourfuivre,

1524.   quoique ce fût à l'entrée de l'hiver & que la mi-octobre fût déja passée. Il fit faire à ses troupes une si grande diligence, qu'il fut en état de mettre le siége devant Pavie le 27ᵉ d'octobre. Mais, ayant détaché dix mile hommes de son armée pour aller conquerir le royaume de Naples, & autres quatre mile pour faire la guerre à ceux de Génes, il se trouva si affoibli qu'au bout de deux mois le siége ne fut pas plus avancé que le premier jour. Cependant, Charles de Bourbon étant revenu d'Allemagne avec de nouvelles levées, joignit les troupes de Lanoy, vice-roi du Milanés, qui resolurent ensemble de tenter le secours de la place & d'attaquer le roi dans son camp.

1525.   La chose fut executée la nuit du 23 au 24 février, avec desavantage de leur part. Ce qui ayant invité le roi à sortir de son camp pour les aller charger, il y eut un rude combat, dans lequel il perdit la plûpart de ses

II. gens; et ayant eu son cheval tué sous lui, & combatu longtems à pied sans être connu, il appella Pomperan, qu'il apperçut, & se rendit à lui.

Ce malheur jeta la France dans une consternation qu'il est dificile d'exprimer. On en donna des marques à Montpellier par un morne silence qui y regna durant plusieurs jours, & qui ne fut interrompu que par de longs gemissemens qu'on alla porter au pié des autels; l'affliction fut

Page 248. universelle dans tout le royaume. * Le roi, après avoir demeuré plus de deux mois dans le château de Pissigiton, se laissa persuader de demander à s'aboucher avec l'empereur; & pour faciliter son trajet en Espagne, il envoya un ordre à ses galères, qui croisoient sur la mer, de se retirer. Il partit dans le mois de juin & fut logé dans le château de Madrid, où l'empereur le laissa six mois sans le voir.

1526. III. Cependant, les négociations qu'on faisoit pour sa délivrance furent terminées le 13ᵉ de février 1526, par lesquelles (entr'autres) le roi renonçoit au duché de Bourgogne & à toutes ses prétentions sur l'Italie. Il devoit porter Henry d'Albret à renoncer au royaume de Navarre, rétablir le duc de Bourbon dans toutes ses terres, & payer, sur diferens prétextes, des sommes immenses.

Peu après que ce traité eut été signé, le roi fut amené sur les frontiéres de France, où l'on fit, le 8ᵉ de mars, un échange de sa personne avec ses deux fils, qui devoient servir d'ôtage. Mais les conditions injustes du traité en empéchérent l'execution; & les princes d'Italie, craignant de la trop grande puissance de l'empereur, engagérent le roi François dans une nouvelle ligue, qui fit de leurs états le téâtre de la guerre.

1527.   Charles de Bourbon, cherchant à faire subsister ses troupes, passa le Pô dans le commencement de l'année 1527, &, après avoir séjourné aux environs de Plaisance, il se jeta dans la Romagne, & vint se présenter devant

Rome le 5ᵉ du mois de mai. Sur le refus qu'on lui fit de lui donner paffage par la ville, il donna tête baiffée à une brêche qui étoit aux murs du bourg Saint-Pierre, d'où ayant été repouffé deux fois, il reçut à la troifiéme un coup de moufquet à la tête, qui le renverfa mort par terre. Ses foldats, furieux, forcérent la brêche & entrérent dans la ville, la mirent au pillage pendant deux mois, & tinrent le pape Clément VII affiégé dans le château Sᵗ Ange, d'où il ne put fortir qu'en fe rendant prifonnier de guerre. Lautrec, qui avoit ordre du roi d'aller au fecours du pape, pouffa les imperiaux jufqu'au royaume de Naples, dont il conquit les principales villes. Mais, par les viciffitudes fi ordinaires dans les guerres d'Italie, il perdit fes troupes dans cette même année avec la vie.

1527.

1528.

Tous ces diferens troubles portérent enfin les princes de l'Europe à IV. terminer leurs diferends par une paix. Elle commença entre le pape & l'empereur, qui vouloit aller à Rome pour y prendre la couronne imperiale. Et peu après, Marguerite, tante de Charles-Quint, & Loüife, mere de François Iᵉʳ, conclurent un traité à Cambrai, dont les articles furent prefque les mêmes que ceux de Madrid, hormis que le roi retenoit la duché de Bourgogne. Alors Henry VIII, voyant que la paix s'étoit faite fans fa participation, ne laiffa pas, à caufe des befoins qu'il avoit du roi pour fon divorce, de lui relâcher de grandes fommes ; ce qui fait que nos ancêtres, en marquant dans leurs regîtres cet évenement, y comprénent le roi d'Angleterre dans ce traité de paix.

1529.

« En 1529 fut faite la paix entre le faint pere le pape Clement VII, le roy
« noftre fire, & (a) Charles, eflu empereur, roi de Germanie & de Caftille,
« & Henry, roi d'Angleterre ; & le 15 feptembre audit an, cette paix fut
« publiée dans la ville de Montpellier. »

L'année 1530 fut remarquable par la délivrance des enfans du roi, pour lefquels on donna douze cent mile écus d'or, que le maréchal de Montmorency porta à Endaye, où fe fit l'échange ; &, en même tems, les Efpagnols amenérent Eleonor, fœur de l'empereur, qui fut la feconde époufe de François Iᵉʳ.

1530.

Le calme de la paix lui donna cet amour pour les belles-lettres qui le porta à appeller auprès de fa perfonne les plus habiles gens de fon royaume, & qui lui attira le furnom de pere & de reftaurateur des lettres. Il fit chercher dans les païs étrangers tout ce qu'on put trouver de manufcrits des anciens auteurs, dont s'eft faite la riche bibliotéque du Louvre ; &

1531.

(a) Charles-Quint eft appellé élû empereur, parce qu'il n'avoit pas été encore couronné à Rome, où il fe preparoit d'aller.

parmi les gens qu'il employa, Guillaume Pelicier, evêque de Maguelonne, lui en fit venir de la Gréce un grand * nombre, comme on peut le voir dans la lettre raportée par Gariel dans son livre intitulé : *Series episcoporum magalonensium*.

Le roi, ayant perdu sa mere environ ce tems-là, alla dissiper sa douleur dans la Bretagne, qu'il unit à la couronne de France ; & de là il se rendit dans la Picardie, où il s'aboucha, entre Boulogne & Calais, avec le roi d'Angleterre, tandis que Clement VII avoit une pareille entrevûë à Boulogne en Italie, avec Charles-Quint, qui revenoit de ses expéditions de Hongrie. Le pape, malgré les diferentes propositions de l'empereur, profita des pouvoirs que les cardinaux de Tournon & de Gramont avoient, de négocier auprès de lui le mariage de Catérine sa niéce, avec Henry, second fils du roi. Cette affaire fut alors reglée entr'eux, & executée seulement dans l'année suivante, où le pape vint à Marseille sur les galères de France, qui l'avoient été prendre à Pise ; & le roi, de son côté, s'y rendit, après un long circuit, qu'il jugea à propos de faire dans son royaume, comme nos annales le marquent en ces termes, à l'occasion du séjour qu'il fit à Montpellier.

V. « L'an 1533 a esté le bon plaisir du roy nostre sire François, premier du
« nom, de mettre à execution l'intention qu'il avoit depuis longtemps de
« visiter son pays de Languedoc : & pour ce faire, ledit seigneur partit de
« Fontainebleau au mois d'avril audit an, & s'en vint passer au Puy, & de
« là droit à Tholose ; & de Tholose, ledit seigneur, accompagné *(a)* de la
« reyne, de messeigneurs *(b)* le dauphin *(c)*, le duc d'Orleans *(d)*, & le duc
« d'Angoulesme ses enfants *(e)*, & de mesdames ses filles *(f)*, monsieur le
« reverendissime legat chancelier *(g)*, Mʳ le grand maître, & plusieurs
« autres grands princes, seigneurs, princesses & dames de la cour, s'en vint
« par le grand chemin, passant à Castelnaudary, Carcassonne, Narbonne,
« Beziers, Pezenas, Montpellier, Lunel, Nismes, Avignon & Marseille, où
« s'assembla, avec ledit seigneur, notre saint pere le pape ; & là fut con-

---

(a) Eleonor d'Autriche, sœur de l'empereur Charles-Quint.
(b) François, dauphin de France, mort à Tournon le 12 d'août 1536.
(c) Henry, filhol du roi d'Angleterre, nommé alors duc d'Orleans, & depuis successeur à la couronne du roi son pere.
(d) Charles, dit alors duc d'Angoulême, fut nommé duc d'Orleans après la mort de son aîné ; il mourut lui-même en 1545.
(e) Madelaine, mariée depuis à Jacques Stûard, roi d'Ecosse ; & Marguerite, qui fut épouse d'Emanuël Philibert, duc de Savoye.
(f) Antoine Duprat, chancelier de France, cardinal, archevêque de Sens, & legat du pape.
(g) Anne de Montmorency, grand-maître de France, & depuis connétable.

« fommé & conclu le mariage de M^r le duc d'Orleans, avec la fille du (*h*) 1533.
« duc d'Urbin, niéce du pape, en grand triomphe. Et le roi prit tant de
« plaifir à l'entrée qui lui fut faite à Montpelier, qu'il y féjourna neuf jours,
« au lieu qu'il ne fit que paffer aux autres villes, fans y féjourner, excepté à
« Tholofe, où il demeura quatre jours, & à Marfeille, à caufe du mariage;
« (*i*) Mr Anne de Montmorency étant pour lors gouverneur & lieutenant
« general pour le roi dans cette province de Languedoc. »

Pendant le féjour que le roi fit à Montpellier, il voulut aller vifiter l'ifle de Maguelonne, dont la fituation lui plut beaucoup, de même que la ftructure des anciens bâtimens qui y étoient alors. Néanmoins par le défir d'illuftrer davantage la ville de Montpellier, il écouta les priéres que les habitans, avec l'evêque & les chanoines, lui firent de vouloir s'intereffer à la tranflation de cette catédrale dans la ville de Montpellier. On fit dès lors le plan de la fécularifation du chapitre, qui étoit regulier, & l'on chercha des moyens de faciliter fa tranflation, qui ne fut executée que trois ans après.

Dans ce même tems, on marque une déclaration que le roi donna à Montpellier le 21 d'août 1533, portant reglement pour tenir les grands jours dans la ville de Tours, afin de connoître & de reprimer les violences aufquelles s'étoient accoûtumez les feigneurs de la campagne, depuis la longueur des guerres, & durant la prifon du roi. Cette ordonnance eft raportée par Guillaume Blanchard, dans fa compilation cronologique des ordonnances. *Tom. 1.*

* La jaloufie que prit l'empereur de l'entrevûë de Marfeille & du mariage Page 250. qui s'y étoit fait, obligea le roi, pour fe tenir prêt à tout événement, de dreffer des milices, à qui l'on donna le nom de légions, dans les diferentes provinces du royaume où elles furent établies. Voici comme nos annales parlent de celle qui fut dreffée en Languedoc :

« L'an 1534, furent dreffées par le roy, en ce royaume, des compagnies 1534.
« de gens de guerre à pied, appellées légionaires, lefquels eftoint foldoyez
« aux dépens du pays, avec plufieurs priviléges, coûtumes & ordonnances
« fur ce faites. Ces légionaires, étant reduits, fur tout le royaume, en
« fept légions, chacune defquelles eftoit compofée de fix mille hommes,
« dont il y en avoit une en Languedoc ; pour laquelle dreffer & en faire la

---

(*h*) Catérine de Medicis, fille unique de Laurent de Medicis, & de Madelaine de la Tour d'Auvergne : fon pere avoit été fait duc d'Urbin par Leon X fon oncle.

Elle a été appellée niéce du pape Clement VII, quoiqu'elle ne fût que fille de Laurent, fils de Pierre, coufin germain de ce pape.

(*i*) Anne de Montmorency avoit le gouvernement du Languedoc, depuis que le connétable de Bourbon eut été chaffé de la Provence.

1534.   « montre, meſſire Anne de Montmorency, gouverneur du pays & grand « maître de France, fit voyage en Languedoc. »

Nos hiſtoriens qui ont parlé de cet établiſſement ajoûtent qu'il ne dura pas longtems, parcequ'il eût rendu l'état trop puiſſant, & la domination trop foible.

CHAPITRE TROISIÉME.

I. Nouvelles hoſtilitez entre Charles-Quint & François premier. II. Siége de Marſeille. III. Frayeur qu'on en eut à Montpellier. IV. Aſſemblée pour la paix aux cabanes de Fitou, qui attire le roi à Montpellier. V. Entrevûë de Nice. VI. Autre à Aiguemortes, entre le roi & l'empereur.

1535.   I. LA défiance que Charles-Quint & François premier avoient l'un pour l'autre ne leur permit pas de vivre plus longtems en repos : François Sforce, duc de Milan, donna la premiére occaſion au roi de porter ſes armes en Italie, en faiſant mourir, contre le droit des gens, Charles de Merveil, qui avoit auprès de lui le titre d'ambaſſadeur de France. Le roi, pour en tirer raiſon, fit marcher ſes troupes vers les Alpes, où il s'empara des états de Savoye, afin d'avoir un paſſage libre dans le Milanés ; & l'empereur, cherchant un prétexte d'armer plus puiſſanment, publia qu'il alloit faire la guerre au fameux Barberouſſe, qui infeſtoit toutes les côtes de ſes royaumes de Naples & de Sicile. Il fit, en effet, une décente en Afrique, où il prit le fort de la Goulette, batit Barberouſſe par terre ; & après lui avoir donné la chaſſe par mer, il fit voile en Sicile, d'où il paſſa à Naples.

1536.   C'eſt là qu'ayant appris la mort du duc François, qui ne laiſſoit aucuns enfans de ſa femme, il voulut profiter de la paſſion qu'il connoiſſoit au roi pour la duché de Milan, & il fit entamer diverſes négociations, entre Granvelle ſon chancelier, & Vely ambaſſadeur du roi, pour tâcher de l'amuſer de cette eſperance, comme il fit toute ſa vie ; cependant, il ne put retenir ſes mauvaiſes diſpoſitions, dans une harangue qu'il fit à Rome, en préſence du pape & des cardinaux, où il ſe déchaina violemment contre François ; il chercha à lui ſûciter les Anglois ; il fit faire de grandes levées d'hommes & d'argent en Flandres, en Sicile & à Naples ; il débaucha au roi de France le marquis de Saluſſes ; & lorſqu'il ſe crut en état d'entreprendre quelque

chose, il se mit lui-même à la tête de ses troupes, pour entrer en Provence,   1536.
& conquerir de là tout le royaume, comme les astrologues & les flateurs
lui promettoieut.

    Pour ce dessein, il passa le 25ᵉ de juillet, la riviére du Var, qui sépare   II.
la France de la Savoye, & se logea à St-Laurens, premier bourg de Provence.
Le roi, de son côté, ne voulant rien hazarder dans son propre païs, fortifia
les places qui le pouvoient être, comme Arles, Marseille, Tarascon &
Beaucaire, pour couvrir le Languedoc; il fit sortir les habitants de toutes
les villes qu'on ne pouvoit défendre, comme Aix & Antibes; il fit faire le
dégât dans tout le païs, brûler les moulins, abatre les fours, & gâter les
blez, les vins & les fourrages * qu'on ne pouvoit transporter. Cela fait, il   Page 251.
divisa ses troupes en deux corps; il en logea un dans une large prérie, près
de Cavaillon, entre le Rône & la Durance, dont il donna le commandement general au maréchal de Montmorency; avec l'autre il se logea lui-
même au-dessus d'Avignon, pour soûtenir le premier corps, & donner une
seconde bataille, s'il en étoit besoin.

    L'empereur, d'un autre côté, ayant sacagé la ville d'Aix, qu'il trouva sans
défense, mit le siége devant Marseille, qu'il commença le 25ᵉ d'août; il défit
d'abord cinq à six cens hommes, conduits par Montejan & Boissy, qui
s'étoient trop avancez. Il apprit que le comte de Nassau, étant entré dans la
Picardie avec une armée de trente mile hommes, avoit pris sur le roi la
ville de Guise, & faisoit actuellement le siége de Perrone. Pour comble
de malheur à la France, on apprit, dans les deux camps, que le dauphin,
âgé de dix-neuf ans, venant joindre le roi son pere, étoit mort à Tournon,
dans ce même mois d'août.

    Malgré cette grande affliction & tous ces contretems, le roi anima si
bien les troupes qu'il avoit dans Marseille, qu'elles firent une vigoureuse
resistance; & l'empereur, ayant voulu tâter la ville d'Arles, la trouva si bien
fortifiée, qu'il n'osa l'attaquer dans les formes: cependant, les partis qui
sortoient de l'armée du roi coupoient les vivres que Charles-Quint étoit
obligé de faire venir de Toulon; de sorte que ses Allemands, se gorgeant de
fruits & de raisins, diminuèrent de plus d'un tiers, à cause des maladies qui
gagnérent leur camp, & qui enlevérent Antoine de Leve, l'un des meilleurs
chefs de l'armée de l'empereur. Il se resolut [enfin, le 10ᵉ de septembre, à
une retraite, qui ne fut guere diferente d'une défaite; car tous les chemins,
depuis Aix jusqu'à Frejus, étoient jonchez d'armes, de chevaux, de bagage,
de morts & de mourans. Nos ancêtres, pour en conserver le souvenir, n'oublièrent point dans leurs regîtres, un événément si remarquable, ni la
frayeur que la venuë de Charles-Quint avoit causé dans Montpellier.

1536.

« L'an 1536, l'empereur Charles V, roi d'Espagne, venant d'Italie avec
« une grande armée, vint en Provence, & s'arrêta à Aix, qui lui avoit été
« comme abandonné, où il séjourna longuement : & cependant, le roy,
« pour lui resister, dressa un grand camp devant Avignon ; il y étoit en
« personne : par quoi, ledit empereur, aprez avoir fait attaquer Marseille,
« s'en départit, en reprenant le même chemin par où il étoit venu, & aprez
« y avoir perdu beaucoup de gens, par maladies contagieuses ou autrement ;
« cependant aussi, Mr François, dauphin, fils aîné du roi, en sa première
« jeunesse, décéda à Tournon sur le Rône, empoisonné, comme se disoit
« publiquement.

III. « Et avant que le roy (continüent nos registres) eust dressé son armée
« en Avignon, la venuë de l'empereur effraya tellement le pays, que même
« à Montpellier, plusieurs transportérent leurs biens et meubles ez mon-
« tagnes. »

On y fut bientôt guéri de cette première frayeur, par les approches de
l'armée du roi, & encore plus par la retraite de l'empereur ; de sorte que, les
Espagnols ayant voulu environ ce même tems entrer par le Roussillon, &
faire le ravage en Languedoc, les seules milices du pays les repoussérent
avec perte. Je trouve cette particularité dans les mémoires de du Bellay,
qui m'ont paru mériter d'être ici transcrits.

Liv. 8.

« Après la retraite dudit seigneur empereur, les Espagnols descendirent
« en la frontiére de Languedoc, gastants & pillants tout ce qu'ils trouvoient
« ez villes champestres & ouvertes ; mais le lieutenant de monseigneur le
« grand maistre au gouvernement dudit pays (c'étoit Antoine Desprez,
« seigneur de Montpezat) fit tel amas des gens du pays, sans mettre le roy
« en aucune dépense pour cette inopinée descente, que lesdits paysans
« repoussérent & rompirent lesdits Espagnols, d'une telle ardeur & furie,
« qu'aussitost fut averti le roy de leur retraite comme de leur descente. »

L'histoire de Malthe, au défaut de nos annales, nous apprend la mort
d'une personne illustre, arrivée cette même année à Montpellier : c'est la
mort de Didier de Toulon de Sainte-Jaille, nouvellement élû grand maître
de Malthe, qui s'étant mis en chemin avec un grand nombre de chevaliers
françois, pour aller * prendre possession de sa nouvelle dignité, tomba
malade à Montpellier, où il mourut le 26e de septembre, & fut inhumé
dans le grand prieuré de St-Giles.

PAGE 252.

1537.

Toutes les derniéres tentatives de l'empereur excitérent le ressentiment
du roi, jusqu'à le faire ajourner au parlement, sous le nom de Charles
d'Autriche, comme son vassal pour les comtez de Flandres, d'Artois & de
Charolois ; il lui prit Hesdin & St-Paul. Mais, tandis que ses énemis son-

geoient à fe venger fur Monftreuil & fur Teroüanne, la reine Eleonor fon 1537.
époufe, & Marie, reine de Hongrie, moyenérent une furféance d'armes de
trois mois pour les Païs-Bas, afin de travailler à la paix.

A la faveur de cette tréve, qui donnoit du repit à la France du
côté de Flandres, le roi voulut rétablir fes affaires dans le Piémont où
le marquis du Guaft, general de l'empereur, tenoit Humieres affiegé dans
Pignerol; il fe rendit lui-même à Lyon, où étant tombé malade, il donna
ordre au dauphin fon fils, & au maréchal de Montmorency, de paffer devant
avec fes troupes. D'abord ils forcérent le pas de Suze, gardé par dix mile
hommes; & les divers avantages qu'ils eurent fur le marquis du Guaft, y
attirérent le roi aprés fa guerifon. Mais, tandis que fon armée groffiffoit
tous les jours, & que celle de fes énemis s'affaibliffoit, il accorda par l'en-
tremife du pape & des Venitiens, une tréve de trois mois pour les païs de
delà les monts, & continüa celle des Païs-Bas pour autant de tems. Elle
fut publiée à Carmagnole, lui préfent, le 29ᵉ de novembre, tandis qu'on
s'affembloit dans le Languedoc pour une paix finale.

On choifit pour le lieu d'affemblée les cabanes de Fitou, qui font à la IV.
vûë de Leucate, fur le grand chemin de Narbonne à Perpignan; les députez de Charles-Quint s'y rendirent par le Rouffillon, & ceux de France y
vinrent par Montpellier. Nos annales, qui parlent de tous ces préapara-
tifs dans un plus grand détail que les mémoires publics, méritent d'être ici
raportées.

« Dans le refte de cette année 1537, il n'y eut d'autre événément que le
« parlement entre les ambaffadeurs & déleguez du roi & de l'empereur, qui
« s'affemblérent ez frontiéres de l'Efpagne, en un lieu dit les cabanes de
« Fitou, pour le traité d'accord entre les deux princes: il fut encommencé
« environ le mois de décembre audit an; & à ces fins, au mois de novem-
« bre, y allans pafférent à Montpellier, de la part du roy, Mʳ (Jean) cardinal
« de Lorraine, & Mʳ de Montmorency, grand maiftre de France, grande-
« ment accompagnez. »

Nous apprenons des mêmes annales que le roi, revenu de fon voyage
d'Italie, arriva à Montpellier fur la fin de décembre, comme pour attendre
le fuccés des conferences qui fe faifoient prés de Leucate.

« Peu de temps aprés (dit nôtre Talamus), le roi vint à Montpellier, 1538.
« où il arriva le jour de Sᵗ-Thomas avant Noël, & y féjourna juf-
« qu'à la fin de janvier 1538, reprenant par aprez fon chemin devers
« la France. »

L'hiftoire du royaume nous apprend, que les députez, après avoir perdu
beaucoup de tems, fans pouvoir convenir d'une bonne paix, ils arrêtérent

1538.
Du Bellay, liv. 8,

qu'on prolongeroit la tréve de six mois, & que pendant ce tems, on se rassembleroit pour chercher les moyens d'une paix finale. Ceux du roi François vinrent trouver le roi à Moulins, où, pour recompenser le maréchal de Montmorency, le roi lui donna (le 10e de février) la charge de connétable de France, qui vaquoit depuis la revolte de Charles II, duc de Bourbon.

V. Dans l'intervale de cette tréve, le pape Paul III fit soliciter si instament l'empereur & le roi, que l'un & l'autre resolurent de se rendre à Nice, & d'y recevoir les offices de médiation qu'il leur offroit. Le pape y arriva le premier, sur la fin du mois de mai; l'empereur presque en même tems, & le roi peu après. Les deux princes ne se virent point; mais le pape fit les négociations entr'eux: il traita en cachettes le mariage de son petit fils Octave Farneze, avec Marguerite, bâtarde de l'empereur, & celui de sa niéce Victoria, avec Antoine, fils aîné de Charles duc de Vendôme. Du reste, il fit convenir les deux princes d'une prolongation de tréve pour dix ans; mais l'empereur promit au roi de le voir à Aiguemortes en Languedoc, avant de repasser en Espagne.

PAGE 253.

Cette entrevûe mémorable, qui se fit pour ainsi dire à notre porte, n'a pas * été oubliée dans nos annales; mais la ville d'Aiguemortes, qui en fut plus particuliérement honorée, en a conservé une relation fort détaillée : je la donne telle qu'elle m'a été envoyée par Mr Raimbaud.

VI. « L'an 1538 & le 14e de juillet, vint le roy de France en la ville d'Aigues-
« mortes, accompagné de la reine sa femme, appellée madame (a) Anne,
« sœur de l'empereur Charles, roi d'Espagne; en compagnie aussi (b) du roi
« de Navarre, (c) de Mr le dauphin (d) & la dauphine de France, (e) Mr d'An-
« goulesme, fils du roy, (f) & madame Marguerite, fille du roy; ensemble
« tous les princes & princesses de France, en le plus grand triomphe
« qui jamais se soit vû en France ni en Espagne : aussi y étoit Mr le conné-
« table de Montmorency (g), le cardinal de Lorraine (h), Mr le duc de

---

(a) Anne. Il faut lire Eleonor (d'Autriche) que François premier avoit épousée en 1530, six ans après la mort de Claude de France, sa premiére épouse, décédée en 1524.
(b) Le roi de Navarre, Henry d'Albret, qui fut pere de Jeanne d'Albret, mere du roi Henry IV.
(c) M. le dauphin, Henry II, depuis roi de France.
(d) La dauphine de France, Catérine de Medicis.
(e) M. d'Angoulême (Charles) frere puîné d'Henry II.
(f) Marguerite, fille du roi, qui épousa, en 1559, Emanüel Philibert, duc de Savoye.
(g) Le cardinal de Lorraine, Jean, cardinal, fils de René II, duc de Lorraine, & frere des deux seigneurs qui suivent.
(h) Le duc de Lorraine. Antoine, duc de Lorraine, qui avoit succédé depuis 1508, dans cette duché, au duc René son pere.

« Lorraine, (*i*) Mr de Guife, (*k*) Mr de Nabaud, (*l*) le duc de Vittemberg,
« (*m*) le prince Saluces; tous les princes de France (comme dit eft), les
« cardinaux & evefques de France, (*n*) Mr le chancelier, avec préfidents
« des parlements & grand confeil.

« Le lundy 15ᵉ juillet, aprez que le roi François premier fut arrivé audit
« Aiguefmortes, & avoir repû, s'en alla aux galéres de l'empereur Charles
« Quint, qui eftoit à la plage d'Aiguefmortes, jufqu'au nombre de
« cinquante-quatre galéres, compris vingt-quatre du roy, qui luy avoient
« fait compagnie de Marfeille jufqu'au port d'Aiguefmortes. Et aprez
« qu'il fut arrivé à la galére dudit empereur, l'empereur lui bailla la
« main pour monter deffus, & s'entrecolérent enfemble; & ils firent beau-
« coup d'entretiens entre eux; & aprez, fur le foir, s'en retourna en la
« ville.

« Le lendemain, vint l'empereur en la ville d'Aiguefmortes, le matin,
« environ neuf heures, & entra par la porte de la marine, avecque les fre-
« gates que le roi avoit appreftées, dont les mariniers eftoint habilliez, de
« cap à pied, de velours rouge; & en entrant, les petits enfants crioint à
« haute voix: Vive l'empereur & le roy! car, Mr le conneftable l'avoit ainfi
« commandé à Guillaume Valiac, conful. Et aprez que l'empereur fut
« defcendu fur la porte de la Marine, & qu'il fut entré fix pas dans la ville,
« Mr le dauphin fe préfenta devant l'empereur, lequel fut accüeilli dudit
« empereur, en auffi grand accüeil que jamais fit empereur à prince; car,
« l'empereur fe mit les genoux jufqu'à terre, & s'entrebrafferent, & auffi
« à Mr d'Angoulefme & Orleans, frere dudit dauphin; & fi ne fût que le
« roy tira par le bras l'empereur, parcequ'il fe fafchoit de la groffe humilité
« dudit empereur envers fes enfants, ils euffent demeuré par grand efpace
« de temps davantage; & fe mirent à crier: Vive l'empereur & le roi! &
« aprez entrérent le roi & l'empereur, bras à bras, à la maifon de Mr le
« conful noble Franç. de Confeil, & demeurérent enfemble le lundy; &
« coucha ledit empereur à la maifon de Mr de Leques, cette nuit.

« Et le lendemain mardy 16ᵉ, aprez foupé, l'empereur fe retira à fes

---

(*i*) M. de Guife. Claude de Lorraine, frere puîné d'Antoine, en faveur duquel le roi François premier érigea la comté de Guife en duché : il fit la tige des ducs de Guife, fi célébres en France.

(*k*) M. de Nabaud. Il faut lire d'Annebaut, qui venoit d'être fait maréchal de France, & qui avoit beaucoup de part aux bonnes graces de François premier.

(*l*) Le duc de Vittemberg, Chriftofle, mort en 1568.¹

(*m*) Le prince de Saluces, Loüis, fils de Michel, marquis de Saluces.

(*n*) M. le chancelier, Guillaume Poyet, qui venoit de fucceder à Anne de Bourg, mort cette même année, au mois de février.

1538.

« galéres, & le roi l'accompagna jufques-là: & le mécredy 17ᵉ juillet, le
« roy, aprez avoir oüy la meffe, s'en alla avec fon train.

« De voir retentir, à l'entrée de l'empereur, l'artillerie qui tira en la tour
« de la fous-viguerie, & à la tour de Patus, faifant gros bruit, qui fembloint
« des tonnerres, & les feftins que firent l'empereur & le roy aux dames, je
« vous laiffe à penfer. Et fur tout, fut faite paix, entre l'empereur & le
« roy, perpétuelle, s'il plaît au bon Dieu. *Amen.* »

PAGE 254.

CHAPITRE QUATRIÉME.

I. Paffage de l'empereur par la France. II. Difgrace du connétable. III. Guerre en Langue-doc. IV. Commencement du bureau des tréforiers de France, à Montpellier. V. Pefte remarquable dans cette ville. VI. Nouvelles guerres avec l'empereur & l'Angleterre. VII. Paix avec Charles Quint. VIII. Puis avec Henry VIII, fuivie de la mort du roi François.

1539.

LE calme dont le roi joüit après les deux entrevûës de Nice & d'Aigue-mortes, l'invita de fe donner plus particuliérement au bon ordre de fon état. On marque, parmi les belles ordonnances qu'il fit alors, celle qui ordonne que les expeditions des arrêts, & autres actes de juftice, ne fe feroient plus deformais en latin, mais feulement en françois.

I. Dans ce même tems, l'empereur defirant avec paffion d'aller châtier les Gantois, qui s'étoient revoltez ouvertement contre Marie fa fœur, gouvernante des Païs-Bas, fit demander un paffage par la France; & pour cet effet, il leurra le roi de la duché de Milan. Tout le confeil fut d'avis de prendre de lui un écrit & de bonnes furetez: mais le connétable ayant opiné de s'en tenir à la fimple parole de Charles-Quint, le roi qui jugeoit de la bonne foi des autres par la fiéne propre, fuivit le confeil du connétable; & pour marquer fa generofité, il envoya fes deux fils jufqu'à Bayonne, pour recevoir l'empereur: il s'avança lui-même jufqu'à Châtelleraud; lui fit rendre dans toutes fes villes, les mêmes honneurs & exercer pareille autorité que lui-même; & après lui avoir fait faire une entrée magnifique à Paris, le premier jour de janvier 1540, le roi l'accompagna jufqu'à Sᵗ-Quentin, & fes fils jufqu'à Valenciénes. Mais à peine Charles Quint eut tiré des Gantois la cruelle vengeance qu'il méditoit, qu'il oublia fes engagemens envers le roi, & refufa d'écouter aucune des propofitions qu'on pût lui faire.

1540.

Cette ingratitude, jointe à la honte fecrette qu'avoit François premier d'avoir abandonné la ville de Gand, dont il étoit feigneur fouverain, & qui avoit reclamé fa protection avec les dernieres inftances, le jetérent dans une fi grande mélancolie, qu'il prêta l'oreille aux défiances qu'on prit foin de lui infpirer contre ceux qui le gouvernoient: l'amiral de Brion, le chancelier Poyet, & le connétable, en furent la victime; Brion en mourut de chagrin, Poyet de mifére, & le connétable ne parut plus à la cour, durant ce regne.

Dans ces conjonctures, les Efpagnols tuérent deux ambaffadeurs que le roi envoyoit, l'un à Conftantinople, & l'autre à Venife. Tous les princes de la chrétienté en furent informez, & approuvérent le jufte reffentiment du roi. Cependant, parceque l'empereur étoit alors occupé au fiége d'Alger, où il fut miferablement défait, le roi ne voulut prendre aucun avantage des malheurs de fon énemi, & il fe contenta, dès le commencement de l'année fuivante, de lui faire déclarer la guerre.

Pour cet effet, il mit diverfes armées fur pié, dont les deux plus confiderables furent commandées, l'une par Charles duc d'Orleans, fon fecond fils, fous la conduite de Claude duc de Guife, qui marcha vers le Luxembourg; l'autre, commandée par le dauphin, vint à Perpignan, avec les maréchaux d'Annebaut & de Montpezat, qui lui fervoient de confeil. Leur armée, compofée de quarante-cinq mile hommes, remplit nôtre Languedoc durant toute cette année; & le roi, qui en attendoit le principal effet de fes armes, la fuivit de près, & vint fe rendre à Montpellier; mais pour être plus à portée d'une bataille, qu'il s'attendoit d'avoir avec Charles-Quint, il s'avança jufqu'à Salleles, lieu de plaifance près de Narbonne, appartenant pour lors aux feigneurs de Fimarcon; il y demeura pendant les fix femaines que dura le fiége de Perpignan, qui ne put être pris à*caufe de la vigoureufe réfiftance des affiégez, & par le défaut des intelligences que Montpezat s'étoit ménagé dans la place. Il fut néanmoins heureux pour nôtre armée d'avoir délogé à propos; car, dès le lendemain, le camp fut tout inondé des pluyes qui tombérent des montagnes. Mais, nôtre ville de Montpellier s'en reffentit d'une maniére bien funefte, par l'evenément qui eft marqué dans nos annales en ces termes:

« L'an 1542, la guerre ayant été renouvelée entre le roi & l'empereur, il
« fut par le roi dreffée une armée en Languedoc, fous la charge de mon-
« fieur Henry dauphin de France, & le fiége en aprés mis devant la ville de
« Perpignan en Rouffillon; & à ces fins le roy vint auffi, fe tenant à Sal-
« leles, lieu prés de Narbonne, tant que le camp fut devant Perpignan,
« pendant l'efpace de fix femaines; & icelui ayant été levé fans rien faire,

1542.

« le roi & toute fa cour revindrent à Montpelier, environ la St Michel, où « ayant féjourné quelques jours, ledit feigneur s'en alla devers Tholofe & « Guyenne, laiffant la ville de Montpelier infectée de grande pefte, que les « gens de l'armée y avoint porté. »

Pendant le tems du fiége de Perpignan, le bruit d'une bataille fe répandit fi fort par toute la France, que le duc d'Orleans, pour fe trouver auprès du roi fon pere, quita le foin de fon armée au duc de Guife, & vint en pofte à Montpellier. « Deux jours aprez fon arrivée (dit du Bellay) vindrent nou- « velles de la prife de Luxembourg, dont le roy fut mal content, & contre « monfeigneur fon fils, & contre ceux qui lui avoint confeillé de « quitter fon armée; mais, je crois (ajoute-t-il), que lui-même avoit été « fon confeil. »

Mémoires, liv. 9, pag. 511.

Tout le chagrin du roi tomba fur le maréchal de Monpezat, qui avoit confeillé le fiége de Perpignan, parcequ'il comptoit fur les intelligences fecretes qu'il y avoit, & fur la foibleffe de la place, ne fachant point que Charles-Quint y avoit envoyé tout le refte de l'artillerie qu'il avoit ramené d'Alger, avec laquelle on fit un feu épouvantable fur nos troupes. Un des hiftoriens de nôtre province, dit que ce maréchal en perdit fa lieutenance de roi du Languedoc, & qu'il fe retira à Gabian, près de Béziers, où il acheva fa vie en homme privé; mais nous verrons bientôt la preuve du contraire.

Andoque, liv. 14, pag. 485.

Une des raifons qui porta le roi François premier à prendre fa route par le haut Languedoc, en quittant Montpellier, fut pour aller châtier les habitans de la Rochelle, qui s'étoient revoltez, à caufe de la gabelle qu'on vouloit établir chés eux. Le roi en cette occafion, après avoir donné des marques de féverité, fit paroître fa clémence de la manière genereufe qui eft marquée dans fon hiftoire : mais dans ce même temps, il donna à

IV. Coignac, un édit, qui fert d'époque au bureau des tréforiers de France de Montpellier, en établiffant, comme il fit, feize recettes generales de finances, avec création d'un commis des tréforiers de France, dans feize villes du royaume dont Montpellier fut l'une. Ces villes étoient: Paris, Châlons, Amiens, Roüen, Caën, Bourges, Tours, Poitiers, Iffoire, Agen, Touloufe, Montpellier, Lyon, Aix, Grenoble & Dijon. A ces commis, on en ajoûta bientôt plufieurs autres en titre d'office, qui formérent une compagnie confiderable, à mefure qu'il y fut ordonné de nouvelles crües, & qu'on y eut attaché plufieurs beaux privilèges. Nous en parlerons plus amplement en fon lieu; & il fuffit pour le préfent d'avoir indiqué fon inftitution dans l'année qu'elle fut faite.

1543.   V.   Cependant, la maladie qui avoit été portée à Montpellier, par les foldats

du siége de Perpignan, augmenta si fort, qu'elle dégenera en peste déclarée; V. 1543.
mais, ce qu'on aura peine à croire, c'est qu'il y eut des gens assés malheureux pour y entretenir le mal, par un moyen encore pire que celui qu'on avoit pratiqué à Naples, où l'histoire marque qu'on fit couler la peste dans le camp de Lautrec, en y apportant des hardes infectées. Ceux qui vouloient perdre Montpellier rafinérent sur cette méchanceté; car ils prirent soin de ramasser les emplâtres qui avoient servi aux pestiferez, & de les semer dans la ville pour y perpetuer le mal. Nos annales marquent si bien les circonstances de cette mauvaise action & le châtiment qu'on en fit, que je crois en devoir raporter les propres paroles.

« L'an 1543, du commencement, la peste qui avoit commencé de pulluler l'année précedente, depuis le camp de Perpignan, s'enflamma tellement, qu'il fallut s'enfuir * & abandonner la ville, pour ceux qui avoint PAGE 256.
« commodité de ce faire; & dura cette mortalité fort grande, presque l'espace de deux ans, même par la meschanceté de quelques-uns qui demeuroint en la ville, lesquels jettoint les amplastres des pestiferez çà & là : ce qui ayant esté verifié, les gens de bien & les principaux de la ville & de la justice furent enfin contraints de se hazarder à revenir pour y remedier, de sorte que quelques-uns de ces sémeurs d'amplastres furent executez à mort, & punis diversement, mêmes par M^{rs} les generaux y procedants souverainement par mandement & commission du roy & de monseigneur de Montpezat, maréchal de France & lieutenant general pour le roy en Languedoc, pour éviter toutes appellations & circuit de procez, & pour la conservation de la ville. »

Ces ordres du maréchal de Montpezat marquent qu'il n'avoit pas perdu sa lieutenance de roi, comme Andoque l'a avancé; & j'en croirois plûtôt Mr de la Faille, qui, après nous avoir appris que le gouvernement du Languedoc avoit été donné au commencement de cette année, au roi de Navarre, Henry d'Albret, beaufrere du roi, ajoûte que, ce prince étant mort *Tom. 2, pag. 126.*
l'année d'après, le roi donna son gouvernement à François duc d'Enguien, & la lieutenance à Charles de Crussol, vicomte d'Uzés, parcequ'elle vint à *Pag. 134.*
vaquer par la mort du maréchal de Montpezat.

Le reste de cette année fut employé à divers mouvemens du côté de Flan- VI.
dres, où le duc d'Orleans reprit Luxembourg, & du côté de Provence, où le duc d'Enguien fit le siége de Nice, avec le secours que Barberousse lui amena de la part de Soliman, empereur des Turcs; car la grande antipatie qui fut entre Charles-Quint & François 1er, les porta souvent, l'un & l'autre, à recourir aux armes des protestans & des infidéles, ce qui ne fit pas peu de tort à la gloire de leur regne.

1544.   L'année fuivante 1544 fut remplie de grands exploits de guerre ; car, l'empereur s'étant confommé plus de deux mois devant Landrecy, fut obligé d'en lever le fiége aux approches de l'armée du roi; & le duc d'Enguien, envoyé en Italie, ayant devancé le marquis du Guaft, qui vouloit fe faifir de Carmagnole, ne lui laiffa d'autre moyen de fauver la place que le hazard d'une bataille. Elle fut donnée près du bourg de Cerizoles, le 14ᵉ d'avril, qui étoit le lundi de Pâques, où les imperiaux laifférent dix mile hommes fur la place, perdirent leur artillerie, leur bagage, leurs munitions; on fit quatre mile prifonniers, fans qu'il en coûtât aux François que deux cens hommes en tout. Le marquis du Guaft, bleffé au genou, fe fauva en diligence à Milan ; & l'on trouva dans fon équipage, des charriots pleins de chaînes & des ménotes, deftinées pour les François, tant il fe croyoit affuré de la victoire.

Cet heureux fuccés ouvroit au duc d'Enguien la porte du Milanés ; mais, les befoins preffans du royaume l'obligérent d'y envoyer la plus grande partie de fes troupes. En effet, la ville de Paris n'avoit été depuis longtems dans une plus grande allarme, puifque les uns y fuyoient jufqu'à Roüen, les autres jufqu'à Orleans, avec des charrettes pleines de meubles, de femmes & d'enfans. L'empereur y caufoit cette grande épouvante; parcequ'ayant penetré bien avant dans la Champagne, il envoyoit fes coureurs jufqu'à Meaux : heureufement pour la France, Henry VIII, qui s'étoit lié avec Charles-Quint, ne voulut pas quiter le fiége de Boulogne qu'il faifoit, pour

VII. venir le joindre aux portes de Paris. Alors l'empereur, ferré dans fon camp par les troupes du dauphin, écouta les propofitions de paix qui lui furent faites. On la conclut à Crefpy en Laonois, le 18ᵉ du mois de feptembre, & le roi d'Angleterre n'ayant pas voulu y entrer, le roi François n'eut plus à faire qu'à l'empereur.

1545.   Pour retirer de fes mains la ville de Boulogne, le roi donna ordre à toutes les galéres qu'il avoit dans la Mediterranée de paffer le détroit & de fe rendre à l'embouchure de la Seine, d'où il vouloit partir avec tous fes vaiffeaux, pour aller porter la guerre au roi d'Angleterre dans fon ifle. Les préparatifs en furent faits avec de très grandes dépenfes ; mais, le roi étant fur le plus beau de fes vaiffeaux, où il donnoit à dîner aux dames, le feu y prit

Pag. 257.   par la faute de* fes cuifiniers ; ce qui caufa la mort de bien de gens, & porta un grand dommage à fa flote. Malgré cet accident, l'amiral d'Annebaut fe mit en mer, & après s'être faifi de l'ifle de Wict, il fit quelques décentes fur les côtes de Portmout, à la vûë du roi Henry, qui fe contenta de laiffer confumer leurs vivres aux François, qui ne tardérent point de regagner nos côtes.

Le siége de Boulogne, que le maréchal de Biez faisoit dans ce même tems, ne réussit pas mieux, quoique le roi s'en fût approché avec le duc d'Orleans son fils, pour encourager ses troupes. Les maladies du camp y firent un si grand ravage, que le duc d'Orleans en fut enlevé le 8ᵉ de septembre : & par la mort de ce prince tous les liens qui paroissoient s'être formez entre le roi & l'empereur furent rompus; car, Charles-Quint en ayant eu la nouvelle, dit nettement qu'il étoit quite de sa parole : de sorte qu'on ne put guere plus compter sur le dernier traité que sur tous les autres qu'on avoit fait avec lui.

1545.

Sur la fin de cette année, le duc d'Enguien, nouveau gouverneur de Languedoc, vint à Montpellier tenir les états de la province ; après lesquels étant retourné à la cour, il y mourut par un desastre bien déplorable : car on raconte qu'en se joüant à coups de pélote de nége, avec d'autres seigneurs de la cour auprès du dauphin, il fut accablé d'un cofre plein de linge qu'on jeta par mégarde d'une fenêtre. Ainsi périt ce jeune prince, déja celèbre par la bataille de Cerizoles, & digne d'une fin plus heureuse. Son gouvernement fut donné à Jacques Galiot de Genoüillac, comte d'Uzés, grand maître de l'artillerie de France, âgé de quatre-vingt-dix ans, qui ayant tenu les états à Montpellier dans l'année 1546, mourut peu de tems après. François, duc de Valois, & depuis roi de France sous le nom de François II, fut nommé par le roi son grand-pere, gouverneur du Languedoc, quoiqu'il n'eût que quatre ans ; & de cette sorte nous eûmes trois différens gouverneurs dans l'espace d'une année.

1546.

Cependant le roi d'Angleterre, pressé par ses propres besoins, souhaita plus sincérement la paix. Elle fut concluë le 8ᵉ de juin, entre Ardres & Guines, par les députez des deux couronnes ; & Boulogne resta aux Anglois sous prétexte de quelques pensions à eux düës, comme disent nos annales.

VIII.

Cette guerre une fois finie le roi François 1ᵉʳ, craignant les surprises de l'empereur Charles-Quint, employa le reste de cette année à visiter ses frontières ; il se ligua même avec les protestans d'Allemagne, pour tenir plus loin son énemi : mais, au milieu de tous ses préparatifs, il apprit la mort du roi d'Angleterre Henry VIII, arrivée le 28ᵉ de février 1547, & le chagrin qu'il en eut, redoublant un mal inveteré qu'il avoit déja, fit changer la fiévre lente qu'il avoit, en continuë, & l'arrêta au château de Ramboüillet, où il termina ses jours, le dernier de mars, par une fin digne d'un prince très-genereux & très chrétien.

1547.

FIN DU LIVRE TREIZIÉME.

HISTOIRE
DE LA VILLE
DE MONTPELLIER
Sous les rois Henry II & François II.

LIVRE QUATORZIÉME. Page 259.

CHAPITRE PREMIER.

I. Commencemens de Henry 11. II. Sédition de Bordeaux. III. Philipe d'Autriche à Aigue-mortes. IV. Supreſſion de la baillie & de la rectorie de Montpellier. V. Aliénation du domaine du roi à Montpellier. VI. Acquiſition qu'en font les conſuls.

ON REMARQUE que le roi Henry II parvint à la couronne le même jour qu'il étoit né, c'eſt-à-dire le dernier de mars. Il rapella auſſitôt le connétable de Montmorency, avec qui il avoit entretenu des liaiſons ſecrettes durant ſa diſgrace; & ſelon les annales de Montpellier & les mémoires de la province, il le rétablit en même tems dans le gouvernement du Languedoc, qu'il reprit ſur François Dauphin ſon fils. On ajoûte encore que pour lui donner un lieutenant plus à ſon gré, il ôta de place N. de la Burie, que le roi François y avoit mis, & qu'il y nomma le comte de Villars, dit le bâtard de Savoye (*a*).

I.
1547.

(*a*) Honorat de Villars étoit fils de René, comte de Villars, de Tende & de Sommerive, bâtard du duc de Savoye Philipe premier. — Dans une ordonnance donnée par ce ſeigneur pour la ſenechauſſée de

1547.

Dés son avénement à la couronne, Henry II donna aux compagnies de justice les lettres de confirmation qui étoient alors en usage; mais celles que nous avons de lui, pour la baillie de Montpellier, sont d'autant plus remarquables que le roi y raporte toute l'histoire de cette jurîdiction: je la raporterai en son lieu; & je me contente, pour le présent, d'observer que nous devons les titres les plus autentiques que nous ayons sur cette jurîdiction, au même roi, qui la suprima quelques années après.

Page 260.

La grande victoire que l'empereur Charles-Quint venoit de remporter sur la ligue de Smacalde, obligea Henry II à prendre diferentes mésures avec les princes * de l'Europe; mais, avant que de rien entreprendre, il voulut visiter ses frontiéres, sous prétexte de se promener dans son royaume, où il fut reçû par tout avec des magnificences prodigieuses. Après avoir parcouru la Champagne, la Bourgogne & le Lyonnois, il passa jusqu'en Piémont,

1548. II. qu'il munit soigneusement. C'est là qu'il eut la nouvelle d'une furieuse sédition, qui s'étoit allumée dans toute la Guiéne, à cause de la gabelle que François Ier y avoit établie. L'émotion commença en Saintonge, où les séditieux, au nombre de seize mile hommes bien armez, se firent des chefs: il s'en forma une autre troupe dans l'Angoumois; & ces deux bandes ayant été reçûës dans Bordeaux, y massacrérent Tristan de Moneins, lieutenant du gouverneur de la province. La crainte qu'on eut à la cour que le desespoir ne portât les revoltez à se jeter entre les bras des Anglois, fit prendre la resolution de les amuser de belles paroles; mais, quand on fut en état de les reduire, le roi fit partir le connétable, & le duc d'Aumale (connu depuis sous le nom de François, duc de Guise) avec deux petites armées, chacune de quatre ou cinq mile hommes.

Le duc passa par la Saintonge, le Poitou & l'Aunis, sans y exercer de grandes punitions; mais, le connétable, enflamé de vengeance pour la mort de Moneins, qui étoit son parent, s'achemina vers Montpellier dans le mois d'octobre, comme disent nos annales, d'où étant parti quelques jours après, pour aller châtier les Bordelois, il se conduisit à leur égard à peu près comme le duc d'Anjou s'étoit conduit envers les habitans de Montpellier, lors de la sédition dont nous avons parlé sous le roi Charles le Sage; mais il y eut cette diference, que le duc d'Anjou mitigea considerablement sa sentence, & que le connétable fit rigoureusement executer la siéne.

Nymes, il prend ces titres: Honorat de Savoye, comte de Villars, captan de Busch, vicomte de Castillon, baron de Precigny, Montpezat, Aiguillon, Gordon, Loyes, et Aspremont, chambellan & gentilhomme ordinaire de la chambre du roy, & son lieutenant ez païs de Languedoc. (Tome 12, p. 73.)

Sur la fin de cette année, & dans le mois de novembre, le comte de Villars, III. 1548.
tenant actuellement à Montpellier les états du Languedoc, apprit que
Philipe d'Autriche, fils de l'empereur Charles-Quint, avoit été obligé de
relâcher au port d'Aiguemortes; ce qui obligea le comte de s'y rendre
auffitôt, avec un grand nombre des députez des états de la province, qui
fufpendirent pour autant de tems la tenuë de leurs affemblées, comme
marquent nos annales. 1549.

Les affaires d'Edoüart roi d'Angleterre, donnant aux François une occafion
favorable de recouvrer la ville de Boulogne, Henry II en commença le
fiége en 1549. Et dans les premiers mois de l'année fuivante, la paix fut 1550.
concluë entre les deux couronnes, moyenant la reftitution de cette place
aux François, & le payement des fommes dûës par eux à l'Angleterre.

Cependant, la guerre fe preparoit en Italie, par les diferentes prétentions
du pape Jules III fur les états de Parme; & en Allemagne, par l'anciéne
querelle des proteftans contre l'empereur. Le roi de France, pour éloigner
Charles-Quint de fes états, prit parti, en Italie, en faveur des Farnezes con- 1551.
tre le pape; & en Allemagne, en faveur des princes liguez: il fûcita même
les armes de Soliman, qui envahit la Tranfilvanie; & pour fournir à ces
dépenfes étrangéres & à celles de fa cour, qui étoient immenfes, il fit
plufieurs changemens dans fon royaume, dont Montpellier fe reffentit
beaucoup.

Le premier étoit, la fupreffion de la baillie & de la rectorie, qui étoient IV.
deux juridictions établies depuis plufieurs fiécles à Montpellier. Les lettres
qu'il en donna font du 16 de feptembre 1551 (raportées dans Efcorbiac),
par lefquelles le roi veut que les deux charges de bailli & de recteur de la
Part Antique, demeurent fuprimées pour toûjours; & qu'en leur place il
foit érigé une viguerie, ou charge de viguier, qui réuniffe en lui feul toute
l'autorité des deux autres.

Par autres lettres, du quinziéme décembre de la même année, le roi aliéna
le domaine qu'il avoit à Montpellier; & il donna la commiffion de proceder
à cette vente, aux deux premiers préfidens de la chambre des comptes, & *Troifiéme liv.*
de la cour des aides: on jugera mieux de cette affaire par le contenu defdites *des regîtres de la*
lettres, qui ne font pas longues. *chambre des comptes.*

« Henry, par la grace de Dieu, roy de France: à nos amez Me Jean de
« Cezelli, premier préfident en la chambre établie fur le fait de nos comptes
« * à Montpelier; Pierre de Paniffe, auffi préfident en la cour des aydes & PAGE 261.
« tailles de Montpelier.

« Comme à l'occafion de la guerre que l'empereur a n'a gueres fait, fans
« aucune fignification & fommation précedente, au préjudice des traitez,

1551.

« nous aurions convoqué une assemblée de nôtre conseil, seigneurs de nôtre
« sang, & notables personnages, pour aviser (sans fouler nos peuples) à
« recouvrer deniers, pour fournir aux grandes dépenses faites pour reduire
« les pays usurpez sur noftre couronne: nous aurions trouvé n'y avoir
« meilleur moyen, que de nous ayder du noftre, par conftitution de rente
« sur aucunes portions de noftre domaine, & par engagement d'icelles, à
« condition de rachapt; ce que nous aurions fait, jusqu'à la somme de six-
« vingts mille livres de rente, pour le prix de douze deniers le denier de
« rente.

« Pour ce, nous vous députons par ces présentes, pour l'omologation
« qui a été ou sera faite par noftre cour du parlement de Paris & de Tou-
« louse, en nos chambres de comptes de Paris & de Montpelier, & par les
« tréforiers generaux, pour proceder ensemble à la vente ou engagement
« desdites 'portions, & remettre les sommes ez mains de noftre receveur
« general audit Montpelier. Donnons authorité auxdits deux de vous, de
« donner toute seureté aux acquereurs: mandons ausdits gens de nos
« comptes, tréforiers & generaux de nos finances, de faire tenir quittes les
« acquereurs. Donné à Orleans, le 15 du mois de décembre, l'an de grace
« 1551 & de noftre regne le cinquiéme. »

Tous ces changemens ne pouvoient être faits auffi vite qu'ils avoient
été ordonnez: auffi, trouva-t-on des difficultez sur l'établissement de la
viguerie, qui ne purent être levées que dans les années suivantes; mais,
l'aliénation du domaine du roi, qui pouvoit être profitable au general & aux
particuliers, trouva de plus grandes facilitez: ainsi, on ne tarda point de mettre

V. à execution, tout ce qui avoit été ordonné à ce sujet; & nos confuls firent
leur offre, au nom de la ville, pour tous les droits que le roi y avoit: dequoi
on sera mieux en état de juger par le procés-verbal, que par tout ce que j'en
pourrois dire de moi-même.

1552.

« En consequence des susdites lettres, qui avoint été lûës & publiées en
« la chambre des comptes, comparurent au mois de janvier 1552 dans la sale
« desdits seigneurs presidents, Me Euftache Philippy, docteur ez loix, n'a
« gueres l'un des generaux en la cour dudit Montpellier, premier consul;
« Jean Verchant jeune, & Antoine Serres, auffi confuls dudit Montpellier;
« lesquels firent offres au roy noftre sire, de la somme de deux mille livres
« tournois, pour toute la seigneurie & jurisdiction haute, moyenne & basse,
« mere mixte & impaire, cour ordinaire, & exercice d'icelle, que le roi noftre
« seigneur a en sa cour, maison où à présent se tient la cour & audience
« des causes civiles & criminelles, jurisdiction ordinaire de la ville de Mont-
« pelier, droits de lods, vente, bans & amendes, décimes, biens trouvez &

Livre quatorziéme.

« à trouver, confiscation, sceau, prisons, jauliages, & tous autres droits, 1552.
« revenus & émoluments y appartenants qui en dépendent, avec telle &
« semblable permission & puissance que le roy nostre sire y a à présent; à la
« charge de payer en chacun an lesdits émoluments, les gages des officiers
« d'icelle cour, & tous frais de justice: desquels droits & émoluments en
« est faite recepte, tant par ledit baille dudit Montpelier, que tresorier dudit
« domaine du roy au gouvernement d'iceluy Montpelier.

« Item. La censive annuelle de cent sols tournois, que font chacun an
« les consuls dudit Montpelier, au roy, pour la maison du lieu public, size
« hors & prez ladite ville, en la jurisdiction de la rectorie & Part-Antique
« dudit Montpelier, de laquelle le recteur de la rectorie en fait recepte; sans
« prejudicier aux droits, priviléges & preeminences, coûtumes & libertez,
« que les consuls, manants & habitants dudit Montpelier ont, & avoient
« auparavant, pour raison de ladite jurisdiction, exercice, & autres choses
« contenuës au présent offre. »

Les commissaires ayant reçû l'offre des consuls, ordonnérent les criées
accoûtumées, durant lesquelles on poussa le prix de l'aliénation du domaine, Page 262.
jusqu'à trois mile trente livres: après quoi, personne n'ayant comparu, les
consuls furent reçûs à cette derniére offre; & les commissaires, en vertu des
pouvoirs qu'ils en avoient, transportérent aux consuls, manans & habitants
de Montpellier, à faculté de rachat perpetuel, tous les droits seigneuriaux de
la ville, & dépendances; bien entendu que la souveraineté en seroit toûjours
reservée au roi, aux charges, par les consuls, de faire les reparations necessaires, & les payemens contenus dans leur offre.

Et afin qu'ils n'ignorassent point les émolumens qui leur étoient cedez,
dont le bailli faisoit auparavant la recette, on en dressa un état que voici:

Pour les biens de ladite baillie de Montpelier, ventes, amendes, biens
trouvez, confisquez, déduits les gages des officiers, reparations & fraix de
justice, ... 1920 liv.
Pour la jurisdiction du roy, ... 500 liv.
Pour les décimes, ... 14 liv.
Pour les maisons, cour, carcers & prisons, ... 456 liv.
Pour le sceau, ... 80 liv.
Pour la censive du lieu public en la Part-Antique, . . . 60 liv.

Et est en tout, universellement, la somme de trois mile trente livres.

En consequence, les commissaires firent payer cette somme aux consuls,
de laquelle je raporte la quitance, parcequ'elle nous fait connoître les espéces
qui avoient cours en ce tems-là, & le nom du commis des tresoriers de
France qui exerçoit alors à Montpellier.

1552.

« Et incontinent, les confuls payérent les trois mille trente livres, en
« treize cents dix-fept écus d'or, en or au foleil, à quarante-fix fols, en pièces
« de dix fols tournois, en douzains, qui furent délivrez entre les mains de
« Me François de Chefdebien, confeiller du roy & receveur general audit
« Montpellier, qui, dans la quitance qu'il en fournit, dit avoir reçû 1317
« écus fol, du poids de deux deniers quinze ou feize grains, & quarante-
« fix fols tournois pièce, & dix-huit fols en monnoye de douzains, pour la
« vente faite aux confuls par Mrs les commiffaires de Cezelli & Paniffa, de
« la jurifdiction de Montpelier, avec les droits que ledit feigneur roy y
« faifoit prendre. Fait le 23e jour de mars 1552, l'année commençant à
« Pâques. »

VI. Auffitôt, nos confuls travaillérent à fe faire mettre en poffeffion de tout
ce qu'ils venoient d'acquerir; car, dès le lendemain, on y proceda de la
manière qui eft énoncée dans l'acte fuivant, & qui m'a paru curieux par le
nombre des chefs de famille qui y intervinrent, & par le ceremonial qui y
fut obfervé.

« L'an 1552, & le 24e de mars, en l'auditoire de la cour ordinaire &
« juftice ordinaire de Montpelier, heure de quatre heures accoûtumée à
« tenir audiance, eft comparu Me Jean de Laufelergues, docteur ez loix, &
« affeffeur des confuls & habitants de Montpelier; lequel, en préfence &
« affiftance d'egregiez & honorables perfonnes, Me Euftache Philippy,
« docteur ez droits; Guillaume Dumas, bourgeois; Guillaume Solu,
« notaire; Jean Verchant, François Bonneterre & Antoine Serres, confuls;
« par-devant moy, Pierre de Nemaufe, clerc de meffeigneurs Jean de
« Cezelli, premier préfident en la chambre des comptes, & Pierre de Paniffe,
« préfident en la cour de noffeigneurs les generaux, commiffaires députez
« par le roy, à vendre fon domaine, rentes & autres droits à lui appar-
« tenants, par édit donné à Fontainebleau au mois de décembre 1551.

« Parlant à la perfonne de Me Jean de la Volhe, bourgeois & baille
« ordinaire, eflu la préfente année, felon les coûtumes de ladite ville, trouvé
« audit confiftoire de ladite cour, faifant les actes de juftice, fuivant fa
« charge, & au juge-lieutenant, capitaine & autres officiers eflus par ledit
« baile.

« Aufquels ayant rappellé l'ancien ufage de Montpelier pour l'élection
« du baile, & le changement ordonné par le roy depuis l'achapt de la jurif-
« diction que la ville en avoit faite, ils requirent ledit la Volhe qu'il fût
« fon plaifir de vouloir délivrer & laiffer le bafton & exercice de ladite cour.

« A quoi ledit de la Volhe, baile, tant pour luy que fes officiers, déclara
Page 263. « ne * vouloir contrevenir aux ordres du roy; &, pour ce faire, a délivré

« la baguete ou baston de sa justice ordinaire, que les bailes de Montpelier
« ont accoûtumé de porter en signe de justice, durant leur année, entre les
« mains desdits consuls; & alors iceux consuls, avec leurs robes & chape-
« rons rouges, se sont mis en possession réelle, actuelle & personnelle,
« s'étant par ordre assis à la place & siége où se tiennent les causes civiles;
« & en aprez, où se traitent les causes criminelles, tenant l'audience d'icelle
« cour publiquement; & administrèrent tous actes de justice ordinaire &
« autres, tant en justice que police.

« Fait & passé par moy, notaire, Pierre de Nemauso. Témoins : Charles
« Jayot, Gaspard Mariote, Jean de Combes, Guillaume Verchant, marchand;
« Me Jean Boyer, licentié ez droits; Estienne Ranchin, Jean Martin, doc-
« teurs ez droits, & Jean Baraton, notaire audit Montpelier. »

1552.

CHAPITRE SECOND

I. Guerre ouverte entre Henry II & Charles-Quint. II. Bureau des trésoriers de France établi à Montpellier. III. Etablissement d'un siége présidial. IV. Procès au sujet de la supression de la rectorie. V. Qui donne lieu à l'établissement du viguier & du juge ordinaire.

LA ligue que le roi avoit faite avec les protestans d'Allemagne com- I.
mença d'agir avec succès dès le printems de l'année 1552. Le duc
Maurice, qui combatoit contre Charles-Quint pour la délivrance du
lantgrave de Hesse son beau-pere, marcha avec tant de celerité, qu'il s'en
falut bien peu qu'il ne surprît l'empereur à Inspruk. Il falut même qu'il se
sauvât la nuit fort honteusement, &, tout éperdu, fuyant en Carinthie,
jusque sur la frontière des Venitiens, avec tant de frayeur qu'il fut quelques
jours sans pouvoir se reconnoître.

De son côté, le roi Henry II entra dans la Lorraine, où il se saisit du
jeune duc Charles, neveu de l'empereur, qu'il emmena en France, où il le
fit nourrir avec le dauphin. Et parce qu'on publioit que son oncle devoit
s'emparer de ses états, pour avoir une entrée plus libre dans le royaume,
Henry II le prévint & s'empara des villes de Metz, Toul & Verdun, qui,
depuis, sont toûjours demeurées à la France.

Après ce premier coup, le roi alloit en porter un plus grand en Alsace,
lorsque les princes d'Allemagne prirent jalousie de ses armes. Les liguez
écoutèrent les propositions de paix que l'empereur leur fit faire; & Maurice,

1552.

ayant obtenu la délivrance du lantgrave son beau-pere, & la liberté évangelique qu'il demandoit pour les protestans, signa le fameux traité de Passau sans la participation du roi son allié.

Cette paix mit l'empereur en état de faire une rude guerre à la France. Il regardoit comme un des plus grands affrons qu'il pût recevoir, que dans le tems qu'il paroissoit le plus puissant, les trois villes de Metz, Toul & Verdun eussent été démembrées de l'empire. Il crut qu'il y alloit de sa reputation de les reconquérir dans l'année même; & sans considerer que la saison étoit déja fort avancée, il vint, avec une armée de cent mile hommes, mettre le siège devant Metz, le 18e d'octobre.

La place, quoique foible & mal remparée, fut défenduë par François, duc de Guise, qui avoit avec lui grand nombre de princes & de seigneurs, avec toute la fleur de la noblesse; il soûtint, durant deux mois, les efforts de Charles-Quint & le grand fracas d'artillerie qu'il y fit, sans oser néanmoins aller à l'assaut; enfin, la valeur des François, jointe à la rigueur de l'hiver, qui fut extrême cette année-là, obligérent l'empereur de lever ce siège, après y avoir perdu trente mile hommes.

II. Dans cette même année, on mit en execution à Montpellier l'édit du roi
PAGE 264. * Henry II, donné dès l'année précedente, par lequel il érigeoit les recettes generales des finances en bureaux des tréforiers de France. Il fut établi deux officiers dans celui de Montpellier, & le roi fit union de leurs charges avec celles des generaux de finances, comme il résulte des lettres raportées par
Tom. 1, pag. 794. Escorbiac, dans lesquelles le roi Henry III rapella toute cette disposition du roi son pere. Je ne sçai si ce nouveau titre de tréforiers generaux de France n'occasionna pas le changement qui fut fait à celui de la cour des generaux,
Philippy, pag. 25. qui fut appellée, depuis, cour des aides, car nous voyons dans l'édit de Sedan, du mois de juin 1552, que le roi Henry II, en confirmant cette compagnie, l'appelle cour des aides; ce qui a continué depuis.

III. Pendant que le roi s'étoit approché jusqu'à Reims pour y donner ordre à la défense de Metz, les habitans de Montpellier obtinrent de lui des lettres patentes pour l'établissement d'un siége présidial dans leur ville. La nouvelle création de ces tribunaux leur en fit naître la pensée, afin de n'être pas obligez de recourir à Nîmes ou à Beziers; & parce qu'en établissant un nouveau siége à Montpellier, il faloit necessairement démembrer le ressort des présidiaux ordonnez dans les villes du voisinage, les députez de Beziers & de Nîmes suivirent ceux de Montpellier pour former leurs oppositions devers le roi.

La chose resulte de l'expositif des lettres patentes d'Henry II, qui marque l'époque de ces nouveaux établissemens, les raisons qu'employérent les

Livre quatorziéme.

consuls de Montpellier pour appuyer leurs demandes, & les impugnations de leurs parties.

Le roi y dit : « Qu'ayant ordonné, par l'édit du mois de janvier de la
« même année, qu'il feroit établit des siéges préfidiaux dans les provinces
« de son royaume, en tels lieux & endroits qu'il verroit être plus utile pour
« ses sujets. Et par autre édit du mois de mars de la même année, il
« auroit establi un préfidial dans les villes de Touloufe, Carcaffonne,
« Nimes & Beaucaire, ordonnant que le gouvernement de Montpelier
« ressortiroit au siége préfidial de Beziers.

« Les consuls de Montpelier, avant l'execution de cet établiffement,
« auroint fait repréfenter au roy que la ville de Montpelier estant la
« seconde de la province (*a*) (en laquelle de tout temps y avoit siége
« préfidial ressortissant au parlement de Touloufe), tant les officiers de
« l'univerfité en droit, qui y est fameuse, que la cour des generaux des
« aydes, chambre des comptes, siége épiscopal, recette generale des deniers
« du roy, batterie des monoyes, lesquels sont tous personnages d'authorité,
« & qui feroint tous grandement incommodez, s'ils étoint contraints
« aller pourfuivre leur procez en la ville de Beziers, il plût au roy créer,
« ériger & establir un siége préfidial audit Montpelier.

« Sur quoi (ajoûte le roi) oüys le lieutenant criminel, & aucuns des
« conseillers du préfidial de Beziers; ensemble, les consuls & autres députez
« du siége préfidial de Nifmes, en tout ce qu'ils ont voulu déduire &
« alleguer, nous, par ces préfentes, créons, érigeons & establissons un siége
« préfidial en la ville de Montpelier; & en icelle, outre le juge-mage &
« lieutenant principal, clerc & particulier, avons commis sept conseillers
« de nouveau, & un greffier d'appaux en chef & titre d'office, pour juger
« en dernier ressort & fouveraineté de toutes matiéres, ez cas des édits,
« avec tous priviléges, franchifes, authoritez, comme les siéges préfidiaux
« du pays de Languedoc, & tout ainfi que si par édit du mois de mars
« dernier le siége eust esté créé audit Montpelier.

« Auquel ressortiront, avec son ancien ressort, l'univerfité du lieu, les
« siéges de la rectorie dite Part-Antique, & petit-scel de Montpelier, les
« vigueries de Sommieres, Aiguemortes & Lunel, baillage de Sauve, Le
« Vigan, Aimargues, Maffillargues & Galargues, leurs appartenances &
« dépendances, & tout ce qui étoit du greffe, tablier ou banque de Som-

1552.

(*a*) Il faut entendre ces paroles de la cour du gouvernement, dont on appelloit au parlement de Touloufe, comme on le verra plus amplement sur la fin de ce volume, dans l'article des jurisdictions anciénes de Montpellier.

« mieres (*a*), excepté le lieu & baronie du château de Vauvert. Donné à
« Reims, au mois d'octobre 1552. »

* Dès le commencement de 1553, Charles-Quint, voulant se venger de l'affront qu'il avoit reçû à Metz, fit attaquer Teroüanne, où l'on compte qu'il fit tirer cent quarante-deux mile coups de canon. François de Montmorency, fils du connétable, qui la défendoit, voyant tous les remparts mis en poudre, commença de capituler; mais n'ayant pas pris la précaution de faire tréve, les énemis forcérent la bréche & passérent tout au fil de l'épée; sa personne, néanmoins, & celle de quelques autres capitaines françois furent épargnées par les Espagnols, en reconnoissance du bon traitement que le duc de Guise leur avoit fait à la déroute de Metz. Mais la ville de Teroüanne fut entiérement démolie en cette occasion; & le titre de son évêché ayant été depuis suprimé, on en partagea le territoire entre ceux de Boulogne & de St-Omer.

Après cette expedition, l'empereur donna la conduite de son armée à Philibert, fils de Charles, duc de Savoye, qui prit Hesdin sur les François, & fatigua si fort le connétable durant toute cette campagne, qu'il ne put rien entreprendre de considerable, quoiqu'avec une armée de plus de soixante mile hommes.

IV. Au milieu de tous ces mouvemens, le roi termina le procès qu'avoit fait naître à Montpellier la supression de la baillie & de la rectorie. Pour l'intelligence de ce fait, qui n'est pas des moins interessans pour nôtre histoire, il est à observer que de ces deux charges l'une étoit à vie, & l'autre changeoit tous les ans. De là vient que Jean de la Volhe, dernier bailli, ne fit aucune dificulté de remettre aux consuls la baguette qu'il portoit en signe de juridiction dans l'année de son exercice. Mais le recteur & ses officiers, qui étoient à vie, firent naître de plus grandes dificultez, car ils demandérent une indemnité pour la charge qu'ils avoient prise sur la bonne foi publique, pour toute leur vie, & à laquelle ils avoient donné tout leur tems & tous leurs soins. L'affaire ayant été portée au conseil privé, elle y traîna jusqu'au premier de juillet 1553, où il fut donné un arrêt d'expedient portant qu'Antoine du Robin, recteur de la Part-Antique, & Jean Bernard, juge de ladite rectorie, continuëroient, avec survivance l'un à l'autre, l'exercice de leurs charges, qui resteroient suprimées après la mort de tous les deux, & réunies à la charge de viguier nouvellement établie.

Mais parce que les consuls avoient toûjours eu droit d'intervenir à

(*a*) Vauvert, qui avoit toûjours ressorti à Nimes, est excepté dans les lettres du roi Henry II de la juridiction de Montpellier.

l'élection du bailli, & qu'ils venoient d'acquerir les droits feigneuriaux de la ville, le roi voulut attacher à leur place cette nouvelle charge de viguier, en ordonnant que le premier conful, & les uns en l'abfence des autres, tiendroient cet office au nom du feigneur. Donné à Compiegne, au mois de juillet 1553.

1553.

Cet édit ne put être executé (comme nous le verrons) que fur la fin de cette année. Cependant, le maréchal de Briffac commandoit nos troupes dans le Piémont, où les François & les Efpagnols s'exerçoient par plufieurs combats, entreprifes & fiéges de petites places, mais fans aucun fuccès qui décidât des affaires. Le portrait que l'on a fait du bon ordre qu'il établit alors parmi fes troupes eft fi beau, qu'il m'a paru meriter de trouver ici fa place, puifqu'on ne peut affés rapeller les grands exemples : « Le « foldat, même en païs de conquête (dit Mezeray), n'ofoit rien prendre « que de gré à gré ; les rançons eftoient reglées, de part & d'autre, felon « la fonction & la charge de ceux qui eftoient pris ; la guerre ne fe faifoit « point au villageois ni au marchand, mais feulement à ceux qui por-« toient les armes ; le payfan, fans crainte, labouroit entre les deux camps, « & regardoit de fur fa porte les compagnies qui fe batoient dans fon « village. »

Dans ce même tems mourut Edoüard, roi d'Angleterre, fils de Henry VIII & de Catérine d'Aragon, qui laiffa fon royaume à Marie fa foeur. Elle fut auffitôt recherchée par l'empereur, afin d'acquerir par ce mariage le royaume d'Angleterre à fon fils Philipe, dont les ayeux avoient acquis, par un femblable moyen, les plus beaux états de l'Europe. Le roi de France, à qui l'agrandiffement de la maifon d'Autriche devoit faire ombrage, traverfa ouvertement la recherche de Charles-Quint ; & tandis que fes ambaffadeurs agiffoient dans cette vûë, il mit la derniére main à l'affaire qui trainoit à Montpellier au fujet de la viguerie.

Comme il avoit ordonné que cette charge feroit fur la tête d'un homme de * robe courte, il établit auffi que la juftice feroit adminiftrée par un juge ordinaire ; ce qui a duré jufqu'à nos jours. Et parce que l'arrêt intervenu le 1er de juillet n'avoit pas encore été executé, il donna des lettres à Fontainebleau, le 27e décembre, portant commiffion au premier confeiller de fon grand confeil qui en feroit requis, ou de fa cour du parlement de Touloufe, où à l'un de fes generaux de la juftice des aides, féant à Montpellier, de mettre à execution l'édit perpetuel & irrevocable par lequel, « fur l'humble « fuplication des confuls, il ordonne que le premier conful, & les autres à « fon abfence, tiennent l'eftat & office de viguier de la ville (par lui « nouvellement créé & érigé), enfemble de la Part-Antique, auparavant

V.

Page 266.

1553. « appellée la Rectorie, & village d'icelle, aux gages, émolumens & autorité
« que ont accoûtumé les autres viguiers du pays de Languedoc. »

1554. Nos consuls ayant reçû ces lettres du 27ᵉ décembre, ne purent les faire mettre en execution qu'en janvier 1554. Ils allérent, pour cet effet, le préfenter (comme porte le procés-verbal) le 5ᵉ de ce mois dans la maifon d'habitation de meffire Guillaume de Laufelergues, docteur és droits, feigneur de Candillargues, confeiller du roi, general en la cour de fes aides, féant à Montpellier ; & lui ayant préfenté les lettres données à Fontainebleau le 27 décembre 1553, le requirent, pour l'execution d'icelles, leur octroyer des lettres pour appeller le procureur du roi & autres qui pourroient y avoir interêt.

« Et nous, commiffaires (ajoûte l'acte), recevant avec honneur ladite
« commiffion, avons accordé lettres, pour appeller ceux qui y prétendent
« interêt, au lundy fuivant, huitiéme de janvier; & ledit jour, à l'entrée de
« la cour des generaux & fale d'icelle, font comparus Mᵉ François Durand,
« docteur ez loix, Mᵉ Chriftophle Brogerie, & Mᵉ Antoine d'Arles, procu-
« reur en ladite cour des generaux, premier, fecond & tiers confuls de
« ladite ville, qui nous ont requis vouloir nous tranfporter en l'audience
« du confiftoire de la cour ordinaire de Montpelier, qu'on a par ci-devant
« appellée la cour du baile, pour executer ledit édit. »

Mᵉ Jean Bouffuges, procureur du roi au gouvernement de la ville, fe trouvant alors abfent, on avoit pris la précaution d'ajourner Mᵉ Jean de Rate, avocat du roi, qui promit de s'y rendre, &, de ce pas, le commiffaire & l'avocat du roi, étant paffez à l'hôtel-de-ville, trouvérent les confuls ayant leurs robes & chaperons en la forme accoûtumée, avec grand nombre de notables qui les accompagnérent à la cour ordinaire, dite la cour du baile, où le commiffaire étant monté au fiége & tribunal de ladite cour; & les confuls demeurant à la barre du confiftoire, leur affeffeur, Etiéne Ranchin (le même dont nous avons le livre des décifions du droit), fit un difcours fur le fujet qui les affembloit, dans lequel il rapella en abregé toute l'hiftoire des deux jurîdictions de la baillie & de la rectorie, pour en venir à l'établiffement de la cour ordinaire du viguier, ordonnée par ce nouvel édit.

Comme ce difcours peut fervir à nous donner une idée plus jufte de nos jurîdictions anciénes & modernes, je vais donner, dans le chapitre fuivant, un précis de ce que l'affeffeur des confuls dit dans cette occafion.

CHAPITRE TROISIÉME

I. Prise de possession, par les consuls, de la charge de viguier. II. Divers évenémens en Europe, qui influent dans ceux du royaume. III. Prise du connétable à la bataille de Saint-Quentin. IV. Le duc de Guise repare ses pertes. V. Paix entre la France & l'Espagne. VI. Mort d'Henry second.

ETIÉNE Ranchin dit : « Qu'il y avoit eu ci-devant deux diferentes « cours à Montpelier, dont l'une, appellée vulgairement la cour de « la Part-Antique, avoit jurisdiction sur certains villages, & estoit « gouvernée par un recteur, un juge, deux lieutenans, dont l'un estoit « clerc & l'autre laïque, l'appellation desquels ressortoit au senéchal de « Beaucaire, ou à son lieutenant, au siége de Nismes.

« L'autre cour estoit en un autre quartier de la ville, au gouvernement « d'icelle, où il y avoit un bailly, homme de robe courte, & habitant de la « ville de Montpelier, qui estoit élû tous les ans par les consuls & par le « gouverneur. Il avoit droit de nommer lui-même son juge & son lieute- « nant de juge, avec un capitaine du guet, pour l'execution de ses ordon- « nances; & tous les jugemens rendus, tant par le juge que par son lieu- « tenant, ressortoient au gouverneur de Montpelier. »

Il ajoûta : « Que cette diversité de jurisdictions dans une même ville « avoit porté le roy à les supprimer par son édit du 15ᵉ de septembre 1551, « & ordonné que toute la justice ordinaire de la ville & des villages de la « rectorie seroit exercée en un seul lieu, par un seul juge ordinaire, & sans « division, dans le même consistoire où le bailly avoit accoûtumé de seoir; « & que les appellations de ce nouveau juge ressortiroient par-devant le « gouverneur de Montpelier, ou son lieutenant, & d'iceux au parlement « de Touloufe.

« A quoy les consuls s'estant opposez avec Mᵉ Jean Bernard, juge de la « rectorie, leur opposition fut mise à néant par arrêt du privé conseil du « premier juillet 1553, qui ordonna que l'édit de suppression sortiroit son « entier effet; & qu'à la nomination desdits gouverneur & consuls, seroit « par eux créé un viguier perpetuel, qui seroit de robe courte.

« Mais, d'autant que les consuls avoient acheté du seigneur roy toute la « seigneurie de Montpelier dans le mois de mars 1552, & que l'office de

I. 1554.

« baile fouloit appartenir aux fufdits confuls, ils fuppliérent le roy qu'en
« recompenfe de cet office fupprimé, il luy plût ordonner que le premier
« conful, & les uns en l'abfence des autres, felon leur rang, tiendroient
« l'office de viguier au nom du feigneur; ce qui leur ayant été accordé par
« lettres patentes, données à Compiegne au mois de juillet 1553, ledit
« Ranchin, affeffeur, conclut à l'execution defdites lettres.

« L'avocat du roi, Jean de Rate, ayant confenti & conclu comme
« l'affeffeur, M. de Laufelergues, commiffaire, ordonna que les lettres de fa
« commiffion feroient lûës avec le *vidimus* de Pierre de Bourdic, confeiller
« & valet de chambre ordinaire du roy nôtre fire, & pour lui gouverneur
« de la ville & baronie de Montpelier, Lates & Omelas, qui certifie que lui
« ou fon lieutenant fouffigné ont vû les lettres patentes du roy, contenant
« établiffement du don de viguier, pour eftre tenu perpetuellement par les
« confuls de Montpelier.

« De quoi lecture ayant été faite, le fufdit commiffaire, du confentement
« de Jean de Rate, avocat du roy, ordonne l'execution des lettres patentes;
« & en confequence, après avoir reçû le ferment des fix confuls, fçavoir :
« François Durand, Criftofle Brogerie, Antoine d'Arles, Guichart, Gibert
« & Beffeire, il les mit en poffeffion & faifine, l'un en l'abfence de l'autre,
« & par ordre, dudit office de viguier, en les faifant affeoir l'un aprez
« l'autre, au coin où * avoit accoûtumé tenir fon fiége le baile de ladite
« ville, qui fouloit eftre par ci-devant.

« Fait & publié au confiftoire & audience de la viguerie ordinaire de
« Montpelier. Préfens : Jean de Jaule, licentié ez loix; Jean de Convers,
« receveur de Montpelier; Pierre Focard, Jean Magni, Pierre Patris, Pierre
« Verchant, Laurent Cofte, & quantité d'autres. »

II. Cette affaire ayant été terminée de la forte, on ne parla plus à Montpellier de nouvelles créations d'offices, comme on avoit déja fait durant ce regne; mais on s'y occupa plus tranquilement des grands évenémens qui arrivérent dans l'Europe, & qui influérent beaucoup dans les affaires du royaume.

Le premier eft le mariage de Philipe, fils unique de l'empereur Charles-Quint, avec Marie, reine d'Angleterre, qui fut figné par procureurs le 9e de juin, & confommé le 25 de juillet. Le roi, qui n'avoit pû empêcher ce mariage, rompit une efpéce de fufpenfion d'armes où il vivoit depuis quelque tems avec l'empereur; & il mit fur pié une armée de cinquante mile hommes, avec laquelle il prit Marienbourg, Bovines & Dinan. Aprés quoi, ayant ravagé le Brabant, le Haynaut, le Cambrefis & le païs de Namur, il vint affiéger le château de Renty. C'eft là où Charles-Quint fit son dernier exploit de guerre, car ayant eu du dessous dans un rude combat qui s'y donna le 13ᵉ d'août, il prit la resolution de quiter le fardeau des affaires; ce qu'il executa l'année d'après à Bruxelles, où, ayant assemblé les états des Païs-Bas le 25ᵉ d'octobre, il créa son fils chef de l'ordre de la Toison; puis il lui resigna la seigneurie de ses provinces; & un mois après, dans la même ville, il lui ceda et remit tous ses autres royaumes & seigneuries, tant en Europe que dans le nouveau monde. 1554. 1555.

Cet événement avoit été précédé de la mort de Jules III & de celle de Marcel II, son successeur, qui, n'ayant tenu le saint siége que vingt & un jours, laissa cette place au cardinal Jean-Pierre Caraffa, sous le nom de Paul IV. Ce pape, quoiqu'âgé de quatre-vingt et un ans, mit toute l'Italie en feu par la haine de ses neveux contre les Colomnes. Comme il ne pouvoit rien entreprendre avec ses seules forces, il eut recours à la protection de la France, & la France eut la facilité de donner dans ses beaux projets pour la conquête du royaume de Naples. François, duc de Guise, fut nommé pour commander l'armée que le roi lui envoya. Il prit Valence sur les Espagnols, qui lui avoient refusé le passage, d'où il auroit pû s'emparer du Milanés, qui étoit épouvanté & dégarni de troupes; mais les ordres de la cour & les artifices des neveux du pape lui firent perdre cette belle occasion; il s'avança jusqu'à Rome, où il fut reçu avec de grands honneurs; mais il ne s'y trouva rien de prêt, & à peine eut-il fait sa première tentative sur le royaume de Naples, que les Caraffes crièrent à son secours, parce que le duc d'Albe étoit entré avec ses troupes dans les terres de l'Eglise. Le duc de Guise étant revenu sur ses pas pour chasser le duc d'Albe, commençoit à travailler sans succés, lorsqu'il reçut, pour son bonheur, la nouvelle de la malheureuse journée de Saint-Quentin. 1556. 1557.

Cette époque, mémorable pour le Languedoc, à cause de la prise du connétable de Montmorency, son gouverneur, mérite bien d'être touchée ici en passant. Dans le tems que le duc de Guise entroit en Italie, l'amiral de Coligny, neveu du connétable, eut une petite armée pour couvrir la Picardie, dont il étoit gouverneur; il courut tout le païs d'Artois, afin de tenir éloigné le duc de Savoye, gouverneur des Païs-Bas, qui, feignant de son côté d'attaquer diverses places, tantôt d'un côté, tantôt d'un autre, vint tout-à-coup, le 3ᵉ du mois d'août, se rabatre devant Saint-Quentin, qui étoit dégarni d'hommes & mal fortifié. L'amiral de Coligny n'eut que le tems de se jeter dedans, au travers du camp des ènemis, avec sept ou huit cens hommes; sa reputation & sa valeur servirent quelque tems de rempart à la place, qui, sans cela, n'eût pas duré vingt-quatre heures. On tenta diverses fois de lui donner du secours, & le connétable, son oncle, s'en

III.

1557.

approcha pour y jeter des troupes [1]; mais cela se fit avec tant de précipitation, qu'à peine entra-t-il dans la place cinq cens hommes avec d'Andelot, frere de l'amiral.

Page 269.

* Le connétable, se retirant en plein jour à la vûë de l'énemi, fut chargé si brusquement par le duc de Savoye, qu'il n'eut pas le loisir de donner ses ordres. Sa cavalerie fut mise en déroute, & son infanterie toute massacrée; il fut fait prisonnier lui-même avec Montberon son jeune fils, & les ducs de Montpensier & de Longueville; six cent gentilshommes y périrent avec Jean de Bourbon, duc d'Enguien; les prisonniers furent au nombre de quatre mile, sans que les énemis perdissent plus de cent hommes. Et le malheur de cette journée, qui est mise au rang de celles de Crécy & de Poitiers, jeta toute la France dans un si grand abatement, qu'on ne douta point que si Philippe II en eût crû le duc de Savoye, il ne fût entré dans Paris, comme il le pouvoit, & comme Charles-Quint supofa qu'il avoit fait, lorsqu'il apprit, dans sa retraite, la nouvelle de cette grande déroute.

Le bonheur que la France a éprouvé si souvent dans ses plus grands besoins, voulut alors que ses énemis lui donnassent le tems de se reconnoître. On ramassa tout ce qu'on put de troupes en Suisse & en Allemagne; on manda au maréchal de Brissac d'envoyer une partie de ses vieilles compagnies; & au duc de Guise que, toutes affaires cessantes, il eût à revenir avec son armée. Cet ordre le dégagea fort à propos de l'entreprise où il étoit engagé dans les terres de l'Eglise, & son arrivée en France sembla avoir ramené le courage au conseil du roi & à ses troupes fugitives. On lui donna le titre de lieutenant general des armées du roi, dedans & dehors le royaume; &, en cette qualité, il alla à Compiegne rassembler l'armée; ainsi, le malheur de la France fut son bonheur, & l'abaissement du connétable son exaltation.

1558.

IV. Cependant, le roi, à qui il ne manquoit que de l'argent, assembla les états à Paris le 6e du mois de janvier 1558, qui lui accordérent trois milions. On le fit avec d'autant plus de plaisir qu'on apprit dans ce même tems la prise de Calais par le duc de Guise. Peu de mois après, on sçut qu'il avoit encore pris la ville de Guines & celle de Hames, par où les Anglois étoient entiérement chassez de France, sans qu'il leur restât un seul pouce de terre. L'on se hâta d'en donner la bonne nouvelle à tous les François, & nos annales marquent que le roi en écrivit à son lieutenant general en Lan-

---

1 Var. : *Et à la fin le connestable, son oncle, s'en approcha & passa la Somme avec toute l'armée du roy pour y en faire entrer une partie, mais cela, etc.*

guedoc, où l'on fit de grandes démonſtrations de joye pour le recouvrement de Calais, qui étoit ſorti de nos mains depuis deux cent dix années.

1558.

Cet heureux ſuccès reveilla tous les envieux du duc de Guiſe, qui cherchérent à diminüer ſa gloire en attribüant à d'autres le premier deſſein de ſon entrepriſe. Mais ils eurent la bouche fermée lorſque, ſur la fin du printems, il eut emporté la forte place de Thionville, qui mettoit la ville de Metz à couvert, & étendoit nos frontiéres de ce côté-là. Dès lors, il ſe forma contre ſa maiſon un parti contraire, dont nous verrons les funeſtes effets ſous les regnes ſuivans; & l'on ſe preſſa d'autant plus de ſe liguer contre lui qu'il venoit de porter ſon autorité plus haut par le mariage de ſa niéce Marie Stüard, reine d'Ecoſſe, avec le dauphin. Les nôces en avoient été ſolenniſées à Paris le 24ᵉ d'avril; & les ambaſſadeurs de France haranguérent ſi bien les états d'Ecoſſe, qu'ils accordérent au dauphin la couronne & les autres ornemens royaux; ce que les Anglois avoient refuſé à Philipe. D'où vient que nos annales, en parlant de ce prince, l'appellent depuis ce tems-là le roi dauphin.

Peu de jours auparavant, Ferdinand, frere de Charles-Quint, avoit été élevé à l'empire par la démiſſion de ſon frere, qui finit ſes jours le 21ᵉ de ſeptembre de cette même année dans le monaſtére de Saint-Juſt, où il s'étoit retiré.

Philipe, ſon fils, & Henry II étoient alors l'un prés de l'autre, avec les deux plus grandes armées qu'on eût vû de tout ce ſiécle; ils paſſérent trois mois en cet état, ſans faire ſeulement une eſcarmouche; & pendant ce tems, le connétable, qui étoit ſorti de ſa priſon, diſpoſa l'eſprit de ſon maître à une paix dont il étoit déja convenu des articles avec les Eſpagnols. La reſtitution de Calais y mettoit le plus grand obſtacle, parce que la reine Marie vouloit le ravoir, & le roi le retenir. Mais la mort de cette princeſſe étant arrivée le 15ᵉ de novembre 1558, Elizabet, qui lui ſucceda, craignant de n'être pas compriſe dans * cette paix, envoya ſes députez à Cateau-Cambreſis, où elle fut concluë ſur la fin de janvier 1559.

Page 270.

1559.

Par ce traité, les deux rois confirmérent celui de Creſpy & les précedens; ils ſe rendirent reciproquement tout ce qu'ils s'étoient pris depuis huit ans. Le roi remit le duc de Savoye dans ſes états, en ſe réſervant quelques places. Il lui donna ſa ſœur Marguerite avec trois cent mile écus d'or; ſa fille Iſabelle au roi Philipe, avec quatre cent mile; & il quita au duc de Florence tout ce qu'il tenoit en Toſcane, & aux Genois ce qu'il avoit dans l'iſle de Corſe. Dès lors, on changea de maxime de gouvernement pour les affaires d'Italie & pour l'alliance des Turcs, car on reſolut, pour le premier, de ne s'en plus mêler du tout, &, pour l'autre, d'y renoncer comme à une

1559.

chose funeste à la chrêtienté, honteuse à la France, & préjudiciable en ce qu'elle lui ôtoit toute la confiance des princes d'Allemagne. Ainsi, dans peu de mois, les François se défabusérent entiérement d'une guerre qui avoit occupé sans relâche quatre de nos rois : je veux dire Charles VIII, Loüis XII, François Ier & Henry II, qui avoient fait passer tant de miliers de François en Italie, où ils trouvérent leur tombeau ; tant il est vrai que toutes les passions ont leur période, & que chaque siécle se fait un objet nouveau dans le mouvement continüel où il veut s'entretenir. Nous allons voir celui qui ne tarda point de s'élever dans le cœur du royaume, & qui fut encore beaucoup plus funeste que les guerres d'Italie ; mais il faut, auparavant, raconter la mort tragique qui en accélera les malheurs.

Henry II, dans les premiéres douceurs de la paix qu'il venoit de signer, ordonna de grandes fêtes pour les mariages qu'il avoit à faire de sa fille & de sa sœur. On dressa, pour cet effet, des lices dans la rue Saint-Antoine, où l'on devoit faire des tournois & des carrousels. Le roi s'y exerça les deux premiers jours avec beaucoup d'adresse ; mais le troisiéme, qui étoit le 30e de juin, après avoir rompu plusieurs lances, il voulut encore joûter la visiére ouverte contre le comte de Montgommery, fils du seigneur de Lorges, l'un de ses capitaines des gardes du corps. Le comte s'en étant excusé, le roi le voulut absolument. Or, il arriva que ce seigneur ayant rompu contre son plastron, l'atteignit encore au-dessus du sourcil de l'œil droit du tronçon qui lui restoit à la main.

Le coup fut si grand, qu'il le renversa par terre & lui fit perdre la connoissance & la parole, qu'il ne recouvra jamais plus. Il vêcut néanmoins encore plus de onze jours, & ne rendit le dernier soupir que le 10e de juillet, dans la quarante-uniéme année de sa vie & la treiziéme de son regne, laissant sa couronne à François II, son fils aîné, âgé seulement de seize ans.

CHAPITRE QUATRIÉME

I. Calvinistes en France. II. Leurs commencemens à Montpellier. III. Ils s'y montrent à découvert dès la mort d'Henry II. IV. La jalousie des grands du royaume fomente leurs progrès. V. Ils publient des libelles qui disposent aux premiers troubles.

I. La paix que Henry II avoit concluë quelques mois avant sa mort laissoit un grand nombre de troupes congediées, qui, n'ayant aucun emploi, se trouvoient toutes disposées à prendre parti avec les premiers chefs qui voudroient les employer. La jalousie qui augmentoit entre les premiers feigneurs de la cour leur preparoit de l'emploi ; mais il faloit un prétexte à ces mêmes feigneurs pour fe mettre en mouvement.

1559.

Les nouveaux fectaires qui s'étoient élevez dans l'Europe depuis le commencement de ce fiécle leur en fournirent bientôt le prétexte. Toute la cour fut divifée à leur fujet, &, après plufieurs intrigues, on en vint à des guerres civiles, * qui firent verfer à la France beaucoup plus de fang qu'elle n'en avoit répandu dans les guerres d'Italie.

Page 271.

Il eft neceffaire de faire connoître ces nouveaux fectaires, avant que de parler des feigneurs qui prirent parti pour ou contre, & qui, fous prétexte de religion, entretinrent les François dans la fureur & la rage les uns contre les autres, & ravagérent les plus belles villes du royaume, parmi lefquelles Montpellier s'en reffentit plus que bien d'autres.

Tout le monde fçait que Martin Luther, religieux auguftin, ayant renoncé à fon état & débauché une religieufe, qu'il époufa publiquement en 1524, pervertit une grande partie de l'Allemagne en attirant à foi plufieurs princes fouverains par l'efperance des dépoüilles des benefices. Il gagna les moines & les prêtres libertins par fes déclamations contre les vœux monaftiques & contre le celibat des prêtres ; & enfin il groffit fon parti d'un grand nombre de gens de lettres, en rejettant l'autorité des conciles, de la tradition & des fupérieurs ecclefiaftiques, pour laiffer à fes difciples une liberté entiére de raifonner & de décider en matiére de religion.

Ils en profitérent fi bien qu'ils établirent, même du vivant de Luther, plufieurs diferentes fectes qui partagent encore, de nos jours, l'Allemagne & la Suiffe. Mais ceux de fes difciples qui vinrent en France donnérent occafion, dans ce royaume, à une nouvelle fecte, prefque autant diferente du lutheranifme qu'elle l'eft de l'églife romaine.

Jean Calvin, natif de Noyon en Picardie, en fut l'auteur. Après avoir pris à Paris, où il fit fes études, quelque teinture des erreurs de Luther, il acheva de fe gâter l'efprit à Bourges, auprès de Melchior Volmar, allemand, profeffeur de la langue grecque. Dès lors il commença de dogmatifer, ce qu'il alla continüer à Paris en 1533. Mais le lieutenant criminel (Jean Morin) ayant été pour le prendre au colége du cardinal Le Moine, où il logeoit, Calvin fut obligé de s'enfuir à Angoulême, & de là à Poitiers, où il gagna quelques magiftrats & un profeffeur en droit, qui quita fa chaire pour aller prêcher la nouvelle doctrine, & fe fit appeller Bon-Homme. On lui donna auffi le nom de Miniftre, tiré de celui de la miniftrerie, qui eft le nom de l'école de droit à Poitiers, où il enfeignoit avant fa nouvelle profeffion. Et c'eft de là qu'a tiré fon origine le nom de Miniftre, qui a été depuis commun à tous les prédicateurs de la religion prétenduë reformée.

1559.

Cette nouvelle religion étoit encore confonduë avec celle des lutheriens, contre lefquels le roi François Ier s'étoit déclaré fi hautement. L'exacte recherche qu'il en fit faire obligea Calvin de fe retirer à Bafle, où, ayant pris la hardieffe de lui dédier fon inftitution, il fit connoître diftinctement la nouvelle fecte qu'il avoit formé dans le royaume, & qui attira fur fes partifans des ordonnances très-rigoureufes.

Ils n'oférent fe montrer à découvert fous le regne de ce prince, non plus que dans les premiéres années de Henry fecond. Mais la malheureufe bataille de Saint-Quentin ayant été perduë en 1557, ils crurent devoir profiter des malheurs de la France, & ils parurent pour la première fois en plein jour, à Paris, dans le Pré-aux-Clercs, pour y chanter les pfeaumes qu'ils avoient fait traduire en françois par Clement Marot, valet de chambre du roi.

Cette première tentative, qui ne put être réprimée affés tôt, à caufe du trouble general où fe trouvoit le royaume, leur donna le courage & la facilité de répandre leur doctrine dans les provinces, où ils trouvérent les éfprits d'autant mieux difpofez qu'on y étoit perfuadé du befoin d'une reformation, qu'ils prenoient foin de faire fonner fort haut; car je ne puis le diffimuler pour la verité de l'hiftoire, & comme les fuites ne le firent que trop voir, que l'ignorance & les mauvaifes mœurs de beaucoup de gens d'églife avoient affoibli dans le cœur des peuples l'eftime & l'amour de

II. leur anciéne religion. Les nouveaux fectaires fe firent alors, dans Montpellier, beaucoup de partifans fecrets, &, dans l'efpace de dix-huit mois, ils y groffirent confiderablement leur nombre par les divers motifs qui pouvoient agir fur des perfonnes en qui leur anciéne religion * étoit fort affoiblie. C'eft-à-dire que l'abolition des dîmes fut un puiffant motif pour la plûpart du monde, & particuliérement pour les feigneurs de terre, qui pouvoient plus aifément envahir les biens ecclefiaftiques. La fupreffion du carême, des jours de jeûne & de la confeffion, étoit une amorce pour ceux qui vouloient goûter fans contrainte les plaifirs de la vie. L'amour de la nouveauté y engagea beaucoup de femmes, & ceux qui efpérent toûjours être mieux dans le changement crurent devoir embraffer un parti dont on faifoit beaucoup valoir le credit & l'autorité.

PAGE 272.

Lorfque ce nouveau parti fe crut affés fort dans Montpellier, ils refolurent tous enfemble d'y former une nouvelle églife à leur mode. Ils députérent à Nîmes, dans le tems que Henry II étoit occupé à conclurre la paix de Cateau-Cambrefis, & ils en firent venir celui qui a porté le nom de premier miniftre dans Montpellier. Il y arriva au commencement de février 1559, où il créa, le huitiéme jour, fes miniftres fubalternes; ce qui fit regarder ce jour, à nos premiers religionnaires, comme l'époque de leur établissement en cette ville.

1559.

« *Le huit de février 1559* (dit un ancien manuscrit huguenot que j'ai) *fut*
« *plantée l'églife de Montpelier par le fieur Guillaume Mauguet, miniftre de Nîmes.*
« Il conftitua pour diacre un François Maupeau, fon parent, avec Claude
« Formy, &, pour furveillant, George Crouzier, écolier en medécine,
« auquel ils donnérent pour adjoint un nommé Bonnail, bourgeois de la
« ville. »

Après ce premier établiffement, Guillaume Mauguet voulut aller rejoindre fon troupeau de Nîmes ; ce qui fit que ceux de Montpellier, defirant avoir un miniftre, firent partir pour Genéve le diacre Claude Formy, pour en demander un à Calvin lui-même. Malheureufement pour eux, il ne s'en trouva point alors à Genéve qu'on pût leur envoyer, mais on leur répondit par des bonnes efperances pour l'avenir, en les exhortant de ne pas épargner leurs priéres auprès de Guillaume Mauguet pour qu'il les vint vifiter de tems en tems. Il le fit, en effet, peu de tems après, pour venir inftaler le nommé Jean Chaffinon, ou de la Chaffe, qui leur fut envoyé de Genéve pour être miniftre à Montpellier. On l'introduifit fecrettement dans la ville, & il y prêcha de même, pendant quatre mois, dans la cave (comme on le marque) de la maifon de Mʳ Defandrieux. C'eft là où, durant leurs affemblées nocturnes, il prodiguoit au pape le nom d'antechrift, & qu'il exhortoit les affiftans « de fecoüer le joug rude & pefant de l'églife romaine, & de
« débroüiller l'évangile des épines & des tenébres dont on l'avoit envelopé,
« pour le faire briller dans un plus beau jour & dans tout fon éclat. »

Le fruit de toutes ces belles exhortations commença de paroître dès III. qu'on eut reçû la nouvelle de la mort de Henry fecond. Auffitôt ils crurent devoir fe procurer (comme ils difoient) la liberté des enfans de Dieu ; & en quitant les caves où ils s'étoient tenus jufqu'alors, ils allérent s'affembler, en plein jour, chez un nommé Didier Baudier. Les officiers de police, qui en furent avertis, s'y tranfportérent pour diffiper l'affemblée ; ce qui donna une fi grande frayeur au nouveau diacre Favy, qu'il gagna le toit de la maifon, par où il fe fauva ; mais le nommé Talard, greffier du confiftoire, Baudier, chez qui l'affemblée s'étoit faite, & un fellier, appellé Bergeiron, furent arrêtez pour avoir parlé infolemment, & conduits en prifon.

Cet acte de juftice, de la part des magiftrats, fut regardé par les nouveaux fectaires comme une action de violence qu'il faloit reprimer ; & pour faire voir qu'on trouveroit en eux une forte partie, ils s'attroupérent le foir même, au nombre de douze cens, à l'école mage (aujourd'hui l'hôpital Sᵗ-Eloy), dans la Blanquerie, où ils firent publiquement leur céne. Puis, afin qu'il ne manquât rien ce jour-là à toutes leurs folennitez, ils coururent à l'église de St-Mathieu, prés du colége de medécine, &, s'en étant fait ouvrir les portes de gré ou de force, ils placérent dans la chaire un de leurs prédicans, dont ils écoutérent le prêche avec la tranquilité qu'on peut imaginer après une pareille émeute.

Un jour que l'hôte du logis de la Colombe, avec quelques-autres de cette nouvelle secte, vinrent dans l'église de Nôtre-Dame des Tables, dans le tems qu'on y prêchoit, ils firent tant de bruit pour interrompre le prédicateur, que M^r * de Chaume, feigneur de Pouffan & premier conful, crut être obligé d'y accourir pour leur impofer filence; mais cet hôte eut l'infolence de lui donner un fouflet, fans aucun refpect pour fa perfonne ni pour la charge dont il étoit revêtu; & cette infulte, qui en un autre tems eût été punie des peines les plus févéres, refta en cet état, le confeil de ville s'étant contenté de déliberer qu'on en feroit des informations.

IV. On ne manquera point d'être furpris d'un renverfement fi fubit & fi outré dans Montpellier; mais on le fera moins quand on voudra confiderer la fituation où les affaires étoient alors à la cour, de qui les moindres mouvemens donnent le branle à ceux qui arrivent dans les provinces. La grande faveur du duc de Guife & du cardinal de Lorraine, fon frere, dont le premier venoit d'avoir l'intendance de la guerre, & le fecond celle des finances, excita l'envie & le mécontentement des feigneurs qui, dans les commencemens du regne de Henry II, en avoient obtenu les premiéres charges. Anne de Montmorency, connétable de France & grand-maître de la maifon du roi, avec Gafpard de Colligny, fon neveu, feigneur de Chatillon, amiral de France & gouverneur des provinces de l'Ifle-de-France & de Picardie, cherchérent à s'appuyer de plufieurs autres feigneurs, & principalement d'Antoine de Bourbon, roi de Navarre, & de Loüis, prince de Condé, fon frere. Les Guifes avoient de leur côté les maréchaux de St André, de Briffac & autres. D'abord, ce ne fut qu'une intrigue de cour pour le gouvernement; mais ceux d'entr'eux qui favorifoient la nouvelle religion encourageoient fous main ceux qui la profeffoient, pour s'en faire un appui dans leurs vûës particuliéres. Les principaux de ce parti furent les trois freres de Colligny, fçavoir: l'amiral, le cardinal de Beauvais, & d'Andelot, leur puîné, colonel general de l'infanterie françoife, qui, ayant gagné le prince de Condé, travaillérent enfemble à faire donner le gouvernement de l'état au roi de Navarre, pour en exclurre la reine-mere comme étrangere, & pour ôter aux Guifes le maniment des affaires.

V. Pour y difpofer les efprits, ils femérent plufieurs libelles qui tendoient à montrer: « que les rois ne doivent point être cenfez majeurs plûtôt que les

« autres hommes; que c'eſt aux états du royaume à leur donner un conſeil, 1559.
« & que les princes du ſang y doivent tenir le premier rang; que les loix
« de l'état n'y peuvent admettre ni les femmes, ni les étrangers; que les
« Guiſes n'étoient point naturels François, & que l'adminiſtration des
« cardinaux avoit toûjours été préjudiciable à la France. »

Tandis que les mécontens s'efforçoient de répandre ces nouvelles maximes, on mena le roi à Reims, où il fut ſacré le vingt-uniéme de ſeptembre, ſa ſanté n'ayant pas permis qu'on le fit plûtôt. Les Guiſes firent renouveller les anciens édits contre les novateurs, en vertu deſquels on fit pluſieurs executions à Paris. Alors leurs téologiens les aſſurérent qu'ils pouvoient prendre les armes pour leur défenſe ſeulement; & nous verrons par les ſuites juſqu'où ils pouſſérent ce conſeil. Voilà quelle fut la cauſe des premiéres entrepriſes qu'ils firent, comme nous venons de voir, à Montpellier.

CHAPITRE CINQUIÉME.

I. Aſſemblée extraordinaire, à Montpellier, des états de la province pour les interêts de la reine. II. Conſpiration d'Amboiſe. III. Conference de Fontainebleau, où l'on commence de tolerer les nouveaux ſeƈlaires. IV. Ils prêchent ouvertement à Montpellier. V. Le comte de Villars fait ceſſer leurs aſſemblées. VI. Ils reprenent courage après la mort de François ſecond.

CEPENDANT, Catérine de Médicis, mere du roi, voulant s'aſſurer I.
du gouvernement, trouva le moyen d'intimider le roi de Navarre,
qui ſeul pouvoit le lui diſputer. Elle perſuada même au roi ſon
fils de congedier le connétable, qui * animoit ſous main le roi de Navarre; PAGE 274.
& voyant les choſes diſpoſées en ſa faveur, elle fit ordonner une aſſemblée extraordinaire des états de la province du Languedoc, pour avoir avis, (diſent nos annales) ſur le gouvernement du royaume, & ſçavoir qui l'auroit, ou la reine-mere, ou le roi de Navarre, pendant la minorité du roi.

On ouvrit cette aſſemblée à Montpellier le 20ᵉ de mars 1560, & la reine 1560.
ſe garda bien d'y faire tenir les états par aucun des amis du connétable; mais elle y envoya le comte de Cruſſol, qui ſolicita (ajoûtent nos annales) en faveur de la reine, & qui l'emporta. Il demanda enſuite avis ſur la réunion du domaine du roi & ſur l'acquitement de ſes dettes. Sur quoi, en laiſſant l'article de la réunion du domaine, on fut d'avis que pour acquiter les dettes du roi il faloit prendre les biens ecclefiaſtiques & les reliques; d'où l'on

1560.

peut inferer de quelle religion étoit le grand nombre des députez de cette assemblée.

Après avoir ainsi donné des marques de leur zéle pour les interêts de la couronne, ils n'oublièrent pas les leurs, puisqu'ils déliberèrent de députer en cour pour faire leurs doléances. Le sieur Chabot, de Nîmes, fut chargé de la députation par toute l'assemblée; & M. de Crussol promit de le faire écouter lorsqu'il seroit arrivé à la cour.

II. Tout y étoit alors dans de grands mouvemens au sujet de la fameuse conspiration d'Amboise. Les huguenots (qui commencérent en ce tems de prendre ce nom, d'un mot suisse qui signifie ligue) crurent, sur la décision de leurs téologiens, pouvoir se défaire ou s'assurer de la personne du duc de Guise & du cardinal de Lorraine, son frere. Ils en donnèrent la charge à la Renaudie, gentilhomme angoumois, qui convint, avec ses complices, de choisir dans chaque province, certain nombre d'hommes non mariez, qui, sous des chefs qu'ils nommérent, devoient se rendre un jour assigné à Amboise, où étoit le roi avec toute sa cour. Cette entreprise, ayant été découverte, causa la mort de plusieurs d'entr'eux qui furent rencontrez sur les chemins; & un des conjurez, nommé la Mote, ayant voulu, nonobstant cette découverte, faire une tentative pour surprendre Amboise, attira sur ses gens toute la maison du roi, qui en fit perir plus de douze cens.

Mezeray.
Spon, Hist. de Genève.

Ce mauvais succés rendit à Montpellier les religionnaires moins hardis; de sorte que leur ministre Chaffinon, sçachant (dit leur manuscrit) y avoir avertissement qu'il étoit en ville, se retira à Genéve, où il resta jusqu'à un tems plus favorable. La politique ordinaire de la reine Catérine de Medicis le lui fit bientôt trouver; car cette princesse, uniquement attentive à conserver son autorité, fit, en cette occasion, comme dans tout le reste de sa vie, c'est-à-dire qu'elle prit soin d'entretenir deux partis dans le royaume, & lorsqu'elle pouvoit en accabler le plus foible, elle lui tendoit la main pour contrebalancer le plus fort; ainsi, après la conspiration d'Amboise, elle ne voulut jamais faire arrêter l'amiral ni le prince de Condé, quoiqu'ils eussent été chargez par quelques-uns des conjurez. Ainsi, après qu'ils se furent retirez de la cour, voyant que leur absence rehaussoit le credit des Guises, elle chercha à les y attirer en convoquant, au 20e d'août, une assemblée des grands du royaume à Fontainebleau, sous pretexte de prendre leur avis sur l'état présent des affaires.

III. Le connétable, l'amiral & d'Andelot s'y rendirent avec une suite de huit ou neuf cent gentilshommes. Ce fut dans une des quatre séances qu'on y tint que l'amiral, s'étant mis à genoux devant le roi, lui présenta une requête qui n'étoit signée de personne, mais qu'il disoit avoir reçû en

Normandie, par laquelle ils suplioient le roi de faire cesser les recherches contre les reformez, de leur accorder des temples & l'exercice libre de leur religion. Jean de Montluc, evêque de Valence, prié de dire son avis, parla plus librement que n'eussent sçû faire les énemis de l'église romaine; & Charles de Marillac, archevêque de Viéne, continüa sur le même ton, en ajoûtant des choses fort piquantes contre les Guises.

Le cardinal de Lorraine, que tous les historiens reconnoissent pour avoir eu une éloquence sublime, prit le contrepié de ces deux evêques, &, ayant montré *, par vives raisons, qu'on ne pouvoit souffrir deux religions dans le royaume, il se justifia, lui & son frere, des calomnies qu'on lui avoit imposé. Pour resultat, il fut fait un édit, le 24e d'août, qui convoquoit les états du royaume dans la ville d'Orleans le 10 décembre, & qui enjoignoit aux gouverneurs de veiller à ce qu'il ne se fit point d'assemblée factieuse, & de surseoir les poursuites pour le fait de la religion, s'il n'y avoit d'autre crime compliqué; ce qui étoit commencer de tolerer les nouveaux sectaires.

Il n'en falut pas davantage à ceux de Montpellier pour inviter leur ministre Chaffinon de revenir de Genéve. Ils l'envoyérent querir (comme disent leurs mémoires), & l'ayant enfin recouvré dans le mois de septembre, ils commencérent leur prêche à l'école mage; mais, non contens de cette premiére entreprise, ils conduisirent Chaffinon à St-Mathieu, pour y prêcher; ce qui ayant été sçû par le juge criminel (Charles de Barges), il s'y transporta, bien accompagné, dans le tems que le ministre étoit en chaire; & lui ayant dit, & aux assistans, que le roi venoit de défendre toute assemblée factieuse, il ajoûta que la leur devoit être regardée comme telle: à raison de quoi, il interdit, avec ménaces, la prédication au ministre; ce qui lui fit si belle peur, qu'il se retira dans les Cévénes, où quelques-uns le suivirent.

Il faut néanmoins qu'on lui eût bientôt remis le cœur; car, dès le commencement du mois d'octobre, il revint prêcher à l'école mage; ce qui y attira Me Pierre de la Coste, juge mage, avec quelques autres magistrats: les assistans, qui les virent entrer, s'ouvrirent aussitôt pour leur donner passage jusqu'à la chaire, où le juge mage s'adressant au ministre, lui demanda si lui & les siens ne reconnoissoient pas le roi François II pour leur souverain? & pourquoi, au mépris de ses édits, qui leur défendoient ces sortes d'assemblées, ils s'attroupoient de la sorte? A quoi Chaffinon répondit pour tous: Qu'il étoit vrai que François II étoit le plus grand de tous les hommes, & que tout ce qu'il y avoit là de gens assemblez le reconnoissoient pour leur souverain, depuis qu'il étoit sur le trône; mais, qu'il n'y avoit aucun édit qui pût leur défendre de prêcher l'évangile dans la pureté qui étoit du tems des apôtres, & sans aucun mélange des superstitions qui le rendoient méconnoiffable & diforme. C'eft ainfi que dans tous les tems, les héretiques ont voulu s'appuier de l'évangile, lors même qu'ils le combatoient ouvertement.

Nos magiftrats, voyant la hardieffe & le grand nombre de ceux à qui ils avoient à faire, crurent ne devoir pas aigrir les chofes; ainfi, s'étant retirez au plus vîte, ils allérent conferer avec Guillaume de Pelicier, evêque de Montpellier, qui refolut, par leur confeil, d'en informer la cour: il écrivit à la reine une lettre, que nous avons encore dans nos archives, à laquelle le cardinal de Lorraine répondit, en l'exhortant de veiller de toutes fes forces au foin de fon troupeau, & en lui marquant de donner avis de tout ce qui fe pafferoit à Montpellier contre les ordres du roi, à meffire Honorat de Savoye, comte de Villars, qui, en qualité de lieutenant general, alloit tenir les états de la province à Beaucaire.

V. Il eft vrai que les états y furent ouverts cette année le 10 d'octobre; & ce feigneur, ayant reçû des ordres de la cour, fit lever par le baron de St-André, (*a*) quelques compagnies, qui marchérent droit à Montpellier: leur préfence obligea le miniftre & tous les membres du confiftoire de fuir dans les Cévénes, fans attendre le comte de Villars, qu'on fçavoit devoir s'y rendre après la tenüe des états. Son arrivée avec bon nombre de troupes étonna tous les habitans, qui n'étoient point accoûtumez à voir des gens de guerre dans l'enceinte de leurs murailles; la chofe leur parut fi extraordinaire, qu'ils en marquérent leur étonnement & leurs regrets en ces termes:

« Le comte de Villars, lieutenant general pour le roi, qui tint les états à
« Beaucaire, ayant fait une levée de gens de guerre, s'en vint à Montpellier,
« où il mit garnifon, la reduifant en forme de ville frontiére; & cette ville,
« qui fouloit être libre, aifée & de tout plaifir, fut dès lors affervie pour
« longues années. »

* Tel fut le premier effet, dans Montpellier, des troubles excitez pour la nouvelle religion. Peu de jours après, on y vit arriver Deiffe, gouverneur d'Aiguemortes, qui avoit été mandé par le comte de Villars, & qui fut arrêté auffitôt, comme fauteur des troubles que les religionnaires venoient d'exciter à Aiguemortes; en même tems, on détacha quelques compagnies pour y aller, lefquelles couvrirent fi bien leur marche, qu'elles furprirent Helie de Laval Boiffet, de la ville de Perigueux, & miniftre d'Aiguemortes, qui ayant été conduit dans les prifons de Montpellier, y fut pendu & brûlé le onziéme de novembre.

(*a*) De la maifon de Mondragon-lez-Avignon.

Ce coup de féverité étoit une fuite des ordres venus recemment de la cour, où l'on avoit découvert les diferentes brigues d'Antoine & de Loüis de Bourbon, qui fe tenoient retirez en Gafcogne, où ils travailloient à fe rendre les plus forts pour débufquer les Guifes. On furprit des lettres en chifre, qu'ils avoient donné à un nommé la Sague, qui, ayant été pris, en donna la clef pour fauver fa vie. On ne manqua point de leur attribüer les diverfes émotions qui parurent alors dans les provinces, & qui menaçoient d'un foulevement general des religionnaires. En Normandie, où l'amiral avoit été envoyé, ils tenoient publiquement leurs prêches; en Dauphiné, Charles Dupuy Montbrun fe fervoit d'eux pour difputer le gouvernement de cette province à la Mothe Gondrin; les deux Mouvans freres effayérent de fe rendre maîtres de Valence, de Montelimard, de Romans & des villes d'Aix & Arles; enfin, Maligny, de la maifon de Ferriére, qui étoit au roi de Navarre, fit une tentative fur Lyon, dont il feroit venu à bout, fi François d'Albon, abbé de Savigny & neveu par fa mere du maréchal de St-André, n'eût découvert fon deffein, et fait prendre les armes aux bourgeois.

1560.

Tous ces troubles attirérent au comte de Villars, pour le Languedoc, les ordres fevéres que nous venons de voir; & cependant, le roi & la reine mere, fe rendirent à Orleans, pour les états generaux du royaume, qui y étoient convoquez au 10e décembre. Le roi de Navarre & le prince de Condé, qui ne s'étoient point trouvez à la conference de Fontainebleau, ne manquérent point de venir à Orleans, où, ne doutant point que leur parti ne fût le plus fort, ils négligérent les offres qu'on leur avoit fait d'une nombreufe efcorte. Le prince, à fon arrivée, fut arrêté prifonnier, & le roi fon frere, obfervé de près: on travailla auffitôt au procès du prince, qui fut condamné à perdre la tête; mais heureufement pour lui, la maladie du roi, qui parut tout-à-coup, fit fufpendre l'execution de l'arrêt déja figné: le roi mourut le 5e de de décembre; & la reine, pour tenir les Guifes en crainte, donna toute liberté au prince.

A peine la nouvelle en fut apportée à Montpellier, que tous les religion- VI. naires fugitifs y accoururent en foule; mais, comme ils n'y trouvérent plus de miniftre, ils firent partir pour Genéve Nicolas Talard, avec charge d'en ramener le miniftre Chaffinon, qui, ne s'étant pas crû en fureté dans les Cévénes, avoit pouffé jufqu'à Genéve: il revint fans peine, fur les bonnes difpofitions qu'il voyoit à un plus heureux tems; car, le comte de Villars ayant donné alors fa démiffion de la lieutenance generale de la province, en faveur de Guillaume, vicomte de Joyeufe en Vivarés, les religionnaires profitérent du repit que ce changement leur donna pour s'affembler en cachette,

1560.

& enfuite plus ouvertement, lorfqu'ils fe crurent les plus forts: c'eft ce que leur manufcrit marque en ces termes :

« Le fieur de la Chaffe retourna après la mort du roi François II, & on
« commença les affemblées fecrettes, & puis après manifeftes, pour caufe
« de la multitude du peuple; furquoi les papiftes eurent occafion de faire
« venir les compagnies des gendarmes de M. de Terride, qui donna quelque
« trouble à l'églife. »

Nous allons voir la chofe dans un plus grand détail fous le regne de Charles IX, & jufqu'où les religionnaires pouffèrent à Montpellier leur déchainement.

FIN DU LIVRE QUATORZIÈME

HISTOIRE
DE LA VILLE
DE MONTPELLIER
Sous le roy Charles IX.

LIVRE QUINZIÉME. PAGE 277.

CHAPITRE PREMIER

I. Commencemens du roi Charles IX. II. Mouvemens des calvinistes dans Montpellier. III. Ils s'emparent de l'église de Nôtre-Dame des Tables. IV. Assiégent le fort de Saint-Pierre. V. E pillent toutes les églises de la ville.

CHARLES IX, second fils de Henry II, n'avoit que onze ans quelques mois lorsqu'il succeda au roi son frere; ainsi l'on vit renaître, pour le gouvernement, les mêmes disputes qu'il y avoit eu sous François second. La reine-mere se hâta de faire tenir les états d'Orleans pour se faire assurer la regence que le roi de Navarre avoit promis de lui ceder. Après quoi, ayant obtenu ce qu'elle vouloit, elle renvoya les états au mois de mai, dans la ville de Pontoise. Cependant, pour reconnoître les services que l'amiral lui avoit rendu auprès du roi de Navarre, elle donna diverses marques de protection aux huguenots, en permettant à Jean de Montluc, evêque de Valence, & à Pierre Duval, evêque de Sécz, de prêcher dans la maison du roi des senti-

I. 1561.

mens fort approchans des leurs. Elle écrivit au pape une longue lettre, qui difoit qu'en attendant un concile general on pouvoit bien les admettre à la communion de l'églife romaine; enfin, elle fit donner un édit qui ordonnoit de les laiffer en paix, & de tirer de prifon & rapeller du baniffement ceux qui y étoient pour caufe de religion.

Cet édit, qui eft le premier qu'ils ayent eu en leur faveur, allarma tous les catoliques. Le parlement donna un arrêt contraire, & dès lors fe forma l'union du connétable, du duc de Guife & du maréchal de St-André, qui fut appellée le triumvirat.

Toutes ces broüilleries avoient retardé jufqu'alors le facre du roi. On le mena * à Reims, où il fut facré le 15e du mois de mai par les mains du cardinal de Lorraine, qui en étoit archevêque. Après quoi l'affemblée des états, qui avoit été remife à Pontoife pour le mois de mai, commença de travailler. La reine, pour s'attacher davantage l'amiral, foufrit qu'on y parlât avec beaucoup de déchainement contre le clergé, à qui on ne propofa rien moins que de prendre tous fes revenus. La crainte qu'on trouva le moyen d'infpirer à tout ce corps le fit confentir à accorder quatre décimes en fix ans, & le tiers état permit qu'on levât un droit fur chaque muid de vin qui entreroit dans les villes clofes, ce qui a continüé depuis en augmentant.

Il ne reftoit à la reine qu'à bien affermir fa regence. Pour cet effet, on lui gagna le roi de Navarre, qui vint lui-même témoigner à l'affemblée qu'il lui avoit cedé fon droit; mais, de peur qu'on ne voulût reparler de cette affaire, la reine congedia l'affemblée jufqu'au mois d'août, &, pour ménager les religionnaires, elle fit refoudre qu'au lieu d'un concile national, dont on avoit parlé, il feroit fait un colloque entre les prélats du royaume & les miniftres de la nouvelle religion.

II. Toutes ces faveurs enhardirent les religionnaires de Montpellier. Ils s'étoient contentez, pendant les premiers mois de cette année, d'écouter en fecret les prêches de leur miniftre Chaffinon; mais lorfque le carême fut venu, ils prirent jaloufie du grand concours des catoliques dans les églifes, car on marque qu'il y eut alors une efpéce d'émulation entr'eux. Les huguenots dreffèrent de jeunes enfans qui s'affembloient fous le couvert & parvis du confulat, & y chantoient à haute voix des pfeaumes en langue vulgaire, tandis qu'on prêchoit à Nôtre-Dame. A ces enfans fe joignirent grand nombre de perfonnes de tout âge & de tout fexe; de forte que les magiftrats & les gouverneurs de la ville (Pierre de Bourdic, feigneur de Villeneuve), y étant venus pour diffiper cette affemblée, ils ne purent y mettre aucun ordre à caufe du grand nombre.

La chofe continüa jufqu'à la fin du mois de mars, où le vicomte de

Livre quinziéme.

Joyeufe vint à Montpellier pour y tenir les états de la province. Sa préfence & celle des feigneurs des états contint les religionnaires; mais à peine furent-ils féparez que les huguenots s'affemblérent ouvertement dans des maifons particuliéres. On marque qu'ils firent publiquement leur céne dans la maifon du fieur Maupeau, & enfuite, le premier dimanche de mai, dans celle de Claude Formy, qui fut reçû, ce jour-là, miniftre de Mont-pellier. Le zéle, qui a moins de ménagement parmi les gens du peuple, porta les laboureurs & les gens de métier du parti catolique de promener en ceremonie le pain benit qu'ils alloient offrir le jour de leur fête. Et les huguenots, pour prendre le contrepié, ouvroient ce jour-là leurs boutiques & affectoient un plus grand travail. Ils reprochoient aux catoliques d'aller danfer dans les places publiques les jours de dimanche, tandis qu'eux fe tenoient enfermez dans leurs maifons pour mieux honorer ce jour-là; & de ces reproches ils en venoient aux coups, qui produifoient fouvent des meurtres aufquels les magiftrats ne pouvoient remedier.

Ces defordres particuliers donnoient lieu d'en craindre de plus grands, parce qu'il en étoit de même dans toutes les villes du royaume où la diference des religions s'étoit introduite. La reine crut y remedier par l'édit de juillet, dans lequel le roi défendoit toutes affemblées publiques, avec armes ou fans armes, comme auffi les affemblées privées où l'on précheroit ou adminiftreroit les facremens autrement qu'il n'étoit ordonné par l'églife catolique, enfuivie par les rois de France depuis la foi par eux reçûë. Cet édit, qui fut publié à Montpellier le 30ᵉ d'août, n'y produifit aucun bon effet à caufe des diferentes interpretations que les deux partis donnérent au nom de catolique, chacun voulant fe l'attribüer à lui feul. Au contraire, les religionnaires de cette ville, prenant un nouveau courage du colloque de Poiffi, qui fe tenoit actuellement entre les prélats du royaume & les miniftres huguenots, firent une tentative qui commença de les rendre maîtres de la ville.

Le 24ᵉ de feptembre, ils envoyérent trois de leurs furveillans à l'églife Nôtre-Dame, dans le tems que les prêtres en ouvroient les portes pour la premiére * meffe qu'on difoit de grand matin en faveur du peuple qui alloit au travail. Les furveillans, en affectant un air de confiance & de douceur, dirent aux prêtres que le confiftoire les avoit députez pour les avertir que leurs miniftres viendroient prêcher tous les jours, pendant une heure, dans cette églife, après leur office. La propofition ayant donné lieu aux prêtres de marquer leur étonnement, les furveillans ajoûtérent d'un ton moqueur : « Qu'ils voyoient avec pitié leur chaire fe moifir, faute d'être exercée; « qu'ils vouloient fe charger de ce foin & leur laiffer les autels, dont ils « n'avoient que faire. »

1561.

III.

Page 279.

1561.

Sans attendre de réponfe, ils allèrent rendre compte de leur commiffion au confiftoire, qui donna le fignal à ceux qui fe tenoient tous prêts pour l'execution. Auffitôt, une troupe armée courut à Nôtre-Dame, dont ils remplirent bientôt toute l'églife; de forte que les prêtres, dans leur première furprife, s'eftimérent bien heureux de voir arriver le premier conful (Me Jacques David, doéteur ès loix & feigneur de Montferrier); ils crurent qu'il venoit à leur fecours, & ils implorérent fa protection; mais ils ne fçavoient pas qu'il étoit partifan fecret des religionnaires : ce qu'il fit bientôt connoître, en ordonnant qu'on inventorieroit tous les meubles et reliquaires de l'églife, & qu'on les porteroit à l'hôtel de ville, pour les mettre en fureté; ce qui fut fait fur le champ : en même tems, les huguenots fe faifirent des clefs; & le foir même, leur miniftre Formy précha dans cette églife, qu'ils appellérent depuis, le temple de la Loge, du nom de la loge des marchands, qui eft auprés de cette églife.

Cette invafion donna aux catoliques l'allarme qu'on peut imaginer. Les communautez religieufes apprehendérent un femblable pillage; & pour le prévenir en quelque forte, on porta tout ce qu'on avoit de plus prétieux dans l'églife catédrale de St-Pierre, dont les hautes & fortes murailles faifoient de ce lieu un fort bien dificile à emporter. Les religieux y enfermérent leur argenterie; &, pour conferver le tout, les chanoines demandérent à M. de Joyeufe d'y pouvoir entretenir une garnifon, pour fe mettre à couvert eux-mêmes, avec ceux qui voudroient s'y refugier. Mais toutes ces précautions ne firent qu'accélerer le mal; car, la populace, ameutée par les principaux, attira dans la ville plufieurs étrangers, fous l'efpoir du pillage; & tous enfemble, ils commencèrent à faire une guerre ouverte aux prêtres & aux religieux, de la manière que leur manufcrit l'exprime en ces termes :

« Les fidéles irritez, & prévoyant que du lieu de St-Pierre leur pouvoit
« être fait dommage, commencérent à s'armer de leur part, & faire la nuit
« guet en armes : aucuns d'eux de baffe condition, prirent telle audace,
« qu'ils alloient dans la ville avec armes & gros bâtons, frapant d'iceux les
« prêtres et les religieux, tant qu'ils en trouvoient; & ils nommoient ces
« bâtons efpouffettes, d'où vint en proverbe : l'efpouffette de Montpellier. »

IV. On marque que tous ces defordres firent abfenter de la ville, l'evêque, le gouverneur & le juge mage; ce qui ayant augmenté le courage des féditieux, ils commencérent ouvertement à attaquer ceux de St-Pierre, en leur tirant de grands coups d'arquebufes, à quoi les autres répondoient. Enfin, le 19e d'octobre, ils environnérent cette églife, dans le tems qu'on y étoit affemblé pour l'office de vêpres : les uns s'attachérent à nettéier les créneaux de St-Pierre, par les grands coups de fauconneau qu'ils tiroient de la tour du palais, de l'église Ste-Croix (aujourd'hui la Canourgue) & des murailles de la ville, du côté des carmes ; les autres allérent mettre le feu à la grande porte du plan du prévôt, à la maison du grand archidiacre, & aux greniers joignant le fort, pour faire quelque brèche par la sape ou autrement.

1561.

Les assiégez, voyant les feux allumez autour de leurs murailles, sonnérent le tocsin de leurs grosses cloches, qui étoit chose piteuse à oüir (dit mon manuscrit); mais, personne n'ayant osé venir à leur secours, ils n'eurent d'autre ressource que de faire soliciter ceux de leurs amis qui avoient le plus de credit dans la ville. On marque, parmi ceux qui vinrent pour les entendre, François de Chefdebien, general des finances ; Jacques Pelet, seigneur de la Verune, & autres des deux religions, qui, en présence de Me Jean Perdrier, procureur du roi au gouvernement, * convinrent qu'on donneroit sureté à deux des principaux de St-Pierre, pour venir traiter d'un accommodement. Ces deux députez furent, Mrs de Manso, archidiacre, & Alquier, sacristain : ils conclurent avec les chefs des religionnaires que les soldats de la garnison sortiroient avec leurs armes, & seroient mis hors la ville, pour aller où ils voudroient ; que certaines pièces de fauconneau que les chanoines avoient dans leur fort, seroient portées à l'hôtel de ville: moyenant quoi, les chanoines & habituez dans ladite église, sans armes & munitions, pourroient y demeurer & faire leur service accoûtumé.

PAGE 280.

On prétendit que cet accommodement alloit donner le calme à la ville ; mais les suites firent bien voir qu'on n'avoit songé qu'à desarmer l'énemi, pour en avoir meilleur marché ; car, il arriva que les capitaines des assiégeans, ayant fait semblant d'écarter leurs troupes pour laisser sortir la garnison du dedans, il fut tiré un coup de pistolet qui blessa à mort un de ceux qui se retiroient : alors ses camarades, criant hautement à la trahison, reviénent à St-Pierre, y entrent avec furie, & mettent à mort tout ce qui se présente à eux. Mon manuscrit ne fait monter le nombre des morts qu'environ quarante personnes, tant chanoines qu'autres, parmi lesquels je trouve nommé, le chanoine Vilaret, N. Menin, docteur de Sorbonne, qui avoit prêché le carême dernier à St-Pierre, & F. Berald, gardien des cordeliers, à qui on en vouloit beaucoup, parcequ'il avoit prêché avec ardeur contre la nouvelle religion, pendant le dernier carême, à St-Firmin : les autres se sauvérent par les égouts soûterrains, où ils se tinrent cachez pendant le pillage de cette grande maison, qui occupoit la populace. « Il n'y eut « chambre, armoire secret, ni cofre, qui ne fût brisé ou rompu ; & tout ce « qui étoit dedans fut volé, comme dans un sac de ville : ce sont les pro- « pres paroles de mon manuscrit.

« Par même moyen (continuë-t-il), tout le dedans de l'église fut dissipé

1561.

« & mis en pièces, comme chapelles, autels, retables, tableaux riches &
« beaux qu'il y avoit, images & ftatuës anciénes qui étoient dans l'églife
« ou au-devant du portail : bref, en fix ou fept heures, fut cette églife toute
« dépoüillée, quoique le jour précedent on y eût fait l'office divin & dit le
« fermon folennellement. »

Pendant que le peuple armé faifoit ces executions, les principaux de la ville fongeoient à s'affurer du tréfor; & fous prétexte de mettre en fureté la facriftie, ils la firent ouvrir, & inventorier toute l'argenterie qui s'y trouva, tant celle de l'églife que celle qui y avoit été apportée par les religieux, comme il confte par les procès-verbaux qui en furent dreffez, & qui font encore dans les archives de l'hôtel de ville, où le tout fut apporté.

V. Après cette grande expedition, la populace armée fe répandit dans la ville, où elle ne fit aucun quartier aux prêtres & aux religieux. Nos auteurs qui ont écrit fur les mémoires des catoliques, font monter le nombre de ceux qui périrent dans cette occafion, à plus de deux cent cinquante; mais, mon manufcrit, compofé par un huguenot, fe contente de nous dépeindre l'animofité qui conduifoit cette populace : « Elle fe partagea (dit-il) en
« troupes, pour aller dépoüiller les églifes, tant du dedans que du dehors;
« ce qui fut fait avec tant de vîteffe, que ce qui avoit été fait ou entretenu
« depuis quatre ou cinq cens ans, fut en un demi-jour fi offenfé, que de
« foixante églifes ou chapelles qu'il y avoit audit Montpellier, tant dedans
« que dehors, le lendemain ne s'en trouva aucune ouverte, & ne fut vû ni
« prêtre ni moine, qu'en habit diffimulé ; & de telle façon, pour lors, eut
« fin la meffe, prêtrife & religion des papiftes audit Montpellier. »

Seriez, Præf.
Magal., pag. 596.

PAGE 281.

CHAPITRE SECOND.

I. Pillage des églifes des fauxbourgs & des parroiffes voifines. II. Situation des affaires de la cour en ce tems-là. III. Effets finguliers du déchainement du peuple. IV. Ménagemens inutiles de la reine Catérine de Medicis. V. Tentatives à Montpellier pour la paix, fans aucun effet. VI. Préparatifs pour la première guerre civile.

I. Le dimanche fuivant 26ᵉ d'octobre, les huguenots, maîtres de la ville, firent prêcher à Sᵗ-Firmin et à Nôtre-Dame, tandis que le peuple, dont on n'étoit plus le maître, alla vifiter, pour la feconde fois, les couvens & les églifes du dehors de la ville, « où en bref (dit mon

« manufcrit), n'y eut ni chapelles, ni autels, bancs, trelis de fer, vitres, « portes & fenêtres; & qui pis eft, s'approprioit un chacun ces chofes, juf- « qu'aux arbres des jardins, qui furent arrachez & tranfportez çà & là; de « forte qu'il ne manquoit plus qu'à y mettre le feu, ce qui étoit une grande « défolation; car lefdits couvens, furtout les quatre mendians, étoient des « plus beaux de France, tant en beauté des temples, qu'en grandeur des « clos. »

1561.

Comme ils étoient en goût de piller, ils coururent dans les parroiffes du diocéfe, « où, dans moins de huit jours, les meffes furent abolies, les « prêtres chaffez, les images & les croix mifes en piéces, les ornemens & « les livres ecclefiaftiques déchirez & brûlez, fans qu'il en reftât aucun « veftige. » Mais, comme l'émotion populaire eft une efpéce de contagion qui fe communique de proche en proche, on en fit de même à Lunel, Gignac, Sommiéres & Nîmes & autres villes de la province, foit que les uns fuffent animez par l'exemple des autres, ou que cela vint par une confpiration generale du parti huguenot.

Cette derniére raifon parut la plus vraifemblable, à caufe du grand crédit où étoit alors l'amiral auprès de la reine, qui voulant reconnoître les fervices qu'il lui avoit rendu pour obtenir la regence, pouffa les chofes jufqu'à écrire à fon ambaffadeur à Rome, de demander au pape, en faveur des religionnaires, la communion fous les deux efpéces & les priéres publiques en françois. Cette complaifance fûcita contr'elle le parti catolique; car le connétable, le duc de Guife & le maréchal de St-André, fe retirérent de la cour, après avoir attiré à eux le roi de Navarre, dont l'amiral s'étoit fervi jufqu'alors pour fe mettre bien dans l'efprit de la reine.

II.

Cependant, les principaux chefs des religionnaires qui gouvernoient dans Montpellier, voyant que les catoliques de leur ville, épouvantez de la prife de St-Pierre & de tout ce qui s'en étoit fuivi, vendoient leurs effets pour fe retirer ailleurs, tinrent un conseil general le 30e d'octobre, où il fut déliberé, qu'il feroit fait défenfe à toute perfonne de quiter la ville. Mais, comme il étoit important de couvrir tous les excès qui s'y étoient paffez, on refolut de faire une députation au roi & à Mr de Joyeufe (qui étoit alors à Narbonne), pour les informer du fait arrivé à St-Pierre; ils ne manquérent point de rejeter toute la haine fur les chanoines, pour avoir (difoient-ils) commencé la noife & rompu l'accord. Michel Heroüard, l'un des plus zélez de leur troupe, fut député à Mr de Joyeufe; & Jacques de Montagne, avocat du roi, fut envoyé en cour, où il avoit déjà des habitudes. Quelques-uns des mieux intentionnez de ce confeil voulurent parler des voleries immenfes qui y avoient été faites: mais, comme les gens de condition avoient

1561.

profité du pillage, auffi bien que le peuple, on rejeta cet article; de forte (dit mon manufcrit) que qui eut pris eut pris.

PAGE 282.

La précaution de députer en cour ne leur paroiffant pas fufifante, ils prirent celle de fe rendre plaignans; & pour cet effet, ils convoquérent au 12ᵉ de novembre, un colloque general de toutes les églifes particuliéres qui reffortoient * à celle de Montpellier, fçavoir: Pezenas, Gignac, Montagnac, Clermont, Pouffan, Cornonfec, Montbazén, Cornonterrail, Mirevaux, Villemagne, Villeneuve, Fabregues, Gigean, Frontignan, Lunel, Beziers & Mauguio, où il fut arrêté de faire un findicat pour demander des temples & faire leurs doléances aux prochains états, qui devoient fe tenir à Beziers, le 20ᵉ novembre 1561.

Il eft vrai que les états y furent ouverts ce même jour; mais, précifément à la veille, Mʳ de Joyeufe envoya à Montpellier un nouvel édit, que la reine venoit de faire donner depuis la retraite des feigneurs du triumvirat. Par cet édit, le roi ordonnoit que dans vingt-quatre heures après la publication, ceux qui avoient faifi les églifes euffent à les remettre en leur premier état, avec défenfe à fes fujets de s'appeller reciproquement huguenot ou papifte.

On parut à Montpellier déferer à cet ordre; car, dès le lendemain, l'églife de Nôtre-Dame fut abandonnée par les miniftres, qui fe contentérent d'aller prêcher dans l'école mage & dans les maifons particuliéres: mais cette déference ne dura pas longtems; car, deux jours après, c'est-à-dire le 22ᵉ de novembre, le confeil de la religion nomma fix députez, fçavoir : Noble Michel de Sᵗ-Ravy, confeiller du roi en la cour des aides; Guillaume Rondelet, docteur-régent en l'univerfité de medécine; Bertrand Manny, François Maigret, Pierre de Maupeau, bourgeois, & Nicolas Talard, notaire royal, pour agir auprès des chanoines de la catédrale qui fe trouveroient à Montpellier, & les fommer de leur laiffer les églifes de Nôtre-Dame, de Sᵗ-Paul & de Sᵗ-Mathieu, qui toutes leur étoient neceffaires, vû la grande affluence de ceux de leur religion. Les chanoines trouvez en ville furent : Leonard d'Aguillon, prevôt; Jacques de Manfo, archidiacre de Valence; Jean Le Bas, aumônier; Pierre Manny, Vincent de Rocheblave & Pierre Sollier, tous chanoines; « lefquels, fommez & appellez pardevant Hilaire, « notaire, qui a dreffé l'acte (tel que je le raporte), répondirent que pour « éviter les inconveniens dont ils étoient menacez, ils confentoient, en tant « que de befoin & fous le bon vouloir du roi & de tous autres intereffez, « qu'ils retinffent les fudites églifes. »

En vertu de ce confentement, ils firent prêcher dans l'églife de Nôtre-Dame & de Sᵗ-Mathieu, où les confuls & les officiers de juftice parurent

Livre quinziéme. 441

en robe pour la première fois; mais les catoliques ne profitérent point de
la grace accordée par le dernier édit, car il eft marqué qu'ils fe contenoient
chez eux, les dimanches & fêtes, fans mot dire.

1561.

Pour achever de leur ôter toute efperance de fe voir rétablis, le peuple, à
qui on avoit lâché la bride, imagina une nouvelle guerre contre les morts
& contre les vivans. Il alla foüiller dans les tombeaux qui étoient dans les
églifes de la ville, où ils étoient attirez par les bagues & autres joyaux
avec lefquels on enterroit autrefois les perfonnes riches; mais, venant à
n'y trouver que l'habit religieux dans lequel ces perfonnes fe faifoient quelquefois enfevelir, ils en retiroient les corps & les expofoient en cet état à la
dérifion publique.

III.

Des morts on en vint aux vivans, en contraignant les prêtres, les religieux
& religieufes qui avoient refté dans la ville, à aller au prêche. Je raporte
les propres termes de mon manufcrit.

« Encore qu'il ne fe trouvât ni moine, ni religieux, ni prêtre, qu'en habit
« lai, néanmoins, pour être en paix, les faifoit-on aller oüir les miniftres &
« faire confeffion nouvelle de foi en public au temple, & renoncer à leur
« ordre & toute dicipline du pape. Les nonains auffi toutes laifférent leurs
« habits & alloient oüir les miniftres; les laïques pareillement, qui avoient
« été à la papauté, meffes ou proceffions, & fait leurs pâques ès mains des
« prêtres, faifoient femblables confeffions & repentance publique, tant
« hommes que femmes, en fuivant les conftitutions anciénes de la primi-
« tive églife. »

Mais rien ne prouve plus l'animofité du peuple & l'autorité qu'on lui
avoit laiffé prendre, que la hardieffe avec laquelle il obligea les officiers de
juftice de quiter le bonnet quarré, parce que les gens d'églife en avoient
porté de femblables: « On eut beau leur dire (continuë mon manufcrit)
« que c'étoit l'habit des gens de robe en France, et que la chofe étoit indife-
« rente d'elle-même, ils * répondirent avec infolence que, puifque les
« prêtres en avoient porté, il faloit en abolir la mémoire; de forte que, pour
« complaire à cette populace, les officiers de robe quitérent le bonnet
« quarré, & prirent le chapeau ou bonnet rond. »

Manufcrit de Philippy.

PAGE 283.

Voilà comme finit l'année 1561, durant laquelle on vit à Montpellier
plus d'évenémens remarquables que dans aucune autre depuis fa fondation.
Dès le commencement de l'année fuivante 1562, l'amiral, profitant de
l'abfence des triumvirs, obtint de la reine l'édit de janvier, qui revoquoit
celui de juillet, & qui permettoit aux religionnaires de prêcher dans le
royaume, hormis dans les villes clofes. Il fit en même tems envoyer dans
le Languedoc, avec de grands pouvoirs, Antoine, comte de Cruffol, qui

IV.

1562.

64

1562.   manda auſſitôt à Villeneuve d'Avignon les principaux de la religion, de Nîmes, d'Uzés & de Montpellier, auſquels il ſignifia la volonté du roi, qui étoit que ſon peuple vécut en paix, & que, dans la forme des priéres & du ſervice, ceux des deux religions ne ſe donneroient reſpectivement aucun trouble.

Cet ordre, apporté par les députez, fut publié à Montpellier; mais les huguenots n'en prirent que ce qui étoit avantageux pour eux, & ils ne laiſſérent aux catoliques aucune liberté. Au contraire, le fameux Pierre Viret étant venu en cette ville vers la mi-février, ils le conduiſirent en triomphe au temple de la loge, où il prêcha le mécredi 18ᵉ en préſence de la plûpart des officiers du préſidial, qui s'y rendirent en ceremonie, c'eſt-à-dire précedez de leurs huiſſiers, ſelon la coûtume des grandes ſolennitez. On ajoûte même que le premier conſul, en chaperon & ſuivi de ſes halebardiers, fut le prendre à ſon logis, pour l'excellence de ſa perſonne (dit mon manuſcrit.)

Ce miniſtre, qui avoit été l'un de ceux qui aſſiſtérent au colloque de Poiſſi, attira grand nombre d'étrangers à Montpellier, auſquels il interpreta le dernier édit, & leur fit entendre qu'ils avoient toute liberté, puiſque le roi ſe ſervoit de ce terme: la nouvelle religion permiſe.

Sur ce principe ils ſe tinrent prêts à tout événement; & l'occaſion leur en vint bientôt, par la fameuſe journée de Vaſſy, qui fut comme le premier ſignal des guerres civiles. L'hiſtoire raporte que, le duc de Guiſe paſſant dans le mois de mars par la petite ville de Vaſſy en Champagne, ſes gens y prirent querelle avec quelques huguenots qui tenoient leur prêche dans une grange; ſurquoi le duc y ayant accouru pour les appaiſer, il fut atteint à la joué d'un coup de pierre qui le mit tout en ſang; ce qui anima ſi fort ſes gens, qu'ils ſe jetérent ſur les huguenots, en tuérent ſoixante & en bleſſérent deux cens.

Cet accident, qu'ils firent ſonner fort haut, leur fit prendre les armes dans tout le royaume; & ils firent à Montpellier une levée de gens de guerre, qu'ils employérent d'abord à les garder durant leurs aſſemblées. Le comte de Cruſſol leur ayant écrit, dans ce même tems, qu'ils devoient déferer plus qu'ils n'avoient fait au dernier édit, ils prirent le parti d'aller s'aſſembler dans le foſſé de la porte de Lates, vers la Saunerie, où ils firent leur céne à la fête de Pâques; & pendant ce tems, ils ſe faiſoient garder par ces nouvelles troupes, pour éviter les inconveniens qui leur étoient arrivez en d'autres villes.

Les catoliques, quoiqu'en plus grand nombre dans Montpellier, ne leur cauſérent aucun trouble dans cette occaſion; ce qui leur valut la permiſſion d'aller faire leur Pâques à Caftries, Vendargues & Teiran, appartenant alors à 1562. la maifon de Caftries, qui avoit fait rétablir la meffe dans toutes fes terres : d'où l'on peut tirer une preuve de l'attachement que cette illuftre famille a eû toûjours pour la religion catolique, dont on remarque qu'elle ne fe départit jamais dans tout le cours des guerres fuivantes. La maifon de Pelet en fit de même pour fa terre de Laverune, où les catoliques des environs trouvérent fouvent leur refuge.

Cependant la reine faifoit tous fes efforts pour détacher le prince de V. Condé du parti des huguenots, afin d'éviter la guerre; & les feigneurs de Joyeufe & de Cruffol, agiffant dans fon efprit & par fes ordres, vinrent à Montpellier, le 8e d'avril, pour y établir une bonne intelligence entre les deux partis: il fut tenu en leur préfence une affemblée où étoit pour les catoliques, en l'abfence de * l'évêque, Me Leonard d'Aguillon, prévôt de l'églife PAGE 284. catédrale, & confeiller en la cour des aides; & pour les huguenots, Me Michel de St-Ravy, auffi confeiller en la même cour, qui convinrent, pour le bien de la paix, que les deux partis fe pardonneroient reciproquement tout le paffé. Les feigneurs de Cruffol & de Joyeufe, ravis d'une fi belle difpofition, donnérent une ordonnance par laquelle ils mettoient les uns fous la fauvegarde des autres; & ordonnoient aux gens d'églife de rouvrir leurs églifes, & d'y faire le fervice accoûtumé.

Pour l'execution de ces articles, on établit, du confentement des confuls, un capitaine du guet (qui fut Loüis de Bucelli, feigneur de la Mouffon), avec des foldats ftipendiez, pour contenir le peuple; mais, pour accoûtumer ce même peuple à la celebration de la meffe, ces feigneurs voulurent que le dimanche fuivant, 12e d'avril, on la dit dans l'églife catédrale: Les Mrs de St-Pierre ayant reprefenté que leur églife avoit été polluée par effufion de fang, que tous les autels y étoient renverfez, & qu'ils n'avoient ni livres, ni chapelle, ni chantres, ces feigneurs choifirent l'églife de St-Firmin, où ils la firent dire ce même jour, 12e d'avril, par des prêtres étrangers, avec une affluence extraordinaire de catoliques.

Tandis que ces feigneurs étoient dans l'églife pour y autorifer les chofes par leur préfence, on entendit, fur le milieu de la meffe, une grande huée de femmes & d'enfans à la porte; ce qui ayant obligé les gentilshommes de la religion, qui avoient refté dehors, de leur dire de fe retirer, ce peuple s'échaufa tellement, que les uns jetérent des pierres dans l'églife, & les autres coururent dans les ruës, criant: Aux armes! Les confuls & autres de la religion, qui ne connoiffoient que trop leur peu de credit fur la populace mutinée, eurent recours à toutes les voyes de douceur, pour obtenir qu'ils puffent ramener en fureté ces feigneurs dans leur maifon; & les catoliques

1562.

qui fortoient d'oüir la meffe, s'eftimérent fort heureux d'en être quites pour les huées dont ils furent accompagnez.

Il n'en falut pas davantage pour perfuader à Mrs de Cruffol & de Joyeufe qu'il étoit impoffible de pacifier une ville où la populace fe croyoit tout permis: ils fe retirèrent, l'un du côté du Haut-Languedoc, & l'autre vers le Rhône, où ils apprirent les nouvelles difpofitions de la cour, qui

IV. bouleverférent toutes chofes. La reine, n'ayant pû attirer le prince de Condé, fut obligée de ramener le roi à Paris, où étoient le roi de Navarre & les triumvirs. Les huguenots en prirent occafion de dire que le roi étoit en captivité, & fous ce beau prétexte ils firent de grandes levées de troupes, s'emparèrent d'un grand nombre de villes, publiant partout que tout bon François devoit prendre les armes pour la délivrance de fon roi. C'eft fous ce grand nom que plufieurs communautez de Montpellier s'obligèrent alors, par acte public, de fournir au roi un certain nombre de gens de guerre. Voici un précis de plufieurs de ces actes, qui font encore dans nos archives.

Le 4e de mai 1562, à la perfuafion de Mr de Moncaffin, l'églife de Pignan, par acte & déliberation publique, fournit au roi Charles dix foldats payez pour fa défenfe & celle de l'évangile.

Le 6e dudit mois, à la perfuafion de Me Guillaume Montaud, miniftre de Montbazén, les habitans dudit lieu promettent au roi, deux hommes armez, pour la même caufe.

« Confte par acte, que dans la même année, vingt-cinq volontaires de
« Mauguio furent fervir le roi. Item le lieu de Pouffan, à la perfuafion de
« Mr Benoît Arnaldi, offrit au roi trois hommes armez. A Cornonterrail,
« pour la même caufe & à l'inftigation de leur miniftre, ils donnèrent
« douze hommes au roi. Fabregues, pour la même caufe, fit quatre foldats
« au roi; & dans cet acte, ils fe nomment de la religion chrêtiéne. St-Ybery,
« pour la même caufe, promit au roi dix hommes, fçavoir: cinq piquiers
« avec morion, & cinq fans morion. A Cornonfec, ils font au roi trois
« hommes, pour maintenir la religion, comme ils s'en expriment dans
« l'acte qui en fut dreffé. »

· *Livre quinzième.*

CHAPITRE TROISIÉME

PAGE 285.

I. Premiers mouvemens à Montpellier pour la guerre civile. II. Assemblée extraordinaire pour une pacification. III. Supression du conseil des vingt-quatre. IV. Hostilitez entre le vicomte de Joyeuse & le baron de Crussol. V. Siége de Frontignan. VI. Camp de Lates. VII. Combats qui y furent donnez. VIII. Etats de la province tenus en diferens endroits par les huguenots & par les catoliques.

LES choses étant en l'état que nous venons de dire, les religionnaires de Montpellier cessérent de s'assembler dans les fossez de la porte de Lates, sous prétexte de la pluye, & ils retournérent au temple de la Loge; ils établirent aux portes de la ville une garde très-exacte, & firent faire réguliérement le guet toutes les nuits ; en même tems ils envoyérent des troupes pour se saisir du château de Maguelonne sur les gens d'église, qui le tenoient, & ils y établirent une bonne garnison pour la garde du passage de l'étang.

I.

1562.

Ce fut alors que, de l'autorité des surveillans & du consistoire, on prit l'argenterie des églises qui étoit en dépôt à l'hôtel de ville, dont on fit faire des testons pour le payement des gens de guerre : le trésor de St-Pierre y fut employé, qui se trouva reduit à six cent marcs d'argent; & l'on renouvella les peines contre ceux qui n'alloient point au prêche, en les envoyant prisonniers dans le fort St-Pierre, où l'on commença de faire garde, sans que les officiers de justice ou les consuls pussent en empêcher le peuple, qui faisoit tout de son autorité.

Tout étant disposé de la sorte, il survint un chef à cette populace animée, qui en avoit grand besoin; ce fut Jacques de Beaudiné, second frere d'Antoine comte de Crussol. On marque son arrivée à Montpellier, sur la fin de mars 1562 & qu'il prit le titre de « general des compagnies de gens de guerre levées en Languedoc pour soûtenir la religion, & la délivrance du roi, de la reine & M. d'Orleans, captifs. » Il fut reçû comme lieutenant de roi dans le païs ; & dès lors le gouvernement de la province se trouva divisé : car, de Narbonne en haut vers Toulouse, commandoit M. de Joyeuse ; & de Béziers en deçà, la seigneur de Beaudiné, qui se fit appeler baron de Crussol.

Le premier acte de sa nouvelle charge fut une proclamation faite à Montpellier le 28e mai, de par le roi & le baron de Crussol (prenant les titres ci-deſſus), qui ordonnoit de prendre les armes contre les énemis de la religion, attendu les infractions déja faites à l'édit de janvier : cela fait, il ramaſſa toutes les troupes que les communautez purent lui fournir, & il alla former un camp à Beziers, pour mettre à couvert Agde, Pezenas, Montagnac, & autres lieux voiſins, occupez par les gens de ſon parti; cependant, à Montpellier chacun y portoit les armes, marchands, laboureurs & autres, ſans que perſonne eût la liberté d'en ſortir, pas même les officiers des cours ſupérieures.

II. Alors, M^{rs} de la cour des aides, comme premiers membres de la ville, projetérent de faire une aſſemblée generale, pour remedier aux maux preſens, & à ceux qu'on avoit à craindre pour l'avenir. Leur deſſein ayant été bien reçû de tous les corps de la ville, il fut reſolu qu'on s'aſſembleroit dans la chambre du conſeil de la cour des aides, pour être plus à l'abri du tumulte de la populace; le conſiſtoire parut y donner les mains, quoique dans le fonds il eût d'autres vûës. L'aſſemblée fut donc faite un ſamedi, 30e de mai, compoſée des perſonnes qui ſont marquées en cet ordre: Me François de Chefdebien, general des finances en la generalité de Montpellier; Pierre de Paniſſa, Simon de Beauxhoſtes, premier & ſecond préſidens; Etiéne de Combes, Antoine de Tremolet, Jean Philippy, * Nicolas Grille, Pierre Mathæi, Guillaume de la Coſte, Michel de St-Ravy, Jean de Lauſelergues, Paul le Clerc, Leonard Aguillon, & Etiéne Ranchin, tous conſeillers en la cour des aides; Jacques de Montagne, avocat general; Guillaume Philippy, procureur general, & Guillaume le Clerc, grefier en ladite cour;

De la chambre des comptes, étoient Me Jean-Antoine Bandinel, ſecond préſident; Jean de Farges, & Pierre Raphaëlis, conſeillers du roi, & maîtres des comptes;

Du ſiége préſidial, Me Jean de Bouques, préſident; Charles de Barges, lieutenant general; Jean le Bas & Jean Uzillis, conſeillers audit ſiége;

Des conſuls, Me Jean Martin, docteur; François Maigret, & Jean Pons, marchand, avec Me Madronnet leur aſſeſſeur;

Du conſiſtoire, Michel Heroüard, M^e chirurgien; Hortolan, auditeur en la chambre des comptes; François Rey & Pierre Ramond, marchands, ſurveillans;

De la nobleſſe, le ſeigneur de Figaret, & le ſeigneur de Paulian;

De l'univerſité de medécine, Antoine Saporta & Guillaume Rondelet, docteurs regens;

Pour la bourgeoiſie, Bertrand Manny & Guillaume Tuffany.

Les députez ayant pris leur place, M. de Paniſſa, premier préſident, prit la parole, & ayant expoſé les malheurs de la ville, comme choſes déja connuës, il dit que les fuites feroient beaucoup plus à craindre, fi l'on ne cherchoit à bonne heure le moyen de les prévenir : c'eft pourquoi, il prioit l'affemblée de déliberer s'il ne conviendroit pas de dépêcher à M. de Joyeufe, pour le prier de faire ceffer les armes de part & d'autre ? Ce qui feroit demandé en même tems par toutes les villes voifines, avec lefquelles Montpellier fe joindroit, pour députer en cour & en informer le roi.

1562.

La propofition ayant été examinée féparément entre les députez de chaque corps, ils approuvèrent la voye de pacification qui venoit d'être propofée; mais quand ce vint aux confuls et furveillans à opiner, ils dirent qu'ils ne pouvoient rien refoudre que par le confeil des vingt-quatre, compofé des gens de la religion, fans lefquels rien ne pouvoit être fait.

L'affaire ayant manqué de la forte, le baron de Cruffol comprit lui-même qu'il ne pourroit rien refoudre, tant qu'il dépendroit de vingt-quatre têtes ; il fupprima, de fon autorité, ce nombreux confeil, & le réduifit à cinq perfonnes du confiftoire, « à qui il donna, par lettres patentes, tout pouvoir « dans le gouvernement des affaires, & fpécialement de prendre les dîmes « & revenus ecclefiaftiques, cloches, reliques & autres effets, pour être « employez au fait de la guerre, faire levée de troupes, & faifir les biens & « les perfonnes de ceux qui fe montreroient contraires à la religion : de cette forte les habitans de Montpellier fe donnèrent des maîtres plus imperieux que ceux qu'ils vouloient éviter, comme il arrive dans toutes les féditions. Ce nouveau confeil fut compofé de Me Michel de St-Ravy, confeiller en la cour des aides ; Guillaume Convers, contrôleur general des finances; François Rey & Pierre Raimond, marchands, avec Michel Heroüard, maître chirurgien.

III.

Dès lors, il fut mis fur pié quatre ou cinq compagnies, tant de cheval que d'infanterie ; & parce que les gentilshommes refuférent de les prendre, le nouveau confeil contraignit des gens de robe, des bourgeois, & même des catoliques, de s'en charger : mais, comme il faloit armer ces nouvelles troupes, ils n'eurent d'autre expedient que de prendre indiferenment toutes les armes qu'ils trouvèrent dans les maifons & dans les châteaux, de même que les chevaux de la campagne pour monter leur cavalerie.

Toutes ces troupes, ayant été groffies par celles de Nîmes & d'Alais, fe rendirent dans le mois de juin à Beziers, où le baron de Cruffol s'attendoit d'être affiégé par le vicomte de Joyeufe; mais ce feigneur aima mieux l'attirer dehors, en fe faififfant de Capeftan, de Cazouls, de Narbonne, de Servian & autres lieux voifins, où ils en venoient tous les jours à des efcarmouches, dans lefquelles les deux partis ne fe faifoient aucun quartier : il laiffa enfin Pezenas à côté, & paffant tout-à-coup la rivière de l'Erault, il

IV.

1562.
PAGE 287.

vint mettre le fiége devant Montagnac, * qu'il fit batre en bréche du côté de l'églife, & qu'il prit par compofition, le 17ᵉ de juillet.

Après cette expedition, Mʳ de Joyeufe repaffa la riviére, & vint affiéger Pezenas, ce qui obligea le baron de Cruffol de fortir de Beziers & de venir fe préfenter à lui. Les catoliques avoient pris la précaution de cacher leur artillerie derriére une chauffée, du côté de Lefignan, & d'envoyer leurs coureurs pour provoquer les huguenots, qui les ayant fuivis jufques dans l'embufcade, furent falüez fi à propos, qu'ils y perdirent trois à quatre cens hommes; & la cavalerie de Joyeufe, leur tombant deffus, les mit en fi grand defordre, qu'ils jetérent leurs armes pour mieux fuir; en forte que les garrigues leur furent courtes jufqu'à Montpellier (dit mon manufcrit).

Cette victoire valut aux catoliques, outre Montagnac, les villes de Pezenas, Gignac & Frontignan, où la meffe fut rétablie, & les miniftres chaffez; ce qui irrita fi fort le confiftoire de Montpellier, qu'il fit les derniers efforts pour reprendre ces places. Comme il exerçoit un pouvoir abfolu dans la ville & fur le diocéfe, il mit à contribution tous les habitans, de quelque état & condition qu'ils fuffent; & il impofa foixante mile livres fur les plus aifez du diocéfe, fauf leur recours contre les autres. Avec ce fecours, il fit partir le baron de Cruffol pour le fiége de Frontignan, qu'il commença

V. d'attaquer le 18ᵉ d'août: il y fit une brèche confiderable avec fon artillerie; mais la défenfe des habitans qui fe montrérent en cette occafion très-belliqueux, lui fit perdre tant de gens, qu'il n'ofa point en venir à l'affaut, & qu'il leva le fiége le 27ᵉ du même mois: il renvoya fon artillerie à Montpellier, tandis qu'il iroit lui-même à Pouffan pour tâcher de furprendre Montagnac ou Gignac.

Il trouva à Pouffan les avant-coureurs de Mʳ de Joyeufe, qui faifoit avancer fa petite armée fous la conduite du baron de Fourquevaux, gouverneur de Narbonne; elle étoit de quatre à cinq mile hommes de pied, & de cinq cens hommes de cheval, tous bien montez. Leur approche fit reculer le feigneur de Cruffol, qui ramena fes gens à Montpellier, où l'allarme fut extrêmement vive; car, tout le peuple, s'attendant à y foûtenir un fiége, prit brufquement la refolution d'abatre tous les fauxbourgs, tous les jardinages & toutes les églifes du dehors, qu'on s'étoit contenté de dépoüiller. Ainfi, en moins de dix mois, ceux qui avoient démoli les plus beaux bâtimens de la ville, en détruifirent les dehors, fur une terreur panique; & ils fe privérent des magnifiques fauxbourgs & des maifons de campagne, qui faifoient un des plus beaux ornemens de leur ville.

VI. Le baron de Fourquevaux, au lieu d'inveftir Montpellier, comme on le croyoit, alla, le 4ᵉ de feptembre, attaquer le château de Lates, à une petite lieuë de Montpellier, vers la mer. La refiftance que la garnifon s'avifa de faire mal à propos la fit toute paffer au fil de l'épée, & attira la ruïne de cet ancien bâtiment, qui avoit fait les délices de nos Guillaumes, après avoir fervi utilement dans le tems des Romains. La commodité du lieu invita le baron de Fourquevaux d'y pofer fon camp, qui fe trouvoit enfermé, du côté du mas d'Enciyade par le lit de la riviére du Lez, & de l'autre, par un grand canal qui formoit une ifle de toute cette enceinte. Il ne fe contenta pas de la fortification naturelle qu'elle avoit; mais, il y ajoûta une double tranchée en dedans, & fit faire des ramparts & des plates formes, où il plaça quatorze ou quinze piéces d'artillerie; ce qui fit dire aux foldats de Montpellier qu'il étoit venu fe retrancher, au lieu de faire le fiége de la ville: mais, ils furent bien étonnez, quand ils apprirent qu'il s'étoit rendu maître de Maguelonne; & que par ce moyen, il avoit une communication libre avec Aiguemortes, Frontignan & autres lieux voifins, occupez par les catoliques.

1562.

Un fi mauvais voifinage pour les religionnaires de Montpellier les contraignit de fortir, au nombre de quatre ou cinq mile hommes, pour chaffer leur énemi: ils fe poftérent fur une elevation, au lieu dit le mas d'Envallat, & au mas de Boüiffou, d'où ils canonnérent plufieurs jours le camp de Lates, qui fit grand feu de fon artillerie jufqu'au 14ᵉ de feptembre, où le baron des Adrets, fi celébre * dans les guerres de ce tems-là, amena trois ou quatre cent chevaux au fecours du baron de Cruffol: ils refolurent enfemble, de faire trois diferentes attaques, dont l'une feroit au moulin de Sᵗ-Sauveur fur le Lez, par le baron des Adrets; l'autre fur l'avenuë de Montpellier, devant le mas d'Encivade, par le feigneur de Cruffol; & la troifiéme, du côté des préries, par le capitaine Boüillargues. Les attaques furent très-vives, & la refiftance égale; ainfi, les catoliques ne pouvant être forcez ni attirez hors de leur camp, le baron des Adrets fe contenta de leur avoir ruïné, à coups de canon, le moulin de Sᵗ-Sauveur, & fe retira dans le Dauphiné, où d'autres affaires le rapelloient.

PAGE 288.

La retraite des huguenots fit fortir du camp de Lates les catoliques, qui vinrent fe mettre en embufcade au pont Trincat, d'où ils envoyérent leurs coureurs jufqu'à l'aire de Sᵗ-Denis (aujourd'hui la citadéle), pour provoquer la garnifon de Montpellier: elle fortit pour les en chaffer; mais elle fut repouffée jufqu'à la porte du Pile-Saint-Gilles, où le brave Gremian, jeune gentilhomme du païs, fut tué, avec une trentaine de fes gens, qui n'eurent pas le tems de rentrer dans la ville.

VII.

Peu de jours après, le vicomte de Joyeufe voulut venir voir fon armée du camp de Lates, qui envoya un détachement pour le prendre au Terrail (château de l'evêque), où il avoit dîné. On marque que, s'étant arrêté fur

1562.

la hauteur de St-Martin de Prunet, & confideré le dégat que les habitans avoient fait autour de leur ville, il parut en être touché; mais il eſt à croire qu'il ne renonçoit point au defir de s'en rendre le maître, puiſque dans ce même tems, le feigneur de Sommerive & le comte de Suze, qui tenoient le parti des catoliques en Provence, firent paſſer le Rône à trois mile hommes pour venir joindre le vicomte de Joyeufe. A peine furent-ils à St-Giles, qu'ils furent attaquez & furpris, le 27e feptembre, par un grand détachement des villes voifines, fous la conduite du capitaine Grille. Leur défaite fut fi entiére qu'ils périrent tous, par les mains de leurs énemis, ou dans les eaux du Rône; mais la trop grande fécurité qui les avoit perdus caufa la perte de leurs vainqueurs, qui, revenant à Montpellier, tous chargez de butin, ils fe laiſſèrent furprendre, entre Caſtelnau & Salaifon, par l'armée du camp de Lates, qui fit main baſſe fur toute leur infanterie, le 1er d'octobre.

Cet avantage ne mit point les catoliques plus en état d'entreprendre le fiége de Montpellier; au contraire, ils envoyérent dès le lendemain, un trompette, de la part de Chriftophle de l'Eſtang, evêque d'Alet, qui s'étoit rendu au camp, pour demander une entrevûë avec le capitaine Grille, fon ami particulier: elle fut tenuë le 3e d'octobre, entre le pont Juvenal & le pont Trincat, chacun accompagné de trois hommes; mais, on ne fçait point le refultat de leur conference. On marque feulement que Mr de Joyeufe délogea le lendemain 4e d'octobre, pour aller vers Pezenas; & que peu de jours après, le baron de Cruſſol quita Montpellier, où il laiſſa pour gouverneur le capitaine Rapin, avec deux compagnies de gens de pied.

Sur le chemin de Nîmes, le baron de Cruſſol fe détourna vers la droite, pour aller prendre la tour de la Carbonniére, afin de faciliter à fon parti les approches d'Aiguemortes. Cependant, le peuple de Montpellier, fe voyant délivré de la crainte d'un fiége, paſſa d'une extrémité à l'autre, en demandant qu'on fit le procès à plufieurs perfonnes dont ils foupçonnoient la religion; & que tous, fans exception, allaſſent au prêche, fous peine de baniſſement; il obligea les magiſtrats d'en faire la proclamation, quoique (ajoûte le manufcrit) fut improuvé cette voye de vouloir contraindre les perfonnes à une religion.

VIII. Les deux feigneurs qui fe partageoient le commandement du Languedoc s'occupérent alors bien differenment; car le vicomte de Joyeufe, au commencement de novembre alla faire le fiége d'Agde, qui fut vaillament défendu par le capitaine Sengla, natif de Montpellier; & dans ce même tems, le baron de Cruſſol alla tenir à Nîmes les états de cette partie de la province, qui lui obéiſſoit. Les furveillans des églifes reformées, & les députez du confiftoire, y étoient pour le clergé: quelques procureurs des gentilshommes du païs, pour * la noblesse; & les consuls de Beziers, Agde, Montpellier, Nîmes, Marüejols & autres de ce district, pour le tiers état.

Ils y élurent à titre de protecteur & conservateur du païs, jusqu'à la majorité du roi, Antoine, comte de Crussol, frere aîné du susdit baron de Crussol, auquel ils donnérent tout pouvoir dans les affaires de guerre & de police. Ils nommérent dix personnes, pour lui servir de conseil; & pour l'entretien des troupes qu'ils auroient à commander, ils imposérent sur le païs quatre cent mile livres, outre les benefices & autres biens ecclesiastiques, qu'ils donnérent à des fermiers : il est marqué que le comte de Crussol accepta la charge de protecteur & conservateur du païs, dans la ville d'Uzés, dont il était vicomte.

Dans le mois suivant, M. de Joyeuse assembla à Carcassonne, les états de la partie du Languedoc qui le reconnoissoit, où assistérent le cardinal d'Armagnac, archevêque de Toulouse; Laurent Strozzi, cardinal & evêque d'Alby, avec ceux de Montpellier, de Carcassonne & autres, outre les nobles & les députez des communautez, depuis Toulouse jusqu'à Beziers. On y prit toutes les déliberations que l'on crut les plus propres pour traverser celles des états de Nîmes, & en même tems les plus convenables à la situation des affaires generales du royaume, qui étoient dans de nouveaux troubles; car le prince de Condé, n'ayant pû être gagné par la reine, s'étoit mis à la tête des huguenots, & venoit de perdre, le 20ᵉ de décembre, la célebre bataille de Dreux, où il périt, de part & d'autre, un grand nombre de noblesse, & ou les chefs des deux armées restérent prisonniers; c'est-à-dire, le prince de Condé lui-même, & le connétable Anne de Montmorency. Ainsi finit l'année 1562.

CHAPITRE QUATRIÉME.

I. Proscriptions à Montpellier. II. Arrivée du cardinal de Chatillon en cette ville. III. Publication de l'édit d'Amboise. IV. Subterfuges des huguenots. V. Entrée à Montpellier du duc de Dampville, nouveau gouverneur de Languedoc. VI. Il rétablit les catoliques.

L'ANNÉE 1563 donna en spectacle à Montpellier le même baron des Adrets, qui, quatre mois auparavant, y étoit venu pour l'attaque du camp de Lates. Son histoire nous apprend qu'il s'étoit déja rendu suspect à son parti, par les liaisons secrettes qu'il entretenoit avec le duc de

1563.

Nemours; & qu'à la folicitation des huguenots, il fut arrêté par ordre du comte de Cruffol, leur protecteur, conduit au château de Nîmes, & depuis à Montpellier, où il resta huit jours prifonnier dans St-Pierre, jufqu'à ce qu'il fut transferé de là à Villeneuve.

Dans ce même tems, on ôta au capitaine Rapin le gouvernement de Montpellier, qui fut donné au feigneur de Peraud en Vivarés. Je ne fçai quel nouveau courage donna fon arrivée au confiftoire de cette ville, puifque nous trouvons qu'il fit alors certain rôle de profcriptions contre un grand nombre d'habitans, comme papiftes, tant hommes que femmes, gentilshommes & officiers, aufquels il étoit ordonné de fortir de la ville, mais avec tant de rigidité qu'ils ne pouvoient emporter que dix livres tournois, & qu'il étoit défendu à toute perfonne, fous peine de baniffement, de prendre en garde ou acheter d'eux aucun bien meuble ou immeuble.

Tout ce que purent obtenir les perfonnes les plus moderées fut un furcis à l'execution de cette ordonnance; & cependant il fut tenu dans Montpellier, fur le commencement de mars, un finode general de tous les miniftres du Languedoc, au nombre de cent cinquante, avec autant de furveillans. Ils apprirent, dans le tems qu'ils étoient affemblez, la nouvelle de la mort du duc de Guife, affafiné par Poltrot, au fiége d'Orleans; ce qui leur donna tant de joye, qu'ils*firent faire une décharge generale de toute l'artillerie, en figne de réjoüiffance.

PAGE 290.

Le comte de Cruffol alla, fur le commencement d'avril, tenir les états à Bagnols, de la même manière que fon frere les avoit tenus à Nîmes l'année précedente; c'eft là où ils eurent la premiére nouvelle de l'édit de pacification, donné à Amboife le 18ᵉ de mars, par lequel le roi accordoit une amniftie de tout le paffé, & remettoit les ecclefiaftiques dans la poffeffion de leurs biens. Cet édit, qui donnoit de la joye aux deux partis, ne produifit aucun bon effet pour les catoliques à Montpellier, parce que les huguenots fe hâtèrent de ruïner le dedans de toutes les églifes qui reftoient encore dans la ville, comme chapelles, bancs & autres ornemens, mais fur tout d'y rompre toutes les cloches, qu'on marque y avoir été en grand nombre.

II. Le 7ᵉ du mois de mai, on vit arriver à Montpellier le cardinal de Chatillon, dit alors le comte de Beauvais, avec le comte de Cruffol & le feigneur de Brancas, chevalier de l'ordre, qui étoit envoyé de la part du prince de Condé : ils furent reçûs par les officiers de la cour des aides, de la chambre des comptes, & du préfidial, qui n'avoient pû fortir de la ville durant les troubles. Les confuls avoient été à la rencontre de ces feigneurs jufqu'aux Areniers, par delà Caftelnau, avec les quatre compagnies de gens de pied ordonnées pour la garde de la ville; & au pont de Caftelnau, fe trouva une troupe de cent ou six vingts enfans, qui, à leur approche, entonnèrent des pseaumes en françois. Ils entrèrent au bruit de tout le canon de la ville; & après avoir passé par l'Eguillerie jusqu'à la loge, à travers une grande foule de peuple, ils allèrent loger à la maison des generaux.

1563.

Deux jours après, c'est-à-dire le 9ᵉ de mai, survint le seigneur de Cailus, gentilhomme de la chambre du roi, qui avoit déja été à Toulouse, Carcassonne & Narbonne, pour y faire publier l'édit d'Amboise, dont il étoit porteur: l'affaire parut si importante aux seigneurs qui étoient déja à Montpellier avec lui, qu'ils jugèrent devoir faire une assemblée de toute la noblesse, & des députez des villes, qui s'étoient rendus en grand nombre auprès de leurs personnes. Cette assemblée fut donc ouverte le 11ᵉ mai au matin, où le seigneur de Brancas, au nom de Mʳ le prince, exposa les causes & les avantages de cette paix; et l'après-midi du même jour, Mʳ de Cailus s'y étant rendu, montra la commission dont il étoit chargé de la part du roi, de leur signifier l'édit; ce qui engagea Mʳ de Crussol d'offrir à l'assemblée la démission du pouvoir que les états du païs lui avoient donné.

III.

Cette assemblée, à qui divers mémoires ont donné le titre des états de la province, demanda du tems jusqu'au lendemain, pour répondre à toutes les propositions qui venoient d'être faites. Le lendemain 12ᵉ de mai, ils allèrent en corps au logis des comtes de Beauvais & de Crussol, où les seigneurs de Brancas & de Cailus s'étoient rendus, & là ils commencèrent à faire de grandes instances au comte de Crussol de garder ses pouvoirs jusqu'à ce que les choses fussent entièrement pacifiées: après quoi, se tournant vers Mʳ de Cailus, ils lui dirent qu'ils acceptoient l'édit de pacification, mais qu'ils se reservoient à faire leurs remontrances au roi, pour la modification de quelques articles.

La publication de cet édit fut faite le même jour après midi, à l'audience du présidial, & de là dans tous les carrefours de la ville, au bruit du canon des ramparts, présens Mʳˢ les consuls en robe de ceremonie, & Mʳ le lieutenant criminel. Les gentilshommes qui s'étoient trouvez à l'assemblée, voulant solenniser cette fête, coururent la lance & la bague, ayant à leur tête le baron de Crussol, qui s'étoit rendu à Montpellier avec le comte son frere.

Le repos que cette paix procuroit aux huguenots leur donnoit autant de plaisir qu'aux catoliques; mais l'obligation de vuider les temples qu'ils occupoient faisoit leur plus grand chagrin. Pour éluder la chose, ils se prémunirent d'un consentement par écrit, des chanoines de St-Pierre & autres prêtres trouvez dans la ville, qui déclaroient ne vouloir les empêcher de retenir les églises de Nôtre-Dame des Tables, de St-Firmin & de St-Paul. Cet acte fut lû & publié au prêche, le 13ᵉ du même mois, afin de faire voir

1563.
PAGE 291.

qu'il n'y avoit de leur part * aucune contravention à l'édit, puisqu'ils avoient le consentement des personnes interessées.

Deux jours après, c'est-à-dire le 15e de mai, le seigneur de Cailus s'étant fait expedier un acte de l'acceptation & publication de l'édit, partit de Montpellier; & le 18e l'assemblée qui avoit été formée à cette occasion fut congediée: les comtes de Beauvais & de Crussol se rendirent alors à Beziers, pour y avoir une conference avec Mr de Joyeuse. On marque que le lieu fut choisi à Montels, château appartenant à l'archevêque de Narbonne, entre cette ville et Capestan, où l'on se rendit, de part & d'autre, avec une suite chacun de vingt-cinq hommes sans armes; & après quelques heures de conference secrette, les comtes de Beauvais & de Crussol revinrent à Montpellier, où ils laisserent les huguenots en possession de toutes les églises.

IV. Cependant, la cour, qui recevoit de toutes parts les plaintes des catoliques du royaume sur l'inobservation de l'édit, fit partir François de Scepeaux, seigneur de la Vieille-Ville, & maréchal de France, pour visiter le Lyonnois, le Dauphiné, la Provence & le Languedoc, & y faire observer le dernier édit de pacification; le seigneur de Cailus fut renvoyé en même tems à Montpellier pour recevoir du comte de Crussol, les villes de la religion où il avoit commandé, & pour tenir la main à l'observation de l'édit. On marque au 12e d'août son arrivée en cette ville, & qu'il y fut reçu avec une joye generale des habitans, ausquels il exposa sa commission, portant qu'on laisseroit les églises à l'usage des catoliques romains; les huguenots crurent y obeïr, en allant faire leur prêche à l'école mage; mais, quant au rétablissement des catoliques, il n'est point d'artifice qu'ils n'employassent pour l'empêcher. D'abord, ils épouvanterent si fort les prêtres, qu'aucun n'osa se présenter pour dire la messe; ensuite, ils présenterent une déclaration prétenduë du sindic du chapitre, au nom de certains archidiacres, personats & chanoines, qui avoient reçû la religion reformée, & qui disoient ne vouloir point de la messe, ni du service divin; enfin, ils obtinrent une lettre de l'evêque de Montpellier à Mr de Cailus, où ce prélat lui marquoit, qu'il vouloit rester à Maguelonne & à Villeneuve, & ne pas retourner à Montpellier.

Les huguenots, ayant éludé de la sorte le rétablissement des catoliques, accorderent à Mr de Cailus une chose qui attira l'applaudissement de tous les gens bien intentionnez: ce fut de faire apporter à la maison de ville, toutes les armes des particuliers'; de sorte qu'on commença de vivre à Montpellier, comme dans le tems de la plus profonde paix; & l'on y ouvrit les neuf ou dix portes de la ville, qui depuis un an avoient été murées, excepté celle de la Saunerie & du Pile-Saint-Gilles.

Les choses restèrent en cet état jusques dans l'automne, où Henry de Montmorency, seigneur d'Ampville, pourvû du gouvernement de Languedoc, sur la démission du connétable son pere, vint pour en prendre possession, & pour y faire observer le dernier édit : il entra par Toulouse dans son nouveau gouvernement, avec quatre ou cinq cens hommes d'armes, qui furent grossis d'un grand nombre de noblesse, durant son chemin jusqu'à Narbonne. Ce fut dans cette dernière ville que les députez de Montpellier le trouvèrent, sçavoir : Jean de Cezelli, président en seul en la chambre des comptes ; Jean Philippy, conseiller en la cour des aides, & les seigneurs de Poussan & de Figaret. Après quelque séjour à Narbonne, Mr Dampville se rendit à Beziers, & de là à Montpellier, où il fit son entrée le 9e de novembre, à trois heures après midi.

1563.

Comme cette entrée donna lieu à plusieurs évenéments importans, je crois que le lecteur verra avec plaisir le détail qu'on nous en a laissé.

« Le 9e du mois de novembre, toutes les compagnies de la ville montèrent à cheval, pour aller au devant du seigneur Dampville ; sçavoir : M^{rs} de la cour des aides, avec leurs robes d'écarlate, précedez de leurs huissiers, en robe violette ; M^{rs} de la chambre des comptes ; le siége présidial, composé du président, en robe d'écarlate, du lieutenant, conseillers & autres officiers au gouvernement de Montpellier ; venoient ensuite les consuls, accompagnez des bourgeois & marchands * de la ville. Ils s'avancèrent tous, jusqu'à la rencontre de M^r le gouverneur, auquel ils firent la reverence, en passant tous par ordre devant lui ; après quoi, ils reprirent le chemin de la ville, pour l'y conduire. A son approche, il fut saluë de toute l'artillerie, qu'on avoit rangé hors la porte de la Saunerie ; & à son entrée, les consuls, décendus de cheval, lui présentèrent un dais de velours cramoisi, doublé de satin blanc, avec ses armoiries & celles de la ville en broderie, sous lequel il refusa de se mettre.

V.
Mémoires de Philippy.

PAGE 292.

« Alors parurent inopinément (dit mon manuscrit) certains chanoines de l'église catédrale, & autres prêtres, vétus de surplis, & cinq ou six religieux cordeliers, qui se mirent en marche devant lui, chantant processionnellement ; ils étoient suivis d'un grand nombre de gendarmerie à cheval, & de cinquante arquebusiers à pied, de la garde de M^r le gouverneur, ayant tous leur morion doré en tête : Mr Dampville venoit ensuite, accompagné de Mr de Joyeuse & d'un nombre infini d'autres seigneurs & gentilshommes du païs, qui étoient suivis d'une compagnie de gens à cheval, pour former la marche.

Idem.

« Ils passèrent tous par la Grand'Ruë & par celle du Cigne, qui étoient ornées des plus riches tapisseries, & les fenêtres remplies des dames de

1563.

« la ville : on avoit placé d'efpace en efpace des trompettes, avec des ban-
« deroles incarnat & blanc, qui étoient les couleurs de M. Dampville.

« Il arriva en cet ordre jufqu'à la Pierre ; & quand il l'eut paffée, au lieu
« de prendre à gauche, au coin de Rondelet, pour aller droit à fon logis,
« chez Monfereau (autrement la maifon des generaux), il fut conduit par
« les gens d'églife à Nôtre-Dame des Tables, où il alla faire fa priére avec
« les catoliques, qui le fuivirent dedans, & où le clergé chanta le *Te Deum*.
« Cette nouvelle attira auprès de fa perfonne Guillaume Peliffier, evêque
« de Montpellier, & Pierre de la Cofte, juge mage, avec quelques autres,
« qui s'étoient abfentez à l'occafion des troubles.

« Avant que d'entrer dans la ville, M^r le gouverneur avoit ordonné qu'on
« apportât à la maifon confulaire toutes les armes des habitans, jufqu'aux
« épées & dagues, fans exception de perfonne, fi ce n'eft des gentilshom-
« mes ; les fergens même furent compris dans cette défenfe : c'eft pourquoi,
« voulant pourvoir à la fureté de la ville pendant fon féjour, il nomma des
« gentilshommes pour la garde de l'hôtel de ville durant le jour, & il
« établit un corps de garde à cheval pendant la nuit ; la groffe artillerie avoit
« été amenée aux avenuës de fon logis, & de la maifon de ville. »

On nous a confervé des épigrammes en grec, en latin & en françois,
qui furent faites en fon honneur dans cette occafion ; mais je croi plus intereffant pour le lecteur de lui marquer que la ville fit un préfent, fuivant la
coûtume, d'une grande coupe de vermeil doré, relevée en boffe, avec fon
couvercle, dans laquelle il y avoit fix piéces d'or, pefant chacune cinquante
écus au foleil, fabriquées exprès à l'hôtel de la monoye. D'un côté, on
voyoit les armes de M. Dampville, avec le colier de l'ordre de St-Michel, &
au tour, ces mots : *Virtuti Henrici Montmorancii piiff. toto publico provincia-
lium fuffragio æternæ memoriæ causa*. Et de l'autre côté, l'infcription fuivante
avec les armoiries de Montpellier au bas :

Henrico Montmorancio Dampvillæo
M. Annæ Montmorancii
Gall. Præfect. Milit. F.
Narbon. Provinc. Proregi.
P. R. P. Civit. Monfpeli.
Illi adventum gratulata.
D. D.
1563.

Ce qu'on explique ainfi : *Henrico Dampvillæo, magni Annæ Montmorancii*

Galliarum præfecti militaris filio, narbonensis provinciæ proregi, pace reipublicæ parta, civitas Monspeliensis, & le reste.

1563.

* Ce présent fut accompagné de deux caisses doublées de satin, l'une remplie de diferentes eaux de senteur, & l'autre de sachets pleins de poudres odoriferantes; le tout de grande valeur (dit mon mémoire), & dressé par ceux de la religion, les catoliques n'étant encore entrez en l'administration.

PAGE 293.

Le lendemain de l'entrée de Mr Dampville, on chanta solennellement une grand'messe à Nôtre-Dame des Tables, & dés lors les prêtres & les religieux eurent la liberté de se montrer dans la ville; mais, parce que la plûpart n'avoient point de logement, on distribüa les églises de la ville aux religieux dont les couvens avoient été détruits dans les fauxbourgs. Ainsi, les cordeliers eurent l'église de St-Paul, les jacobins celle de Ste-Foi, les carmes Ste-Croix, & les augustins St-Mathieu. Quant aux religieuses, qui étoient en petit nombre, on leur donna le couvent de Ste-Catérine (aujourd'hui Ste-Ursule), pour s'y retirer & y vivre toutes ensemble. Dans toutes ces églises, les prêtres & les religieux y rétablirent la messe & le service, sans aucun trouble; & pour marque d'un entier changement, les gens de justice & de pratique reprirent leurs bonnets quarrez, qui avoient été suprimez pour les raisons que nous avons dites.

VI.

Mr Dampville, voulant achever de voir son gouvernement, se mit en chemin pour le St-Esprit, le 16e de novembre, laissant à Montpellier une bonne garnison, sous les ordres de Mr de Castelnau de Guers, près de Pezenas. Durant son voyage, les principaux des deux religions convinrent entr'eux d'élire douze personnes, sçavoir six catoliques & six de la religion, pour gerer les affaires publiques La déliberation en fut prise le 5e décembre, & approuvée ensuite par Mr Dampville, lorsqu'il repassa pour aller tenir les états de la province à Narbonne.

Ils y furent ouverts sur la fin de ce même mois, où il est à remarquer que, le parti des catoliques y étant le plus fort, il y fut resolu de vivre sous la religion romaine, & de députer au roi pour le suplier de ne point soufrir dans le Languedoc deux diferentes religions. Le seigneur d'Ambres, seigneur de Voisin, fut député pour la noblesse, & N. Bachelery, premier consul de Beziers, pour le tiers état. Mais ils eurent pour réponse que l'édit de pacification devoit être gardé dans le Languedoc comme ailleurs, & ainsi les deux religions y furent exercées.

CHAPITRE CINQUIÉME.

I. Le consulat rendu aux catoliques. II. Entrée du roi Charles IX à Montpellier. III. Commencement de nouveaux troubles. IV. Siége du fort de St-Pierre. V. Sa capitulation. VI. Réjoüissances publiques pour la bataille de St-Denis.

1564.

I. APRÈS la tenuë des états de Narbonne, Mr Dampville vint à Montpellier, dans le mois de janvier 1564, avec deux commissaires envoyez du roi, pour faire óbferver le dernier édit. Ils jugérent à propos d'ordonner que, dans les villes & vilages des environs de Montpellier, on prendroit des catoliques pour exercer la charge de conful; ce qui attira bien de murmures de la part des religionnaires, qui prétendirent que c'étoit une contravention aux déclarations du roi; leurs plaintes augmentérent bien davantage, lorfqu'après le départ de Mr Dampville, le s^r de Caftelnau, qui commandoit à Montpellier, voulant fe conformer à l'ordonnance des commissaires, ne fit choisir que des catoliques à l'élection des confuls, qui fut faite au commencement de mars; & parce que les fujets étoient fort rares, on fut reduit à prendre un homme de robe pour la premiére place.

Cette innovation donna lieu à de grandes plaintes qui furent portées au roi; mais tout ce que les religionnaires purent obtenir, fut l'exercice libre de leur * religion, pour lequel on leur affigna la cour du baille (enclavée aujourd'hui dans l'intendance), avec promesse que lorfqu'ils voudroient faire la céne, le gouverneur leur donneroit une troupe de foldats pour les garder durant leur affemblée. Je trouve dans leurs mémoires qu'ils alloient auffi entendre le prêche dans la maifon de Formy, près la loge, & qu'ils comptoient parmi les leurs un prince de Salerne, dans le royaume de Naples, qui s'étoit marié à Montpellier avec une fille de la maifon de Paulian, & qui honoroit fouvent leurs affemblées de fa préfence.

PAGE 294.

II. Les chofes reftérent en cet état jufqu'au mois de décembre, où le roi Charles IX vifita fon royaume, & entra par la Provence dans le Languedoc. A fon approche, on reduifit la garnifon de Montpellier au nombre de cinquante hommes, qui furent mis dans St-Pierre, pour y garder l'artillerie & les armes qu'on y apporta; on ceffa auffi de monter la garde jour & nuit, comme l'on avoit fait auparavant, afin que tout fe reffentit de la

Livre quinziéme.

venue du roi : il fit fon entrée en cette ville, le dimanche 17e de décembre, ayant avec lui la reine fa mere, Mr d'Orleans fon frere, âgé de douze ans, le prince de Navarre (depuis Henry IV), de même âge que le roi, Mrs les cardinaux de Bourbon & de Guife, Mr le connétable de Montmorency, le chancelier de l'Hôpital, Mr Dampville, fait depuis peu maréchal de France, & plufieurs autres grands feigneurs du royaume.

1564.

Le ceremonial particulier de cette entrée fut : « Qu'on fit conftruire une « grande fale de charpente, meublée fort richement, dans le jardin appellé « depuis le clos d'Aguillon, vis-à-vis l'ancien couvent de St-Maur, où le roi, « après avoir entendu les harangues qui lui furent faites, & reçu le ferment « de toutes les compagnies de la ville, vit paffer devant lui une grande « troupe de jeunes bourgeois, habillez de velours, ou fatin incarnat & « bleu, qui étoient les couleurs du roi ; alors la marche commença vers la « ville en cet ordre : L'univerfité, compofée des deux facultez de medécine « & des loix, marchoit la première ; fuivoit le préfidial, & la cour du gou-« verneur ; puis, la chambre des comptes, & enfuite la cour des aides, en « robe d'écarlate, précédée de fes huiffiers, en robe violette. La maifon du « roi venoit immédiatement après, fçavoir : les archers & les fuiffes de la « garde, tambour batant ; & fa majefté, précédée de fes trompettes & du « grand écuyer, qui portoit l'écharpe & l'épée royale devant lui, étoit deffous « un dais de velours cramoifi, brodé d'argent, qui étoit porté par les fix « confuls de la ville. Les princes, cardinaux, & autres grands feigneurs « déja nommez, venoient à la fuite du roi.»

Lorfqu'il fut entre les deux portes du Pile-Saint-Gilles, il y trouva quatre colonnes, foûtenant une grande couronne imperiale, & contre la bafe des deux premières colonnes de front, deux jeunes filles, vêtuës, l'une de fatin jaune, & l'autre de fatin blanc, pour repréfenter la piété & la juftice, que le roi avoit pris pour fa devife : *Pietate & juftitia*. Dans le refte de la marche, comme à la pointe de la ruë du Pile-Saint-Gilles, à l'arc St-Nicolas, à la loge, & devant la maifon de ville, on avoit dreffé des arcs de triomphe, de diferens ordres d'architecture, avec des repréfentations les plus convenables à l'entrée du roi, & des épigrammes en grec, en latin & en françois, felon le goût du tems ; mais les plus belles décorations furent employées au-devant du logis du roi, qui étoit à la Pierre, à la maifon dite Boffonel.

Le préfent de la ville (felon ce qui eft écrit dans nos archives) fut une image du roi, d'or maffif, & de la valeur de mile écus, placée fur le rivage de la Méditerranée, tenant un pied fur la terre & l'autre fur la mer, comme pour repréfenter le rétabliffement du commerce, que la dernière paix procuroit à Montpellier. Le préfent qu'on fit à la reine marquoit plus

1564.

particuliérement la situation de la ville ; car c'étoit une montagne d'or, complantée d'oliviers & d'orangers, le tout du prix de cinq cens écus.

Le roi parut prendre plaisir aux divertissemens qu'on lui donna pendant son séjour à Montpellier ; on marque qu'il fit l'honneur au nommé Jacques de Farges, parfumeur renommé, d'aller voir sa boutique à la place des Cévenols, & qu'il voulut bien accepter un régale que ce particulier prit la liberté de lui offrir.

Page 295.

* Le 26e de décembre, jour de St-Etiéne, on fit une procession generale, à laquelle le roi assista avec la reine, les princes & grands seigneurs de la cour, sans qu'aucun religionnaire de la ville fût obligé de s'y trouver, ni de tapisser sa maison comme les catoliques, le roi ayant voulu sur cela leur laisser une entiére liberté.

Enfin, le 31 de décembre, c'est-à-dire le quinziéme jour après son arrivée, le roi partit pour Touloufe, Bordeaux & Bayonne, où la reine d'Espagne, sa sœur, devoit se trouver. Nos habitans furent si contens du séjour qu'il avoit fait dans leur ville, qu'ils vécurent tous de bonne intelligence durant les années 1565 & 1566. Chacun exerçoit tranquilement sa religion ; & l'on entretenoit de concert, pour la sureté publique, une garnison dans la ville & dans St-Pierre, qu'on nommoit alors le fort ou le château, les chanoines se contentant de la seule église, & laissant le reste du bâtiment pour le logement de la garnison.

1565 & 1566.

1567.

On continüa de vivre dans cette bonne intelligence jusques bien avant dans l'année 1567, où l'on fit courir le bruit à Montpellier que le roi vouloit souscrire au concile de Trente, & qu'il alloit défendre l'exercice de la nouvelle religion. Pour dissiper ce faux bruit, on fit publier, le dernier de septembre, une nouvelle déclaration portant que le roi ne vouloit rien innover en matiére de religion, & que chacun, sur cette assurance, pouvoit vivre en paix. Mais on avoit trop d'interêt à entretenir le peuple dans le mouvement, & on lui persuada bientôt qu'il n'auroit jamais de sureté tant que les catoliques rempliroient seuls les charges du consulat. Ce prétexte étoit un préparatif au soulevement general qu'on projetoit, & qui parut le 29e de ce mois, par l'entreprise du prince de Condé sur la personne du roi, qu'il voulut enlever dans son chemin de Meaux à Paris. Dès lors, la guerre fut déclarée, & les religionnaires, de concert, s'y préparérent dans tout le royaume.

III.

A Nîmes, au St-Esprit, à Castres & à Lavaur ils prirent les armes, & ils saisirent dans nôtre voisinage la tour de la Carbonniére, pour aller à Aiguemortes. M. de Joyeuse, qui, aux premiéres nouvelles de ces troubles, se rendit à Montpellier, crut en préserver la ville en ordonnant de mettre dehors un grand nombre d'étrangers qu'on y avoit introduit fous le nom d'apprentis; mais le reméde ne fit qu'accélerer le mal, car le peuple s'émut à tel point, qu'il fut obligé lui-même de fe retirer dans le fort de St-Pierre avec fa femme & fes enfans, où il fut bientôt fuivi par le juge mage, les confuls & plufieurs ecclefiaftiques, qui y apportérent ce qu'ils avoient de plus prétieux. L'allarme fut alors fi grande, que les foldats qui étoient de garde dans la ville quitérent leur pofte & vinrent fe refugier dans le fort; ce qui faifant comprendre à Mr de Joyeufe que tout étoit defefperé, il fortit fur le minuit, par la porte de derriére, qui donnoit dans le foffé, pour aller faire avancer les troupes qu'il avoit autour de Pezenas.

1567.

Le lendemain, les féditieux ouvrirent trois portes de la ville qui avoient été fermées; fçavoir: celles de la Saunerie, de Lates & de Montpellieret, par où ils firent entrer le fecours qu'ils attendoient du dehors. Ainfi, s'étant bientôt rendus maîtres de la ville, ils parlérent d'attaquer le fort de St-Pierre. D'abord ils s'emparérent de St-Ruf, de la tour du Colombier [1] & des maifons les plus voifines; ce qui ayant porté les affiégez à en brûler quelques-unes dans la ruë des Carmes, porta aufli les affiégeans à creufer des tranchées pour ferrer de plus près la garnifon.

IV.

Cependant, les principaux chefs de l'attaque, prévoyant bien que Mr de Joyeufe feroit de plus grands efforts tant que fa femme & fes enfans feroient enfermez dans St-Pierre, firent offrir à madame de Joyeufe toute fureté pour fa fortie, ce qu'elle refufa plufieurs jours; mais ayant appris qu'une efcorte confiderable, venuë de Pezenas, l'attendoit hors la ville, elle prit le parti d'en profiter, & fortit de St-Pierre avec fes enfans & fes domeftiques.

La garnifon du fort, compofée de deux compagnies de vieux foldats, & d'un grand nombre de catoliques de tous états, fe trouva bientôt refferrée de plus près à l'arrivée du baron de Cruffol, qui prenoit alors le nom de feigneur d'Acier, depuis qu'Antoine, fon frere, venoit d'être fait duc d'Uzés. On marque fon arrivée * à Montpellier au 7e d'octobre, & qu'auffitôt il ordonna de grandes tranchées en dehors la ville, depuis la porte du Peirou jufqu'à celle des Carmes, que les catoliques teñoient; & parce qu'ils avoient aufli une porte dans le foffé, au-devant de laquelle ils avoient fait un ravelin, il fit dreffer une batterie fur le haut du Peirou pour batre ce ravelin en ruïne; il plaça de plus grand nombre d'infanterie, depuis le fauxbourg St-Guillem jufqu'au Merdanfon, pour empêcher tout le fecours qui pourroit venir aux affiégez.

PAGE 296.

---

[1] Groffe tour qui répond fur la terraffe de l'évêché.

1567.

Les choses étoient disposées de la sorte lorsque le Sr de Villeneuve, lieutenant de la compagnie des gendarmes de Mr de Joyeuse, parut avec dix-huit enseignes de gens de pied & trois ou quatre cent chevaux, tous bien montez. Il alla se camper à Boutonnet, de maniére que son aile droite venoit se terminer au pont de St-Côme, par-delà le Merdanson. Le seigneur d'Acier, de son côté, sortit de la ville avec autant de cavalerie que son énemi, & se campa entre les Jacobins & St-Côme. Tandis qu'ils étoient à se regarder, la garnison du fort St-Pierre fit une sortie pour combler la tranchée du Peirou. L'attaque fut bien soûtenuë, & plusieurs catoliques y ayant été tuez ou blessez, le reste se retira par le ravelin dans le fort. En même tems un détachement des troupes de Boutonnet passa le Merdanson & vint avec tant de vigueur contre les tranchées, que le combat dura depuis midi jusqu'environ quatre heures, sans que les deux camps en voulussent venir à une action generale; enfin la nuit sépara les combatans; & le feu ayant pris aux poudres du camp de Boutonnet, Mr de Villeneuve fit défiler ses troupes, pour gagner le chemin de Meze & de Loupian, où ils furent harcelez par les garnisons de Pignan, Poussan, Montbazén & Balaruc, qui tenoient pour les religionnaires.

Philippy.

Les mémoires sur lesquelles j'écris marquent que le menu peuple, les enfans, les femmes & les demoiselles de Montpellier, s'employoient volontairement à porter des pierres sur les murailles, pour faire des canonniéres aux arquebusiers ; & qu'elles ne craignoient point de se mêler dans le camp, & d'y apporter du pain, des fruits & des bouteilles de vin, pour rafraichir les combatans.

Malgré la retraite des troupes de Mr de Joyeuse, les assiégez continüérent à se bien défendre durant un mois; & ils le firent avec d'autant plus d'avantage, qu'ils tiroient à couvert du haut de leurs murailles, d'où ils pouvoient, à travers les embrasures, choisir leurs coups ; ce qui fit perdre pendant ce mois, plus deux de cens hommes aux assaillans : ceux-ci reçurent enfin sur la mi-novembre, des secours considerables du côté de la Provence & du côté du Roüergue ; car, Réné de Cypiere, fils de Claude de Savoye, comte de Tende, arriva le seize de ce mois, avec cinq ou six cornettes de cavalerie,

Guches.

où étoient les Srs de Bor, de Senés [1], de Solier, & autres gentilshommes de Provence, avec vingt-huit enseignes de gens de pied ; mais, comme toutes ces troupes auroient affamé Montpellier, on les fit arrêter en deça de Nîmes, pour s'en servir dans le besoin, & l'on ne reçut dans la ville que deux cens

---

1 Var. : *De Senas.*

chevaux. En même tems, le seigneur d'Arpajon décendit de Roüergue avec dix ou douze cens chevaux, où étoient les vicomtes de Montcla, de Gordon, de Paulin & de Bournikel, suivis d'environ six mile hommes de pied, qu'on fit arrêter à Alais & Andufe.

Un si grand nombre de troupes étoit plus que suffifant pour ôter toute esperance à la garnifon de St-Pierre, qui n'avoit rien à attendre de M. de Joyeufe ; mais, la faim extrême qui les preffoit depuis quelques jours, fut une raifon plus grande : ils refolurent enfin de capituler ; & l'un des capitaine du fort, nommé Luynes, ayant eu fureté le 17ᵉ de novembre, pour venir traiter avec le feigneur d'Acier, il fut conclu entr'eux que le 18ᵉ du mois, toute la garnifon vuideroit le fort St-Pierre ; que les capitaines fortiroient avec armes ; les foldats avec la dague & l'épée feulement ; mais que les gens de la ville, comme confuls, chanoines & tous autres, feroient à la difcretion du feigneur d'Acier, de même que tous les meubles, cofres, artillerie, armes & autres chofes qui fe trouveroient dedans.

En confequence, le lendemain, fur l'heure de midi, les capitaines & foldats étrangers, fortirent au nombre d'environ cent quatre-vingt. Les trois confuls qui* étoient dedans, fçavoir : Antoine du Robin, juge ordinaire & premier conful ; Bonnafous, docteur & fecond conful, avec le cinquième, qui n'eft point nommé, furent donnez aux principaux officiers des troupes, pour en tirer rançon, de même que les chanoines & autres habitans confiderables ; quant à ceux qui avoient porté les armes, ils furent arrêtez prifonniers ; & le refte du peuple qui s'y trouva, avec les femmes, renvoyez dans leurs maifons.

Les gens de guerre fe faifirent auffitôt des armes, & mirent à couvert les cofres & autres meubles prétieux que les plus riches catoliques y avoient refugié, la vaiffelle d'argent de Mʳ de Joyeufe s'y trouva, avec celle de plufieurs particuliers, qui fut emportée dehors pour être diftribuée par Mʳ d'Acier.

Cependant le menu peuple & les foldats de la ville étoient dans l'impatience de prendre leur part au pillage. On leur ouvrit les portes du fort, dont on les laiffa maîtres durant trois jours ; & d'abord ils dépoüillèrent l'èglife & les chambres de ce vafte & fomptueux bâtiment ; mais, n'y trouvant pas affés pour fatisfaire toute leur avidité, ils s'en prirent au corps du bâtiment même ; & après en avoir découvert les tuiles, & emporté le bois de charpente, ils arrachèrent le fer, le plomb & les vitres. Non contens encore de cette execution, ils entreprirent de renverfer tout l'édifice ; & après avoir enfoncé le double rang de voûtes qui regnoit le long du cloître, & dans les trois grands corps de logis, ils en auroient entamé les murailles,

1567.

si les ruïnes qu'ils venoient de faire ne les en euffent empêché : ils furent plus heureux à abatre un corps de logis moins élevé, qui partoit de la maifon (dite aujourd'hui du campanier) & venoit joindre les murailles du fort.

Dans la fureur de ces démolitions, ils coururent à celui des quatre clochers de l'églife dont ils avoient été les plus incommodez dans leurs tranchées : ils commencérent à le faper & à l'étayer en même tems avec de groffes poutres ; après quoi, ils mirent le feu aux étançons : de manière que le clocher, en tombant, enfonça une partie des voûtes de l'églife & du portique.

VI. Pendant qu'on étoit si acharné contre cet édifice, M^r d'Acier alla joindre le s^r de Cypiére, qui s'étoit avancé vers le St-Efprit pour en faire lever le fiége au comte de Suze : il partit de Montpellier le 20e de novembre, & y laiffa pour gouverneur le feigneur Daubais, qui fit élire deux jours après, douze habitans de la ville, pour prendre foin de la police, jufqu'à une nouvelle élection des confuls. La fonction la plus brillante de leur adminiftration, fut un beau feu de joye qu'ils firent le 11e de décembre, à l'occafion de la bataille de St-Denis, où le connétable de Montmorency fut bleffé à mort ; & quoique le champ de bataille eût refté aux catoliques, ils comptoient pour beaucoup la perte du plus grand énemi de leur religion. Dans la joye où la populace entra ce jour-là, ils allérent rafer entiérement l'églife de St-Firmin, avec le monaftére de Ste-Catérine, près la porte de la Blanquerie ; & pour fe venger du capitaine Page de Lunel, qui avoit laiffé prendre aux catoliques la tour de la Carbonniére, ils demandérent, avec de grandes inftances, qu'il fût décapité ; ce qui fut fait à Montpellier dans les derniers jours de l'année 1567.

CHAPITRE SIXIÉME.

I. Nouveaux troubles aux environs de Montpellier. II. Démolition des églifes de la ville. III. Publication de paix, fuivie bientôt de la guerre. IV. Serment exigé des huguenots & des catoliques. V. Nouveaux préparatifs de guerre. VI. Bataille de Jarnac. VII. Grande confpiration à Montpellier. VIII. Bataille de Moncontour.

1568.

I. LES commencemens de l'année 1568 fe reffentirent du mouvement que la bataille de St-Denis avoit caufé dans toute la France. On combatit avec chaleur dans le Bas-Languedoc, où les catoliques de Montpellier furprirent Pouffan * & prirent Balaruc d'affaut. Le baron de

Ganges, ayant enlevé Sumene aux religionnaires, le reperdit peu de jours après avec la vie. Mais le grand effort de la guerre étoit aux environs du pont du St-Efprit, pofte également important aux deux partis, pour la communication des trois provinces. On marque que Mr de Joyeufe, voulant aller joindre les catoliques de Provence, conduifit fes troupes par la plage, entre la mer & l'étang, & qu'il fit, avec le comte de Suze, le fiége du St-Efprit, qu'ils prirent & qu'ils reperdirent; ce qui donna le tems à M^r d'Acier de venir tenir les états à Montpellier, pour faire contribüer à l'entretien de fes troupes les diocéfes de Viviers, d'Uzès, de Nîmes & de Montpellier, avec une partie du Gevaudan, qui formoient fon gouvernement.

1568.

On marque que fur la fin de janvier, il fit proceder à l'élection des confuls, fans attendre le premier de mars, où l'on avoit accoûtumé de les faire: après quoi, ayant été rejoindre fes troupes vers le St-Efprit, & combattu avec diferens fuccès contre Mr de Joyeufe, il reçut avis d'une paix prochaine & favorable aux huguenots. Le porteur de cette nouvelle étoit un gentilhomme de la maifon d'Entragues, qui étoit muni d'un paffeport du roi & de lettres de créance de M^r le prince. Comme il avoit des demandes à faire, M^r d'Acier le conduifit à Montpellier, où, en plein confeil, il expofa les avantages de la paix & le befoin d'argent où étoit le roi pour congedier les troupes étrangères : furquoi il demanda cinq cent mile livres aux quatre diocéfes, & au païs de Gevaudan; à quoi il fut répondu par nos confuls que le diocéfe de Montpellier fourniroit avec plaifir fon contingent.

L'affurance de cette paix jeta le peuple dans une grande joye; mais dans la peur de voir un jour les catoliques rentrer dans leurs églifes, ils prévinrent la publication de la paix, en détruifant toutes les églifes qu'ils s'étoient contentez jufqu'alors de dépoüiller. Ce fut en ce tems qu'ils démolirent jufqu'aux fondemens St-Ruf, Ste-Foy, St-Jean, St-Paul, Ste-Anne, St-Sebaftien-du-Palais, Ste-Croix, St-Nicolas, St-Mathieu, & la maifon épifcopale, dite la fale de l'évêque; quant à l'églife de Nôtre-Dame des Tables, ils fe contentèrent d'en enfoncer les voûtes, & ne touchérent point aux murailles, pour ne pas affoiblir la grande tour de l'horloge.

II.

Enfin, la paix fut publiée à Montpellier le dernier d'avril, quoique l'édit en eût été déja donné dans le mois de mars : il confirmoit & remettoit en fon entier celui qui leur avoit été accordé cinq ans auparavant; revoquant & annulant toutes les exceptions, déclarations & interpretations qui avoient été faites au contraire. Les huguenots, à leur ordinaire, acceptérent avec plaifir tout ce qu'il y avoit d'avantageux pour eux dans cet édit; mais ils ne voulurent point recevoir de garnifon dans la ville, car il eft marqué que le s^r de Sarlabous, colonel du regiment d'infanterie de Languedoc,

1568.

s'étant préfenté le 7ᵉ du mois de mai, pour entrer dans Montpellier, les portes lui en furent fermées : fur quoi, députation ayant été faite en cour, & le roi s'étant expliqué pour la garnifon, Jean de Nadal, sʳ de la Crouzette, & guidon des gendarmes du maréchal d'Ampville, fut reçû dans le mois de juin, avec deux compagnies de gens de pied; ce qui eut encore lieu à Nîmes, à Lunel & Sommiéres, jufqu'au Sᵗ-Efprit.

III. Cependant, la défiance augmentoit à la cour, entre les chefs des deux partis : la reine fe plaignoit des huguenots, & les huguenots de la reine ; ils refuférent de lui remettre Sancerre, Vezelay, Montauban, Caftres, Milhau & la Rochelle, qu'ils fortifiérent à la hâte. Comme on n'avoit pas pris foin à Montpellier d'y defarmer les religionnaires, ils appelérent dans leur ville un grand nombre d'étrangers, qui donnérent tout à craindre au sʳ de la Crouzette, parcequ'il n'étoit point en état de leur refifter : il crut devoir appeler des troupes à fon fecours; mais auffitôt le peuple tendit les chaines aux avenuës de la porte de la Blanquerie & de celle des Carmes, par où le fecours devoit entrer : il fit des retranchemens autour du palais, où la garnifon s'étoit retirée; & l'on vit le moment où la ville alloit être facagée au premier coup d'arquebufe, fi la Crouzette n'eût arrêté fes foldats, & fufpendu l'entrée des troupes du dehors. D'autre côté, les principaux de la ville adoucirent l'efprit du peuple; enforte que fans * coup ferir, il fut convenu que les étrangers vuideroient inceffamment la ville, aufquels voulurent fe joindre ceux des habitans qui avoient eu le plus de part au trouble, parmi lefquels on compte les cinq premiers confuls & deux miniftres, qui fe retirérent tous enfemble dans les Cévénes, en nombre de plus de douze cent perfonnes.

PAGE 299.

Cet événement, qui arriva le 27ᵉ de juillet, fit hâter la marche de Mʳ de Joyeufe, qui partit de Narbonne, & fe rendit à Montpellier avec un grand nombre de cavalerie, le 30ᵉ du même mois. Dès le lendemain de fon arrivée, il rétablit les ecclefiaftiques ; il remit en charge les confuls catoliques de l'année précédente, & fit créer douze confeillers catoliques, pris du clergé, de la nobleffe & du tiers état.

Toutes ces difpofitions particuliéres étoient une fuite des broüilleries de la cour, où les deux partis ne gardoient plus de ménagement. L'amiral, qui étoit l'âme du fien, mettoit tout en mouvement: le prince publioit des manifeftes; & tous deux cherchoient déja à s'affurer d'une place où ils puffent affembler des troupes. Quelques catoliques de Montpellier, s'abandonnant un peu trop à l'efprit du tems, allérent dans la nuit du 4ᵉ d'août, mettre le feu à la porte du prêche qu'on faifoit à la cour du baile; ils y renverférent la chaire, briférent les bancs, & auroient abatu les murailles, si Mʳ de Joyeuse n'eût envoyé des gens pour arrêter le defordre. Cette entreprife, que les huguenots ne trouvérent point de terme affés fort pour exprimer, les porta (comme ils difent eux-mêmes) à se roidir contre l'éguillon : ils envoyérent les deux miniftres qui leur reftoient, joindre les deux autres qui étoient déja dans les Cévénes; ils firent cesser leurs prêches, & fe preparérent à fuivre le fort general de leur parti.

1568.

Environ ce tems, Mʳ de Joyeuse étant parti pour le Sᵗ-Efprit, reçut à Nîmes des ordres de la cour pour faire prêter aux huguenots un ferment oppofé à celui que le prince de Condé avoit exigé d'eux; il portoit en fubftance, « Qu'ils reconnoiffoient le roi Charles IX pour leur fouverain : « qu'ils ne prendroient jamais les armes contre fon fervice ni contre fes « ordres; qu'ils n'aideroient jamais, directement ni indirectement, fes « énemis; & s'il lui plaifoit les conferver fans trouble dans Montpellier, « ils promettoient de ne pas abandonner la ville, & de vivre en bonne « intelligence avec les catoliques. » Ce ferment fut prêté à Montpellier fur la fin du mois d'août, un fixain après l'autre, par tous les huguenots de la ville; & peu de jours après, il vint une nouvelle formule de ferment pour les catoliques, dans lequel « ils promettoient un attachement inviolable à la « foi catholique & au fervice du roi ; d'employer leurs vies & leurs biens à « la défenfe de l'un & de l'autre; d'entretenir la paix dans la ville de Mont- « pellier, & de vivre fraternellement avec les religionnaires qui auroient « prêté ferment. »

IV.

Cependant, Mʳ de Joyeuse faifoit fon poffible au Sᵗ-Efprit, pour ôter le paffage aux troupes de la Provence & du Dauphiné, qui devoient aller joindre le prince & l'amiral, refugiez à la Rochelle; elles trouvérent le moyen, fous la conduite du sʳ de Mouvans, de paffer le Rône entre Viviers & Montelimard; & ayant joint le feigneur d'Acier dans les Cévénes, ils prirent tous leur route par le Roüergue, pour aller renforcer l'armée de Mʳ le prince. Alors Mʳ de Joyeufe, les fçachant hors de la province, ramena fes troupes à Montpellier, pour aller de là contenir les huguenots de Caftres & de Montauban, & fe rendre enfuite auprès du duc d'Anjou, qui avoit la lieutenance generale du royaume. Tous ces mouvemens de guerre firent donner un nouvel édit, du 25ᵉ feptembre, par lequel le roi déclaroit ne vouloir qu'une feule religion dans fes états ; & ordonnoit, fous peine de la vie, à tous les miniftres, de fortir du royaume; donnant néanmoins amniftie de tout le paffé à ceux de la religion qui quiteroient les armes, & déclarant auffi ne vouloir plus fe fervir, dans les cours de juftice, des officiers qui feroient de la religion proteftante.

V.

Gaches.

Cet édit, qui fut publié folennellement à Montpellier le 19ᵉ d'octobre,

1568.

Page 300.

fit revenir à la religion romaine plusieurs officiers & autres habitans; ce qui aida beaucoup le baron de Castelnau de Guers (qui en avoit été rétabli gouverneur * par Mr de Joyeuse) à y maintenir la paix pendant le tems critique où les deux armées, du roi & du prince, étoient à s'observer, & à s'enlever diverses places aux environs de la Rochelle. La rigueur de l'hiver, qui fut extrême cette année là, les empêcha d'en venir à une action generale, outre que M^r le prince perdit tout le grand secours que lui amenoit le seigneur d'Acier, qui fut taillé en piéces au sortir du Perigord, par le duc de Montpensier & le maréchal de Brissac.

1569.

On se ressentit à Montpellier, pendant les deux premiers mois de l'année 1569, de l'inaction où le grand froid avoit tenu les deux armées: tout y fut tranquile jusqu'au 5e du mois de mars, où l'on eut une séne bien funeste, par la fin déplorable de ce même Jacques de Farge qui avoit eu l'honneur de recevoir chés lui le roi Charles IX. Ce bon homme, trop zélé pour sa religion, eut le malheur de se prêter aux huguenots, pour receler des armes & plusieurs caques de poudre; ce qui le fit arrêter, lui, sa femme & ses enfans, & conduire à l'hôtel de ville. Le peuple, en ayant eu avis, alla mettre le feu à sa maison; & courant à l'hôtel de ville, demanda, à grands cris, qu'on en fit un exemple; le juge mage et les consuls, pressez de s'assembler sur-le-champ, le condamnérent à être pendu; mais le peuple, impatient de voir son execution, le prit lui-même, & l'alla pendre aux plus hautes fenêtres de sa maison.

VI. Vingt jours après, on reçut, de la part du roi, la nouvelle de la victoire du duc d'Anjou sur M^r le prince, qui avoit été défait & tué le 13e de ce mois, à Jarnac sur la Charante: les catoliques de Montpellier en rendirent de grandes graces à Dieu; & à cette occasion ils renouvellérent le lendemain, 24e jour de mars, l'usage des processions generales, interrompu depuis long tems dans leur ville. Après cette défaite, l'amiral de Chatillon ralia son armée, qu'il conduisit à Cognac, dont le duc d'Anjou tenta inutilement le siége; ce qui obligea le maréchal Dampville de faire venir aux environs de Touloufe, toutes les forces du Bas-Languedoc.

Cette diversion encouragea les religionnaires des Cévénes; ils décendirent dans le mois de juillet, & prirent sur les catoliques, Montpezat-les-Sommiéres; peu de jours après, ils s'empárerent de Melgüeil, qui les rendit maîtres des vilages voisins; de sorte qu'ils ôterent aux habitans de Montpellier toute communication avec Sommiéres & Lunel.

Un si mauvais voisinage, fit prendre la resolution au seigneur de St-André, gouverneur d'Aiguemortes & commandant à Nîmes, de joindre ses troupes à celles du baron de Castelnau, gouverneur de Montpellier, pour faire le fiége de Melgüeil. Cette place, autrefois forte d'affiette, avoit été démantelée 1569. l'année précedente, pour éviter la peine de la garder; de maniére que tout ce que les huguenots purent faire alors, fut d'y creufer de bons foffez, & de former, avec la terre qu'ils en tiroient, de bons ramparts, qui furent en état de refifter durant trois jours à l'artillerie des deux gouverneurs; au bout de ce terme, ils en levérent le fiége; mais, les gens de Melgüeil travaillérent bientôt à avoir leur revenche, en engageant, comme ils firent, un capitaine catolique nommé Barry, du côté de France, de leur ouvrir la porte de Lates.

Leur complot étoit que le jour de St-Mathieu, 21e de feptembre, Barry VII. fe préfenteroit de grand matin à cette porte, avec des huguenots enchainez, comme s'il les avoit pris en guerre; & qu'ayant fait arrêter fes prifonniers entre les deux portes, comme pour les compter & les vifiter, il donneroit le tems aux gens de Melgüeil, qui feroient en embufcade, de fe jeter dans la ville, tandis que d'autres conjurez qu'ils avoient dans Montpellier, mettroient le feu à quelques maifons pour occuper le peuple. Heureufement, un enfeigne de ce capitaine, nommé Travers, eut horreur du maffacre qui fe préparoit: il en avertit le gouverneur, qui lui donna ordre de fuivre toûjours fon capitaine; & étant venus tous les deux dans la ville quelques jours avant l'execution, le gouverneur reçut à fon ordinaire le capitaine Barry qui ne fe défia de rien; mais, lorfqu'il voulut fortir pour executer fon deffein, il le fit arrêter, avec ceux qui le fuivoient, à la porte même qu'il devoit livrer; & leur procès ayant été long tems à inftruire, Barry déclara toutes les circonftances de fon complot, & fut décapité * le 11e de novembre PAGE 301. à la place du confulat, deux foldats pendus, & quelques autres envoyez aux galéres.

Je ne fçai pourquoi on tarda jufqu'alors, à Montpellier, les réjoüiffances VIII. publiques pour la bataille de Moncontour, gagnée le 3e d'octobre fur les huguenots; car il eft marqué dans nos mémoires que la proceffion generale & le feu de joye n'y furent faits que le dimanche 16e de novembre. On fçavoit déjà à Montpellier que l'amiral, ayant fait lever le fiége de Cognac au duc d'Anjou, avoit été joint par les troupes de Mansfeld, qui lui donnérent moyen de fe remettre en campagne, & que les deux armées s'approchoient & s'éloignoient l'une de l'autre depuis quelques mois; mais, apparemment on n'apprit qu'alors leur rencontre à Moncontour dans le Poitou, où les huguenots perdirent toute leur artillerie & leur bagage, avec dix ou douze mile hommes; on fçut par la même voye, que d'Acier, fi connu dans Montpellier, étoit du nombre des prifonniers.

Après cette grande défaite, le débris de l'armée fut diffipé; l'amiral conduifit à Montauban le prince de Bearn, avec le fils aîné du prince de

1569.

Condé : une partie de leurs troupes se retira dans les provinces ; & celles qui revinrent dans le bas Languedoc y surprirent la ville de Nîmes, dans le tems qu'on faisoit à Montpellier des réjouissances pour leur défaite à Moncontour. Nos mémoires marquent que sur la mi-novembre ils furent introduits dans Nîmes par un aqueduc ; qu'il y eût beaucoup de meurtres, & que les religieux & les prêtres s'y défendirent vaillamment : le château fut préservé par un capitaine de la garnison, nommé Astoul, qui s'y jeta dedans ; & le seigneur de Saint-André, gouverneur d'Aiguemortes, qui y commandoit pour le roi, ayant voulu se sauver par les murailles, se blessa grièvement, d'où ayant été porté dans son lit, il y fut massacré de sangfroid deux jours après.

CHAPITRE SEPTIÉME.

I. Marche extraordinaire de l'amiral de Chatillon, qui produit plusieurs mauvais effets aux environs de Montpellier. II. Publication d'une nouvelle paix. III. Nouveaux commissaires du roi à Montpellier. IV. Le massacre de la Saint-Barthelemi n'y cause aucun mauvais effet.

1570.   I.

La Faille, t. 1, pag. 290.

L'AMIRAL de Chatillon, de qui le courage & le bon sens ne paroissoient jamais tant que dans l'adversité, se pressa, étant arrivé à Montauban, de ramasser tout ce qu'il put de troupes, tant de celles qui avoient échapé à Moncontour, que de celles qu'on lui amena des villes de son parti ; il les envoya d'abord aux environs de Toulouse, où elles firent tous les maux qu'on peut voir dans l'histoire de cette ville : mais, comme ses vües ne se bornoient pas à la seule vengeance qu'il vouloit tirer du parlement, à cause de sa grande rigidité envers les religionnaires, il entreprit une marche des plus hardies qu'on lise dans l'histoire, qui fut de traverser tout le royaume pour aller recevoir les nouveaux secours qu'il attendoit d'Allemagne, & aller ensuite se présenter devant Paris ; il prit sa route, au commencement de mars, par le Bas-Languedoc, où il donna lieu à des évènemens remarquables pour Montpellier.

Après avoir ravagé Montreal & Conques, près de Carcassonne, Servian & Cazouls, près de Beziers, il vint en faire autant à Pignan & au Terrail, près de Montpellier : & faisant arrêter ses troupes sur la hauteur de Saint-Martin de Prunet, il menaça la ville d'en faire le siége ; à quoi il étoit fort folicité par les religionnaires fugitifs. Les catoliques, qui étoient alors maîtres de Montpellier, le faluérent de toute l'artillerie qu'ils avoient fur leurs murailles : de forte que l'amiral jugeant bien que l'entreprife feroit longue, tant par le courage des habitans, que par la bonne difpofition de la place, dont on avoit rafé tous les dehors, il prit le parti de faire défiler fes troupes, partie vers Lates & Melgüeil, partie vers Montferrier * & le Crez, pour les faire vivre plus commodément, & pour recüeillir ceux de la religion qui voudroient fe venir joindre à lui.

1570.

PAGE 302.

La garnifon de Montpellier, n'ofant les aller attaquer à Melgüeil ni à Lates, s'avança jufqu'au Crez, où étoit une partie de leur cavalerie, qui y fut furprife La Loüe leur maréchal de camp y fut tué, & cent foixante chevaux enlevez. Cet échec irrita fi fort l'amiral, qu'il fit brûler les maifons de campagnes, couper les arbres, enlever les beftiaux, & rafer les châteaux de Montferrier & du Crez; enfuite, ayant été fe repofer à Maffillargues, il en partit pour aller former le fiége de Lunel.

Dans ce même tems (c'eft-à-dire le 3e d'avril), le maréchal Dampville arriva à Montpellier, avec toutes les forces qu'il avoit pu ramaffer de fon gouvernement : il trouva le moyen de ravitailler fi bien la garnifon de Lunel, que l'armée des princes (car c'eft ainfi qu'on appelloit l'armée de l'amiral) en délogea le 7e jour; mais, afin que le maréchal ne pût les pourfuivre, ils mirent le feu par tout leur paffage jufqu'au St-Efprit : de forte que la défolation devint fi grande, que tous les païfans de la campagne furent obligez de fe réfugier dans les villes, où ils cauférent bientôt la famine.

« La fédition auroit été infailliblement à Montpellier (difent nos mé« moires), fi la préfence de M. le maréchal n'y eût contenu le peuple : il s'y « arrêta exprès durant quinze jours, pendant lefquels il procura aux habitans « tous les fecours qu'il put tirer de Narbonne & du Haut-Languedoc ; mais « aux approches de la moiffon, ce fut une chofe bien trifte de les voir « courir les armes à la main, pour enlever le peu de grains qui étoient « échapez du ravage, où il arriva fouvent que les combatans fe tuérent « pour une gerbe. »

Les chofes reftérent dans ce trifte état jufqu'au 19e d'août, qu'on vit arriver à Montpellier deux gentilshommes, l'un catolique, dépêché par le roi ; & l'autre proteftant, envoyé par les princes, qui, après avoir paffé par Nîmes & Melgüeil, dirent à Montpellier qu'il y avoit un édit nouveau, beaucoup plus étendu que les précedens ; & qu'ils exhortoient, de la part de leurs maîtres, chacun des deux partis, de convenir d'une fufpenfion d'armes, jufqu'à ce que le nouvel édit eût été reçu par Mr le maréchal : la propofition

II.

1570.   fut acceptée avec joye, & la fufpenfion publiée à Montpellier, le lendemain 20ᵉ d'août.

Peu de jours après, arriva l'édit, donné à Sᵗ-Germain-en-Laye le 15ᵉ d'août, par lequel le roi rétabliſſoit les religionnaires dans leurs biens & dans leurs charges. Il leur permettoit de recufer certain nombre de juges dans chaque parlement, & d'évoquer generalement de celui de Toulouſe, aux requêtes de l'hôtel. Il leur laiſſoit l'exercice libre de leur religion: 1° Dans toutes les villes tenuës par eux le premier dudit mois d'août; 2° dans les fauxbourgs de deux villes qui leur feroient marquées dans chaque provinces; 3° chez tous les feigneurs hauts jufticiers de haut haubert, c'eſt-à-dire lige. De plus, il leur étoit donné quatre villes de fureté, fçavoir: la Rochelle, Montauban, Cognac & la Charité; fous la promeſſe folidaire des deux princes & de vingt gentilshommes, de les remettre dans le même état au bout de deux ans.

Le maréchal de Dampville, qui étoit à Beaucaire lorſqu'il reçut cet édit, l'envoya à Montpellier, où il fut publié le 26ᵉ d'août; & le 17ᵉ du mois fuivant, il fe rendit en cette ville avec un grand nombre de fugitifs, qui s'en étoient retirez deux ans auparavant. On marque qu'il y avoit parmi eux, des officiers de juftice des gentilshommes & deux miniſtres, le refte n'étant que du menu peuple; mais que de tous ceux qui en étoient fortis en 1568, la moitié avoit péri dans les deux batailles de Jarnac & de Moncontour.

Il reſtoit à les faire joüir de l'exercice libre de leur religion qui leur étoit accordé; mais aux termes de l'édit, ils ne pouvoient pas l'avoir dans Montpellier, puifqu'ils n'en étoient point les maîtres au commencement du mois d'août. On trouva la même dificulté pour les fauxbourgs, parce que la ville de Montpellier n'étoit point marquée dans l'édit. Ainſi on fe réduifit à chercher dans le voifinage une terre de quelque haut jufticier; & Jacques de Sarret, feigneur de Sᵗ-Jean de Vedas, à une lieuë de Montpellier, leur ayant offert territoire, « tous *les religionnaires de la ville y allérent enten- « dre le prêche, où (comme difent nos mémoires) jeunes & vieux, hommes « & femmes fe rendoient aux jours ordonnez. »

Pendant le féjour que Mʳ Dampville fit à Montpellier, on interrompit les gardes accoûtumées, en figne d'une confiance reciproque, & l'on ceſſa de fonner les cloches qu'il y avoit aux portes de la ville pour relever les fentinelles. Mais à fon départ il y laiſſa deux compagnies pour monter la garde à la loge, ce qui continüa tout le refte de cette année dans un grand calme de la part des habitans. Ils folenniférent d'un commun accord, dans le mois de décembre, les nôces du roi Charles IX, celebrées à Meziéres, dans le mois précedent, avec Elizabet, fille de l'empereur Maximilien II, mais la division, inévitable dans un peuple de diferente religion, ne tarda point à venir. 1570.

III. Ce malheur commença avec l'année 1571, par la jaloufie que prirent les catoliques de la refidence que les miniftres revenus avec les fugitifs, faifoient dans Montpellier. Ils obtinrent un ordre de la cour qui leur défendoit de réfider dans les villes où l'exercice de leur religion n'étoit pas permis, ce qui fut caufe que les miniftres Laplace, Meaupeau & Formy fe retirérent à St-Jean de Vedas. Alors, les religionnaires de Montpellier s'unirent avec toutes les villes de leur parti, pour faire leurs doléances en commun; & ils y réuffirent fi bien, que le roi envoya des commiffaires dans les provinces pour l'execution du dernier édit. Ceux qui furent envoyez dans le Languedoc étoient meffieurs Belot, maître des requêtes, & Molé, confeiller au parlement de Paris, qui, ayant oüy les plaintes, décidérent plufieurs articles en faveur des huguenots, que la cour jugeoit à propos de ménager alors plus qu'elle n'avoit jamais fait. 1571.

On marque que ces commiffaires permirent aux miniftres retirez à St-Jean de Vedas, de revenir à Montpellier; qu'ils fuprimérent une proceffion que les catoliques faifoient le 27e juillet, en mémoire de leur retour dans la ville en l'année 1568, & qu'ils ne voulurent point autorifer une confrerie de penitens que quelques zélez catoliques avoient commencé à Montpellier. Pour l'execution de ces ordonnances, Mr Molé y paffa tout l'été de 1571, tandis que le roi n'omettoit rien pour ôter à l'amiral toute forte de défiance. Je ne raporterai point ici ce que l'hiftoire de France nous marque bien au long fur cela; mais je ne puis fuprimer que le nouveau credit de l'amiral fervit aux religionnaires de Montpellier, pour faire retirer les deux compagnies qui y étoient en garnifon, & qui reçurent ordre d'en fortir le 13e d'octobre, peu de tems avant que Mr de Joyeufe y vînt tenir les états de la province.

La faveur de l'amiral, qui donnoit de la jaloufie à ceux des catoliques qui ne penetroient point les intentions du roi, augmenta le courage des religionnaires. Ceux de Montpellier, non contens d'avoir été déchargez de leur garnifon, firent agir pour avoir un gouverneur qui leur fût agréable, & ils eurent le credit d'obtenir le feigneur Jean des Urciéres, chevalier de l'ordre du roi, & natif de leur ville. Peu de tems après, le roi leur donna pour intendant de juftice Pompone de Bellievre, préfident au parlement de Grenoble, mais ces deux feigneurs, voyant qu'il fe formoit une grande animofité entre les catoliques & les huguenots, n'y trouvérent d'autre reméde, que de faire abfenter de la ville les principaux chefs des deux partis; ils en reçurent l'ordre de la cour, qui fut executé, malgré les plaintes 1572.

1572.

que firent les uns & les autres, de ce qu'on introduifoit dans Montpellier l'oftracifme des Athéniens.

IV. Cependant, on continüoit à la cour de flater l'amiral du commandement de l'armée qu'on difoit vouloir envoyer dans les Païs-Bas, & l'on endormoit tous les feigneurs proteftans, par les préparatifs du mariage entre le prince de Bearn & madame Marguerite, fœur du roi. La reine de Navarre, mere du prince, fe rendit à Paris, où elle mourut fubitement; l'amiral de Chatillon y fut bleffé d'un coup d'arquebufe, en revenant du Louvre; & deux jours après, on fit le fameux maffacre de la Saint-Barthelemi, où l'on ne pardonna qu'au roi de Navarre, au prince de Condé & à peu d'autres, comme au feigneur d'Acier (fi connu dans notre hiftoire), qui échapa du maffacre par le credit du duc d'Uzés fon frere.

PAGE 304.

Philippy.

* Il fut refolu de continüer ces cruelles executions dans tout le royaume, & les dépêches en furent expediées, de l'ordre du roi Charles IX, par Simon Fizes, baron de Sauve, & fecretaire d'état; mais, comme il étoit du païs, il donna un ordre fecret au courier, nommé la Bruflée, qui devoit paffer à Montpellier, d'en avertir le feigneur des Urciéres fon beaufrere, qui le dit au baron de la Mouffon; celui-ci, fans dire les raifons qu'il en avoit, fit partir inceffament pour Melgüeil les miniftres Payen & Formy, avec les principaux du confiftoire; de forte que lorfque Mr de Joyeufe reçut le paquet de la cour, les perfonnes par qui il étoit à craindre qu'on n'eût commencé le maffacre, fe trouvérent en lieu de fureté.

Mais les bonnes difpofitions de Mr de Joyeufe rendirent toutes ces précautions inutiles; car ce feigneur, qui commandoit en feul dans le Languedoc, parce que, le maréchal Dampville s'étoit retiré à Chantilli avant le maffacre de la Saint-Barthelemi, fit connoître ouvertement qu'il n'exécuteroit jamais les ordres fanguinaires qu'il venoit de recevoir; & il s'en expliqua en des termes (raportez dans nos mémoires) qui font une preuve fignalée de fa douceur & de fon humanité.

On prit feulement la précaution, de faire enfermer les principaux religionnaires qui avoient refté dans Montpellier; en quoi on leur rendit fervice, parce que les catoliques ayant pris les armes pour fe tenir fur leurs gardes, ils n'eurent aucun objet devant les yeux qui pût les mettre en mouvement. Tout refta tranquile jufqu'à nouvel ordre, qui heureufement ne tarda point à venir; car, dès le 8e feptembre, on vit arriver un fecond courier, avec une nouvelle déclaration du roi, qui avoüoit le meurtre de l'amiral pour caufe de confpiration découverte contre fon état & contre fa perfonne: il promettoit à fes fujets de la religion toute fureté, felon le dernier édit de pacification, fauf, qu'il leur défendoit toute assemblée, jusqu'à ce qu'il eût pourvû autrement à la tranquilité de son royaume.

1572.

Cette déclaration, & la bonne conduite de Mr de Joyeuse, contint le Languedoc tout le reste du mois de septembre ; mais le massacre de deux cens huguenots, qui fut fait à Toulouse sur le commencement d'octobre, épouvanta si fort ceux du Roüergue & des Cévénes, qu'ils commencérent à faire des hostilitez. Le roi, pour y remedier, fit donner ordre au maréchal Dampville de quiter Chantilli, & d'aller pourvoir aux affaires de son gouvernement ; mais ce seigneur ne réussit pas mieux que Mr de Joyeuse ; car, s'étant arrêté à Beaucaire, d'où il croyoit appaiser les revoltez des Cévénes, il eut le déplaisir de voir qu'ils surprirent dans son voisinage les villes d'Uzés & de Sommiéres, avec quelques autres lieux moins considerables ; ces pertes lui firent comprendre qu'il avoit à se preparer à la guerre ; & pour avoir de quoi fournir à l'entretien des troupes, il se rendit à Montpellier vers les fêtes de Noël, pour y tenir les états de la province au commencement de l'année suivante.

Gaches.

CHAPITRE HUITIÉME.

I. Siége de Sommiéres. II. Petites guerres aux environs de Montpellier. III. Assemblée generale pour une suspension d'armes. IV. D'Acier pour le parti catolique. V. Nouvelle trahison à Montpellier. VI. Le maréchal Dampville suspect à la cour. VII. Détention du duc d'Alençon & la mort du roi.

LES états assemblez à Montpellier dans le mois de janvier 1573, accordérent au roi, par forme de prêt, la somme de trois cent mile livres, avec lesquelles le maréchal Dampville se mit en état d'attaquer les places du voisinage qui étoient occupées par les huguenots ; il prit, après quelques jours de siége, le lieu & château de Calvisson ; mais, celui de Montpezat ayant voulu soutenir un *assaut, fut emporté de force & mis au pillage. Ces deux prises servirent de préparatif au siége de Sommiéres, qui fut commencé le 11e du mois de février, avec une armée de quinze mile hommes, & dix-sept piéces d'artillerie, grandes ou petites. Le maréchal prit son quartier au château de Ville-Vieille, d'où il étoit plus à portée de son canon, qui, dans six ou sept jours, fit une assés grande bréche pour pouvoir monter à l'assaut.

I. 1573.

Page 305.

Comme on ne doutoit point de l'emporter, on voulut en donner le

1573.

plaisir à madame la maréchale (Antoinette de la Mark), qui s'y rendit le 18ᵉ avec la comtesse de Tende, et plusieurs autres dames ; mais, il arriva que la chûte d'une grosse tour qu'on batoit en ruine, boucha une partie de la bréche : ce qui n'ayant pas empêché les catoliques de monter à l'assaut, ils en furent repoussez, avec perte de plusieurs officiers, parmi lesquels on compte le seigneur de Montpeiroux, guidon des gendarmes de Mʳ de Joyeuse, & les capitaines Limars & d'Entremencourt, du païs de Picardie. Le 3ᵉ de mars suivant, on revint à l'assaut par trois diferens endroits; & la resistance fut si vive, de la part des soldats & des habitans, que les catoliques y perdirent Henry de Foix, comte de Candale, beaufrere de Mʳ Dampville, qui ayant été porté à Montpellier, y mourut peu de jours après de ses blessures, et qu'ils furent repoussés.

Ce desavantage fit mieux écouter les propositions que le general de Saint-Ravy & le capitaine Manduël vinrent faire à Mʳ le maréchal, de la part des assiégez, mais, ceux-ci ayant découvert de grands feüx allumez sur les montagnes des Cévénes, en signe du secours qu'on leur amenoit, voulurent l'attendre. Le baron de Portes, qui étoit de l'armée de Mʳ Dampville, s'opposa si vaillamment au passage du secours, qu'il n'entra pas plus de six vingts hommes dans la place, avec lesquels la garnison voulut encore tenir, & fit une si belle resistance au troisiéme assaut, qui fut donné sur la fin de mars, que le seigneur de Villeneuve, lieutenant de Mʳ de Joyeuse, y fut tué d'un coup de mousquet, & porté à Saint-Drezery, où l'on marque qu'il fut enterré, & que les assiégeans furent repoussez avec perte.

Enfin, le défaut de vivres & de munitions fit resoudre le capitaine Antoine de Pleix Gremian, qui commandoit dans la place, de faire parler à Mʳ Dampville, qui lui envoya de donner ses demandes par écrit : Il demanda la sortie libre pour ses gens de guerre, avec armes & bagages ; & pour les habitans qui voudroient le suivre, sans être nulement recherchez du passé. Cette négociation ayant duré tout le commencement du mois d'avril, on prit jour au neuviéme, pour la sortie de la garnison, qui, au nombre de mile personnes, tant soldats qu'habitans, se retirérent dans les Cévénes ; de sorte que Mʳ le maréchal y fit son entrée le même jour, accompagné de Mʳ de Joyeuse, de Jacques de Castelnau, evêque du Puy (de la maison de Clermont de Lodéve) et d'autre grand nombre de gentilshommes.

II. La rédition de Sommiéres fut suivie de la prise du pont de Quissac, qui servoit de passage aux troupes des Cévénes. Alors on parla d'une suspension d'armes, qui fut reglée au château de Ville-Vieille, d'où le maréchal envoya ses troupes en quartier de rafraichissement, & s'en revint lui-même à Montpellier, où l'on marque son arrivée sur la fin d'avril.

Le beau tems, qui revint dans le mois de mai, l'invita d'aller à Beaucaire, 1573. où ayant ramaffé fes troupes, il vint fe camper entre Boüillargues & Manduël, pour faire le dégât aux environs de la ville de Nîmes : cette forte de petite guerre, dont il ne pouvoit tirer aucun avantage folide, ne fervit qu'à la defolation du païs ; car, les huguenots des Cévénes étant décendus dans la plaine, vinrent furprendre le château de Montlaur, entre Montpellier & Sommiéres, d'où ils mirent à contribution tous les vilages voifins, avec ménaces de mettre le feu aux granges & à tous les fruits de la campagne.

Ce defordre dura dans le païs jufqu'au mois de juillet, où ils furent détournez ailleurs, par les intelligences qu'ils s'étoient menagées dans Lodéve, qui fut emporté d'emblée le 4e de ce mois, par Claude de Narbonne, baron de Faugéres : ils y firent un butin extraordinaire, tant par les dépoüilles des habitans, qui n'avoient eu aucune part aux troubles paffez, que par le pillage de l'églife de * Saint-Fulcrand, qui y étoit reveré (difent PAGE 306. nos mémoires), en chair & en os, depuis prés de fix cens ans.

On fe reffentit de ces troubles jufqu'à Touloufe & à Montauban, où tout étoit dans l'agitation à caufe du fiége de la Rochelle, preffée vivement depuis quelques mois par le duc d'Anjou. La refiftance extraordinaire des affiégez, & les divifions fecretes de fon armée, l'auroient jeté dans un extrême embaras, fi les nouvelles de fon élection à la couronne de Pologne, ne lui euffent ouvert une porte pour en fortir avec honneur. On renouvella les pourparlers d'accommodement avec les Rochelois, à qui il falut accorder un nouvel édit, par lequel ceux de leur parti avoient liberté de confcience, & l'exercice libre de leur religion, dans les villes de la Rochelle, Nîmes & Montauban.

Cet édit leur rehauffa le courage jufqu'à demander au maréchal Dampville un paffeport pour aller faire leurs repréfentations au roi : ce feigneur, qui fe faifoit déja un nouveau plan de conduite, profita de l'occafion pour convenir d'une fufpenfion d'armes, fous prétexte de donner au peuple le moyen de faire la recolte ; & lui-même, ayant difperfé les troupes qu'il avoit aux environs de Nîmes, fe retira à Montbazén, à trois lieuës de Montpellier, pour y paffer les chaleurs de l'été.

Il y étoit encore fur la fin de feptembre, lorfqu'il y reçut une députation III. de tous les religionnaires du païs, demandant la prorogation de la trêve, qui alloit expirer, & la liberté du fieur de Calviére, feigneur de Saint-Cezaire, qui, revenant d'Allemagne pour les affaires de fon parti, avoit été pris par les catoliques. Le maréchal trouva le moyen de leur faire obtenir tout ce qu'ils demandoient, en renvoyant l'affaire à deux hommes de robe, que le roi avoit mis auprès de fa perfonne pour lui fervir de confeil ordinaire,

& peut-être aussi pour l'observer de plus près; ces deux personnes étoient Mr de Tronchon, premier préfident au parlement de Grenoble, & Mr de Colras, lieutenant principal en la fenéchauffée de Nîmes, aufquels le maréchal écrivit d'examiner les dificultez qu'on pourroit faire fur l'élargiffement du prifonnier, fans lequel les huguenots difoient ne pouvoir rien entendre; il écrivit en même tems à la cour des aides de Montpellier, à la chambre des comptes & au préfidial, de fe trouver à l'affemblée qu'on tiendroit fur cela.

Elle commença le 26e de feptembre, & outre les députez de toutes les cours de la ville, on y appella les perfonnes de diftinction qui fe trouvèrent à Montpellier. Comme on a pris foin dans nos mémoires, de nous conferver l'ordre et les rangs qui furent gardez dans cette nombreufe affemblée, je croi que le lecteur en verra ici le précis avec quelque plaifir. On avoit formé, avec des bancs, un grand quarré long, à la tête duquel étoit placée la chaife de Mr de Tronchon, qui avoit à fa droite, François de la Jugie, feigneur de Rieux, gouverneur de Narbonne; le feigneur de Villeneuve, ci-devant gouverneur de Montpellier, & Alphonfe d'Ornano, colonel des Corfes qui y étoient en garnifon, tous chevaliers de l'ordre du roi; venoient enfuite Pierre Convers & Jean de Boufquet, maîtres des comptes; Jean Torrillon, lieutenant principal au gouvernement de Montpellier; le feigneur Colras, lieutenant de Nîmes; Antoine Uzillis & Jean de Clair, confeillers au préfidial, & Me Jean Perdrier, procureur du roi.

De l'autre côté, à main gauche de Mr de Tronchon, étoient M^rs de la cour des aides, fçavoir: François de Chefdebien, & Raymond Viart, comme generaux des finances; Mrs de Beauxhoftes & Philippy, fecond & quatrième préfidens; Mathieu de la Cofte & Jean de Lauffelergues, confeillers & generaux en ladite cour. Après eux, le vicaire general de l'evêque de Montpellier, le prévôt, le facriftain & l'aumônier de l'églife catédrale, fuivis de (a) Mr de la Mouffon, chevalier de l'ordre du roi, en qualité de premier conful, & autres trois confuls de la ville.

Dans le banc du fond de ce grand quarré, & vis-à-vis du préfident, étoient affis plufieurs confuls & findics des diocéfes & villes catoliques, qui étoient à la * fuite de M^r le maréchal pour les affaires de leurs communautez; et au milieu de cette enceinte, auprès d'une petite table, étoit affis, chapeau bas, le Sr Charretier, fecrétaire de M. Dampville, pour écrire les déliberations de l'affemblée, ayant auprès de lui, & debout, Me Loüis de Son, avocat de Montpellier et fubftitut des findics de la province.

(a) Loüis de Bucelli.

La propofition ayant été faite par Mr de Tronchon, & lecture faite de tous les actes concernant cette affaire, on voulut oüir le raport du fieur Charretier, qui avoit été à Nîmes, de la part de M^r le maréchal, pour s'affurer de l'intention des religionnaires; & le tout oüy & mûrement confideré, il fut refolu de repréfenter à M^r le maréchal la neceffité où l'on étoit, fous le bon plaifir du roi & le fien, de relâcher le prifonnier, puifque ceux de la religion ne vouloient rien entendre qu'à cette condition : en confequence, la tréve fut accordée jufqu'à la mi-novembre, & publiée à Montpellier dans le mois d'octobre.

1573.

Mais, à peine eut-elle expiré, qu'on vit dans le païs un changement des plus furprenans, qui fut de voir revenir pour les catoliques le même Jacques de Cruffol, qui, fous le nom d'Acier ou de Beaudiné, avoit fait à Montpellier tant de renverfemens pour la caufe des huguenots : ce feigneur, qui venoit de fucceder à fon frere Antoine de Cruffol, premier duc d'Uzés, mort fans enfans, s'étoit rangé du côté de la religion qu'on profeffoit à la cour; & les huguenots, pour fe venger de lui, étoient venus des Cévénes dans le diocéfe d'Agde, où ils s'empárérent de Florenfac & de Pomerols, qui lui appartenoient. Heureufement pour le repos du païs, le duc d'Uzés arriva dans ce même tems, avec les députez que les religionnaires avoient envoyé en cour; il étoit chargé des pouvoirs que le roi lui donnoit, de conclurre une tréve, conjointement avec Mr Dampville. Quoique cette commiffion donnât au maréchal bien des foupçons, qui éclatérent dans la fuite, il ne laiffa point de confentir à une tréve de trois mois, à commencer du 1er décembre, avec promeffe qu'on rendroit au duc d'Uzés Florenfac & Pomerols.

IV.

Pendant cette tréve, & dans le mois de décembre, on découvrit à Montpellier, une trahifon qui lui donna beaucoup à penfer. Un travailleur de terre ayant été furpris avec un maçon, parlant enfemble de quelque complot, furent arrêtez & conduits en prifon : le maçon nia tout; mais le travailleur avoüa qu'ils étoient d'accord avec quelques menuifiers & ferruriers de la ville, d'ouvrir aux fugitifs la porte de Lates avec de fauffes clefs qu'ils avoient déja. Sur cet aveu, ils furent executez l'un & l'autre, avec un garçon ferrurier qui avoit travaillé aux clefs; mais la juftice ayant voulu proceder contre quelques autres complices qu'ils avoient déclaré, ou vit une efpéce de fédition de la part des religionnaires qui fe recriérent hautement, comme d'une infraction de la tréve, & firent retenir ailleurs par repréfailles plufieurs catoliques. Le maréchal, de fon côté, apprit par la dépofition des coupables, que la confpiration ne devoit éclater que lorfqu'ils feroit dans la ville; ce qui lui fit comprendre que les huguenots lui en vouloient autant que les

V.

1573.   catoliques, à qui il étoit déja suspect. Cependant, pour s'accommoder au tems, il fit cesser les procédures & relâcher les prisonniers qu'on tenoit; & pour rassurer les catoliques, il approuva qu'on fît une procession generale, à laquelle il voulut assister, où l'on marque qu'Antoine de Subjet, alors evêque de Montpellier, fit l'office.

   Tous ces troubles firent remettre à l'année suivante, la tenuë des états, qui étoit assignée à Montpellier dans ce mois de décembre; & dès le com-
1574.   mencement de janvier 1574, Mr Dampville, voulant donner quelque satisfaction au duc d'Uzés, sur la restitution de Florensac & de Pomerols, marcha vers cette dernière place, que les huguenots lui remirent; mais, quant à Florensac, il renvoya cet article à la première conference qui seroit tenuë sur l'observation de la tréve. On y convint qu'elle seroit continuée jusqu'à la fin de février, & l'on profita de cet intervale pour tenir à Montpellier les états de la province qui s'y assemblérent le 15e de février, durant lesquels, malgré la tréve, les huguenots surprirent le château imprenable de Montferrand, appartenant à l'évêque de Montpellier, & très-bien situé, mais mal gardé, disent nos mémoires.

PAGE 308. VI.   * Cependant, à la cour on se défioit plus que jamais du maréchal Dampville; ce qui l'obligeoit de se tenir renfermé dans son gouvernement, comme il avoit fait depuis le massacre de la Saint-Barthelemi; mais lorsqu'il vit qu'on tramoit de nouveaux desseins contre lui, il redoubla ses soins pour se conserver les places qu'il tenoit déja, & pour être plus maître de Montpellier, il nomma de son autorité les consuls, au 1er de mars de cette année, sçavoir: messire Jean des Urcières, chevalier de l'ordre du roi; Me Jean Perdrier, procureur du roi au gouvernement; Bernardin de Venero, bourgeois; Jean Vidal, marchand; Guillaume Pothion & Jean Gulet; & sur les représentations qu'on lui fit, que Marguerite de Fizes, femme du seigneur des Urcières, étant de la religion protestante, son mari ne pouvoit exercer la charge de premier consul, il prétexta la disette où l'on étoit de bons sujets, & confirma l'élection qu'il avoit faite, malgré toutes oppositions contraires.

   A peine la tréve eut expiré, qu'on fit à Montpellier, au commencement de mars, une montre generale des habitans sous les armes, qui donna lieu à un diferend (marqué dans nôtre Talamus) entre les consuls & le surintendant des sixains : cette charge étoit exercée, depuis les troubles passez, par Mr de la Coste, general des aides, qui voulut, dans la marche, précéder les consuls; surquoi, Mr le maréchal ordonna que les sixains seroient conduits par le sieur de la Verune, gouverneur de la ville, marchant avec lui le premier consul, ensuite, les autres cinq consuls & après eux, les capitaines des sixains.

Livre quinziéme.

Ces préparatifs ayant été faits pour l'intérieur de la ville, on prit prétexte d'en faire pour les dehors, ce qui fut reglé en apparence dans une assemblée remarquable tenuë à Montpellier sur le commencement d'avril, où se trouvérent le vicomte de Joyeuse, lieutenant de roi dans la province; les seigneurs de Suze, de Montgiron, de Caylus & Honoré de Grille, senéchal de Beaucaire, chargez des ordres secrets de la reine : le premier effet de tous leurs préparatifs fut que les catoliques reprirent par escalade le château de Montferrand, & que les huguenots se saisirent de la ville de Massillargues.

Mais tout changea bientôt de face par la découverte qui fut faite alors d'une conspiration tramée à la cour, où plusieurs seigneurs avoient persuadé au duc d'Alençon de se mettre à la tête des huguenots. Ce prince, naturellement irrésolu ne sçut pas se déterminer à sortir de Saint-Germain-en-Laye, lorsqu'ils y envoyérent leur cavalerie pour le recevoir : il donna lieu à la découverte de la conspiration, qu'il avoüa lui-même, ce qui le fit arrêter avec le roi de Navarre, & mettre à la Bastille le maréchal de Montmorency, frere aîné de Mr Dampville; Thoré leur cadet ne s'en préserva qu'en prenant la fuite, avec le prince de Condé, pour se retirer à Strasbourg.

Il n'en falut pas davantage pour rendre suspect le gouverneur du Languedoc. On prétendit que la reine avoit donné ordre au duc d'Uzés de se défaire de lui; mais il est certain que Martinengues fut envoyé de la cour pour faire voir à la province les ordres du roi, qui démettoient Mr Dampville de son gouvernement, & défendoient aux peuples de le reconnoître, & aux soldats corses de lui obéir. Les villes d'Agde & de Beziers, avec plusieurs autres, se séparérent de son obéissance; mais on prit soin de répandre à Pezenas, Montpellier, Lunel & Beaucaire, que ces ordres étoient suposez. Il ne laissa point d'envoyer en cour le baron de Rieux, pour s'excuser auprès du roi; mais, parce que le bruit couroit toûjours qu'on devoit entreprendre sur sa personne, il se fortifia dans le palais de Montpellier, où il mit plusieurs troupes de renfort. C'est là qu'il conclut une trêve de six mois avec les huguenots, & fit resoudre, dans une assemblée des notables de la ville, que tous les forts des environs seroient rasez ou démantelez : d'où viénent en partie les démolitions qu'on voit encore dans presque tous nos vilages.

Durant tous ces mouvemens, le roi Charles IX mourut à Vincénes le 30e de mai, ce qui ne fut publié à Montpellier que le 13e du mois de juin, où il arriva un courier du duc de Savoye, député au maréchal pour lui en donner avis; il convoqua aussitôt au palais tous les officiers, consuls & magistrats,* pour leur en faire part; mais le grand nombre fut surpris qu'il n'eût reçu cette nouvelle que par un prince étranger; & l'on commença de se défier des bruits qu'il avoit fait répandre pour détruire l'ordre que

1574.

VII.

PAGE 309.

1574.

Martinengues avoit fignifié à la province ; il partit le lendemain pour Pezenas, & le 15ᵉ il y vit arriver le baron de Rieux, avec des lettres de la reine, qui lui marquoit la mort du roi, & fa regence jufqu'au retour du roi de Pologne.

Dans cet intervale, le maréchal Dampville donna ordre aux affaires de fon gouvernement, & prit fes méfures auprès du nouveau roi. Il s'avança jufqu'à Beaucaire, dans le deffein de paffer jufqu'à Turin, pour y attendre Henri III, qui devoit s'y rendre après avoir traverfé l'Allemagne & les états de Venife. Il écrivit de Beaucaire, le 10ᵉ d'août, aux confuls de Montpellier, que, fuivant les lettres du roi écrites de Ferrare, ils euffent à faire un feu de joye pour fon avénement à la couronne, & une proceffion generale en actions de grâces. Le feu de joye fut fait le foir même de la reception de la lettre, & le dimanche fuivant la proceffion.

Cependant, la reine, toujours attentive à conferver fon autorité, qu'elle avoit fi fort à cœur, fit partir de Paris Simon Fizes, fecrétaire d'état, pour détruire dans l'efprit de fon fils toutes les impreffions que les particuliers auroient pû lui donner. L'affaire réuffit fi bien, que le maréchal Dampville, après avoir été favorablement reçu à Turin par le nouveau roi, apprit du duc de Savoye qu'on ne penfoit à rien moins qu'à l'arrêter : il partit auffitôt en diligence pour fon gouvernement, où il donna lieu aux troubles que nous allons voir fous le regne fuivant.

FIN DU LIVRE QUINZIÉME.

HISTOIRE
DE LA VILLE
DE MONTPELLIER
Sous le roy Henry III.

LIVRE SEIZIÉME.

CHAPITRE PREMIER.

I. Le roi part de Lyon pour pacifier le Languedoc. II. Le maréchal Dampville, deſtitué de ſon gouvernement, s'y ſoûtient en s'uniſſant avec les huguenots. III. Petites guerres entre lui & le duc d'Uzés. IV. Négociations de paix. V. Qui eſt conclue à Dreux, entre la reine & le duc d'Alençon.

E roi Henry III, après avoir mis plus de trois mois dans ſon paſſage de Pologne en France, arriva à Lyon le 10ᵉ de ſeptembre, où parmi le grand nombre des députez que toutes les villes lui envoyérent, ceux de Montpellier furent des premiers qui eurent l'honneur de lui rendre leurs ſoumiſſions, ſçavoir : Mᵉ Jean Philippy, préſident en la cour des aides; Jean des Urciéres, baron de Caſtelnau, premier conſul; Pierre Convers, maître en la chambre des comptes, & Mᵉ Jean de Clerc, conſeiller au ſiége préſidial de cette ville.

Dans ce même tems, le maréchal Dampville, qui, pour ſe rendre plus ſurement en Languedoc, avoit pris la route de la mer, aborda au grau de

I.

1574.

1574.

Melgüeil, prefqu'auffitôt que le roi à Lyon : il en partit à la hâte pour Beaucaire, où, dans la refolution qu'il avoit déjà prife de s'unir avec les huguenots, il commença par rapeller ceux qu'il avoit chaffez de la province pour caufe de religion ; de là, il vint à Montpellier pour y mettre la derniére main à un troifiéme parti qui fe formoit dans le royaume, fous le nom de politiques, lefquels, fans toucher à la religion, proteftoient ne vouloir prendre les armes que pour le bien public, pour le foulagement du peuple & pour la reformation de l'état. Sous ce beau prétexte, les catoliques mécontens fe rangérent de ce parti ; mais, comme leurs forces n'étoient pas fufifantes, ils s'unirent aux huguenots par un traité projeté * auparavant à Milhau, & conclu pour lors à Montpellier au commencement de novembre, par lequel ils promettoient de s'entr'aider de leurs forces, & de laiffer vivre chacun dans fa religion. En confequence, le maréchal permit à Montpellier l'exercice public de la religion proteftante, & il y établit un confeil de ville mi-parti, c'eft-à-dire compofé de douze catoliques & de douze huguenots

PAGE 312.

Ce commencement de nouveaux troubles obligea le roi de féjourner plus longtems à Lyon, d'où il fit partir une armée, qu'il leva à la hâte, pour reduire le Languedoc ; elle décendit le long du Rône, & prit le Pouffin dans le Vivarés, pour s'affurer un paffage fur cette riviére. Le roi, qui fuivoit fon armée de prés, arriva à Avignon fur la mi-novembre ; & en même tems Dampville affembla à Montpellier les diocéfes voifins, comme tenant lieu des états de la province. On marque que la reine, voulant prevenir ce coup, lui fit rendre une lettre, du 22ᵉ de ce mois, par laquelle elle l'invitoit d'envoyer quelque perfonne de confiance, pour traiter d'une pacification ; à quoi le maréchal répondit : « Qu'étant confederé avec ceux de la religion, il ne « pouvoit rien de lui feul ; mais, qu'en l'affemblée prochaine, qui devoit fe « tenir à Nîmes, il feroit le devoir d'un bon fujet du roi, fur l'ouverture de « paix qu'il plaifoit à Sa Majefté d'en faire. »

L'affemblée fut tenuë à Nîmes dans le mois de décembre, où fe trouvérent les députez, tant des politiques que de ceux de la religion du royaume, avec ceux du prince de Condé, retiré alors en Allemagne. Il y fut délibéré, par déference aux invitations de la reine, de députer au roi à Avignon ; mais, tous les voyages qui y furent faits n'ayant rien produit, le maréchal figna de nouveau l'alliance avec ceux de la religion, qui le firent leur chef en l'abfence de Condé.

Le roi fut alors confeillé d'affembler les états du Languedoc ; d'autant plus que depuis la mort de Charles IX, le parlement de Touloufe avoit défendu, par arrêt du 19ᵉ de juin, à toutes les communautez de l'obëiffance du roi,

de se rendre aux états que le maréchal avoit convoqué à Montpellier. Le roi 1574.
les assembla à Villeneuve-lez-Avignon; & il en fit l'ouverture le 20ᵉ décembre, dans le refectoir des Chartreux, sur un trône élevé de huit marches, ayant à ses côtez, sur des chaises plus basses, le duc d'Alençon & le roi de Navarre.

Le principal resultat de cette assemblée, quant aux affaires generales, fut II. la destitution du maréchal Dampville, de son gouvernement du Languedoc, que le roi donna au duc d'Uzés, à titre de gouverneur dans la generalité de Montpellier, & de lieutenant general dans le reste de la province : ainsi, le Languedoc se trouva divisé entre trois gouverneurs, sçavoir : le vicomte de Joyeuse dans le haut, le duc d'Uzés dans le bas, & le maréchal Dampville, prétendant à l'un & à l'autre.

Cette dernière disposition du roi fit retirer les villes de Pezenas & de Sommiéres de l'obéïssance du maréchal, qui s'étant rendu à Montpellier, y éprouva les traverses inévitables dans le parti qu'il venoit de prendre. La reine, sous prétexte de négociation, lui envoya Beloy pour découvrir ses desseins & pour le rendre suspect aux huguenots. Peu de jours après, on arrêta un homme, qui confessa dans la torture, avoir été suborné pour empoisonner le maréchal : il fut aussitôt executé aux flambeaux; & les religionnaires, profitant de cette occasion, desarmérent les catoliques de la ville & leur firent une persecution si ouverte, que le plus grand nombre sortit de Montpellier, et n'y revint que six années après.

Cependant, le maréchal, se préparant à la guerre, trouva le moyen de se rendre maître d'Aiguemortes, qui fut petardée, par trente ou quarante gentilshommes de son parti, le 12ᵉ de janvier 1575. Cette prise incommoda 1575. extrêmement les catoliques, pour le passage de leurs barques de Narbonne à Marseille; & elle enrichit beaucoup les huguenots, parcequ'ils devinrent les maîtres des salins de Pecais, dont la Bourgogne, la Savoye & les Suisses se pourvoyent par les tirages du Rône & de la Saonne. Le grand bruit d'artillerie qu'on fit en prenant Aiguemortes se fit entendre jusqu'au-delà Page 313. d'Avignon, d'où le roi fit partir en diligence Sarlabous, qui en étoit gouverneur, pour tâcher de rentrer dans la place, mais inutilement, car le maréchal s'y étoit rendu à la première nouvelle, & y avoit mis si bon ordre, qu'elle fut hors d'insulte. On marque qu'il y établit, comme à Montpellier, les consuls, & le conseil mi-parti, selon la grande régle des politiques, qui se proposoient de maintenir une égalité entière entre les deux religions.

Le maréchal, en revenant d'Aiguemortes, prit Baillargues par assaut, entre III. Lunel & Montpellier; & sur la fin de janvier, il apprit que le duc d'Uzés, avec une armée considerable, s'étoit rendu maître de Saint-Giles & du châ-

1575.   teau de Vauvert; il ramaſſa tout ce qu'il put avoir de troupes pour aller à lui; & le duc, de ſon côté, avec toutes les troupes que le roi lui avoit laiſſées, s'avança juſqu'aux bords du Vidourle. Le maréchal alla juſqu'à Lunel & ne paſſa point au-delà; ainſi, les deux armées ſe trouvérent en vüe, la riviére entre deux, ſans rien faire, de part ni d'autre, pendant un mois.

Durant ce tems, le roi, parti de Lyon vers la mi-janvier, arriva le 12ᵉ de février à Reims, où il fut ſacré le dix-ſept; & le lendemain il y épouſa Louiſe, fille de Nicolas comte de Vaudemont, oncle paternel de Charles II, duc de Lorraine. Après les premiéres ſolennitez de ſon entrée dans Paris avec la reine ſon épouſe, il reçut les députez des proteſtans & des politiques du Languedoc, auſquels il avoit donné des paſſeports pour aller conferer avec le prince de Condé, qui étoit à Bâle, & ſe rendre enſuite auprès de ſa perſonne pour un traité de paix: ils firent des propoſitions ſi exorbitantes, qu'on ne put rien conclurre de pluſieurs mois.

Dans cet intervale, les confederez du Languedoc ſurprirent la ville d'Alais, où le maréchal Dampville accourut auſſitôt pour reduire le château, qui reſiſta encore juſqu'à la fin de mars. Nos mémoires marquent qu'il en faiſoit le ſiége, lorſqu'il envoya à Montpellier, au commencement de ce mois, la nomination des conſuls qui devoient entrer en charge le 25ᵉ de mars. Il les fit, à ſon ordinaire, mi-partis: le premier de la religion, le ſecond catolique, & ainſi des autres; Antoine de Tremolet, baron de Montpezat & conſeiller en la cour des aides, fut le premier (1); Pierre Chalon, bourgeois, le ſecond; Jean Myot, marchand, le 3ᵉ; Jacques Lauthier, apoticaire, 4ᵉ; Baſco 5ᵉ, & Salgues 6ᵉ. Ils prêtérent tous ſerment entre les mains de Mᵉ Claude Convers, lieutenant particulier au gouvernement; mais, il y eut cette diference que les conſuls catoliques entrérent dans l'égliſe Nôtre-Dame pour le prêter, & que ceux de la religion le firent devant l'hôtel de ville. Les ouvriers & le conſeil des vingt-quatre furent mi-partis, comme les conſuls.

Le grand trouble qui étoit dans le païs, à cauſe des diferentes prétentions du duc d'Uzés & de Mʳ Dampville, fit deſerter les vilages qui ſe trouvoient ſur le paſſage des troupes: la plûpart ſe jetérent dans Montpellier, où le prix du blé augmenta juſqu'à huit livres le ſétier. On y fut encore plus ſenſible à une capitation, impoſée ſur tous les chefs de famille, pour l'entretien de deux compagnies que les religionnaires voulurent y avoir, & qui montoit, ſelon nos regîtres, à trois mile cinq cent livres par mois. Le retour de Mʳ Dampville à Montpellier, ſur la fin d'avril, ne fit encore qu'augmenter les plaintes, parce qu'il diſperſa dans les vilages voiſins le regiment

---

(1) Les noms des autres conſuls ſont biffés ſur le manuſcrit.

des catoliques françois qu'il avoit toûjours avec lui, composé de douze à treize compagnies de cent hommes chacune, comme elles étoient en ce tems-là.

1575.

Quelques jours après, c'est-à-dire vers la mi-mai, il tomba dangereusement malade, du poison (disoit-on) qui lui avoit été donné. Le duc d'Uzés profita de cette conjoncture pour se remettre en campagne; il ramassa ses troupes des environs d'Avignon, où il les avoit conduites après le camp du Vidourle, & alla faire le siége du Bais-sur-Bais en Vivarés, pour assurer aux catoliques le passage du Rône : la prise de la ville lui en fut aisée; mais le château resista si bien, qu'il fut obligé d'en lever le siége.

Cependant, à Montpellier on étoit dans de grandes inquiétudes au sujet de la * maladie du maréchal. Le conseil de ville prit ombrage des douze ou treize cens hommes qu'il avoit dispersé dans le voisinage; & l'on crut devoir se précautionner à tout événement : pour cet effet, ils convoquérent une assemblée extraordinaire des principaux du chapitre de la cour des aides, chambre des comptes, noblesse & autres officiers, avec les ministres de la religion & un nombre infini de peuple, où il fut resolu que, quoi qu'il avînt de la maladie de Mr Dampville, on resteroit à Montpellier dans l'état où l'on étoit, parce que tout autre changement qui arrivât seroit toujours pire pour la ville; ainsi, on promit de ne molester aucun catolique, & de vivre suivant les reglemens faits dans l'union avec le maréchal.

Page 314.

Le sixiéme de juin, on vit revenir à Montpellier les députez qui avoient été envoyez en cour de la part des protestans & des politiques du Languedoc : ils apportérent des esperances vagues d'une paix finale, sans rien de positif. Cependant, le maréchal commença de se mieux porter, ce qui consola un peu des ravages que le duc d'Uzés vint faire aux environs de Nîmes & de Beaucaire, où il brûla les blez & détruisit les maisons de campagne.

IV.

On recommença le 12e de juillet, à Montpellier, les négociations de la paix, à l'occasion des nouveaux passeports que le roi envoya au députez, mais le maréchal, jugeant que la guerre seroit plus propre à avancer ses affaires, surprit par intelligence les villes de Lunel & d'Aimargues, qui se rendirent au commencement de septembre; & le 25e du même mois, il intercepta un paquet du roi au duc d'Uzés, qui lui marquoit l'évasion de son frere le duc d'Alençon.

Ce prince, entraîné par les mécontens de la cour, s'étoit retiré à Dreux, où il fut suivi d'un grand nombre de noblesse, entr'autres du vicomte de Turéne, neveu du maréchal Dampville, duc de Ventadour son beaufrere, & du sage La Noüe, si renommé dans les guerres de ce tems-là. Le prince publia un grand manifeste, où il protestoit (comme les politiques) contre

1575.

les abus de l'état, & affuroit que fon unique intention étoit de les reformer. La reine mere, allarmée de ce nouvel orage, courut à Dreux pour tâcher de ramener fon fils; & parmi les diferens moyens qu'elle employa, elle crut devoir fe faire fuivre par un de fes gentilshommes, celui que le duc d'Alençon envoyoit au maréchal Dampville avec fon manifefte. Ils arrivèrent à Montpellier le 11ᵉ d'octobre; & le maréchal, ayant reçû leurs dépêches, parut vouloir s'en remettre à ce qui feroit reglé entre la mere & le fils, cependant il fit une bonne compofition à la garnifon de Sommiéres, qui n'étant pas fecouruë par le duc d'Uzés, fe rendit à lui vers la mi-octobre.

Tandis que la reine négocioit à Dreux, Dampville, informé de tout ce qui s'y paffoit, entreprit une courfe vers la rivière de l'Éraut, qui put accrediter fes armes: il prit un grand nombre de vilages murez, dont quelquesuns attendirent l'affaut, comme Loupian, Valros & Pemiflon. Les villes d'Agde, de Pezenas & de Beziers, ne voulurent jamais le recevoir, ce qui l'obligea de s'arrêter aux environs tout le refte de cette année; il y étoit encore aux fêtes de Noël, lorfqu'il lui vint des envoyez du roi & du duc d'Alençon, pour faire hâter les députez de la paix. On lui remit en même tems le projet d'une tréve de fix mois, avec des conditions pour le prince de Condé & pour lui-même qu'il refufa d'accepter; mais, il ne laiffa point de faire partir en diligence les députez de la paix, dont on marque le départ de Montpellier le dixiéme janvier 1576.

1576.

Le maréchal ne revint de fon voyage des environs de Beziers qu'à la fête de la Chandeleur, après avoir réduit à fon obéïffance Gignac & Clermont, avec plus de foixante autres lieux confiderables, qui lui coûtérent la perte d'un grand nombre de bons foldats, & particuliérement du fieur de Montataire, colonel des compagnies françoifes, qui fut tué au fiége de Pouzoles.

Le premier de mars, il nomma les confuls mi-partis à Montpellier, en commençant cette année par les catoliques. Ainfi, le premier fut Arnaud de Rignac, maître des comptes, qui étoit catolique; le fecond, Pierre Moiffet, huguenot; Romain Noüet, catolique (1), & ainfi des autres.

PAGE 315.

Quinze jours après, il partit de Montpellier pour aller bloquer la ville de Beziers, * en établiffant fes troupes dans tous les vilages voifins, jufqu'à celui de Courfan fur la rivière d'Aude, d'où il faifoit faire des courfes jufqu'aux portes de Narbonne. Ce fut dans ce lieu qu'il reçut les articles de la

V. nouvelle paix (dite alors la paix de Monfieur), qui lui furent apportez par deux gentilshommes; l'un de la part du roi, l'autre du duc d'Alençon, qui l'avoit arrachée du roi fon frere. Comme elle étoit des plus avantageufes

---

(1) Ce dernier nom eft biffé fur le manufcrit.

pour le maréchal Dampville, & pour les religionnaires aufquels il étoit uni, 1576. il partit en diligence, & arriva le fixiéme de juin à Montpellier, où il la fit publier le feptiéme. On marque qu'il alla, avec les confuls & officiers catoliques, faire chanter le *Te Deum* à Nôtre-Dame ; que les huguenots, de leur côté, allérent au temple ; mais que le foir ils fe réunirent tous pour le feu de joye.

Par ce nouvel édit, qui eft du quinziéme de mai, le roi accordoit dans tout le royaume, fans exception de lieu & de tems, l'exercice libre de la religion, qui, de là en avant, feroit nommée la religion prétenduë reformée. Il établiffoit une chambre mi-partie dans tous les parlemens, hors celui de Touloufe, à la place duquel il devoit y avoir en la ville de Montpellier une chambre de vingt confeillers, avec chancelerie, pour rendre juftice fouveraine aux habitans dudit reffort, tant aux catoliques unis qu'à ceux de la religion, &c.

Le 19° juin, jour de la Pentecôte, on fit pour cette paix une proceffion generale, où le maréchal affifta ; & peu de jours après, on vit arriver à Montpellier le vicomte de Joyeufe, lieutenant general pour le roi en Languedoc, le baron de Rieux, gouverneur de Narbonne, & plufieurs prélats & autres feigneurs, qui vinrent alors reconnoître le maréchal comme gouverneur de la province, & reftérent auprès de lui jufque vers le mi-juillet, durant lequel on fit des joûtes & des tournois, en réjoüiffance de la paix.

Après leur départ de Montpellier, le maréchal Dampville alla vifiter fon gouvernement du côté du Saint-Efprit, pour établir des garnifons & un gouverneur à Beaucaire & à Aiguemortes, qui étoient les deux places de fureté accordées par le dernier édit, dans le Languedoc, à ceux de l'union.

CHAPITRE SECOND.

I. Mauvais effet de la paix de Dreux. II. Le roi la revoque aux états de Blois. III. Grande émotion à Montpellier contre la maréchale de Montmorency. IV. Le maréchal fe prépare au blocus de cette ville. V. Thoré & Chatillon la fecourent. VI. Paix de Bergerac.

LES conditions avantageufes que le roi venoit de faire aux huguenots I. parurent fi énormes aux catoliques, qu'ils formérent dès-lors le grand projet de la ligue ; de forte que la reine mere, voulant répondre à leurs plaintes, n'eut d'autre excufe que la néceffité où l'avoit mife le duc

1576.

Manuscrit de Philippy.

Page 316.

d'Alençon, en attirant, comme il avoit fait, les étrangers dans le royaume, & formé une armée de plus de trente mile hommes. Cependant, pour tâcher, à son ordinaire, de diviser, ou du moins d'amuser les principaux chefs des religionnaires, elle fit partir, dans le mois d'août, Roger de Saint-Lary, dit le maréchal de Bellegarde, pour venir proposer à Mr Dampville, qui étoit alors à Pezenas, l'échange de son gouvernement de Languedoc avec le marquisat de Saluces, que le roi lui offroit; ce qu'il ne voulut pas accepter (dit le président Philippy, alors intendant auprès de sa personne).

Les huguenots, à qui cette députation donna de l'ombrage, publièrent, depuis, que le maréchal Dampville avoit déja pris des engagemens secrets avec le roi, à la solicitation de la maréchale son épouse, & de Mathurin Chartier, son secrétaire ; & que Bellegarde, pour le presser de se déclarer contre les prétendus * reformez, lui donna à entendre que s'il ne le faisoit, le roi montreroit l'écrit qu'il avoit de lui ; ils ajoûtent qu'il fit partir pour la cour la maréchale son épouse (ce qui est vrai), & que cependant, pour rendre quelque service considerable au roi, avant que de faire paroître sa reconciliation avec lui, il chargea la Crouzette de se rendre maître de Castres, Puylaurens, Revel, Soreze & autres villes du haut Languedoc, tandis qu'il s'assureroit lui-même de Montpellier, Beziers Aiguemortes & Sommières.

Quoi qu'il en soit, il garda si bien les apparences, que dans les états de la province, tenus à Beziers au mois de novembre, lui présent & le vicomte de Joyeuse, on y jura l'observation de la paix, & l'on suplia le roi de l'observer : il arriva même quelque chose de plus singulier au Saint-Esprit, où le maréchal avoit établi pour gouverneur Honoré d'Albert, dit le capitaine Luines ; car celui-ci, feignant être bien assuré que Mr Dampville tenoit pour les huguenots, se déclara hautement pour le parti du roi, & fit arrêter Thoré frere du maréchal. Cette affaire dont les huguenots firent grand bruit dans le païs, & qu'ils regardèrent comme une infraction de la paix, servit au maréchal pour avancer ses affaires ; car, après avoir reclamé son frere, qu'on lui relâcha aussitôt, il fit convenir d'une tréve, durant laquelle il mit Beziers sous son obéïssance ; & étant revenu à Montpellier pour aller attaquer le capitaine Luines au Saint-Esprit, il ne continüa point ses attaques ; mais il se rabattit sur le Vivarés, où il s'assura de Viviers, du Bourg Saint-Andiol, & de quelqu'autres villes voisines : après quoi, il se rendit à Montpellier sur le commencement de l'année 1577.

1577. II. On tenoit alors les étatsgeneraux du royaume à Blois, où les huguenots, qui les avoient demandez, ne se trouvérent pas les plus forts. Les catoliques y firent si grand bruit sur les dernières conditions de la paix, que le roi fut obligé de les revoquer, & de figner lui-même la ligue, déja toute formée contre eux. Cependant, pour ménager leurs chefs, il voulut que les états députaffent au roi de Navarre & au prince de Condé, pour les inviter à venir à l'affemblée; & parce que Dampville ne s'étoit pas encore déclaré, il fut compris dans la députation : de forte qu'on vit alors arriver à Montpellier les députez de tous les ordres du royaume, adreffez par le fouverain à un particulier. Ces députez étoient : le feigneur d'Oignon, & chevalier de l'ordre, de la part du roi; l'évêque du Puy, de la maifon de Seneterre, pour le clergé ; le feigneur de Rochefort, gouverneur de Blois, pour la nobleffe ; & le fieur du Rogier, pour le tiers état.

1577.

Ils expoférent, le fecond de février, leur commiffion au maréchal, qui demanda quelques jours pour en communiquer avec ceux des deux religions qu'il vouloit confulter : au bout de ce terme, il donna une réponfe vague, contenant une très-humble fuplication à Sa Majefté de donner la paix à fes fujets, & d'en prendre les moyens avec le roi de Navarre & le prince de Condé.

A peine les députez furent partis avec cette réponfe, que le maréchal fe rendit en diligence à Beziers, où les catoliques & les huguenots fe difputoient la garde de la citadéle de cette ville : il décida en faveur des catoliques, qui y étoient en plus grand nombre, ce qui irrita fi fort les huguenots, qu'ils le mirent dans la néceffité de fe déclarer. Tous nos écrivains de ce tems-là racontent que Saint-Romain, gouverneur de Beziers, & le capitaine Sengla, natif de Montpellier, grands religionnaires, & fort attachez au maréchal, s'étant plains à lui fort vivement du tort qu'il venoit de faire à leur parti, il leur répondit brufquement que s'ils n'étoient pas contens de ce qu'il avoit fait à Beziers, ils étoient les maîtres d'en fortir : fur quoi tous les deux étant partis auffitôt, Saint-Romain alla fe faifir d'Aiguemortes, & Sengla fe retira à Montpellier qu'il mit tout en feu.

Giry, Gaches, Philippy, Andoque.

Dés le lendemain de fon arrivée, qui eft marquée au 19ᵉ de février, les huguenots délibérérent tumultueufement de fe fouftraire à l'obéiffance de Mʳ Dampville, ils donnérent des armes au bas peuple de leur parti, mirent en prifon les catoliques, & exercérent fur les gens d'églife les mêmes excès que dans les premiers troubles. Non contens de cela, ils vont de nuit prendre les confuls; & les faifant marcher aux flambeaux à leur tête, ils s'avancent vers * le palais, où logeoit madame la maréchale; & ayant donné plufieurs coups à la première porte, ils menacent d'y mettre le feu, fi on ne leur ouvre : à ce bruit, la maréchale donna ordre d'ouvrir; & s'étant avancée vers les premiers, elle leur demanda qu'eft-ce qui pouvoit les faire venir de la forte à une heure fi induë ? A quoi ils répondirent, fans

III.

PAGE 317.

1577.

autre ménagement, qu'elle eût à leur rendre les clefs de la ville, & en fortir le lendemain de grand matin.

Le maréchal fe trouva précifément à Pezenas lorfque fon époufe y arriva de Montpellier, avec fes meubles & fes domeftiques, qu'on lui avoit laiffé emporter : il entra dans une colére qu'il n'eft pas mal aifé de comprendre; mais, elle augmenta bien davantage lorfqu'il eut vu les manifeftes que les huguenots fe hâtérent de publier, dans lefquels ils lui faifoient les reproches les plus fanglans ; ils détruifirent alors le palais de Montpellier, où il avoit pris fon logement depuis fon entrée dans la province; & ils abatirent la chapelle royale qui étoit auprès & qui avoit été confervée jufqu'alors, malgré les plus grandes fureurs des troubles.

Dans le mois d'avril, les plus fages des huguenots qui tenoient leur finode provincial à Lunel, comprirent mieux que jamais, de quelle importance leur étoit l'union avec le maréchal, puifqu'il avoit plus aidé à leurs progrés dans le Languedoc, que toutes leurs armées. Pour tâcher de le regagner, ils lui envoyérent à Pezenas, une grande députation, à laquelle fut préfent, Segur de Pardaillan, envoyé du roi de Navarre : le maréchal ayant oüy toutes leurs remontrances, y répondit dans des termes fi moderez, qu'ils crurent l'avoir gagné, quoique dans le fond du cœur il ne refpirât que la vengeance.

La chofe parut, dans le mois fuivant, par un manifefte qu'il publia pour répondre à celui des huguenots, dans lequel il expofa fes griefs, en fe retranchant néanmoins à dire qu'il n'en vouloit qu'à ceux de Montpellier, à caufe de l'infulte qu'ils avoient fait à fa femme. Dès-lors, il fe prepara à la guerre, & s'affura de toutes les petites places qui font fur le chemin de Beziers à Montpellier, particuliérement de Frontignan & de Villeneuve-lez-Maguelonne, à caufe de leur voifinage de la mer. Mais, avant que de marcher de ce côté-là, il voulut affurer Beziers, en allant chaffer de Thezan le capitaine Bacon, qui s'en étoit rendu maître pour les huguenots.

IV. Après cette expedition, il renforça fes troupes de celles de Mr de Joyeufe, qui arrivérent devant Montpellier le 9e de juin. François de Coligny, fils du célébre amiral de Chatillon, s'y étoit jeté & avoit le gouvernement de la place : il s'attendoit à en foûtenir le fiége contre le maréchal ; mais, celui-ci fe contenta d'en faire le blocus & de couper les vivres à ceux de dedans, en faifant enlever tous les blez des environs, & en empêchant qu'il n'en entrât point dans la ville. La crainte d'une famine obligea Mr de Chatillon, de faire fortir des foldats pour foûtenir les moiffonneurs, qu'il envoya vers la métairie de Cocon. Les capitaines Sengla, La Madelaine & Cornuffon, qui les commandoient furent fe placer dans cette métairie pour favorifer la coupe des blez, qu'on commençoit à grande force, lorsque le maréchal, qui avoit pris son quartier à Villeneuve, vint en personne pour les chasser de ce poste; la resistance qu'il y trouva l'obligea de faire avancer du canon, qui réduisit les assiégez à se rendre la vie sauve; mais, dans la colère où étoit Mr Dampville, il fit passer les soldats par le fil de l'épée, & pendre les chefs à des arbres. On en fut d'autant plus touché, que Sengla avoit été si fort dans ses bonnes graces, qu'il lui avoit confié le gouvernement de Sommiéres & que dans la grande maladie qu'il eut à Montpellier, Sengla ne le quitta ni jour ni nuit. La Madelaine avoit toûjours conduit son artillerie sous lui, & n'agissoit alors que par le seul zéle de sa religion; Cornusson étoit dans une confiance intime avec Mr de Chatillon ; mais, toutes ces considerations furent trop foibles pour arrêter la colère où étoit alors le maréchal.

Il continüa de serrer la ville de si près, qu'il la reduisit, au bout de deux mois, dans une grande disette, tandis que son camp regorgeoit de vivres; alors, Chatillon, voulant pourvoir aux pressans besoins de sa place, prit le parti d'en sortir * avec cinquante chevaux, sous la conduite de Gremian, qui le mena chez lui à Massillargues, & de là à Sommiéres, d'où il passa dans les Cévénes & dans le Roüergue; il en amena, au bout de dix-neuf jours, quatre mile hommes, & un grand convoi de vivres; mais, la plus grande dificulté étoit, de les faire entrer dans Montpellier. Pour cet effet, Mr de Chatillon alla s'aboucher à Nîmes avec Thoré, que les huguenots avoient mis à leur tête, à la place du maréchal son frere; ils convinrent entr'eux, de commencer par faire donner avis à la place du secours qu'on lui amenoit; & le capitaine Caissade, natif de la ville, s'étant offert, ils le firent partir avec six autres cavaliers bien montez, & armez de bonnes cuirasses: leur voyage réussit si heureusement, qu'ils entrérent de nuit dans la ville, où aussitôt ils firent des feux sur la grande tour de l'horloge, pour avertir le secours de leur arrivée, comme ils en étoient convenus.

Sur cette bonne nouvelle, Thoré & Chatillon commandérent toutes leurs troupes, & leur donnérent pour rendés-vous general, la ville de Melgüeil, qui, après s'etre renduë au maréchal au commencement du blocus de Montpellier, venoit de se soustraire à son obéïssance. Les vicomtes de Lavedan & de Paulin, le baron de Faugéres & autres personnes de marque qui étoient de secours, y conduisirent chacun leurs troupes, & l'armée se trouvant toute formée, ils envoyérent donner un espéce de défi au maréchal Dampville, en lui faisant offrir la bataille; mais il se contenta de répondre que toute son intention étoit d'entrer dans Montpellier, ce qui étoit cause qu'il le tenoit assiégé.

Cette réponse les fit resoudre à se faire un passage les armes à la main;

& ils choisirent pour conducteurs les capitaines Gremian & Boüillargues, qui étant du païs, en devoient sçavoir mieux les routes. Ceux-ci prirent d'abord le droit chemin qui les menoit par Montauberon à Montpellier ; mais les arquebusiers que le maréchal avoit placé dans le bois de Grammont firent plusieurs décharges, & si à propos, que toute l'armée s'arrêta ; elle fit semblant d'abandonner la partie ; mais, en tournant du côté du Crez, elle se rendit à Clapiers, où l'on trouva un gué commode pour passer la riviére du Lez ; ils marchérent comme en païs énemi : huit cens arquebusiers à la tête, pour resister aux lanciers du maréchal, qu'on craignoit beaucoup : ensuite suivoit la cavalerie, & puis le convoi des vivres, porté par un grand nombre de mulets, chargez de blé, de farine, de lard & des châteignes ; enfin, venoit toute l'infanterie pour fermer la marche.

Leur passage se fit heureusement, sans être découverts que par la seule garde de Castelnau, qui fut si effrayée de ce grand nombre, qu'elle abandonna son poste, & vint joindre un regiment qui étoit retranché à Saint-Maur pour serrer la ville de plus prés ; il faloit néanmoins que l'armée passât par là pour gagner la porte de Lates, qui seule étoit ouverte en ce tems de guerre. Alors, la garnison voyant le secours si proche, résolut d'aller au-devant du secours ; mais, la crainte des catoliques qui étoient dans la ville leur fit prendre la resolution de les enfermer tous. On en conduisit donc (suivant un rôle qui en avoit été fait) jusqu'au nombre de cinq cent trente-deux, à la maison de ville, où ils restérent pêle-mêle, sous la garde de cent hommes, qui avoient ordre de les égorger au premier mouvement.

Cette précaution une fois prise, la garnison sortit, au nombre de cinq cens arquebusiers, qui trouvérent sur leur chemin le regiment retranché à Saint-Maur. Le combat fut rude, & il y en eut beaucoup de tuez de part & d'autre ; mais, les troupes du secours étant accouruës au bruit, le regiment qui étoit à Saint-Maur n'eut d'autre parti à prendre que de se retirer sur la hauteur, dans les vieilles masures de Saint-Denis (aujourd'hui la citadéle) ; il y fut renforcé par les corps détachez que le maréchal tenoit dans les granges voisines ; mais, le nombre se trouvant encore inégal, il falut qu'ils cedassent à toute l'armée, qui les ayant chassez de ce dernier poste, entra, comme en triomphe, par la porte de Lates, le 1er d'octobre.

Le maréchal ayant appris cette nouvelle, rassembla toutes ses troupes vers le lieu de Lates, pour se ménager une retraite en cas de besoin ; & ceux de Montpellier, après s'être bien rafraichis, au moyen des vivres qu'on venoit de leur apporter, prirent la resolution de l'aller forcer dans son camp, & de lui donner la bataille * qu'il avoit refusée : ils sortirent dès le lendemain, sur les dix heures du matin ; & ils étoient déja en marche, lorsqu'ils virent s'avancer un trompette du roi, avec deux députez de Sa Majesté, l'un desquels étoit le sage la Noüe, qui leur signifia les articles de la paix concluë à Bergerac, entre le duc de Montpensier pour les catoliques, & le roi de Navarre pour eux.

1577.

Le dénouëment de toute cette affaire, qui pourroit être regardée comme une avanture de roman, est raporté de la même maniére par les écrivains de ce tems-là. Ils ajoûtent que les troupes sorties de Montpellier y rentrérent avec les députez de la paix, & qu'en moins de deux jours on y apporta plus de douze mile sétiers de blé, outre celui que les soldats allérent chercher dans les granges abandonnées par les troupes du maréchal.

*Giry,
Gaches,
Mezeray.*

La paix dont je viens de parler étoit d'autant plus avantageuse aux huguenots de Montpellier, que le roi, en la signant à Poitiers dans le mois de septembre, avoit marqué leur ville pour place de sureté, au lieu de celle de Beaucaire qui leur avoit été donnée dans la précedente paix. Le maréchal y défera comme tous les autres grands du royaume, qui dans ce tems de troubles ne songeoient qu'à leurs interêts particuliers ; & il en prit occasion de ramener ses troupes à Beziers, où il tint, sur la fin de l'année, les états de la province, ausquels assistérent les députez des villes de la religion & ceux des catoliques.

CHAPITRE TROISIÉME.

I. Nouveaux troubles, qui donnent lieu à la paix de Nerac. II. La reine, en traversant le Languedoc, s'arrête à la Verune pour pacifier Montpellier. III. Le duc de Montmorency va conferer à Mazéres avec le roi de Navarre. IV. La guerre se ralume & Montpellier s'en ressent beaucoup. V. La paix de Fleix y est reçuë après plusieurs dificultez. VI. Mesintelligence entre Montmorency & Joyeuse.

QUELQUE joye que les deux partis fissent paroître de la paix de Bergerac, il manquoit aux uns & aux autres la volonté de la garder. On s'en défia si bien à la cour, qu'on y prit la précaution d'envoyer dans le Languedoc le celébre Jean de Montluc, evêque de Valence, pour tâcher d'y maintenir la concorde. Ce prélat, employé depuis longtems dans les plus grandes négociations de l'état, quoique sur la fin de sa course, se rendit à Montpellier au commencement de 1578, & après y avoir conferé avec Mr de Chatillon, il alla aux états de Beziers, où il haran-

I.

1578.

1578.

gua si bien, qu'il persuada d'y prendre la déliberation de vivre en paix, sans distinction de religion.

En consequence de cette déliberation, les consuls de Montpellier, revenus des états, firent resoudre dans le conseil de ville qu'on rapelleroit tous les officiers qui s'étoient absentez par la crainte des troubles, & qu'on leur donneroit une entiére liberté pour l'exercice de leurs charges; la chose est d'autant plus remarquable, que tous les consuls étoient alors huguenots, comme ils continüérent de l'être jusqu'en 1622.

On ne vêcut dans ces bonnes dispositions que bien peu de tems; car, les semences de division, qui étoient dans tous les esprits, firent bientôt recourir aux armes. Ceux de la religion se saisirent de Montagnac, presque sous les yeux de Dampville, qui étoit à Pezenas avec Mr de Joyeuse, après leur retour des états. Le capitaine Parabere, qui jadis avoit été son page, s'empara du château de Beaucaire, où il trancha du souverain jusqu'à ce qu'il fut tué dans une émeute, & sa tête mise sur la porte avec une couronne de paille; son lieutenant Bandonnat appela les huguenots à son secours, & il donna la peine au maréchal de venir le bloquer dans sa place, qu'il prit quelques mois après, par * composition : en même tems, les catoliques surprirent le baron de Faugéres dans son château ; & après lui avoir coupé la tête, ils la portérent à Lodéve, où ils s'en joüérent dans les ruës, comme il avoit fait de celle de saint Fulcrand.

PAGE 320.

Tous ces troubles, qui n'étoient pas particuliers au Languedoc, avoient fait resoudre la reine mere d'aller trouver le roi de Navarre à Nerac, sous prétexte de lui amener sa femme ; mais sa principale vûë étoit d'entamer avec lui quelque négociation qui pût servir à amuser les diferens partis. Le prince, accoûtumé aux artifices de sa belle mere, ne voulut rien conclurre sans avoir fait assembler ceux de sa religion à Montauban, où l'on convint de nouveaux articles; après quoi, la reine étant venuë à Toulouse, le maréchal Dampville s'y rendit le 2e février 1579, pour recevoir cette princesse, & l'accompagner dans toute l'étenduë de son gouvernement, par où elle devoit passer. Elle commença par l'isle Jordain en Albigeois, pour y regler la chambre mi-partie, qui y avoit été établie par les édits précedens. De là, elle vint à Castelnaudarry, où elle fit tenir les états de la province; & s'étant renduë à Narbonne, le maréchal Dampville y reçut la nouvelle de la mort de Francois, maréchal de Montmorency, son frere aîné, qui le laissoit héritier du nom & de la duché de sa maison.

1579.

II. La reine, ayant passé par Beziers & Pezenas, s'arrêta au château de la Verune, à une lieuë de la ville de Montpellier, où elle n'osa entrer, parceque la peste (fruit inévitable de la famine & de la guerre) y faisoit beaucoup de ravage ;

elle ne laiſſa point de faire appeller à la Verune les principaux des deux religions, auſquels elle fit promettre l'obſervation de la paix, ſous mutuelle ſauvegarde, par acte du 28ᵉ mai, reçû par Mʳ Pinard, ſecrétaire d'état ; aprés quoi, elle alla à Marſeille, d'où elle prit ſa route par le Dauphiné, accompagnée du duc de Savoye & du duc de Montmorency, qui ne revint dans ſon gouvernement qu'au mois d'octobre.

1579.

Il trouva que les huguenots du païs s'étoient ſaiſis de Saint-Ybery, & que ceux de Gignac avoient donné l'eſcalade à Aniane, pour piller les officiers de la cour des aides de Montpellier, qui s'y étoient refugiez à cauſe de la peſte. Le maréchal, pour y mettre ordre, transfera cette cour à Pezenas ; & afin de la mettre plus à couvert du voiſinage de Montagnac, il y envoya des troupes qui en chaſſérent les huguenots & mirent la ville au pillage.

Dans ces entrefaites, le duc de Montmorency reçut ordre de la cour de ſe tenir prêt pour une conference qu'on vouloit qu'il eût avec le roi de Navarre : il ſe hâta de mettre ordre aux affaires de ſon gouvernement, en aſſemblant les états de la province à Carcaſſonne, où, après avoir fait les premières propoſitions, il en partit le 1ᵉʳ de décembre pour la conference. On marque que le roi de Navarre prit ſon logement dans le château de Mazéres, comté de Foix, & le duc à Belpech de Garnaguez, qui étoit de ſon gouvernement. Les commiſſaires tinrent leurs ſéances, depuis le 9ᵉ de ce mois juſqu'au 20ᵉ, ſçavoir : Jean d'Angennes, ſeigneur de Poigny & de Rambouillet, pour le roi ; l'abbé de Gadagne, pour la reine ; deux conſeillers de la chambre de l'édit, pour les religionnaires, & deux autres, pour les catoliques ; mais toutes leurs concertations ne produiſirent aucun bon effet pour la cauſe publique, tant il y avoit de l'éloignement pour la paix dans tous les eſprits. On remarque ſeulement qu'il ſe forma dès-lors une liaiſon ſecrette entre le roi de Navarre & le duc de Montmorency, qu'ils entretinrent longtems par des avis mutuels, & qu'ils firent paroître enſuite par une ligue offenſive & défenſive ; ce qui valut enfin au duc de Montmorency l'épée de connétable, que le roi de Navarre lui donna lorſqu'il fut parvenu à la couronne de France.

III.

Cependant, le duc s'étant rendu à Carcaſſonne, après la conference de Mazéres, y fit terminer les états de la province, & vint à Pezenas, où il falut ſe preparer à la guerre, qui ſe ralluma partout en 1580. Le prince de Condé, voulant rentrer dans ſon gouvernement de Picardie, y mit tout en feu, par la ſurpriſe de la Fere, & par les tentatives qu'il fit ſur pluſieurs autres villes. La Guiéne & le Dauphiné eurent leurs mouvemens particuliers ; & le Languedoc fut en alarme de la priſe de Mende dans le Gevaudan, qui fut

1580.

1580.
PAGE 321.

surpris & sacagé par * le capitaine Mathieu Merle, soldat de fortune, qui combatoit pour les huguenots.

Peu de tems après, le duc de Montmorency, cherchant à les éloigner de Pezenas, où il faisoit sa résidence, voulut s'assurer de Villemagne, qu'il alla investir; mais, Mr de Chatillon, qui commandoit aux environs de Montpellier, y étant accouru, l'obligea d'en lever le siége & de se refugier à Agde, parceque la peste, qui continüoit à Montpellier, s'étoit communiquée à Beziers & à Pezenas.

IV. Cette peste n'empêcha point qu'on ne fît à Montpellier une entreprise capable d'y causer un renversement general; car le sieur de la Bernardiere, qui y commandoit pour Mr de Chatillon, voulant ôter au peuple le gouvernement qu'il y exerçoit depuis quelque tems, trouva le moyen d'introduire dans la ville des troupes étrangéres, qui mirent dehors une grande partie des meilleurs habitans. Cette violence, dont on trouve beaucoup d'exemples dans les guerres de ce tems-là, produisit un effet pareil de la part du peuple, qui ayant gagné quelques soldats de la Bernardiere, le chassa lui-même de la ville, huit jours après son usurpation; de cette maniére, le pouvoir revint entre les mains du peuple, mais la grande émotion que ces deux affaires avoient causé dans tous les esprits fit rengreger la peste dans Montpellier, où elle emporta, en moins de deux ans, huit mile personnes.

Un semblable mal qui courut alors tout le royaume, sous le nom de coqueluche, n'empêcha pas les négociations que la reine mere employoit si volontiers: elle fit agir auprès du roi de Navarre, que les huguenots avoient choisi pour leur general, & qui, dans l'état présent de ses affaires, avoit plusieurs raisons de desirer la paix. Le duc d'Alençon, d'un autre côté, la recherchoit de toutes ses forces, pour pouvoir amener les troupes des deux partis dans les Païs-Bas, dont on lui avoit offert la souveraineté : ces deux princes s'accordérent donc à procurer la paix, & pour cet effet, le duc
V. d'Alençon alla trouver le roi de Navarre au château de Fleix dans la Guiéne, où ils convinrent, sur la fin de novembre, de certains articles pour l'éclaircissement de la paix de Nerac, qui furent confirmez par le roi à Blois, & envoyez en Languedoc au duc de Montmorency pour les faire publier.

1581.

Il étoit à Saint-Pons de Tomiéres au commencement de janvier 1581, lorsqu'il y reçut les ordres de la cour, qu'il fit aussitôt publier à Saint-Pons même, le 21e janvier; mais il restoit à les faire recevoir dans les villes de la religion, & particuliérement à Montpellier, où l'on voyoit bien avec plaisir la paix de Nerac confirmée, mais on étoit fâché de ne pas trouver dans le traité de Fleix l'abolition de tout le passé, dont ils sentoient qu'ils avoient besoin. Pour lever cette dificulté, le duc de Montmorency écrivit en cour, d'où l'on vit arriver dans le mois de mai, le vicomte de Turéne, envoyé à Montpellier par Monsieur, frere du roi, & par le roi de Navarre, qui porta l'abolition qu'ils avoient demandé; ainsi, la paix de Fleix fut publiée à Montpellier le quatorziéme de mai.

 Il arriva à cette occasion ce qu'on avoit déja vû dans quelques autres paix; c'est que les huguenots, craignant que les catoliques ne s'en prévalussent, ils ne se contentérent pas d'avoir mis l'église Notre-Dame hors de service, mais ils voulurent encore la dépoüiller d'un clocher en pointe qui y restoit encore sur la porte qui donne dans la place de l'hôtel de ville. Guillaume du Pleix, sieur de la Tour, premier consul de cette année, avec deux zélez religionnaires, nommez Laplace & Laroche, entreprirent cette démolition, & ils travaillérent si bien à la faire saper, qu'elle tomba dans la nuit du premier au second de février, non sans causer du dommage à plusieurs petits marchands qui logeoient dans les boutiques voisines; cet événement exerça les poëtes d'alors, qui firent un jeu de mots du nom des principaux acteurs, Latour, Laplace & Laroche, comme on peut voir dans Gariël.

 Après la publication de la paix de Fleix, il fut tenu à Pezenas une assemblée remarquable, où se trouvérent, auprès du duc de Montmorency, Mr de Chatillon, avec les députez des villes du Bas-Languedoc, & Mr de Clermont d'Entragues, de la part du roi de Navarre, où il fut resolu qu'en execution * des articles de cette paix, on rendroit tous les lieux auprès de Pezenas, qui se trouveroient occupez par les religionnaires: Villeneuve-la-Cremade, & le fort de Cabriéres étoient les plus considerables. Villeneuve fut renduë sur-le-champ, avec abolition pour celui qui l'avoit occupée: mais, pour le château de Cabriéres, il fut reglé qu'on l'abatroit de fond en comble; & ainsi fut détruite cette place, qui étoit fort célebre depuis le tems des Albigeois: par les mêmes régles, la bastide de Lodéve fut renduë aux catoliques.

 Peu de tems après, le duc de Montmorency fut honoré à Pezenas de la visite de Mr le prince de Condé, qui, après avoir été chassé de la Fere en Picardie, par l'armée du roi, s'étoit refugié en Allemagne, d'où, à la faveur de la derniére paix, il vint s'aboucher avec le roi de Navarre, & puis à Pezenas, avec le duc de Montmorency, pour se rendre à Montpellier, qu'il choisit alors pour le lieu de sa residence.

 La bonne intelligence qui avoit paru jusqu'alors entre le duc de Montmorency & le vicomte de Joyeuse fut alterée au commencement de 1582. Je ne sçai si cela vint par la jalousie de la grande faveur du baron d'Arques, fils aîné du vicomte, que le roi Henry III avoit fait duc & pair, & à qui deux mois après, il avoit fait épouser Marguerite de Vaudemont, sœur de la reine

1582.

Loüife fon époufe. Quoi qu'il en foit, le vicomte fe trouvant à Pezenas, dans l'abfence du maréchal, y donna quelques ordres, aufquels la ville refufa d'obéïr, ce qui l'obligea de fe retirer à Narbonne; & les fuites firent bien voir que le duc n'avoit pas defapprouvé la chofe.

Au commencement de février, le même Baccon qui avoit été chaffé de Thezan, vint s'emparer du château de Minerve, lieu ancien & très-fort, d'où il mettoit à contribution deux ou trois diocéfes voifins. Le duc de Montmorency, fur les plaintes qu'ils lui en firent, les affembla tous dans le mois de mai, à Azille-le-Comtal en Minervois, où les prélats, les gentils-hommes & les députez qui s'y trouvèrent, prirent la refolution de faire une levée de troupes pour affiéger le château de Minerve. Le baron de Rieux, gouverneur de Narbonne, en eut la charge; mais fes attaques, commencées au mois de juillet, n'ayant encore rien produit dans le mois de feptembre, le duc de Montmorency, qui revenoit du Lauraguais, fit rendre à l'amiable le château par le capitaine Baccon, à qui on donna des lettres d'abolition du roi, qu'on avoit toutes prêtes, le 17ᵉ de feptembre.

Le premier jour du mois fuivant, le duc fit l'ouverture des états de la province à Beziers, d'où il fe rendit le lendemain à Niffan, qui eft prefqu'à mi-chemin de Beziers à Narbonne, pour y conferer avec le duc de Joyeufe, fait depuis peu amiral de France, qui étoit venu à Narbonne pour y voir le vicomte fon pere: leur conference dura plus de deux heures, accompagnez tous deux de leurs troupes à pied. Les mémoires qui nous ont marqué ces particularitez ne nous difent rien du fujet de la conference; mais il eft à croire que le fils parla pour les interêts du pere, fi l'on veut en juger par tous les mouvemens qu'il falut encore fe donner pour les mettre bien enfemble.

Mémoires de Philippy.

Au commencement de décembre, le duc de Montmorency alla rendre vifite au prince de Condé, qui fe tenoit à Montpellier, comme je l'ai déja dit. Les habitans de cette ville en voulurent prendre occafion de fe reconcilier avec lui; car, depuis l'infulte faite à madame la maréchale, il n'avoit point mis le pied dans Montpellier, c'eft-à-dire depuis près de fix ans. Pour cet effet, toutes les cours fortirent à fa rencontre, & les confuls allérent lui prefenter les clefs de la ville; on lui donna d'ailleurs tant de marques de refpect & de foumiffion, qu'il parut leur avoir rendu fa bienveillance; après quoi, il fe mit en chemin pour Alais, où il vouloit tirer des Cévénes les troupes dont il prévoyoit qu'il auroit befoin.

Livre seizième.

CHAPITRE QUATRIÉME.

PAGE 323.

I. Hostilitez entre le duc de Montmorency & le vicomte de Joyeuse. II. Le roi envoye pour les accorder. III. Le grand projet de la ligue commence à éclater. IV. Montmorency s'unit avec le roi de Navarre. V. Faux monoyeurs à Montpellier.

TOUTE l'année 1583 se passa dans l'entreprise ruïneuse du duc d'Alençon sur les Païs-Bas, & dans les diferentes intrigues des mignons du roi. Celle qui interesse le plus nôtre histoire est le voyage de l'amiral de Joyeuse à Rome, pour y obtenir du pape Gregoire XIII le chapeau de cardinal, & les bulles de l'archevêché de Narbonne pour François de Joyeuse, son frere, quoiqu'il n'eût alors que vingt & un an. On ajoûte qu'il fit de grandes instances pour faire excommunier le duc de Montmorency comme fauteur des héretiques; mais que le pape ne le voulut jamais, en reconnoissance des soins qu'il avoit pris de lui conserver Avignon durant les derniers troubles.

I.

1583.

Tandis qu'on agissoit à Rome contre lui, il fit partir pour Paris le baron de Rieux, en qui il avoit le plus de confiance, pour prévenir le roi sur ses démêlez avec le vicomte de Joyeuse. Durant ce voyage, la guerre se raluma dans le Bas-Languedoc, où les huguenots se saisirent de Montreal près de Carcassonne, d'Olargues dans le diocése de St-Pons, & de Las-Ribes & Sorgues dans celui de Lodéve, d'où ils couroient tout le païs & y faisoient mile degâts. Les catoliques, de leur côté, allérent mettre le siége devant Montreal, qu'ils furent obligez de lever; mais en se rabatant sur la ville d'Alet, ils trouvérent le moyen de la surprendre; &, après y avoir fait un grand carnage, ils assurérent si bien leur prise qu'ils ne purent plus en être chassez.

Gaches.

Dans ce tems, le baron de Rieux revint de la cour avec une instruction du 20e mai, par laquelle le roi le chargeoit de dire au duc de Montmorency les plaintes que le vicomte de Joyeuse faisoit de lui; à raison de quoi sa majesté vouloit que le vicomte se tînt à Narbonne, & que le duc s'abstînt d'y aller. Le baron avoit aussi ordre de lui dire que s'il maintenoit les peuples de la province dans l'obéïssance du roi, il seroit conservé dans son gouvernement de Languedoc. Je ne sçai si c'étoit pour le rassurer contre les bruits qui passoient alors pour constans, que l'amiral de Joyeuse, grand favori du roi, vouloit ce gouvernement pour le vicomte son pere, se contentant pour

II.

1583. lui-même de celui de Normandie, que le roi avoit ajoûté à toutes les autres faveurs qu'il lui avoit faites.

Il est encore constant qu'il n'y eut point, cette année, des états tenus en Languedoc, soit qu'on en voulût donner la mortification à M. de Montmorency, soit qu'on voulût éviter la rencontre des deux seigneurs. Le commandement exprés qui en vint de la part du roi étoit du troisiéme de décembre; & les tréforiers de France eurent ordre, cette année, de faire le département des deniers mandez sur chaque diocése.

1584. Au commencement de 1584, le vicomte de Joyeuse fut fait maréchal de France, & Antoine Sipion, son quatriéme fils, grand prieur de Malthe. Ce nouvel éclat augmenta son credit dans le Haut-Languedoc, où il commandoit depuis long tems, & où l'autorité de l'archevêque de Narbonne, son second fils, ne lui étoit pas inutile. Tant de puissance dans un rival fut plus que sufisante pour reveiller la jalousie du duc de Montmorency, qui ne pouvoit soufrir de concurrent; il profita des troubles où les derniers mouvemens du duc d'Alençon entretinrent la cour pour faire une guerre ouverte au vicomte de Joyeuse. D'abord il prit sur lui Clermont de Lodéve, par l'intelligence qu'il avoit avec Christofle de l'Estang, evêque diocéfain; puis, s'approchant de Narbonne, il lui enleva le château de Cesseron, à quelques lieuës de cette ville.

PAGE 324. * La mort du duc d'Alençon, arrivée à Château-Tierry le 10ᵉ de juin, changea la face des affaires, & donna le loisir au roi de songer à pacifier le Languedoc. Il envoya Pompone de Belliévre, alors président au parlement de Paris, pour accorder les deux seigneurs qui y causoient tout le trouble. Ce digne magistrat, déja celébre par plusieurs grandes négociations, arriva à Beziers dans le mois d'août, où, après avoir conferé avec le duc de Montmorency, il se rendit à Narbonne, auprés du maréchal de Joyeuse, & fit plusieurs voyages de l'un à l'autre; mais, voyant qu'il n'étoit pas possible de les faire convenir d'un accommodement, il prit les mémoires de l'un & de l'autre pour les apporter au roi.

Dans le mois d'octobre, on vit arriver Mʳ de Poncarré, maître des requêtes, portant la réponse du roi aux mémoires donnez à Mʳ de Belliévre. Il trouva ces deux seigneurs dans l'effort de la guerre, à l'occasion de Clermont de Lodéve, que le maréchal de Joyeuse avoit trouvé le moyen de reprendre. Comme il étoit impossible de se faire entendre au milieu de ces grandes agitations, Poncarré prit le parti de s'en retourner sans avoir rien fait. Et le duc de Montmorency, ayant reçû la ville de Clermont à composition, & emporté l'église d'assaut, partit pour aller faire la guerre aux environs de Narbonne.

Il apprit, fur fon paffage à Beziers, que le maréchal de Joyeufe tenoit une 1584. compagnie de gendarmes dans le lieu de Courfan, pour garder le paffage de la riviére d'Aude. Comme ce pofte lui étoit avantageux, il prit la refolution de s'en faifir; &, par les intelligences qu'il avoit dans le païs, il enleva les gendarmes, & fe mit en état de faire paffer toutes les troupes qui lui viendroient pour le fiége de Narbonne.

Les affaires en étoient à ce point lorfqu'on vit revenir, dans le mois de décembre, Mr d'Angénes, sr de Poigny & de Ramboüillet, avec le même fieur de Poncarré, qui·s'en étoit retourné cinq ou fix femaines auparavant. Ils portoient au duc de Montmorency de quoi le guerir de toutes fes craintes, car ils étoient chargez de lettres patentes qui le confirmoient dans fon gouvernement & lui donnoient abolition de tout le paffé : il n'en falut pas davantage pour le gagner; & Mr de Joyeufe s'étant rendu aux repréfentations des envoyez du roi, les armes furent mifes bas de part & d'autre, Olargues rendu, Cefferon rafé, les troupes congediées, & la tranquilité renduë pour quelque tems à tout le païs des environs.

La caufe d'un changement fi prompt fut le grand projet de la ligue, qui III. 1585. étoit tout prêt à éclorre, par l'occafion que je vais dire. Le roi, n'efperant plus avoir des enfans, voyoit le roi de Navarre devenu le plus proche héritier de la couronne, depuis la mort du duc d'Alençon; mais, la religion de ce prince y mettoit un obftacle infurmontable de la part des catoliques : pour y remedier, le roi lui envoya le duc d'Epernon le foliciter de fa part de rentrer dans le fein de l'églife. Les miniftres en furent fi allarmez, qu'ils firent tous leurs efforts pour l'en détourner, en lui faifant craindre que le roi ne procedât pas de bonne foi; & afin de le piquer davantage, ils rendirent publique cette derniére tentative que le roi venoit de faire auprès de lui.

Ces deux confiderations firent réfoudre le roi de Navarre de ne point aller à la cour, & de ne pas fe feparer de fes anciens amis; les catoliques, de leur côté, fe réunirent enfemble, fous la conduite d'Henry duc de Guife, pour exclurre le roi de Navarre de la fucceffion à la couronne de France. Comme l'orage commençoit à fe former, le roi de Navarre chercha à mettre *Philippy.* dans fon parti le duc de Montmorency, avec qui il avoit depuis longtems des liaifons fecrettes, & qui, de fon côté, craignoit toûjours les mignons du *Gaches.* roi: ils fe rendirent l'un & l'autre à Caftres fur la mi-mars, pour y conferer enfemble; & avec Chatillon & Dandelot freres, que Montmorency amenoit avec lui, il fut fait un premier projet d'union, dont nous verrons les effets dans la fuite.

Le roi, inftruit & allarmé de tous ces préparatifs, fe jeta du côté des cato-

1585.

PAGE 325.

liques, qui, refolus de foûtenir de toutes leurs forces la religion anciéne, demandérent au roi la fupreffion de la nouvelle : il en donna un édit au mois de juillet, par lequel il interdit dans tous fes états l'exercice de la religion prétenduë reformée; * il abolit les édits de pacification déja donnez, chaffa les miniftres, & accorda plufieurs graces aux principaux chefs de la ligue.

IV. Alors le duc de Montmorency, qui tenoit actuellement les états de la province à Beziers, fe hâta de les terminer, pour s'en retourner, comme il fit dans le mois d'août, à la ville de Caftres, où il figna une ligue offenfive & défenfive avec le roi de Navarre : tous les religionnaires du Languedoc, & particuliérement ceux de Montpellier, envoyérent à Pezenas pour figner le projet d'union, ce qui fut confirmé dans le mois de feptembre par une députation expreffe du finode qu'ils tinrent à Montpellier dans ce même mois. Cette grande confederation augmenta le courage au duc de Montmorency, qui ne fe contenta point de rejeter toutes les propofitions qui lui furent faites par Mr de Poncarré, venu exprés de la part du roi, mais encore il publia un manifefte pour faire connoître le parti qu'il prenoit, & les raifons qu'il avoit eu de s'unir avec les religionnaires & de prendre les armes : cette derniére démarche attira des lettres patentes, qui furent verifiées au parlement de Touloufe, par lefquelles le roi défendoit à tous fes fujets du Languedoc de reconnoître pour leur gouverneur le duc de Montmorency, & leur enjoignoit de s'adreffer au maréchal de Joyeufe; mais dans ce tems de trouble & de defordre, on ne confultoit que la raifon du plus fort.

Dans le mois d'octobre, les religionnaires de Montpellier eurent la joye d'y voir revenir plufieurs de leurs freres qui, ayant été pris par Mr de Joyeufe dans les guerres de religion, avoient été envoyez à Marfeille, où l'amiral fon fils les avoit fait mettre aux galéres. Nos mémoires racontent qu'on en avoit équipé une de vingt-fix bancs, où il y avoit deux cent quarante forçats, prefque tous du Languedoc, qui devoient fervir pour conduire à Malthe le grand prieur, frere de l'amiral : or, un jour que le capitaine étoit allé querir au Saint-Efprit quelque argent qu'il avoit à prendre pour fon équipage, le comite s'avifa imprudemment d'aller fe promener à Châteaudy ; alors les forçats, qui n'attendoient que ce moment, brifent leurs chaînes, s'arment de tout ce qui leur tombe fous la main, & fe défont d'une trentaine d'hommes qui reftoient, en les jetant morts ou vifs dans la mer; enfuite, faifant force de rames, ils vinrent furgir au port de Melgüeil, où ceux de Montpellier les allérent accüeillir & les amenérent comme en triomphe dans leur ville, où chacun fe difputoit le plaifir d'en loger quelcun dans fa maifon.

Cependant le maréchal de Joyeufe fe mit en armes, & donna pour bornes au duc de Montmorency, les villes de Beziers & de Capeftang, avec les lieux de Puifferguier, Cuxac & Oveillan; mais les affaires changérent bien de face fur la fin de cette année, où le duc ayant fait à Beziers une montre generale de fes troupes, les fit avancer fous la conduite de Mr de Chatillon, qui alla fe camper à Bize des Alliéres. Il fe rendit maître d'un grand nombre de petites places fortifiées, comme Quarante, Cruzi, St-Nazaire, St-Marcel, Villefpaffans, Monjori, Agel, Maillac, Aiguevives, Mirepeiffet & quelques autres; de façon que le maréchal de Joyeufe fe trouva bloqué dans Narbonne par une armée qu'on faifoit monter à huit mile fantaffins, cinq cent gendarmes, & fept piéces de canon: ce progrès invita le duc de Montmorency de fe rendre à fon armée, & de faire attaquer Pepieux & Azille, qu'il emporta; puis, faifant courir le bruit qu'il alloit couper la digue qui fait paffer dans Narbonne une partie de la riviére d'Aude, il effraya fi fort les habitans, qu'ils fe mutinérent contre le maréchal de Joyeufe, qui, pour s'accommoder au tems, fe retira à Carcaffonne.

1585.

La grande licence que les guerres avoient introduit dans la plûpart des villes donna occafion, cette année, à une recherche remarquable de faux monoyeurs qui fut faite à Montpellier, & qui intrigua beaucoup de familles confiderables. On raconte que la femme d'un maître fondeur, nommé Jean de Laiftre, voulant fe venger de fon mari, alla le dénoncer de fauffe monoye, & porta les coins dont il fe fervoit, ce qui ayant été verifié, fit pendre ce pauvre miferable, qui, dans fon teftament de mort, en accufa quelques autres, & furtout un nommé Etiéne Fuftier, qui fut condamné comme lui à la même peine: celui-ci, avant que d'expirer, * chargea le bailli du lieu de Seiras, chés qui on trouva tous les outils & quantité de fauffe monoye déja marquée & à marquer: heureufement pour lui, il eut le tems de prendre la fuite; mais bon nombre d'officiers, qui fe trouvérent impliquez dans cette affaire, furent obligez de fe remettre en prifon pour fe juftifier. Je ne fçai fi cette recherche n'a point donné lieu à une avanture particuliére, arrivée de nos jours dans une maifon des plus confiderables de la ville, où le maître, faifant faire quelques reparations, fe trouva préfent lorfque le maçon, en fondant une muraille, la fit retentir à caufe d'un vuide qu'il y avoit dedans; le maître ordonna d'y faire une ouverture, dans laquelle il enfonça le bras, & toucha un grand vafe fort pefant. Toutes les penfées qui lui vinrent alors dans l'efprit le portérent à congedier le maçon, en lui donnant de quoi aller boire; & fe trouvant feul, il appella fon fils pour l'aider à la verification de la découverte qu'il venoit de faire: le pere & le fils s'étant enfermez dans la chambre, achevérent la démolition qui reftoit

V.

PAGE 326.

1585.

à faire pour retirer le vafe; & l'ayant mis avec peine fur une grande table, ils s'attendoient à lui voir dégorger une grande quantité de piéces d'or & d'argent, lorsqu'ils n'y trouvérent que des outils à faire la fauffe monoye, & des coins précifément du tems dont nous parlons.

CHAPITRE CINQUIÉME.

I. L'amiral de Joyeufe dans le Languedoc. II. Le duc de Montmorency y a plufieurs affaires particuliéres. III. Bataille de Coutras. IV. Troubles de Paris. V. Etats de Blois où le duc de Guife eft tué. VI. Mort du roi Henry III.

1586.

LE duc de Montmorency, ayant obligé le maréchal de Joyeufe de defemparer de Narbonne, fe rendit inceffament à Beziers pour aller tenir les états de la province, qui étoient convoquez à Pezenas dans le mois de janvier 1586. Il y fit faire les fonds neceffaires pour la guerre qu'il avoit à foûtenir; ce qui donna la penfée à la reine mere (qui négocioit fans ceffe) de tâcher de le faire revenir au fervice du roi : elle lui envoya pour cet effet, dans le mois de mars, l'abbé de Juilly & le s^r de Veirac; mais toutes leurs tentatives furent renverfées par Arnaud Dufaur, feigneur de Pujols, & frere du fameux Guy de Pibrac, que le roi de Navarre envoya pour refider auprès de lui. Le duc prit fi grande confiance au feigneur de Pujols, qu'il lui fit donner le commandement de Montpellier, en l'abfence de Mr de Chatillon.

I. La faifon de la guerre étant venuë, le roi mit deux armées fur pié, l'une commandée par le duc de Mayéne pour agir en Guiéne, & l'autre par l'amiral de Joyeufe pour venir en Languedoc : il y entra dans le mois d'août par le Gevaudan, & y fit le fiége de Marüejols, qu'il facagea; après quoi, prenant le chemin de Touloufe pour voir fon pere, il fit montre de fes troupes & retourna en pofte à la cour.

Dans ces entrefaites, le duc de Montmorency avoit fait deux entreprifes, l'une fur Villeneuve-d'Avignon, & l'autre fur le Saint-Efprit, qui ne lui réuffirent pas; mais dans fon chemin il pacifia la ville de Nîmes, où tout étoit dans le trouble entre les catoliques & les huguenots : ceux-ci prétendoient que les catoliques du dehors avoient voulu furprendre leur ville, & que ceux du dedans devoient leur prêter la main; ceux-là, au contraire, proteftoient n'avoir eu aucune part à ce deffein, & que c'étoit un prétexte de ceux de la religion pour les chaffer. Le duc rétablit entr'eux une bonne intelligence ; & fur une autre demande qu'on lui fit en cette ville contre ceux de Montpellier, pour deux canons prêtez à Mr de Chatillon lors du fiége de Clermont, il en remit la décifion au feigneur de Pujols.

1586.

Lorfqu'il fut revenu à Montpellier, il y trouva une affaire qu'il prit fort à * cœur, à l'occafion des deniers publics. Mr de Chatillon, qui y commandoit, ayant à reprendre cinquante mile livres fur les biens confifquez du feu cardinal fon oncle, avoit obtenu du roi, avant l'édit de juillet, un don de trente mile livres, à prendre fur la recette generale du païs ; il crut en pouvoir recevoir le payement des receveurs de Montpellier, qui le lui offrirent avec d'autant plus de raifon que fes propres biens venoient d'être faifis dans le royaume, en vertu de l'édit de juillet. Le duc de Montmorency, qui comptoit apparemment fur cette fomme, fut fi fâché d'apprendre qu'elle étoit hors des mains des receveurs, qu'il alla à Villeneuve fans vouloir refter à Montpellier : de forte que les plus zélez religionnaires, craignant de le perdre, prirent le parti de lui faire toucher la fomme dont il étoit fi jaloux ; & ils s'engagérent de fournir à Mr de Chatillon tout qui feroit neceffaire pour fon entretien, tant il avoit pris foin de gagner le cœur des habitans de Montpellier.

II.

PAGE 327.

Ces mêmes defordres fe répandirent dans la plûpart des villes qui reconnoiffoient Mr de Montmorency ; car nous apprenons de l'hiftoire de Caftres, écrite par Jacques Gaches, avocat de cette ville, que tout y étant dans le trouble entre les habitans & Montgomeri, leur gouverneur, le duc fut obligé d'y envoyer Pierre de Beauxhoftes, fon maître de requêtes, & depuis premier préfident en la chambre des comptes de Montpellier, pour s'informer du tout, & lui en faire le raport.

Il eut beaucoup plus à faire à Beziers, où tous les corps de la ville, foulevez contre Efpondeillan gouverneur de la citadelle, avoient refolu d'introduire dans leur ville le maréchal de Joyeufe, dont les troupes s'étoient déja avancées jufqu'à Courfan : on étoit à la veille d'executer la chofe, lorfqu'un des conjurez, manquant de courage, alla reveler le tout au duc de Montmorency, qui étoit déja parti de Pezenas pour aller au St-Efprit. A cette nouvelle, il rebrouffa chemin, & vint à la hâte à Beziers, où il redoubla auffitôt la garde des portes, & plaça des troupes dans tous les carrefours pour arrêter les conjurez. Cette fureté prife, il donna la chambre pour prifon à Thomas de Bonzy, évêque de cette ville, fit enfermer Maureillan & Palliez dans la tour de St-Nazaire ; & ayant envoyé prendre Jean Douzon, préfident & juge mage, il jeta toute fa colére fur lui ; car deux jours après qu'il eut été enfermé, le prévôt lui amena de nuit un confeffeur

1587.

1587.

pour l'aider à se preparer à la mort; après quoi, le bourreau l'ayant étranglé dans sa prison, porta son corps à la place des executions publiques, où il le laissa pendu en chemise avec cet écriteau : traître au roi & à la patrie, quoique ce fût de l'aveu & par ordre exprès du roi qu'il eût conduit & formé cette entreprise.

Andoque, Hist. du Languedoc, liv. XVI.

Tous ces diferens troubles, arrivez dans les principales villes du gouvernement de Mr de Montmorency, l'empêchérent de rien entreprendre de quelque tems; il se contenta de renforcer ses garnisons, & envoya le reste de ses troupes au roi de Navarre, qui avoit en Guiéne le duc de Joyeuse sur les bras. Les deux armées s'étant rencontrées dans la plaine de Coutras, entre les petites riviéres de Drougne & de l'Isle, en vinrent aux mains le vingtiéme d'octobre, où la promtitude du roi de Navarre & du prince de Condé à charger le duc de Joyeuse rendit inutiles les lances de ses gros escadrons; de sorte que, sa cavalerie ayant été mise en déroute, son infanterie lâcha du pied & fut presque toute passée au fil de l'épée: quant à lui, il se retira à son artillerie, où il tomba entre les mains de deux capitaines, qui le tuérent de sang-froid; son frere St-Sauveur, le dernier des enfans du maréchal de Joyeuse périt aussi dans cette bataille, avec plus de trois cent gentilshommes, du nombre desquels fut Jacques d'Amboise, comte d'Aubijoux.

III.

Gaches.

Le duc de Montmorency, qui s'étoit rendu à Castres, y apprit cette nouvelle par un courier qui lui vint de la part du roi de Navarre: il fit celebrer cette victoire par la décharge de toute son artillerie; mais sa principale attention fut d'observer les effets que cet événement produiroit dans la province. Il ne tarda point d'apprendre que le maréchal de Joyeuse, arrêté par son âge & par son affliction, avoit donné la conduite des troupes au grand prieur, le quatriéme de ses enfans. Alors le duc de Montmorency, reglant ses projets sur cette * nouvelle disposition, pria le vicomte de Turéne, qui vint alors aux bains de Balaruc, de vouloir bien prendre sa lieutenance generale dans le Haut-Languedoc, tandis qu'il agiroit lui-même contre Narbonne, dont la prise lui paroissoit facile dans les conjonctures présentes.

Page 328.

Il fit avancer ses troupes vers cette place; mais à peine furent-elles arrivées, que le grand prieur fit sortir les siénes, & presenta le combat. On en vint aux mains de part & d'autre, & l'avantage étoit encore égal, lorsque Pujols & Colombiéres, qui commandoient la cavalerie du duc, ayant fait sonner la retraite, chacun se retira dans l'opinion d'avoir remporté l'avantage. Tous conviénent pourtant que ce combat fit honneur au grand prieur de Joyeuse, pour être revenu à la charge après avoir eu un cheval tué sous lui.

Je ne trouve point que les habitans de Montpellier euſſent donné aucun 1587. ſigne de vie en cette occaſion, peut-être à cauſe de la peſte, qui affligea leur ville ſur la fin de cette année & au commencement de l'autre: ce qui fut cauſe que toutes les cours de juſtice en ſortirent, & que les particuliers qui en avoient les moyens ſe retirérent à la campagne.

Dans ce même tems, c'eſt-à-dire au mois de novembre, le duc de Guiſe défit à Auneau, en Beauce, les reîtres qui venoient pour ſe joindre au roi de Navarre. Cette victoire, qui conſola les ligueurs de la bataille de Coutras, fut ſuivie d'un ſi grand nombre d'événemens, qu'ils cauſérent en moins de deux ans la perte du duc de Guiſe & du roi lui-même: on en donne pour cauſe la grande défiance qu'on avoit pris ſoin d'inſpirer à Henry III contre le duc de Guiſe. Jean-Loüis de la Valette, duc d'Epernon, y contribüa plus que tous; ce ſeigneur, monté au comble de la faveur depuis la mort du duc de Joyeuſe, venoit d'en obtenir toutes les dépoüilles, comme la charge d'amiral, le gouvernement de Normandie, & ſon mariage avec Marguerite de Foix-Candale, fille unique de celui que nous avons vû tué au ſiége de Sommiéres en 1573.

Ces deux ſeigneurs étant donc rivaux, l'un par ſa faveur auprès du roi, & IV. 1588. l'autre par le ſoûtien de la ligue, ſe traverſérent en toutes rencontres; & l'on ne tarda point de porter les choſes à l'extrêmité, à l'occaſion d'un voyage que le parti de la ligue voulut que le duc de Guiſe fît à Paris: il y arriva le 9ᵉ de mai, chès la reine mere, qui le conduiſit au Louvre, où il répondit aux reproches du roi par de très-grandes ſoumiſſions; mais le trouble qu'on reconnut dans Paris, ayant obligé le roi d'y appeller cinq à ſix mile hommes de guerre, les plus zélez ligueurs ſe barricadérent dans les ruës; & pouſſant leur travail juſqu'au Louvre, tinrent le roi comme aſſiegé dans ſon palais, dont il ſortit la nuit ſuivante par le jardin des Tuileries, & prit le chemin de Chartres.

Les ligueurs, ſurpris de cette fuite, tâchérent, par toute ſorte de ſou-miſſion, de fléchir le roi, qui, de ſon côté, envoya dire au parlement qu'il avoit reſolu d'aſſembler les états generaux avant la fin de l'année, pour aſſurer à ſon royaume un ſucceſſeur catolique. Sur cette parole, le duc de Guiſe fait preſenter une requête, tendante aux mêmes fins, & demandant l'éloignement du duc d'Epernon & de ſon frere Lavalette, comme fauteurs des héretiques. Pour les ſatisfaire, le roi reprit le gouvernement de Nor-mandie du duc d'Epernon, & l'envoya dans celui d'Angoumois, qu'il avoit déja; il donna de plus un édit dans le mois de juillet, par lequel il ordonnoit à tous ſes ſujets de jurer que, ſa mort avenant, ils ne reconnoîtroient pour roi aucun prince qui fut héretique ou fauteur d'héreſie.

1588.

Cet édit, qui fut appellé l'édit de réunion, fut apporté au duc de Montmorency, dans le tems qu'il faifoit le fiége du Pont St-Efprit avec Lefdiguiéres, qu'il avoit appellé à fon fecours. On marque qu'il leva auffitôt le piquet, pour attendre tranquilement les fuites d'un évenément fi nouveau; & il apprit bientôt que le duc de Guife ayant été prefenté au roi, dans la ville de Chartres, par la reine fa mere, ils fe donnérent de part & d'autre de fi grandes marques de confiance, que les plus fins croyoient que leur reconciliation pouvoit être veritable.

V. Peu de tems après, le duc de Montmorency reçut ordre de faire partir pour les * états generaux, convoquez à Blois, les députez des villes de fon gouvernement qui avoient droit d'y envoyer. Je trouve dans le grand ceremonial de France que les députez de Montpellier furent appellez à leur tour; mais je n'ai pu encore recouvrer leurs noms. L'ouverture en fut faite le 16e du mois d'octobre; & dans la feconde féance, tenuë le 18, tous les députez jurérent, en préfence du roi, l'obfervation de l'édit de réunion. On fit enfuite, de la part des catoliques & des religionnaires, plufieurs demandes, qui tendoient à reftraindre l'autorité du roi, ce qui le jeta dans une fi grande mélancolie, qu'il prêta l'oreille à la propofition qu'on lui fit de fe défaire du duc de Guife. Après avoir cherché plufieurs moyens pour en venir à l'execution, on n'en trouva d'autre que de fe fervir des quarante-cinq, qui étoit un nombre de gens déterminez que le duc d'Epernon avoit mis auprès de la perfonne du roi, dans le tems de fa plus grande faveur. Le jour ayant été pris au 23e décembre, Lognac, à la tête de fa troupe, tua le duc de Guife dans l'antichambre du roi; & le lendemain on ôta la vie au cardinal fon frere, qui avoit été enfermé dans un galetas.

PAGE 329.

1589.

Cet évenement fit prendre la fuite à la plupart des députez, & caufa un fi grand trouble dans tous les efprits, que la reine mere ne put y furvivre; car on marque fa mort au cinquiéme de janvier 1589, âgée de plus de foixante-dix ans. Les principales villes du royaume fuivirent l'exemple de Paris, & fe déclarérent avec chaleur pour la ligue, qui choifit alors le duc de Mayéne pour fon general. Chaque ville eut fes avantures particuliéres dans ce tems de troubles & de defordre; mais je ne puis oublier celle de Touloufe, où le premier préfident Etiéne Duranti, & Jacques Dafis avocat general, furent les victimes de la fureur de la ligue; Guittard de Ratte, confeiller clerc dans cette même cour, & depuis evêque de Montpellier, en fut quite pour le pillage de fes livres & de fa maifon, ayant eu le bonheur de ne pas fe trouver à Touloufe dans le tems de cette fédition. Alors le parlement fut divifé en autant de factions qu'il y en avoit dans la province: les religionnaires avoient leur chambre de l'édit à l'Ifle-Jordain, comme je

Livre seiziéme.

l'ai déja dit; les ligueurs reftérent à Touloufe, & les politiques, ayant Labourgade à leur tête, fe retirérent en la ville baffe de Carcaffonne, où il furent confirmez par le roi Henry III, quelques mois avant fa mort.

1589.
Lafaille, tom. 2, pag. 430 & 443.

Cependant, les troupes du roi & celles de la ligue, commandées par le duc de Mayéne, avoient combatu prefqu'à avantage égal, lorfque le confeil du roi le porta à avoir recours au roi de Navarre, qui, fuivant le fentiment de fon cœur plutôt que celui de fes vieux capitaines, alla trouver le roi à Tours, où il étoit depuis les états de Blois. Ils firent enfemble un traité par lequel le roi de Navarre promettoit de l'affifter de toutes fes forces, & de lui rendre les places qu'il prendroit fur l'énemi commun. Dés-lors ils affemblérent leurs troupes pour attaquer Paris de vive force; le roi prit fon pofte à Saint-Cloud, & le roi de Navarre à Charanton : leur préfence intimida cette grande ville & y caufa de fi grandes rumeurs, que le duc de Mayéne étoit refolu de fortir avec quatre mile hommes, dévoüez à la mort comme lui, lorfque le roi fut tué à Saint-Cloud de la maniére funefte que toutes nos hiftoires le racontent.

VI.

Avec lui finit la branche des Valois, qui avoit donné treize rois à la France, & dont le premier avoit fait l'acquifition de Montpellier, comme nous l'avons dit dans l'hiftoire de cette ville, fous le regne de Philipe de Valois.

FIN DU LIVRE SEIZIÉME.

TABLE
DES MATIERES

CONTENUES EN CE PREMIER VOLUME

	Pages
PRÉFACE.	I
DISCOURS PRÉLIMINAIRE fur l'anciéne ville de Maguelonne, contenant un abrégé de l'hiftoire du païs, jufqu'à l'établiffement de Montpellier	VII
HISTOIRE de la ville de Montpellier.	1
SUITE CHRONOLOGIQUE des feigneurs de Montpellier.	2
LIVRE PREMIER	3
CHAPITRE PREMIER. — I. Eclairciffement de quelques doutes fur le lieu où Montpellier eft bâti. II. Sa feigneurie paffe des comtes de Subftantion à l'evêque de Maguelonne. III. L'evêque en inféode la plus grande partie à Guillaume premier. IV. Remarque fur ce premier seigneur de Montpellier	3
CHAPITRE SECOND. — I. Guillaume affifte à la fondation de l'abbaye de St. Geniés, avec fon fils. II. Bernard Guillaume. III. Guillaume, fils de Beliarde, reçoit plufieurs hommages. IV. Guillaume, fils d'Ermengarde, a de grands démélez avec Godefroy, evêque de Maguelonne. V. Se marie avec Ermenfende de Melgüeil. VI. Se prépare pour la première croifade.	9
CHAPITRE TROISIÈME. — I. Départ des croifez par diferentes routes. II. Guillaume fe trouve au fiége de Nicée. III. Eft commandé pour aller reconnoître les énemis aux approches d'Antioche. IV. Il fe diftingue au fiége de Marra. V. Affifte au fiége & à la prife de Jérufalem. VI. Il ramene en France la femme & le fils du comte de Touloufe.	14
CHAPITRE QUATRIÈME. — I. Guillaume, à fon retour, travaille à retirer fes biens engagez. II. Fait fleurir le commerce. III. Donne à l'églife de St. Firmin le corps de St. Cleophas. IV. Il marie fa fille aînée au fils de Bernard d'Anduze. V. Acquiert plufieurs feigneuries. VI. Loi municipale. VII. Vicaires de Montpellier. VIII. Guillaume part pour Mayorque. IX. Divifion de fes biens entre fes enfans	21
LIVRE SECOND.	31
CHAPITRE PREMIER. — I. Ermenfende travaille utilement pour fon fils. II. Qui a de grands diferends avec le comte de Melgüeil. III. Il fait un voyage à la Terre-Sainte. IV. Se marie avec Sibille de Mataplane. V. Fait divers traitez pour la comté de Melgüeil. VI. Il va au fecours du roi de Caftille. VII. Acquiert la feigneurie de Tortofe	31

	Pages
CHAPITRE SECOND. — I. Revolte à Montpellier, contre Guillaume, fils d'Ermenfende. II. Qui eft rétabli par le comte de Barcelone. III. Il fait plufieurs fondations à Montpellier. IV. Partage fes biens à fes enfans. V. Et fe retire dans l'ordre de Cîteaux	40
CHAPITRE TROISIÈME. — I. Guillaume, fils de Sibille, va au fecours du roi de Caftille. II. Revoit fon pere à Montpellier. III. Le feigneur d'Omelas, fon oncle. IV. Guillaume fe marie avec Mathilde de Bourgogne. V. Prend parti pour le roi d'Angleterre contre le comte de Touloufe.	46
CHAPITRE QUATRIÈME. — I. Diferends de Guillaume avec Bernard Pelet, comte de Melgüeil. II. Terminez par frere Guillaume de Montpellier. III. Etabliffement des templiers à Montpellier. IV. Mort du comte de Barcelone. V. Arrivée du pape Alexandre III en cette ville. .	51
CHAPITRE CINQUIÈME. — I. Affaires de Melgüeil. II. Affaires d'Omelas. III. Ravages des Génois aux environs de Montpellier. IV. Témoignage du Rabbi Benjamin fur l'état de Montpellier en ce tems-là. V. Suite des affaires de Melgüeil. VI. Teftament de Guillaume, fils de Sibille.	57

LIVRE TROISIÈME 65

CHAPITRE PREMIER. — I. Commencemens de Guillaume, fils de Mathilde. II. Mort de fon oncle Guy-le-Guerroyeur. III. Son mariage avec Eudoxie de Conftantinople. IV. Il acquiert la fucceffion de fon frere Burgondion. V. Vicariat de Montpellier. VI. Guillaume fait ferment à l'evêque de Maguelonne 65

CHAPITRE SECOND. — I. Guillaume repudie Eudoxie & époufe Agnez. II. Se régle avec le comte de Melgücil. III. Agnez travaille utilement pour fes affaires. IV. Recherche la proteêtion du pape Celeftin. V. Elle marie la fille d'Eudoxie. VI. Divers aêtes paffez par Guillaume. 71

CHAPITRE TROISIÈME. — I. Affaires de Marie de Montpellier. II. Son mariage avec le comte de Comenge. III. Guillaume eft protegé par le pape Innocent III. IV. Eft loüé de fon zéle pour la foi catholique. V. Fait plufieurs acquifitions 77

CHAPITRE QUATRIÈME. — I. Habileté d'Agnez dans les affaires temporelles. II. Réponfe du pape Innocent III fur fon mariage. III. Guillaume en tombe malade & fait fon teftament. IV. Renverfement de tous fes projets. 84

LIVRE QUATRIÉME. — Hiftoire de la ville de Montpellier fous le roi Pierre d'Aragon & la reine Marie. 91

CHAPITRE PREMIER. — I. Marie de Montpellier époufe Pierre fecond, roi d'Aragon. II. Qui confirme les ftatuts & les priviléges de la ville. III. Il va fe faire couronner à Rome. IV. A fon retour, il fait la guerre dans la Provence. V. Il engage la ville de Montpellier. VI. Ce qui caufe une fédition 91

CHAPITRE SECOND. — I. Naiffance du roi Jacques. II. Origine du chevalet de Montpellier. III. Le roi d'Aragon prend parti pour les Albigeois. IV. Commencement de ces héretiques dans le Languedoc. V. Miffionnaires envoyez pour les ramener. VI. La mort de Pierre de Caftelnau y allume la guerre. 98

CHAPITRE TROISIÈME. — I. Croifade contre les Albigeois. II. Grand maffacre à Beziers. III. Les comtes de Touloufe & de Montfort chefs des deux partis. IV. Le roi d'Aragon veut rompre fon mariage avec la reine Marie. V. Traverfes qu'elle eut à foufrir. VI. Son mariage eft déclaré bon par le pape Innocent III. VII. Le roi fe refoud à la bataille, & y périt. VIII. Mort de la reine & fon teftament. 106

LIVRE CINQUIÉME. — Hiftoire de la ville de Montpellier fous le roy Jacques d'Aragon & de Mayorque. 117

CHAPITRE PREMIER. — I. Le roi Jacques eft retiré des mains du comte de Montfort. II. Exemple remarquable de la fureur des guerres de religion. III. Concile de Montpellier en 1214. IV. Première expedition de Loüis VIII en Languedoc. V. Concile general de Latran. VI. Le roi Jacques confirme les priviléges de Montpellier. VII. Amaury de Montfort veut céder tous fes droits au roi de France. VIII. Concile de Montpellier en 1224. IX. Seconde expedition de Loüis VIII en Languedoc. X. Sa mort, & la réunion du Languedoc à la couronne. 117

Table des matières.

Pages

CHAPITRE SECOND. — I. Mariage du roi Jacques. II. Son expedition à Mayorque. III. Il vient à Montpellier & fait plufieurs conceffions à cette ville. IV. Il y revient en 1234, pour le mariage du roi St. Loüis. V. Enfans de Guillaume, fils de Mathilde, oncle du roi Jacques. VI. Le roi revient à Montpellier en 1238, & pourquoi. VII. Veritable origine du chevalet. VIII. Fin du dernier Raymond, comte de Touloufe. 129

CHAPITRE TROISIÉME. — I. Divers voyages du roi Jacques à Montpellier. II. Traité de Corbeil qu'il fait avec le roi St. Loüis. III. Il marie fa fille avec Philipe-le-Hardi. IV. Concile de Montpellier en 1258. V. Amniftie pour les habitans de cette ville. VI. Mariage de l'infant d'Aragon à Montpellier. VII. Exploits du roi Jacques à Grenade & à Murcie. VIII. Son départ pour la terre fainte. IX. Il revient à Montpellier, & fe rend au fecond concile general de Lyon. X. Son teftament & fa mort. 136

LIVRE SIXIÉME. — Hiftoire de la ville de Montpellier fous les rois de Mayorque Jacques II & Sanche I. 147

CHAPITRE PREMIER. — I. Jacques fecond accorde plufieurs priviléges à Montpellier. II. Il eft forcé de reconnoître fes états à fon frere, le roi d'Aragon. III. Il fe ligue contre lui avec le roi de France. IV. Evenémens de la guerre qu'ils eurent enfemble. V. Traitez pour la reftitution de fon royaume de Mayorque. 147

CHAPITRE SECOND. — I. Acquifition de Montpellieret par le roi Philipe le Bel. — II. Nouvelles jurifdictions qui y furent établies. III. Priviléges accordez. IV. Philipe le Bel vient à Montpellier. V. La ville lui donne un fecours pour fes guerres de Flandres. VI. Le pape Clément V vint deux fois à Montpellier avant l'emprifonnement des Templiers. VII. Fin du roi Jacques. 156

CHAPITRE TROISIÉME. — I. Commencemens du roi Sanche. II. Il rend au roi d'Aragon la valée d'Aran, & lui fait hommage de fes états. III. Ses diferends avec Philipe le Bel & Loüis Hutin. IV. Qui font terminez fous Philipe Le Long. V. Il exerce librement fon autorité dans Montpellier. VI. Il aide le roi d'Aragon dans la conquête des ifles de Sardaigne & de Corfe. VII. Va voir le roi Charles le Bel à Touloufe. VIII. Et meurt à Fromigéres. 169

LIVRE SEPTIÉME. — Hiftoire de la ville de Montpellier fous Jacques III, roy de Mayorque. . . 179

CHAPITRE PREMIER. — I. Commencemens de Jacques II, roi de Mayorque. II. Hommages qu'il rend à Jacques & Alphonfe, rois d'Aragon. III. Dégoûts qu'il commence de recevoir fous le roi Pierre IV, qui le broüille avec la France. V. Et élude toûjours de lui donner fecours. . . 179

CHAPITRE SECOND. — I. Pierre pourfuit ouvertement le roi Jacques. — Conférence de ces deux princes à Barcelonne, par la médiation du legat. III. Expedition du roi Pierre à Mayorque, où le roi Jacques eft trahi. IV. Le pape Clement VI s'intereffe pour lui auprès du roi Pierre. V. Qui fait une querelle au pape. VI. Et marche vers le Rouffillon. VII. Entrevûe des deux rois. 190

CHAPITRE TROISIÉME. — I. Nouvelles querelles du roi Pierre contre le roi Jacques. II. Qui partagent tous les feigneurs de leur cour. III. Jacques obtient que la reine, fon époufe, viêne à Montpellier. IV. Troubles dans l'Aragon favorables au roi Jacques. V. Tentatives qu'il fait à Mayorque & dans le Rouffillon. VI. Etat particulier de fes affaires. VII. Sa derniére expedition à Mayorque, & fa mort 200

LIVRE HUITIÉME. — Hiftoire de la ville de Montpellier fous les rois Philipe de Valois & Jean. 211

CHAPITRE PREMIER. — I. Vente de la feigneurie de Montpellier au roi Philipe de Valois. II. Lettre du roi de Mayorque à ce fujet. III. Compofition faite avec le roi d'Aragon. IV. Philipe de Valois termine l'affaire de Bernard de Roquefeüil. V. Confirme les priviléges de la ville & l'anciéne forme de l'élection des confuls. VI. Il établit un fequeftre ou gouverneur de la juftice. 211

CHAPITRE SECOND. — I. Arrivée du roi Jean à Montpellier. II. Son traité avec le roi d'Aragon pour la feigneurie de cette ville. III. Troubles caufez par le roi de Navarre. IV. Pronoftics à Montpellier fur les malheurs de l'Etat. V. Affliction qu'on y témoigne de la prife du roi. VI. Prétentions du duc d'Anjou fur Montpellier. 220

	Pages
CHAPITRE TROISIÉME.— I. Troubles dans le païs après la prise du roi Jean. II. Passage d'Isabelle de Mayorque par Montpellier. III. Suite des troubles causez par les compagnies desapointées. IV. Grande peste à Montpellier. V. On y fait un chemin des rondes, dit les Douze-Pans. .	231
LIVRE·NEUVIÉME. — Histoire de la ville de Montpellier sous le roy Charles V.	239
CHAPITRE PREMIER. — I. La seigneurie de Montpellier est donnée au roi de Navarre. II. Elle lui est ôtée pour ses trahisons durant les guerres de Castille. III. Passage de l'infant de Mayorque par Montpellier, & ses avantures. IV. Passage de Jeanne de France, qui meurt à Beziers . .	239
CHAPITRE SECOND. — I. Montpellier est rendu au roi de Navarre. II. Traverses qu'y met le duc d'Anjou. III. Arrivée du roi de Navarre à Montpellier. IV. Diferens ordres qu'il y donne pour le bon gouvernement de la ville. . . . . , ...	246
CHAPITRE TROISIÉME. — I. Etenduë du droit de supériorité & de ressort établi à Montpellier pour le roi de France. II. Arrivée à Montpellier de la reine de Navarre. III. Elle obtient du roi son frere, Charles V, un sursis à ce droit. IV. Grande mortalité à Montpellier. V. Diverses dispositions du roi de Navarre pour cette ville. VI. Ses nouvelles trahisons font remettre Montpellier sous la main du roi de France.	253
CHAPITRE QUATRIÉME. — I. Grande sedition à Montpellier. II. Le cardinal Anglic y accourt, & dispose les esprits à satisfaire au duc d'Anjou. III. Entrée de ce duc dans Montpellier. IV. Sentence rigoureuse qu'il y fait publier. V. Observations sur cette sentence.	261
CHAPITRE CINQUIÉME. — I. Mitigation de la sentence. II. Remarques sur cette mitigation. III. Preuves de ces remarques. IV. Le séjour du duc d'Anjou fort nuisible à la ville. V. Il fait plusieurs assignations de sommes. VI. Evenemens qui arrivent dans le païs après son départ de la province.	269
LIVRE DIXIÉME. — Histoire de la ville de Montpellier sous le roy Charles VI.	277
CHAPITRE PREMIER.—I. Lettres d'abolition pour les habitans de Montpellier. II. Montpellier rendu au prince de Navarre, saisi sur lui, & ensuite restitué. III. Séditions que cause le duc de Berry dans le Languedoc. IV. Grande mortalité à Montpellier. V. Mort & testament du duc d'Anjou. VI. Passage de plusieurs princes par Montpellier. VII. Arrivée du roi Charles VI en cette ville.	277
CHAPITRE SECOND. -- I. Entrée du roi dans Montpellier. II. Séjour qu'il y fit. III. Il visite le Languedoc jusqu'à Toulouse. IV. Son départ en poste de Montpellier jusqu'à Paris. V. Generaux-reformateurs en Languedoc. VI. Maladie du roi. VII. Commencement de troubles dans le royaume. VIII. Mortalité & grande intemperie à Montpellier.	286
CHAPITRE TROISIÉME. — I. L'assassinat du duc d'Orléans fait retirer tous les princes. II. Le roi de Navarre vient à Montpellier. III. Reconciliation apparente des princes. IV. Troubles nouveaux qui attirent les Anglois. V. Censive papale à Montpellier. VI. Gouvernement du Languedoc rendu au duc de Berry. VII. Paix entre les princes, publiée à Montpellier.	296
CHAPITRE QUATRIÉME. — I. Progrès des Anglois dans le royaume. II. Le duc de Bourgogne augmente les troubles. III. La reine s'attribuë la regence & envoye à Montpellier. IV. Y fait tenir les états de la province. V. Paix simulée avec le duc de Bourgogne, qui finit par sa mort. VI. Le dauphin se retire en Languedoc, où il établit un parlement. VII. Il fait son entrée à Montpellier & purge le païs des Bourguignons. VIII. Il est déclaré déchû de la couronne. IX. Remporte quelque avantage sur les Anglois. X. Grande sedition à Beziers. XI. Mort de Charles VI	304
LIVRE ONZIÉME.— Histoire de la ville de Montpellier sous les rois Charles VII & Loüis XI. . .	313
CHAPITRE PREMIER.— I. Petits commencemens de Charles VII. II. Parlement à Beziers. III. Comtes de Foix, gouverneur du Languedoc. IV. Mort de Jacques Rebufi. V. Les affaires du roi sont rétablies par la pucelle d'Orléans. VI. Il fait sa paix avec le duc de Bourgogne & entre dans Paris. VII. Il vient à Montpellier, où il donne deux édits remarquables pour le parlement & pour la cour des aides. VIII. Lettres du concile de Constance pour la ville de Montpellier. IX. Horloge de la ville.	313

Table des matières.

CHAPITRE SECOND. — I. Premiers troubles caufez par le dauphin. II. Hiftoire de la cenfive papale qu'on payoit à Montpellier. III. Tréve avec l'Angleterre. IV. Le dauphin quite la cour. V. Arbalêtriers à Montpellier. VI. Droit d'équivalent 320

CHAPITRE TROISIÉME. — I. Progrès du roi Charles VII contre les Anglois. II. Nouveaux troubles caufez par le dauphin. III. Procès contre Jacques Coëur. IV. Le roi donne aux confuls de mer la loge qu'il avoit fait bâtir à Montpellier. V. Autres bâtimens de Jacques Coëur. VI. Le dauphin fe retire en Brabant. VII. Derniere forme donnée au droit de l'équivalent. VIII. Mort du roi. 326

CHAPITRE QUATRIÉME. — I. Changemens faits dans le royaume par Loüis XI. II. Ligue du bien public. III. Bataille de Monthlery. IV. Divifion dans l'affemblée de nos états au fujet du parlement de la province. V. On obtient qu'il foit transferé à Montpellier. VI. Lettre du roi Loüis XI à ce fujet. VII. Obfervations à ce propos. 332

CHAPITRE CINQUIÉME. — I. La cour des generaux des aides fixée à Montpellier. II. Lettre du roi Loüis XI à ce fujet. III. Le parlement de la province retabli à Touloufe. IV. Liberalité du roi envers l'églife Nôtre-Dame des Tables. V. Grandes mortalitez à Montpellier. VI. Réunion de la Provence à la couronne. 340

LIVRE DOUZIÉME. — Hiftoire de la ville de Montpellier fous les rois Charles VIII & Loüis XII. 349

CHAPITRE PREMIER. — I. Difpofitions du roi Charles VIII en faveur de Montpellier. II. On obtient de lui, par furprife, la fupreffion de la cour des generaux. III. Lettres patentes de ce prince pour le rétabliffement de cette cour. IV. Affaires de Bretagne, dont le roi époufe l'héritière. 349

CHAPITRE SECOND. — I. Progrès furprenans du roi Charles VIII en Italie. II. Il donne à Naples des lettres remarquables pour Montpellier. III. Il reprend le chemin de France, & défait fes ennemis à Fornoüe. IV. Ferdinand d'Aragon fait une diverfion en Languedoc. V. Affemblée à Montpellier, pour la paix entre ces deux princes, fans aucun effet. VI. Maladie & mort du roi. 355

CHAPITRE TROISIÉME. — I. Graces accordées à la ville de Montpellier par le roi Loüis XII. II. Il fe prepare à la guerre d'Italie, où il fe rend maître du duché de Milan. III. La naiffance de Charles-Quint change tous les interets des princes. IV. Arrivée de l'archiduc fon pere à Montpellier. V. Reception qui lui fut faite. 360

CHAPITRE QUATRIÉME — I. L'archiduc traite à Lyon avec le roi. II. Ferdinand fon beau-pere éludé le traité. III. Affaires particuliéres de Montpellier. IV. Siege de Salfes. V. Pefte à Montpellier. VI. Les deputez de cette ville affiftent aux états generaux tenus à Tours. 369

CHAPITRE CINQUIÉME. — I. Démêlez du roi Loüis XII avec Jules II. II. Mortalité des oliviers à Montpellier. III. Diferentes ligues en Italie. IV. Lettre du roi aux habitans de Montpellier, fur fa victoire contre les Venitiens. V. Variations du pape Jules. VI. Gafton de Foix en Italie. VII. Refolutions extrêmes du pape. VIII. Mort du roi. 375

LIVRE TREIZIÉME. — Hiftoire de la ville de Montpellier fous le roy François premier. 381

CHAPITRE PREMIER. — I. Confirmation de la cour des generaux de François premier. II. Ses premiéres expeditions en Italie. III. Le traité de Noyon donne occafion à une affemblée remarquable tenuë à Montpellier. IV. Divifion ouverte entre le roi & l'empereur Charles-Quint. V. Etabliffement de la chambre des comptes de Montpellier. 381

CHAPITRE SECOND. — I. Defection du connétable. II. Prife du roi à Pavie. III. Sa délivrance. IV. Paix entre les princes, publiée à Montpellier. V. Le roi vient en cette ville. VI. Il établit un corps de légionnaires en Languedoc. 387

CHAPITRE TROISIÉME. — I. Nouvelles hoftilitez entre Charles-Quint & François premier. II. Siége de Marfeille. III. Frayeur qu'on en eut à Montpellier. IV. Affemblée pour la paix aux cabanes de Fitou, qui attire le roi à Montpellier. V. Entrevûë de Nice. VI. Autre à Aiguemortes, entre le roi & l'empereur. 392

CHAPITRE QUATRIÉME. — I. Paffage de l'empereur par la France. II. Difgrace du connétable. III. Guerre en Languedoc. IV. Commencement du bureau des treforiers de France, à Montpellier. V. Peste remarquable dans cette ville. VI. Nouvelles guerres avec l'empereur & l'Angleterre. VII. Paix avec Charles-Quint. VIII. Puis avec Henry VIII, suivie de la mort du roi François 398

LIVRE QUATORZIÉME.— Histoire de la ville de Montpellier sous les rois Henry II & François II. 405

CHAPITRE PREMIER. — I. Commencemens de Henry II. II. Sédition de Bordeaux. III. Philipe d'Autriche à Aiguemortes. IV. Supression de la baillie & de la rectorie de Montpellier. V. Aliénation du domaine du roi à Montpellier. VI. Acquisition qu'en font les consuls. . . . 405

CHAPITRE SECOND. — I. Guerre ouverte entre Henry II & Charles-Quint. II. Bureau des tréforiers de France établi à Montpellier. III. Etablissement d'un siége présidial. IV. Procès au sujet de la supression de la rectorie. V. Qui donne lieu à l'établissement du viguier & du juge ordinaire. 411

CHAPITRE TROISIÉME.— I. Prise de possession, par les consuls, de la charge de viguier. II. Divers évenémens en Europe, qui influent dans ceux du royaume. III. Prise du connétable à la bataille de Saint-Quentin. IV. Le duc de Guise répare ses pertes. V. Paix entre la France & l'Espagne. VI. Mort d'Henry second. 417

CHAPITRE QUATRIÉME. — I. Calvinistes en France. II. Leurs commencemens à Montpellier. III. Ils s'y montrent à découvert dès la mort d'Henry II. IV. La jalousie des grands du royaume fomente leurs progrès. V. Ils publient des libelles qui disposent aux premiers troubles. 422

CHAPITRE CINQUIÉME.— I. Assemblée extraordinaire, à Montpellier, des états de la province pour les interêts de la reine. II. Conspiration d'Amboise. III. Conference de Fontainebleau, où l'on commence de tolerer les nouveaux sectaires. IV. Ils prêchent ouvertement à Montpellier. V. Le comte de Villars fait cesser leurs assemblées. VI. Ils reprennent courage après la mort de François second. 427

LIVRE QUINZIÉME. — Histoire de la ville de Montpellier sous le roy Charles IX. 433

CHAPITRE PREMIER. — I. Commencemens du roi Charles IX. II. Mouvemens des calvinistes dans Montpellier. III. Ils s'emparent de l'église de Nôtre-Dame des Tables. IV. Assiégent le fort de Saint-Pierre. V. Et pillent toutes les églises de la ville 433

CHAPITRE SECOND. — I. Pillage des églises, des fauxbourgs & des paroisses voisines. II. Situation des affaires de la cour en ce tems-là. III. Effets singuliers du déchainement du peuple. IV. Ménagemens inutiles de la reine Catérine de Medicis. V. Tentatives à Montpellier pour la paix, sans aucun effet. VI. Préparatifs pour la première guerre civile. 438

CHAPITRE TROISIÉME. — I. Premiers mouvemens à Montpellier pour la guerre civile. II. Assemblée extraordinaire pour une pacification. III. Supression du conseil des vingt-quatre. IV. Hostilitez entre le vicomte de Joyeuse & le baron de Crussol. V. Siége de Frontignan. VI. Camp de Lates. VII. Combats qui y furent donnez. VIII. Etats de la province tenus en diferents endroits par les huguenots & par les catoliques 445

CHAPITRE QUATRIÉME. — I. Proscriptions à Montpellier. II. Arrivée du cardinal de Chatillon en cette ville. III. Publication de l'édit d'Amboise. IV. Subterfuges des huguenots. V. Entrée à Montpellier du duc de Dampville, nouveau gouverneur de Languedoc. VI. Il rétablit les catoliques. 451

CHAPITRE CINQUIÉME. — I. Le consulat rendu aux catoliques. II. Entrée du roi Charles IX à Montpellier. III. Commencement de nouveaux troubles. IV. Siége du fort de St-Pierre. V. Sa capitulation. VI. Réjoüissances publiques pour la bataille de St-Denis 458

CHAPITRE SIXIÉME. — I. Nouveaux troubles aux environs de Montpellier. II. Démolition des églises de la ville. III. Publication de paix, suivie bientôt de la guerre. IV. Serment exigé des huguenots & des catoliques. V. Nouveaux préparatifs de guerre. VI. Bataille de Jarnac. VII. Grande conspiration à Montpellier. VIII. Bataille de Montcontour. 464

CHAPITRE SEPTIÉME. — I. Marche extraordinaire de l'amiral de Chatillon, qui produit plusieurs mauvais effets aux environs de Montpellier. II. Publication d'une nouvelle paix. III. Nouveaux commiffaires du roi à Montpellier. IV. Le maffacre de la Saint-Barthelemi n'y caufe aucun mauvais effet. 470

CHAPITRE HUITIÉME. — I. Siége de Sommières. II. Petites guerres aux environs de Montpellier. III. Affemblée générale pour une fufpenfion d'armes. IV. D'Acier pour le parti catolique. V. Nouvelle trahifon à Montpellier. VI. Le maréchal Dampville fufpect à la cour. VII. Détention du duc d'Alençon & la mort du roi. 475

LIVRE SEIZIÉME. — Hiftoire de la ville de Montpellier fous le roy Henry III. 483

CHAPITRE PREMIER. — I. Le roi part de Lyon pour pacifier le Languedoc. II. Le maréchal Dampville, deftitué de fon gouvernement, s'y foûtient en s'uniffant avec les huguenots. III. Petites guerres entre lui & le duc d'Uzès. IV. Négociations de paix. V. Qui eft conclue à Dreux, entre la reine & le duc d'Alençon. 483

CHAPITRE SECOND. — I. Mauvais effet de la paix de Dreux. II. Le roi la révoque aux états de Blois. III. Grande émotion à Montpellier contre la maréchale de Montmorency. IV. Le maréchal fe prépare au blocus de cette ville. V. Thoré & Chatillon la fecourent. VI. Paix de Bergerac. 489

CHAPITRE TROISIÉME. — I. Nouveaux troubles, qui donnent lieu à la paix de Nerac. II. La reine, en traverfant le Languedoc, s'arrête à la Verune pour pacifier Montpellier. III. Le duc de Montmorency va conferer à Mazères avec le roi de Navarre. IV. La guerre fe ralume, & Montpellier s'en reffent beaucoup. V. La paix de Fleix y eft reçue après plufieurs dificultez. VI. Mefintelligence entre Montmorency & Joyeufe. 495

CHAPITRE QUATRIÉME. — I. Hoftilitez entre le duc de Montmorency & le vicomte de Joyeufe. II. Le roi envoye pour les accorder. III. Le grand projet de la ligue commence à éclater. IV. Montmorency s'unit avec le roi de Navarre. V. Faux monoyeurs à Montpellier. 501

CHAPITRE CINQUIÉME. — I. L'amiral de Joyeufe dans le Languedoc. II. Le duc de Montmorency y a plufieurs affaires particuliéres. III. Bataille de Coutras. IV. Troubles de Paris. V. Etats de Blois, où le duc de Guife eft tué. VI. Mort du roi Henry III 506

FIN DU PREMIER VOLUME.

www.ingramcontent.com/pod-product-compliance
Lightning Source LLC
Chambersburg PA
CBHW050418240426
43661CB00055B/2196